LÉVI-STRAUSS · TRAURIGE TROPEN

Universal Bibliothek

BELLETRISTIK

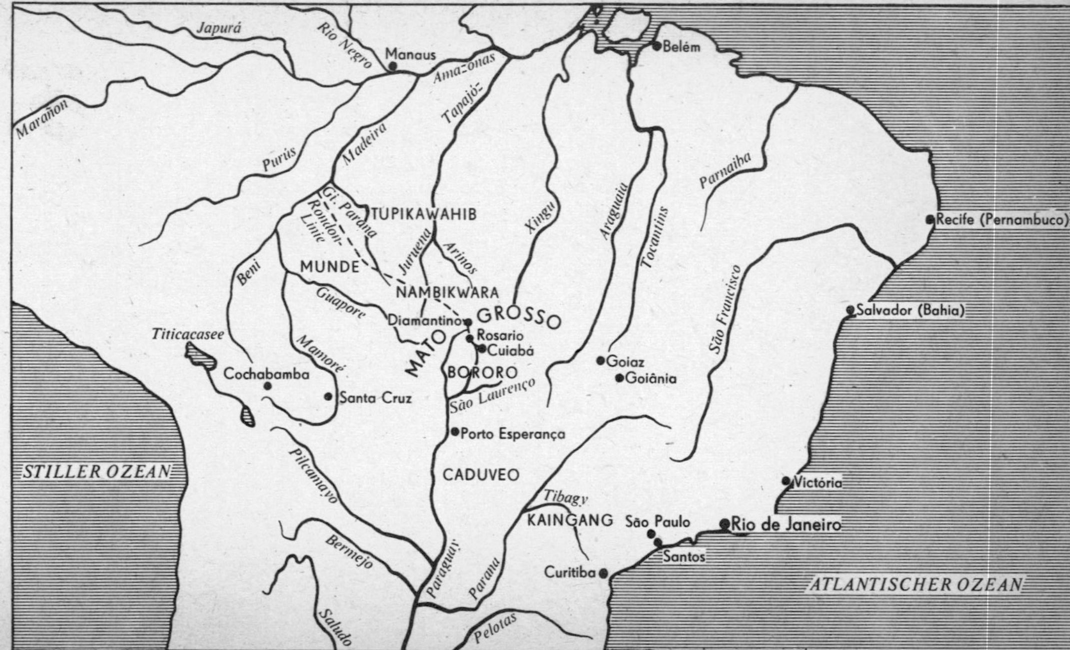

Japurá
Rio Negro
Manaus
Amazonas
Belém
Marañon
Purús
Madeira
Tapajóz
Gi. Paraná
Rondon-
Linie
TUPIKAWAHIB
Xingu
Araguaia
Tocantins
Parnaiba
Recife (Pernambuco)
Beni
MUNDE
Juruena
Arinos
NAMBIKWARA
Guaporé
Diamantino
GROSSO
MATO
Rosario
Cuiabá
São Francisco
Salvador (Bahia)
Titicacasee
Mamoré
Cochabamba
BORORO
Goiaz
Goiânia
Santa Cruz
São Laurenço
Porto Esperança
Pilcamayo
STILLER OZEAN
CADUVEO
Victória
Tibagy
KAINGANG
São Paulo
Rio de Janeiro
Bermejo
Santos
Paraguay
Paraná
Curitiba
ATLANTISCHER OZEAN
Saludo
Pelotas

Claude Lévi-Strauss

TRAURIGE TROPEN

1988

Verlag Philipp Reclam jun. Leipzig

Aus dem Französischen
Übersetzt von Eva Moldenhauer
Nachwort von Carlos Marroquín
Mit zahlreichen Abbildungen

ISBN 3-379-00260-7

Lizenzausgabe des Verlages Philipp Reclam jun. Leipzig für die DDR mit freundlicher Genehmigung des Verlages Kiepenheuer und Witsch Köln und des Suhrkamp Verlages, Frankfurt am Main

Reclams Universal-Bibliothek Band 1227
1. Auflage
Reihengestaltung: Lothar Reher
Lizenz Nr. 363. 340/86/88 · LSV 7352 · Vbg. 29,5
Printed in the German Democratic Republic
Grafischer Großbetrieb Völkerfreundschaft Dresden
Gesetzt aus Garamond-Antiqua
Bestellnummer: 661 379 3
00450

Für Laurent

Nec minus ergo ante haec quam tu cecidere, cadentque,

Lukrez, De Rerum natura, III, 969

ERSTER TEIL

Das Ende der Reisen

I Abreise

Ich verabscheue Reisen und Forschungsreisende. Trotzdem stehe ich im Begriff, über meine Expeditionen zu berichten. Doch wie lange hat es gedauert, bis ich mich dazu entschloß! Fünfzehn Jahre sind vergangen, seit ich Brasilien zum letzten Mal verließ, und in all diesen Jahren habe ich oft den Plan gefaßt, dieses Buch zu schreiben; aber jedes Mal hat mich ein Gefühl der Scham oder des Überdrusses davon abgehalten. Soll man etwa des langen und breiten die vielen kleinen Belanglosigkeiten und unbedeutenden Ereignisse erzählen? Für das Abenteuer gibt es im Beruf des Ethnologen keinen Platz; es ist für ihn nichts weiter als ein Zwang, dem er sich unterwerfen muß; es beeinträchtigt seine Arbeit durch das Ungemach verlorener Wochen oder Monate, vieler Stunden, die müßig vergehen, weil der Informant sich davonschleicht; durch Hunger, Müdigkeit, manchmal auch Krankheit; und fast immer durch jene tausend Beschwerlichkeiten, die so sinnlos die Tage beschneiden und das gefahrvolle Leben im Urwald in eine Art Militärdienst verwandeln ... Daß es so vieler Mühen, so viel vergeblichen Aufwands bedarf, um dem Gegenstand unserer Untersuchungen nahe zu kommen, wertet diese eher negative Seite unseres Berufs keineswegs auf. Die Wahrheiten, nach denen wir in so weiter Ferne suchen, haben nur dann einen Wert, wenn sie von dieser Schlacke befreit sind. Gewiß kann man eine sechsmonatige Reise voller Entbehrungen und tödlicher Langeweile auf sich nehmen, um einen unbekannten Mythos, eine neue Heiratsregel oder eine vollständige Liste von Clan-Namen zu sammeln (was wenige Tage, manchmal nur wenige Stunden in Anspruch nimmt), doch verdient eine armselige Erinnerung wie folgende: „Morgens um 5 Uhr 30 legten wir in Recife an, während die Möwen kreischten und eine Schar von Händlern, die Südfrüchte anboten, sich um das Schiff drängte", daß ich die Feder in die Hand nehme und sie festhalte?

Aber genau diese Sorte von Berichten genießt eine Beliebtheit, die mir unerklärlich ist. Amazonien, Tibet und Afrika überschwemmen die Buchläden in Form von Reisebüchern, Forschungsberichten und Fotoalben, in denen die Effekthascherei zu sehr vorherrscht, als daß der Leser den Wert der Botschaft, die man mitbringt, würdigen könnte. Statt daß sein kritischer Geist erwacht, gelüstet ihn immer mehr nach dieser Speise, von der er Unmengen vertilgen kann. Heutzutage ist es ein Handwerk, Forschungsreisender zu sein; ein Handwerk, das nicht, wie man meinen könnte, darin besteht, nach vielen Jahren intensiven Studiums bislang unbekannte Tatsachen zu entdecken, sondern eine Vielzahl von Kilometern zu durchrasen und – möglichst farbige – Bilder oder Filme anzusammeln, mit deren Hilfe man mehrere Tage hintereinander einen Saal mit einer Menge von Zuschauern füllen kann, für die sich die Platitüden und Banalitäten wundersamerweise in Offenbarungen verwandeln, nur weil ihr Autor, statt sie an Ort und Stelle auszusondern, sie durch eine Strecke von zwanzigtausend Kilometern geadelt hat.

Was hören wir in solchen Vorträgen, und was lesen wir in solchen Büchern? Wir erfahren, was die mitgenommenen Kisten enthalten, was der kleine Hund, der sich an Bord befand, angestellt hat, und, vermischt mit Anekdoten, einige verwaschene Informationsfetzen, die schon seit einem halben Jahrhundert in allen Handbüchern herumschwirren und die eine nicht alltägliche Dreistigkeit, die jedoch der Naivität und Ignoranz der Konsumenten die Waage hält, sich nicht scheut, als ein Zeugnis, was sage ich, eine neue Entdeckung anzupreisen. Sicher gibt es Ausnahmen, und zu jeder Zeit hat es redliche Forschungsreisende gegeben; und zwei oder drei von denjenigen, die sich heute in die Gunst des Publikums teilen, könnte ich sofort mit Namen nennen. Mein Ziel ist es nicht, die Mystifikationen zu entlarven oder Diplome zu vergeben, sondern vielmehr, ein moralisches und soziales Phänomen zu begreifen, das sich besonders in Frankreich und auch hier erst seit kurzem breitmacht.

Vor zwanzig Jahren unternahm man selten eine Reise, und die Erzähler von Abenteuern wurden nicht in überfüllten Konzertsälen begrüßt, sondern in dem einzigen Ort, den es in Paris für diese Art von Vorstellungen gab, nämlich in dem dunklen, eiskalten und baufälligen kleinen Hörsaal in einem alten Gebäude am Ende des *Jardin des Plantes.* Die *Société des Amis du Muséum* organisierte dort allwöchentlich – vielleicht tut sie es noch heute – naturwissenschaftliche Vorträge. Der Projektionsapparat warf, mit viel zu schwachen Lampen, undeutliche Schatten auf eine viel zu große Leinwand, Schatten, deren Umrisse selbst der Vortragende schwer erkennen konnte und die das Publikum kaum von den Wasserflecken an den Wänden zu unterscheiden vermochte. Eine Viertelstunde nach der angekündigten Zeit fragten wir uns noch ängstlich, ob überhaupt Zuschauer kommen würden außer den wenigen Unentwegten, deren verstreute Silhouetten die Stufen des Amphitheaters schmückten. Als wir schon fast verzweifelten, füllte sich die Hälfte des Saals mit Kindern in Begleitung von Müttern oder Dienstmädchen: die einen kamen, weil sie sich eine kostenlose Abwechslung nicht entgehen lassen, die anderen, weil sie sich vom Lärm und Staub der Straße erholen wollten. Vor dieser Mischung aus verstaubten Phantomen und ungeduldigen Gören – der höchste Lohn für so viel Mühen, Sorgfalt und Arbeit – nahmen wir uns das Recht heraus, einen Schatz von Erinnerungen auszupacken, die auf einer solchen Sitzung auf ewig zu Eis erstarrten und die sich, während man im Dämmerlicht sprach, von einem loszulösen und eine nach der anderen wie Kieselsteine in die Tiefe eines Brunnens zu fallen schienen.

So sah die Rückkehr aus, kaum schauriger als die Feierlichkeiten der Abreise: das Bankett, welches das franko-amerikanische Komitee in einem Hotel der heute so genannten Avenue Franklin Roosevelt gegeben hatte, einem unbewohnten Gebäude, in das zwei Stunden vorher ein Gastwirt gekommen war, um sein Lager aus Kochplatten und Geschirr aufzuschlagen, ohne daß es einer hastigen Lüftung gelungen wäre, den Geruch von Verödung zu vertreiben.

An die Würde eines solchen Ortes ebensowenig gewöhnt wie an die staubige Langeweile, die er ausdünstete, um einen Tisch sitzend, der viel zu klein war für den riesigen Saal – man hatte gerade noch Zeit gehabt, den nun tatsächlich benützten Mittelteil auszufegen –, kamen wir zum ersten Mal miteinander in Kontakt, junge Professoren, die wir gerade erst die Arbeit an unseren Provinzgymnasien aufgenommen hatten und die eine etwas perverse Laune von Georges Dumas plötzlich aus dem feuchten Winterhafen in den möblierten Zimmern einer Kleinstadt, die ein Geruch von Grog, Keller und erkaltetem Rebholz durchtränkte, herausgerissen hatte, um sie auf die tropischen Meere und auf Luxusdampfer zu schicken; im übrigen alles Erfahrungen, die dazu beitrugen, eine ferne Beziehung zu dem unausweichlich falschen Bild zu knüpfen, das wir uns – ein Schicksal, das den Reisen anhaftet – bereits von ihnen machten.

Ich war Schüler von Georges Dumas zur Zeit seines *Traité de psychologie* gewesen. Einmal in der Woche, ich weiß nicht mehr, ob donnerstag- oder samstagmorgens, versammelte er die Philosophiestudenten in einem Hörsaal von Sainte-Anne, dessen den Fenstern gegenüberliegende Wand von oben bis unten mit fröhlichen Bildern von Irren vollgehängt war. Schon hier fühlte man sich einer besonderen Art von Exotik ausgesetzt; auf einem Podium pflanzte Dumas seine robuste, wie mit der Axt gehauene Statur auf, von einem knorrigen Haupt gekrönt, das einer durch einen langen Aufenthalt auf dem Grund der Meere gebleichten, ausgewaschenen Rübe glich. Denn seine wächserne Hautfarbe bewirkte, daß sich das Gesicht kaum von den weißen Haaren, die er sehr kurzgeschnitten trug, und dem ebenfalls weißen Schnurrbart abhob, der in alle Richtungen sprießte. Dieses wunderliche, noch mit seinen Wurzelfasern gespickte pflanzliche Treibgut wurde mit einem Mal menschlich durch einen kohlschwarzen Blick, der die Weiße des Kopfes noch stärker hervortreten ließ, ein Gegensatz, den das weiße Hemd und der gestärkte Kragen fortsetzten, die im Kontrast zu dem breitkrempigen Hut, der Halsbinde und dem Anzug standen, die stets schwarz waren.
Seine Vorlesungen waren nicht gerade lehrreich; niemals bereitete er sich darauf vor, denn er vertraute ganz dem körperlichen Charme, den das ausdrucksvolle Spiel seiner von einem nervösen Zucken verzerrten Lippen, aber vor allem seine rauhe, melodiöse Stimme auf sein Publikum ausübten: eine wahre Sirenenstimme, deren fremdartige Modulationen nicht nur an sein heimatliches Languedoc erinnerten, sondern mehr noch an regionale Besonderhei-

ten, an sehr archaische Formen der Musik des gesprochenen Französisch, so daß Stimme und Gesicht in zwei verschiedenen sinnlichen Bereichen ein und denselben sowohl rustikalen wie beißenden Stil beschworen: den Stil jener Humanisten des 16. Jahrhunderts, Ärzte und Philosophen, deren Rasse er durch Geist und Körper fortzupflanzen schien.

Die zweite, manchmal auch die dritte Stunde waren der Vorführung von Kranken gewidmet; dann erlebten wir erstaunliche Nummern zwischen dem durchtriebenen Praktiker und Subjekten, die durch viele Jahre im Irrenhaus auf alle Übungen dieser Art trainiert waren; sie wußten genau, was man von ihnen erwartete, produzierten die Störungen auf einen Wink hin oder leisteten dem Dompteur gerade so viel Widerstand, um ihm Gelegenheit zu einem Bravourstück zu geben. Auch wenn sich die Zuschauer nicht hinters Licht führen ließen, waren sie dennoch von diesen Demonstrationen der Virtuosität fasziniert. Hatte sich einer die Aufmerksamkeit des Meisters verdient, so wurde er dadurch belohnt, daß dieser ihm einen Kranken für ein Gespräch unter vier Augen anvertraute. Keine Kontaktaufnahme mit wilden Indianern hat mich mehr eingeschüchtert als jener Vormittag, den ich mit einer in Wolljacken gehüllten alten Dame zubrachte, die sich mit einem verfaulten Hering in einem Eisblock verglich: äußerlich unversehrt, jedoch ständig in Gefahr, sich aufzulösen, sobald die schützende Hülle schmelzen würde.

Dieser etwas mystifizierende Gelehrte, Förderer von Werken der Synthese, deren breit angelegter Entwurf einem ziemlich enttäuschten Positivismus dienstbar blieb, war ein Mann von großem Adel; das sollte er mir später, einen Tag nach dem Waffenstillstand, kurz vor seinem Tod beweisen, als er mir, schon fast erblindet, aus seinem Heimatdorf, in das er sich zurückgezogen hatte, einen aufmerksamen und taktvollen Brief schrieb, der keinen anderen Zweck haben konnte, als mich seiner Solidarität mit den ersten Opfern der Ereignisse zu versichern.

Ich habe stets bedauert, ihn nicht in seiner Jugend gekannt zu haben, als er, braungebrannt wie ein Konquistador und vor den wissenschaftlichen Perspektiven erschauernd, welche die Psychologie des 19. Jahrhunderts eröffnete, aufgebrochen war, sich der geistigen Eroberung der Neuen Welt zu widmen. In jener Art Liebe auf den ersten Blick, die zwischen ihm und der brasilianischen Gesellschaft entstehen sollte, ist gewiß ein geheimnisvolles Phänomen zutage getreten, als zwei Fragmente eines vierhundert Jahre alten Europas – von dem einige wesentliche Elemente erhalten geblieben waren: auf der einen Seite in einer Protestantenfamilie im Süden Frankreichs, auf der anderen in einer äußerst raffinierten und leicht dekadenten Bourgeoisie, die in den Tropen gleichsam in Zeitlupe lebte – einander begegneten, erkannten und fast miteinander verschmolzen. Der Fehler von Georges Dumas war, daß er sich des wahrhaft archäologischen Charakters dieser Konstellation nie bewußt wurde. Das einzige Brasilien, das er zu verführen vermochte (und dem ein kurzer Aufstieg zur Macht die Illusion gab, das wahre zu sein), war das Brasilien jener Großgrundbesitzer, die ihr Kapital schrittweise in Industrien mit ausländischer Beteiligung investierten und die in einem Parlamentarismus der guten Gesellschaft einen ideologischen Deckmantel suchten; eben jene, die unsere Studenten, Söhne von Immigranten oder Landjunkern, die mit ihrem Boden verbunden und durch die Schwankungen des Welthandels ruiniert waren, mit Groll den *gran fino* nannten, den großen Schlauen, das heißt das Feinste vom Feinen.

Ein Kuriosum: die Gründung der Universität von São Paulo, das große Lebenswerk von Georges Dumas, sollte jenen bescheidenen Klassen den Aufstieg durch Diplome ermöglichen, die ihnen Zugang zu Verwaltungsposten verschafften, so daß unsere Universitätsmission dazu beigetragen hat, eine neue Elite heranzubilden, die sich in dem Maße von uns abwenden sollte, in dem Dumas und in seinem Gefolge der Quai d'Orsay sich der Erkenntnis verschlossen, daß sie unsere kostbarste Schöpfung war, selbst wenn sie sich daranmachte, ein Feudalsystem zu vernichten, das uns zwar in Brasilien Zutritt verschafft hatte, aber nur, damit wir ihm einerseits als Garantie, andererseits als Zeitvertreib dienten.
Aber an dem Abend des franko-amerikanischen Diners waren wir, meine Kollegen und ich – sowie unsere Frauen,

die uns begleiteten –, noch nicht in der Lage, die unfreiwillige Rolle zu ermessen, die wir bei der Entwicklung der brasilianischen Gesellschaft spielen sollten. Wir waren viel zu sehr damit beschäftigt, uns gegenseitig zu bewachen und unsere möglichen Fauxpas zu beobachten; denn Georges Dumas hatte uns eingeschärft, daß wir uns darauf vorbereiten müßten, das Leben unserer neuen Herren zu führen: das heißt, den Automobilklub, die Kasinos und die Pferderennen zu besuchen. Das war etwas ganz Außergewöhnliches für junge Professoren, die vorher sechsundzwanzigtausend Francs im Jahr verdienten, und selbst dann noch – so selten waren diejenigen, die sich um die Expatriierung bewarben –, als man unsere Gehälter verdreifacht hatte.
„Vor allen Dingen", hatte Dumas uns ermahnt, „müssen Sie gut gekleidet sein", und, um uns zu beruhigen, mit rührender Naivität hinzugefügt, daß wir uns sehr preisgünstig unweit der Hallen bei einer Firma namens *A la Croix de Jeanette* einkleiden könnten, bei der er immer etwas zum Ausleihen gefunden hatte, als er noch junger Medizinstudent in Paris gewesen war.

II Auf dem Schiff

Jedenfalls ahnten wir nicht, daß unsere kleine Gruppe in den nächsten vier oder fünf Jahren – von wenigen Ausnahmen abgesehen – die gesamte Belegschaft der ersten Klasse auf den kombinierten Fracht-Fahrgastschiffen der *Compagnie des Transports Maritimes* bilden sollte, die nach Südamerika fuhr. Man hatte uns die zweite Klasse auf dem einzigen Luxusdampfer, der diese Linie befuhr, oder die erste Klasse auf bescheideneren Schiffen angeboten. Die Intriganten entschieden sich für die erste Lösung und bezahlten den Mehrpreis aus eigener Tasche; so hofften sie, mit Botschaftern in Kontakt zu kommen, wovon sie sich problematische Vorteile versprachen. Wir anderen nahmen die kombinierten Schiffe, die zwar sechs Tage länger unterwegs waren, aber auf denen wir die Herren waren und die in vielen Häfen anlegten.
Ich wünschte mir heute, ich wäre damals vor zwanzig Jahren in der Lage gewesen, den Wert des unerhörten, wahr-

haft königlichen Vorrechts richtig zu würdigen, das darin bestand, daß acht bis zehn Passagiere allein über Deck und Kabinen, über Rauchsalon und Speisesaal eines Schiffs verfügten, das gebaut war, hundert bis hundertfünfzig Personen zu beherbergen. Dieser Raum, den keine fremde Gegenwart beengte, war während der neunzehn Tage auf See gleichsam unser eigenes kleines Reich: unsere Apanage reiste mit uns. Nach zwei oder drei Überfahrten fanden wir sofort unsere Schiffe, unsere Gewohnheiten wieder; und noch bevor wir an Bord gingen, kannten wir bereits die Namen all der trefflichen Stewards aus Marseille, schnurrbärtig und mit festem Schuhwerk, die einen starken Knoblauchgeruch ausströmten, wenn sie uns die *suprême de poularde* oder die *filets de turbot* servierten. Die Mahlzeiten, die ohnehin für eine Gesellschaft von Pantagruels berechnet schienen, wurden noch üppiger durch die Tatsache, daß wir nur wenige waren, die die Schiffsküche in Anspruch nahmen.

Das Ende einer Zivilisation, der Beginn einer anderen, die plötzliche Entdeckung, daß unsere Welt vielleicht zu klein zu werden beginnt für die Menschen, die sie bewohnen – diese Wahrheiten konkretisierten sich für mich nicht so sehr durch die Zahlen, Statistiken und Revolutionen als vielmehr durch die telefonische Benachrichtigung, die ich vor einigen Wochen erhielt, als ich, nach fünfzehn Jahren, mit der Idee spielte, durch einen neuerlichen Besuch in Brasilien meine Jugend wiederzufinden, nämlich die Mitteilung, daß ich die Überfahrt vier Monate im voraus buchen müsse.

Und ich hatte mir vorgestellt, daß seit der Einrichtung von Flugverbindungen zwischen Europa und Südamerika nur noch wenige Exzentriker mit dem Schiff reisen würden! Leider macht man sich Illusionen, wenn man glaubt, daß das massenhafte Auftreten eines neuen Elements ein anderes entlastet. Durch die *Constellation* findet das Meer ebensowenig zur Ruhe zurück, wie der serienmäßige Verkauf von Grundstücken an der Côte d'Azur der Umgebung von Paris wieder zu ihrem ländlichen Charakter verhilft.

Aber zwischen den herrlichen Überfahrten von 1935 und derjenigen, auf die zu verzichten ich mich beeilte, hatte es 1941 noch eine weitere gegeben, von der ich ebenfalls nicht ahnte, in welchem Maße sie künftige Zeiten symbolisierte.

Kurz nach dem Waffenstillstand hatte ich es der freundschaftlichen Aufmerksamkeit, mit der Robert H. Lowie und A. Métraux meine ethnographischen Arbeiten verfolgten, sowie der Wachsamkeit in Amerika lebender Verwandter zu verdanken, daß ich im Rahmen des Plans der Rockefeller-Stiftung zur Rettung europäischer Gelehrter, die von der deutschen Besatzung bedroht waren, eine Einladung in die *New School for Social Research* erhielt. Aber wie sollte ich ihr Folge leisten? Mein erster Gedanke war, eine Reise nach Brasilien vorzutäuschen, um dort meine vor dem Krieg begonnenen Studien fortzusetzen. In dem kleinen Erdgeschoß der brasilianischen Botschaft in Vichy spielte sich eine kurze, für mich tragische Szene ab, als ich die Verlängerung meines Visums beantragte. Der Botschafter Louis de Souza-Dantas, den ich gut kannte, der aber nicht anders gehandelt haben würde, hatte ich ihn nicht gekannt, hatte bereits den Stempel in der Hand und schickte sich an, ihn auf den Paß zu drücken, als ein willfähriger Botschaftsrat ihn kalt mit der Bemerkung unterbrach, daß er aufgrund einer neuen gesetzlichen Verfügung dazu nicht mehr befugt sei. Eine Sekunde lang blieb der Arm mit dem Stempel in der Luft hängen. Mit einem ängstlichen, fast flehenden Blick versuchte der Botschafter, seinen Mitarbeiter dazu zu bewegen, sich kurz abzuwenden, damit der Stempel sich auf das Papier senken könne, was es mir ermöglicht hätte, Frankreich zu verlassen und vielleicht in Brasilien einzureisen. Aber nichts geschah, das Auge des Botschaftsrats starrte unentwegt auf die Hand, die mechanisch neben das Dokument zurückfiel. Ich bekam kein Visum, und der Paß wurde mir mit einer bedauernden Geste zurückgegeben.

Ich kehrte zu meinem Haus in den Cevennen zurück, in dessen Nähe, nach Montpellier, der Zufall des Rückzugs mich verschlagen hatte, und ging dann nach Marseille. Dort schlenderte ich umher und hörte aus Hafengesprächen, daß in Kürze ein Schiff nach der Insel Martinique abgehen sollte. Ich klapperte alle Docks und Werften ab und erfuhr schließlich, daß das fragliche Schiff derselben *Compagnie des Transports Maritimes* gehörte, der die Universitätsmission von Frankreich in Brasilien all die vorangegangenen Jahre eine treue und äußerst exklusive Kundschaft beschert hatte. An einem stürmischen Wintertag im Februar 1941 fand ich in den ungeheizten und fast immer geschlossenen Büros endlich einen Beamten, der uns früher im Namen der Schiffahrtsgesellschaft begrüßt hatte. Ja, das Schiff existierte, ja, es sollte abfahren; aber es sei ausgeschlossen, daß ich es nehme. Warum? Ich hätte ja keinen Begriff davon, er könne es mir nicht erklären, es sei nicht wie früher. Aber wie denn? O, sehr langwierig, sehr beschwerlich, und ich auf einem solchen Schiff – das könne er sich nicht einmal im Traum vorstellen.

Der brave Mann sah in mir immer noch einen, wenn auch bescheidenen Botschafter der französischen Kultur; während ich mich bereits als gehetztes Wild fühlte, auf der Flucht vor dem Konzentrationslager. Zudem hatte ich die letzten beiden Jahre zunächst tief im Urwald und später, von einem Quartier zum anderen, auf einem wilden Rückzug zugebracht, der mich von der Maginotlinie nach Béziers verschlagen hatte – über die Sarthe, die Corrèze und den Aveyron: in Viehwaggons und Schafställen; die Skrupel meines Geschäftspartners schienen mir völlig unangebracht. Ich konnte mir durchaus vorstellen, daß ich auf den Weltmeeren mein umherirrendes Dasein wieder aufnahm, die Arbeiten und kargen Mahlzeiten einer Handvoll Matrosen teilen durfte, die der Zufall auf ein klandestines Schiff verschlagen hatte, daß ich auf dem Deck schlief, lange Tage der wohltuenden Gegenwart des Meeres ausgesetzt.

Schließlich erhielt ich meine Schiffskarte auf der *Capitaine Paul Lemerle*; aber erst am Tag der Abreise begann ich zu begreifen, nämlich als ich durch die Spaliere der mit Helmen und Maschinenpistolen ausgerüsteten Wachtposten ging, die den Kai absperrten und die Passagiere von jedem Kontakt mit ihren Angehörigen oder Freunden abschnitten, die sie begleiteten, wobei sie den Abschied durch Rippenstöße und wüste Beschimpfungen abkürzten: es war wahrhaftig kein einsames Abenteuer, vielmehr ein Auszug von Strafgefangenen. Mehr noch als von der Art und Weise, mit der man uns behandelte, war ich wie betäubt von unserer Vielzahl. Etwa dreihundertfünfzig Personen wurden in einen kleinen Dampfer gepfercht, der – wie ich sofort sah – nur zwei Kabinen mit insgesamt sieben Schlafplätzen enthielt. Eine von ihnen wurde drei Damen zugewiesen, in die andere sollten sich vier Männer teilen, zu denen auch ich gehörte, eine unerhörte Vergünstigung, die ich M. B. verdankte, der es als Zumutung empfand, einen seiner früheren Luxusgäste wie Schlachtvieh zu transportieren. Denn alle meine Reisegefährten, Männer, Frauen und Kinder, wurden in luft- und lichtlosen Frachträumen verstaut, in denen Schiffsschreiner notdürftig Betten übereinandergebaut und mit Strohsäcken bestückt hatten. Einer der vier privilegierten Männer war ein österreichischer Metallwarenhändler, der bestimmt wußte, was ihn diese Annehmlichkeit gekostet hatte; der andere ein junger „béké" – ein reicher Kreole –, den der Krieg aus seiner Heimat Martinique vertrieben hatte und der eine Sonderbehandlung verdiente, da er auf diesem Schiff der einzige war, der nicht als Jude, Ausländer oder Anarchist galt; der vierte schließlich, ein merkwürdiger Nordafrikaner, der angeblich für nur wenige Tage nach New York reiste (ein extravagantes Vorhaben, wenn man bedenkt, daß wir drei Monate unterwegs sein sollten), trug einen Degas in seinem Koffer und schien, obwohl er Jude war wie ich, bei allen Polizeiämtern, Sicherheitsdiensten und Gendarmerien der Kolonien und Protektorate *persona grata* zu sein, ein unter den damaligen Verhältnissen erstaunliches Geheimnis, in das ich nie habe dringen können.

Unter dem Gesindel, wie die Gendarmen zu sagen pflegten, befanden sich unter anderen André Breton und Victor Serge. André Breton, der sich auf dieser Galeere sehr unbehaglich fühlte, wanderte ruhelos auf den wenigen menschenleeren Teilen des Decks auf und ab; ganz in Plüsch gehüllt, ähnelte er einem blauen Bären. Zwischen uns entspann sich eine dauerhafte Freundschaft durch einen Briefwechsel, den wir während dieser endlosen Reise ziemlich lange fortsetzten und in dem wir über das Verhältnis zwischen ästhetischer Schönheit und absoluter Originalität diskutierten.

Victor Serge dagegen und seine Vergangenheit als Gefährte Lenins schüchterten mich ein, wobei ich gleichzeitig die größte Schwierigkeit empfand, diese Vergangenheit mit seiner Person in Einklang zu bringen, die eher an eine alte Jungfer mit Prinzipien erinnerte. Sein bartloses Gesicht, seine feinen Züge, seine helle Stimme sowie sein steifes, bedächtiges Benehmen hatten jenen fast asexuellen Charakter, den ich später bei den buddhistischen Mönchen an der burmesischen Grenze kennenlernen sollte, weit entfernt von dem männlichen Temperament und der überschäumenden Vitalität, welche die französische Tradition mit den sogenannten subversiven Tätigkeiten verbindet. Das liegt daran, daß kulturelle Typen, die in jeder Gesellschaft in ähnlicher Form immer wiederkehren, weil um sehr einfache Gegensätze gruppiert, von jeder Gruppe benutzt werden, um unterschiedliche soziale Funktionen zu erfüllen. Der Typus von Victor Serge hatte sich in einer revolutionären Laufbahn in Rußland verwirklichen können; was wäre anderswo aus ihm geworden? Sicherlich wären die Beziehungen zwischen zwei Gesellschaften leichter, wenn es möglich wäre, mit Hilfe einer Art Raster ein System von Entsprechungen zwischen den Methoden aufzustellen, mit deren Hilfe jede von ihnen analoge menschliche Typen verwendet, um unterschiedliche soziale Funktionen zu erfüllen. Statt sich wie heute darauf zu beschränken, Ärzte mit Ärzten, Industrielle mit Industriellen und Professoren mit Professoren zu vergleichen, würde man dann vielleicht erkennen, daß es zwischen Individuen und Rollen weit subtilere Entsprechungen gibt.

Außer seiner Ladung an Menschen transportierte das Schiff ich weiß nicht welches klandestine Material; wir verbrachten eine erstaunlich lange Zeit auf dem Mittelmeer und an der afrikanischen Westküste, flüchteten von einem Hafen in den anderen, um, wie es schien, der Kontrolle der englischen Flotte zu entgehen. Die Inhaber von französischen Pässen durften zuweilen an Land gehen, die anderen blieben auf den wenigen Quadratzentimetern zusammengedrängt, die jedem einzelnen zur Verfügung standen, auf einem Deck, das sich in der Hitze – die in dem Maße wuchs, in dem wir uns den Tropen näherten, und die den Aufenthalt in den Frachträumen unerträglich machte – allmählich in eine Mischung aus Speisesaal, Schlafraum, Kinderzimmer, Waschküche und Solarium verwandelte. Am unangenehmsten war jedoch, was man beim Militär die „Körperpflege“ nannte. An der Reling entlang, Backbord für die Männer und Steuerbord für die Frauen, hatte die Schiffsmannschaft zwei Reihen von Bretterbuden errichtet, ohne Luft und Licht; in der einen befanden sich einige Duschhähne, aus denen nur morgens Wasser kam; die andere, in der sich eine lange, ins Meer mündende Rinne aus grob mit Zink verkleidetem Holz befand, diente einem leicht zu erratenden Zweck. Die Gegner einer allzu weitgehenden Promiskuität, denen das kollektive, im übrigen durch das Schlingern erschwerte Hocken widerstrebte, konnten sich nur dadurch behelfen, daß sie schon in aller Frühe aufstanden, und während der ganzen Überfahrt organisierte sich eine Art Wettrennen zwischen den Zartbesaiteten, so daß man schließlich nur gegen 3 Uhr morgens mit einer relativen Einsamkeit rechnen durfte. Und am Ende legte man sich überhaupt nicht mehr schlafen. Dasselbe passierte mit den Duschen, bei denen es zwar nicht um dieselbe Schamhaftigkeit, aber darum ging, sich einen Platz im Gedränge zu erkämpfen, in dem ein spärliches und bei der Berührung mit so vielen feuchten Leibern gleichsam verdunstendes Wasser nicht einmal mehr die Haut erreichte. In beiden Fällen beeilte man sich, fertig zu werden und diesen Ort zu verlassen, denn die ungelüfteten Baracken bestanden aus frischen, noch harzigen Fichtenholzbrettern, die, mit schmutzigem Wasser, Urin und Seeluft getränkt, unter der Sonne zu gären begannen und einen warmen, süßlichen, ekelerregenden Geruch ausströmten, der zusammen mit anderen Dünsten bald unerträglich wurde, besonders bei hohem Wellengang.

Als wir nach einem Monat der Überfahrt mitten in der Nacht den Leuchtturm von Fort-de-France erblickten, ließ nicht die Hoffnung auf ein endlich genießbares Mahl, ein frischbezogenes Bett, eine ruhige Nacht die Herzen der Passagiere höher schlagen. Alle jene Menschen, die bis zu dem Augenblick, da sie an Bord gingen, die „Annehmlichkeiten“ der Zivilisation genossen hatten, hatten mehr als unter Hunger, Müdigkeit, Schlaflosigkeit, Promiskuität und Verachtung unter dem aufgezwungenen, durch die Hitze noch schlimmer gewordenen Dreck gelitten, in dem sie die letzten vier Wochen hatten verbringen müssen. Es waren hübsche junge Frauen an Bord; Flirts hatten sich angebahnt, man war einander nähergekommen. Für sie war die Tatsache, vor der Trennung endlich in einem günstigeren Licht zu erscheinen, mehr als eine Frage der Koketterie: sie bedeutete einen einzulösenden Wechsel, eine zu begleichende Schuld, den Beweis dafür, daß sie der vielen Aufmerksamkeiten nicht von Grund auf unwürdig waren, die man ihnen, wie sie mit rührendem Zartgefühl glaubten, lediglich geborgt hatte. Es lag also nicht nur etwas Komisches, sondern auch etwas Taktvolles und Pathetisches in jenem Schrei, der aus allen Kehlen drang und den traditionellen Ruf der Seefahrer „Land! Land!“ ersetzte: „Ein Bad! Endlich ein Bad!“, ertönte es allenthalben, während man fieberhaft das letzte Stück Seife, ein sauber gebliebenes Handtuch, ein für dieses große Ereignis aufbewahrtes Hemd zusammenklaubte.

Abgesehen davon, daß dieser hydrotherapeutische Traum einen übertriebenen optimistischen Glauben an die Wohltaten der Zivilisation zum Ausdruck brachte, die man von vier Jahrhunderten Kolonisation erwarten darf (denn in Fort-de-France sind Badezimmer eine Seltenheit), sollten die Passagiere sehr schnell erfahren, daß ihr dreckiges und überfülltes Schiff eine Idylle gewesen war, verglichen mit dem Empfang, den uns, kaum hatten wir angelegt, eine Soldateska bereitete, die einer kollektiven Form geistiger Zerrüttung zum Opfer gefallen war, welche die Aufmerksamkeit des Ethnologen verdient hätte, wäre dieser nicht damit beschäftigt gewesen, all seine intellektuellen Kräfte aufzubieten, um den widerwärtigen Folgen dieser Geistesstörung zu entrinnen.

Die meisten Franzosen hatten einen sehr „wunderlichen“ Krieg mitgemacht; den Krieg der Offiziere, die in Martinique in Garnison lagen, kennzeichnet kein Superlativ, der ihm eine genaue Qualität bescheinigte. Ihre einzige Aufgabe, nämlich das Gold der Bank von Frankreich zu schützen, hatte sich zu einem Alptraum entwickelt, an dem der übermäßige Konsum von Punsch nur zum Teil die Schuld trug, denn eine weit heimtückischere, aber darum nicht minder entscheidende Rolle fiel dabei der Inselsituation zu, der Entfernung von der Metropole sowie einer historischen Tradition voller Piratenerinnerungen, in der die nordamerikanische Überwachung und die geheimen Missionen der deutschen Unterseeflotte mühelos die Stelle der einstigen Protagonisten mit den goldenen Ohrringen, dem ausgestochenen Auge und dem Holzbein einnahmen. So war ein Be-

lagerungsfieber entstanden, das, obwohl aus gutem Grund kein einziges Gefecht stattgefunden hatte, nichtsdestoweniger bei den meisten Leuten ein Gefühl der Panik erzeugte. Auch die Reden der Inselbewohner zeugten, wenn auch weit prosaischer, von dieser Geisteshaltung: „Es gab keinen Kabeljau mehr, die Insel war futsch", konnte man oft hören, während andere erklärten, daß Hitler niemand anderes sei als Jesus Christus, auf die Erde herabgestiegen, um die weiße Rasse dafür zu bestrafen, daß sie in den letzten zweitausend Jahren seine Lehren so schlecht befolgt hatte.
Zur Zeit des Waffenstillstands schlossen sich die Unteroffiziere keineswegs dem Freien Frankreich an, sondern fühlten sich der Regierung der Hauptstadt verpflichtet. Sie blieben weiterhin „draußen"; ihr seit Monaten körperlich wie moralisch ausgezehrter Widerstand hätte sie ohnehin außerstand gesetzt zu kämpfen, falls es je dazu hätte kommen sollen; ihr kranker Geist fand dadurch zu einer gewissen Ruhe zurück, daß er einen realen, aber weit entfernten und damit unsichtbar und gleichsam abstrakt gewordenen Feind – die Deutschen – durch einen imaginären Feind ersetzte, der den doppelten Vorzug besaß, sowohl nah wie greifbar zu sein: die Amerikaner. Im übrigen kreuzten ständig zwei nordamerikanische Kriegsschiffe vor der Küste. Ein geschickter Adjutant des Oberbefehlshabers der französischen Streitkräfte aß täglich bei ihnen an Bord zu Mittag, während sein Vorgesetzter sich befleißigte, bei seiner Truppe Haß und Wut gegen die Angelsachsen zu schüren.
Von den Feinden, an denen sie ihre seit Monaten angestauten Aggressionen auslassen konnten, weil sie verantwortlich waren für eine Niederlage, mit der sie nichts zu schaffen hatten, da sie an den Kämpfen nicht teilgenommen hatten, aber für die sie sich in anderem Sinn dennoch vage schuldig fühlten (hatten sie nicht das beste Beispiel für Sorglosigkeit, Illusion und Schlaffheit geliefert, denen zumindest teilweise das Land zum Opfer gefallen war?) – von diesen Feinden lieferte ihnen unser Schiff eine besonders gut ausgewählte Mustersammlung. So als hätten die Autoritäten von Vichy, indem sie uns in Martinique einreisen ließen, diesen Herren eine Ladung Sündenböcke geschickt, um ihre Galle zu erleichtern. Die Truppe, die Shorts,

Helme und Waffen trug und sich im Büro des Kommandanten breitmachte, schien uns, die wir einzeln vor ihnen erschienen, weniger einem Verhör über unsere Anwesenheit an Bord zu unterziehen, als sich in wüsten Beschimpfungen zu ergehen, die wir uns gefallen lassen mußten. Wer kein Franzose war, galt als Feind; und wer es war, dem sprach man diese Eigenschaft gröblich ab und beschuldigte ihn gleichzeitig, durch seine Abreise sein Land feige im Stich gelassen zu haben, ein Vorwurf, der nicht nur widersprüchlich, sondern auch sehr seltsam klang im Mund von Männern, die seit der Kriegserklärung im Schutz der Monroedoktrin gelebt hatten ...
Bäder, lebt wohl! Es wurde beschlossen, alle Passagiere in einem „Lazarett“ genannten Lager auf der anderen Seite der Bucht zu internieren. Nur drei Personen erhielten die Genehmigung, an Land zu gehen: der „béké“, der unbeteiligt war, der geheimnisvolle Tunesier nach Vorlage eines Dokuments, und ich selbst aufgrund einer besonderen Gnade, die dem Kommandanten des Schiffskontrollamts gewährt wurde, denn es hatte sich herausgestellt, daß wir alte Bekannte waren: er war der zweite Offizier auf einem der Schiffe gewesen, auf denen ich vor dem Krieg gefahren war.

III Antillen

Punkt zwei Uhr nachmittags glich Fort-de-France einer toten Stadt; unbewohnt schienen die Bretterbuden am Rand eines langgestreckten, mit Palmen bestandenen und mit Unkraut überwucherten Platzes zu sein, der einem unbebauten Gelände glich, von dem man lediglich die mit Grünspan überzogenen Statuen von Josephine Tascher de la Pagerie und Beauharnais wegzuschaffen vergessen hatte. Kaum hatte man uns in einem ausgestorbenen Hotel untergebracht, stürzten wir uns, noch verwirrt von den Ereignissen des Vormittags, in einen Mietwagen und fuhren zum Lazarett, um unsere Gefährten, insbesondere zwei junge deutsche Frauen, zu trösten, die uns während der Überfahrt den Eindruck vermittelt hatten, als hätten sie es sehr eilig, ihre Ehemänner zu betrügen, sobald ihnen die Möglichkeit ge-

geben würde, sich zu waschen. In dieser Hinsicht vergrößerte die Sache mit dem Lazarett unsere Enttäuschung.
Während sich der alte Ford im ersten Gang durch unebene Pfade kämpfte und ich mit Entzücken die vielen Pflanzen wiederentdeckte, die mir aus Amazonien vertraut waren, hier aber andere Namen trugen, dachte ich an die unerfreulichen Szenen, die sich kurz zuvor abgespielt hatten, und ich versuchte, sie mit ähnlichen Erfahrungen zu verbinden. Denn meinen Gefährten, die nach einem oft friedlichen Dasein dem Abenteuer ausgesetzt waren, erschien jene Mischung aus Bosheit und Dummheit als ein unerhörtes, einmaliges, außergewöhnliches Phänomen, als eine in der Geschichte noch nie dagewesene internationale Katastrophe, die sowohl über sie als einzelne als auch über ihre Gefängniswärter hereinbrach. Für mich, der ich die Welt gesehen und mich im Lauf der vergangenen Jahre schon öfter in ungewöhnlichen Situationen befunden hatte, war diese Art von Erfahrungen nicht ganz ungewohnt. Ich wußte, daß sie langsam, aber sicher ausbrechen würden wie der gefährliche Schweiß einer ihrer Zahl sowie ihrer täglich komplizierter werdenden Probleme überdrüssigen Menschheit, so als wäre ihre Epidermis durch die Reibung gereizt, die der durch die Intensität der Kommunikation verstärkte materielle und intellektuelle Austausch erzeugt. Auf dieser französischen Erde hatten Krieg und Niederlage lediglich einen universellen Prozeß beschleunigt und die Ausbreitung einer bleibenden Seuche erleichtert, die niemals vollständig vom Antlitz der Welt verschwinden, sondern, wenn sie sich irgendwo abschwächen sollte, sofort an einem anderen Punkt wieder aufflammen würde. All diesen unsinnigen, haßerfüllten und leichtgläubigen Vorstellungen, welche die sozialen Gruppen wie Eiter ausscheiden, wenn es ihnen an Raum zu mangeln beginnt, begegnete ich heute nicht zum ersten Mal.
Erst vor kurzem, wenige Monate vor der Kriegserklärung, als ich mich auf der Rückreise nach Frankreich befand und durch die Altstadt von Bahia schlenderte, besichtigte ich jene alten Kirchen, von denen es dreihundertfünfundsechzig geben soll, eine für jeden Tag des Jahres, unterschieden auch in Stil und Innenausstattung je nach den Tagen und Jahreszeiten. Ich war ganz darin vertieft, architektonische

Details zu fotografieren, verfolgt von einer Schar halbnackter Negerkinder, die mich bestürmten: *„tira o retrato! tira o retrato!“* „Bitte, ein Foto!“ Gerührt von einer so anmutigen Bettelei – um ein Foto, das sie, anders als eine Münze, niemals zu Gesicht bekommen würden –, war ich bereit, die Kinder zufriedenzustellen und die Kamera auf sie zu richten. Ich war noch keine hundert Meter weitergegangen, als sich eine Hand auf meine Schulter legte: zwei Zivilbeamte, die mir Schritt für Schritt auf meinem Spaziergang gefolgt waren, belehrten mich, daß ich einen feindseligen Akt gegenüber Brasilien begangen hätte – sicherlich weil das Foto, in Europa veröffentlicht, der Legende Vorschub leisten könnte, daß es Brasilianer mit schwarzer Hautfarbe gibt und daß die Kinder von Bahia barfuß herumlaufen. Ich wurde arretiert, zum Glück nur für kurze Zeit, denn das Schiff fuhr ab.

Dieses Schiff brachte mir wirklich Unglück; denn einige Tage vorher war mir schon Ähnliches zugestoßen, diesmal bei der Einschiffung im Hafen von Santos: kaum war ich an Bord, als ein Befehlshaber der brasilianischen Marine in voller Uniform und in Begleitung zweier Marineinfanteristen mit aufgepflanzten Bajonetten erschien, um mich in meiner Kabine für verhaftet zu erklären. Diesmal dauerte es vier oder fünf Stunden, bis sich das Geheimnis aufklärte. Die franko-brasilianische Expedition, die ich ein Jahr lang geleitet hatte, fiel unter ein Gesetz, das die Aufteilung der ethnographischen Sammlungen unter die beiden Länder vorsah. Diese Aufteilung mußte unter Aufsicht des Nationalmuseums von Rio de Janeiro vor sich gehen, das sofort alle Häfen des Landes zu benachrichtigen hatte. Für den Fall, daß ich finstere Pläne hegen und versuchen sollte, mit einer Ladung von Pfeilen, Bögen und Federschmuck, die den Frankreich zustehenden Anteil überschritt, das Land zu verlassen, sollte man um jeden Preis meiner Person habhaft werden. Doch als ich von meiner Forschungsreise zurückkehrte, hatte das Museum von Rio seine Meinung geändert und beschlossen, den brasilianischen Anteil einem wissenschaftlichen Institut in São Paulo abzutreten; zwar hatte man mich davon unterrichtet, daß der Export des französischen Anteils in Zukunft über Santos und nicht mehr über Rio zu erfolgen habe, aber da man vergessen hatte, daß die-

ses Problem vorher auf andere Art geregelt worden war, wurde ich zum Kriminellen gestempelt aufgrund alter Instruktionen, an die sich zwar ihre Urheber nicht mehr erinnerten, wohl aber diejenigen, die beauftragt waren, sie auszuführen.
Glücklicherweise schlummerte zu jener Zeit noch im Herzen eines jeden brasilianischen Beamten ein Anarchist, am Leben gehalten von jenen paar Brocken Voltaire und Anatole France, die noch im tiefsten Busch in der nationalen Kultur herumgeisterten („O, Monsieur, Sie sind Franzose! Ach, Frankreich! Anatole, Anatole!" rief erschüttert, mich in die Arme schließend, ein Greis aus einer kleinen Ortschaft im Innern, der noch nie in seinem Leben einem meiner Landsleute begegnet war). Nach alledem gewitzt genug, die notwendige Zeit aufzuwenden, um gegenüber dem brasilianischen Staat im allgemeinen und den Schiffahrtsbehörden im besonderen meine Ehrerbietung zu demonstrieren, befleißigte ich mich, einige sentimentale Saiten zum Schwingen zu bringen; nicht ohne Erfolg, denn nach wenigen Stunden, in denen mir der kalte Schweiß ausgebrochen war (denn die ethnographischen Sammlungen lagen in den Kisten zwischen meinem Mobiliar und meiner Bibliothek, da ich Brasilien endgültig zu verlassen gedachte, und ich hatte zuweilen die Befürchtung, man würde sie auf den Kais zertrümmern, während das Schiff den Anker lichtete), diktierte ich persönlich meinem Gesprächspartner mit beißenden Worten einen Bericht, in dem er sich das ruhmvolle Verdienst zusprach, dadurch, daß er mir samt meinem Gepäck die Ausreise gestattete, sein Land vor einem internationalen Konflikt und der damit verbundenen Demütigung bewahrt zu haben.
Vielleicht hätte ich nicht so mutig gehandelt, wäre ich nicht im Bann einer Erinnerung gewesen, welche die südamerikanische Polizei all ihres Ernstes beraubte. Zwei Monate zuvor hatte ich in einem großen Dorf in Bolivien festgesessen, wo ich zusammen mit einem Begleiter, Dr. J. A. Vellard, zwei Tage lang auf die Anschlußmaschine wartete. 1938 war die Luftfahrt kaum mit der heutigen vergleichbar. In den abgelegenen Regionen Südamerikas hatte sie einige Etappen des Fortschritts übersprungen und sich den Dorfbewohnern als Ersatz angeboten, die bisher, da es keine Stra-

ßen gab, vier Tage gebraucht hatten, um sich zu Fuß oder zu Pferd zum benachbarten Markt zu begeben. Jetzt ermöglichte es ihnen ein Flug von wenigen Minuten (der sich jedoch, um die Wahrheit zu sagen, häufig um eine weit höhere Anzahl von Tagen verspätete), ihre Hühner und Enten zu transportieren, zwischen denen man selbst meist zusammengekauert reiste, denn die kleinen Flugzeuge waren vollgestopft mit einem bunten Gewirr aus barfüßigen Bauern, Federvieh und Kisten, die zu schwer oder zu groß waren, als daß man sie durch die Urwaldpfade hätte schleppen können.
So schlenderten wir müßig durch die Straßen von Santa Cruz de la Sierra. Die Regenzeit hatte sie in schlammige Sturzbäche verwandelt, und man mußte sie auf großen Steinen überqueren, die, in regelmäßigen Abständen aufgestellt, Übergängen ähnelten und für Fahrzeuge ein nicht zu überwindendes Hindernis darstellten, als einer Patrouille unsere wenig vertrauten Gesichter auffielen; ein hinreichender Grund, uns festzunehmen und bis zur Aufklärung der Angelegenheit in ein Zimmer von altmodischem Luxus einzusperren, im ehemaligen Palast des Provinzgouverneurs, dessen holzgetäfelte Wände verglaste Bibliotheken einrahmten, auf deren Regalen kostbar gebundene Wälzer standen, lediglich unterbrochen von einer ebenfalls verglasten und eingerahmten Tafel mit der wunderlichen Inschrift, die ich hier aus dem Spanischen übersetze: „Bei empfindlicher Strafe ist es strengstens untersagt, Seiten aus den Archiven zu reißen, um sie für besondere oder hygienische Zwecke zu benutzen. Jeder, der diesem Verbot zuwiderhandelt, wird bestraft."
Um der Wahrheit willen muß ich gestehen, daß sich meine Situation auf Martinique dank der Intervention eines hohen Beamten des Straßenbauamts verbesserte, der hinter einer etwas kühlen Reserviertheit Gefühle verbarg, die sich von denen der offiziellen Kreise um einiges unterschieden; vielleicht auch dank meinen häufigen Besuchen bei einer religiösen Zeitung, in deren Büros Patres, ich weiß nicht welchen Ordens, Kisten voll archäologischer Funde verstaut hatten, die auf die indianische Besiedlung zurückgingen und die ich in meinen Mußestunden auswertete.
Eines Tages betrat ich den Saal des Schwurgerichts, das ge-

rade tagte; es war mein erster Besuch in einem Gericht, und es ist der einzige geblieben. Man verhandelte den Fall eines Bauern, der seinem Gegner während eines Streits ein Stück Ohr abgebissen hatte. Der Angeklagte, der Kläger sowie die Zeugen sprachen ein schnellzüngiges Kreolisch, dessen glasklare Frische an einem solchen Ort fast übernatürlich wirkte. Man übersetzte ihre Erklärungen drei Richtern, die aufgrund der Hitze unter ihren roten Roben und ihren Pelzen litten, denen die herrschende Feuchtigkeit allen Glanz genommen hatte. Dieser Plunder hing wie ein blutiger Verband um ihre Körper. Innerhalb von genau fünf Minuten wurde der jähzornige Schwarze zu acht Jahren Gefängnis verurteilt. Für mich war und bleibt die Justiz immer mit dem Zweifel, dem Skrupel, dem Respekt verbunden. Daß man mit solcher Leichtfertigkeit innerhalb so kurzer Zeit über das Schicksal eines Menschen befinden konnte, bestürzte mich zutiefst. Ich mochte nicht glauben, daß ich einem realen Ereignis beigewohnt hatte. Noch heute gelingt es keinem Traum, so phantastisch oder grotesk er sein mag, ein solches Gefühl der Ungläubigkeit in mir zu wecken.

Meine Reisegefährten verdankten ihre Befreiung einem Konflikt zwischen den Schiffahrtsbehörden und den Kaufleuten. Wenn die einen in ihnen Spione und Verräter sahen, so sahen die anderen in ihnen eine Quelle von Profiten, die sich aufgrund der Internierung im Lazarett nicht ausbeuten ließ. Diese Erwägungen siegten über die anderen, und binnen vierzehn Tagen stand es jedermann frei, seine letzten französischen Geldscheine auszugeben, unter sehr aktiver Bewachung der Polizei, die um jedermann, insbesondere aber um die Frauen, ein dichtes Netz von Versuchungen, Provokationen, Verführungen und Repressalien spann. Gleichzeitig beantragte man Visa beim dominikanischen Konsulat, sammelte falsche Gerüchte über die Ankunft hypothetischer Schiffe, die uns befreien sollten. Und wieder änderte sich die Situation, als das dörfliche Gewerbe, eifersüchtig auf die Präfektur, sein Recht auf einen Teil der Flüchtlinge geltend machte. Von einem Tag auf den anderen wurden alle zwangsweise in die Dörfer des Innern verlegt. Wieder einmal kam ich davon, aber da ich meinen schönen Freundinnen unbedingt in ihren neuen Aufenthaltsort am Fuß des Mont Pelée nachkommen wollte, verdanke ich dieser letzten Polizeiaktion unvergeßliche Spaziergänge durch diese Insel, deren Exotik um so vieles klassischer ist als die des südamerikanischen Kontinents: dunkles Moosachat, umgeben von einem Strahlenkranz schwarzer, silbrigglitzernder Sandstrände, in milchigen Nebel versunkene Täler, die den riesigen, fedrigen und zarten Schaum der Baumfarne über den lebendigen Fossilien ihrer Stämme kaum ahnen lassen.

Auch wenn ich, im Vergleich zu meinen Gefährten, bislang begünstigt war, machte mir doch ein Problem zu schaffen, das ich hier erwähnen muß, da die Abfassung dieses Buchs gerade von seiner Lösung abhängen sollte, die mir, wie man sehen wird, einige Schwierigkeiten bereitete. Als einzigen Schatz schleppte ich einen Koffer voller Dokumente über meine Forschungsreise mit mir herum: Karteikarten mit linguistischen und technologischen Angaben, Reisetagebücher, Notizen über die Gegend, Landkarten, Pläne und Fotonegative – Tausende von Zetteln und Klischees. Diese verdächtige Sammlung hatte die Demarkationslinie passiert, wobei der Schmuggler, der sich ihrer angenommen hatte, ein beträchtliches Risiko eingegangen war. Aus dem Empfang, der uns auf Martinique zuteil geworden war, hatte ich geschlossen, daß ich weder den Zoll noch die Polizei, noch das Zweite Büro der Admiralität den geringsten Blick auf etwas werfen lassen durfte, das ihnen unweigerlich als verschlüsselte Instruktionen (was das Eingeborenenvokabular betraf), als Verzeichnis strategischer Anlagen oder als Invasionsplan erscheinen mußte. Daher beschloß ich, meinen Koffer als Transitgut aufzugeben, und so wurde er versiegelt in die Lagerhallen der Zollbehörde verfrachtet. Infolgedessen durfte ich, wie man mir später mitteilte, die Insel Martinique nur auf einem ausländischen Schiff verlassen, auf das mein Koffer dann direkt verladen würde (und auch um diesen Kompromiß durchzusetzen, habe ich unendliche Mühe aufwenden müssen). Wenn ich dagegen auf der *D'Aumale* (einem wahren Geisterschiff, auf das meine Gefährten einen Monat lang warteten, bevor es sich eines schönen Morgens als ein großes, frischgestrichenes Spielzeug aus einem vergangenen Jahrhundert entpuppte) nach New York reisen wolle, dann müsse der Koffer, so sagte man mir, zuerst den Behörden von Martinique übergeben werden, bevor man ihn weiterbefördern könne. Das kam überhaupt nicht in Frage. Und so schiffte ich mich auf einem makellos weißen schwedischen Bananendampfer nach Puerto Rico ein, auf dem ich vier Tage lang, gleichsam als Nachgeschmack vergangener Zeiten, eine ruhige, fast einsame Überfahrt genoß, denn wir waren nur acht Passagiere an Bord.

Nach der französischen kam die amerikanische Polizei. Als ich in Puerto Rico an Land ging, mußte ich zwei Dinge feststellen: während der zwei Monate, die seit meiner Abreise aus Marseille verstrichen waren, hatten sich die Einwanderungsgesetze in den Vereinigten Staaten geändert, und die Dokumente, die ich von der *New School for Social Research* erhalten hatte, entsprachen nicht mehr den neuen Bestimmungen; und den Verdacht, den ich bei der Polizei von Martinique wegen meiner ethnographischen Dokumente erregt und vor dem ich mich so umsichtig geschützt hatte, teilte die amerikanische Polizei in höchstem Maße. Nachdem man mich in Fort-de-France als jüdischen Freimaurer im Dienst der Amerikaner beschimpft hatte, wurde mir hier die bittere Entschädigung zuteil, daß ich in den Augen der USA als ein Sendling Vichys, wenn nicht gar der Deutschen galt. Während ich darauf wartete, daß die *New School* (der ich ein dringendes Telegramm geschickt hatte) dem Buchstaben des Gesetzes Genüge leisten und vor allem ein der französischen Sprache mächtiger FBI-Spezialist in Puerto Rico eintreffen würde (da ich wußte, daß die meisten meiner Notizen keine französischen Termini enthielten, sondern Wörter aus Dialekten, die in Zentralbrasilien nahezu unbekannt waren, schauderte mir bei dem Gedanken, wie lange es dauern würde, einen Experten aufzutreiben), beschlossen die Einwanderungsbehörden, übrigens auf Kosten der Schiffahrtsgesellschaft, mich in einem nüchternen, kahlen Hotel spanischer Tradition zu internieren, wo man mich mit gekochtem Rindfleisch und Kichererbsen bewirtete, während zwei ungemein schmutzige und schlecht rasierte Landespolizisten Tag und Nacht vor meiner Tür einander ablösten.

Ich erinnere mich, daß Bertrand Goldschmidt, der mit dem gleichen Schiff gekommen war und inzwischen Direktor der Atomenergiekommission geworden ist, mir eines

Abends im Innenhof dieses Hotels das Prinzip der Atombombe erklärte und mir enthüllte (wir schrieben Mai 1941), daß sich die wichtigsten Länder einem Wettlauf verschrieben hätten, der demjenigen, der als erster ankäme, den Sieg verspreche.

Nach einigen Tagen hatten auch meine letzten Reisegefährten ihre persönlichen Probleme geregelt und waren nach New York abgereist. Ich blieb allein in San Juan zurück, flankiert von meinen beiden Polizisten, die mich, so oft ich es verlangte, zu den drei genehmigten Punkten der Stadt begleiteten: zum französischen Konsulat, zur Bank und zur Einwanderungsbehörde. Für jeden anderen Schritt mußte ich um eine besondere Erlaubnis nachsuchen. Eines Tages wurde mir ein Gang zur Universität bewilligt, in die mein diensthabender Bewacher mich zartfühlenderweise nicht begleitete; um mich nicht zu demütigen, wartete er an der Pforte auf mich. Und da sowohl er wie sein Begleiter sich langweilten, verletzten sie zuweilen das Reglement und gestatteten mir aus eigener Initiative, sie ins Kino mitzunehmen. Erst in den achtundvierzig Stunden zwischen meiner Befreiung und meiner Einschiffung konnte ich die Insel besichtigen, unter der liebenswürdigen Führung von Christian Belle, dem damaligen Generalkonsul, in dem ich, unter so ungewöhnlichen Umständen nicht ohne Verwunderung, einen Kollegen der Amerikanistik erkannte, der mir viele Geschichten über Fahrten in Segelschiffen entlang der südamerikanischen Küste erzählte. Kurz zuvor hatte ich aus der Morgenpresse die Ankunft von Jacques Soustelle erfahren, der sich auf einer Reise durch die Antillen befand, um die französischen Siedler auf General de Gaulle einzuschwören: ich brauchte eine weitere Genehmigung, ihn zu treffen.

In Puerto Rico kam ich also mit den Vereinigten Staaten in Berührung; zum ersten Mal habe ich den warmen Lack und den *wintergreen* (den berühmten Kanada-Tee) gerochen, zwei Geruchspole, zwischen denen sich die ganze Skala des amerikanischen Wohlstands staffelt: vom Automobil bis zu den Toiletten, über Rundfunkgeräte, Süßwaren und Zahnpasta; hinter ihrer Schminke habe ich die Gedanken der *drugstores*-Verkäuferinnen mit ihren blaßlila Kleidern und ihren kastanienbraun gefärbten Haaren zu erraten versucht.

Dort habe ich auch, aus der besonderen Sicht der Großen Antillen, zum ersten Mal die typischen Merkmale einer amerikanischen Stadt wahrgenommen: alle glichen einander durch ihre leichte Bauweise, ihre Effekthascherei und ihre Umwerbung des Passanten bei irgendeiner zur Dauereinrichtung gewordenen Ausstellung, in der man sich nach Spanien versetzt wähnte.
Der Zufall der Reisen beschert uns häufig solche Zweideutigkeiten. Da ich meine ersten Wochen auf nordamerikanischem Boden in Puerto Rico verbracht hatte, würde ich in Zukunft in Spanien Amerika wiederfinden. So wie die Tatsache, daß ich, viele Jahre später, meine erste englische Universität auf dem mit neugotischen Gebäuden geschmückten Campus von Dacca in Ostbengalen besuchte, mich heute dazu veranlaßt, Oxford als ein Indien anzusehen, dem es gelungen wäre, Schmutz, Fäulnis und das Wuchern der Pflanzen unter Kontrolle zu bringen.
Der FBI-Inspektor kommt drei Wochen nach mir in San Juan an. Ich renne zum Zoll und öffne den Koffer: ein feierlicher Augenblick. Ein höflicher junger Mann tritt vor und zieht auf gut Glück einen Zettel heraus: sein Blick wird hart, und wütend schleudert er mir die Worte entgegen: „Das ist deutsch!" In der Tat: es handelt sich um einen Hinweis auf das klassische Werk von van den Steinen, meinem berühmten und fernen Vorgänger im Mato Grosso, *Unter den Naturvölkern Zentral-Brasiliens,* Berlin 1894. Augenblicklich interessiert sich der so lange erwartete Experte, von dieser Erklärung sichtlich beruhigt, nicht mehr für die Angelegenheit. Alles ist in Ordnung, o. k., ich bin zugelassen auf amerikanischem Boden, ich bin frei.
Schluß damit. Jedes dieser kleinen Abenteuer ruft in meiner Erinnerung ein anderes hervor. Einige, wie das soeben beschriebene, hängen mit dem Krieg zusammen, andere, von denen ich oben berichtet habe, liegen davor. Und ich könnte neuere hinzufügen, wenn ich aus dem Schatz meiner Asienreisen schöpfte, die ich in den letzten Jahren unternommen habe. Aber mein freundlicher FBI-Inspektor ließe sich heute wohl nicht mehr so leicht zufriedenstellen. Überall wird die Luft dicker.

Jene zweifelhaften Gerüche, jene wechselnden Winde, Vorboten eines weit gefährlicheren Aufruhrs, wurden mir zum ersten Mal von einer ganz banalen Begebenheit angekündigt, die wie eine Voraussage in meinem Gedächtnis haften blieb. Da ich, um eine längere Expedition ins Innere des Landes unternehmen zu können, auf die Erneuerung meines Vertrags mit der Universität von São Paulo verzichtet hatte, war ich meinen Kollegen vorausgeeilt und hatte mich einige Wochen vor ihnen nach Brasilien eingeschifft. Zum ersten Mal seit vier Jahren war ich der einzige Universitätsangehörige an Bord, und zum ersten Mal sah ich mich in Gesellschaft vieler Passagiere; unter ihnen befanden sich mehrere Geschäftsleute, aber vor allem eine vollzählige Militärmission, die sich nach Paraguay begab. Die mir so vertraute Überfahrt war nicht wiederzuerkennen, ebensowenig die einst so heitere Atmosphäre des Schiffs. Diese Offiziere und ihre Gattinnen verwechselten eine Reise über den Atlantik mit einer Expedition in die Kolonien und ihren Dienst als Ausbilder einer letztlich recht bescheidenen Armee mit der Besetzung eines eroberten Landes, auf die sie sich, zumindest moralisch, auf dem in einen Waffenplatz verwandelten Deck vorbereiteten, wobei den zivilen Passagieren die Rolle der Eingeborenen zugedacht war. Diese wußten nicht mehr, wohin sie sich vor so viel lärmender Unverschämtheit retten sollten, die sogar auf der Kommandobrücke Unbehagen hervorrief. Die Haltung des Missionschefs dagegen hob sich wohltuend von der seiner Untergebenen ab; er und seine Gattin waren sehr taktvolle und zuvorkommende Menschen; eines Tages sprachen sie mich in jenem abgelegenen Winkel an, wo ich dem Lärm zu entrinnen suchte, erkundigten sich nach meinen letzten Arbeiten, nach dem Ziel meines Auftrags und gaben mir durch einige Andeutungen zu verstehen, daß sie notgedrungen die Rolle von zwar scharfsichtigen, aber machtlosen Zeugen spielten. Der Gegensatz war so auffällig, daß er ein Geheimnis zu bergen schien; drei oder vier Jahre später erinnerte ich mich an diesen Vorfall, als ich in der Presse den Namen jenes Offiziers las, dessen persönliche Stellung in der Tat paradox war.

Hatte ich damals zum ersten Mal etwas davon begriffen, was mich ebenso entmutigende Umstände in anderen Gegenden der Welt endgültig lehren sollten? Nie wieder werden uns die Reisen, Zaubertruhen voll traumhafter Versprechen, ihre Schätze unberührt enthüllen. Eine wuchernde, überreizte Zivilisation stört für immer die Stille der Meere. Eine Gärung von zweifelhaftem Geruch verdirbt die Düfte der Tropen und die Frische der Lebewesen, tötet unsere Wünsche und verurteilt uns dazu, halb verfaulte Erinnerungen zu sammeln.

Heute, da die polynesischen Inseln in Beton ersticken und sich in schwerfällige, in den Meeren des Südens verankerte Flugbasen verwandeln, da ganz Asien das Gesicht eines verseuchten Elendsgebiets annimmt, Afrika von Barackenvierteln zerfressen wird, Passagier- und Militärflugzeuge die Reinheit des amerikanischen oder melanesischen Urwalds beflecken, noch bevor sie seine Jungfräulichkeit zu zerstören vermögen, – was kann die angebliche Flucht einer Reise da anderes bedeuten, als uns mit den unglücklichsten Formen unserer historischen Existenz zu konfrontieren? Denn der westlichen Kultur, der großen Schöpferin all der Wunder, an denen wir uns erfreuen, ist es nicht gelungen, diese Wunder ohne ihre Kehrseiten hervorzubringen. Und ihr berühmtestes Werk, der Pfeiler, auf dem sich Architekturen von ungeahnter Komplexität erheben: die Ordnung und Harmonie des Abendlands, verlangt, daß eine Flut schädlicher Nebenprodukte ausgemerzt wird, die heute die Erde vergiften. Was uns die Reisen in erster Linie zeigen, ist der Schmutz, mit dem wir das Antlitz der Menschheit besudelt haben.

Und so verstehe ich die Leidenschaft für Reiseberichte, ihre Verrücktheit und ihren Betrug. Sie geben uns die Illusion von etwas, das nicht mehr existiert und doch existieren müßte, damit wir der erdrückenden Gewißheit entrinnen, daß zwanzigtausend Jahre Geschichte verspielt sind. Es ist nicht mehr zu ändern: die Zivilisation ist nicht länger jene zarte Blüte, die man umhegte und mit großer Mühe an einigen geschützten Winkeln eines Erdreichs züchtete, in dem zwar viele robuste und durch ihre Lebenskraft zweifellos bedrohliche Feldpflanzen wuchsen, die aber die Saat auch zu verändern und zu kräftigen vermochten. Heute findet sich die Menschheit mit der Monokultur ab. Sie schickt sich an, die Zivilisation in Massen zu erzeugen wie Zuckerrüben. Und bald werden diese auch ihre einzige Nahrung sein.

Einst setzte man in Indien oder Amerika sein Leben aufs Spiel, um Güter mit nach Hause zu bringen, die uns heute lächerlich vorkommen: Holzkohle (*bois de braise,* daher der Name *Brésil*, Brasilien), roten Farbstoff oder Pfeffer, auf den man zur Zeit Heinrichs IV. so versessen war, daß Pfefferkörner zum Knabbern an seinem Hof in Pralinenschachteln serviert wurden. Diese neuen Eindrücke, die Geruch und Geschmack erschütterten, jene freudige Wärme, auf die das Auge traf, jenes köstliche Prickeln auf der Zunge fügten dem Sinnenregister einer Zivilisation, die sich ihrer Fadheit nicht bewußt war, eine neue Dimension hinzu. Können wir also, in einer doppelten Umkehrung, sagen, daß unsere modernen Marco Polos aus denselben Ländern – diesmal in Form von Fotografien, Büchern und Berichten – die moralischen Gewürze mitbringen, nach denen unsere Gesellschaft ein um so stärkeres Bedürfnis empfindet, als sie in der Langeweile versinkt?

Eine andere Parallele scheint mir zutreffender zu sein. Denn diese modernen Gewürzzutaten sind, ob man es will oder nicht, verfälscht. Gewiß nicht deshalb, weil sie rein psychologischer Natur sind, sondern weil der Erzähler, so redlich er sein mag, sie uns nicht mehr in authentischer Form übermitteln kann. Damit wir uns bereit finden, sie aufzunehmen, muß er die Erinnerungen sortieren und sieben – eine Manipulation, die bei den Aufrichtigsten unbewußt geschieht – und das Erlebte durch die Schablone ersetzen. Ich schlage einen Forschungsbericht auf: man beschreibt mir darin zum Beispiel einen bestimmten Stamm als wild, da er bis heute die Sitten irgendeiner, ich weiß nicht welcher, primitiven Menschheit bewahrt haben soll, die in einigen oberflächlichen Kapiteln karikiert wird. Als ich Student war, habe ich viele Wochen damit zugebracht, Werke mit Anmerkungen zu versehen, die Wissenschaftler vor fünfzig Jahren oder noch vor kurzem über solche Stämme geschrieben haben, bevor sie durch die Berührung mit den Weißen und die ihnen folgenden Epidemien zu einer Handvoll elender Entwurzelter zusammengeschmolzen sind. Eine andere Gruppe wurde, wie es heißt, von einem sehr jungen Forscher entdeckt und innerhalb von achtundvierzig Stunden untersucht; bezeichnenderweise befragte er die Leute im Verlauf einer Wanderung außerhalb ihres Territoriums in einem provisorischen Lager, das er naiv für eine dauerhafte Siedlung hielt. Und sehr sorgfältig hat er zu berichten ausgespart, mit Hilfe welcher Methoden er zu dieser Gruppe gelangt ist, denn sie hätten enthüllt, daß es dort bereits seit zwanzig Jahren eine Missionsstation gibt, die dauerhafte Beziehungen zu den Eingeborenen unterhält, sowie eine kleine Schiffahrtslinie, deren Motorboote tief ins Land eindringen und deren Spuren ein geübtes Auge sofort an winzigen fotografischen Details errät, da es dem Fotografen nicht immer gelungen ist, bei seinen Aufnahmen die rostigen Blechnäpfe verschwinden zu lassen, aus denen diese jungfräuliche Menschheit ihr karges Mahl ißt.

Die Selbstgefälligkeit solcher Anmaßungen, die naive Leichtgläubigkeit, mit der das Publikum sie aufnimmt und geradezu provoziert, schließlich die Tüchtigkeit des Autors, die so viele nutzlose Anstrengungen sanktioniert (die doch dazu beitragen, den Zerfall zu beschleunigen, den sie im übrigen zu vertuschen suchen) –, all dies verrät, daß sowohl bei den Forschern wie bei ihrem Publikum mächtige psychologische Kräfte am Werk sind, welche sich durch die Untersuchung bestimmter primitiver Institutionen vielleicht ergründen ließen. Denn Aufgabe der Ethnographie sollte es sein, zum Verständnis dieser Modeströmung beizutragen, die eine so starke Anziehungskraft auf all jene ausübt, die ihrer Wissenschaft nur schlechte Dienste erweisen.

Bei einer großen Zahl nordamerikanischer Stämme hängt das soziale Prestige des Einzelnen von den Umständen der Prüfungen ab, denen sich die Heranwachsenden zur Zeit der Pubertät unterziehen müssen. Einige begeben sich ohne Nahrung auf ein verlassenes Floß, andere suchen die Einsamkeit in den Bergen und setzen sich wilden Tieren, Kälte und Regen aus. Tage-, wochen- oder monatelang verschmähen sie jede menschenwürdige Nahrung: sie nehmen nur rohe Produkte zu sich oder fasten während langer Zeit und verschlimmern ihre körperliche Erschöpfung noch durch das Einnehmen von Brechmitteln. Alles ist Vorwand, das Jenseits herauszufordern: langes Baden in eiskalten Gewässern, freiwillige Verstümmelung an einem oder mehreren Fingern oder Zehen, Verletzung bestimmter Sehnenhäute durch das Einführen von spitzen Bolzen unter die Rückenmuskeln, an denen sie mit Seilen schwere Lasten befestigen, die sie zu schleppen versuchen. Und auch wenn sie sich nicht solchen Exzessen hingeben, so erschöpfen sie ihre Kräfte zumindest in sinnlosen Arbeiten: zum Beispiel, indem sie sich alle Körperhaare einzeln ausreißen oder alle Tannennadeln von den Zweigen rupfen, bis keine einzige mehr am Baum zurückbleibt.

In dem Zustand der Stumpfheit, der Schwäche oder des Deliriums, in den diese Prüfungen sie versetzen, hoffen sie, mit der übernatürlichen Welt in Verbindung zu treten. Gerührt von der Intensität ihres Leidens und ihrer Gebete, wird ein magisches Tier gezwungen sein, ihnen zu erscheinen; eine Vision wird ihnen denjenigen offenbaren, der fortan ihr Schutzgeist sein wird, auch den Namen, den sie in Zukunft tragen werden, sowie die besondere, von ihrem neuen Beschützer geerbte Macht, die ihnen innerhalb der sozialen Gruppe ihre Privilegien und ihren Rang verleiht.

Heißt das, daß diese Eingeborenen nichts von der Gesellschaft zu erwarten haben? Institutionen und Bräuche erscheinen ihnen als ein Mechanismus, dessen eintöniger Ablauf für Zufall, Glück oder Talent keinen Raum läßt. Die einzige Möglichkeit, das Schicksal zu zwingen, könnte dann darin bestehen, sich in jene gefährlichen Randzonen vorzuwagen, wo die sozialen Normen ihren Sinn verlieren und gleichzeitig die Garantien und Forderungen der Gruppe schwinden: bis zu den Grenzen des von der Gesellschaft kontrollierten Territoriums vorzustoßen, bis an die Grenzen der physiologischen Widerstandskraft oder der physisch-moralischen Leidensfähigkeit. Denn in diesen unsicheren Randzonen setzt man sich der Möglichkeit aus, entweder auf die andere Seite zu fallen und nicht wiederzukehren, oder im Gegenteil aus dem ungeheuren Ozean ungenutzter Kräfte, der eine wohlgeordnete Menschheit umgibt, einen Vorrat an persönlicher Macht zu schöpfen, dank welcher eine sonst unwandelbare soziale Ordnung zugunsten desjenigen aufgehoben wird, der alles gewagt hat.

Dennoch bleibt eine solche Interpretation oberflächlich. Denn bei diesen Stämmen der nordamerikanischen Ebenen handelt es sich nicht um individuelle Überzeugungen, die zu einer kollektiven Doktrin in Gegensatz stünden. Die gesamte Dialektik erwächst allein aus den Sitten und der Philosophie der Gruppe. Von der Gruppe lernen die Individuen ihre Lektion; der Glaube an die Schutzgeister ist ein Werk der Gruppe, und es ist die Gesellschaft als Ganzes, die ihre Mitglieder lehrt, daß es für sie im Rahmen der sozialen Ordnung keine andere Chance gibt als den ebenso absurden wie verzweifelten Versuch, ihr zu entrinnen.

Wer sieht nicht, daß dieses „Ringen um die Macht“ in der zeitgenössischen französischen Gesellschaft zu neuen Ehren gelangt, und zwar in der naiven Form der Beziehung zwischen dem Publikum und „seinen“ Forschern? Auch bei uns erlaubt man den Heranwachsenden zur Zeit der Pubertät, den Anreizen nachzugeben, denen sie seit ihrer Kindheit ausgesetzt waren, und sich auf irgendeine Weise dem Zugriff ihrer Kultur zu entziehen. Sei's nach oben durch die Ersteigung irgendeines Berges; oder nach unten durch einen Abstieg in die Abgründe; oder auch horizontal durch eine Reise in ferne Gegenden. Schließlich kann die angestrebte Maßlosigkeit auch moralischer Natur sein wie bei denjenigen, die sich freiwillig in so schwierige Situationen begeben, daß der heutige Stand unserer Kenntnisse jede Möglichkeit des Überlebens auszuschließen scheint.

Gegenüber den Ergebnissen dieser Abenteuer – Ergebnissen, die man rational nennen möchte – trägt die Gesellschaft eine absolute Gleichgültigkeit zur Schau. Denn es handelt sich weder um wissenschaftliche Entdeckungen noch um dichterische oder literarische Bereicherungen, da die Zeugnisse meist von schockierender Armseligkeit sind. Es zählt der Versuch an sich, nicht sein Ziel. Genau wie bei den erwähnten Eingeborenen erwirbt auch bei uns der junge Mann, der sich einige Wochen oder Monate lang von der Gruppe abgesondert und einer außergewöhnlichen Situation ausgesetzt hat (manchmal aus aufrichtiger Überzeugung, manchmal dagegen mit äußerster Vorsicht und Gerissenheit, Nuancen, die auch den Eingeborenen nicht fremd sind), eine gewisse Macht, die sich hierzulande in Presseberichten, hohen Auflagen und Vorträgen hinter verschlossenen Türen äußert, aber deren ebenfalls magischen Charakter der Prozeß der Selbstmystifizierung der Gruppe bezeugt, die das Phänomen in allen Fällen erklärt. Denn jene Primitiven, die man nur zu besuchen braucht, um geheiligt zurückzukehren, jene eisigen Gipfel, jene tiefen Grotten und dunklen Wälder, Tempel ebenso erhabener wie nutzbringender Offenbarungen, sind, wiewohl in verschiedener Hinsicht, Feinde einer Gesellschaft, die sich selbst die Komödie vorspielt, sie in eben dem Augenblick zu adeln, da sie im Begriff steht, sie endgültig zu vernichten, die aber nur Entsetzen und Abscheu vor ihnen empfand, als sie ihre leibhaftigen Gegner waren. Armes gehetztes Wild in den Fängen der mechanisierten Zivilisation, Wilde im amazonischen Urwald, sanftmütige und ohnmächtige Opfer – ich kann mich zwar damit abfinden, das Schicksal zu verstehen, das euch zugrunde richtet, nicht aber damit, von jenen Hexenkünsten betrogen zu werden, die sich – weit kümmerlicher als die euren – vor einem Publikum breitmachen, das nach Bildern in Agfacolor lechzt, die eure zerstörten Masken ersetzen sollen. Glaubt es wirklich, sich eure Zauberkräfte mit Hilfe von Fotografien aneignen zu können? Nicht damit zufrieden und sich nicht einmal bewußt, euch vom Erdboden zu tilgen, versucht es fieberhaft, mit Hilfe eurer Schatten den nostalgischen Kannibalismus einer Geschichte zu befriedigen, der ihr bereits zum Opfer gefallen seid.

Soll ich, der ergraute Vorläufer all derer, die sich heute im Busch herumtreiben, denn der einzige bleiben, der nur Asche in seinen Händen mitgebracht hat? Ist meine Stimme die einzige, die vom Scheitern der Flucht Zeugnis gibt? Wie der Indianer im Mythos bin auch ich so weit gelaufen, wie die Erde es zuläßt, und am Ende der Welt angekommen, habe ich die Wesen und die Dinge befragt und dieselbe Enttäuschung erlebt wie er: „Dort blieb er stehen, in Tränen aufgelöst; er betete und stöhnte. Und dennoch hörte er keine geheimnisvollen Geräusche, und keiner schläferte ihn ein, um ihn im Schlaf zum Tempel der magischen Tiere zu tragen. Es konnte für ihn nicht mehr den geringsten Zweifel geben: keine Macht war ihm zugefallen, von niemand ..."

Der Traum, der „Gott der Wilden", wie die alten Missionare sagten, ist mir immer wie Quecksilber in den Fingern zerronnen. Wo hat er mir ein Stückchen von dem Glanz übriggelassen? In Cuiabá, dessen Boden einst Goldklumpen lieferte? In Ubatuba, einem heute verödeten Hafen, wo man vor zweihundert Jahren die Segelschiffe belud? Beim Flug über die Wüsten Arabiens, die rosa und grün schimmern wie Perlmutt? In Amerika oder in Asien? Auf den Sandbänken Neufundlands, den bolivianischen Hochebenen oder den Hügeln an der burmesischen Grenze? Aufs Geratewohl nenne ich einen Namen, den noch immer der Zauber der Legende umgibt: Lahore.

Ein Flugfeld in einer gestaltlosen Vorstadt; endlose, mit Bäumen bepflanzte, von Villen gesäumte Alleen; in einer Umfriedung endlich ein Hotel, das an ein normannisches Gestüt erinnert und aus mehreren, genau gleichen Gebäuden besteht; zu ebener Erde gelegene Türen reihen sich wie Stalltüren aneinander und führen alle zu genau gleichen Appartements: vorn ein Wohnraum, hinten ein Bad und in der Mitte ein Schlafzimmer. Nach einem Kilometer auf dieser breiten Allee gelange ich auf einen Platz, an dem sich die Unterpräfektur befindet und von dem weitere, mit wenigen Läden gesäumte Straßen ausgehen: der Apotheker, der Fotograf, der Buchhändler, der Uhrmacher. Gefangen in dieser weitläufigen Einöde, scheint mir mein Ziel bereits außer Reichweite gerückt: wo befindet sich das alte, das wahre Lahore? Um es am äußersten Ende dieser so töricht aufgepflanzten und schon dem Zerfall preisgegebenen Stadt zu finden, muß ich einen weiteren Kilometer zurücklegen, vorbei an Basaren, in denen billige Schmuckwaren – mit mechanischen Sägen bearbeitetes Gold in der Dicke von Blech – mit Kosmetika, Medikamenten und Importwaren aus Plastik konkurrieren. Werde ich es endlich in den schattigen Gäßchen finden, wo ich an den Mauern entlangschleichen muß, um den Schaf- und Büffelherden – Schafen mit blau und rötlich getöntem Fell, Büffeln so groß wie drei Kühe, die mich freundschaftlich zur Seite schubsen –, meist aber Lastwagen auszuweichen? Oder in dem baufälligen, von der Zeit zernagten Holzwerk? Fast könnte ich dessen feine Spitzen und Ziselierungen erkennen, wären sie nicht hinter dem metallenen Spinngewebe verborgen, mit dem die elektrischen Leitungen von Mauer zu Mauer die gesamte Altstadt überziehen. Gewißt taucht von Zeit zu

Zeit einige Sekunden lang, auf wenigen Metern, ein Bild, ein Echo aus der Tiefe der Zeiten auf: in der Gasse der Gold- und Silberschmiede erklingt ein sanftes, klares Glokkenspiel, so als berührte ein Genie mit tausend Armen zerstreut ein Xylophon. Schon nach wenigen Schritten befinde ich mich wieder auf breiten Straßen, die brutal quer über Schutthaufen führen (die Resultate der jüngsten Unruhen), über die Trümmer fünfhundert Jahre alter Häuser, die so oft zerstört und wiederaufgebaut wurden, daß niemand mehr weiß, wie alt sie wirklich sind. Und so sehe ich mich, einen Reisenden, als Archäologen des Raums, der vergeblich versucht, anhand von Bruchstücken und Ruinen das Exotische zu rekonstruieren.

Und hinterhältig beginnt nun die Illusion ihre Netze zu spinnen. Ich wünsche mir, zur Zeit der *wahren* Reisen gelebt zu haben, als sich in all seiner Pracht ein Schauspiel darbot, das noch nicht verdorben, verseucht und verflucht war; ich wünsche mir, diese Stadtmauer nicht allein durchschritten zu haben, sondern zusammen mit Bernier, Tavernier, Manucci ... Einmal begonnen, nimmt das Spiel der Mutmaßungen kein Ende mehr. Wann hätte man Indien besuchen sollen, zu welcher Zeit hätte die Erforschung der brasilianischen Wilden die höchste Befriedigung gebracht, wann hätte man sie in ihrer ungetrübtesten Form bekanntmachen können? Wäre es besser gewesen, im 18. Jahrhundert zusammen mit Bougainville oder im 16. Jahrhundert mit Léry und Thevet in Rio zu landen? Jeder Lichtstrahl in die Vergangenheit erlaubt es mir, eine Sitte zu retten, ein Fest zu gewinnen, eine Überzeugung zu teilen. Aber ich kenne die Texte nur allzu gut, um nicht zu wissen, daß ich, wenn ich mich um ein Jahrhundert zurückversetze, gleichzeitig auf Informationen und Raritäten verzichten muß, die heute mein Denken bereichern. Und so bin ich in einem Kreis gefangen, aus dem ich nicht auszubrechen vermag: je weniger die menschlichen Kulturen imstande waren, miteinander zu kommunizieren, desto unfähiger waren auch ihre jeweiligen Sendboten, den Reichtum und die Bedeutung dieser Vielfalt zu erkennen. Letztlich bin ich der Gefangene einer Alternative: entweder ein Reisender des Altertums, der zwar einem gewaltigen Schauspiel hätte beiwohnen können, dem jedoch alles oder fast alles entgangen wäre oder der, noch schlimmer, nichts als Spott und Verachtung dafür übrig gehabt hätte; oder ein moderner Reisender, der den Überresten einer verschwundenen Realität nachjagt. In beiden Fällen bin ich der Verlierer, und in weit größerem Maße, als es mir scheint: denn bin ich, der ich Schatten nachtrauere, nicht unempfänglich für das wirkliche Schauspiel, das hier und heute Gestalt annimmt, aber das zu beobachten meine heutigen menschlichen Fähigkeiten nicht ausreichen?

In einigen hundert Jahren wird am selben Ort ein anderer Reisender ebenso verzweifelt wie ich all den Dingen nachtrauern, die ich heute hätte sehen können und die mir entgangen sind. Als Opfer eines doppelten Unvermögens verletzt mich alles, was ich sehe, und ich werfe mir unablässig vor, nicht genau genug hinzuschauen.

Nachdem mich dieses Dilemma lange Zeit gelähmt hat, scheint mir nun, daß die trüben Wasser sich zu klären beginnen. Flüchtige Formen nehmen Gestalt an, langsam löst sich die Verwirrung auf. Was ist anderes geschehen, als daß die Jahre vergangen sind? Der Strom des Vergessens hat meine Erinnerungen nicht nur ausgewaschen und unter sich begraben. Das tiefe Gebäude, das er aus jenen Bruchstücken errichtet hat, bietet meinen Schritten ein stabileres Gleichgewicht, meinen Augen eine klarere Perspektive. Eine Ordnung ist durch eine andere ersetzt worden. Zwischen diesen beiden Klippen, zwischen meinem Blick und seinem Gegenstand haben die Jahre allmählich Schutt angehäuft. Die Gebirgsrücken werden schmaler, ganze Wände stürzen ein; Zeiten und Orte stoßen zusammen, erscheinen nebeneinander oder kehren sich um – gleich Ablagerungen, die durch das Beben einer brüchig gewordenen Kruste aus den Fugen geraten sind. Irgendein winziges, uraltes Detail bricht hervor wie die Spitze eines Felsens, während ganze Schichten meiner Vergangenheit spurlos versinken. Scheinbar zusammenhanglose Ereignisse aus ganz verschiedenen Zeiten und Gegenden schieben sich übereinander und erstarren plötzlich zu einer Art Burg, deren Pläne ein Architekt, der weiser ist als meine Geschichte, entworfen haben könnte. „Jeder Mensch“, schreibt Chateaubriand, „trägt eine Welt in sich, die sich aus all dem zusammensetzt, was er je gesehen und geliebt hat, und in die er immer wieder zurückkehrt, auch wenn er meint, eine fremde Welt zu durchstreifen und zu bewohnen."* Von nun an ist der Übergang möglich. Auf unerwartete Weise hat die Zeit zwischen mich und das Leben ihren Isthmus geschoben; es bedurfte zwanzig Jahre des Vergessens, um mich einer alten Erfahrung zu stellen, deren Sinn und innerstes Wesen mir einst eine Reise bis ans Ende der Welt vorenthalten hatte.

* *Voyages en Italie,* 11. Dezember.

ZWEITER TEIL

Reisenotizen

V Rückblicke

Mein berufliches Schicksal entschied sich an einem Herbstsonntag des Jahres 1934 um 9 Uhr morgens durch einen Telefonanruf. Am Apparat war Célestin Bouglé, damals Direktor an der *École normale supérieur*; schon seit einigen Jahren verfolgte er meine Arbeiten mit einem etwas fernen, zurückhaltenden Wohlwollen: zum einen, weil ich kein ehemaliger *normalien* war, vor allem aber, weil ich, selbst wenn ich ein solcher gewesen wäre, nicht zu seinem Stall gehörte, für den er sehr exklusive Gefühle hegte. Sicherlich hatte er kein besseres Pferd gefunden, denn er fragte mich geradeheraus: „Wollen Sie immer noch Ethnographie studieren?" – „Gewiß." – „Dann bewerben Sie sich als Professor der Soziologie bei der Universität von São Paulo. In den Vororten wimmelt es von Indianern, an Ihren freien Wochenenden können Sie sich mit ihnen befassen. Jedenfalls müssen Sie Georges Dumas noch vor Mittag Ihre endgültige Antwort geben."

Brasilien und Südamerika sagten mir damals nicht viel. Trotzdem sehe ich noch heute in aller Deutlichkeit die Bilder vor mir, die dieser unerwartete Vorschlag augenblicklich in mir hervorrief. Die exotischen Länder schienen mir das genaue Gegenteil der unseren zu sein, denn der Begriff der Antipoden hatte für mich eine weit größere und naivere Bedeutung als sein Wortinhalt. Ich wäre sehr erstaunt gewesen, hätte man mir gesagt, daß eine Tier- oder Pflanzenart auf beiden Seiten des Globus dieselbe Gestalt haben könne. Jedes Tier, jeder Baum, jeder Grashalm mußte einfach völlig anders sein und auf den ersten Blick seine tropische Natur enthüllen. Brasilien war in meiner Vorstellung eine Garbe gebogener Palmzweige, hinter denen sich bizarre Architekturen verbargen, das Ganze in einen Geruch von Räucherpfannen gehüllt, ein Detail, das sich, so schien es, durch den unbewußt wahrgenommenen Gleichklang der Wörter *„Brésil"* (Brasilien) und *„grésiller"* (knistern) einschlich, das aber mehr als jede andere seither gewonnene

Erfahrung erklärt, warum ich noch heute bei dem Wort Brasilien zuerst an Brandgeruch denke.

Rückblickend erscheinen mir diese Bilder nicht mehr ganz so willkürlich. Ich habe gelernt, daß sich die Wahrheit einer Situation nicht durch ihre tägliche Beobachtung ergründen läßt, sondern nur durch jene geduldige Destillation, die in die Praxis umzusetzen die Zweideutigkeit des Dufts mich vielleicht schon aufforderte – in Form eines spontanen Kalauers, Träger einer symbolischen Lektion, die ich nicht einmal klar zu formulieren vermochte. Eine Forschungsreise ähnelt weniger einer Wegstrecke als einer Ausgrabung: eine flüchtige Szene, ein Stück Landschaft, eine aufgeschnappte Redewendung ermöglichen es als einzige, sonst unergiebige Horizonte zu verstehen und zu deuten.

Doch in jenem Augenblick stellte mich das abenteuerliche Versprechen von Bouglé hinsichtlich der Indianer vor andere Probleme. Woher hatte er die Überzeugung gewonnen, daß São Paulo eine Eingeborenenstadt sei, zumindest seine Vororte? Sicher hatte er es mit Mexico City oder Tegucigalpa verwechselt. Dieser Philosoph, der seinerzeit ein Werk über das Kastensystem in Indien verfaßt hatte, ohne sich einen Augenblick zu fragen, ob es nicht besser gewesen wäre, sich zuerst an Ort und Stelle zu begeben („Im Strom der Ereignisse halten sich nur die Institutionen an der Oberfläche", hatte er in seinem Vorwort von 1927 hochtrabend verkündet), glaubte nicht, daß sich die Lebensbedingungen der Eingeborenen ernsthaft auf die ethnographische Forschung auswirken könnten. Und bekanntlich war er nicht der einzige offizielle Soziologe, der eine solche Gleichgültigkeit an den Tag legte.

Wie dem auch sei, ich war selbst viel zu unwissend, um mich nicht in Illusionen zu wiegen, die meinen Plänen so sehr entgegenkamen; um so mehr, als auch Georges Dumas sich sehr verschwommene Vorstellungen darüber machte: er hatte Südbrasilien zu einer Zeit kennengelernt, da die Ausrottung der Eingeborenenbevölkerung noch nicht abgeschlossen war; vor allem aber hatte ihm die Gesellschaft der Diktatoren, Feudalherren und Mäzene, in der er sich gefiel, kaum Einsichten über diesen Gegenstand vermittelt.

Ich war also sehr überrascht, als ich während eines Essens, zu dem Victor Margueritte mich mitgenommen hatte, aus dem Mund des brasilianischen Botschafters in Paris die offizielle Version vernahm: „Indianer? Ach, verehrter Herr, das sind Lichter, die alle erloschen sind. Ja, ein sehr trauriges, sehr beschämendes Kapitel in der Geschichte meines Landes. Aber die portugiesischen Siedler des 16. Jahrhunderts waren geldgierige und brutale Menschen. Kann man ihnen vorwerfen, daß sie sich der allgemeinen Roheit der Sitten angepaßt haben? Sie bemächtigten sich der Indianer, fesselten sie vor die Kanonenmündungen und durchlöcherten sie bei lebendigem Leib. Auf diese Weise hat man sie alle erwischt, bis auf den letzten Mann. Als Soziologe können Sie in Brasilien viele anregende Dinge entdecken, aber die Indianer, die schlagen Sie sich aus dem Kopf. Sie werden keinen einzigen mehr antreffen ..."

Wenn ich mich heute dieser Worte erinnere, so erscheinen sie mir unglaublich, selbst aus dem Mund eines *gran fino* von 1934, denn ich weiß, wie verhaßt der damaligen brasilianischen Elite (zum Glück hat sie sich seither gewandelt) jede Anspielung auf die Indianer und allgemeiner auf die primitiven Lebensbedingungen im Innern war, außer um zuzugeben – und sogar zu suggerieren –, daß sie eine unmerklich exotische Physiognomie irgendeiner indianischen Großmutter verdankten und nicht etwa jenen paar Tropfen, oder Litern, schwarzen Bluts, das in Vergessenheit zu bringen (anders als bei den Vätern der Kaiserzeit) bereits zum guten Ton gehörte. Aber bei Louis de Souza-Dantas war die indianische Herkunft unverkennbar, und er hätte sich ohne weiteres ihrer rühmen können. Doch als Exportbrasilianer, der schon als Heranwachsender Frankreich zur Heimat erkoren hatte, war ihm jede Kenntnis des wahren Zustands seines Landes abhanden gekommen und an ihre Stelle in seinem Gedächtnis eine Art offizielle und dezente Schablone getreten. Und sofern ihm einige Erinnerungen geblieben waren, zog er es vor, die Brasilianer des 16. Jahrhunderts anzuschwärzen, um die Aufmerksamkeit von dem beliebtesten Zeitvertreib abzulenken, dem die Menschen aus der Generation seiner Eltern und sogar noch in der Zeit seiner Jugend frönten: diese pflegten nämlich in den Krankenhäusern die verseuchten Kleidungsstücke der Pockenopfer zu sammeln und sie, zusammen mit anderen Geschenken, entlang der Pfade aufzuhängen, die noch von einigen Stämmen benutzt wurden. Was zu folgendem glänzendem Resultat führte: im Staat São Paulo, der so groß ist wie Frankreich und den die Landkarten von 1918 noch zu zwei Dritteln als „unerforschtes, nur von Indianern bewohntes" Gebiet verzeichneten, lebte, als ich im Jahre 1935 dort ankam, kein einziger Eingeborener mehr, abgesehen von wenigen Familien an der Küste, die sonntags auf den Stränden von Santos angebliche Raritäten verkauften. Zum Glück gab es, zwar nicht in den Vorstädten von São Paulo, aber dreitausend Kilometer weiter im Innern noch Indianer.

Ich kann diese Periode nicht erwähnen, ohne freundschaftlich einer anderen Welt zu gedenken, in die ich dank Victor Margueritte (der mich in die brasilianische Botschaft eingeführt hatte) Einblick erhielt; er hatte mir seine Freundschaft bewahrt, nachdem ich während meiner letzten Studienjahre kurze Zeit als Sekretär in seinem Dienst gestanden hatte. Meine Aufgabe hatte darin bestanden, die Veröffentlichung eines seiner Bücher – *La patrie humaine* – dadurch voranzutreiben, daß ich etwa hundert Pariser Persönlichkeiten aufsuchte, um ihnen das Exemplar zu übergeben, das der Meister – er legte Wert auf diese Anrede – ihnen gewidmet hatte. Ich mußte auch Notizen und angebliche Pressestimmen verfassen, die der Kritik die entsprechenden Kommentare einblasen sollten. Victor Margueritte bleibt in meiner Erinnerung haften nicht nur aufgrund seines stets taktvollen Verhaltens mir gegenüber, sondern auch (wie alles, was mich nachhaltig beeindruckt) aufgrund des Widerspruchs zwischen seiner Person und seinem Werk. So einseitig und holprig letzteres, trotz seiner großmütigen Gesinnung, erscheinen mag, das Andenken an den Menschen verdient, bewahrt zu werden. Sein Gesicht besaß die etwas weibliche Anmut und Zartheit eines gotischen Engels, und sein ganzes Wesen strahlte eine so natürliche Würde aus, daß seine Fehler, dessen geringster nicht seine Eitelkeit war, nicht schockieren oder stören konnten, so sehr erschienen sie als zusätzliches Merkmal eines Adels des Bluts oder des Geistes.

Er wohnte in der Nähe des siebten Arrondissements in einer großen altmodischen Bürgerwohnung, wo ihn, den fast Erblindeten, seine Frau umsorgte, deren Alter (das die nur in der Jugend mögliche Verwechslung von körperlichen und moralischen Reizen ausschließt) das, was man einst als „pikant" bewundert haben mochte, in Häßlichkeit und Lebenskraft verwandelt hatte.

Er empfing nur sehr wenige Besucher, nicht allein, weil er sich von der jungen Generation verkannt fühlte und die offiziellen Kreise ihn verstoßen hatten, sondern vor allem, weil er sich auf ein so hohes Podest gesetzt hatte, daß es ihm schwerfiel, Gesprächspartner zu finden. Ob spontan oder wohlüberlegt – das habe ich nie herausfinden können –, er hatte mit einigen anderen dazu beigetragen, eine internationale Bruderschaft von Übermenschen ins Leben zu rufen, der fünf oder sechs Mitglieder angehörten: er selbst, Keyserling, Władysław Reymont, Romain Rolland und, glaube ich, eine Zeitlang auch Einstein. Das System bestand darin, daß jedesmal, wenn eines der Mitglieder ein Buch veröffentlichte, die anderen, in aller Welt verstreut, sich beeilten, es als eine der überragendsten Schöpfungen des menschlichen Geistes zu feiern.

Was mich an Victor Margueritte jedoch am meisten beeindruckte, war die Einfachheit, mit der er in seiner Person die gesamte Geschichte der französischen Literatur zu vereinen strebte. Dies fiel ihm um so leichter, als er einem literarischen Milieu entstammte: seine Mutter war die leibliche Kusine von Mallarmé; viele Anekdoten und Erinnerungen stützten seine Berufung. In seinem Hause sprach man von Zola, den Brüdern Goncourt, von Balzac und Hugo ebenso zwanglos wie von Onkeln und Großeltern, die ihm ihr Erbe zu treuen Händen anvertraut hätten. Und wenn er ungeduldig ausrief: „Man sagt, ich hätte keinen Stil! Und Balzac, hatte der etwa Stil?", so hätte man glauben können, man stünde vor einem Königssproß, der eine seiner Eskapaden mit dem überschäumenden Temperament eines Vorfahren erklärt, einem berühmt-berüchtigten Temperament, das die gewöhnlichen Sterblichen an die Wand malen, nicht als persönlichen Charakterzug, sondern als offiziell anerkannte Erklärung für eine große Umwälzung der zeitgenössischen Geschichte; und man schaudert vor Wonne, wenn man ihm leibhaftig begegnet. Andere Schriftsteller hatten gewiß mehr Talent als er; aber nur wenige haben es verstanden, sich mit so viel Anmut eine so aristokratische Vorstellung ihres Berufs zu schaffen.

Ich bereitete mich auf mein Staatsexamen in Philosophie vor, zu der mich weniger eine wirkliche Berufung als vielmehr die Abneigung gegenüber den anderen Fächern drängte, in denen ich mich bisher versucht hatte.
Als ich mit dem Studium der Philosophie begann, war ich dunkel von einem rationalistischen Monismus durchdrungen, den ich zu rechtfertigen und zu stärken suchte; so hatte ich alle Hebel in Bewegung gesetzt, um in die Klasse zu gelangen, deren Professor im Ruf der „Fortschrittlichkeit" stand. Zwar war Gustave Rodrigues in der Tat ein aktives Mitglied der S.F.I.O.*, aber in philosophischer Hinsicht bestand seine Lehre aus einer Mischung aus Bergson und Neukantianern, die meine Hoffnungen arg enttäuschte. Einer dogmatischen Trockenheit verpflichtet, legte er eine Inbrunst an den Tag, die sich bei allen seinen Vorlesungen in wildem Gestikulieren äußerte. Nie wieder ist mir eine einfältigere Überzeugung in Verbindung mit einer dürftigeren Reflexion begegnet. Im Jahre 1940, als die Deutschen in Paris einmarschierten, hat er Selbstmord begangen.
Dort habe ich zu lernen begonnen, daß sich jedes Problem, sei es ernst oder unbedeutend, mittels Anwendung einer stets gleichen Methode aus der Welt schaffen läßt, nämlich der Methode, zwei herkömmliche Auffassungen des Problems einander gegenüberzustellen; die erste durch die Beweisführung des gesunden Menschenverstands einzuführen, diese dann mittels der zweiten zu Fall zu bringen, und schließlich beide dank einer dritten abzuschmettern, die den gleichermaßen einseitigen Charakter der beiden anderen enthüllt, indem man sie durch verbale Kunststücke auf einander ergänzende Aspekte ein und derselben Realität zurückführt: Form und Inhalt, Sein und Schein, Kontinuum und Diskontinuum, Essenz und Existenz usw. Diese Übungen gerieten bald zu schierem Wortgeklingel, gegründet auf einer Kunst des Kalauers, die an die Stelle des Denkens trat; Wortassoziationen, Homophonien und Zweideutigkeiten lieferten allmählich den Stoff jener spektakulären Theatereffekte, an deren Einfallsreichtum sich gute philosophi-

* *Section Française de l'Internationale Ouvrière.*

sche Werke zu erkennen geben. Fünf Jahre an der Sorbonne beschränkten sich auf das Erlernen dieser Gymnastik, deren Gefahren doch auf der Hand liegen. Schon weil die Schnellkraft für diese Aufschwünge so simpel ist, daß es kein Problem gibt, dem auf diese Weise nicht beizukommen wäre. Um uns auf den Wettbewerb und jene höchste Prüfung, die *leçon*, vorzubereiten (die darin besteht, nach einigen Vorbereitungsstunden ein ausgelostes Thema zu behandeln), schlugen wir, meine Kommilitonen und ich, die ausgefallensten Themen vor. Ich hielt mir etwas darauf zugute, innerhalb von zehn Minuten einen einstündigen Vortrag mit solidem dialektischem Gerüst über die jeweiligen Vorzüge der Omnibusse und der Straßenbahnen auf die Beine zu stellen. Mit dieser Methode lassen sich nicht nur alle Türen öffnen, sondern sie verleitet auch dazu, in der Fülle der nachdenkenswerten Themen nur eine einzige, sich stets gleiche Form wahrzunehmen, sofern man nur ein paar elementare Korrekturen anbringt: etwa wie eine Musik, die sich auf eine einzige Melodie reduziert, sobald man begriffen hat, daß diese bald in C-Dur, bald in D-Dur zu lesen ist. In dieser Hinsicht trainierte das Studium der Philosophie die Intelligenz, während es den Geist austrocknen ließ.

Eine noch ernstere Gefahr sehe ich darin, den Fortschritt der Erkenntnis mit der wachsenden Komplexität der Geisteskonstruktionen zu verwechseln. Wir wurden aufgefordert, uns in einer dynamischen Synthese zu üben, wobei wir uns als Ausgangspunkt zunächst der ungeeignetsten Methoden bedienen sollten, um uns am Ende zu den subtilsten aufzuschwingen; und gleichzeitig (aufgrund des historischen Anspruchs, der alle unsere Lehrer wie ein Gespenst verfolgte) sollten wir erklären, auf welche Weise sich diese allmählich aus jenen entwickelt hatten. Im Grunde ging es weniger darum, das Wahre und das Falsche zu entdecken, als zu begreifen, auf welche Weise es der Menschheit nach und nach geglückt war, Widersprüche zu überwinden. Die Philosophie war nicht *ancilla scientiarum*, Magd und Gehilfin der wissenschaftlichen Forschung, sondern eine Art ästhetische Kontemplation des Bewußtseins über sich selbst. Man konnte sehen, wie sie im Lauf der Jahrhunderte immer leichtere und kühnere Konstruktionen ersann, Probleme

des Gleichgewichts oder der Fassungskraft löste, logische Raffinements erfand, und alles war desto verdienstvoller, je größer die technische Vervollkommnung oder die innere Kohärenz war; das Studium der Philosophie wurde dem einer Kunstgeschichte vergleichbar, die verkünden würde, daß die Gotik notwendigerweise der Romantik überlegen und die Flammengotik vollkommener sei als die ursprüngliche, bei der jedoch niemand danach fragen würde, was schön ist und was nicht. Der Signifikant verwies auf kein Signifikat, es gab keinerlei Bezugspunkte mehr. Das Knowhow ersetzte die Liebe zur Wahrheit. Nachdem ich mich viele Jahre derlei Übungen gewidmet habe, sehe ich mich nun einigen groben Überzeugungen gegenüber, die sich nicht wesentlich von denen unterscheiden, die ich schon im Alter von fünfzehn Jahren hatte. Vielleicht erkenne ich heute die Unzulänglichkeit dieser Werkzeuge besser; zumindest haben sie einen instrumentalen Wert, der sie für den Dienst, den ich von ihnen verlange, geeignet macht; ich laufe nicht Gefahr, mich von ihrer inneren Komplexität hinters Licht führen zu lassen, ebensowenig wie ich ihre praktische Bestimmung vergesse und mich in der Betrachtung ihrer wunderbar gefügten Ordnung verliere.
Freilich ahne ich, daß es noch persönlichere Gründe für den Abscheu gibt, der mich der Philosophie bald entfremdete und mich nach der Rettungsplanke der Ethnographie greifen ließ. Nachdem ich im Gymnasium von Mont-de-Marsan ein glückliches Jahr damit zugebracht hatte, meine Vorlesungen auszuarbeiten und gleichzeitig zu unterrichten, wurde mir zu Beginn des folgenden Schuljahrs in Laon, wohin ich versetzt worden war, mit Entsetzen klar, daß sich der Rest meines Lebens darin erschöpfen würde, es zu wiederholen. Denn mein Geist hat die Besonderheit, die zweifellos eine Schwäche ist, daß es ihm schwerfällt, sich zweimal auf denselben Gegenstand zu konzentrieren. Gewöhnlich gilt das französische Staatsexamen als eine unmenschliche Prüfung, nach der man, sofern man nur will, endgültig seine Ruhe hat. Bei mir war das Gegenteil der Fall. Als Jüngster meines Jahrgangs zur Prüfung zugelassen, hatte ich ohne Anstrengung dieses Wettrennen quer durch die Doktrinen, Theorien und Hypothesen gewonnen. Aber danach sollte mein wahres Martyrium beginnen: ich wäre au-

ßerstande, meinen Unterricht zu halten, wenn ich mich nicht damit beschäftigte, jedes Jahr eine neue Vorlesung auszuarbeiten. Diese Unfähigkeit erwies sich als noch störender, sobald ich mich in der Rolle des Prüfers befand: wenn ich auf gut Glück die Prüfungsfragen herauszog, wußte ich nicht einmal mehr, welche Antworten mir die Kandidaten hätten geben müssen. Die größte Null schien bereits alles zu sagen. Es war mir, als würden sich die Themen allein deshalb in Nichts auflösen, weil ich einmal über sie nachgedacht hatte.

Heute frage ich mich manchmal, ob nicht die Ethnographie, ohne daß ich es merkte, mich gerufen hat, weil zwischen den Kulturen, die sie untersucht, und meinem eigenen Denken eine strukturelle Affinität besteht. Ich tauge nicht dazu, sittsam ein Feld zu bestellen, dessen Ernte ich Jahr für Jahr würde einbringen können; ich habe einen neolithischen Verstand. Gleich dem Buschfeuer setzt er zuweilen unerforschte Gebiete in Brand, die er vielleicht befruchtet, um hastig ein paar Ernten einzuholen, und läßt ein verödetes Land hinter sich. Doch damals waren mir diese tieferen Motive nicht bewußt. Ich wußte nichts von der Ethnologie, hatte nie eine Vorlesung besucht, und als Sir James Frazer der Sorbonne seinen letzten Besuch abstattete und einen denkwürdigen Vortrag hielt – ich glaube, es war im Jahre 1928 –, kam mir, obwohl ich um dieses Ereignis wußte, nicht einmal der Gedanke, ihn anzuhören.

Zwar hatte ich schon seit meiner Kindheit exotische Raritäten gesammelt; aber das war eine antiquarische Tätigkeit, orientiert an Gebieten, auf denen nicht alles für meinen Geldbeutel unerschwinglich war. Noch im Jünglingsalter waren meine Interessen so wenig ausgeprägt, daß der erste, der eine Diagnose zu stellen versuchte, nämlich mein Philosophielehrer in der Prima, André Cresson, mir das Studium der Jurisprudenz empfahl, da es meinem Temperament am besten entspräche; ich bin ihm noch heute sehr dankbar für die halbe Wahrheit, die in diesem Irrtum steckte.

Ich verzichtete also auf die *École normale* und schrieb mich in die rechtswissenschaftliche Fakultät ein, bereitete mich aber gleichzeitig auf das Philosophieexamen vor, einfach deshalb, weil es so leicht war. Auf der Rechtswissenschaft lastet ein seltsames Verhängnis. Eingeklemmt zwischen der

Theologie, der sie damals geistig nahestand, und dem Journalismus, dem die jüngste Reform sie in die Arme treibt, scheint sie außerstande, eine solide und zugleich objektive Grundlage zu finden: sie verliert eine der Tugenden, sobald sie versucht, die andere zu erobern oder zu erhalten. Als Untersuchungsobjekt erinnerte mich der Jurist an ein Tier, das dem Zoologen die Laterna magica zeigen will. Zum Glück waren die Juraprüfungen damals innerhalb von zwei Wochen zu schaffen, dank den Repetitorien, die man auswendig lernte. Mehr noch als ihre Sterilität stieß mich die Kundschaft der Jurisprudenz ab. Gibt es die Trennung noch immer? Ich bezweifle es. Um 1928 jedenfalls teilten sich die Erstsemester der verschiedenen Klassen in zwei Gattungen, fast könnte man sagen in zwei gesonderte Rassen: Jura und Medizin einerseits, Geisteswissenschaften und Naturwissenschaften andererseits.

So wenig bestechend die Begriffe extrovertiert und introvertiert sind, sie geben den Gegensatz zweifellos am besten wieder. Auf der einen Seite eine lärmende, aggressive „Jugend" (in dem Sinne, in dem die traditionelle Folklore diesen Terminus zur Bezeichnung einer Altersklasse verwendet), eine Jugend, die darauf bedacht war, sich durchzusetzen, selbst um den Preis der übelsten Vulgarität, und politisch der (damaligen) extremen Rechten zuneigte; auf der anderen Seite vor der Zeit gealterte, unauffällige, zurückgezogene, gewöhnlich „links" stehende Jugendliche, die daran arbeiteten, in den Kreis jener Erwachsenen aufgenommen zu werden, die zu werden sie sich befleißigten.

Dieser Unterschied ist ziemlich leicht zu erklären. Die ersteren, die sich auf die Ausübung eines Berufs vorbereiten, feiern durch ihr Verhalten ihre Emanzipation von der Schule sowie eine bereits erworbene Stellung im System der sozialen Funktionen. Auf einer Zwischenstufe zwischen dem undifferenzierten Stand des Gymnasiasten und der spezialisierten Tätigkeit, die sie anstreben, fühlen sie sich als Außenseiter und fordern die widersprüchlichen Privilegien der einen wie der anderen Stellung.

Bei den Geistes- und Naturwissenschaften sind die üblichen Berufsmöglichkeiten – Lehrtätigkeit, Forschung und einige unbestimmte Karrieren – anderer Art. Der Student, der sie wählt, sagt der kindlichen Welt nicht Lebewohl: er ist vielmehr bestrebt, in ihr zu verharren. Ist das Lehramt nicht das einzige Mittel, das es den Erwachsenen erlaubt, in der Schule zu bleiben? Der Student der Geistes- oder Naturwissenschaften zeichnet sich durch eine Art Weigerung gegenüber den Anforderungen der Gruppe aus. Eine fast klösterliche Reaktion drängt ihn, sich kürzere oder längere Zeit in das Studium, die Bewahrung und die Übermittlung eines Erbes zu versenken, das nicht vom vorübergehenden Augenblick abhängt, denn für den künftigen Gelehrten läßt sich sein Gegenstand einzig an der Dauer des Universums messen. Nichts also ist verkehrter, als ihnen einzureden, sie müßten sich engagieren; selbst wenn sie dies zu tun meinen, besteht ihr Engagement nicht darin, eine Tatsache zu akzeptieren, sich mit einer ihrer Funktionen zu identifizieren und ihre persönlichen Chancen und Risiken auf sich zu nehmen, sondern sie von außen zu beurteilen, so als ob sie selbst nichts mit ihr zu tun hätten; ihr Engagement ist eine besondere Art und Weise, sich nicht zu engagieren. In dieser Hinsicht lassen sich Forschung und Lehre nicht mit dem Erlernen eines Berufs vergleichen. Es ist ihre Größe und ihr Elend, entweder eine Zuflucht oder eine Mission zu sein.

In dieser Antinomie – auf der einen Seite der Beruf, auf der anderen ein zwiespältiges Unterfangen, das zwischen Mission und Zuflucht schwankt, immer etwas von beidem an sich hat und trotzdem mehr das eine als das andere ist – nimmt die Ethnographie gewiß einen außergewöhnlichen Platz ein. Sie ist die extremste Form der zweiten Seite, die sich denken läßt. Obwohl er sich menschlich gibt, versucht der Ethnograph den Menschen von einem Standpunkt aus zu erkennen und zu beurteilen, der erhaben und entfernt genug ist, um von den besonderen Zufällen einer Gesellschaft oder Kultur zu abstrahieren. Seine Lebens- und Arbeitsbedingungen entfernen ihn während langer Perioden körperlich von seiner Gruppe; durch die abrupten Veränderungen, denen er sich aussetzt, zieht er sich eine chronische Heimatlosigkeit zu: nie mehr wird er sich irgendwo zu Hause fühlen, er bleibt psychologisch verstümmelt. Wie die Mathematik oder die Musik ist die Ethnographie eine der seltenen wirklichen Berufungen. Man kann sie in sich entdecken, auch ohne sie studiert zu haben.

Zu den individuellen Besonderheiten und den sozialen Verhaltensweisen kommen noch rein intellektuelle Gründe hinzu. Die Periode zwischen 1920 und 1930 war die Zeit, da sich in Frankreich die Ideen der Psychoanalyse verbreiteten. Durch sie lernte ich, daß die statischen Antinomien, auf die man uns unsere philosophischen Abhandlungen und später unseren Unterricht aufzubauen empfahl – rational und irrational, intellektuell und affektiv, logisch und prälogisch –, nichts weiter sind als ein zweckfreies Spiel. Zunächst gibt es jenseits des Rationalen eine weit bedeutsamere und fruchtbarere Kategorie, nämlich die des Signifikanten, welches die höchste Seinsweise des Rationalen ist, aber dessen Namen unsere Meister nicht einmal aussprachen (zweifellos mehr damit beschäftigt, über den *Essai sur les données immédiates de la conscience* als über den *Cours de linguistique générale* von F. de Saussure nachzudenken). Außerdem zeigte mir Freuds Werk, daß diese Gegensätze keine wirklichen Gegensätze waren, insofern gerade die scheinbar affektivsten Verhaltensweisen, die am wenigsten rationalen Operationen, die als prälogisch geltenden Äußerungen gleichzeitig die signifikantesten sind. Statt mich an die Glaubensbekenntnisse oder *petitiones principii* des Bergsonismus zu halten, die Wesen und Dinge zu einem Brei verrühren, um ihre unaussprechliche Natur um so leuchtender hervortreten zu lassen, überzeugte ich mich davon, daß Wesen und Dinge ihren Eigenwert bewahren können, ohne ihre klaren Konturen zu verlieren, die sie voneinander abgrenzen und jedem eine intelligible Struktur verleihen. Die Erkenntnis beruht nicht auf einem Verzicht oder auf einem Tausch, sondern sie besteht in einer Auswahl der *wahren* Aspekte, das heißt derjenigen, die mit den Eigenschaften meines Denkens übereinstimmen. Nicht, wie die Neukantianer behaupteten, weil dieses auf die Dinge einen unvermeidlichen Zwang ausübt, sondern weil mein Denken selbst ein Gegenstand ist. Und da es „von dieser Welt" ist, teilt es deren Natur.

Diese intellektuelle Entwicklung, die ich gemeinsam mit anderen Menschen meiner Generation genommen habe, gewann freilich eine ganz besondere Färbung aufgrund der intensiven Neugier, die mich von Kindheit an zur Geologie hingezogen hatte; zu meinen teuersten Erinnerungen zählt

noch heute weniger irgendeine abenteuerliche Reise in eine unbekannte Gegend Zentralbrasiliens als vielmehr, am Hang einer Hochebene im Languedoc, die Verfolgung der Berührungslinie zwischen zwei geologischen Schichten. Es war dies etwas ganz anderes als ein Spaziergang oder eine bloße Erkundung des Raums: dieses für einen unbefangenen Beobachter ziellose Nachspüren ist für mich das Bild der Erkenntnis selbst, der Schwierigkeiten, vor die sie stellt, der Freuden, die man sich von ihr erhoffen darf.
Jede Landschaft stellt sich zunächst als riesige Unordnung dar, die uns die Freiheit läßt, den Sinn auszuwählen, den wir ihr am liebsten geben möchten. Doch ist, jenseits der landwirtschaftlichen Spekulationen, der geographischen Ereignisse, der Wechselfälle der Geschichte und Vorgeschichte, der erhabenste Sinn von allen nicht derjenige, der den anderen vorausgeht, sie beherrscht und weitgehend erklärt? Jene blasse, verwischte Linie, jener oft unmerkliche Unterschied in der Form und der Konsistenz der Felsbrokken zeugen davon, daß dort, wo ich heute ein dürres Erdreich sehe, einst zwei Ozeane aufeinander gefolgt sind. Wenn man die Beweise ihrer tausendjährigen Stagnation zurückverfolgt, alle Hindernisse überwindend – Steilhänge, Geröll, Buschwerk, Ackerland –, ohne sich um Pfade oder Zäune zu kümmern, scheint man widersinnig zu handeln. Aber dieser Ungehorsam hat nur das eine Ziel, den ersten Sinn zurückzuerobern, der zweifellos im Dunkel liegt, doch dessen partielle oder entstellte Umformung jeder der folgenden ist.
Wenn das Wunder geschieht, wie es zuweilen vorkommt; wenn zu beiden Seiten des verborgenen Risses zwei grüne Pflanzen unterschiedlicher Gattung nebeneinander wachsen, die sich jeweils den günstigsten Boden ausgesucht haben; und wenn sich im selben Augenblick im Felsen zwei Ammonshörner mit ungleich komplizierten Windungen erraten lassen, die auf ihre Weise von einem Abstand von einigen zehntausend Jahren zeugen: dann verschmelzen plötzlich Zeit und Raum; die lebendige Vielfalt des Augenblicks stellt die Zeitalter nebeneinander und verewigt sie. Denken und Gefühl gewinnen eine neue Dimension, in der jeder Schweißtropfen, jede Muskelregung, jedes Keuchen zu ebenso vielen Symbolen einer Geschichte werden, deren

Eigenbewegung mein Körper wiederholt, während gleichzeitig mein Denken ihre Bedeutung erfaßt. Ich fühle mich eingebettet in eine dichtere Intelligibilität, in deren Schoß die Jahrhunderte und die Orte einander antworten und endlich versöhnte Sprachen sprechen.
Als ich mit Freuds Theorien Bekanntschaft machte, erschienen sie mir ganz selbstverständlich als die Anwendung einer Methode auf das Individuum, deren Kanon die Geologie darstellte. In beiden Fällen sieht sich der Forscher Phänomenen gegenüber, die scheinbar undurchdringlich sind; in beiden Fällen muß er, um die Elemente einer komplexen Situation erfassen und ermessen zu können, mit äußerster Sensibilität zu Werke gehen: Fingerspitzengefühl, Spürsinn und Geschmack. Dennoch ist die Ordnung, zu der sich ein auf den ersten Blick zusammenhangloses Ganzes fügt, weder zufällig noch willkürlich. Anders als die Geschichte der Historiker versucht die Geschichte des Geologen wie des Psychoanalytikers, einige Grundmerkmale des physischen oder psychischen Universums, ähnlich wie ein lebendes Bild, in die Zeit zu projizieren. Ich erwähnte soeben das lebende Bild; tatsächlich ist das Spiel der „Sprichwörter in Aktion“ die naive Form eines Unternehmens, das darin besteht, jede Geste als zeitlichen Ablauf einiger zeitloser Wahrheiten zu deuten, deren konkreten Aspekt die Sprichwörter auf moralischer Ebene nachzuvollziehen suchen, die jedoch auf anderen Gebieten Gesetze heißen. In allen diesen Fällen erlaubt es eine Erregung der ästhetischen Neugier, geradewegs zur Erkenntnis zu gelangen.
Als ich etwa siebzehn Jahre alt war, hatte mich ein junger belgischer Sozialist, den ich in den Ferien kennengelernt hatte und der heute Botschafter seines Landes im Ausland ist, in den Marxismus eingeweiht. Die Lektüre von Marx begeisterte mich um so mehr, als ich durch diesen großen Denker zum ersten Mal mit der philosophischen Strömung in Berührung kam, die von Kant bis Hegel reicht: eine ganze Welt wurde mir offenbart. Seither ist diese Begeisterung niemals abgeflaut, und ich lasse mich selten darauf ein, ein soziologisches oder ethnologisches Problem zu entwirren, ohne zuvor meine Gedanken durch ein paar Seiten aus dem *18. Brumaire des Louis Bonaparte* oder der *Kritik der politischen Ökonomie* angeregt zu haben. Im übrigen geht es

nicht darum, ob Marx diese oder jene historische Entwicklung richtig vorausgesagt hat. In der Nachfolge von Rousseau und in einer Form, die ich für entscheidend halte, hat Marx gelehrt, daß die Sozialwissenschaft ebensowenig auf der Grundlage von Ereignissen aufbaut, wie die Physik von Gefühlsregungen ausgeht: das Ziel ist, ein Modell zu schaffen, seine Eigenschaften sowie die verschiedenen Reaktionen zu untersuchen, die es im Labor zeigt, um diese Beobachtungen dann bei der Interpretation dessen anzuwenden, was empirisch geschieht und sich von den Voraussagen weit entfernen kann.

Auf einer anderen Ebene der Realität scheint mir der Marxismus auf dieselbe Weise vorzugehen wie die Geologie und die Psychoanalyse (in dem Sinn, den ihr Gründer ihr gegeben hat): alle drei weisen nach, daß verstehen heißt, einen Typus der Realität auf einen anderen zu reduzieren; daß die wahre Realität niemals diejenige ist, die sich am offenkundigsten zeigt; und daß die Natur des Wahren bereits in dem Fleiß durchscheint, den sie daransetzt, sich zu entziehen. In allen Fällen stellt sich dasselbe Problem, nämlich das der Beziehung zwischen dem Sinnlichen und dem Rationalen, und auch das verfolgte Ziel ist dasselbe: eine Art *Superrationalismus*, der darauf abzielt, das erstere in das zweite einzubeziehen, ohne irgendeine seiner Eigenschaften zu opfern.

Ich sträubte mich folglich gegen die neuen Tendenzen der metaphysischen Reflexion, die sich damals abzuzeichnen begannen. Die Phänomenologie stieß mich ab, insofern sie eine Kontinuität zwischen der Erfahrung und dem Realen postuliert. Denn von meinen drei Lehrmeisterinnen hatte ich gelernt, daß der Übergang zwischen diesen beiden Ordnungen diskontinuierlich verläuft, da die eine die andere umfaßt und erklärt; daß man, um zum Realen zu gelangen, zunächst die Erfahrung verwerfen muß, um sie später in einer objektiven, von jeder Sentimentalität gereinigten Synthese wieder zu integrieren. Was die Bewegung des Denkens angeht, die sich im Existentialismus entfaltete, so schien sie mir das Gegenteil einer legitimen Reflexion zu sein, weil sie den Illusionen der Subjektivität so sehr entgegenkommt. Jene Neigung, persönliche Sorgen in den Rang philosophischer Probleme zu erheben, läuft allzusehr Gefahr, in eine Metaphysik für junge Mädchen abzugleiten, was als didaktisches Verfahren zwar entschuldbar, aber äußerst gefährlich ist, wenn sie es erlaubt, jener Aufgabe den Rücken zu kehren, die der Philosophie so lange zufällt, bis die Wissenschaft stark genug ist, sie zu ersetzen, nämlich der Aufgabe, das Sein in bezug auf sich selbst und nicht in bezug auf mich zu begreifen. Statt die Metaphysik abzuschaffen, führten die Phänomenologie und der Existentialismus zwei Methoden ein, um ihr Alibis zu besorgen.

Zwischen dem Marxismus und der Psychoanalyse, die beide Wissenschaften vom Menschen sind – die eine mit sozialer, die andere mit individueller Orientierung –, und der Geologie, einer physikalischen Wissenschaft, die aber sowohl durch ihre Methode wie durch ihren Gegenstand auch Mutter und Nährboden der Geschichte ist, findet die Ethnographie spontan ihr Reich: denn jene Menschheit, die wir, einzig durch den Raum eingeengt, betrachten, verleiht den Veränderungen des Erdballs, die die geologische Geschichte hinterlassen hat, einen neuen Sinn: eine Arbeit, die sich im Lauf der Jahrtausende untrennbar sowohl im Werk anonymer Gesellschaften, gleich den tellurischen Kräften, als auch im Denken von Individuen fortsetzt, die sich der Aufmerksamkeit des Psychologen als ebensoviele Sonderfälle darbieten. Die Ethnographie gibt mir intellektuelle Befriedigung: als Geschichte, die an ihren beiden Extremen sowohl die Geschichte der Welt wie meine eigene berührt, entschleiert sie gleichzeitig deren gemeinsame Vernunft. Indem sie mir vorschlägt, den Menschen zu untersuchen, befreit sie mich vom Zweifel, denn sie betrachtet in ihm jene Unterschiede und Veränderungen, die für alle Menschen einen Sinn haben, außer denjenigen Veränderungen, die, da nur einer einzigen Kultur eigentümlich, sich in Nichts auflösen, wenn man beschließt, sich nicht einzumischen. Schließlich besänftigt sie jenen rastlosen und zerstörerischen Drang, von dem ich sprach, indem sie meinem Denken ein nahezu unerschöpfliches Material garantiert, das die Vielfalt der Sitten, Bräuche und Institutionen liefert. Sie versöhnt meinen Charakter mit meinem Leben.

Nach alledem mag es seltsam anmuten, daß ich so lange für eine Botschaft taub geblieben bin, die mir doch schon seit dem Philosophiestudium durch das Werk der Meister der französischen soziologischen Schule übermittelt worden war. Aber ich habe sie erst 1933 oder 1934 bei der Lektüre eines schon alten Buchs vernommen, das mir zufällig in die Hände gefallen war: *Primitive Society* von Robert H. Lowie. Denn statt mit aus Büchern entlehnten Vorstellungen, die sich augenblicks in philosophische Begriffe verwandelten, wurde ich hier mit einer gelebten Erfahrung der Eingeborenengesellschaften konfrontiert, deren Bedeutung das Engagement des Beobachters wachgehalten hatte. Mein Geist, nach jenem Schwitzen im geschlossenen Raum, auf das die Praxis der philosophischen Reflexion ihn beschränkt hatte, fühlte sich, an die frische Luft geführt, von einem neuen Wind erfrischt. Gleich einem Stadtbewohner, den es in die Berge verschlagen hat, berauschte ich mich am Raum, während mein geblendetes Auge den Reichtum und die Wahrheit der Dinge ermaß.

So begann jene lange innige Freundschaft mit der angloamerikanischen Ethnologie, die sich zuerst von fern durch Lektüre geknüpft und später durch persönliche Kontakte fortgesetzt hatte und die zu so groben Mißverständnissen Anlaß geben sollte. Zuerst in Brasilien, wo die Professoren der Universität von mir erwarteten, daß ich zur Lehre einer Durkheimschen Soziologie beitrüge, zu der sie die in Südamerika so beharrliche positivistische Tradition sowie die Sorge getrieben hatte, dem gemäßigten Liberalismus, jener gängigen ideologischen Waffe der Oligarchien gegen persönliche Macht, eine philosophische Grundlage zu geben. Ich stand in offener Auflehnung gegen Durkheim und jeden Versuch, die Soziologie zu metaphysischen Zwecken zu mißbrauchen. Auf keinen Fall wollte ich ausgerechnet in dem Augenblick, da ich mit allen Kräften versuchte, meinen Horizont zu erweitern, die alten Mauern wieder aufbauen helfen. Seither hat man mir oft ich weiß nicht welche hörige Unterwerfung unter das angelsächsische Denken vorgeworfen. Welche Torheit! Abgesehen davon, daß ich heute wahrscheinlich die Durkheimsche Tradition treuer bewahre als irgendein anderer – im Ausland besteht darüber kein Zweifel –, scheinen mir die Autoren, denen ich stets verpflichtet bleiben werde: Lowie, Kroeber, Boas, meilenweit von der amerikanischen Philosophie à la James oder

Dewey entfernt zu sein, die schon seit langem aus der Mode gekommen ist. Als gebürtige Europäer, die in Europa selbst oder von europäischen Lehrern ihre Ausbildung erhalten hatten, vertreten sie etwas ganz anderes: eine Synthese, die auf der Ebene der Erkenntnis diejenige widerspiegelt, für die vier Jahrhunderte früher Kolumbus den objektiven Anlaß geliefert hatte; diesmal die Synthese zwischen einer streng wissenschaftlichen Methode und dem unvergleichlichen Experimentierfeld der Neuen Welt, zu einem Zeitpunkt, da man, bereits im Besitz der besten Bibliotheken, seine Universität verlassen und sich ebenso leicht zu den Eingeborenen begeben konnte, wie wir ins Baskenland oder an die Côte d'Azur fahren. Meine Huldigung gilt nicht einer intellektuellen Tradition, sondern einer historischen Situation. Man denke nur an das Privileg, zu Populationen Zugang zu haben, die noch von keiner ernsthaften Forschung berührt und noch recht gut erhalten waren, da man erst vor kurzem begonnen hatte, sie zu zerstören. Eine Anekdote mag es veranschaulichen: die Geschichte eines Indianers, der als einziger wie durch ein Wunder der Ausrottung der noch wilden kalifornischen Stämme entronnen war. Jahrelang lebte er, von allen unerkannt, in der Nähe der großen Städte und spitzte seine steinernen Pfeilspitzen, mit denen er jagen konnte. Aber nach und nach verschwand das Wild; eines Tages fand man diesen Indianer nackt und halb verhungert am Rande einer Vorstadt. Friedlich beschloß er sein Leben als Pförtner an der Universität von Kalifornien.

VII Sonnenuntergang

Welch lange und müßige Betrachtungen, um zu jenem Februarmorgen des Jahres 1934 zu gelangen, da ich in Marseille ankam, um mich nach Santos einzuschiffen. Später habe ich noch viele andere Abreisen erlebt, und alle zerfließen sie in meiner Erinnerung, die nur wenige Bilder bewahrt: vor allem die ganz besondere Fröhlichkeit des Winters in Südfrankreich; unter einem sehr hellblauen Himmel, der noch immaterieller war als sonst, verschaffte mir eine schneidende Luft das kaum erträgliche Vergnügen, das dem

Verdurstenden ein zu schnell getrunkenes, eiskaltes und prickelndes Wasser bereitet. Im Gegensatz dazu zogen schwere Dünste durch die Gänge des reglosen, überhitzten Passagierschiffs, eine Mischung aus Meeresgerüchen, Küchendünsten und frischem Ölanstrich. Schließlich erinnere ich mich an die Ruhe und den Frieden, fast möchte ich sagen, das stille Glück, das mitten in der Nacht das dumpfe Stampfen der Maschinen und das leise Rauschen des Wassers am Schiffskörper hervorrufen; so als würde die Bewegung zu einer Art Stabilität führen, die in ihrem Wesen weit vollkommener ist als die Reglosigkeit, den Schläfer jedoch unsanft weckt, wenn das Schiff nachts irgendwo anlegt, und ihm ein Gefühl von Unsicherheit und Unbehagen bereitet: Unwillen darüber, daß der natürliche Lauf der Dinge plötzlich unterbrochen ist.

Unsere Schiffe legten häufig an. Um die Wahrheit zu sagen, verbrachten wir die erste Woche der Reise fast ausschließlich an Land, wo Frachten aus- und eingeladen wurden; auf dem Wasser fuhren wir nur nachts. Jedes Erwachen bescherte uns einen anderen Hafen: manchmal Barcelona, Tarragona, Valencia, Alicante, Málaga, Cádiz; oder Algier, Oran, Gibraltar, bevor uns die nächste Etappe nach Casablanca und schließlich nach Dakar führte. Erst dann begann die große Überfahrt, entweder direkt nach Santos oder, seltener, die brasilianische Küste entlang mit Zwischenlandungen in Recife, Bahia und Victoria, wo der Küstenhandel wiederauflebte. Langsam erwärmte sich die Luft, sanft glitten die spanischen Sierras am Horizont vorüber, und Luftspiegelungen in Form von Bergkegeln und Klippen setzten das Schauspiel ganze Tage lang fort, weit vor der afrikanischen Küste, die zu niedrig und sumpfig war, als daß man sie wirklich hätte sehen können. Es war das Gegenteil einer Reise. Das Schiff schien uns weniger ein Transportmittel als eine Heimat zu sein, vor deren Tore die Drehbühne der Welt jeden Tag ein neues Szenenbild schob.

Aber ich besaß noch so wenig ethnographischen Verstand, daß ich nicht auf den Gedanken kam, diese Gelegenheiten zu nutzen. Seither habe ich gelernt, wie sehr solch kurze Blicke auf eine Stadt, eine Region oder eine Kultur die Aufmerksamkeit schulen und es zuweilen sogar ermöglichen – dank der starken Konzentration, die eine so kurz bemes-

sene Zeit erfordert –, bestimmte Merkmale des Gegenstands zu erfassen, die unter anderen Umständen möglicherweise lange verborgen geblieben wären. Mich zog es zu anderen Schauspielen hin, und mit der Naivität des Anfängers beobachtete ich auf dem menschenleeren Deck voller Spannung jene übernatürlichen Umwälzungen, deren Beginn, Entwicklung und Ende täglich einige Augenblicke lang der Sonnenaufgang und der Sonnenuntergang an allen vier Enden eines Horizonts vor Augen führen, der größer war, als ich mir je hätte träumen lassen. Könnte ich Worte finden, um diese flüchtigen Erscheinungen festzuhalten, die jedem Versuch, sie zu beschreiben, spotten, und wäre es mir gegeben, anderen Menschen die Phasen und Glieder eines Ereignisses mitzuteilen, das doch einmalig ist und sich niemals in denselben Formen wiederholen würde, dann, so schien mir, wäre ich mit einem Schlag in das tiefste Geheimnis meines Berufs gedrungen; dann gäbe es kein noch so bizarres oder absonderliches Erlebnis, dem die ethnographische Forschung mich aussetzen würde, dessen Sinn und Bedeutung ich nicht eines Tages allen Menschen begreiflich machen könnte.
Würde es mir nach so vielen Jahren gelingen, mich in jenen Zustand der Gnade zurückzuversetzen? Würde ich jene fieberhaften Augenblicke noch einmal durchleben können, da ich, mein Notizbuch in der Hand, Sekunde um Sekunde den Ausdruck festhielt, der es mir vielleicht ermöglichen könnte, diese verschwimmenden und sich stets erneuernden Formen zu bannen? Das Spiel fasziniert mich noch immer, und ich ertappe mich oft dabei, mich darauf einzulassen.

Auf dem Schiff geschrieben

Für die Wissenschaftler sind Morgendämmerung und Abenddämmerung ein und dieselbe Erscheinung, und schon die alten Griechen waren dieser Ansicht, denn auch sie bezeichneten sie mit demselben Wort, das sie, je nachdem ob es sich um den Abend oder den Morgen handelte, durch ein anderes Attribut ergänzten. Diese Vermengung veranschaulicht sehr deutlich das vorherrschende Bemühen um theoretische Spekulationen sowie eine eigentümliche Vernachlässigung des konkreten Aspekts der Dinge. Daß sich irgendein Punkt der Erde in einer kontinuierlichen Bewegung von der Zone, wo die Sonnenstrah-

len einfallen, zu derjenigen hinbewegt, wo das Licht entschwindet, ist möglich. Aber in Wahrheit ist nichts so verschieden wie Abend und Morgen. Der Anbruch des Tages ist ein Präludium; sein Ende eine Ouvertüre, die am Schluß, statt wie in den alten Opern am Anfang stünde. Das Antlitz der Sonne kündigt die kommenden Augenblicke an: es ist verhangen und dunkel, wenn die ersten Stunden des Vormittags regnerisch sein werden; rosa, leicht und duftig, wenn ein klares Licht scheinen wird. Doch über den weiteren Verlauf des Tages sagt die Morgenröte nichts aus. Sie setzt die meteorologische Tätigkeit in Gang und sagt: es wird regnen, es wird schönes Wetter geben. Der Sonnenuntergang dagegen ist etwas ganz anderes: eine vollständige Vorstellung mit einem Anfang, einem Mittelteil und einem Schluß. Und dieses Schauspiel zeigt gleichsam ein verkleinertes Bild der Kämpfe, Siege und Niederlagen, die sich während zwölf Stunden in greifbarer Form, aber auch langsamer abgespielt haben. Die Morgendämmerung ist lediglich der Beginn des Tages, die Abenddämmerung dessen Wiederholung.

Deshalb auch schenken die Menschen der untergehenden Sonne mehr Aufmerksamkeit als der aufgehenden Sonne. Die Morgendämmerung liefert ihnen nur einen zusätzlichen Hinweis zu denen des Thermometers, des Barometers oder – den weniger zivilisierten – der Mondphasen, des Vogelflugs oder der Gezeiten; während ein Sonnenuntergang sie erhebt, in geheimnisvolle Gestaltungen die Wechselfälle des Winds, der Kälte, der Hitze oder des Regens zusammenballt, denen ihr körperliches Sein unterworfen war. Auch die Spiele des Bewußtseins lassen sich an diesen flockigen Zeichen ablesen. Wenn am Himmel das erste Glimmen des Sonnenuntergangs aufleuchtet (so wie in einigen Theatern nicht die drei traditionellen Stockschläge, sondern ein plötzliches Hellwerden der Bühne den Beginn des Schauspiels ankündigt), dann bleibt der Bauer auf seinem Pfad stehen, dann hält der Fischer sein Boot an, dann blinzelt der Wilde mit dem Auge, neben einem verlöschenden Feuer sitzend. Sich zu erinnern bereitet dem Menschen große Wollust, nicht insofern das Gedächtnis beim Wort zu nehmen ist, denn nur wenige wären bereit, die Mühen und Leiden des Tages noch einmal zu durchleben, aber sie lassen sie gern noch einmal an sich vorüberziehen. Die Erinnerung ist das Leben selbst, wenn auch ein Leben anderer Art. Und wenn daher die Sonne auf die glatte Fläche eines ruhigen Wassers sinkt wie der Obolus eines himmlischen Geizkragens, oder wenn ihre Scheibe den Kamm des Gebirges wie ein hartes, gezacktes Blatt hervortreten läßt, dann wird dem Menschen, in einer kurzen Phantas-

magorie, die Offenbarung der undurchdringlichen Kräfte, der Dämpfe und Zuckungen zuteil, deren Konflikte er tief in seinem Innern den ganzen Tag über dunkel gespürt hatte.

Das heißt, daß sich in den Seelen sehr bedrohliche Kämpfe abgespielt haben müssen. Denn die Geringfügigkeit der äußeren Ereignisse gab zu keiner atmosphärischen Ausschweifung Anlaß. Nichts hatte diesen Tag ausgezeichnet. Gegen 16 Uhr – genau zu jenem Zeitpunkt des Tages, da die noch hochstehende Sonne bereits an Schärfe, aber noch nicht an Glanz verliert, da alles in einem dichten goldenen Licht verschwimmt, das absichtlich angestaut scheint, um irgendeine Vorkehrung zu verschleiern – hatte die Mendoza *den Kurs geändert. Bei jeder durch einen leichten Wellengang verursachten Schwankung hatte man die Hitze stärker empfunden, aber die beschriebene Kurve war so wenig bemerkbar, daß man den Kurswechsel für ein leichtes Zunehmen des Schlingerns halten konnte. Im übrigen hatte niemand darauf geachtet, denn nichts ähnelt einem rein geometrischen Ortswechsel mehr als eine Überfahrt auf hoher See. Keine Landschaft verrät das langsame Überschreiten der Breitengrade, das Durchqueren der Isothermen und der pluviometrischen Kurven. Fünfzig Kilometer Landweg können den Eindruck vermitteln, als würde man zu einem anderen Planeten kommen, aber fünftausend Kilometer Ozean zeigen ein unwandelbares Gesicht, zumindest dem ungeübten Auge. Keine Sorge um den Weg oder die Richtung, keine Kenntnis der unsichtbaren, aber hinter dem prallen Horizont gegenwärtigen Landstriche – nichts von alledem quälte die Gedanken der Passagiere. Es kam ihnen vor, als seien sie für eine im voraus festgelegte Anzahl von Tagen in enge Wände eingeschlossen, nicht weil es eine Distanz zu überwinden galt, sondern vielmehr als Buße für das Privileg, von einem Ende der Welt zum anderen transportiert zu werden, ohne daß ihre Gliedmaßen die geringste Anstrengung zu unternehmen brauchten; allzu träge geworden durch langes Schlafen und faule Mahlzeiten, die schon lange keinen sinnlichen Genuß mehr bereiteten, sondern zu einer im voraus zu berechnenden Zerstreuung wurden (und auch das nur unter der Voraussetzung, daß man sie über die Maßen ausdehnte), um die Öde der Tage zu füllen.*

Im übrigen gab es nichts, das von der Anstrengung zeugte. Zwar wußte man, daß sich irgendwo im Innern dieses großen Kastens Maschinen befanden und Menschen, die sie bedienten. Aber diese legten keinen Wert darauf, Besuche zu empfangen, ebensowenig wie es die Passagiere danach verlangte, ihnen Besuche abzustatten, oder den

Offizieren daran gelegen war, die einen den anderen vorzuführen. Man konnte also nur um das Gerüst herumschlendern, auf dem die Arbeit eines einsamen Matrosen, der einen Lüfter anstrich, oder die sparsamen Bewegungen der Stewards in blauem Drillich, die ein feuchtes Tuch durch die Gänge der ersten Klasse schoben, der einzige Beweis dafür waren, daß die Meilen regelmäßig dahinglitten, deren leises Plätschern man unten an dem verrosteten Schiffsbauch hörte.

Um 17 Uhr 40 schien der Himmel westwärts von einem komplexen Gebäude verstellt zu sein, dessen unterer Teil vollkommen horizontal war wie das Meer, von dem es gleichsam abgelöst schien, so als hätte es sich auf unbegreifliche Weise über den Horizont erhoben oder als hätte sich eine dichte und unsichtbare Kristallscheibe zwischen sie geschoben. An seiner Spitze, dem Zenit zu, hingen oder schwebten – wie unter dem Einfluß umgekehrter Anziehungskräfte – schwankende Gerüste, aufgeblähte Pyramiden, gleichsam zu Zierleisten erstarrte Schaumgebilde in einem Stil, der Wolken nachzubilden schien, aber denen die Wolken selbst insofern ähnelten, als sie die Glätte und Rundung von geschnitztem und vergoldetem Holz vortäuschten. Dieser wirre Haufe, der die Sonne verhüllte, hob sich, von wenigen hellen Flecken abgesehen, dunkel vom Himmel ab, und nur am oberen Rand entwichen ihm kleine Flämmchen.

Noch höher am Himmel lösten sich blasse Farbspiele in lässige Windungen auf, die immateriell zu sein schienen, aus reinem Licht gesponnen.

Folgte man dem Horizont nach Norden, so sah man das Hauptmotiv dünner werden und in Wolkenkörner zerfallen, hinter denen, in weiter Ferne, ein hoher Damm lag; auf der Seite, die der – immer noch unsichtbaren – Sonne am nächsten war, umrahmte das Licht diese Reliefs mit einem strengen Saum. Weiter im Norden verschwanden die Modellierungen, und man sah nur noch den Damm selbst, glanzlos und flach, sich im Meer verlierend.

Im Süden tauchte der gleiche Damm auf, diesmal mit großen Wolkenplatten gekrönt, die wie kosmologische Dolmen auf seinem Kamm ruhten.

Wenn man der Sonne schlicht den Rücken kehrte und nach Osten blickte, sah man schließlich zwei aufeinandergeschichtete, in die Länge gezogene Wolkengruppen, gleichsam im Gegenlicht, da die Sonnenstrahlen im Hintergrund auf einen vollbusigen, dickbäuchigen Wall auftrafen, der dennoch sehr luftig wirkte – rosa, lila und silbrig schimmernd wie Perlmutt.

Unterdessen kam hinter den himmlischen Klippen, die den Westen versperrten, langsam die Sonne zum Vorschein; auf jeder Stufe ihres Abstiegs durchbrach einer ihrer Strahlen die dicke Masse oder grub sich einen Weg, dessen Bahn in dem Augenblick, da der Strahl aufblitzte, das Hindernis in aufeinandergetürmte Kreisausschnitte von unterschiedlicher Form und Helligkeit zerlegte. Zuweilen ballte das Licht sich zu einer Faust, und der dunstige Stumpf ließ nur noch einen oder zwei glitzernde, steife Finger erkennen. Oder es kroch eine glühende Krake aus den qualmigen Grotten, bevor sich diese wieder zusammenzogen.

Ein Sonnenuntergang zerfällt in zwei deutlich voneinander geschiedene Phasen. Zu Beginn ist das Gestirn Architekt. Erst dann (wenn seine Strahlen nicht mehr direkt, sondern gebrochen ankommen) wird es zum Maler. Sobald es hinter dem Horizont verschwindet, schwächt das Licht sich ab und enthüllt immer komplexere Hintergründe. Das grelle Licht ist der Feind der Perspektive, doch zwischen Tag und Nacht ist Raum für eine ebenso phantastische wie kurzlebige Architektur. Mit der Dunkelheit wird alles wieder flach wie ein wunderschön bemaltes japanisches Spielzeug.

Genau um 17 Uhr 45 begann die erste Phase. Die Sonne stand schon tief, berührte aber noch nicht den Horizont. In dem Augenblick, da sie unter dem Wolkengebäude hervorkam, schien sie aufzuplatzen wie ein Eigelb und alle Formen, an denen sie noch festhing, mit Licht zu verschmieren. Dieser Erguß von Helligkeit wurde bald zu einem Rückzug; die nähere Umgebung verlor ihren Glanz, und in dieser nun fernen Leere sah man zwischen der oberen Linie des Ozeans und der unteren Linie der Wolken ein Kettengebirge aus Dämpfen, das vor kurzem noch blendend hell und nicht zu erkennen war, jetzt aber scharf und dunkel hervortrat. Gleichzeitig nahm es, das zu Beginn flach war, Volumen an. Alle diese kompakten und schwarzen kleinen Dinge gingen spazieren, schlenderten träge durch einen großen rotglühenden Fleck, der – die Phase der Farben einleitend – langsam vom Horizont zum Himmel aufstieg.

Nach und nach traten die weitläufigen Konstruktionen des Abends den Rückzug an. Die dicke Masse, die den ganzen Tag über am westlichen Himmel gestanden hatte, schien nun ausgewalzt zu sein wie Blech, von hinten angestrahlt von einem erst goldenen, dann zinnober-, dann kirschroten Feuer. Und schon schmolz, ätzte und zerstob dieses Feuer in einem Wirbel von Teilchen, gedrechselte Wolken, die sich langsam verflüchtigten.

Unzählige Dunstnetze überzogen nun den Himmel; sie schienen in alle Richtungen gespannt: horizontal, schräg, senkrecht, sogar spiralförmig. Die Strahlen der Sonne ließen, je tiefer sie sanken (gleich einem Geigenbogen, der sich senkt oder hebt, um verschiedene Saiten zu berühren), erst eines, dann ein anderes dieser Netze in einer Skala von Farben zerplatzen, die jedem einzelnen von ihnen ausschließlich und willkürlich vorbehalten schien. In dem Augenblick, da es auftauchte, hatte jedes Netz die Klarheit, Schärfe und zerbrechliche Härte von gesponnenem Glas, aber allmählich löste es sich auf, als ob es, von einem in Flammen stehenden Himmel überhitzt, dunkler werdend und seine Individualität verlierend, sich zu einem immer dünneren Schleier dehnte, bis es von der Bildfläche verschwand und ein neues, frisch gesponnenes Netz enthüllte. Zum Schluß blieben nur noch verwaschene Farbtöne zurück, die ineinanderflossen; so wie in einem Behälter sich Flüssigkeiten von unterschiedlicher Färbung und Dichte, die zuerst in scheinbar stabilen Schichten übereinanderlagen, langsam zu vermischen beginnen.

Danach wurde es sehr schwierig, einem Schauspiel zu folgen, das sich im Abstand von Minuten, zuweilen von Sekunden an weit voneinander entfernten Punkten des Himmels zu wiederholen schien. Sobald die Sonnenscheibe den Horizont angeschnitten hatte, sah man im Osten plötzlich sehr hohe, grellila getönte Wolken Gestalt annehmen, die bisher unsichtbar gewesen waren. Die Erscheinung entfaltete sich rasch, reicherte sich an mit Details und Nuancen, und schon glitt das Ganze seitwärts ab, von rechts nach links, so als würde ein mit langsamer, aber sicherer Geste geführtes Tuch sie wegwischen. Nach wenigen Sekunden blieb nur noch das gereinigte Schiefergrau des Himmels über der Nebelbank zurück. Aber auch diese ging in Weiß- und Grautöne über, während der Himmel sich rosa färbte.

In der Nähe der Sonne erhob sich ein neuer Damm hinter dem ersten, der eine eintönige und verwaschene Zementfarbe angenommen hatte. Jetzt stand der andere in Flammen. Und als seine roten Strahlungen nachließen, gewannen die Farbspiele am Zenit, die bislang noch keine Rolle gespielt hatten, langsam an Umfang. Ihr unterer Rand vergoldete sich und platzte auf, während sich ihr zuvor glühender Gipfel kastanienbraun und violett färbte. Gleichzeitig erschien, wie durch ein Mikroskop, ihr inneres Gewebe; man entdeckte, daß es aus tausend kleinen Fasern bestand, die gleich einem Skelett ihre schwammigen Formen zusammenhielten.

Jetzt waren die direkten Sonnenstrahlen ganz verschwunden. Der Himmel zeigte nur noch blaßrote und gelbe Farben: Krebs, Lachs, Leinen, Stroh; und man spürte, daß auch diese bescheidene Pracht bald vergehen würde. Noch einmal flackerte die himmlische Landschaft auf in einer Skala von weißen, blauen und grünen Tönen. Doch kleine Teile des Horizonts erfreuten sich noch immer eines ephemären, unabhängigen Lebens. Zur Linken behauptete sich plötzlich ein bisher unbemerkt gebliebener Flor gleichsam als eine Laune geheimnisvoller und vermischter Grüntöne; diese gingen zunächst in grelles, dann gedämpftes, dann violettes und schließlich schwärzliches Rot über, und schließlich sah man nur noch die unregelmäßige Spur eines Kohlestiftes, wie über körniges Papier gezogen. Dahinter schimmerte der Himmel in alpinem Gelbgrün, und der Damm blieb undurchdringlich und scharf umrissen. Am westlichen Himmel glitzerten noch einen Moment lang waagrechte kleine Goldstreifen, aber nach Norden zu war es schon beinahe Nacht: der vollbusige Wall zeigte nur noch weißliche Wölbungen unter einem kalkigen Himmel.

Nichts ist geheimnisvoller als der Komplex der immer gleichen und doch unvorhersehbaren Methoden, mit denen die Nacht dem Tage folgt. Plötzlich erscheint ihr Zeichen am Himmel, begleitet von Unsicherheit und Angst. Niemand kann die einmalige Form vorhersagen, die der nächtliche Aufstieg diesmal wählen wird. Eine unergründliche Alchemie verwandelt jede Farbe in ihr Komplementär, während doch jeder weiß, daß man auf der Palette unbedingt eine andere Tube öffnen muß, um zum selben Ergebnis zu gelangen. Aber für die Nacht haben die Mischungen keine Grenzen, denn sie eröffnet ein falsches Schauspiel: der blaßrote Himmel wird grün, aber nur deshalb, weil ich nicht darauf geachtet habe, daß einige Wolken mittlerweile hochrot geworden sind und auf diese Weise, durch Kontrast, einen Himmel grün erscheinen lassen, der zwar rosa war, jedoch von so blasser Färbung, daß er nicht mehr gegen die Grelle der neuen Farbe ankämpfen kann, die ich dennoch nicht bemerkt habe, da der Übergang von Gold zu Rot weniger überraschend ist als der von Rosa zu Grün. Die Nacht schleicht sich also gleichsam durch Betrug ein.

Dem Schauspiel aus Gold und Purpur begann so die Nacht ihr Negativ zu unterschieben, das die warmen Töne durch Weiß- und Grauschattierungen ersetzte. Langsam entwickelte sich auf der nächtlichen Platte eine Seelandschaft über dem Meer, ein ungeheurer Wolkenschirm, der vor einem ozeanischen Himmel zu parallelen Halbinseln ausfaserte, gleich einer flachen Sandküste, wie man sie von einem in geringer Höhe und im Messerflug dahingleitenden Flugzeug aus wahrnimmt und die ihre Zungen pfeilartig ins Meer streckt. Die Illusion wurde noch verstärkt durch das letzte Tageslicht, das sehr schräg auf jene Wolkenspitzen fiel und ihnen ein Relief wie von hartem Fels verlieh – der ebenfalls, jedoch zu anderen Stunden des Tages, aus Licht und Schatten gehauen wirkt –, so als könnte das Gestirn seine gleißenden Meißel nicht mehr an Porphyr oder Granit erproben, sondern nur noch an hinfälligen, luftigen Substanzen, auch wenn es, untergehend, noch immer denselben Stil bewahrt.

Auf diesem Wolkenhintergrund, der einer Küstenlandschaft glich, sah man, je mehr der Himmel sich reinigte, Strände, Lagunen, unzählige Inseln und Sandbänke auftauchen, umspült von dem reglosen Ozean des Himmels, der das sich auflösende Netz mit Fjorden und Binnenseen durchlöcherte. Und weil dieser Wolkenpfeile schleudernde Himmel einen Ozean imitierte und weil das Meer gewöhnlich die Farbe des Himmels widerspiegelt, ähnelte dieses Himmelsbild einer fernen Landschaft, über welcher die Sonne von neuem untergehen würde. Im übrigen brauchte man nur das wirkliche, weit unten liegende Meer zu betrachten, um dem Trugbild zu entgehen: es war nicht mehr die leuchtende Scheibe vom Mittag, auch nicht die anmutig gekräuselte Fläche vom Nachmittag. Die fast horizontal auftreffenden Strahlen des Tages beleuchteten nur noch die ihnen zugewandte Seite der kleinen Wellen, während die andere völlig im Dunkel lag. So gewann das Wasser ein Relief mit deutlichen, tiefen, wie in Metall gehauenen Schatten. Jede Transparenz war verschwunden.

Und in einem sehr gewöhnlichen, aber wie stets unmerklichen und plötzlichen Übergang wich der Abend der Nacht. Alles war verändert. Am dunklen Himmel des Horizonts, dann oberhalb eines fahlen Gelbs, das am Zenit in Blau überging, zerstreuten sich die letzten Wolken, die das Ende des Tags aufgeboten hatte. Bald sah man nur noch magere und kränkliche Schatten, wie Versatzstücke eines Bühnenbilds, dessen Armut, Hinfälligkeit und Vorläufigkeit man plötzlich, nach der Aufführung, auf der dunklen Bühne erkennt und dessen Realität, die sie vorzutäuschen vermochten, nicht von ihrer Natur herrührte, sondern von irgendeinem Trick der Beleuchtung oder der Perspektive. So sehr diese Schatten vor kurzem noch lebten und sich in jeder Sekunde veränderten, so sehr schienen sie nunmehr zu einer unwandelbaren und schmerzlichen Form erstarrt, inmitten des Himmels, dessen wachsende Dunkelheit sie bald verschlucken wird.

DRITTER TEIL

Die Neue Welt

VIII Die Roßbreiten

In Dakar hatten wir uns von der Alten Welt verabschiedet und waren, ohne die Kapverdischen Inseln gesehen zu haben, an jenem schicksalsschweren siebten Grad nördlicher Breite angelangt, wo Kolumbus auf seiner dritten Reise im Jahre 1498, als er sich auf der richtigen Route befand, um Brasilien zu entdecken, plötzlich Kurs auf Nordwesten nahm und es nur einem Wunder verdankte, daß er zwei Wochen später Trinidad und die Küste von Venezuela nicht verfehlte.

Wir näherten uns den von den alten Seefahrern so gefürchteten Roßbreiten, einer Zone, in der die Winde beider Hemisphären stillstehen, so daß die Segel wochenlang schlaff herunterhingen, von keinem Windhauch gebläht. Die Luft ist hier so reglos, daß man meint, sich in einem geschlossenen Raum und nicht auf hoher See zu befinden; dunkle Wolken, deren Gleichgewicht keine Brise stört, senken sich, einzig der Schwerkraft gehorchend, aufs Meer und lösen sich auf. Mit ihren nachschleppenden Rändern könnten sie die glatte Fläche des Wassers fegen, wären sie dazu nicht viel zu träge. Auf dem Ozean, den die Strahlen einer unsichtbaren Sonne indirekt beleuchten, liegt ein öliger, eintöniger Schimmer, der den des tintenschwarzen Himmels übertrifft und das übliche Verhältnis der Lichtwerte zwischen Luft und Wasser umkehrt. Neigt man den Kopf zur Seite, so nimmt ein glaubhafteres Seegemälde Gestalt an, in dem Himmel und Meer sich gegenseitig ersetzen. Über diesen Horizont, den die Passivität seiner Elemente und die gedämpfte Beleuchtung sehr traulich erscheinen läßt, irren träge ein paar Böen, niedrige und unscharfe Säulen, die den Abstand zwischen Meer und Wolkendecke noch weiter verringern. Zwischen diesen beiden aneinandergrenzenden Flächen gleitet das Schiff in ängstlicher Hast dahin, als wäre ihm die Zeit bemessen, dem Erstickungstod zu entrinnen. Zuweilen nähert sich eine Böe, verliert ihre Konturen, umhüllt das Schiff und peitscht das Deck mit nassen Schnüren. Dann findet sie auf der anderen Seite zu ihrer sichtbaren Form zurück, während ihre lautliche Erscheinung sich verflüchtigt.

Alles Leben auf dem Meer war erstorben. Man sah nicht mehr am Bug die schwarze Brandung der Delphinenschwärme, die, hart und rhythmischer als der schäumende Strudel des Kielwassers, anmutig an diesem fliehenden Streifen der Wellen vorüberzog. Kein Wasserstrahl eines Tümmlers durchschnitt mehr den Horizont; und keine Nautilus-Flottille mit ihren zarten malve- und rosafarbenen Pergamentschleiern bevölkerte mehr das tiefblaue Meer.

Würden uns auf der anderen Seite des Grabens noch all jene Wunderdinge empfangen, von denen die Seefahrer vergangener Jahrhunderte berichten? Als sie jungfräuliche Gebiete durchstreiften, dachten sie weniger daran, eine neue Welt zu entdecken, als die Vergangenheit der alten Welt bestätigt zu finden, der Welt von Adam und Odysseus. Als Kolumbus auf seiner ersten Reise auf den Antillen landete, glaubte er vielleicht, Japan erreicht, aber mehr noch, das irdische Paradies wiedergefunden zu haben. Und die vierhundert Jahre, die seitdem vergangen sind, können gewiß nicht jenen großen Zeitabstand aufgehoben haben, dank dem die Neue Welt zehn- oder zwanzigtausend Jahre lang von den Wirren der Geschichte verschont geblieben ist; auf einer anderen Ebene muß etwas übriggeblieben sein. Und tatsächlich sollte ich bald erfahren, daß Südamerika zwar kein Garten Eden vor dem Sündenfall mehr war, aber daß dieser Kontinent es noch immer diesem Geheimnis verdankte, ein Goldenes Zeitalter geblieben zu sein, zumindest für Leute, die Geld hatten. Doch sein Glück war im Begriff zu schmelzen wie Schnee in der Sonne. Was ist heute davon übriggeblieben? Nur noch ein kostbarer kleiner Rest, zu dem einzig die Privilegierten Zugang haben, hat sich dieses Glück auch in seinem Wesen verändert: das Ewige ist historisch geworden und das Metaphysische sozial. Das Paradies der Menschen, das Kolumbus zu erblicken wähnte, setzt sich fort im süßen Leben, das nur den Reichen vorbehalten ist, und geht zugleich daran zugrunde.

Der rußdunkle Himmel der Roßbreiten, ihre drückende Atmosphäre sind nicht nur das sichtbare Zeichen des Äquators. Sie künden auch von dem geistigen Klima, in dem

zwei Welten einander begegnet sind. Dieses düstere Element, das sie scheidet, jene Meeresstille, in der die bösartigen Kräfte sich lediglich zu erholen scheinen, sind die letzten mystischen Schranken zwischen dem, was gestern noch zwei Planeten waren, deren Lebensverhältnisse sich so sehr voneinander unterschieden, daß die ersten Augenzeugen nicht glauben mochten, daß beide gleichermaßen menschliche Welten waren. Ein von Menschen kaum berührter Kontinent bot sich Menschen dar, deren Gier sich nicht länger mit dem eigenen zufrieden geben konnte. Alles sollte durch diesen zweiten Sündenfall von neuem in Frage gestellt werden: Gott, Moral, Gesetze. Alles sollte, gleichzeitig und widersprüchlich, *de facto* bestätigt, *de jure* aber widerrufen werden. Bestätigt fanden sie den Garten Eden der Bibel, das Goldene Zeitalter der Antike, den Jungbrunnen, Atlantis, die Hesperiden, die Hirtenidylle und die Inseln der Seligen; aber es kamen ihnen auch Zweifel beim Anblick einer reineren und glücklicheren Menschheit (die dies sicher nicht wirklich war, aber den schon von geheimen Gewissensbissen geplagten Eroberern so erschien), Zweifel an der Offenbarung, am Heil, an Sitte und Recht. Niemals zuvor hatte die Menschheit eine so erschütternde Erfahrung gemacht und niemals mehr wird sie eine ähnliche durchleben, es sei denn, daß eines Tages ein anderer Globus auftaucht, Millionen von Kilometern vom unseren entfernt und ebenfalls von denkenen Wesen bewohnt. Immerhin wissen wir heute, daß solche Entfernungen theoretisch zu überwinden sind, während die ersten Seefahrer fürchteten, dem Nichts zu begegnen.
Um den absoluten, totalen, unversöhnlichen Charakter des Dilemmas zu begreifen, in dem die Menschen des 16. Jahrhunderts sich gefangen fühlten, muß man sich gewisse Ereignisse in Erinnerung rufen. Auf die Insel Hispaniola (heute Haïti und die Dominikanische Republik), wo von den etwa hunderttausend Eingeborenen, die es im Jahre 1492 hier gab, ein Jahrhundert später nur noch zweihundert lebten und mehr am Entsetzen starben, das sie gegenüber der europäischen Kultur empfanden, als an Pocken und Schlägen, entsandten die Kolonisatoren eine Kommission nach der anderen, um etwas über ihre Natur zu erfahren. Wenn es wirklich Menschen waren, mußte man dann in ih-

nen die Nachfahren der zehn verlorenen Stämme Israels sehen? Oder Mongolen, die auf Elefanten hergekommen waren? Oder Schotten, die es vor Jahrhunderten im Gefolge des Prinzen Modoc hierher verschlagen hatte? Waren sie Heiden oder stammten sie von rückfälligen Katholiken ab, die der Heilige Thomas getauft hatte? Man war sich nicht einmal sicher, ob es sich überhaupt um Menschen handelte und nicht vielmehr um teuflische Kreaturen oder Tiere. So wenigstens empfand es König Ferdinand, als er im Jahre 1512 weiße Sklaven nach Westindien bringen ließ, nur um die Spanier daran zu hindern, Eingeborene zu heiraten, „die weit entfernt sind, vernunftbegabte Wesen zu sein". Die Bemühungen von Las Casas, der die Zwangsarbeit abschaffen wollte, rief bei den Siedlern weniger Empörung als völliges Unverständnis hervor: „Soll es also nicht länger erlaubt sein, Lasttiere zu benutzen?" riefen sie.

Die mit Recht berühmteste Kommission, die der Mönche des Hieronymitenordens, zeichnete sich nicht nur durch eine Gewissenhaftigkeit aus, welche die kolonialen Unternehmungen seit 1517 längst verlernt haben, sondern auch durch das Licht, das sie auf die Geisteshaltung jener Epoche wirft. Im Verlauf einer wahren psycho-soziologischen Untersuchung, die nach den modernsten Gesichtspunkten durchgeführt wurde, hatte man die Siedler befragt, ob die Indianer ihrer Meinung nach „in der Lage sind, sich wie kastilische Bauern selbst zu ernähren". Alle Antworten waren negativ: „Bestenfalls ihre Enkel, aber die Eingeborenen sind so lasterhaft, daß man daran zweifeln darf. Der Beweis dafür: sie fliehen die Spanier, weigern sich, ohne Entgelt zu arbeiten, treiben aber andererseits die Perversität so weit, alle ihre Güter zu verschenken; sie lehnen es ab, ihre Kameraden zu verstoßen, denen die Spanier die Ohren abgeschnitten haben." Und die einhellige Schlußfolgerung lautete: „Für die Indianer ist es besser, als Menschen in Gefangenschaft zu leben denn als Tiere in Freiheit."

Ein nur wenige Jahre jüngeres Zeugnis setzt den Schlußstrich unter diese Anklage: „Sie essen Menschenfleisch, kennen keine Gerechtigkeit, laufen nackt herum, essen Flöhe, Spinnen und rohe Würmer ... Sie haben keinen Bart, und wenn ihnen zufällig Barthaare wachsen, zupfen sie sie sofort aus." (Ortiz vor dem *Consejo de las Indias*, 1525)

Zur gleichen Zeit pflegten im übrigen die Indianer auf einer benachbarten Insel (Puerto Rico, nach dem Bericht von Oviedo) Weiße zu fangen und zu ertränken, um dann wochenlang bei den Ertrunkenen Wache zu halten, um festzustellen, ob sie verwesten oder nicht. Aus diesem Vergleich der beiden Untersuchungen ergeben sich zwei Schlußfolgerungen: die Weißen beriefen sich auf die Sozialwissenschaften, während die Indianer eher den Naturwissenschaften vertrauten; und während die Weißen verkündeten, daß die Indianer Tiere seien, begnügten sich die Indianer lediglich mit der Vermutung, daß die Weißen Götter sein könnten. Bei gleicher Unkenntnis auf beiden Seiten war das letztere Verhalten gewiß menschenwürdiger.
Die intellektuellen Probleme verliehen der moralischen Verwirrung ein zusätzliches Pathos. Alles war unseren Reisenden ein Mysterium; so erzählt Pierre d'Ailly in seiner *Image du monde* von einer neu entdeckten und überglücklichen Menschheit, *„gens beatissima"*, zusammengesetzt aus Pygmäen, Makrobiern und sogar kopflosen Wesen. Und bei Pietro Martire findet sich eine Beschreibung der ungeheuerlichsten Tiere: Schlangen, die so groß waren wie Krokodile; Tiere mit Ochsenleibern und Elefantenzähnen; Fische mit vier Extremitäten und einem Ochsenkopf, deren wie bei einer Schildkröte gepanzerter Rücken mit Tausenden von Warzen überzogen war; menschenfressende Seeungetüme. Dabei handelte es sich wohl um nichts anderes als um Boas, Tapire, Flußpferde und Haifische. Umgekehrt aber wurden offenkundige Rätsel als selbstverständlich hingenommen. Um den plötzlichen Kurswechsel zu rechtfertigen, aufgrund dessen er Brasilien verfehlte, berichtet Kolumbus in seinen Bordbüchern von höchst ungewöhnlichen Umständen, die man in dieser immer feuchten Zone seither nie wieder beobachtet hat: glühende Hitze, die es unmöglich machte, die Lagerräume zu betreten; in der Wasser- und Weinfässer explodierten, das Korn Feuer fing, Speck und Trockenfleisch eine Woche lang schmorten; die Sonne soll so sengend gewesen sein, daß die Mannschaft fürchtete, bei lebendigem Leib zu verbrennen. Glückliches Jahrhundert, in dem noch alles möglich war, wie heute vielleicht wieder – dank der fliegenden Untertassen!
War nicht Kolumbus in denselben Gewässern, auf denen

wir jetzt schwimmen, Sirenen begegnet? Zwar erblickte er sie am Ende seiner ersten Reise im Karibischen Meer, aber auch dem Amazonasdelta hätten sie gut angestanden. „Die drei Sirenen“, schreibt er, „hoben ihre Körper aus dem Wasser, und ihre runden Gesichter, obwohl nicht ganz so schön, wie man sie auf Bildern darstellt, wiesen deutlich eine menschliche Form auf.“ Die Seekühe haben einen runden Kopf und Zitzen auf der Brust; und da die Weibchen ihre Jungen beim Stillen mit ihren Pfoten an sich drücken, ist eine Identifizierung mit Sirenen nicht allzu verwunderlich, besonders nicht in einer Zeit, da man der Baumwollpflanze den Namen Schafsbaum gab und sie als einen Baum beschrieb (und sogar zeichnete), an dem statt Früchten ganze Schafe hingen, die man nur zu scheren brauchte.

Und wenn Rabelais, der sich zweifellos auf Berichte von Seefahrern stützte, die aus Amerika zurückgekehrt waren, im vierten Buch des *Pantagruel* die erste Karikatur dessen entwarf, was die Ethnologen heute ein Verwandtschaftssystem nennen, so ließ er seiner Phantasie freien Lauf, denn es läßt sich wohl kaum ein Verwandtschaftssystem denken, in dem ein Greis zu einem kleinen Mädchen „mein Vater“ sagt. In allen Fällen fehlt es dem Bewußtsein des 16. Jahrhunderts an etwas weitaus Wesentlicherem als an Kenntnissen, nämlich an einer für das wissenschaftliche Denken unerläßlichen Voraussetzung. Die Menschen jener Zeit besaßen kein Gefühl für den Stil des Universums; ähnlich wie heute ein Hinterwäldler, der auf dem Gebiet der schönen Künste zwar einige äußere Merkmale der italienischen Malerei oder der afrikanischen Negerskulptur, nicht aber ihre signifikante Harmonie erfaßt hätte, nicht imstande wäre, einen falschen von einem echten Botticelli oder einen Bazarartikel von einer Pahouin-Figur zu unterscheiden. Die Sirenen und der Schafsbaum sind etwas ganz anderes und mehr als ein objektiver Irrtum: auf intellektueller Ebene sind es vielmehr Geschmacksverirrungen; ein Mangel der Geister, denen es, trotz ihrer Genialität und Verfeinerung auf anderen Gebieten, an Beobachtungsgabe gebrach. Was durchaus nicht als Kritik zu verstehen ist, denn die trotz all dieser Mängel erzielten Ergebnisse verdienen unsere Hochachtung.

Mehr als Athen bietet heute das Deck eines Schiffs mit

Kurs auf Amerika dem modernen Menschen eine Akropolis für sein Gebet. Wir werden es dir fortan verweigern, blutarme Göttin, Lehrerin einer eingekerkerten Kultur! Über all jene Helden hinweg – Seefahrer, Forscher und Eroberer der Neuen Welt –, die (lange vor der Reise zum Mond) das einzige totale Abenteuer unternahmen, das der Menschheit beschieden war, schweifen meine Gedanken zu euch, den Überlebenden einer Nachhut, welche die Ehre, die Türen offen zu halten, so grausam bezahlen mußte: zu euch Indianern, die ihr mir durch Rousseau, Voltaire, Diderot vertraut geworden seid – Huronen, Irokesen, Kariben, Tupí, hier bin ich!

Das erste Leuchten, das Kolumbus erblickt und für die Küste gehalten hatte, rührte von Meeresglühwürmchen her, die zwischen Sonnenuntergang und Mondaufgang ihre Eier legen, denn das Land konnte noch nicht in Sicht sein. Eben jenes Land, dessen Lichter ich jetzt zu erraten suche in dieser Nacht, die ich schlaflos auf Deck verbringe, um Amerika aufzulauern.

Schon seit gestern ist die Neue Welt gegenwärtig; zwar nicht dem Auge, denn die Küste ist noch zu weit entfernt, obwohl das Schiff Kurs auf Süden genommen hat und sich nun von Kap São Agostino bis Rio parallel zum Kontinent bewegt. Mindestens zwei, vielleicht auch drei Tage lang wird uns Amerika nur aus der Ferne begleiten. Es sind auch nicht die großen Seevögel, die das Ende unserer Reise ankündigen: kreischende, tyrannische Tropikvögel, die im Flug die Meergänse zwingen, ihre Beute fahren zu lassen; denn diese Vögel wagen sich weit aufs Meer hinaus, was schon Kolumbus zu seinem Schaden erfahren mußte, als er, noch mitten auf dem Ozean, ihren Flug bereits als seinen Sieg begrüßte. Auch nicht die seit einigen Tagen seltener auftauchenden fliegenden Fische, die mit einem Schlag ihres Schwanzes aus dem Wasser schnellen und dank ihrer ausgespannten Flossen weit durch die Luft segeln, silberne Funken, die über dem blauen Tiegel des Meeres in alle Richtungen stieben. Die Neue Welt kündigt sich dem Reisenden, der sich ihr nähert, zuerst als ein Duft an, ganz anders als der, den seit meiner Abreise aus Paris eine Wortassoziation in mir beschwor, ein Duft, der sich jemandem, der ihn nie gerochen hat, nur schwer beschreiben läßt.

Zunächst scheint es, als könnten sich die Meereslüfte der vergangenen Wochen nicht mehr frei bewegen; sie stoßen gleichsam gegen eine unsichtbare Wand; reglos geworden, beanspruchen sie nicht mehr die Aufmerksamkeit, die sich nun Gerüchen anderer Art zuwenden kann, Gerüchen, die keine vergangene Erfahrung zu definieren erlaubt; Waldlüfte wechseln ab mit Treibhausdüften, Inbegriff des Pflanzenreichs, dessen spezifische Frische so stark konzentriert ist, daß sie einen Geruchsrausch verursacht, der letzte Ton eines mächtigen Akkords, der sich in Arpeggien auflöst, als wolle er die verschiedenen aufeinanderfolgenden Wohlgerüche voneinander scheiden und zugleich miteinander verschmelzen. Das kann nur verstehen, wer schon einmal seine Nase in eine exotische, frisch geöffnete Pfefferschote gesteckt und in irgendeinem *botequim* des brasilianischen *sertão* an den klebrigen schwarzen Spiralen des *fumo de rôlo* gerochen hat – fermentierten und zu meterlangen Schnüren zusammengerollten Tabakblättern –, und wer in der Vereinigung dieser verwandten Gerüche jenes Amerika wiederentdeckt, das viertausend Jahre lang allein ihr Geheimnis kannte.
Und als dieses Amerika um vier Uhr morgens des folgenden Tags endlich am Horizont auftaucht, erscheint das nun sichtbare Bild der Neuen Welt ihres Duftes würdig. Zwei Tage und zwei Nächte lang entfaltet sich eine ungeheure Kordillere; ungeheuer ist nicht ihre Höhe, sondern die Tatsache, daß sie sich endlos zu wiederholen scheint, ohne daß man einen Anfang oder eine Unterbrechung in der wirren Verkettung ihrer Gipfel zu erkennen vermag. Hunderte von Metern ragen die glatten Felswände dieser Berge aus den Wellen, aufreizende, irrwitzige Formen greifen ineinander, Formen, wie man sie zuweilen bei von den Fluten zerfressenen Sandburgen beobachten kann, von denen man aber niemals vermutet hätte, daß es sie auf unserem Planeten in so riesigem Maßstab gibt.
Dieser Eindruck des Riesenhaften ist überhaupt ein Merkmal Amerikas; man empfindet ihn überall, in den Städten wie auf dem Land; ich verspürte ihn vor der Küste und auf den Hochebenen Zentralbrasiliens, in den bolivianischen Anden wie in den Rocky Mountains, in Colorado, in den Vorstädten von Rio und Chicago, in den Straßen von New

York. Allenthalben erlebt man denselben Schock; dieses Schauspiel erinnert an andere, diese Straßen sind Straßen, die Berge Berge, die Flüsse Flüsse: woher rührt das Gefühl der Fremdartigkeit? Einfach daher, daß sich das Verhältnis zwischen der Größe des Menschen und der Größe der Dinge so verzerrt hat, daß kein gemeinsames Maß mehr besteht. Später, wenn man mit Amerika vertraut geworden ist, vollzieht man fast unbewußt jene Anpassung, die zwischen den Extremen wieder eine normale Beziehung herstellt und die so unmerklich vonstatten geht, daß man sie gerade noch an dem geistigen Klicken erkennt, das sich beim Verlassen des Flugzeugs einstellt. Diese ursprüngliche Inkommensurabilität der beiden Welten prägt und verfälscht jedoch unser Urteil. Diejenigen, die New York häßlich finden, sind lediglich Opfer einer Wahrnehmungstäuschung. Da sie noch nicht gelernt haben, andere Maßstäbe anzulegen, versteifen sie sich darauf, New York als eine Stadt zu beurteilen und an den Straßen, Parkanlagen und Denkmälern herumzunörgeln. Objektiv ist New York zweifellos eine Stadt, aber das Schauspiel, das es europäischen Augen bietet, gehört zu einer anderen Größenordnung, nämlich zu der unserer eigenen Landschaften; während uns die amerikanischen Landschaften wiederum in ein noch gewaltigeres System führen, für das wir kein Äquivalent besitzen. Die Schönheit von New York beruht also nicht auf seinem städtischen Charakter, sondern darauf, daß sich diese Stadt – was unser Auge unweigerlich erkennt, sobald wir uns nicht mehr dagegen sperren – in eine künstliche Landschaft verwandelt, in der die Prinzipien des Urbanismus nicht mehr gelten: die einzigen signifikanten Werte sind das samtene Licht, die durchsichtige Zartheit der Fernen, die erhabenen Abgründe zwischen den Wolkenkratzern und die schattigen Täler, die mit bunten Automobilen übersät sind wie mit Blumen.

Um so verlegener fühle ich mich nun, wenn ich von Rio sprechen soll, das mich abstößt, trotz seiner so oft gepriesenen Schönheit. Wie soll ich mich ausdrücken? Mir scheint, daß die Landschaft von Rio dem Anspruch ihrer Dimensionen nicht gewachsen ist. Der Zuckerhut, der Corcovado, all jene vielgerühmten Gipfel erscheinen dem Reisenden, der in die Bucht einfährt, wie verlorene Stümpfe in den vier Ekken eines zahnlosen Mundes. Fast immer in den schlammigen Nebel der Tropen gehüllt, gelingt es diesen geographischen Zufällen in keiner Weise, den allzu weiten Horizont auszufüllen. Will man ein Schauspiel erleben, so muß man die Bucht von hinten angreifen und sie von oben betrachten. Vom Meer aus gesehen ist es hier, im Gegensatz zu New York, die Natur, die das Aussehen einer Baustelle annimmt.

So ist auch die Ausdehnung der Bucht von Rio nicht mit Hilfe sichtbarer Anhaltspunkte zu erkennen: das Schiff, das sich langsam nähert, seine Manöver, den Inseln auszuweichen, die frischen Düfte, die plötzlich von den an die Hügel geklammerten Wäldern herunterwehen, stellen im voraus eine Art körperlichen Kontakt zu den Blumen und Felsen her, die zwar noch nicht als Dinge existieren, aber den Reisenden auf die Physiognomie eines Kontinents vorbereiten. Und wieder kommt mir Kolumbus in den Sinn: „Die Bäume waren so hoch, daß sie den Himmel zu berühren schienen; und wenn ich richtig verstanden habe, verlieren sie nie ihre Blätter, denn noch im November sah ich sie ebenso grün und frisch wie in Spanien im Mai; einige standen sogar in voller Blüte, andere trugen Früchte … Wohin ich auch blickte, sang die Nachtigall, begleitet von tausend anderen Vogelstimmen." So offenbart sich Amerika, der Kontinent. Er besteht aus all den Lebensäußerungen, die in der Abenddämmerung den dunstigen Horizont der Bucht beseelen; doch für den Neuankömmling bedeuten diese Bewegungen, Formen und Lichter noch keine Provinzen, Weiler und Städte, weder Wälder noch Wiesen, weder Täler noch Landschaften; sie erzählen nichts von den Unternehmungen und Arbeiten von Individuen, die nichts voneinander wissen, da jeder im engen Kreis seiner Familie und seines Berufs eingeschlossen ist. All dies zehrt noch von einer einzigen umfassenden Existenz. Was mich umgibt und überwältigt, ist nicht die unerschöpfliche Vielfalt von Dingen und Wesen, sondern eine einzige großartige Entität: die Neue Welt.

IX *Guanabara*

Die Bucht von Rio frißt sich bis ins Herz der Stadt; man verläßt das Schiff mitten im Zentrum, als wäre die andere Hälfte der Stadt bereits von den Fluten verschlungen. Und in gewissem Sinn trifft dies auch zu, denn die erste Siedlung, ein einfaches Fort, befand sich auf jener felsigen Insel, an der das Schiff soeben vorbeigefahren ist und die noch heute den Namen ihres Gründers trägt: Villegaignon. Und jetzt stehe ich auf der Avenida Rio Branco, wo einst die alten Tupinamba-Dörfer lagen; aber ich trage Jean de Léry in der Tasche, das Brevier des Ethnologen.

Es sind fast auf den Tag dreihundertachtundsiebzig Jahre her, daß Léry in Begleitung von zehn anderen Genfern hier ankam, alle Protestanten, die Calvin geschickt hatte, um Villegaignon zu suchen, seinen ehemaligen Mitschüler, der knapp ein Jahr nach seiner Ankunft in der Bucht von Guanabara zum Protestantismus übergetreten war. Dieser eigenwillige Mann hatte schon alle möglichen Berufe ausgeübt, sich mit allen denkbaren Problemen beschäftigt und gegen Türken, Araber, Italiener, Engländer und Schotten gekämpft (er hatte Maria Stuart entführt, um ihre Heirat mit Franz II. zu ermöglichen). Man hatte ihn in Malta, in Algier und bei der Schlacht von Ceresole gesehen. Fast am Ende seiner abenteuerlichen Laufbahn, als er sich für den Beruf des Militärarchitekten entschieden zu haben schien, beschließt er, infolge einer beruflichen Enttäuschung, nach Brasilien zu gehen. Auch hier entsprechen seine Pläne ganz und gar seinem rastlosen, hochfliegenden Geist. Was will er in Brasilien? Eine Kolonie gründen, aber sich zweifellos auch ein Imperium errichten; sein unmittelbares Ziel ist allerdings, den verfolgten Protestanten, welche die Heimat verlassen wollen, eine Zuflucht zu bieten. Als Katholik, und wahrscheinlich auch Freidenker, erringt er die Gunst Colignys und des Kardinals von Lothringen. Nach einem Anheuerungsfeldzug, der sich nicht nur an die Gläubigen beider Konfessionen, sondern auch auf offenem Markt an alles mögliche Gesindel und entlaufene Sklaven richtet, gelingt es ihm schließlich, am 12. Juli 1555 sechshundert Personen auf zwei Schiffe zu verladen: eine Mischung aus Pionieren aller Schichten und Klassen sowie aus dem

Gefängnis entlassenen Kriminellen aller Art. Er vergaß einzig die Frauen und die Vorräte.
Schon die Abreise war mühselig: zweimal kehren die Schiffe nach Dieppe zurück, um am 14. August endgültig die Anker zu lichten, und schon beginnen die Unannehmlichkeiten: auf den Kanarischen Inseln kommt es zu einer Schlägerei, das an Bord befindliche Wasser verfault. Skorbut bricht aus. Am 10. November geht Villegaignon endlich in der Bucht von Guanabara vor Anker, wo sich seit mehreren Jahren Franzosen und Portugiesen um die Gunst der Eingeborenen streiten.
Die bevorzugte Stellung, die Frankreich zur damaligen Zeit an der brasilianischen Küste einnimmt, wirft eine Reihe kurioser Fragen auf. Mit Sicherheit läßt sie sich bis zum Anfang des Jahrhunderts zurückverfolgen, als die Franzosen viele Reisen unternahmen – insbesondere Gonneville im Jahre 1503, der einen indianischen Schwiegersohn aus Brasilien mitbrachte, und Cabral, der im Jahre 1500 die *Terre de Sainte-Croix* entdeckte. Muß ich noch weiter zurückgehen? Soll man aus der Tatsache, daß die Franzosen dieses neue Land augenblicklich mit dem Namen *Brésil* bedachten (ein Name, der seit dem 12. Jahrhundert belegt ist, als geheim und eifersüchtig gehütete Bezeichnung des legendären Kontinents, aus dem die Farbhölzer stammten), sowie aus der großen Anzahl von Wörtern, die das Französische direkt, also ohne Vermittlung der iberischen Sprachen, den Eingeborenendialekten entlehnte, wie zum Beispiel *ananas, manioc, tamandua, tapir, jaguar, sagouin, agouti, ara, caïman, toucan, coati, acajou* usw., – soll man aus diesen beiden Umständen schließen, daß die Legende von Dieppe, der zufolge Brasilien von Jean Cousin entdeckt wurde, vier Jahre bevor Kolumbus seine erste Reise unternahm, ein Körnchen Wahrheit enthält? An Bord des Schiffes von Cousin befand sich ein gewisser Pinzon; es waren Pinzons, die Kolumbus wieder Mut machten, als er in Palos kurz davor stand, seinen Plan aufzugeben; und wieder war es ein Pinzon, der auf der ersten Reise die *Pinta* befehligte und mit dem Kolumbus sich jedesmal zu beraten pflegte, wenn er eine Kursänderung ins Auge faßte; schließlich war es gerade jene Route, die Kolumbus zu verlassen sich entschloß – wodurch ihm ein zusätzlicher Ruhmestitel nur knapp ent-

ging –, die genau ein Jahr später einen anderen Pinzon bis zum Kap São Agostino führen und ihm den Titel des ersten offiziellen Entdeckers von Brasilien eintragen sollte.
Falls nicht ein Wunder geschieht, wird sich dieses Problem wohl niemals klären, denn die Archive von Dieppe, einschließlich des Berichts von Cousin, sind im 17. Jahrhundert einem Brand zum Opfer gefallen, den die Engländer bei der Beschießung der Stadt verursachten. Und als ich nun zum ersten Mal den Fuß auf brasilianischen Boden setzte, konnte ich nicht umhin, mir all diese burlesken und tragischen Ereignisse in Erinnerung zu rufen, welche die Vertrautheit bezeugen, die vor vierhundert Jahren zwischen Franzosen und Indianern bestand: ich dachte an die normannischen Dolmetscher, die sich vom Naturzustand bezaubern ließen, eingeborene Frauen heirateten und Menschenfresser wurden; an den unglücklichen Hans Staden, der jahrelang in der Angst lebte, jeden Augenblick gefressen zu werden, aber immer wieder gerettet wurde, und der versuchte, sich für einen Franzosen auszugeben, indem er auf seinen so wenig iberischen roten Bart verwies, aber vom König Quoniam Bébé die Antwort erhielt: „Ich habe schon fünf Portugiesen gefangen und verspeist, die alle behaupteten, Franzosen zu sein; und doch haben sie gelogen!" Und welche stetigen Beziehungen mußten nötig gewesen sein, damit im Jahre 1531 die Fregatte *La Pèlerine* nicht nur dreitausend Leopardenfelle und dreihundert Affen, sondern auch sechshundert Papageien, „die schon ein paar Worte französisch sprachen", nach Frankreich mitbringen konnte.
Villegaignon gründet auf einer in der Bucht gelegenen Insel Fort Coligny; die Indianer erbauen es und versorgen die kleine Kolonie mit Lebensmitteln; aber bald verdrießt es sie, immer nur zu geben, ohne etwas zu erhalten, und sie verschwinden aus ihren Dörfern. Hungersnot und Krankheiten brechen in der Festung aus. Villegaignons tyrannisches Temperament beginnt sich zu regen; die Sträflinge lehnen sich auf: sie werden niedergemetzelt. Die Seuche greift auf das Festland über: die wenigen Indianer, die der Mission treu geblieben sind, werden angesteckt. Achthundert von ihnen kommen auf diese Weise ums Leben.
Villegaignon, der irdische Angelegenheiten verachtet,

stürzt in eine geistige Krise. Das Zusammenleben mit den Protestanten führt zu seiner Bekehrung, und er bittet Calvin, Missionare zu schicken, die ihm den neuen Glauben erklären sollen. So wird 1556 jene Reise organisiert, an der auch Léry teilnimmt.

Die Geschichte nimmt nun eine so seltsame Wendung, daß ich mich wundere, daß noch kein Romanschreiber oder Drehbuchautor sich ihrer angenommen hat. Welch einen Film würde sie abgeben! Isoliert auf einem Kontinent, der ihnen so unbekannt ist wie ein anderer Planet; ohne jede Kenntnis seiner Natur und seiner Bewohner; unfähig, den Boden zu bebauen, um sich zu ernähren; in allem, was sie brauchen, von einer ihnen unbegreiflichen Bevölkerung abhängig, die sie außerdem haßt; von Krankheiten heimgesucht – in dieser Situation sieht sich jene Handvoll Franzosen, die allen Gefahren getrotzt haben, um den Verfolgungen in ihrer Heimat zu entrinnen und eine Heimstatt zu gründen, in der die verschiedenen religiösen Überzeugungen in Freiheit und Toleranz nebeneinander bestehen können, nun in ihrer eigenen Falle gefangen. Die Protestanten versuchen, die Katholiken zu bekehren, und umgekehrt. Statt für ihren Lebensunterhalt zu arbeiten, verbringen sie viele Wochen mit wahnwitzigen Diskussionen: wie ist das Abendmahl zu deuten? Darf man bei der Heiligen Handlung den Wein mit Wasser vermischen? Die Eucharistie, die Taufe werden zum Gegenstand wahrer theologischer Turniere, nach denen Villegaignon entweder konvertiert oder widerruft.

Man geht sogar so weit, einen Abgesandten nach Europa zu schicken, der Calvin um Rat fragen und ihm die strittigen Punkte zur Entscheidung vorlegen soll. Unterdessen verdoppeln sich die Konflikte. Villegaignons geistige Fähigkeiten lassen nach; Léry berichtet, daß man aus der Farbe seiner Kleider auf seine Launen und Wutausbrüche schließen konnte. Zum Schluß wendet er sich gegen die Protestanten und versucht, sie auszuhungern; diese nehmen nicht mehr am gemeinsamen Leben teil, flüchten sich auf das Festland und verbünden sich mit den Indianern. Der Idylle, die sich zwischen ihnen entspinnt, verdanken wir ein Meisterwerk der ethnographischen Literatur: *Voyage faict en la Terre du Brésil* von Jean de Léry. Das Abenteuer findet ein trauriges

Ende; zwar gelingt es den Genfern, wenn auch unter großen Schwierigkeiten, an Bord eines französischen Schiffs zurückzukehren; doch anders als auf der Hinfahrt, da sie bei Kräften waren, kann nicht mehr die Rede davon sein, frischfröhlich alle Schiffe zu plündern, denen man unterwegs begegnet; an Bord herrscht Hungersnot. Schließlich ißt man die mitgeführten Affen, ebenso die Papageien, die so kostbar sind, daß eine mit Léry befreundete Indianerin den ihren nur gegen ein Stück der Artillerie hergeben will. Die Mäuse und Ratten aus den Lagerräumen, die letzten vorhandenen Lebensmittel, werden zu vier Ecu pro Stück gehandelt. Es gibt kein Wasser mehr. Halb verhungert erreicht die Besatzung im Jahre 1558 endlich die Bretagne.

Auf der Insel zerfällt die Kolonie in einem Klima der Hinrichtungen und des Terrors; von allen gehaßt, von den einen als Verräter, von den anderen als Renegat betrachtet, von den Indianern gefürchtet und schließlich von den Portugiesen in Angst und Schrecken versetzt, muß Villegaignon auf seine Träume verzichten. Fort Coligny, das nun sein Neffe, Bois-le-Comte, befehligt, fällt 1560 in die Hände der Portugiesen.

Und in diesem Rio, das mir heute als Weide überlassen ist, versuche ich als erstes, die Würze dieser Geschichte zu schmecken. Und eines Tages sollte ich sie auch tatsächlich erahnen, und zwar anläßlich einer archäologischen Exkursion zum Ende der Bucht, die das *Museu Nacional* zu Ehren eines japanischen Gelehrten organisierte. Ein schnelles Boot brachte uns zu einer sumpfigen Stelle, an der ein alter gestrandeter Schiffsrumpf vor sich hin rostete; gewiß stammte er nicht aus dem 16. Jahrhundert, dennoch verlieh er jenen Räumen, in denen nichts den Lauf der Zeit verriet, eine historische Dimension. Die in der Ferne liegende Stadt war hinter tiefen Wolken und dem feinen Regen verschwunden, der schon seit Tagesanbruch unaufhörlich fiel. In dem schwarzen Schlamm wimmelte es von Krabben und Mangroven, bei denen man nie weiß, ob ihre sich ausdehnenden Formen Wachstum oder Verwesung bedeuten, und vor dem Hintergrund des Waldes hoben sich die triefenden Umrisse einiger zeitloser Strohhütten ab. In noch weiterer Ferne verschwammen die steilen Böschungen der Berghänge in einem bleichen Nebel. Wir näherten uns den Bäumen und gelangten zum Ziel unseres Besuchs: zu einer Sandgrube, in der Bauern vor kurzem ein paar Tonscherben gefunden hatten. Ich betaste diese dicken Keramikbrocken, die unzweideutig auf die Tupí-Indianer hinweisen mit ihrem weißen, rot geränderten Überzug und dem feinen Netz aus schwarzen Linien – ein Labyrinth, das, wie es heißt, dazu bestimmt war, die bösen Geister zu verwirren, die nach den einst in diesen Urnen aufbewahrten Menschenknochen suchten. Man erklärt mir, daß wir diese Stätte, die kaum fünfzig Kilometer vom Stadtzentrum entfernt ist, auch im Auto hätten erreichen können, aber es bestehe die Gefahr, daß der Regen die Wege überschwemmen und uns eine Woche lang hier festhalten werde. Vielleicht hätten wir uns dann noch weiter einer Vergangenheit genähert, der es nicht gelingt, diesen melancholischen Ort zu verwandeln, an dem Léry sich vielleicht das Warten verkürzte, indem er den flinken Bewegungen einer braunen Hand zusah, die mit einem in schwarzen Firnis getauchten Spatel all jene „tausend netten Kleinigkeiten wie Guillochen, Liebesseen und andere Narreteien" hervorbrachte, deren Rätsel ich heute auf der Rückseite einer bemalten Scherbe zu entziffern versuche.

Meine erste Begegnung mit Rio ist ganz anders gewesen. Zum ersten Mal in meinem Leben befinde ich mich auf der anderen Seite des Äquators, in den Tropen, in der Neuen Welt. An welchem Zeichen werde ich diesen dreifachen Wechsel erkennen? Welche Stimme wird ihn mir bezeugen, welcher nie gehörte Laut zuerst an mein Ohr dringen? Was ich als erstes bemerke, ist nichtssagend: ich fühle mich wie in einem Salon.

Leichter gekleidet als sonst, schlendere ich über die gewellten Windungen aus weißem und schwarzem Mosaik und nehme in diesen engen, schattigen Gassen, welche die Hauptstraße kreuzen, eine besondere Atmosphäre wahr; der Übergang zwischen Häusern und Straße ist hier weniger ausgeprägt als in Europa; trotz des Luxus der in den Schaufenstern ausgestellten Waren reichen die Auslagen der Läden bis auf die Straße hinaus, so daß man kaum merkt, ob man draußen oder drinnen ist. Denn die Straßen sind nicht nur dazu da, daß man hindurchgeht; sie sind ein Ort, an dem man sich aufhält. Lebendig und friedlich zugleich, belebter und doch geschützter als unsere, verführen sie mich zu einem Vergleich. Denn der Wechsel der Hemisphäre, des Kontinents und des Klimas hat bisher kaum anderes bewirkt, als jene dünne Glasdecke überflüssig zu machen, die in Europa auf künstliche Weise ähnliche Bedingungen schafft: Rio scheint unter freiem Himmel die Mailänder *Gallerias,* die *Galerij* in Amsterdam, den *passage des Panoramas* oder die Halle des Bahnhofs Saint-Lazare zu rekonstruieren.

Im allgemeinen stellt man sich das Reisen als eine Ortsveränderung vor. Das ist zu wenig. Eine Reise vollzieht sich sowohl im Raum wie in der Zeit und in der sozialen Hierarchie. Jeder Eindruck läßt sich nur in bezug auf diese drei Achsen definieren, und da allein schon der Raum drei Dimensionen hat, so wären mindestens fünf erforderlich, um sich vom Reisen eine adäquate Vorstellung zu machen. Das spüre ich sofort, als ich in Brasilien das Schiff verlasse. Ganz ohne Zweifel befinde ich mich auf der anderen Seite des Atlantiks und des Äquators, ganz nahe den Tropen. Viele Dinge bezeugen es mir: die ruhige feuchte Hitze, die meinen Körper vom gewohnten Gewicht der Wollsachen befreit und den Gegensatz (in dem ich nachträglich eine der Konstanten meiner Zivilisation erkenne) zwischen Haus und Straße aufhebt; im übrigen merke ich schnell, daß an die Stelle dieses Gegensatzes ein anderer tritt, der Gegensatz zwischen Mensch und Busch, den unsere durch und durch humanisierten Landschaften nicht kennen; auch gibt es hier Palmen, unbekannte Blumen und vor den Fenstern der Cafés jene Anhäufung grüner Kokosnüsse, aus denen man, nachdem man sie enthauptet hat, ein süßes frisches Wasser schlürft, das nach Keller schmeckt.

Aber ich bemerke noch andere Veränderungen: ich war arm, nun bin ich reich; zum einen, weil sich meine materiellen Verhältnisse verändert haben, zum anderen, weil die einheimischen Produkte unglaublich billig sind: eine Ananas kann ich für zwanzig Sous erstehen, ein Büschel Bananen für zwei Francs und jenes Hähnchen, das ein Italiener gerade am Spieß brät, für vier Francs. Man glaubt sich im Schlaraffenland. Schließlich ruft der Zustand der Bereitschaft, den ein Aufenthalt an fremdem Ort mit sich bringt – ein unverhoffter Glücksfall, der jedoch mit dem Gefühl des

Zwangs einhergeht, ihn zu nutzen –, eine zwiespältige Haltung hervor, Wunsch und zugleich Angst, die gewohnten Hemmungen zu durchbrechen und, fast rituell, der Verschwendung freien Lauf zu lassen. Zwar kann eine Reise auch das genaue Gegenteil bewirken, eine Erfahrung, die ich in New York machte, als ich nach dem Waffenstillstand ohne Geld dort ankam; aber ob die Reise die materielle Lage nun verbessert oder verschlechtert, es müßte schon mit dem Teufel zugehen, wenn sich in dieser Hinsicht überhaupt keine Veränderungen feststellen ließen. Während eine Reise uns Tausende von Kilometern hinwegträgt, läßt sie uns gleichzeitig einige Stufen der sozialen Hierarchie hinauf- oder hinabsteigen. Sie versetzt uns nicht nur an einen anderen Ort, sondern auch in eine andere Klasse, eine höhere oder eine tiefere, und die Farbe und der Duft einer Gegend sind von dem stets unverhofften Rang nicht zu trennen, den sie uns zuweist, um sie zu genießen.

Es gab eine Zeit, da der Reisende Kulturen begegnete, die sich von seiner eigenen von Grund auf unterschieden und ihn zunächst durch ihre Fremdartigkeit überwältigten. Seit einigen Jahrhunderten haben wir dazu immer weniger Gelegenheit. Ob in Indien oder in Amerika – der moderne Reisende ist weit weniger überrascht, als er sich eingestehen mag. Wenn er sich Reiseziele und Routen auswählt, bedeutet das für ihn in erster Linie die Freiheit, lieber an diesem als an jenem Tag anzukommen, lieber dieses als jenes Transportmittel der mechanisierten Zivilisation zu benutzen. Die Jagd nach dem Exotischen beschränkt sich auf das Sammeln von Stadien, die einer bereits vertrauten Entwicklung entweder vorauseilen oder hinterherhinken. Der Reisende wird zum Antiquitätenhändler, den der Mangel an Kunstgegenständen zwingt, seine Galerie aufzugeben, um mit alten Souvenirs vorliebzunehmen, die er auf seinen Spaziergängen durch die Flohmärkte der bewohnten Erde erhandelt.

Diese Unterschiede sind schon innerhalb einer Stadt festzustellen. So wie jede Pflanze zu ihrer Zeit zur Blüte gelangt, so tragen die Stadtviertel das Zeichen der Jahrhunderte, in denen sie entstanden, aufgeblüht und untergegangen sind. In dem Blumengarten der städtischen Vegetation gibt es Gleichzeitigkeiten und Aufeinanderfolgen. Der Marais von

Paris erlebte seine Blütezeit im 17. Jahrhundert, heute wird er vom Schimmel zerfressen; das elfte Arrondissement, eine spätere Gattung, entfaltete sich zur Zeit des zweiten Kaiserreichs, und heute lebt in seinen verwelkten Häusern eine Fauna kleiner Leute, die hier, gleich Insekten, einen günstigen Boden für ihre bescheidenen Tätigkeiten finden. Das siebzehnte Arrondissement steht erstarrt in seinem verblichenen Luxus wie eine große Chrysantheme, die stolz ihr vertrocknetes Haupt weit über ihre Zeit hinaus hochträgt. Gestern prangte das sechzehnte Arrondissement; heute ersticken seine schimmernden Blüten in Wohnblöcken, die ihm allmählich das Gesicht einer Vorstadtlandschaft verleihen.
Vergleicht man Städte miteinander, die sowohl geographisch wie historisch weit auseinanderliegen, so kommen zu diesen verschiedenen Zyklen noch ungleiche Rhythmen hinzu. Sobald man das Zentrum von Rio verläßt, das noch die typischen Merkmale des Jugendstils aufweist, gelangt man in ruhige, mit Palmen, Mangobäumen und gestutztem Palisander gesäumte Alleen, an denen in Parks veraltete Villen stehen. Sie erinnern mich (wie später die Wohnviertel von Kalkutta) an Nizza oder Biarritz zur Zeit Napoleons III. Die Tropen sind weniger exotisch als altmodisch. Man erkennt sie nicht an der Vegetation, sondern an winzigen architektonischen Details und an der Suggestion einer Lebensweise, die mich weniger davon überzeugt, daß ich unendliche Räume durchquert habe, als daß ich unmerklich in eine andere Zeit zurückversetzt worden bin.
Rio de Janeiro ist nicht wie eine gewöhnliche Stadt erbaut worden. Zunächst drängte es sich auf der sumpfigen Erde am Rande der Bucht zusammen und zwängte sich dann zwischen die steilen Hügel, die es auf allen Seiten einschließen, gleich Finger in einen zu engen Handschuh. Schmale, manchmal bis zu zwanzig oder dreißig Kilometer lange Fühler, städtische Straßen, schlängeln sich durch die Granitgebilde, deren Wände so steil sind, daß keine Vegetation sich daran anzuklammern vermag; aber zuweilen hat auf einer einsamen Terrasse oder in einer tiefen Schneise dennoch eine kleine Baumgruppe Fuß gefaßt, wahrhaft jungfräuliche Waldinseln, denn der Ort ist unzugänglich, obwohl er ganz nahe liegt: vom Flugzeug aus meint man,

ihre Äste zu streifen, wenn man, kurz vor der Landung, in jenen frischen und mächtigen Korridoren zwischen üppigen Teppichen dahingleitet. Ihren Reichtum an Hügeln behandelt diese Stadt mit einer Verachtung, die sich zum Teil durch den Wassermangel auf den Höhen erklärt. In dieser Hinsicht ist Rio das Gegenteil von Chittagong am Golf von Bengalen: dort steht auf jedem der kleinen, konischen, orangefarbenen, unter grünem Gras hervorschimmernden Lehmhügel, die aus der sumpfigen Ebene herausragen, ein einsamer Bungalow, Festung der Reichen, die sich vor der drückenden Hitze und dem Elend der Niederungen zu schützen suchen. In Rio ist es umgekehrt: diese kugeligen Wölbungen, die den Granit zu einem Schmelzofen werden lassen, strahlen die Hitze so heftig zurück, daß die kühle Brise, die in den Hohlwegen weht, nicht in die Höhe zu steigen vermag. Vielleicht hat der Urbanismus das Problem heute gelöst, im Jahre 1935 jedenfalls ließ sich in Rio die soziale Stellung des einzelnen am Höhenmesser ablesen: sie war um so tiefer, je höher die Wohnung lag. Die Ärmsten lebten hoch oben auf den Hügeln, in den *favellas*, wo eine in frisch gewaschene Lumpen gekleidete Negerbevölkerung auf der Gitarre jene beschwingten Melodien erfand, die zur Zeit des Karnevals von den Höhen herunterschallen und die Stadt überfluten.

Folgt man einer der städtischen Straßen, die sich in scharfen Kurven durch die Hügel zwängen, so gelangt man sehr schnell in die Vororte. Botafogo am Ende der Avenida Rio Branco ist noch eine Luxusstadt, aber schon hinter Flamengo glaubt man sich nach Neuilly versetzt, und die Gegend um den Tunnel von Copacabana ähnelte, vor zwanzig Jahren jedenfalls, einem ländlichen Saint-Denis oder Le Bourget von vor 1914. Copacabana selbst, heute ein Igel aus Wolkenkratzern, war damals noch eine kleine Provinzstadt mit eigenen Geschäften.

Die letzte Erinnerung an Rio, als ich die Stadt endgültig verließ: ein Hotel am Hang des Corcovado, wo ich amerikanische Kollegen aufsuchte; man erreichte es mit einer Drahtseilbahn, die notdürftig inmitten des Gerölls erbaut worden war, in einem Stil, der halb an Garagen, halb an Berghütten erinnerte, und deren Haltestellen von eifrigem Dienstpersonal betreut wurden: eine Art Luna-Park. All

dies, um oben auf dem Hügel, nachdem man sich, manchmal fast senkrecht, über ödes, schmutziges und felsiges Terrain hatte hochziehen lassen, eine kleine Residenz aus der Kaiserzeit zu erreichen, ein einstöckiges, mit Stuck verziertes und ockergelb getünchtes Gebäude, wo man auf einer in eine Terrasse verwandelten Plattform, hoch über einem wirren Durcheinander von Betonbauten und Elendshütten, zu Abend essen konnte; in der Ferne sah man an Stelle von Fabrikschloten, die man als Rahmen dieser heterokliten Landschaft vermutete, ein samten schimmerndes tropisches Meer, über dem ein monströser Mond hing.
Ich gehe zurück an Bord. Das Schiff sticht in See und knistert mit all seinen Lichtern; es zieht vor dem sich krümmenden Meer vorbei, als wolle es das Stück einer anrüchigen Wanderbühne aufführen. Gegen Abend war ein Gewitter niedergegangen, und in der Ferne glänzt das Meer wie der Bauch eines Tiers. Aber der Mond ist von ein paar Wolkenfetzen verhangen, die der Wind zu Zickzackformen, Kreuzen und Dreiecken verweht. Diese bizarren Gebilde sind gleichsam von innen angestrahlt; vor dem dunklen Hintergrund des Himmels meint man eine Art tropisches Nordlicht zu sehen. Von Zeit zu Zeit erblickt man zwischen diesen Nebelfetzen ein Stück rötlichen Monds, das aufblinkt und wieder verschwindet wie ein verängstigtes Irrlicht.

X In den Tropen

Die Küste zwischen Rio und Santos gleicht einem tropischen Traumland. Die Kordilleren, deren Gipfel teilweise über zweitausend Meter hoch sind, stürzen steil ins Meer und zerschneiden es mit kleinen Inseln und Buchten: feinsandige Strände, gesäumt von Kokospalmen oder feuchten Wäldern und von Orchideen überwuchert, stoßen gegen Wände aus Sandstein oder Basalt, so daß sie nur vom Meer aus zugänglich sind. In den kleinen Häfen, die mehr als hundert Kilometer auseinanderliegen, leben die Fischer in den heute zerfallenen Häusern aus dem 18. Jahrhundert, die Reeder, Heerführer und Vizegouverneure aus edlem Stein erbaut haben. Angra-dos-Reis, Ubatuba, Parati, São

Sebastião, Villa-Bella – alles Orte, wohin einst das aus den *Minas Geraes*, den königlichen Minen, stammende Gold, die Diamanten, Topase und Chrysolythen nach wochenlangen Reisen durch das Gebirge auf Eselsrücken gebracht wurden. Wenn man heute entlang den *espigões*, den Bergkämmen, nach den Spuren dieser Pisten sucht, kann man sich nur mit Mühe vorstellen, daß hier einst ein so reger Verkehr herrschte, daß ein ganzes Gewerbe allein vom Aufsammeln der Hufeisen lebte, welche die Tiere unterwegs verloren.

Bougainville berichtet, welche Vorsichtsmaßnahmen bei der Ausbeutung der Minen und beim Transport des Goldes getroffen wurden. Das gewonnene Gold mußte sofort zu den Schmelzöfen gebracht werden, die in jedem Distrikt standen: Rio-das-Mortes, Savara, Serro-Frio. Dort zog man die der Krone zustehenden Steuern ab, und was den Goldgräbern zukam, erhielten diese in Form von Barren, auf denen Gewicht, Titel, Nummer sowie die Wappen des Königs verzeichnet waren. Ein Zentralkontor, das auf halbem Weg zwischen den Minen und der Küste lag, übte eine weitere Kontrolle aus. Dort erhob ein Leutnant mit fünfzig Mann den sogenannten Fünten und den Wegzoll pro Mann und Tier. Diese Abgabe kam je zur Hälfte dem König sowie dem entsprechenden Detachement zugute; und so war es durchaus nicht verwunderlich, daß die Karawanen, die aus den Minen kamen und diesen Kontrollpunkt passieren mußten, hier „angehalten und mit größter Gründlichkeit durchsucht wurden".

Die einzelnen Goldgräber brachten dann die Barren zur Münzstätte in Rio de Janeiro, wo sie gegen gemünztes Gold umgetauscht wurden, wobei die halbe Dublone acht spanische Piaster wert war, von denen der König einen Piaster als Münzgebühr einbehielt. Und Bougainville fügt hinzu: „Die Münzstätte von Rio gehört zu den schönsten, die es gibt; sie ist mit allen Einrichtungen ausgestattet, die ein schnelles Arbeiten ermöglichen. Da das Gold für seinen Weg aus den Minen dieselbe Zeit in Anspruch nimmt wie die Schiffe für den ihren, wenn sie aus Portugal anreisen, muß die Arbeit rasch erledigt werden, und die Münzen entstehen hier tatsächlich mit erstaunlicher Geschwindigkeit."

Bei den Diamanten galten noch strengere Vorschriften. Bougainville erzählt, daß die Unternehmer „gezwungen sind, die genaue Zahl der gefundenen Diamanten zu nennen und diese dem vom König hierfür eingesetzten Intendanten zu übergeben. Dieser legt sie sogleich in eine eisenbeschlagene und mit drei Schlössern versehene Kassette. Einen der Schlüssel besitzt er selbst, den anderen der Vizekönig und den dritten der *provador de Hazienda Reale.* Diese Kassette wird samt den drei Schlüsseln in eine zweite eingeschlossen und mit dem Siegel der drei erwähnten Personen versehen. Sogar der Vizekönig hat nicht das Recht, ihren Inhalt zu prüfen. Er ist nur verpflichtet, diese Kassette in einen dritten Safe zu packen und nach Lissabon zu schikken, wo sie in Gegenwart des Königs geöffnet wird, der sich die Diamanten aussucht, die ihm gefallen, und den Unternehmern dafür einen Preis zahlt, der durch einen Tarifvertrag festgelegt ist."

Von dieser fieberhaften Tätigkeit – allein im Jahre 1792 wurden einhundertneunzehn Arroba, das heißt über anderthalb Tonnen, Gold transportiert, kontrolliert, zu Münzen geprägt und verschifft – ist nichts mehr übrig entlang dieser Küste, die wieder zum Garten Eden geworden ist, abgesehen von ein paar einsamen, majestätischen Fassaden in ihrer Bucht, altes, von den Wellen umspültes Mauerwerk, an dem einst die Gallionen anlegten. Man möchte glauben, daß seit jeher nur ein paar barfüßige Eingeborene von den Hochebenen heruntergekommen sind in diese grandiosen Wälder, diese unberührten Buchten, diese schroffen Felsen, nicht aber, daß hier Werkstätten standen, in denen noch vor zweihundert Jahren das Schicksal der modernen Welt geschmiedet wurde.

Nachdem die Welt sich am Gold gesättigt hatte, bekam sie Appetit auf Zucker, aber der Zucker brauchte Sklaven. Und als die Minen erschöpft, die Wälder, die den Brennstoff für die Schmelzöfen geliefert hatten, verwüstet waren und schließlich die Sklaverei abgeschafft wurde, stellten sich São Paulo und sein Hafen Santos auf die wachsende Nachfrage nach Kaffee in der Welt ein. Das erst gelbe, dann weiße Gold ist schwarz geworden. Doch trotz dieser Entwicklung, die Santos zu einem internationalen Handelszentrum machte, hat die Landschaft eine geheime Schönheit bewahrt; während das Schiff langsam zwischen den Inseln hindurchgleitet, verspüre ich hier den ersten Anprall der Tropen. Wir fahren wie auf einem schmalen grünen Kanal. Wenn ich die Hand ausstrecke, kann ich fast jene Pflanzen berühren, die man in Rio nur von ferne, hoch auf den Hügeln erblickte. Auf einer bescheideneren Bühne stellt sich nun der Kontakt zur Landschaft her.

Das Hinterland von Santos, eine überschwemmte Ebene, die von Lagunen und Sümpfen durchlöchert, von Flüssen, Meerarmen und Kanälen durchfurcht ist, deren Umrisse beständig in einem perlmuttschimmernden Dunst verschwimmen, scheint die ursprüngliche Erde zu sein, wie sie am Anfang der Schöpfung aus den Wassern emporgetaucht war. Die Bananenhaine, die sie bedecken, sind vom frischesten und zartesten Grün, das man sich vorstellen kann; leuchtender noch als das grüne Gold der Jutefelder im Delta des Brahmaputra, mit denen sie sich in meiner Erinnerung vermischen: aber die Zartheit ihrer Farbe, ihre – verglichen mit der friedlichen Pracht der Jutefelder – unruhige Zierlichkeit tragen dazu bei, eine Atmosphäre des Ursprünglichen zu verbreiten. Eine halbe Stunde lang fährt man zwischen Bananenstauden hindurch, eher Riesengewächsen denn Zwergbäumen, deren saftige Stämme in einem Gewirr biegsamer Blätter enden, oberhalb einer Hand mit hundert Fingern, die aus einer riesigen, kastanienbraunen und rosafarbenen Lotosblume ragen. Dann steigt die Straße auf achthundert Meter an, zum Gipfel der Serra. Wie überall an dieser Küste haben Steilhänge den Urwald vor dem Zugriff des Menschen geschützt; ebenso reiche und unberührte Wälder findet man erst mehrere tausend Kilometer weiter im Norden, im Becken des Amazonas, wieder. Während unser Auto in den Kurven ächzt, die so eng sind, daß man sie kaum noch als „Haarnadelkurven" bezeichnen kann, und sich durch einen Nebel winden, der ein Hochgebirge in anderen Breiten vortäuscht, habe ich Muße, die Bäume und Pflanzen zu betrachten, die sich vor meinen Augen wie Stücke aus einem Museum ausbreiten.

Dieser Wald unterscheidet sich vom unsrigen durch den Gegensatz zwischen Laub und Stamm. Die Blätter sind dunkler, ihre Grüntöne wirken mehr mineralisch als pflanzlich, wobei Jade und Turmalin stärker vertreten sind als

Smaragd und Chrysolith. Die Stämme dagegen, weiß oder blaßgrau, heben sich wie Knochen vom dunklen Hintergrund des Laubs ab. Da ich der Felswand zu nahe war, um das Ganze überblicken zu können, vertiefte ich mich in die Einzelheiten. Pflanzen, weit üppiger als die europäischen, richten Stengel und Blüten auf, die wie aus Metall gegossen wirken, so fest ist ihr Wuchs und so sinnvoll ihre Form, der die Zeit nichts anzuhaben scheint. Von außen gesehen, gehört diese Natur einer anderen Ordnung an als die unsrige; sie läßt einen höheren Grad an Präsenz und Dauer erkennen. Wie in den exotischen Landschaften von Henri Rousseau gelangen auch hier die Lebewesen zur Würde von Objekten.

Schon einmal habe ich etwas Ähnliches empfunden, nämlich als ich zum ersten Mal meine Ferien in der Provence verbrachte und nicht, wie jahrelang zuvor, in der Normandie oder in der Bretagne. Statt einer wirren Vegetation, die mir gleichgültig blieb, fand ich dort eine andere, in der jede einzelne Pflanze eine besondere Bedeutung besaß. So als wäre ich aus einem banalen Dorf mit einemmal an eine archäologische Fundstätte versetzt worden, wo die Steine nicht mehr Teile des Hauses, sondern Zeugen sind. Begeistert kletterte ich durch das Felsgestein und sagte mir immer wieder, daß hier jeder Grashalm einen besonderen Namen trug: Thymian, Majoran, Rosmarin, Basilikum, Lorbeer, Lavendel, Walderdbeere, Mastixbaum; daß er seine Adelsbriefe und seine besonderen Privilegien besaß. Und der schwere Harzgeruch war mir sowohl Beweis als auch Ursache eines höchst bemerkenswerten Pflanzenreichs. Was mir die Flora der Provence damals durch ihren Geruch schenkte, bot mir nun die Flora der Tropen durch ihre Form. Es war nicht mehr eine Welt aus Düften und Bräuchen, Kräutersammlung für Rezepte und Aberglauben, sondern eine Pflanzenschar gleich einer Truppe riesengroßer Tänzerinnen, von denen jede ihre Bewegung in der sinnfälligsten Gebärde hatte erstarren lassen, wie um eine Absicht zu verdeutlichen, die offenkundiger wäre, hätte sie vom Leben nichts mehr zu befürchten; ein regloses Ballett, einzig vom mineralischen Beben der Quellen durchzittert.

Wenn man auf dem Gipfel ankommt, ändert sich alles noch einmal; die feuchte Hitze der Tropen und die heroischen

Verflechtungen von Lianen und Felsen sind verschwunden. Statt dem ungeheueren schillernden Panorama, das man ein letztes Mal von der Aussichtsterrasse der Serra hoch über dem Meer überblickt, sieht man in der entgegengesetzten Richtung ein unebenes nacktes Hochplateau, das unter einem launischen Himmel seine Bergkämme und Schluchten entrollt. Auf das Ganze fällt ein feiner Nieselregen, wie in der Bretagne. Denn wir befinden uns in etwa tausend Meter Höhe, obwohl das Meer noch nahe ist. Auf dem Gipfel dieser Felswand beginnt das bergige Hochland, eine Folge von Stufen, deren erste und härteste die Bergkette der Küste bildet. Dieses Hochland senkt sich unmerklich gegen Norden hin. Auf seinem Abstieg zum Amazonasbecken, in das es, dreitausend Kilometer von hier entfernt, in großen Sprüngen steil abfällt, wird es nur zweimal von Gebirgszügen unterbrochen: von der Serra de Botucatu in ungefähr fünfhundert Kilometer und der Chapada de Mato Grosso in eintausendfünfhundert Kilometer Entfernung von der Küste. Beide werde ich überqueren müssen, um in der Gegend der amazonischen Ströme wieder einen Wald zu finden, der sich mit demjenigen, der sich hier an das Bollwerk der Küste klammert, vergleichen läßt; der größte Teil Brasiliens – das Gebiet, das vom Atlantik, vom Amazonas und von Paraguay begrenzt wird – stellt eine schräge, zum Meer hin erhöhte Plattform dar: ein vom Busch überwuchertes Sprungbrett, umgeben von einem feuchten Ring aus Dschungel und Sümpfen.

Um mich herum hat die Erosion die Erde verwüstet, doch ist vor allem der Mensch schuld an dem chaotischen Gesicht der Landschaft. Zuerst hat er den Boden gerodet und bebaut; aber nach einigen Jahren ist dieser, erschöpft und vom Regen ausgewaschen, unter den Kaffeesträuchern eingesunken. Und die Pflanzungen wurden anderswohin verlegt, wo die Erde noch unberührt und fruchtbar war. Zwischen dem Menschen und dem Boden hat sich nie jene Wechselbeziehung hergestellt, die in der Alten Welt der tausendjährigen Vertrautheit zugrunde liegt, in deren Verlauf sie sich beide, der Mensch und der Boden, gegenseitig geprägt haben. Hier hat man den Boden vergewaltigt, man hat ihn zerstört, seiner Reichtümer beraubt und ist dann, nachdem man ihm räuberisch einige Profite abgerungen hatte, weitergezogen. Zu Recht wird der Tätigkeitsraum der Siedler als eine Randzone beschrieben. Da sie den Boden fast ebenso schnell verwüsten, wie sie ihn urbar machen, scheinen sie verurteilt, immer nur einen wandernden Streifen Land in Besitz zu haben: vor sich die jungfräuliche Erde, hinter sich ausgelaugte Felder. Wie ein Buschfeuer, das der Aufzehrung seiner Nahrung vorauseilt, so haben die Flammen der Landwirtschaft innerhalb von hundert Jahren den Staat São Paulo durchquert. In der Mitte des 19. Jahrhunderts von den *mineiros* entfacht, die ihre ausgeplünderten Erzlager aufgaben, haben sie sich von Osten nach Westen fortgepflanzt, und bald sollte ich sie am anderen Ufer des Paraná-Flusses einholen, wo sie sich durch einen wirren Haufen gefällter Baumstämme und entwurzelter Familien hindurchfraßen.

Das Gebiet, das die Straße von Santos nach São Paulo durchquert, ist eines der ersten des Landes, das ausgebeutet wurde; so wirkt es heute wie eine archäologische Stätte zu Ehren einer versunkenen Landwirtschaft. Ehemals bewaldete Abhänge und Böschungen legen heute unter einem dünnen Mantel spröder Gräser ihre Gerippe bloß. Stellenweise sind noch die Erdhügel erkennbar, welche einst den Standort der Kaffeepflanzen anzeigten; gleich verkümmerten Zitzen ragen sie heute aus den mit hartem Gras bewachsenen Berghängen hervor. In den Tälern hat sich die Vegetation wieder des Bodens bemächtigt; aber es entsteht nicht mehr die edle Architektur des ursprünglichen Waldes, sondern die *capoeira*, der sekundäre Wald, ein Gestrüpp schütterer Bäume. Von Zeit zu Zeit begegnet man der Hütte eines japanischen Einwanderers, der sich mit archaischen Methoden abmüht, ein kleines Stück Land zu regenerieren, um ein bißchen Gemüse anzupflanzen.

Den europäischen Reisenden verwirrt diese Landschaft, die in keine seiner traditionellen Kategorien paßt. Wir kennen keine unberührte Natur, unsere Landschaft ist ostentativ dem Menschen untertan; manchmal erscheint sie uns als wild, nicht weil sie wirklich wild ist, sondern weil sich der Austausch zwischen ihr und dem Menschen in einem langsameren Rhythmus (wie in den Wäldern) vollzogen hat oder weil (wie in den Bergen) die Schwierigkeiten so groß waren, daß der Mensch keine systematische Antwort gefunden, sondern im Verlauf der Jahrhunderte nur viele einzelne Schritte unternommen hat; die Gesamtlösungen, zu denen diese dann verschmelzen und die als solche niemals bewußt gewollt oder geplant waren, erscheinen ihm von außen als primitiv. Er verwechselt mit einer natürlichen Wildheit der Landschaft, was doch nur das Ergebnis einer langen Reihe von unbewußten Initiativen und Entscheidungen ist.

Selbst die rauhesten Landschaften Europas weisen eine Ordnung auf, die Poussin in unvergleichlicher Weise zum Ausdruck gebracht hat. Man gehe in die Berge, und sogleich fällt der Gegensatz zwischen den kahlen Abhängen und den Wäldern auf; daß die letzteren sich über Wiesen erheben und daß die Vielfalt der Farbtöne auf das Vorherrschen dieser oder jener Pflanzenart zurückzuführen ist, je nachdem, ob sie auf der Licht- oder auf der Schattenseite wächst – man muß Amerika bereist haben, um zu erkennen, daß diese sublime Harmonie keineswegs ein spontaner Ausdruck der Natur ist, sondern von Übereinstimmungen herrührt, die in langer, beharrlicher Zusammenarbeit zwischen Landschaft und Mensch erreicht wurden. Dieser bewundert dann naiv die Spuren seiner vergangenen Unternehmungen.

Im bewohnten Amerika, sowohl im Süden wie im Norden (mit Ausnahme der Hochebenen in den Anden, in Mexiko und Mittelamerika, die sich dank einer größeren Bevölkerungsdichte mit europäischen Verhältnissen vergleichen lassen), bleibt uns nur die Wahl zwischen einer Natur, die so erbarmungslos gezähmt wurde, daß sie eher an ein Industriegelände als an eine Landschaft erinnert (ich denke zum Beispiel an die Zuckerrohrplantagen auf den Antillen und an die Maisfelder im Corn-Belt), und einer anderen – wie diejenige, die ich im Augenblick betrachte –, die der Mensch gerade so lange besetzt gehalten hat, daß er Zeit fand, sie zu verwüsten, aber nicht lange genug, als daß ein geruhsames und ununterbrochenes Zusammenleben sie zur Landschaft hätte bilden können. In der Umgebung von São Paulo, wie später im Staat New York, in Connecticut und sogar in den Rocky Mountains, lernte ich, mit einer Natur vertraut zu werden, die spröder ist als die unsrige, weil sie weniger bevölkert und weniger bebaut ist, aber der trotzdem die wahre Frische fehlt: eine Natur, die nicht wild ist, sondern deklassiert.

Öde Landstriche, so groß wie ganze Provinzen, hat der Mensch einst hier besessen; doch nach kurzer Zeit ist er weitergezogen. Hinter sich ließ er einen zerschundenen Boden voller Ruinen. Und auf diesen Schlachtfeldern, auf denen er einige Jahrzehnte lang mit einer unbekannten Erde gekämpft hat, beginnt langsam eine neue, monotone Vegetation zu sprießen, die in ihrer Unordnung um so täuschender ist, als sie hinter der Maske falscher Unschuld die Erinnerung an die Kämpfe bewahrt.

XI São Paulo

Ein Spötter hat behauptet, Amerika sei wie ein Land, das vom Zustand der Barbarei direkt in die Dekadenz gefallen ist, ohne die Kultur gekannt zu haben. Mit größerem Recht könnte man diese Definition auf die Städte der Neuen Welt anwenden: ihre Jugend verblüht, ohne daß sie gealtert sind. Eine meiner brasilianischen Studentinnen kam mit Tränen in den Augen von ihrer ersten Reise nach Frankreich zurück: Paris mit seinen rußgeschwärzten Gebäuden war ihr schmutzig vorgekommen. Weiße und Sauberkeit waren ihre einzigen Kriterien, eine Stadt zu beurteilen. Aber jene Ferien außerhalb der Zeit, zu denen die Denkmäler einladen, jenes Leben ohne Alter, das die schönsten Städte kennzeichnet, Städte, die zum Gegenstand der Betrachtung und Reflexion geworden und nicht mehr bloße Instrumente der Urbanität sind – dieses Leben ist den amerikanischen Städten unerreichbar. In den Städten der Neuen Welt, ob in New York, Chicago oder in São Paulo, das man oft mit ihnen verglichen hat, fällt mir nicht der Mangel an Überresten aus der Vergangenheit auf: diese Abwesenheit ist vielmehr ein Element ihrer Signifikanz. Anders als jenen europäischen Touristen, die schmollen, wenn sie ihren Jagdtrophäen keine weitere Kathedrale aus dem 13. Jahrhundert hinzufügen können, bereitet es mir Vergnügen, mich einem System ohne zeitliche Dimension anzupassen, um eine andere Form der Zivilisation zu deuten. Aber ich verfalle in den entgegengesetzten Irrtum: weil diese Städte neu sind und aus dieser Neuheit ihr Wesen und ihre Rechtfertigung beziehen, verzeihe ich es ihnen kaum, daß sie nicht neu bleiben. Für die europäischen Städte bedeutet der Verlauf der Jahrhunderte einen Aufstieg; für die amerikanischen dagegen bedeuten schon wenige Jahre einen Niedergang. Denn sie sind nicht nur neu erbaut: sie sind erbaut, um sich mit derselben Geschwindigkeit zu erneuern, in der sie errichtet wurden, das heißt schlecht. In dem Augenblick, da neue Stadtviertel entstehen, kann man sie kaum als urbane Elemente bezeichnen: dafür sind sie zu glänzend, zu neu, zu fröhlich. Man fühlt sich eher auf einer Messe, einer internationalen Ausstellung, die nur für wenige Monate errichtet wurde. Danach ist das Fest vorbei, und jene großen Nippsachen verfallen: die Fassaden bröckeln ab, Regen und Ruß ziehen ihre Furchen darauf, der Stil veraltet, und die ursprüngliche Anordnung verschwindet unter den Abrissen, die nebenan eine neue Ungeduld erforderlich macht. Dies sind keine neuen Städte, die mit alten Städten kontrastieren, sondern Städte, die sich sehr schnell entwickeln, verglichen mit solchen, die langsam wachsen. Manche Städte Europas entschlafen sanft und allmählich; in der Neuen Welt leben sie fieberhaft in einem Zustand chronischer Krankheit; sie sind ewig jung und doch niemals gesund.

Als ich 1941 New York und Chicago besuchte oder 1935 in São Paulo ankam, setzte mich also nicht in erster Linie die Neuheit in Erstaunen, sondern die so frühzeitig einsetzenden Verwüstungen der Zeit. Ich war nicht überrascht, daß diesen Städten zehn Jahrhunderte fehlten, es erschütterte mich vielmehr, daß viele ihrer Viertel bereits fünfzig Jahre alt waren; daß sie schamlos die Zeichen des Verfalls zur Schau trugen, wo doch der einzige Schmuck, mit dem sie sich hätten brüsten können, der einer sowohl für sie wie für die Menschen rasch vergehenden Jugend gewesen wäre. Schrott, Straßenbahnen so rot wie Feuerwehrwagen, Bartheken aus Mahagoni mit Balustraden aus poliertem Messing; Haufen von Ziegelsteinen in einsamen Gassen, in denen allein der Wind die Abfälle wegfegt; ländliche Pfarrkirchen am Fuß von Büro- und Börsengebäuden, die wie Kathedralen wirken; Labyrinthe von grün verschimmelten Wohnblöcken, die hoch über Straßenfluchten, Drehbrücken und

Verbindungsstege hinausragen, eine Stadt, die immer wieder auf ihren eigenen Trümmern aufbaut und dadurch ständig höher wird: Chicago, Bild beider Amerika – es überrascht nicht, daß die Neue Welt in dir liebevoll die Erinnerung an die achtziger Jahre bewahrt; denn die einzige Vergangenheit, auf die sich diese Stadt in ihrem Durst nach Erneuerung berufen kann, ist jener bescheidene Zeitraum eines halben Jahrhunderts, zu kurz, um dem Urteil unserer jahrtausendealten Gesellschaften zu nützen, der ihr jedoch eine winzige Chance gibt, zärtlich ihrer vergänglichen Jugend zu gedenken.

Im Jahre 1935 brüsteten sich die Bewohner von São Paulo damit, daß in ihrer Stadt durchschnittlich jede Stunde ein Haus gebaut werde. Damals handelte es sich um Villen; man versichert mir, daß der Rhythmus bis heute derselbe geblieben ist, nur daß jetzt Wohnblöcke entstehen. Die Stadt entwickelt sich mit solcher Geschwindigkeit, daß es unmöglich ist, sich einen Stadtplan zu besorgen: jede Woche müßte eine neue Ausgabe erscheinen. Und will man im Taxi zu einer wenige Wochen zuvor getroffenen Verabredung fahren, so läuft man Gefahr, einen Tag zu früh anzukommen, das heißt, bevor das Viertel fertig ist. Unter solchen Umständen gleicht das Erzählen fast zwanzig Jahre alter Erinnerungen dem Betrachten einer vergilbten Fotografie. Immerhin kann sie von dokumentarischem Interesse sein: ich vermache, was tief in den Schubfächern meines Gedächtnisses ruht, den Archiven der Stadtverwaltung.

São Paulo galt damals als eine häßliche Stadt. Ohne Zweifel waren die Gebäude im Zentrum pompös und altmodisch; die prätentiöse Dürftigkeit ihres Schmucks wurde noch verstärkt durch die Armut des Rohbaus: Statuen und Girlanden waren nicht aus Stein, sondern aus Gips, der mit gelber Farbe übertüncht war, um Patina vorzutäuschen. Ganz allgemein zeigte die Stadt jene gesuchten, willkürlichen Farbtöne, die schlechte Bauwerke kennzeichnen, bei denen der Architekt den Verputz zu Hilfe nehmen muß, um den Untergrund sowohl zu schützen als auch zu kaschieren.

Bei Steinbauten lassen sich die Auswüchse des Stils von 1890 zum Teil durch die Schwere und Dicke des Materials entschuldigen: sie entsprechen ihrem Zubehör. Während hier die schwerfälligen Wülste lediglich an Geschwüre erin-

nern, wie sie die Lepra auf der Haut improvisiert. Unter den falschen Farben treten die Schatten schärfer hervor, und die engen Straßen erlauben es einer zu dünnen Luftschicht nicht, „Atmosphäre“ zu schaffen, so daß man ein Gefühl der Irrealität empfindet, als sei dies alles keine Stadt, sondern eine Vortäuschung hastig für Filmaufnahmen oder eine Theateraufführung errichteter Bauten.
Trotzdem habe ich São Paulo niemals häßlich gefunden: es war eine wilde Stadt, wie alle amerikanischen Städte, mit Ausnahme vielleicht von Washington, D. C., das weder wild noch gezähmt ist, eher gefangen und vor Langeweile vergehend in dem Käfig von sternförmigen Alleen, in den Lenfant es eingesperrt hat. São Paulo aber war damals ungezähmt. Ursprünglich auf einer sporenförmigen Terrasse erbaut, die nach Norden weist und wo zwei kleine Flüsse, der Rio Anhangabahu und der Rio Tamanduatehy, zusammenfließen, um etwas weiter unten in den Rio Tietê, einen Nebenfluß des Paraná, zu münden, war es zuerst eine einfache *„reducción“*, eine Missionsstation, in der die portugiesischen Jesuiten sich seit dem 16. Jahrhundert bemühten, die Eingeborenen zusammenzufassen und ihnen die Tugenden der Zivilisation beizubringen. Auf der zum Tamanduatehy abfallenden Böschung, welche die volkstümlichen Viertel von Braz und La Penha überragt, gab es noch im Jahre 1935 ein paar kleinstädtische Gassen und *largos*: viereckige, mit Gras bewachsene Plätze, umgeben von weißgekalkten niedrigen Häusern mit Ziegeldächern und kleinen vergitterten Fenstern sowie einer nüchternen Pfarrkiche, deren einziger Schmuck in der Doppelklammer bestand, die einen Barockgiebel an der oberen Hälfte der Fassade hervorhob. Weit im Norden ergossen sich die silbrigen Windungen des Tietê in die *varzeas*, Sümpfe, die sich allmählich in Stadtviertel verwandelten und die von einem unregelmäßigen Ring von Vorstädten und Bauplätzen umgeben waren. Unmittelbar dahinter befand sich das Geschäftszentrum, das den Stil sowie die Bestrebungen der Weltausstellung von 1889 bewahrte: die Praça da Sé, der Platz der Kathedrale, halb Baustelle, halb Trümmerfeld. Dann der Triângulo, das berühmte Dreieck, auf das São Paulo so stolz ist wie Chicago auf den *Loop*: ein Geschäftsviertel, begrenzt von den Straßen Direita, São-Bento und 15. November: Straßen,

vollgepfropft mit Reklameschildern, durch die sich Unmengen von Händlern und Angestellten drängten und durch ihre dunkle Kleidung verkündeten, daß sie nicht nur den europäischen oder nordamerikanischen Werten huldigten, sondern auch stolz darauf waren, hier in achthundert Meter Höhe der Schwüle der Tropen entronnen zu sein (die doch mitten durch die Stadt führen).

Im Januar scheint der Regen in São Paulo nicht zu „fallen", sondern vielmehr durch die herrschende Feuchtigkeit erzeugt zu werden, so als ob sich der Wasserdampf, der alles durchtränkt, in dicht fallende Perlen materialisierte, die jedoch aufgrund ihrer Affinität mit jenem Nebel, durch den sie gleiten, gleichsam gebremst würden. Der Regen strömt nicht in Fäden wie in Europa, sondern kullert in vielen kleinen, blaß glitzernden Wasserkügelchen durch eine feuchte Atmosphäre: eine Kaskade aus heller Sagosuppe. Und er hört auch nicht auf, wenn die Wolke vorbeigezogen ist, sondern erst dann, wenn sich die Luft von dem Überschuß an Feuchtigkeit gereinigt hat. Dann klärt sich der Himmel auf, und zwischen den hellen Wolken erspäht man ein sehr blasses Blau, während sich alpine Sturzbäche durch die Straßen ergießen.

An der nördlichen Spitze der Terrasse lag eine riesige Baustelle: hier wurde die Avenida São-João begonnen, eine Hauptverkehrsader von mehreren Kilometern Länge, die parallel zum Tietê verlaufen und der alten Straße nach Norden folgen sollte: nach Ytu, Sorocaba und zu den Pflanzungen von Campinas. Die neue Avenida, die am äußersten Ende des Sporns ihren Anfang nahm, führte über die Trümmer alter Quartiere nach unten. Zunächst ließ sie die Rua Florencio de-Abreu rechts liegen, die zum Bahnhof ging: zwischen den syrischen Basaren, welche die ganze Innenstadt mit Schund versorgten, und friedlichen Polster- und Tapezierwerkstätten hindurch, in denen damals noch – aber für wie lange? – Reitsättel aus fein gearbeitetem Leder, Pferdedecken aus grober Baumwolle, mit ziseliertem Silber verziertes Pferdegeschirr für die Pflanzer und Landarbeiter im nahen Busch hergestellt wurden. Dann zog die Avenida am Fuß des damals einzigen, noch nicht vollendeten Wolkenkratzers, des rosagetünchten Predio Martinelli vorbei, kreuzte die Campos-Elyseos, einst eine Straße der

Reichen, an der die Villen aus bemaltem Holz in Gärten mit Eukalyptus- und Mangobäumen langsam verfielen; dann die volkstümliche Santa Ifigenia, gesäumt von einem Viertel geschlossener Häuser, wo die Mädchen aus den Fenstern des Hochparterres die Kunden anlockten. An den Rändern der Stadt schließlich lagen die kleinbürgerlichen Siedlungen von Perdizes und Agua-Branca, die im Südwesten mit dem grünen und aristokratischeren Hügel des Pacaembu verschmolzen.

Im Süden steigt die Terrasse langsam an; bescheidene Straßen klettern hinauf und münden oben, auf dem höchsten Punkt der Erhebung, in die Avenida Paulista, an der die einst prunkvollen Villen – halb Spielkasinos, halb Kurhäuser – der Millionäre der letzten fünfzig Jahre stehen. Am östlichen Ende ragt die Avenida über die Ebene oberhalb des neuen Viertels von Pacaembu mit seinen kubischen Villen entlang gewundener Straßen, die sich, überpudert vom Blauviolett des blühenden Jakaranda, zwischen grünen Rasenflächen und ockerfarbenen Erdhügeln hindurchschlängeln. Aber die Millionäre haben die Avenida Paulista verlassen. Der Ausdehnung der Stadt folgend, sind sie mit ihr den Südhang des Hügels hinabgestiegen, in steile Gegenden mit krummen Straßen. Ihre Wohnhäuser aus glimmerhaltigem Zement und mit schmiedeeisernen Geländern sind im kalifornischen Stil erbaut und liegen in den Parks versteckt, die aus den ländlichen Waldungen herausgeschnitten wurden.

Kuhweiden dehnen sich zu Füßen von Betonblöcken, und gleich einer Luftspiegelung taucht ein Stadtviertel auf, tiefe Schluchten unterbrechen plötzlich eine von Luxusvillen gesäumte Allee; ein schlammiger Wildbach fließt zwischen den Bananenbäumen, sowohl Wasserquelle wie Abfallgrube für ein paar elende, auf Bambusgeflecht stehende Lehmhütten, in denen die gleiche Negerbevölkerung lebt, die sich in Rio auf den Hügeln zusammendrängt. Ziegen weiden auf den Abhängen. Einigen besonderen Orten der Stadt gelingt es, alle diese Bilder zu versammeln. So kommt man zum Beispiel am Ende der beiden auseinanderstrebenden Straßen, die zum Meer führen, an den Rand der Schlucht des Rio Anhangabahu, über die eine Brücke führt, eine der Hauptverkehrsadern der Stadt. Darunter liegt eine Art eng-

lischer Park – mit Statuen und Pavillons geschmückte Rasenflächen –, während sich auf den beiden steilen Uferböschungen die wichtigsten Gebäude der Stadt erheben: das Theater, das Hotel Esplanada, der Automobilklub und die Büros der kanadischen Elektrizitäts- und Transportgesellschaft. Ihre heterokliten Massen stehen einander in erstarrter Unordnung gegenüber. Diese wie zu Schlachtreihen formierten Gebäude erinnern an große Herden von Säugetieren, die sich am Abend für einen kurzen Augenblick, zögernd und reglos, um eine Wasserstelle scharen, durch ein dringenderes Bedürfnis als die Furcht gezwungen, zeitweilig ihre antagonistischen Rassen zu vermischen. Die Entwicklung der Tiere vollzieht sich langsamer als das städtische Leben; würde ich heute denselben Ort betrachten, so müßte ich vielleicht feststellen, daß die hybride Herde verschwunden ist: niedergetrampelt von einer kräftigeren und homogeneren Rasse von Wolkenkratzern, die sich an diesen Ufern niedergelassen hat, Ufern, die durch eine Autobahn mit Asphalt versteinert worden sind.
Im Schatten dieser steinernen Fauna bildete die Elite von São Paulo, gleich ihren Lieblingsorchideen, eine sorglose Flora, die weit exotischer war, als sie glaubte. Die Botaniker lehren, daß die Pflanzen der Tropen zahlreichere Varietäten aufweisen als die der gemäßigten Zonen, wobei jedoch jede einzelne von ihnen oft nur wenige Exemplare umfaßt. Der lokale *gran fino* hatte diese Spezialisierung auf die Spitze getrieben.
Eine zahlenmäßig begrenzte Gesellschaft hatte die Rollen unter sich verteilt. Zwar waren alle Tätigkeiten, Geschmacksrichtungen, Kuriositäten der zeitgenössischen Kultur anzutreffen, jede einzelne jedoch nur durch ein einziges Exemplar vertreten. Unsere Freunde stellten nicht wirklich Personen dar, sondern eher Funktionen, deren Liste mehr durch ihre Wichtigkeit als durch ihre Disponibilität bestimmt zu sein schien. So gab es den Katholiken, den Liberalen, den Legitimisten, den Kommunisten; oder auf einer anderen Ebene den Gastronomen, den Bibliophilen, den Hunde- oder Pferdeliebhaber, den Bewunderer der alten und den Bewunderer der modernen Malerei; ebenso den Lokalgelehrten, den surrealistischen Dichter, den Musikwissenschaftler, den Maler. Aber am Ursprung dieser Be-

rufungen stand kein wirkliches Interesse, einen Bereich des Wissens zu vertiefen; wenn es sich ergab, daß zwei Individuen, infolge eines Fehlgriffs oder aus Eifersucht, dasselbe oder nahe verwandte Gebiete besetzt hielten, bestand ihre einzige Sorge darin, sich gegenseitig zu vernichten, wobei sie eine bemerkenswerte Ausdauer und Grausamkeit an den Tag legten. Hingegen stattete man sich unter Lehnsnachbarn intellektuelle Besuche ab und machte voreinander tiefe Bücklinge: denn jeder war nicht allein daran interessiert, sein Reich zu verteidigen, sondern dieses soziologische Menuett noch zu vervollkommnen, an dessen Aufführung die Gesellschaft von São Paulo ein unerschöpfliches Vergnügen zu finden schien.

Freilich wurden manche Rollen mit außergewöhnlicher Bravour gespielt, was einerseits dem ererbten Vermögen und dem angeborenen Charme, andererseits der erworbenen Gerissenheit zu verdanken war, eine Mischung, die den Besuch der Salons ebenso genußvoll wie enttäuschend machte. Aber die Notwendigkeit, alle Rollen zu besetzen, um den Mikrokosmos zu vervollkommnen und das große Spiel der Zivilisation spielen zu können, führte auch zu einigen Paradoxa: daß der Kommunist zum Beispiel der reiche Erbe des lokalen Feudalismus war und daß eine sonst sehr steife Gesellschaft es immerhin einem ihrer Mitglieder, jedoch nur einem einzigen – weil man schließlich einen avantgardistischen Dichter haben mußte –, gestattete, sich mit seiner jungen Mätresse in der Öffentlichkeit zu zeigen. Einige Rollen waren nur mit Aushilfskräften besetzt: der Kriminologe war ein Zahnarzt, der der Kriminalpolizei vorgeschlagen hatte, in Zukunft Gebißabdrücke statt der herkömmlichen Fingerabdrücke als Identifizierungsmittel zu verwenden; und der Monarchist widmete sich ausschließlich dem Sammeln von Geschirr sämtlicher königlicher Familien der Welt: die Wände seines Salons waren mit Tellern vollgehängt, nur in einer Ecke hatte er einen kleinen Platz für einen Safe ausgespart, in dem er die Briefe aufbewahrte, in denen die Hofdamen der Königinnen ihrem Interesse für seine häuslichen Bemühungen Ausdruck verliehen.

Diese Spezialisierung auf mondäner Ebene ging mit einem enzyklopädischen Heißhunger einher. Das gebildete Brasilien verschlang geradezu Handbücher und populärwissen-

schaftliche Werke. Statt sich mit dem noch unerreichten Prestige Frankreichs im Ausland zu brüsten, hätten unsere Minister besser daran getan, sich um Verständnis dieses Prestiges zu bemühen. Denn zu jener Zeit gründete es leider nicht so sehr auf dem Reichtum und der Originalität einer, im übrigen immer schwächer werdenden, wissenschaftlichen Arbeit als vielmehr auf dem Talent, das noch viele unserer Gelehrten besaßen, schwierige Probleme verständlich darzustellen, Probleme, zu deren Lösung sie in bescheidenem Maße beigetragen hatten. In diesem Sinne beruhte die Liebe der Südamerikaner zu Frankreich zum Teil auf einer gemeinsamen Neigung, nämlich auf der Vorliebe, zu konsumieren und anderen den Konsum zu erleichtern, statt selbst zu produzieren. Die großen Namen, die man hier verehrte – Pasteur, Curie, Durkheim –, gehörten alle der Vergangenheit an, die freilich noch nahe genug war, um einen großen Kredit zu rechtfertigen; aber für diesen Kredit zahlten wir die Zinsen nur noch in kleiner Münze, die genau in dem Maße geschätzt wurde, in dem eine verschwenderische Kundschaft lieber ausgab als investierte. Wir ersparten ihr lediglich die Mühe des Realisierens.
Es ist traurig, feststellen zu müssen, daß sogar diese Rolle des intellektuellen Maklers, in die Frankreich sich hineingleiten ließ, ihm heute zu schwer zu werden scheint. Sind wir Franzosen denn so sehr Gefangene einer vom 19. Jahrhundert ererbten wissenschaftlichen Tradition, in der jeder Bereich des Denkens so begrenzt war, daß ein einzelner Mensch, der über die herkömmlichen französischen Qualitäten verfügte – Allgemeinbildung, Lebhaftigkeit und Klarheit, Logik und literarische Begabung –, ihn vollständig beherrschen konnte und allein neu zu durchdenken und zu einer Synthese zu verschmelzen vermochte? Mag man sich nun darüber freuen oder es bedauern – die moderne Wissenschaft läßt diese Handwerkelei nicht länger zu. Wo früher ein Spezialist genügte, sein Land zu veranschaulichen, bedarf es heute einer ganzen Armee, die uns jedoch fehlt; die Privatbibliotheken sind museographische Raritäten geworden, aber unsere öffentlichen Bibliotheken, die weder über angemessene Gebäude noch über Kredite, weder über geschultes Personal noch über genügend Sitzgelegenheiten für die Leser verfügen, schrecken die Forscher ab, statt ih-

nen zu dienen. Schließlich ist die wissenschaftliche Arbeit heute ein kollektives und weitgehend anonymes Unternehmen, auf das wir denkbar schlecht vorbereitet sind, da wir uns ausschließlich damit beschäftigt haben, die leichten Erfolge unserer alten Virtuosen über ihre Zeit hinaus zu verlängern. Werden diese noch lange glauben, daß ein bewährter Stil die fehlende Partitur ersetzen kann?

Jüngere Länder haben die Lektion begriffen. In jenem Brasilien, das einige glänzende, aber seltene individuelle Erfolge aufweisen kann – Euclides da Cunha, Oswaldo Cruz, Chagas, Villa-Lobos –, ist Bildung bis vor kurzem ein Spielzeug für Reiche geblieben. Und weil diese Oligarchie einer öffentlichen Meinung laizistischer und ziviler Prägung bedurfte, um dem traditionellen Einfluß von Kirche, Armee und persönlicher Macht entgegenzutreten, rief sie die Universität von São Paulo ins Leben, um Wissen und Bildung einem breiteren Publikum zugänglich zu machen.

Als ich nach Brasilien kam, um an dieser Gründung mitzuwirken, betrachtete ich zunächst die beschämenden Verhältnisse meiner brasilianischen Kollegen mit einem etwas hochmütigen Mitleid. Wenn ich diese miserabel bezahlten Professoren sah, die, um sich zu ernähren, gezwungen waren, obskure Arbeiten zu verrichten, war ich stolz darauf, einem Land alter Kultur anzugehören, in dem die Ausübung eines freien Berufs Sicherheit und Prestige mit sich brachte. Ich ahnte nicht, daß meine bedürftigen Schüler von damals zwanzig Jahre später Universitätsstellen einnehmen würden, die zuweilen zahlreicher und besser ausgestattet waren als die unseren, und daß ihnen Bibliotheken zur Verfügung stehen sollten, wie wir sie uns erträumen.

Sie kamen von weit her, diese Männer und Frauen aller Altersklassen, die mit verdächtigem Eifer in unsere Vorlesungen strömten: junge Leute, die mit Hilfe der von uns verliehenen Diplome bestimmte Posten zu ergattern hofften; oder bereits etablierte Rechtsanwälte, Ingenieure und Politiker, welche die künftige Konkurrenz der Universitätstitel fürchteten, falls sie nicht selbst so klug wären, sie zu erwerben. Alle waren sie von einem zerstörerischen Boulevardgeist zerfressen, der zum Teil von einer veralteten Tradition, einem „Pariser Lebensstil" des vergangenen Jahrhunderts beeinflußt war, den einige Brasilianer eingeführt

hatten, noch mehr aber, ein symptomatischer Zug, von der sozialen Entwicklung, die Paris im 19. Jahrhundert genommen hatte und die sich in São Paulo und Rio de Janeiro damals wiederholte: rasch fortschreitende Differenzierung zwischen Stadt und Land, wobei sich die Stadt auf Kosten des Landes entwickelte, was zu dem Ergebnis führte, daß sich die frisch urbanisierte Bevölkerung von der ländlichen Naivität abzuwenden begann, die im Brasilien des 20. Jahrhunderts durch den *caipira* – den in die Stadt gezogenen Dorftrottel – symbolisiert wurde, eine Rolle, die bei uns der Bauernsohn aus Arpajon oder Charentonneau in unseren Boulevardtheatern verkörperte. Ich erinnere mich noch an ein Beispiel für diesen zweifelhaften Humor.
Mitten auf einer der trotz ihrer Länge von drei oder vier Kilometern fast ländlich wirkenden Straßen, die aus dem Zentrum von São Paulo hinausführen, hatte die italienische Kolonie eine Statue von Kaiser Augustus errichten lassen. Es war der Bronzeabguß einer antiken Marmorfigur, die zwar künstlerisch recht mittelmäßig war, aber in einer Stadt, in der nichts anderes an die Geschichte erinnerte, dennoch eine gewisse Achtung verdiente. Nichtsdestoweniger beschloß die Bevölkerung von São Paulo, daß der zum römischen Gruß erhobene Arm nichts anderes bedeutete als: „Hier wohnt Carlito." Carlos Pereira de Souza, ehemaliger Minister und einflußreicher Politiker, besaß in der Richtung, in die der kaiserliche Arm wies, eines jener großen einstöckigen Häuser, die aus Ziegel und Lehm gebaut und mit einem schon seit zwanzig Jahren abbröckelnden Kalk verputzt waren, jedoch durch ihre vielen Simse und Rosetten den Prunk der Kolonialzeit heraufbeschwören sollten.
Ebenso kam man überein, daß Augustus Shorts trug, was insofern nur ein halber Witz war, als die meisten Passanten den römischen Rock nicht kannten. Bereits eine Stunde nach der Enthüllung der Statue waren diese Späße stadtbekannt, und man wiederholte sie genüßlich – begleitet von jovialen Schlägen auf den Rücken des Nachbarn – während der *soirée élégante* des Odeon-Kinos, die am selben Tag stattfand. Auf diese Weise rächte sich die Bourgeoisie von São Paulo (der man die Einrichtung einer wöchentlichen Filmvorführung zu überhöhten Preisen verdankte, dazu be-

stimmt, sie vor der Berührung mit den Plebejern zu schützen) dafür, daß sie durch ihre Sorglosigkeit die Entstehung einer Aristokratie von italienischen Einwanderern ermöglicht hatte, die erst vor einem halben Jahrhundert hier angekommen waren und auf der Straße Krawatten verkauften, heute aber die spektakulärsten Häuser der *Avenida* besaßen und die so verlästerte Bronzestatue gestiftet hatten.
Unsere Studenten wollten alles wissen; aber auf jedwedem Gebiet verdiente in ihren Augen nur die allerneueste Theorie Interesse; aufgebläht von den vielen intellektuellen Festgelagen der Vergangenheit, die sie im übrigen nur vom Hörensagen kannten, da sie die Originalwerke nicht lasen, legten sie einen unersättlichen Enthusiasmus für neue Gerichte an den Tag. In ihrem Fall sollte man freilich eher von Mode als von Küche reden: Ideen und Doktrinen als solche besaßen für sie keinerlei Interesse, sie waren vielmehr ein Mittel, zu Prestige zu gelangen, dessen erste Früchte es sich anzueignen galt. Eine bekannte Theorie mit anderen teilen bedeutete, ein Kleid zweimal tragen. Man lief Gefahr, das Gesicht zu verlieren. Hingegen entbrannte ein wilder Konkurrenzkampf um populärwissenschaftliche Zeitschriften, Sensationsperiodika und Handbücher, um sich die Exklusivität des neuesten Modells im Bereich der Ideen zu sichern. Als hochgezüchtete Produkte akademischer Rennställe fühlten sich meine Kollegen und ich selbst oft in großer Verwirrung: darauf trainiert, nur reife Gedanken ernst zu nehmen, sahen wir uns den Angriffen von Studenten ausgesetzt, die von der Vergangenheit nicht die geringste Ahnung hatten, die uns aber im Hinblick auf Informationen stets um einige Monate voraus waren; immerhin schienen sie die Gelehrsamkeit, an der sie keinen Geschmack fanden und von deren Methoden sie nichts wußten, als Pflicht aufzufassen; ihre Dissertationen, wie immer das Thema lautete, bestanden unweigerlich in einem Überblick über die allgemeine Geschichte der Menschheit, der mit den Menschenaffen begann, durch einige Zitate von Platon, Aristoteles und Comte führte und in der Paraphrasierung irgendeines schleimigen Vielschreibers gipfelte, dessen Werk um so größeres Ansehen genoß, als gerade seine Unbekanntheit zu der Hoffnung berechtigte, daß noch kein anderer sich hatte einfallen lassen, es abzuschreiben.

Die Universität ähnelte für sie einer verlockenden, aber vergifteten Frucht. Diesen jungen Leuten, die nichts von der Welt gesehen hatten und deren oft sehr bescheidene Verhältnisse ihnen die Hoffnung verboten, jemals Europa kennenzulernen, erschienen wir als exotische Magier, welche die Söhne alter Familien ins Land geholt hatten, Leute, die doppelt verhaßt waren: erstens, weil sie die herrschende Klasse repräsentierten, und zweitens gerade aufgrund ihrer kosmopolitischen Existenz, die ihnen zwar im Vergleich zu denen, die im Dorf geblieben waren, einen Vorteil verlieh, sie jedoch vom Leben und den nationalen Bestrebungen abgeschnitten hatte. Aus ähnlichen Gründen erschienen auch wir verdächtig; aber wir hielten in unseren Händen die Äpfel der Weisheit, und die Studenten flohen und hofierten uns abwechselnd, bald fasziniert, bald aufsässig. Jeder von uns maß seinen Einfluß an der kleinen Gefolgschaft, die sich um ihn bildete. Diese Klientel lieferte sich Prestigekämpfe, deren Symbol, Nutznießer oder Opfer die verehrten Professoren waren. Dies kam in den *homenagens* zum Ausdruck, das heißt Kundgebungen zu Ehren des Meisters, Einladungen zum Essen oder zum Tee, die um so rührender wirkten, als sie oft wirkliche Entbehrungen bedeuteten. Die Personen und Disziplinen schwankten im Verlauf solcher Feste wie Werte an der Börse, je nach dem Ansehen des Restaurants, der Zahl der Teilnehmer, dem Rang der mondänen oder offiziellen Persönlichkeiten, die ihnen beizuwohnen gewillt waren. Und da jede große Nation in São Paulo ihre Botschaft in Form eines Lokals besaß – es gab englischen Tee, Wiener oder Pariser Feingebäck, deutsches Bier –, ließen sich verborgene Absichten auch dadurch ausdrücken, welches von ihnen ausgewählt worden war.
Mögen diejenigen unter euch, die einen Blick auf diese Zeilen werfen werden – meine charmanten Schüler von einst, heute geschätzte Kollegen –, sie mir nicht verübeln. Wenn mir, nach eurem eigenen Brauch, eure Vornamen in den Sinn kommen, die dem europäischen Ohr so barock klingen, in deren Vielfalt jedoch das Privileg eurer Väter zum Ausdruck kommt, frei aus den Blüten einer jahrtausendealten Menschheit den frischen Strauß der euren zu pflücken: Anita, Corina, Zenaïda, Lavinia, Thaïs, Gioconda, Gilda, Oneïde, Lucilla, Zenith, Cecilia oder Egon, Mario-Wagner,

Nicanor, Ruy, Livio, James, Azor, Achilles, Decio, Euclides, Milton – so denke ich ohne jede Ironie an die Zeit jener stammelnden Anfänge zurück. Ganz im Gegenteil, denn sie hat mich etwas gelehrt, nämlich wie prekär die Vorteile sind, welche die Zeit uns verleiht. Wenn ich bedenke, was Europa damals war, und was es heute ist, wenn ich sehe, daß ihr innerhalb von wenigen Jahren einen intellektuellen Abstand aufgeholt habt, der viele Jahrzehnte zu beanspruchen schien, dann begreife ich, wie die Gesellschaften entstehen und wie sie verschwinden, und daß jene großen Umwälzungen der Geschichte, welche die Bücher so gern dem Spiel anonymer, in der Tiefe der Finsternis wirkender Kräfte zuschreiben, in lichten Augenblicken auch durch die männliche Entschlossenheit einer Handvoll begabter Kinder herbeigeführt werden können.

VIERTER TEIL

Das Land und die Menschen

XII Städte und Landschaften

In São Paulo konnte man sich einer Art Sonntagsethnographie widmen. Nicht bei den Indianern in den Vorstädten, wie man mir fälschlicherweise versprochen hatte, denn in den Vorstädten lebten Syrer oder Italiener, und die nächstgelegene ethnographische Kuriosität, etwa fünfzehn Kilometer entfernt, bestand in einem primitiven Dorf, dessen in Lumpen gekleidete Bewohner durch ihre blauen Augen und blonden Haare von jüngerem germanischem Einfluß zeugten: um 1820 hatten sich Gruppen deutscher Siedler in den am wenigsten tropischen Gegenden des Landes niedergelassen. Hier waren sie gleichsam in einer armseligen lokalen Bauernschaft aufgegangen, doch weiter im Süden, im Staat Santa Catarina, bewahrten die kleinen Städte von Joinville und Blumenau unter den Araukarien noch die Atmosphäre des letzten Jahrhunderts: die Straßen, von Häusern mit steilen Dächern gesäumt, trugen deutsche Namen, und es wurde ausschließlich deutsch gesprochen. Auf der Terrasse der Gaststätten rauchten alte Männer mit Backen- und Schnurrbärten lange Porzellanpfeifen.

Rund um São Paulo gab es auch viele Japaner, die weniger leicht zugänglich waren. Einwanderungsunternehmen warben sie an, sorgten für die Überfahrt und eine vorübergehende Unterkunft bei der Ankunft und verteilten sie dann auf die Farmen im Innern, die halb Dörfern, halb Militärlagern ähnelten. Alle Dienstleistungen waren darin vereinigt: Schule, Werkstätten, Krankenstation, Läden, Vergnügungsstätten. Hier verbrachten die Einwanderer lange Jahre in einer Abgeschiedenheit, die zum Teil freiwillig war und systematisch gefördert wurde, zahlten der Gesellschaft ihre Schulden zurück und legten ihre Gewinne in deren Unternehmungen an. Diese verpflichtete sich, sie nach Ablauf einiger Jahre in das Land ihrer Vorfahren zurückzubringen, damit sie dort sterben konnten, oder, falls die Malaria sie vorher hinweggerafft haben sollte, ihre Leichen repatriiert werden konnten. Dieses große Abenteuer war so aufgezogen, daß keiner den Eindruck bekam, Japan je verlassen zu haben. Aber es ist nicht sicher, ob die Überlegungen der Unternehmer rein finanzieller, wirtschaftlicher oder humanitärer Art waren. Ein sorgfältiges Studium der Karten brachte die strategischen Hintergedanken ans Licht, die zur Gründung der Farmen geführt haben mochten. Die ungeheueren Schwierigkeiten, mit denen man zu kämpfen hatte, um in die Büros der *Kaigai-Iju-Kumiai* oder der *Brazil-Takahoka-Kumiai* oder mehr noch in die fast geheimen Netze der Hotels, Spitäler, Ziegeleien und Sägereien einzudringen, mit deren Hilfe die Einwanderer in der Lage waren, sich selbst zu versorgen, oder schließlich die landwirtschaftlichen Zentren zu besuchen, verbargen undurchsichtige Absichten, bei denen die Segregation der Siedler an sorgfältig ausgewählten Stellen einerseits und die archäologischen Forschungen (die während der landwirtschaftlichen Arbeiten methodisch durchgeführt wurden und das Ziel verfolgten, bestimmte Analogien zwischen den Überresten der Eingeborenen und denen des japanischen Neolithikums zu unterstreichen) wahrscheinlich nur die beiden äußersten Glieder waren.

Im Herzen der Stadt wurden einige Märkte der volkstümlichen Viertel von Schwarzen abgehalten. Genauer gesagt – denn dieser Terminus hat wenig Sinn in einem Land, wo die große Vielfalt der Rassen und, zumindest in der Vergangenheit, die wenigen Vorurteile zu Mischungen aller Art geführt haben – konnte man sich hier darin üben, die *mestiços*, eine Mischung aus Weißen und Schwarzen, von den *caboclos*, aus Weißen und Indianern, und den *cafusos*, aus Indianern und Schwarzen, zu unterscheiden. Die zum Verkauf angebotenen Waren bewahrten einen reineren Stil: *peneiras*, Siebe für Maniokmehl typisch indianischer Machart, bestehend aus einem weitmaschigen Gitter gespaltener Bambusstäbe, das von Holzleisten eingefaßt war; *abanicos*, Fächer, mit denen das Feuer angeblasen wird, ebenfalls indianischer Tradition, deren Untersuchung sehr vergnüglich ist: jeder einzelne Typus stellt eine geniale Lösung dar, um durch die Art des Flechtens die durchlässige und ausgefranste Struktur eines Palmblatts in eine feste, zusammenhängende Fläche zu verwandeln, die geeignet ist, die Luft zu bewegen. Da es viele Arten gibt, dieses Problem zu lösen,

sowie mehrere Arten von Palmblättern, kann man sie kombinieren, um alle denkbaren Formen zu erkunden, und dann die einzelnen Exemplare sammeln, welche diese kleinen technologischen Theoreme veranschaulichen.
Es gibt zwei Hauptarten von Palmen: bei der einen sind die Blätter symmetrisch zu beiden Seiten der Mittelrippe angeordnet; bei der anderen bilden sie einen Fächer. Der erste Typus legt zwei Methoden nahe: entweder man klappt alle Blätter auf dieselbe Seite der Rippe, um sie zusammenzuflechten, oder man kann jede Blatt-Gruppe für sich flechten, indem man die einzelnen Blätter rechtwinklig faltet und die Spitzen der einen durch den unteren Teil der anderen schiebt, und umgekehrt. Auf diese Weise erhält man zwei verschiedene Arten von Fächern: der eine ähnelt einem Flügel, der andere einem Schmetterling. Was den zweiten Typus betrifft, so bietet er mehrere Möglichkeiten, die immer, wenn auch in verschiedenen Graden, eine Kombination der beiden anderen sind, und das Ergebnis in Form eines Löffels, einer Palette oder einer Rosette erinnert in seiner Struktur an einen großen plattgedrückten Haarknoten.
Ein besonders reizvoller Gegenstand der Märkte von São Paulo war die *figa*, Feige. So nennt man einen antiken mediterranen Talisman in Form eines Unterarms, der in einer geballten Faust endet, bei der jedoch die Spitze des Daumens zwischen den vorderen Gliedern der Mittelfinger hervorschaut. Zweifellos handelt es sich hierbei um eine symbolische Darstellung des Koitus. Die *figas*, die man auf den Märkten fand, waren kleine Anhänger aus Ebenholz oder Silber oder grob geschnitzte, mit grellen Farben bemalte Schilder. Davon hängte ich viele lustige Karussells an die Decke meines Hauses, einer ockerfarbenen Villa im römischen Stil von 1900, die etwas oberhalb der Stadt lag. Der Eingang verbarg sich hinter einer Jasminlaube, und hinten befand sich ein alter Garten, an dessen Ende der Besitzer auf meinen Wunsch hin einen Bananenbaum gepflanzt hatte, der mich davon überzeugte, daß ich wirklich in den Tropen war. Einige Jahre später war aus dem symbolischen Bananenbaum ein kleiner Wald geworden, in dem ich meine Früchte erntete.
In der Umgebung von São Paulo konnte man schließlich die

ländliche Folklore beobachten: Maifeste, für die sich die Dörfer mit grünen Palmzweigen schmückten, traditionelle Wettkämpfe zwischen *mouros* und *cristãos*, getreu der portugiesischen Tradition; Prozession der *nau catarineta*, eines Pappschiffs mit Papiersegeln; Wallfahrt zu den entlegenen Gemeinden der Leprakranken, wo im üppigen Dunst der *pinga* – eines Alkohols aus Zuckerrohr, der nichts mit Rum zu tun hat und den man pur oder als *batida*, das heißt mit dem Saft einer wilden Zitrone vermischt, trinkt – gestiefelte, mit Flitter behängte und außerordentlich betrunkene Mestizenbarden sich beim Klang der Trommel gegenseitig zum Duell satirischer Lieder anfeuerten. Auch gab es alle möglichen Arten von Aberglauben und Bräuchen, deren Liste aufzustellen äußerst interessant wäre: Heilung des Gerstenkorns durch Auflegen eines goldenen Rings; Aufteilung aller Nahrungsmittel in zwei unvereinbare Gruppen: *comida quente, comida fria* – warme Nahrung und kalte Nahrung; andere schädliche Zusammenstellungen waren Fisch und Fleisch, Mango mit alkoholischen Getränken oder Bananen mit Milch.

Noch reizvoller aber als die Überreste mediterraner Traditionen zu verfolgen, war es, im Innern des Landes den seltsamen Formen nachzuspüren, die eine im Entstehen begriffene Gesellschaft förderte. Das Thema war zwar dasselbe, denn immer handelte es sich um Vergangenheit und Gegenwart, aber im Gegensatz zur ethnographischen Forschung klassischen Typs, die diese durch jene zu erklären sucht, war es hier die fließende Gegenwart, die uralte Etappen der europäischen Entwicklung zu rekonstruieren schien. Wie zur Zeit der Merowinger konnte man sehen, wie inmitten von Latifundien ein kommunales und urbanes Leben erwachte.

Die entstehenden Siedlungen ähnelten in keiner Weise den Städten von heute, die so verbraucht sind, daß es schwerfällt, die Spur ihrer besonderen Geschichte zu entdecken, und zu einer immer homogeneren Form verschmelzen, in der sich nur noch gewisse administrative Unterschiede behaupten. Jene Siedlungen dagegen konnte man erforschen wie ein Botaniker die Pflanzen und am Namen, am Aussehen oder an der Struktur einer jeden ihre Zugehörigkeit zu dieser oder jener großen Familie eines Reichs erkennen.

das der Mensch der Natur hinzugefügt hat: das urbane Reich.

Im Laufe des 19. und 20. Jahrhunderts hatte sich der wandernde Ring der Pionierzone langsam von Osten nach Westen und von Süden nach Norden vorgeschoben. Im Jahre 1836 war allein die Provinz Norte, das heißt die Gegend zwischen Rio und São Paulo, fest besiedelt, und langsam erreichte die Bewegung die mittlere Zone des Staats. Zwanzig Jahre später fraß sich die Kolonisierung im Nordwesten in die Provinzen Mogiana und Paulista; und 1886 griff sie auf Araraquara, Alta Sorocabana und Noroeste über. In diesen letzten Regionen entsprach noch im Jahre 1935 die Wachstumskurve der Bevölkerung derjenigen der Kaffeeproduktion, während in den alten Ländereien der Zusammenbruch der Produktion dem Bevölkerungsrückgang um ein halbes Jahrhundert vorausging, das heißt, der letztere begann sich hier erst ab 1920 bemerkbar zu machen, während der ausgelaugte Boden schon seit 1854 der Verwahrlosung anheimfiel.

Dieser Zyklus der Raumnutzung entsprach einer historischen Entwicklung, deren Spur ebenfalls vergänglich war. Nur in den großen Küstenstädten des Landes – Rio und São Paulo – schien das urbane Wachstum eine solide Basis zu haben, so daß es irreversibel erscheinen konnte: im Jahre 1900 zählte São Paulo 240000 Einwohner, 1920 bereits 580000, überschritt im Jahre 1928 die Millionengrenze und verdoppelt heute diese Zahl. Aber im Innern entstanden und verschwanden die Städte; und zur selben Zeit, da sie sich bevölkerten, entvölkerte sich die Provinz. Indem die Bewohner von einem Punkt zum anderen zogen, ohne daß ihre Zahl wuchs, veränderte sich ihr sozialer Typus; und da man fossile Städte und embryonale Siedlungen nebeneinander beobachten konnte, war es möglich, auf menschlicher Ebene und in sehr engen zeitlichen Grenzen, Veränderungen zu untersuchen, die ebenso spannend waren wie jene, auf die der Paläontologe stößt, wenn er in den geologischen Schichten die einzelnen Phasen vergleicht, in denen sich, im Verlauf von Millionen von Jahrhunderten, organisierte Lebewesen entwickelt haben.

Sobald man die Küste verließ, durfte man nicht aus den Augen verlieren, daß sich Brasilien seit einem Jahrhundert mehr verändert als entwickelt hatte.

Zur Zeit des Kaiserreichs war die Besiedlung dünn, aber relativ gleichmäßig gewesen. Während die Städte an oder in der Nähe der Küste klein blieben, besaßen die des Landesinnern eine weit größere Vitalität als heute. Aufgrund eines historischen Paradoxons, das man allzu oft zu vergessen geneigt ist, begünstigte die allgemeine Unzulänglichkeit der Kommunikationsmittel die allerschlechtesten; als man noch kein anderes Mittel kannte als das Pferd, empfand man weniger Widerwillen, eine Reise zu unternehmen, die Monate, statt Tage oder Wochen dauern konnte, und sich auf Pfade zu begeben, auf die nur das Maultier sich wagte. Das Innere Brasiliens führte damit ein zwar langsames, aber kontinuierliches Leben; zu festgesetzten Zeitpunkten fuhren Schiffe auf den Flüssen, in kleinen Etappen, die sich über mehrere Monate erstreckten; und Wege, die im Jahre 1935 schon völlig in Vergessenheit geraten waren, wie der von Cuiabá nach Goiás, dienten hundert Jahre zuvor noch einem lebhaften Verkehr von Karawanen, die jeweils fünfzig bis zweihundert Maultiere zählten.
Mit Ausnahme der abgelegensten Gegenden spiegelte die Verwahrlosung, der Zentralbrasilien zu Beginn des 20. Jahrhunderts anheimgefallen war, keineswegs primitive Verhältnisse wider: sie war der Preis für die Intensivierung der Besiedlung und des Güteraustauschs in den Küstenregionen, welche die modernen Lebensbedingungen, die sich hier entfalteten, notwendig machten; während das Innere, wo sich der Fortschritt als zu schwierig erwies, regredierte, statt seinen bisherigen langsamen Rhythmus beizubehalten. So hat die Dampfschiffahrt, welche die Reisen verkürzte, überall auf der Welt einst berühmte Häfen zerstört; und man darf sich fragen, ob die Luftfahrt, die uns einlädt, mit Riesensprüngen die alten Etappen zu überspringen, nicht dazu berufen ist, dieselbe Rolle zu spielen. Immerhin darf man davon träumen, daß der technische Fortschritt sich selbst jenes Lösegeld abringt, auf das wir unsere Hoffnung setzen: daß er gezwungen sein könnte, uns in kleiner Münze ein wenig Ruhe und Vergessen zurückzuerstatten, als Gegenleistung für die Intimität, deren Freuden er uns so massiv geraubt hat.
In kleinerem Maßstab waren im Innern des Staates São Paulo und in den benachbarten Gebieten dieselben Verän-

derungen zu beobachten. Gewiß gab es keine Spur von jenen Festungsstädten mehr, mit deren Gründung man früher eine Provinz in Besitz nahm und die am Ursprung so vieler brasilianischer Fluß- oder Küstenstädte stehen: Rio de Janeiro, Victoria, Florianópolis auf seiner Insel, Bahia und Fortaleza auf dem Kap, Manaus, Obidos am Ufer des Amazonas, oder Villa Bella de Mato Grosso in der Nähe des Guaporé, das in regelmäßigen Abständen von den Nambikwara-Indianern überfallen wurde und dessen Ruinen noch zu sehen sind: einst berühmte Garnison eines *capitão de mato* – eines Buschkapitäns – an der bolivianischen Grenze, das heißt auf jener Linie, die Papst Alexander VI. im Jahre 1493 symbolisch durch die noch unbekannte Neue Welt gezogen hatte, um den Rivalitäten zwischen der spanischen und der portugiesischen Krone ein Ende zu bereiten.

Im Norden und Osten gab es einige heute verlassene Bergbaustädte, deren verfallene Denkmäler – Barockkirchen aus dem 18. Jahrhundert – mit ihrer Pracht im Gegensatz zu der trostlosen Umgebung standen. Von emsigem Leben erfüllt, solange die Minen ausgebeutet wurden, jetzt in Lethargie versunken, schienen sie sich darauf zu versteifen, in jeder Mulde, jeder Falte ihrer gewundenen Säulengänge ein wenig von jenem Reichtum zu bewahren, der zu ihrem Untergang geführt hatte: der Preis für die Ausbeutung der Erzlager war die Verwüstung der Landschaft, vor allem der Wälder, deren Holz die Schmelzöfen speiste. Nachdem ihre Nahrung erschöpft war, sind diese Bergwerksstädte erloschen wie eine Feuersbrunst.

Der Staat São Paulo erinnert noch an andere Ereignisse: an den Kampf, der seit dem 16. Jahrhundert zwischen den Jesuiten und den Pflanzern entbrannte, die jeweils eine andere Form der Besiedlung verfochten. Die ersteren versuchten, in ihren „reducciones" die Indianer dem wilden Leben zu entreißen und sie unter ihrer Leitung zu einer Art Kommune zusammenzufassen. In einigen abgelegenen Gegenden des Staates lassen sich diese ersten brasilianischen Dörfer an der Bezeichnung *aldeia* oder *missão* erkennen, aber mehr noch an ihrem breit angelegten und funktionalen Plan: in der Mitte eine Kirche, die einen rechteckigen, von Unkraut überwucherten Platz aus gestampfter Erde beherrscht, den *largo da matriz*, umgeben von Straßen, die ein-

ander rechtwinklig kreuzen und von niedrigen Häusern gesäumt sind, welche die Eingeborenenhütten von einst ersetzen. Die Pflanzer, *fazendeiros*, betrachteten die zeitliche Macht der Missionen, die ihre Erpressungen behinderten und ihnen außerdem billige Arbeitskräfte abspenstig machten, voller Neid. Sie unternahmen Strafexpeditionen, nach denen Priester und Indianer das Weite suchten. So erklärt sich jenes seltsame Merkmal der brasilianischen Demographie, nämlich daß sich das Dorfleben, Erbe der *aldeias*, in den ärmsten Regionen erhalten hat, während dort, wo der Boden reich und heiß begehrt war, der Bevölkerung keine andere Wahl blieb, als sich um den Wohnsitz des Herren zu scharen, in Hütten aus Stroh oder Lehm, wo der Besitzer die Siedler im Auge behalten konnte. An manchen Eisenbahnlinien, wo die Konstrukteure, da es keine Dörfer gibt, gezwungen sind, willkürlich und in regelmäßigen Abständen Stationen einzurichten, denen sie alphabetisch geordnete Namen geben: Buarquina, Felicidade, Limão, Marilia (im Jahre 1935 war die Eisenbahngesellschaft *Paulista* beim Buchstaben P angelangt), kann es noch heute vorkommen, daß der Zug während Hunderten von Kilometern nur an „Schlüsselstationen“ hält: Haltestellen irgendeiner *fazenda*, welche die gesamte Einwohnerschaft versammelt: Chave Bananal, Chave Conceição, Chave Elisa …
In anderen Fällen dagegen beschlossen die Pflanzer aus religiösen Gründen, ihre Ländereien einer Kirchengemeinde zu überlassen. So entstand ein *patrimônio*, eine Ansiedlung unter der Schirmherrschaft eines Heiligen. Andere *patrimônios* haben laizistischen Charakter: wenn ein Grundbesitzer sich entschloß, *povador* oder sogar *plandador de cidade* zu werden, das heißt Besiedler oder Gründer von Städten, gab er der Stadt seinen Namen: Paulopolis, Orlandia; oder er stellte sie aus politischer Berechnung unter den Schutz einer berühmten Persönlichkeit: Presidente-Prudente, Cornelio-Procopio, Epitacio-Pessoa … Denn trotz ihres kurzen Lebenszyklus fanden die Ortschaften noch Zeit, mehrmals ihren Namen zu wechseln, und jede dieser Etappen gibt Aufschluß über ihre weitere Entwicklung. Am Anfang ist es ein einfacher Ort, der mit einem Spitznamen bezeichnet wird; dieser bezieht sich entweder auf eine kleine Pflanzung mitten im Busch: *Batatais*, Kartoffeln; oder auf einen

Mangel an Brennstoff in einem öden Ort: Feijão-Cru, Rohe Bohne; oder er heißt *Arrozsem-Sal*, Reis ohne Salz, weil in einer verlassenen Gegend die Vorräte fehlen. Dann versucht eines Tages irgendein „Oberst“ – ein Titel, der Großgrundbesitzern und Politikern großzügig verliehen wurde – sich einen Einflußbereich zu schaffen; er heuert eine umherziehende Bevölkerung an, verdingt sie, und *Feijão-Cru* verwandelt sich in Leopoldina, Fernandópolis. Später verkümmert diese aus Laune und Ehrgeiz geborene Stadt und verschwindet: übrig bleibt nur der Name einiger baufälliger Hütten, in denen eine von Malaria und Gelenkversteifung dezimierte Bevölkerung dahinsiecht. Oder aber die Stadt setzt sich durch; sie erwirbt ein kollektives Bewußtsein und will vergessen, daß sie einst das Spielzeug und das Instrument eines einzelnen Mannes gewesen ist: eine frisch aus Italien, Deutschland und einem halben Dutzend anderer Länder eingewanderte Bevölkerung hat das Bedürfnis, Wurzeln zu schlagen, und sucht in den Wörterbüchern nach den Elementen eines indianischen Namens – meist aus der Tupísprache –, der ihr in ihren Augen ein präkolumbisches Prestige verleiht: Tanabi, Votupuranga, Tupão, Aymoré ... Ausgestorben sind die Ortschaften an den Flüssen, von der Eisenbahnlinie zugrunde gerichtet, aber hier und dort finden sich noch Spuren, die von einem vorzeitig abgebrochenen Zyklus zeugen: zu Beginn gab es nur eine Herberge und Scheunen am Ufer, die den Fischern in der Nacht Zuflucht vor den Nachstellungen der Indianer boten; dann entstanden mit der kleinen Dampfschiffahrt die *portos de lenha,* an denen – etwa alle dreißig Kilometer – Schiffe mit Schaufelrädern und hagerem Schornstein anlegten, um Holz zu laden; schließlich die Flußhäfen an den beiden Enden des schiffbaren Abschnitts und – an den Stellen, wo Stromschnellen oder Wasserfälle die Weiterfahrt unmöglich machten – die Umladezentren.

Im Jahre 1935 bewahrten noch zwei Arten lebendiger Städte einen traditionellen Charakter: die *pousos,* Dörfer an Wegkreuzungen, und die *bôcas de sertão,* „Buschmünder“, die am Ende der Pisten lagen. Schon begannen die Lastwagen die alten Transportmittel, Maultierkarawanen oder Ochsenkarren, zu verdrängen; da sie dieselben Wege benutzten, mußten sie aufgrund deren mißlichen Zustands Hunderte

von Kilometern im ersten oder zweiten Gang zurücklegen – also im selben langsamen Rhythmus wie die Lasttiere – und an denselben Stellen rasten, wo die Fahrer in öligen Overalls und die in Leder gekleideten *tropeiros* Seite an Seite saßen.
Die Pisten entsprachen kaum den Erwartungen, die man in sie gesetzt hatte. Sie waren verschiedenen Ursprungs: alte Karawanenrouten, auf denen einst in der einen Richtung Kaffee, Zuckerrohrschnaps und Zucker, in der anderen Salz, Trockengemüse und Mehl transportiert wurden; zuweilen unterbrochen von einem *registro* mitten im Busch, einer von ein paar Hütten umgebenen Holzschranke, an der eine fragwürdige Autorität in Gestalt eines in Lumpen gehüllten Bauern den Wegzoll verlangte; was noch andere, geheimere Netze erklärt: die *estradas francas,* auf denen man dem Zoll entgehen konnte; schließlich die *estradas muladas,* das heißt die Wege der Maultiere, sowie die *estradas boiadas,* die Straßen für die Ochsenkarren. Auf diesen hörte man oft zwei oder drei Stunden lang das monotone und nervenzerfetzende Kreischen – bei dem jeder den Kopf verlor, der nicht daran gewöhnt war –, das die Reibung der Achse eines sich langsam nähernden Karrens erzeugte. Diese uralten Karren, die im 16. Jahrhundert aus der Welt des Mittelmeers eingeführt worden waren, wo sie sich seit vorgeschichtlichen Zeiten kaum verändert hatten, bestanden aus einem schweren Kasten, Wänden aus Flechtwerk, die unmittelbar auf einer Achse mit zwei vollen, das heißt speichen- und nabenlosen Rädern lagen. Die Zugtiere erschöpften sich mehr dabei, den kreischenden Widerstand zwischen Achse und Kasten zu überwinden, als das Ganze in Bewegung zu setzen.
Die Pisten waren meist das zufällige Ergebnis der Einebnung, die durch die wiederholte Arbeit der Tiere, Karren und Lastwagen entstanden war, die sich annähernd in dieselbe Richtung bewegten, wobei jeder versuchte, sich durch Regen, eingebrochene Stellen oder wuchernde Vegetation einen den Umständen am besten angepaßten Weg zu bahnen: komplizierte Stränge von Sturzbächen und kahlen Abhängen, die manchmal zusammenliefen und dann einen hundert Meter breiten Streifen bildeten, gleichsam einen Boulevard mitten im Busch, der mich an die Driften der Ce-

vennen erinnerte, oder aber in alle Windrichtungen auseinanderstrebten, ohne daß man je wußte, welchem dieser Ariadnefäden man folgen sollte, um nicht nach dreißig gefährlichen Kilometern, die zurückzulegen mehrere Stunden erforderte, schließlich im Sand oder im Sumpf steckenzubleiben. Zur Regenzeit verwandelten sich die Pisten in unpassierbare dickschlammige Kanäle; aber der erste Lastwagen, dem die Durchfahrt gelang, grub tiefe Furchen in den Lehm, denen die Trockenheit innerhalb von drei Tagen die Festigkeit von Zement verlieh. Den folgenden Fahrzeugen blieb nichts anderes übrig, als ihre Räder in diese Furchen zu lenken und sie einfach rollen zu lassen, was freilich nur dann möglich war, wenn die Räder den gleichen Abstand hatten und die Achse genauso hoch war wie die des Vorgängers. War aber nur der Radabstand derselbe, die Achse jedoch niedriger, dann hob der Höcker der Piste das Fahrzeug plötzlich in die Höhe, und es hing auf einem kompakten Sockel fest, den man mit der Hacke abtragen mußte. War dagegen der Radabstand verschieden, so mußte man tagelang mit den einen Rädern im Graben, mit den anderen in der Luft fahren, so daß das Fahrzeug jeden Augenblick umzukippen drohte.
Ich erinnere mich noch an eine Fahrt, für die René Courtin seinen neuen Ford geopfert hatte. Jean Maugué, er und ich hatten uns vorgenommen, so weit zu fahren, wie der Wagen es erlauben würde. Die Reise endete eintausendfünfhundert Kilometer von São Paulo entfernt in der Hütte einer Familie von Karaja-Indianern am Ufer des Araguaia; auf dem Rückweg brachen die vorderen Stoßdämpfer, so daß der Motorblock während hundert Kilometern unmittelbar auf der Achse lag; und während sechshundert weiteren Kilometern stützten wir ihn mit einer Eisenplatte ab, die uns nach langen Auseinandersetzungen schließlich ein Dorfschmied angefertigt hatte. Vor allem aber erinnere ich mich an jene angstvollen Stunden der Fahrt nach Einbruch der Dunkelheit – denn es gibt nur wenige Dörfer in den Randbezirken von São Paulo und Goiás –, in denen wir nicht wußten, wann die Furche uns im Stich lassen würde, die wir unter zehn anderen Pisten erkoren hatten. Plötzlich tauchte in der von zitternden Sternen durchlöcherten Finsternis ein *pouso* auf: elektrische Birnen, die von einem klei-

nen Motor gespeist wurden, dessen Pulsschlag wir schon seit Stunden gehört, aber mit den nächtlichen Geräuschen des Buschs verwechselt hatten. In der Herberge gab es Eisenbetten oder Hängematten, und schon im Morgengrauen liefen wir durch die *rua direita* der *cidade viajante,* des Rastorts mit seinen Häusern und Basaren und seinem Platz, der von den *regatões* und den *mascates* belagert war: ambulanten Händlern, Ärzten, Dentisten und sogar Notaren.
An Markttagen herrscht ein lebhaftes Treiben: Hunderte von isolierten Bauern haben mit ihrer ganzen Familie ihre Hütte verlassen, um eine Reise von mehreren Tagen zu unternehmen, die es, einmal im Jahr, erlaubt, ein Kalb, ein Maultier, ein Tapir- oder Pumafell, ein paar Säcke Mais, Reis oder Kaffee zu verkaufen und dafür ein Stück Baumwollstoff, Salz, Petroleum für die Lampe und einige Gewehrkugeln mit nach Hause zu nehmen.
Im Hintergrund dehnt sich die Hochebene, bedeckt von Gestrüpp und einzelnen Stauden. Eine neue Erosion – die vor einem halben Jahrhundert begonnene Abholzung – hat sie leicht und vorsichtig wie mit dem Dechsel abgeschabt. Höhenunterschiede von vorläufig noch wenigen Metern deuten auf entstehende Terrassen und Schluchten hin. Unweit eines breiten, aber seichten Wasserlaufs – der mehr einer launischen Überschwemmung als einem schon in sein Bett gezwungenen Fluß ähnelt – führen zwei oder drei parallele Alleen an den wuchernden Hecken vorbei, hinter denen sich ein paar mit Ziegeln bedeckte Lehmhütten verbergen und ihren cremefarbenen Kalkverputz aufleuchten lassen, der durch die kastanienbraunen Fensterläden und die purpurroten Strahlen der Sonne noch stärker hervorsticht. Gleich hinter den ersten Häusern, die mit ihren von großen scheibenlosen und fast immer offenen Fenstern durchlöcherten Fassaden wie überdachte Hallen aussehen, erstrecken sich Wiesen und Weiden, deren hartes Gras das Vieh bis zu den Wurzeln abgegrast hat. Für den Markttag haben die Veranstalter Futtervorräte angelegt: Zuckerrohrblätter oder junge Palmen, die mit Zweigen und Grasbüscheln zusammengebunden sind. Zwischen diesen kubischen Blöcken lagern die Besucher samt ihren Karren mit den speichenlosen und außen mit Nägeln beschlagenen Rädern. Die neugeflochtenen Seitenwände, ein Dach aus mit

Stricken befestigtem Ochsenleder haben während der Reise Schutz geboten, hier und dort ergänzt durch ein Vordach aus Palmblättern oder ein weißes Baumwollzelt, das den Karren verlängert. Unter freiem Himmel kochen sie Reis, schwarze Bohnen und getrocknetes Fleisch; nackte Kinder tummeln sich zwischen den Beinen der Ochsen, die Zukkerrohr kauen und die biegsamen Stiele wie grüne Wasserstrahlen aus ihrem Maul hängen lassen.

Einige Tage später sind alle verschwunden; die Reisenden hat der Busch verschluckt; der *pouso* schläft in der Sonne. Ein ganzes Jahr lang wird das Dorf nur einmal wöchentlich zum Leben erwachen, nämlich in den *vilas de domingo,* die an Wochentagen geschlossen sind; hier treffen sich sonntags die Reiter an einer Wegkreuzung, an der sich ein Getränkeausschank und einige Hütten befinden.

XIII Pionierzone

Szenen dieser Art begegnet man im Innern Brasiliens überall, sobald man die Küste nach Norden oder Westen verläßt, dort, wo sich der Busch bis zu den Sümpfen des Paraguay oder den Wäldern an den Nebenflüssen des Amazonas erstreckt. Die Dörfer werden seltener und die Entfernungen zwischen ihnen immer größer; manchmal liegen sie auf freiem Feld, dem *campo limpo,* der „sauberen" Savanne; bald auf dem mit Gestrüpp bewachsenen *campo sujo,* der „schmutzigen" Savanne, oder schließlich im *cerrado* und in der *caatinga,* zwei verschiedenen Arten von Buschwald.

Nach Süden hin, in der Richtung des Staates Paraná, haben die zunehmende Entfernung von den Tropen, die Höhenlage und der vulkanische Ursprung des Bodens andere Landschaften und andere Lebensformen geschaffen. Hier, noch in der Nähe der Kulturzentren, findet man Überreste von Eingeborenenpopulationen neben den modernsten Formen der Kolonisierung. Und in diese Zone im Norden des Staates Paraná habe ich meine ersten Ausflüge unternommen.

In kaum mehr als vierundzwanzig Stunden erreichte man, jenseits der Grenze des Staates São Paulo, die vom Paraná-Fluß gebildet wird, den großen feuchten und der gemäßig-

ten Zone angehörenden Koniferenwald, der dem Vordringen der Pflanzer so lange Widerstand geleistet hatte; bis etwa 1930 war er praktisch unberührt geblieben, mit Ausnahme von einigen nomadisierenden Indianergruppen und ein paar versprengten Pionieren, im allgemeinen armen Bauern, die in kleinen Lichtungen Mais anbauten.
Als ich in Brasilien ankam, war man im Begriff, diese Gegend zu erschließen, vor allem auf Betreiben eines englischen Unternehmens, dem die Regierung anderthalb Millionen Hektar Land überlassen hatte mit der Auflage, Straßen und Eisenbahnen zu bauen. Die Engländer beabsichtigten, das Land parzellenweise an mittel- und osteuropäische Einwanderer weiterzuverkaufen, die Eisenbahn jedoch, deren Kosten durch den Transport der landwirtschaftlichen Produktion bestritten werden sollten, zu behalten. Im Jahre 1935 war das Experiment in vollem Gang, die Schiene fraß sich unermüdlich durch den Wald: fünfzig Kilometer waren es zu Beginn des Jahres 1930, einhundertfünfundzwanzig am Ende desselben Jahres, zweihundert im Jahre 1932 und 1936 bereits zweihundertfünfzig Kilometer. Ungefähr alle fünfzehn Kilometer errichtete man am Rande einer Lichtung von etwa einem Quadratkilometer eine Station, aus der später eine Stadt werden sollte. Diese bevölkerte sich mit der Zeit, so daß man, wenn man diese Strecke zurücklegte, zuerst nach Londrina kam, der ältesten Siedlung, die bereits dreitausend Einwohner zählte, dann nach Nova-Dantzig mit neunzig und nach Rolandia mit sechzig Einwohnern und schließlich nach Arapongas, der letztgeborenen, wo es im Jahre 1935 ein einziges Haus und einen einzigen Bewohner gab: einen Franzosen in fortgeschrittenem Alter, der in der Einöde Bodenspekulationen betrieb, Militärstiefel aus dem ersten Weltkrieg und einen flachen Strohhut trug. Als großer Kenner dieser Randzone prophezeite mir Pierre Monbeig, daß Arapongas im Jahre 1950 mindestens zehntausend Einwohner zählen würde.
Wenn man die Gegend zu Pferd oder im Lastwagen durchstreifte und die neuangelegten Straßen benutzte, die gleich den römischen Straßen in Gallien den Bergkämmen folgten, konnte man kaum ahnen, daß das Land bewohnt war: die langgestreckten Grundstücke grenzten zwar auf der einen Seite an die Straße, auf der anderen aber an den Bach, der

durch das Tal floß; und dort unten, in der Nähe des Wassers, hatte man mit der Besiedlung begonnen; die *derrubada*, die Rodung, kroch langsam den Hang hinauf, so daß die Straße selbst, Symbol der Zivilisation, von der dicken Walddecke umschlossen blieb, die noch monate- oder jahrelang den Gipfel der Hügel überziehen sollte. Doch unten in den Tälern reiften schon die ersten märchenhaften Ernten in dieser *terra roxa,* dieser violetten und jungfräulichen Erde, zwischen den dicken Stämmen zu Boden gestürzter Bäume und ihren Stümpfen. Die winterlichen Regenfälle würden diese Stümpfe in fruchtbaren Humus verwandeln, diesen jedoch bald den Hang hinabschwemmen, mitsamt der Erde, die den verschwundenen Wald genährt hatte, weil es nun keine Wurzeln mehr gab, die sie festhalten konnten. Wird es zehn, zwanzig oder dreißig Jahre dauern, bis sich dieses Land von Kanaan in eine dürre, öde Landschaft verwandelt hat?

Einstweilen erfreuten sich die Einwanderer des hart erkämpften Überflusses; Familien aus Pommern oder aus der Ukraine – die noch keine Zeit gefunden hatten, ein Haus zu bauen, und mit ihrem Vieh in Bretterverschlägen am Ufer des Bachs hausten – priesen diese wunderbare Scholle, die man zuerst wie ein wildes Pferd hatte zähmen müssen, damit Mais und Baumwolle Früchte trugen und sich nicht in der wuchernden Vegetation des Waldes verloren. Ein deutscher Bauer weinte vor Freude, als er uns seinen kleinen Zitronenhain zeigte, der aus ein paar Kernen gewachsen war. Diese Menschen aus dem Norden verwirrte nicht nur die Fruchtbarkeit des Bodens, sondern mehr noch die Fremdartigkeit der angebauten Kulturen, die man nur aus dem Märchenbuch kannte. Da dieses Land an der Grenze zwischen der tropischen und der gemäßigten Zone liegt, bedeuten schon wenige Meter Höhenunterschied ganz empfindliche klimatische Unterschiede: alles mögliche konnte nebeneinander angebaut werden, Pflanzen des Heimatlandes und Früchte Amerikas, so daß die Bauern, entzückt über diese landwirtschaftlichen Vergnügungen, Getreide neben Zuckerrohr und Flachs neben Kaffee pflanzten …

Die jungen Städte hatten einen ausgesprochen nordischen Charakter; die neue Immigration verschmolz mit der alten:

der deutschen, russischen, polnischen und, in geringerem Grade, der italienischen, die sich vor kaum hundert Jahren im Süden des Staates in der Gegend um Curitiba festgesetzt hatte. Häuser aus Brettern oder viereckigen Baumstämmen erinnerten an Mittel- und Osteuropa. Lange Karren mit vier Speichenrädern und Pferdegespannen ersetzten die iberischen Ochsenkarren. Und auch hier fesselten die Zeichen einer Zukunft, die in einem beschleunigten Rhythmus Gestalt annahm, das Interesse mehr als die unvermuteten Überreste der Vergangenheit. Ein formloser Raum gewann von Tag zu Tag eine urbane Struktur; er differenzierte sich wie ein Embryo, der sich in Zellen teilt, die sich ihrerseits zu Gruppen formieren, von denen jede eine bestimmte Funktion erfüllt. Schon war Londrina eine organisierte Stadt, die eine Hauptstraße, ein Geschäftszentrum, ein Handwerksviertel und eine Wohngegend besaß. Aber welche geheimnisvollen Kräfte waren in dem öden Gelände am Werk, auf das sich Rolandia und vor allem Arapongas reduzierte, Kräfte, die einen bestimmten Typus von Bewohnern in diese, einen anderen in jene Richtung drängten und jeder Zone eine Funktion und eine besondere Berufung aufzwangen? In diesen willkürlich aus dem Herzen des Urwalds geschnittenen Vierecken scheinen die rechtwinklig aufeinander zulaufenden Straßen zunächst alle gleich zu sein: geometrische Linien, die keine Besonderheit aufweisen. Indes liegen die einen im Zentrum, die anderen an der Peripherie; einige verlaufen parallel, andere quer zur Eisenbahnlinie oder zur Hauptstraße; so daß sich die ersteren in der Richtung des Verkehrs befinden, während die zweiten diesen schneiden und aufhalten. Handel und Gewerbe werden sich in den ersteren niederlassen, die notwendig viele Kunden haben; und aus dem entgegengesetzten Grund werden Privatleute und gewisse öffentliche Dienste die letzteren bevorzugen oder in sie verbannt sein. Die Kombination dieser beiden Gegensätze – derjenige zwischen zentral und peripher einerseits, derjenige zwischen parallel und senkrecht andererseits – bestimmen vier verschiedene städtische Lebensweisen, welche die künftigen Bewohner prägen, die einen begünstigen und die anderen entmutigen, Erfolg oder Unglück hervorrufen werden. Mehr noch, diese Bewohner scheiden sich außerdem in zwei Typen: die Geselligen, die eine Gegend desto anziehender finden, je mehr die Verstädterung fortgeschritten ist, und die Einsiedler, die sich nach Freiheit sehnen; und so wird ein neuer Kontrapunkt entstehen, der den ersten kompliziert.

Schließlich muß man den geheimnisvollen Kräften Rechnung tragen, die so viele Städte nach Westen treiben und ihre östlichen Viertel dem Elend oder dem Verfall preisgeben. Vielleicht ist dies nur die Widerspiegelung jenes kosmischen Rhythmus, unter dessen Einfluß die Menschheit seit ihren Anfängen von der unbewußten Überzeugung durchdrungen war, daß die Richtung der Sonne positiv, die umgekehrte Richtung dagegen negativ sei; daß die eine die Ordnung, die andere das Chaos bedeute. Zwar beten wir schon lange nicht mehr die Sonne an und haben aufgehört, den vier Himmelsrichtungen magische Eigenschaften zuzuschreiben: Farben und Tugenden. Aber so sehr unser euklidischer Geist inzwischen gegen die qualitative Auffassung des Raums rebelliert, können wir doch nichts daran ändern, daß die großen astronomischen, ja sogar die meteorologischen Phänomene die Erdregionen mit einem zwar unmerklichen, aber unauslöschlichen Koeffizienten versehen; daß für alle Menschen die Ost-West-Richtung diejenige der Erfüllung ist und daß für den Bewohner der gemäßigten Zonen der nördlichen Hemisphäre der Norden stets Nacht und Kälte, der Süden dagegen Licht und Wärme symbolisiert. Nichts von alledem kommt im vernünftigen Verhalten des einzelnen Menschen zum Ausdruck. Aber das Stadtleben zeigt einen merkwürdigen Gegensatz. Obwohl es die komplexeste und raffinierteste Form der Zivilisation darstellt, aufgrund der außergewöhnlichen Konzentration von Menschen auf kleinem Raum und der Dauer seines Zyklus, häufen sich im Schmelztiegel der Stadt unbewußte Verhaltensweisen, die jeweils zwar verschwindend gering sind, jedoch aufgrund der Vielzahl der Individuen, welche sie an den Tag legen, große Wirkungen zeitigen können. So zum Beispiel das Wachstum der Städte von Osten nach Westen sowie die Polarisierung von Luxus und Elend gemäß dieser Achse, was unverständlich bliebe, wenn man nicht jenes Privileg – oder jene sklavische Notwendigkeit – der Städte erkennt, nämlich gleich einem Mikroskop, und dank der ihnen eigentümlichen Vergrößerung, auf der Unterlage des kollektiven Bewußtseins das mikrobische Gewimmel der immer noch lebendigen abergläubischen Vorstellungen unserer Vorväter ans Licht zu bringen.

Aber handelt es sich überhaupt um Aberglauben? In solchen Vorlieben sehe ich eher den Ausdruck einer Weisheit, der die wilden Völker spontan gehorcht haben und der gegenüber die moderne Rebellion als der wahre Irrwitz erscheint. Oft haben es diese Völker verstanden, unter sehr geringen Anstrengungen zur geistigen Harmonie zu gelangen. Wieviel Verschleiß, wieviel sinnloser Ärger bliebe uns nicht erspart, wenn wir uns entschließen würden, die realen Bedingungen unserer menschlichen Erfahrung anzuerkennen und zu begreifen, daß es nicht in unserer Macht steht, uns völlig von ihrem Rahmen und ihrem Rhythmus zu befreien. Der Raum besitzt seine eigenen Werte, so wie die Töne und Düfte Farben und die Gefühle ein Gewicht haben. Diese Suche nach den Entsprechungen ist weder ein poetisches Spiel noch eine Mystifizierung (wie man es anläßlich des Sonetts von Rimbaud über die Vokale zu schreiben wagte, heute ein klassisches Beispiel für den Linguisten, der die Grundlage nicht der Farbe der Phoneme – denn diese verändert sich je nach den Individuen –, sondern der die Beziehung kennt, die sie vereint und die eine begrenzte Stufenleiter von Möglichkeiten zuläßt); sie öffnet dem Wissenschaftler ein ganz neues Feld, dessen Erforschung ihm noch zu reichen Entdeckungen verhelfen kann. Wenn die Fische – nach Art des Ästheten – die Gerüche in helle und dunkle einteilen und wenn die Bienen die Stärke des Lichts in Begriffen des Gewichts erfassen – wobei die Dunkelheit für sie schwer, die Helligkeit leicht ist –, dann sollten uns das Werk des Malers, des Dichters oder des Musikers, die Mythen und Symbole des Wilden wo nicht als eine höhere Form der Erkenntnis, so doch als die fundamentalste, die einzig wirklich gemeinsame erscheinen, eine Form, bei der das wissenschaftliche Denken nur die schärfste Spitze bildet: zwar durchdringender, weil am Stein der Tatsachen geschliffen, jedoch zum Preis eines Substanzverlusts; und deren Wirksamkeit von ihrer Fähigkeit abhängt, tief genug einzudringen, damit die gesamte Masse des Werkzeugs der Spitze folgt.

Der Soziologe kann an dieser Erarbeitung eines umfassenden und konkreten Humanismus mitwirken. Denn die großen Manifestationen des sozialen Lebens teilen mit dem Kunstwerk den Umstand, daß sie auf der Ebene des unbewußten Lebens entstehen, im ersten Fall, weil sie kollektiv sind, und im zweiten, obwohl sie individuell sind; aber der Unterschied bleibt sekundär, er ist sogar nur scheinbar, da die einen *durch* das Publikum und die anderen *für* das Publikum geschaffen werden und dieses Publikum beiden ihren gemeinsamen Nenner verleiht und die Bedingungen festlegt, unter denen sie entstehen.

Es ist also nicht nur im metaphorischen Sinn, daß man – wie es so häufig geschehen ist – eine Stadt mit einer Symphonie oder einem Gedicht vergleichen kann; diese Dinge sind gleicher Natur. Noch kostbarer vielleicht, liegt die Stadt an der Grenze zwischen Natur und Künstlichkeit. Als Gemeinschaft tierischer Wesen, die ihre biologische Geschichte in den städtischen Grenzen einschließen und dieser Geschichte gleichzeitig den Stempel denkender Wesen aufdrücken, entsteht die Stadt, ihrer Genesis und ihrer Form nach, sowohl aus der biologischen Fortpflanzung wie aus der organischen Entwicklung und der ästhetischen Schöpfung. Sie ist sowohl Naturobjekt als auch Kultursubjekt; Individuum und Gruppe; Erlebnis und Traum: das Menschliche schlechthin.

In jenen synthetischen Städten Südbrasiliens schien der geheime und verbissene Wille, der in der Anordnung der Häuser, der speziellen Führung der Verkehrsadern, dem sich abzeichnenden Stil der Stadtviertel zum Durchbruch kam, um so signifikanter zu sein, als er jener Laune, die das Unternehmen hervorgerufen hatte, insofern widersprach, als er ihr Dauer verlieh. Londrina, Nova-Dantzig, Rolandia und Arapongas – die ihre Entstehung dem Beschluß einer Gruppe von Ingenieuren und Finanzleuten verdankten – fügten sich langsam der konkreten Vielfalt einer wahren Ordnung, so wie ein Jahrhundert zuvor Curitiba und heute vielleicht Goiânia.

Curitiba, die Hauptstadt des Staates Paraná, tauchte an jenem Tag auf der Landkarte auf, an dem die Regierung beschloß, eine Stadt zu gründen: das Land, das sie von einem Großgrundbesitzer erworben hatte, wurde parzellenweise und so billig abgegeben, daß die Zuwanderung gesichert schien. Nach demselben Schema wurde später dem Staat Minas Gerais seine Hauptstadt Belo Horizonte beschert. Bei Goiânia hat man mehr riskiert, denn das Ziel bestand zunächst darin, für Brasilien eine Landeshauptstadt aus dem Nichts zu stampfen.

Nach etwa einem Drittel der Strecke, welche die südliche Küste vom Lauf des Amazonas trennt, dehnen sich riesige Hochebenen aus, die der Mensch seit zweihundert Jahren vergessen hat. Zur Zeit der Karawanen und der Flußschifffahrt konnte man sie in einigen Wochen durchqueren, um zu den Minen im Norden zu gelangen; so kam man auch zu den Ufern des Araguaia, den man im Boot bis Belém hinunterfahren konnte. Der einzige Zeuge des alten ländlichen Lebens, die kleine Hauptstadt des Staates Goiás, der ihr auch ihren Namen gab, lag tausend Kilometer von der Küste entfernt, von der sie praktisch abgeschnitten war, in tiefem Schlaf. In einer grünen Landschaft, von der kapriziösen Silhouette der mit Palmen geschmückten Hügel überragt, schlängelten sich Straßen mit niedrigen Häusern die Abhänge hinunter, hindurch zwischen Gärten und Plätzen, auf denen vor den Kirchen, die halb Scheunen, halb Glockentürmen ähnelten, die Pferde grasten. Säulengänge, Stuck und Giebel, die immer wie mit frisch geschlagenem, ockergelb, hellblau oder rosa getöntem Eierschnee verputzt schienen, erinnerten an den barocken Stil der iberischen Hirtengemälde. Ein kleiner Bach floß zwischen moosbewachsenen Kaianlagen, die stellenweise unter dem Gewicht der Lianen, Bananenstauden und Palmen eingestürzt waren, welche die verlassenen Wohnhäuser überwuchert hatten; doch diese üppige Vegetation schien den Häusern weniger das Zeichen des Verfalls aufzudrücken, als ihren verwitterten Fassaden eine stumme Würde zu verleihen.

Ich weiß nicht, ob man über die Absurdität weinen oder lachen soll: die Verwaltung hatte beschlossen, die Stadt Goiás, ihre Fluren, ihre Reitbahnen und ihre altmodische Anmut zu vergessen. All das war zu klein, zu alt. Man brauchte ein freies Feld, eine *tabula rasa,* um das gigantische Unternehmen, von dem man träumte, durchführen zu können. Ein solches fand sich hundert Kilometer weiter im Osten in Form eines Plateaus, auf dem nichts anderes wuchs als hartes Gras und stachlige Sträucher, als wäre es von einer Plage befallen, die Fauna und Flora zerstörte. Keine Eisenbahn, keine Straße führte dorthin, lediglich ein paar Wege für Ochsenkarren. Diesem Gelände entsprechend wurde ein symbolisches Viereck von hundert Quadratkilometern auf der Landkarte eingezeichnet, der Sitz des *distrito federal*, in dessen Mitte sich die künftige Hauptstadt erheben sollte. Da kein natürliches Hindernis der Architektur Einhalt gebot, konnte man an Ort und Stelle arbeiten wie auf dem Reißbrett. Der Plan der Stadt wurde direkt auf den Boden gezeichnet; man legte ihren Umfang und im Zentrum die verschiedenen Zonen fest: Verwaltungs-, Wohn-, Geschäfts-, Industrie- und Vergnügungsviertel. Diese letzteren sind in einer Pionierstadt immer wichtig; gab es nicht eine Zeit – um 1925 –, da Marilia, das auf ähnliche Weise entstanden war, unter seinen bestehenden sechshundert Häusern fast hundert geschlossene Häuser zählte, die zum größten Teil jene *franceshinhas* beherbergten, die im 19. Jahrhundert zusammen mit den barmherzigen Schwestern die Vorhut des französischen Einflusses im Ausland bildeten? Dem Quai d'Orsay war dies sehr wohl bekannt, und noch im Jahre 1939 opferte er einen beträchtlichen Teil seines geheimen Budgets für die Verbreitung sogenannter leichter Schriften. Viele meiner Kollegen werden mir kaum widersprechen, wenn ich daran erinnere, daß die Gründung der Universität von Rio Grande do Sul, dem südlichsten Staat Brasiliens, sowie der Vorzug, der dort den französischen Professoren gegeben wurde, ihren Ursprung in der Verehrung für unsere Literatur und unsere Freiheit besaßen, die eine wenig tugendsame Dame einem zukünftigen Diktator des Landes während seiner Jugend in Paris beigebracht hatte.

Von einem Tag auf den anderen erschienen in den Zeitungen ganzseitige Anzeigen, welche die Gründung der Stadt Goiânia verkündeten; anhand eines detaillierten Plans, so als wäre die Stadt bereits hundert Jahre alt, zählte man die Vorteile auf, welche die Bewohner dort erwarteten: Wegeamt, Eisenbahn, Wasserzufuhr, Kanalisation und Kinos. Wenn ich mich nicht irre, gab es zu Anfang – 1935/36 – sogar eine Zeit, da das Land denjenigen Käufern als Prämie angeboten wurde, die sich bereit erklärten, für die Kosten

der Eintragung ins Grundbuch aufzukommen. Denn Notare und Spekulanten waren die ersten Einwohner.
Ich habe Goiânia im Jahre 1937 besucht. Auf einer endlosen Ebene, halb Ödland, halb Schlachtfeld, gespickt mit elektrischen Masten und Vermessungsstangen, sah man, in alle Himmelsrichtungen verstreut, etwa hundert neue Häuser. Das größte von ihnen war das Hotel, ein Parallelepiped aus Zement, das inmitten dieser Plattheit an ein Flughafengebäude oder eine Festung erinnert; ohne weiteres hätte man diesen Bau als „Bastion der Zivilisation" bezeichnen können, nicht im übertragenen, sondern im wörtlichen Sinn, was ihm noch einen besonders ironischen Wert verlieh. Denn nichts konnte barbarischer, unmenschlicher sein als dieses Symbol der Macht inmitten der Wüste. Dieses Mauerwerk, dem jede Anmut fehlte, war das genaue Gegenteil von Goiás; keine Geschichte, keine Dauer, keine Gewohnheit hatte seine Leere ausgefüllt oder seine Strenge gemildert; man fühlte sich darin wie in einem Bahnhof oder einem Spital, immer als Reisender, niemals als Verweilender. Einzig die Angst vor einer Katastrophe konnte diese Kasematte rechtfertigen. Tatsächlich hatte sich einmal eine solche ereignet, und die herrschende Stille und Reglosigkeit wiesen drohend auf die nächste hin. Cadmus, der Zivilisator, hatte Drachenzähne gesät. Auf einer Erde, die der Atem des Ungeheuers zerschunden und versengt hatte, wartete man darauf, daß Menschen sprießen würden.

XIV Der fliegende Teppich

Heute vermischt sich die Erinnerung an das große Hotel von Goiânia in meinem Gedächtnis mit anderen, die, an den beiden Polen des Luxus und des Elends, von der Absurdität der Beziehungen zeugen, die der Mensch bereitwillig zur Welt unterhält oder die ihm vielmehr in wachsendem Maße aufgezwungen werden. Ich habe das Hotel von Goiânia übermäßig vergrößert in einer anderen Stadt wiedergefunden, die nicht weniger willkürlich entstanden war, denn das politische Kalkül sowie die systematische Umsiedlung ganzer Volksgruppen im Jahre 1950 hatte Karatschi innerhalb von drei Jahren von dreihunderttausend auf eine

Million zweihunderttausend Einwohner anwachsen lassen; auch diese Stadt lag mitten in der Wüste: am östlichen Ende jener dürren Ebene, die sich von Ägypten bis nach Indien erstreckt und einem riesigen Teil unseres Erdballs gleichsam die Haut abzieht.
Karatschi, ursprünglich ein kleines Fischerdorf, später durch die englische Kolonisierung zu einem kleinen Hafen und einer Handelsstadt geworden, hatte im Jahre 1947 den Titel einer Hauptstadt errungen. In den langen Straßen des alten Standquartiers, die von kollektiven oder individuellen Kasernen gesäumt waren – die letzteren Privatwohnungen von Beamten oder Offizieren –, eine jede hinter ihrem Zaun aus staubigen Pflanzen verborgen, schliefen Scharen von Flüchtlingen unter freiem Himmel und führten auf den von ausgespucktem Betel rotverschmierten Trottoirs ein elendes Dasein, während die Parsi-Millionäre den westlichen Geschäftsleuten babylonische Paläste bauten. Monatelang wogte von Sonnenaufgang bis Sonnenuntergang eine Prozession von zerlumpten Männern und Frauen vor ihnen hin und her (in mohammedanischen Ländern ist die Segregation der Frauen weniger eine religiöse Praxis als ein Zeichen bürgerlichen Prestiges, und die Ärmsten der Armen haben nicht einmal Recht auf ein Geschlecht), jeder beladen mit einem Korb voll frischem Beton, den er in die Schalung goß und ohne Pause zurück zu den Mischmaschinen trug, um ihn aufzufüllen. Kaum war ein Gebäudeteil fertiggestellt, wurde er augenblicklich den Kunden übergeben, denn ein Einzelzimmer mit Pension kostete pro Tag mehr, als ein Arbeiter im Monat verdiente; so amortisierte man innerhalb von neun Monaten die Baukosten eines Luxushotels. Deshalb mußte alles schnell gehen, und die Poliere scherten sich wenig darum, ob die verschiedenen Blocks genau aneinanderpaßten. Ohne Zweifel hatte sich nichts verändert seit den Zeiten, da die Satrapen Sklaven dazu antrieben, Schlamm anzugießen und Backsteine aufzuschichten, um wacklige Paläste zu bauen, für deren Friesschmuck die Reihe der Korbträgerinnen, die sich hoch oben auf den Gerüsten vom Himmel abhoben, noch heute hätte Modell stehen können.
Vom Leben der Eingeborenen (auch dieses, in jener Wüste, eine künstliche Schöpfung der Kolonisierung) nur wenige

Kilometer entfernt, die aber die unerträgliche Feuchtigkeit eines nie zum Ziel kommenden Monsuns, aber mehr noch die Angst vor der Ruhr unpassierbar gemacht hatten – *„Karachi tummy"*, wie die Engländer sagten –, kam eine Kundschaft von Geschäftsleuten, Industriellen und Diplomaten fast um vor Hitze und Langeweile in jenen Zubern aus nacktem Zement, die ihnen als Zimmer dienten und deren Plan weniger von wirtschaftlichem Denken als von der Überlegung diktiert zu sein schien, sie leicht desinfizieren zu können, sobald das menschliche Exemplar wechselte, das sich für einige Wochen hier aufgehalten hatte. Und wie im Flug überwindet meine Erinnerung dreitausend Kilometer, um dieses Bild mit einem anderen zu vergleichen, das ich in dem der Göttin Kali geweihten Tempel gesehen habe, dem ältesten und verehrtesten Heiligtum von Kalkutta. Dort, neben einer modernden Wasserlache und in jener höfischen Atmosphäre der Wunder und der harten kommerziellen Ausbeutung, in der sich das religiöse Leben des indischen Volkes abspielt, neben Basaren, die mit frommen Farbdrucken und bemalten Gipsgottheiten vollgestopft sind, erhebt sich die moderne Karawanserei, welche die Unternehmer des Kultus erbaut haben, um die Wallfahrer unterzubringen: das *rest-house*, eine lange, in zwei Hälften unterteilte Zementhalle, eine für die Männer, die andere für die Frauen; an den Wänden entlang laufen Simse, ebenfalls aus nacktem Zement, die als Betten dienen; man forderte mich auf, die Abflußrinnen und Wasserleitungen zu bewundern: sobald die Menschenmenge erwacht ist und hinausgeschickt wird, um auf die Knie zu fallen und für die Heilung ihrer Schanker und Geschwüre, ihrer Entzündungen und Wunden zu beten, wird alles mit reichlich Wasser abgespritzt, und die so gesäuberten Schlachtbänke sind für eine neue Ladung bereit; außer in den Konzentrationslagern sind Menschen wohl niemals in diesem Maße mit Schlachtvieh gleichgesetzt worden.
Freilich war dies nur ein Ort der Durchreise. Aber etwas weiter entfernt, in Narrayanganj, arbeiten die Jutearbeiter in einem riesigen Spinnennetz, zwischen weißen Fäden, die von den Wänden hängen und in der Luft schweben; sie verlassen es nur, um in die *coolie lines* zu gehen, Backsteintröge ohne Licht und ohne Fußboden, in denen sechs bis

acht Personen hausen; sie reihen sich zu engen Gassen aneinander, von offenen Rinnen durchzogen, die dreimal täglich abgespritzt werden, um den Unrat wegzuspülen. Der soziale Fortschritt tendiert dahin, diese Lösung durch die der *workers' quarters* zu ersetzen, Gefängnisse, in denen sich zwei oder drei Arbeiter in eine Zelle von zwölf Quadratmetern teilen. Rings um das Ganze Mauern und bewaffnete Polizisten, die die Türen bewachen; gemeinsame Küche und gemeinsamer Eßsaal: abspritzbare Bottiche aus nacktem Zement, in denen jeder sein eigenes Feuer macht und im Dunkeln, auf dem Boden kauernd, seine Mahlzeit einnimmt.

Als ich in den *Landes* meine erste Professorenstelle hatte, zeigte man mir eines Tages die speziell für die Gänsemast eingerichteten Ställe: in einem winzigen Raum eingeschlossen, war jede Gans nur noch ein Verdauungskanal. Hier nun sah ich genau dasselbe, nur daß es sich nicht um Gänse, sondern um Männer und Frauen handelte und daß man sie nicht mästete, sondern abmagern ließ. In beiden Fällen aber billigte der Züchter seinen Kostgängern nur eine einzige Tätigkeit zu, die dort erwünscht, hier unvermeidlich war: diese dunklen, stickigen Zellen eigneten sich weder zur Erholung, noch zur Freizeit, noch für die Liebe. Als bloße Ankerplätze am Ufer der Gemeindekloake zeugten sie von einer Auffassung des menschlichen Lebens, das sich auf die Ausscheidungsfunktionen reduzierte.

Armer Orient! Im verschwiegenen Dacca habe ich Bürgerhäuser besichtigt: einige waren luxuriös und ähnelten den New-Yorker Antiquitätenläden in der Dritten Straße; andere gemütlich, garniert mit kleinen Korbtischchen, Spitzendecken und Porzellanfiguren wie ein Rentnereigenheim in Bois-Colombes. Andere waren im alten Stil erbaut, ähnlich wie unsere armseligsten Katen, mit einem Ofen aus gestampfter Erde als Küche am Ende eines winzigen schlammigen Hofs; und Dreizimmerwohnungen für wohlhabende junge Ehepaare in Wohnblöcken, die sich kaum von denen unterschieden, welche die Wiederaufbauunternehmen zu niedrigen Kosten in Châtillon-sur-Seine oder in Givors errichten, nur daß in Dacca die Zimmer aus nacktem Zement waren, wie auch das Bad, das nur einen einzigen Wasserhahn hatte, und das Mobiliar dürftiger war als in einem Kinderzimmer. Auf dem Betonboden kauernd, von einer schwachen Birne beleuchtet, die an ihrem Kabel von der Decke hing – o Tausendundeine Nacht –, aß ich mit den Fingern ein köstliches Mahl wie aus der Zeit der Vorväter: zuerst den *khichuri*, Reis mit kleinen Linsen, die auf englisch *pulse* heißen und die man in vielfarbigen Varietäten säckeweise auf den Märkten sieht. Dann den *nimkorma*, ein Hühnerfrikassee; den *chingri cari*, ein öliges, würziges Ragout aus Riesenkrabben, sowie den *dimer tak*, ein Ragout aus hartgekockten Eiern mit einer Gurkensauce, *shosah*; schließlich die Nachspeise, *firni*, Milchreis.

Ich war zu Gast bei einem jungen Professor; anwesend waren außerdem sein Schwager, der den Oberkellner spielte, ein Dienstmädchen und ein Säugling; schließlich die Frau meines Gastgebers, die sich vom *purdah* emanzipierte: ein stummes, scheues Reh, das der Ehemann, um ihre kürzliche Befreiung zu bekräftigen, mit Sarkasmen überschüttete, unter denen ich ebenso litt wie sie; zum Beispiel nötigte er sie – da ich ja Ethnograph war –, ihre Leibwäsche aus einem Schrank zu holen, damit ich eine Liste davon anfertigen konnte. Es fehlte nicht viel und er hätte sie entkleidet, so sehr war er bemüht, jener westlichen Welt, die er nicht kannte, ein Pfand zu überlassen.

So sah ich, wie sich vor meinen Augen das künftige Asien abzeichnete, ein Asien mit Arbeitersiedlungen und Häusern des Sozialen Wohnungsbaus, jeder Exotik abhold, das nach einer Verdunkelung von fünftausend Jahren zu jenem modernen und wirkungsvollen Lebensstil zurückfand, den es vielleicht im dritten Jahrtausend vor unserer Zeitrechnung erfunden hatte und der dann auf Wanderschaft gegangen ist, um in jüngster Zeit in der Neuen Welt vorläufig zum Stillstand zu kommen, so daß wir ihn noch mit Amerika identifizieren, der aber schon um 1850 weiter nach Westen gezogen ist, Japan erreichte und heute, nach einer Reise um die Welt, zu seinem Ursprungsort zurückkehrt.

Im Tal des Indus bin ich durch jene kahlen Trümmer geirrt, welche die Jahrhunderte, die Sandstürme, die Überschwemmungen, der Salpeter und die Invasionen der Arier von der ältesten Kultur des Orients übriggelassen haben: Mohenja-Daro, Harappa, hart gewordene Knorren aus Backstein und Scherben. Welch bestürzenden Anblick bieten diese antiken Häuserreihen! Schnurgerade Straßen, die einander im rechten Winkel schneiden; Arbeiterviertel mit immer denselben Wohnungen; Werkstätten, in denen das Mehl gemahlen, Metalle geschmolzen und bearbeitet und jene Tonbecher hergestellt wurden, mit deren Resten der Boden übersät ist; Gemeindescheuern, die mehrere „Blöcke" umfassen; öffentliche Bäder und Abflußgräben; Wohnviertel mit solidem Komfort ohne Anmut. Keine Denkmäler, keine großen Standbilder, aber – in zehn oder zwanzig Meter Tiefe – billige Nippsachen und kostbarer Schmuck, Zeichen einer geheimnislosen, seichten Kunst, dazu bestimmt, die Prahlsucht und den Sinnengenuß der Reichen zu befriedigen. All dies erinnert den Besucher an das Prestige und an die Mängel einer modernen Großstadt; es kündet von den übertriebensten Formen der westlichen Zivilisation, deren Musterbeispiel uns heute Europa und die Vereinigten Staaten von Amerika vor Augen führen.

Nach Ablauf einer Geschichte von vier- oder fünftausend Jahren gefällt man sich heute in der Vorstellung, daß ein Kreis geschlossen sei; daß die städtische, industrielle, bürgerliche Zivilisation, welche die Städte am Indus ins Leben gerufen haben, sich nicht wesentlich von derjenigen unterscheidet, die, nach einer langen Zeit der Rückbildung in der Chrysalide Europas, dazu bestimmt ist, auf der anderen Seite des Atlantiks zur vollen Entfaltung zu gelangen. Als die Alte Welt noch jung war, zeichnete sich schon das Antlitz der Neuen vor.

Ich mißtraue also den oberflächlichen Gegensätzen und dem Schein des Malerischen; sie halten ihr Wort nur für kurze Zeit. Was wir Exotik nennen, bringt lediglich eine Ungleichzeitigkeit im Rhythmus zum Ausdruck, die einige Jahrhunderte lang signifikant war und vorübergehend ein Schicksal verschleierte, das ebensogut hätte mit der Zeit gehen können, wie Alexander und die griechischen Könige an den Ufern der Jumna es planten, die Reiche der Skythen und der Parthen, die römischen Schiffsexpeditionen zu den Küsten Vietnams sowie die kosmopolitischen Höfe der mongolischen Kaiser. Sobald das Flugzeug das Mittelmeer hinter sich läßt und Ägypten ansteuert, überrascht zuerst jene ernste Symphonie, die das Braungrün der Palmenhaine, das Grün des Wassers – das man endlich mit Recht

„Nil“ nennen darf –, der gelbe Sand und der violette Schlamm bilden; und mehr noch die Landschaft aufgrund der Anordnung der Dörfer, die man aus der Vogelperspektive sieht: ein kaum eingedämmtes kompliziertes Chaos von Häusern und Gassen beweist, daß man sich im Orient befindet. Ist sie nicht das Gegenteil der Neuen Welt, der spanischen wie der angelsächsischen, die im 16. Jahrhundert wie im 20. Jahrhundert ihrer Vorliebe für geometrische Pläne frönt?

Nach Ägypten führt uns der Flug über Arabien eine Reihe von Variationen über ein und dasselbe Thema vor Augen: die Wüste. Zuerst Felsen, die zerfallenen Schlössern aus rotem Backstein ähneln und sich über dem Opal der Sandflächen erheben; dann die komplizierten Motive in Form waagrechter Bäume – mehr noch in Form von Algen oder Kristallen –, welche die paradoxen Rinnsale der Wadis bilden: statt ihre Wasser zu vereinen, verteilen sie sie in feine Verästelungen. Dann wieder sieht es so aus, als sei die Erde von einem ungeheuerlichen Tier zertrampelt worden, das sich darin erschöpfte, mit wütenden Fußtritten ihren Saft auszupressen.

Wie zart sind die Farben dieser Sandflächen! Als ob die Wüste aus Fleisch und Blut bestünde: Pfirsichhaut, Perlmutt, silbriger Fisch. In Akaba leuchtet das doch segensreiche Wasser in unbarmherzig hartem Blau, während die jedem Leben feindlichen Gebirgsstöcke in taubengrauen Tönen verschwimmen.

Gegen Ende des Nachmittags verschwindet der Sand allmählich im Nebel: dieser selbst ein himmlischer Sand, mit der Erde verbündet gegen das durchsichtige Blaugrün des Himmels. Die Wüste verliert ihre Täler und Höhen. Sie fließt mit dem Abend zusammen, eine unendliche, rosafarbene, eintönige Masse, kaum teigiger als der Himmel. In bezug auf sich selbst ist die Wüste zur Wüste geworden. Nach und nach gewinnt der Nebel die Oberhand: es gibt nichts mehr, nur noch die Nacht.

Nach der Zwischenlandung in Karatschi geht die Sonne über der Wüste Thar auf, einer Mondlandschaft, unbegreiflich; kleine Gruppen von Feldern tauchen auf, noch unterbrochen von weiten Wüstenstrichen. Je heller es wird, desto mehr verschmelzen die Äcker zu einer zusammenhän-

genden Fläche mit rosafarbenen und grünen Tönen; sie ähneln den auserlesenen und verblichenen Farben eines sehr alten, durch langen Gebrauch abgenutzten und immer wieder geflickten Teppichs. Das ist Indien.
Die Parzellen sind unregelmäßig, aber keineswegs unordentlich, weder in der Form noch in der Farbe. Wie immer man sie gruppiert, bilden sie ein ausgewogenes Ganzes, so als hätte man, bevor man sie anlegte, lange über ihre Anordnung nachgedacht: es erinnert an den geographischen Traum eines Paul Klee. All dies ist von großer Kostbarkeit, einer seltenen und willkürlichen Preziosität, obwohl immer dasselbe dreifache Thema wiederkehrt: das Dorf, das Netz der Äcker und die kleine Waldung rings um einen Sumpf.
Beim Anflug auf Delhi zeigt sich für kurze Zeit ein Indien wie aus dem Roman: Tempelruinen inmitten grellgrüner Büsche. Dann beginnen die Überschwemmungsgebiete. Das Wasser wirkt so stagnierend, so zäh und schlammig, daß es an Öl erinnert, dessen Schlieren auf der Oberfläche eines Wassers zu schwimmen scheinen, das selbst der Boden wäre. Wir fliegen über Bihar mit seinen felsigen Hügeln und seinen Wäldern, dann beginnt das Delta: die Erde ist bis zum letzten Fleck bebaut, und jeder Acker ein grüngoldener Edelstein, glitzernd und bleich unter dem Wasser, das ihn durchtränkt, eingerahmt von dem vollkommenen, dunklen Saum der Hecken. Man sieht keine kantigen Winkel, alle Ränder sind abgerundet und fügen sich dennoch zusammen, gleich den Zellen eines lebendigen Gewebes. In der Nähe von Kalkutta liegen die Weiler dichter beisammen: Hütten häufen sich wie Ameiseneier in grünen Nestern, deren leuchtende Farbe durch die dunkelroten Ziegel einiger Dächer noch intensiver wird. Bei der Landung stellt sich heraus, daß es in Strömen regnet.
Nach Kalkutta überfliegen wir das Delta des Brahmaputra: ein Ungeheuer von einem Fluß, eine Masse, die so verschlungen ist, daß sie einem Tier ähnelt. Ringsherum ist das Land vom Wasser verwischt, so weit das Auge reicht, mit Ausnahme der Jutefelder, die vom Flugzeug aus ebenso viele Vierecke aus Moos bilden, dessen Frische das Grün noch zu verstärken scheint. Die von Bäumen umstandenen Dörfer ragen wie Blumensträuße aus dem Wasser. Um sie herum wimmelt es von Booten.

Zwischen jenem Sand ohne Menschen und jener Menschheit ohne Boden zeigt Indien, das Land der Menschen, ein zweideutiges Gesicht! Das Bild, das ich mir während der acht Stunden Flug von Karatschi nach Kalkutta von ihm machen konnte, löst es endgültig von der Neuen Welt. Es ähnelt weder dem strengen Fliesenboden des Mittelwestens oder Kanadas, bestehend aus immer den gleichen Einheiten, von denen jede an einer Kante, immer an der gleichen Stelle, in präziser Perlenreihe eine Farm trägt; und vor allem nicht dem tiefen Samt des Tropenwaldes, in den die Pionierzonen gerade erst ihre kühnen Zacken zu schlagen beginnen. Der Anblick dieser in winzige Zellen zerteilten und bis zum letzten Fuß bebauten Erde vermittelt dem Europäer zunächst ein Gefühl der Vertrautheit. Zwar gehören die verschwommenen Farbtöne, die unregelmäßigen Umrisse der Äcker und Reisfelder, die sich immer wieder zu anderen Linien formen, die undeutlichen und gleichsam zusammengestückelten Säume alle zum selben Teppich, bei dem man jedoch den Eindruck hat, daß man ihn – verglichen mit den abgegrenzteren Formen und Farben der europäischen Landschaft – von der *Rückseite* sieht.
Das ist zwar nur ein Bild, aber es bringt recht deutlich die jeweilige Stellung Europas und Asiens in bezug auf ihre gemeinsame Kultur (und diese in bezug auf ihren amerikanischen Ableger) zum Ausdruck. Zumindest hinsichtlich ihrer materiellen Aspekte erscheint die eine als die Kehrseite der anderen, wobei die eine stets der Gewinner, die andere der Verlierer gewesen ist; so als hätte die eine bei der Durchführung eines gemeinsamen Unternehmens alle Vorteile an sich gerissen und der anderen nur die armseligste Ernte übriggelassen. Im einen Fall (aber wie lange noch?) hat eine kontinuierliche demographische Expansion den landwirtschaftlichen und industriellen Fortschritt ermöglicht, da die Ressourcen sich rascher vermehrten als die Verbraucher. Im anderen Fall hat diese Revolution seit dem 18. Jahrhundert dazu geführt, daß der individuelle Anteil an einer relativ stationär gebliebenen Masse an Gütern stetig zurückgegangen ist. Stehen Europa, Indien, Nordamerika und Südamerika nicht im Begriff, die möglichen Kombinationen zwischen geographischen Rahmen und Bevölkerungszahl zu erschöpfen? Dem amazonischen Amerika,

einer armen, aber menschenleeren Tropengegend, steht das ebenfalls tropische und arme, jedoch übervölkerte Südasien gegenüber, so wie – in der Reihe der Länder der gemäßigten Zone – Nordamerika mit seinen riesigen Ressourcen und seiner relativ geringen Bevölkerungsdichte das Gegenstück zu Europa bildet, das relativ wenig Ressourcen, aber eine hohe Bevölkerungsdichte hat. Wie immer man diese Tatsachen betrachtet, stets ist Südasien der geopferte Kontinent.

XV Menschenmengen

Ob es sich nun um die mumifizierten Städte der Alten Welt oder die embryonalen Städte der Neuen Welt handelt – wir sind es gewohnt, unsere höchsten materiellen und geistigen Werte mit dem städtischen Leben zu verknüpfen. Die großen Städte Indiens sind ein einziges Elendsviertel; aber das, dessen wir uns wie eines Schandflecks schämen, das wir als Aussatz betrachten, bildet hier die auf ihren letzten Ausdruck reduzierte Urbanität: Zusammenballung von Individuen, deren Daseinsgrund einzig darin besteht, sich millionenfach zusammenzuballen, unter welchen äußeren Bedingungen auch immer. Schmutz, Unordnung, Promiskuität, enge Berührung; Ruinen, Baracken, Schlamm, Unrat; Kot, Urin, Ausdünstungen, Schweiß: dies alles, gegen das uns das urbane Leben die organisierte Verteidigung zu sein scheint, alles, was wir hassen und wovor wir uns zu so hohem Preis schützen, alle diese Nebenprodukte des Zusammenlebens sind hier niemals seine Grenze. Sie bilden vielmehr das natürliche Milieu, das die Stadt braucht, um zu gedeihen. Jedem Individuum bietet die Straße, ob Pfad oder Gasse, ein Zuhause, wo es sich hinsetzt, schläft, seine Nahrung aus klebrigem Unrat klaubt. Dieser stößt ihn nicht ab, sondern erwirbt vielmehr eine Art häuslichen Status allein dadurch, daß so viele Menschen ihn ausgeschwitzt, ausgeschieden, mit Füßen getreten und in Händen gehabt haben. Jedesmal, wenn ich ~~mein Hotel~~ in Kalkutta verlasse, das von den Kühen umlagert wird und dessen Fenster den Aasgeiern als Sitzstange dienen, werde ich zum Mittelpunkt eines Balletts, das ich sicher sehr komisch finden würde, wenn es

nicht so viel Mitleid erregte. Es lassen sich mehrere Auftritte erkennen, jeweils von einem Star verkörpert:
der Schuhputzer, der sich mir zu Füßen wirft;
der kleine näselnde Junge, der auf mich zu stürzt: *one anna, papa, one anna!*
der Krüppel, der fast nackt ist, damit man seine Stummel besser sehen kann;
der Kuppler: *British girls, very nice ...;*
der Klarinettenhändler;
der Hausierer von New-Market, der mich anfleht, ihm alles abzukaufen, nicht weil er unmittelbar daran interessiert wäre, sondern weil die Annas, die er verdient, indem er mir folgt, es ihm ermöglichen werden, zu essen. Er betet den Katalog mit einer Begehrlichkeit her, als wären alle diese Güter für ihn bestimmt: *Suit-cases? Shirts? Hose? ...*
Und schließlich die ganze Truppe der kleinen Rollen: Anwerber für Rikschas, Gharries, Taxis. Zwar stehen drei Meter weiter am Trottoir entlang so viele Taxis, wie man nur will. Aber wer weiß? Vielleicht bin ich ja eine so hochgestellte Persönlichkeit, daß es unter meiner Würde ist, sie zu bemerken ... Ganz abgesehen von der Kohorte der Straßenhändler, Verkäufer, Ladenbesitzer, denen mein Kommen das Paradies verspricht: ich könnte ihnen vielleicht etwas abkaufen.
Möge derjenige, der darüber lachen oder sich ärgern möchte, sich davor hüten wie vor einem Sakrileg. Es wäre sinnlos, diese grotesken Gesten, diese fratzenhaften Verhaltensweisen zu zensieren, und kriminell, sie zu verspotten, statt in ihnen die klinischen Symptome eines Todeskampfes zu sehen. Eine einzige Zwangsvorstellung, der Hunger, diktiert diese verzweifelten Schritte; jener Hunger, der die Menschen in Scharen aus den Dörfern treibt und Kalkutta innerhalb weniger Jahre von zwei auf fünf Millionen Einwohner hat anwachsen lassen; der die Flüchtigen in die Sackgasse der Bahnhöfe schwemmt, wo man sie vom Zug aus nachts auf den Bahnsteigen schlafen sieht, eingehüllt in das weiße Baumwolltuch, das heute ihre Kleidung bildet und morgen ihr Totenhemd sein wird; und der dem Blick des Bettlers seine tragische Intensität verleiht, wenn er durch das Metallgitter des Erste-Klasse-Abteils dem meinen begegnet, ein Gitter, das mich – wie auch der auf dem Tritt-

brett hockende bewaffnete Soldat – vor der stummen Forderung eines einzelnen schützen soll, der sich in eine brüllende Meute verwandeln könnte, wenn das Mitgefühl des Reisenden über die Vorsicht siegen und in diesen Verdammten die Hoffnung auf ein Almosen schüren würde.
Der Europäer, der im tropischen Amerika lebt, stellt sich viele Fragen. Er beobachtet die ursprünglichen Beziehungen zwischen dem Menschen und seiner geographischen Umwelt; und die Modalitäten des menschlichen Lebens regen ihn unaufhörlich zum Nachdenken an. Aber die Beziehungen der Menschen untereinander nehmen keine neue Form an; sie sind von derselben Art wie diejenigen, die er seit jeher gekannt hat. In Südasien dagegen scheint er sich diesseits oder jenseits dessen zu befinden, was der Mensch rechtens von der Welt und vom Menschen erwarten darf.
Das tägliche Leben erscheint als permanente Zurückweisung des Begriffs der menschlichen Beziehungen. Man bietet dir alles an, verpflichtet sich zu allem und jedem, hält sich in allen Dingen für kompetent, während man doch überhaupt nichts weiß. Damit zwingt man dich, dem anderen von vornherein sein Menschsein abzusprechen, das auf Ehrlichkeit, Vertragstreue und der Fähigkeit beruht, Verpflichtungen einzugehen. Rikschakulis machen sich anheischig, dich überall hinzufahren, obwohl sie den Weg noch viel schlechter kennen als du selbst. Wie soll man da nicht wütend werden und – auch wenn man einige Skrupel hat, in ihren Wagen zu steigen und sich von ihnen ziehen zu lassen – sie nicht wie Tiere behandeln, da sie dich durch ihre Unvernunft nötigen, sie als solche zu betrachten?
Noch verwirrender ist die allgemeine Bettelei. Man wagt nicht mehr, jemandem offen in die Augen zu sehen, einzig um des Vergnügens willen, mit einem anderen Menschen in Kontakt zu treten, denn das geringste Anhalten wird als Schwäche ausgelegt, als Genehmigung zum Betteln. Der Ton des Bettlers, der „Sa-HIB!“ ruft, ähnelt in bestürzender Weise demjenigen, den wir anschlagen, wenn wir ein Kind rügen – *„Vo-YONS!“* nicht doch!, und dabei die Stimme erheben und die letzte Silbe betonen –, so als würden sie sagen: „Aber das ist doch sonnenklar, es springt in die Augen, stehe ich nicht hier, um dich anzubetteln, und habe ich nicht schon deswegen einen Anspruch auf dich? Woran

denkst du bloß? Wo hast du deinen Kopf?“ Das Hinnehmen einer gegebenen Situation ist so total, daß es das Element des Flehens aufzulösen vermag. Es bleibt nur die Feststellung eines objektiven Zustands, einer natürlichen Beziehung zwischen ihm und mir, aus der sich das Almosen mit derselben Notwendigkeit ergeben müßte, die in der physikalischen Welt Ursache und Wirkung verbindet.
Auch hier wird man von seinem Gegenüber gezwungen, ihm das Menschsein abzusprechen, das man ihm doch so gerne zuerkennen möchte. Alle Ausgangssituationen, welche die Beziehungen zwischen Personen definieren, sind verfälscht, die Regeln des sozialen Spiels verdorben, es ist unmöglich, anzufangen. Denn selbst wollte man diese Unglücklichen als Gleiche behandeln, so würden sie sich über die Ungerechtigkeit beschweren: sie wollen nicht gleich sein; sie flehen dich an, beschwören dich, sie mit deinem Stolz zu erdrücken, denn von dem Abstand, der dich von ihnen trennt, erwarten sie einen Brocken (das Englische sagt richtig: *bribery*), der desto kräftiger ausfallen wird, je größer die Entfernung zwischen uns ist; je höher sie mich stellen, desto mehr hoffen sie, daß jenes Nichts, das sie von mir verlangen, ein Etwas wird. Sie fordern nicht das Recht auf Leben; schon die Tatsache des Überlebens erscheint ihnen als ein unverdientes Almosen, kaum durch die Huldigung entschuldigt, die sie den Mächtigen darbringen.
Sie wollen also nicht gleich sein. Aber auch von menschlichen Wesen ist der ständige Druck, jene immer wache Findigkeit kaum zu ertragen, mit der man dich übers Ohr zu hauen sucht, um etwas von dir zu bekommen, sei es durch List, Lüge oder Diebstahl. Aber wie sich abhärten? Denn alle diese Verfahren – und genau an diesem Punkt kommt man nicht mehr weiter – sind verschiedene Formen des Gebets. Und weil die Grundhaltung dir gegenüber die des Gebets ist, sogar dann, wenn man dich bestiehlt, ist die Situation so ganz und gar unerträglich, daß ich nicht umhin kann, so sehr ich mich auch dessen schäme, die Flüchtlinge – die ich den ganzen Tag über, von den Fenstern meines Palastes aus, vor dem Tor des Premierministers stöhnen und weinen höre, statt daß sie uns aus unseren Zimmern jagten, die vielen Familien Raum bieten würden – mit je-

nen schwarzen Raben zu vergleichen, die ohne Unterlaß auf den Bäumen von Karatschi krächzen.
Diese Veränderung der menschlichen Beziehungen ist einem Europäer zunächst unverständlich. Wir sind es gewohnt, die Klassengegensätze in der Form des Kampfs oder der Spannung zu sehen, so als entspräche die Ausgangssituation – oder die ideale Situation – der Lösung dieser Antagonismen. Hier aber hat der Begriff Spannung keinen Sinn. Nichts ist gespannt, schon seit geraumer Zeit ist alles, was jemals gespannt sein mochte, zerrissen. Der Bruch steht am Anfang, und das Fehlen einer „guten alten Zeit", auf die man sich berufen könnte, um ihre Überreste wiederzufinden oder ihre Rückkehr herbeizusehnen, läßt Raum nur für eine einzige Überzeugung: alle diese Leute, denen man auf der Straße begegnet, stehen im Begriff, sich zu verlieren. Würde es überhaupt ausreichen, auf alles zu verzichten, um sie auch nur für einen kurzen Augenblick vom Abgrund zurückzuhalten?
Und wenn man unbedingt von Spannung reden will, so ist das Bild kaum weniger düster. Denn dann müßte man sagen, daß alles so sehr gespannt ist, daß es kein mögliches Gleichgewicht mehr gibt: im Rahmen des Systems ist die Situation irreversibel geworden, es sei denn, man würde damit beginnen, es zu zerschlagen. Von Anfang an befindet man sich im Ungleichgewicht gegenüber den Flehenden, die man zurückstoßen muß, nicht weil man sie verachtet, sondern weil sie dich mit ihrer Verehrung entwürdigen, weil sie dich noch majestätischer, noch mächtiger wünschen, in der wahnwitzigen Überzeugung, daß jede noch so winzige Verbesserung ihres Loses einzig von der hundertfach größeren Verbesserung des deinen herrühren kann. So erklären sich die Quellen der sogenannten asiatischen Grausamkeit! Scheiterhaufen, Hinrichtungen und Folterungen, jene chirurgischen Waffen, ersonnen, um unheilbare Wunden zuzufügen – sind sie nicht das Ergebnis eines abscheulichen Spiels, Schnörkel jener schmählichen Beziehungen, in denen die Armen dich zum Ding machen, indem sie selbst Ding sein wollen, und umgekehrt? Der Abstand zwischen äußerstem Luxus und äußerstem Elend sprengt die Dimension des Menschen. Zurück bleibt eine Gesellschaft, in der diejenigen, die zu nichts fähig sind,

überleben, indem sie alles erhoffen (welch typisch orientalischer Traum sind doch die genialen Einfälle aus Tausendundeine Nacht!), und diejenigen, die alles fordern, nichts zu geben haben.
Unter solchen Umständen überrascht es nicht, daß menschliche Beziehungen, die nicht mit dem Maß zu messen sind, von dem wir (wenn auch allzu oft illusorisch) glauben, daß es die westliche Zivilisation definiert, uns abwechselnd als unmenschlich und untermenschlich erscheinen, so wie jene, die wir bei Kindern beobachten. Zumindest unter gewissen Aspekten kommt uns dieses tragische Volk sehr kindlich vor: angefangen von der Freundlichkeit ihrer Blicke und ihrem Lächeln. Uns fällt auch die Gleichgültigkeit auf, die jene Leute gegenüber ihrer Kleidung und ihrer Umgebung an den Tag legen; daß sie in jeder beliebigen Haltung herumsitzen oder -liegen können; ihre Vorliebe für Flitter; die naiven und zutraulichen Verhaltensweisen von Männern, die Hand in Hand spazierengehen, sich in der Öffentlichkeit hinhocken, um zu urinieren, und den süßlichen Rauch ihres *chilam* einsaugen; der magische Zauber, den Bescheinigungen und Zertifikate ausüben, sowie die allen gemeinsame Überzeugung, daß alles möglich ist, die bei den Kutschern (und allgemeiner bei allen Leuten, die man beschäftigt) durch maßlose Forderungen zum Ausdruck kommt, die aber schnell mit dem vierten oder zehnten Teil des Verlangten zu befriedigen sind. „Worüber beklagen sie sich?" ließ einmal der Gouverneur von Ostbengalen seinen Dolmetscher die Eingeborenen auf den Hügeln von Chittagong fragen, die an Krankheit, Unterernährung und Armut litten und von den Moslems heimtückisch verfolgt wurden. Sie dachten lange nach und antworteten: „Über die Kälte ..."
Jeder Europäer, der Indien bereist, sieht sich – ob er will oder nicht – von einer beachtlichen Anzahl Dienstboten umringt, die man hier *bearers* nennt. Ist es das Kastensystem, eine traditionelle soziale Ungleichheit, oder sind es die Bedürfnisse der Kolonialherren, durch die sich ihr gieriger Diensteifer erklären läßt? Ich weiß es nicht. Jedenfalls verpestet ihre Unterwürfigkeit sehr schnell die Luft. Sie würden sich platt auf den Boden legen, um es dir zu ersparen, auch nur einen Schritt auf dem Fußboden zu gehen;

zehnmal am Tag empfehlen sie dir, ein Bad zu nehmen: wenn du dich schneuzt, wenn du eine Frucht ißt, wenn du dir einen Finger schmutzig machst ... Dauernd streichen sie um dich herum und lauern auf einen Befehl. Es liegt etwas Erotisches in dieser bangen Unterwerfung. Und wenn dein Verhalten ihrer Erwartung nicht entspricht, wenn du dich nicht bei jeder Gelegenheit so verhältst wie ihre ehemaligen englischen Herren, dann bricht ihre Welt zusammen: Kein Pudding? Das Bad nach dem Essen statt vorher? Es gibt keinen lieben Gott mehr ... Bestürzung spiegelt sich auf ihren Gesichtern, und schnell trete ich den Rückzug an, verzichte auf meine Gewohnheiten. Ich werde eine steinharte Birne, einen schleimigen Brei essen, da ich die moralische Rettung eines menschlichen Wesens mit dem Verzicht auf eine Ananas bezahlen muß.
Ein paar Tage lang wohnte ich im *Circuit House* von Chittagong, einem Holzpalast im Stil eines Schweizer Chalets; mein Zimmer war neun Meter lang, fünf Meter breit und sechs Meter hoch und besaß nicht weniger als zwölf Lichtschalter: Deckenlampe, Wandschirme, indirekte Beleuchtung, Badezimmer, *dressing-room,* Spiegel, Ventilator usw. Befand ich mich nicht im Land der *bengalischen* Beleuchtung? Mit dieser elektrischen Ausschweifung hatte sich irgendein Maharadscha in den Genuß eines traulichen und alltäglichen Feuerwerks gebracht.
Eines Tages ließ ich den Wagen, den mir der Leiter des Distrikts zur Verfügung gestellt hatte, in der Altstadt vor einem gepflegt wirkenden Laden anhalten, den ich betreten wollte: *Royal Hair Dresser, High class cutting,* etc. Der Chauffeur sah mich entsetzt an: *How can you sit there!* In der Tat läßt sich erraten, wie sehr es seinem eigenen Ansehen bei seinen Mitmenschen schaden würde, wenn der *Master* sich und damit auch ihn erniedrigte, indem er sich neben Leute seiner Rasse setzte? ... Entmutigt überließ ich es ihm, das Ritual des Haarschneidens für ein höheres Wesen zu organisieren. Resultat: eine Stunde Wartezeit im Auto, bis der Friseur seine Kunden abgefertigt und seine Utensilien eingepackt hatte; gemeinsame Rückfahrt zum *Circuit House* in unserem Chevrolet. Kaum hatte ich mein Zimmer mit den zwölf Lichtschaltern betreten, ließ der *bearer* ein Bad einlaufen, damit ich, sobald das Haarschneiden beendet wäre, den

Schmutz jener dienstbaren Hände, die meine Haare berührt hatten, abspülen könnte. Solche Verhaltensweisen sind stark verwurzelt in einem Land, dessen traditionelle Kultur jedermann dazu anregt, sich über jemand anderen zum König aufzuschwingen, sofern es ihm nur gelingt, einen Untergebenen zu finden oder sich zu schaffen. So wie er möchte, daß ich ihn behandle, wird der *bearer* den Handlanger aus den *scheduled castes* behandeln, das heißt den niedrigsten Schichten, den „eingeschriebenen", wie die englische Verwaltung sie nannte, so als hätten sie ein Recht auf ihren Schutz, da die Bräuche des Landes sie kaum als Menschen ansahen; und sind sie denn wirklich Menschen, all jene Männer, die die Zimmer ausfegen und die Abortkübel leeren, durch diese Arbeit gezwungen, den ganzen Tag in der Hocke zu verbringen, entweder weil sie auf dem Perron der Zimmer mit Hilfe eines kleinen Besens ohne Stiel den Staub in ihre Hände kehren oder am anderen Ende mit Fäusten gegen den unteren Teil der Türen trommeln, um den in der Toilette Befindlichen zur Eile zu mahnen und jenes monströse Gerät, das die Engländer *„commode"* nennen, anzufordern, so als ob auch sie, die immer zusammengekrümmt herumliefen wie Krabben über den Hof, dadurch, daß sie dem Herrn seine Substanz raubten, das Mittel fänden, ein Vorrecht zu bekräftigen und einen Status zu erwerben.

Es bedarf bei weitem nicht nur der Unabhängigkeit und der Zeit, um diese Falte der Unterwürfigkeit auszubügeln. Dessen wurde ich mir eines Abends in Kalkutta bewußt, als ich aus dem *Start Theater* kam, wo ich mir die Aufführung eines Bengali-Stücks angesehen hatte, das ein mythologisches Thema behandelte und *Urboshi* hieß. Ein wenig verloren stand ich in diesem Vorortviertel einer Stadt, in der ich erst am Abend zuvor eingetroffen war, als mir eine einheimische, gutbürgerliche Familie zuvorkam und das einzige Taxi anhielt, das vorbeifuhr. Aber der Fahrer war anderer Meinung: im Verlauf einer lebhaften Unterhaltung zwischen ihm und seinen Kunden, in der das Wort *Sahib* hartnäckig wiederkehrte, schien er ihnen vorzuhalten, wie unschicklich es sei, mit einem Weißen zu wetteifern. Unauffällig mißmutig verschwand die Familie zu Fuß in der Nacht, und das Taxi brachte mich zu meinem Hotel. Vielleicht rechnete der Fahrer mit einem höheren Trinkgeld; aber soweit ich mit meinen dürftigen Kenntnissen der Bengali-Sprache verstand, ging die Diskussion um etwas ganz anderes: um eine traditionelle Ordnung, die respektiert werden mußte.

Das verblüffte mich um so mehr, als mich jener Abend in der Illusion gewiegt hatte, einige Schranken zu überwinden. In jenem großen baufälligen Saal, halb Scheune, halb Theater, saß ich, obwohl der einzige Ausländer, inmitten der einheimischen Gesellschaft. Alle jene Ladenbesitzer, Geschäftsleute, Angestellte, Beamte – biedere Leute, zuweilen von ihren Frauen begleitet, deren reizender Ernst zu bestätigen schien, daß sie wenig auszugehen pflegten –, legten mir gegenüber eine Gleichgültigkeit an den Tag, die nach den Erlebnissen des Tages überaus wohltuend war; so negativ ihre Haltung sein mochte – vielleicht schuf sie gerade aus diesem Grund zwischen uns eine geheime Brüderlichkeit.

Das Stück, von dem ich nur wenige Brocken verstand, war eine Mischung aus Broadway, Châtelet und der *Belle Hélène.* Es kamen komische Dienstbotenauftritte vor, pathetische Liebesszenen, der Himalaja, ein enttäuschter Liebhaber, der als Einsiedler lebte, sowie ein Gott, der einen Dreizack trug und einen wilden Blick hatte, mit dem er einen schnauzbärtigen General in Schach hielt; schließlich eine Schar Chormädchen, die zur einen Hälfte Garnisonsdirnen, zur anderen Hälfte kostbaren tibetanischen Götterbildern glichen. In der Pause wurde Tee und Limonade gereicht in Tonbechern, die nach Gebrauch weggeworfen wurden – wie es schon vor viertausend Jahren in Harappa üblich war, wo man noch heute die Scherben sammeln kann –, während aus den Lautsprechern eine ordinäre, ausgelassene Musik tönte, eine Mischung aus chinesischen Melodien und Paso doble.

Während ich den Werdegang des jungen Liebhabers verfolgte, dessen leichtes Kostüm kaum dazu angetan war, seine Brusthaare, sein Doppelkinn und seine schwabbeligen Formen zu verbergen, kam mir ein Satz in den Sinn, den ich einige Tage zuvor in einem lokalen Literaturblatt gelesen hatte und den ich hier im Original wiedergebe, um die unbeschreibliche Würze des anglo-indischen Idioms nicht entweichen zu lassen: ... *and the young girls who sigh as they gaze into the vast blueness of the sky, of what are they thinking? Of fat, prosperous suitors* ... Diese Anspielung auf die „feisten Freier" hatte mich befremdet, doch als ich nun den seligen Helden sah, der seine Bauchfalten auf der Bühne spielen ließ, und an die ausgehungerten Bettler dachte, die ich vor der Tür antreffen würde, verstand ich besser, welchen poetischen Wert die Beleibtheit darstellt in einer Gesellschaft, die in so enger Berührung mit dem Hunger lebt. Die Engländer haben übrigens begriffen, daß das sicherste Mittel, hier als Übermenschen zu gelten, darin bestand, die Einheimischen davon zu überzeugen, daß sie sehr viel mehr Nahrung brauchten als gewöhnliche Sterbliche.

Als ich die Hügel von Chittagong an der burmesischen Grenze in Begleitung des Bruders eines lokalen Radscha aufsuchte, der Beamter geworden war, habe ich mich über den Eifer gewundert, mit dem er seine Dienstboten antrieb, mich zu mästen: bei Sonnenaufgang bekam ich den *palancha*, das heißt „Tee im Bett" (falls man die biegsamen Matten aus geflochtenem Bambus, auf denen wir in den Hütten der Eingeborenen schliefen, als Bett bezeichnen konnte); zwei Stunden später ein kräftiges *breakfast*; dann das Mittagessen; um fünf Uhr einen üppigen Tee; und schließlich das Abendessen. Und das alles in kleinen Dörfern, in denen sich die Bevölkerung, nur zweimal am Tag, von Reis und gekochten Gurken ernährte, die bei den Wohlhabenderen mit etwas Fischsauce gewürzt waren. Schon nach kurzer Zeit konnte ich es nicht mehr aushalten, sowohl aus psychologischen wie aus moralischen Gründen. Mein Reisegefährte, ein buddhistischer Aristokrat, der in einem anglo-indischen College erzogen worden war und stolz auf einen Stammbaum blickte, der sechsundvierzig Generationen zurückreichte (seinen sehr bescheidenen Bungalow nannte er „meinen Palast", denn er hatte in der Schule gelernt, daß man den Wohnsitz der Fürsten so nannte), war sehr bestürzt über meine Enthaltsamkeit, sogar etwas schockiert: *Don't you take five times a day?* Nein, ich „nahm" nicht fünfmal am Tag, vor allem nicht unter Leuten, die Hungers starben. Und aus dem Mund jenes Mannes, der niemals andere Weiße gesehen hatte als Engländer, sprudelten die Fragen: was ißt man denn in Frankreich? wie setzen sich die Mahlzeiten zusammen? wieviel Zeit liegt zwischen ihnen? Ich bemühte mich, ihn zu informieren, so wie ein gewissenhafter Eingeborener die Fragen eines Ethnographen beantwortet, und nach jedem meiner Worte war ihm die Erschütterung anzusehen, die in seinem Kopf vor sich ging. Sein ganzes Weltbild geriet ins Wanken: auch ein Weißer konnte also nur ein Mensch sein.

Dabei bedarf es hier so weniger Dinge, um Menschlichkeit zu schaffen! Da läßt sich zum Beispiel ein Handwerker ganz allein auf einem Gehsteig nieder, auf dem er einige Metallstücke und sein Werkzeug ausbreitet. Er geht einer kleinen Beschäftigung nach, von der er und die Seinen ihr Leben fristen können. Was für ein Leben? In den Küchen unter freiem Himmel braten winzige Fleischstücke am Spieß über einem Kohlefeuer; Milchspeisen schmoren in konischen Schalen; spiralenförmig angeordnete Blattscheiben umhüllen ein Stück Betel; die goldenen Körner des *gram* braten im heißen Sand. Ein Kind reicht in einer Schüssel ein paar Kichererbsen herum, von denen ein Mann einen Suppenlöffel voll kauft; sofort hockt er sich nieder, um sie zu essen, in derselben, der Passanten nicht achtenden Haltung, die er einen Augenblick später einnehmen wird, um zu urinieren. In Kneipen aus Holzbrettern verbringen die Müßiggehenden viele Stunden vor einer Tasse mit Milch verdünntem Tee.

Hier braucht man wenig, um zu existieren: wenig Raum, wenig Nahrung, wenig Freude, wenig Werkzeuge; das Leben paßt in ein Schnupftuch. Dagegen scheint es darin viel Seele zu geben. Man spürt es am lebhaften Treiben auf der Straße, an der Intensität der Blicke, an der Heftigkeit der kleinsten Diskussion; an der Höflichkeit des Lächelns, das den vorübergehenden Fremden begrüßt, oft begleitet (in Moslem-Ländern) von einem *„salaam"*, wobei sich die Hand an die Stirn hebt. Wie soll man die Zwanglosigkeit anders beschreiben, mit der diese Menschen sich im Kosmos einrichten? Es ist wirklich die Kultur des Gebetsteppichs, der die Welt darstellt, oder des auf den Boden gezeichneten Vierecks, das eine Kultstätte eingrenzt. Mitten auf der Straße, im Universum seiner kleinen Auslage, geht jeder friedlich seinem Gewerbe nach, inmitten von Mücken, Passanten und Lärm: Barbiere, Schreiber, Friseure, Künstler.

Um durchhalten zu können, bedarf es eines sehr starken, sehr persönlichen Bandes mit dem Übernatürlichen, und vielleicht liegt eines der Geheimnisse des Islam und anderer Kulte dieser Gegend der Welt gerade darin, daß jeder einzelne sich ständig in Gegenwart seines Gottes fühlt.
Ich erinnere mich an einen Spaziergang in Clifton Beach, in der Nähe von Karatschi am Indischen Ozean. Nach einem Kilometer Weg durch Dünen und Sümpfe gelangte ich zu einem langen dunklen Sandstrand, der an jenem Tag verödet war, den jedoch an Festtagen eine große Menschenmenge aufsucht: die Kamele, die ihre Wagen ziehen, sind sonntäglicher gekleidet als ihre Herren. Der Ozean schimmerte grünlich weiß. Langsam ging die Sonne unter; das Licht schien vom Sand und vom Meer herzukommen, unter einem Himmel im Gegenlicht. Ein alter Mann mit Turban hatte sich eine kleine persönliche Moschee aus zwei Eisenstühlen improvisiert, die er in einer benachbarten Kneipe, in der die *kebab* schmorten, ausgeborgt hatte. Ganz allein saß er am Strand und betete.

XVI Märkte

Ganz ohne meine Absicht hat mich eine Art geistiges *travelling* aus Zentralbrasilien nach Südasien geführt; aus den Gebieten, die am spätesten entdeckt worden sind, zu denen, wo die Kultur zuallererst in Erscheinung getreten ist; aus den menschenleersten zu den bevölkertsten, wenn es stimmt, daß Bengalen dreitausendmal dichter besiedelt ist als der Mato Grosso oder Goiás. Beim Nachlesen der vorstehenden Seiten merke ich, daß der Unterschied noch tiefer reicht. Was ich in Amerika betrachtete, waren zunächst natürliche oder urbane Stätten, das heißt in beiden Fällen Objekte, die durch ihre Formen, ihre Farben, ihre besonderen Strukturen definiert sind, welche ihnen eine von den Lebewesen, die darin wohnen, unabhängige Existenz verleihen. In Indien sind diese großen Objekte verschwunden, von der Geschichte verwüstet, zerfallen zu einem physikalischen oder menschlichen Staub, der nun die einzige Realität ist. Dort, wo ich zuerst Dinge sah, sehe ich hier nur noch Lebewesen. Eine durch die Wirkung der Jahrtausende abgetragene Soziologie sinkt zusammen und weicht einer Vielfalt von Beziehungen zwischen Personen, so sehr schiebt sich die Bevölkerungsdichte zwischen den Beobachter und einen sich auflösenden Gegenstand. Der dort so geläufige Ausdruck „Subkontinent" zur Bezeichnung dieses Teils der Welt gewinnt nun eine neue Bedeutung. Er bezeichnet nicht mehr einfach einen Teil des asiatischen Kontinents, sondern er scheint für eine Welt zu gelten, die kaum den Namen Kontinent verdient, so sehr hat ein bis zur äußersten Grenze seines Zyklus getriebener Zerfall die Struktur zerstört, die einst einige hundert Millionen Partikel in organisiertem Rahmen zusammenhielt: die Menschen, die heute in einem von der Geschichte erzeugten Nichts dahintreiben, gebeutelt von den elementarsten Trieben – Angst, Schmerz und Hunger.

Im tropischen Amerika ist der Mensch zunächst aufgrund seiner Seltenheit verborgen; aber selbst dort, wo er sich zu größeren Formationen gruppiert hat, bleiben die Individuen gleichsam in dem noch scharfen Relief ihrer jungen Aggregation eingebettet; wie niedrig der Lebensstandard im Innern des Landes oder in den Städten auch sein mag, nur in Ausnahmefällen erreicht er einen Punkt, da man die Wesen aufschreien hört, denn es ist immer noch möglich, mit Wenigem zu überleben auf einem Boden, den der Mensch erst vor vierhundertfünfzig Jahren – und nur an wenigen Stellen – zu verwüsten begonnen hat. Aber in Indien, das schon seit fünf- oder sechstausend Jahren Landwirtschaft und Manufaktur kennt, verkümmern sogar die Grundlagen: die Wälder sind verschwunden, und da es an Holz fehlt, muß man zum Kochen der Nahrung Dünger verbrennen, den man damit den Feldern entzieht; der von den Regenfällen ausgewaschene Ackerboden wandert zum Meer; das ausgehungerte Vieh vermehrt sich langsamer als die Menschen und verdankt sein Überleben einzig dem Verbot, das die Menschen daran hindert, sich von ihm zu ernähren.

Diesen radikalen Gegensatz zwischen den menschenleeren Tropen und den übervölkerten Tropen kann nichts besser veranschaulichen als ein Vergleich ihrer Märkte. In Brasilien wie in Bolivien oder Paraguay zeugen diese großen Anlässe kollektiven Lebens von einer individuell gebliebenen

Produktionsweise; jede Auslage spiegelt die Originalität ihres Urhebers wider: wie in Afrika bietet der Händler dem Kunden die kleinen Überschüsse seiner häuslichen Tätigkeit an: zwei Eier, eine Handvoll Pfefferschoten, ein Büschel Gemüse, ein Strauß Blumen, zwei oder drei Schnüre mit Perlen aus wilden Körnern – „Ziegenaugen", rot mit schwarzen Punkten, „Tränen der Muttergottes", grau und glänzend –, die in Mußestunden gesammelt und aufgefädelt wurden; ein Korb oder ein Tongefäß, von der Verkäuferin selbst hergestellt, sowie irgendein alter Talisman, der hier einen komplizierten Zyklus von Transaktionen fortsetzt. Die ausgestellten Puppen, jede einzelne ein bescheidenes Kunstwerk, bringen eine Vielfalt von Neigungen und Tätigkeiten, ein spezifisches Gleichgewicht jeder einzelnen von ihnen zum Ausdruck, als Beweis für die von allen bewahrte Freiheit. Und wenn der Passant angesprochen wird, dann nicht, um ihn durch den Anblick eines klapperdürren oder verstümmelten Körpers aufzurütteln oder ihn anzuflehen, jemand vom Tod zu erretten, sondern um ihn aufzufordern, den Schmetterling zu nehmen, *tomar a borboleta* – oder irgendein anderes Tier –, aus jener *bicho*, Tierspiel, genannten Lotterie, bei der die Zahlen mit den Vertretern eines anmutigen Bestiariums kombiniert sind.
Von einem orientalischen Basar kennt man alles, noch bevor man ihn besichtigt hat, nur zwei Dinge nicht: die Menschenmenge und den Schmutz. Die eine wie der andere sind unvorstellbar, man muß sie erlebt haben. Denn diese Erfahrung restituiert mit einem Schlag eine grundlegende Dimension. An jener von den Mücken mit schwarzen Punkten durchlöcherten Luft, an jenem Gewimmel erkennt man eine natürliche Umgebung des Menschen wieder, nämlich diejenige, in der sich seit Ur in Chaldäa über das kaiserliche Rom bis zum Paris von Philipp dem Schönen das, was wir Zivilisation nennen, langsam herauskristallisiert hat.
Ich bin auf allen Märkten von Kalkutta herumgelaufen, dem neuen wie den alten: *Bombay Bazaar* in Karatschi; auf dem von Delhi und Agra: *Sadar* und *Kunari*; Dacca, das aus einer Aneinanderreihung von Suks besteht, wo ganze Familien in den engen Räumen zwischen den Läden und den Werkstätten hausen; *Riazuddin Bazaar* und *Khatunganj* in Chittagong; auf allen Märkten der Tore von Lahore: *Anarkali Bazaar*

Delhi, Shah, Almi, Akkari; und *Sadr, Dabgari, Sirki, Bajori, Ganj, Kalan* in Peshawar. Auf den ländlichen Jahrmärkten des Khaiber-Passes an der afghanischen Grenze sowie denen von Rangamati vor den Toren von Burma habe ich die Obst- und Gemüsemärkte besichtigt, Türme von Auberginen und rosafarbenen Zwiebeln, aufgeplatzte Granatäpfel mit ihrem berauschenden Guavenduft; die Blumenmärkte, wo man künstliche Rosen und Jasminzweige mit Flitter und Engelshaar zu Sträußen bindet; die Auslagen der Verkäufer von Trockenfrüchten, fahlrote und braune Haufen auf Silberpapier; ich sah und roch die verschiedenen Gewürze und Currysorten, Pyramiden aus rotem, orangefarbenem und gelbem Staub; Berge von Pfefferkörnern, die einen scharfen Geruch wie von getrockneten Aprikosen und Lavendel ausströmen, daß einem vor Wollust fast die Sinne schwinden; ich sah die Bratköche, die Dickmilchhersteller, die Pfannkuchenbäcker: *nān* oder *chapati*; die Tee- und Limonadeverkäufer, die Dattelgroßhändler, deren Waren sich zu klebrigen Haufen aus Mark und Kernen türmen und an die Auswürfe irgendeines Dinosauriers erinnern; die Konditoren, die den Anschein erwecken, als würden sie Fliegen verkaufen, die sie auf Präsentierteller aus Kuchenteig geklebt hätten; die Kesselschmiede, die man schon hundert Meter vorher an ihrem Rasseln hört; die Korbflechter und Seilmacher mit ihren gelben und grünen Halmen; die Hutmacher, welche die goldenen Kegel der *kallas* – den Mitren der Sassaniden-Könige ähnlich – zwischen Turbanschärpen aufreihen; die Stoffläden, in denen frisch blau oder gelb gefärbte Tücher sowie safrangelbe und rosafarbene Schals aus Kunstseide im Buchara-Stil flattern; die Tischler, Schnitzer und Lackierer von Bettladen; die Scherenschleifer, die am Seil ihres Schleifsteins ziehen; ich besichtigte auch den abgelegenen und ungemütlichen Schrottmarkt; die Tabakhändler vor ihrem Stapel heller Blätter, die abwechseln mit der rotbraunen Melasse des *tombak*, neben zu Bündeln geordneten Chilam-Röhren; die Verkäufer von Sandalen, die zu Hunderten wie Flaschen in einem Weinkeller nebeneinanderstehen; die Verkäufer von Armbändern – *bangels* –, Därmen aus blau und rot getöntem Glas, die wie aus einem aufgeschlitzten Bauch in alle Richtungen quellen; die Kramläden der Töpfer, in denen sich die länglichen und lackier-

ten Gefäße der *chilam*, Krüge aus glimmerhaltigem Lehm und solche, deren rotbrauner Untergrund mit verschlungenen, braunen, weißen und roten Ornamenten bemalt ist, sowie die *chilam*-Köpfe aneinanderreihen, die zu Trauben aufgefädelt sind wie Rosenkränze; die Mehlhändler, die den ganzen Tag lang sieben; die Goldschmiede, die winzige Stückchen kostbarer Borte abwiegen und deren Auslagen weit weniger glänzen als die der benachbarten Klempner; die Stoffdrucker, welche die weißen Baumwollstoffe mit einer leichten, eintönigen Bewegung klopfen, die einen zarten Farbabdruck hinterläßt; die Schmiede unter freiem Himmel – ein wimmelndes und geordnetes Universum, über dem gleich Bäumen, durch deren Blätter der Wind rauscht, hohe Stangen zittern, gespickt mit den bunten Windrädchen für die Kinder.
In den ländlichen Gegenden kann das Schauspiel ebenso faszinierend sein. Ich reiste mit dem Motorboot auf den Flüssen von Bengalen. Mitten auf dem von Bananenstauden und Palmen gesäumten Bulinganga, der Moscheen aus weißer Fayence umfließt, die auf dem Wasser zu schwimmen scheinen, hatten wir an einer kleinen Insel angelegt, um einen *hat* zu besichtigen, einen ländlichen Markt, auf den uns Hunderte von festgezurrten Barken und Sampans aufmerksam gemacht hatten. Obwohl kein Wohnhaus zu sehen war, befanden wir uns in einer richtigen Stadt, einer Eintagsstadt, angefüllt mit einer Menschenmenge, die sich im Schlamm niedergelassen hatte, einer Stadt mit verschiedenen Vierteln, die jeweils einem bestimmten Gewerbe vorbehalten waren: ungeschälter Reis, Vieh, Boote, Bambusstäbe, Bretter, Töpferwaren, Stoffe, Obst, Betelnüsse, Fischreusen. Der Verkehr auf den Flußarmen war so dicht, daß man sie für flüssige Straßen hätte halten können. Die neu erworbenen Kühe ließen sich leicht transportieren: eine jede stand aufrecht in ihrem Boot und zog vorbei an einer Landschaft, die sie zu betrachten schien.
Dieses ganze Land ist von ungewöhnlicher Sanftmut. Das von den Hyazinthen blau getönte Grün, das Wasser der Sümpfe und Flüsse, auf denen die Sampans fahren, hat etwas Beruhigendes, Einschläferndes; gern möchte man hier modern wie die alten, von den Wurzeln des Banjan-Baums aus den Fugen gerissenen roten Backsteinmauern.

Doch gleichzeitig beunruhigt diese Sanftmut: die Landschaft ist nicht normal, dafür gibt es zuviel Wasser. Die alljährliche Überschwemmung schafft außergewöhnliche Lebensbedingungen, denn sie bewirkt einen Rückgang der Gemüse- und Fischproduktion: die Zeit der Überschwemmung ist die Zeit des Hungers. Sogar das Vieh magert ab bis auf die Knochen und krepiert, da ihm die schwammigen Wasserhyazinthen als Futter nicht ausreichen. Seltsame Menschheit, die mehr vom Wasser als von der Luft lebt; deren Kinder mit ihrem kleinen *dingi* schon umgehen lernen, noch bevor sie richtig laufen können; ein Ort, an dem in Ermangelung anderen Brennstoffs die nach dem Rösten und Entfasern getrocknete Jute zur Zeit der Überschwemmungen für zweihundertfünzig Francs pro hundert Stengel verkauft wird an Leute, die weniger als dreitausend Francs im Monat verdienen.

Aber man mußte in die Dörfer gehen, um die tragische Situation dieser Populationen zu verstehen, die durch Sitte, Wohnraum und Lebensweise den primitivsten Völkern gleichkommen, jedoch Märkte abhalten, die so kompliziert sind wie ein großes Warenhaus. Noch vor kaum hundert Jahren bedeckten ihre Knochen das Land; die meisten waren Weber gewesen und Hungers gestorben, weil ihnen der Kolonialherr verboten hatte, ihrem traditionellen Handwerk nachzugehen, um den Baumwollstoffen aus Manchester einen Markt zu öffnen; heute wird auf jedem nutzbaren Fleckchen Erde, auch wenn es die Hälfte des Jahres überschwemmt ist, Jute angebaut, die nach dem Rösten in die Fabriken von Narrayanganj und Kalkutta oder direkt nach Europa und Amerika wandert, so daß diese Bauern, halb nackt und Analphabeten, in anderer, aber nicht weniger willkürlicher Weise für ihre tägliche Nahrung von den Schwankungen des Weltmarkts abhängen. Den Fisch fangen sie noch selbst, aber der Reis, von dem sie sich ernähren, ist fast ausschließlich importiert; und um den mageren Ertrag der Felder aufzubessern – nur eine Minderheit besitzt Grund und Boden –, verbringen sie ihre Tage mit jämmerlichen Tätigkeiten.

Demra ist ein kleiner Weiler, der fast einem Pfahldorf ähnelt, so prekär ist das Netz der aus dem Wasser ragenden Böschungen, auf denen die Hütten sich in den Büschen zu-

sammendrängen. Ich sah die Leute, angefangen von den Kindern in zartem Alter, vom Morgengrauen an damit beschäftigt, jene Musselinschleier mit der Hand zu weben, die einst den Ruhm von Dacca begründeten. Etwas weiter entfernt, in Langalbund, widmet sich eine ganze Region der Herstellung von Perlmuttknöpfen jener Art, die bei unserer Herrenwäsche Verwendung findet. Eine Kaste von Flußschiffern, die Bidyaya oder Badia, die zeitlebens in der Strohkabine ihrer Sampans wohnen, erntet und verkauft die Flußmuscheln, die das Perlmutt liefern. Haufen von schlammigen Schalen verleihen den Weilern das Aussehen von *placers*. Nachdem die Schalen in einem Säurebad gebeizt wurden, zerschlägt man sie mit dem Hammer in kleine Stücke und rundet sie mit einem Handschleifstein ab. Dann wird jede Scheibe auf eine Art Amboß gelegt und mit Hilfe einer (an einem hölzernen Bogenbohrer befestigten) schartigen Feile geformt. Ein ähnliches, aber spitzes Instrument dient dazu, die Löcher zu bohren. Die Kinder nähen die fertigen Knöpfe dutzendweise auf mit Flitter bedeckte Pappkärtchen, wie sie in unseren Kurzwarenläden in der Provinz verkauft werden.
Vor den großen politischen Veränderungen, welche die Unabhängigkeit der asiatischen Länder mit sich brachten, hielt dieses bescheidene Gewerbe, das den indischen Markt sowie die pazifischen Inseln versorgte, die Arbeiter am Leben, trotz der Ausbeutung, denen sie seitens jener Klasse von Wucherern und Zwischenhändlern, den *mahajans*, ausgesetzt waren und sind, welche den Rohstoff und die verarbeiteten Produkte vorschießen. Der Preis für diese letzteren ist um das fünf- oder sechsfache erhöht worden, während durch die Schließung des Markts die regionale Produktion von sechzigtausend Gros pro Woche auf weniger als fünfzigtausend pro Monat zurückging; und gleichzeitig ist der dem Produzenten gezahlte Preis um 75% gesunken. Fast von einem Tag auf den anderen mußten fünfzigtausend Personen feststellen, daß ihr ohnehin schmales Einkommen auf den hundertsten Teil zusammengeschmolzen war. Aber trotz der primitiven Lebensformen, der hohen Bevölkerungszahl, dem Produktionsumfang und der Form des fertigen Produkts kann man nicht von wirklichem Handwerk sprechen. Im tropischen Amerika – in Bra-

silien, Bolivien oder Mexiko – läßt sich dieser Terminus noch immer auf die Arbeit mit Metall, Glas, Wolle, Baumwolle oder Stroh anwenden. Der Rohstoff stammt aus der Gegend, die Techniken sind traditionell und die Produktionsverhältnisse häuslich; die Verwendung und die Form der Produkte richten sich in erster Linie nach dem Geschmack, den Gewohnheiten und den Bedürfnissen der Produzenten.

Hier dagegen werden mittelalterliche Populationen mitten in das Zeitalter der Manufaktur geschleudert und dem Weltmarkt zum Fraß vorgeworfen. Von Anfang bis Ende leben sie in der Entfremdung. Der Rohstoff ist ihnen fremd – den Webern von Demra völlig, denn sie bearbeiten aus England oder Italien importiertes Garn, den Perlmuttschleifern von Langalbund zum großen Teil: die Muschelschalen sind zwar einheimischer Herkunft, nicht aber die chemischen Produkte, die Pappkartons und die Metallblätter, die ihr Gewerbe erfordert. Und überall konzipiert man die Produktion *according to foreign standards,* während diese Unglücklichen kaum die Mittel besitzen, sich zu kleiden, noch weniger, sich zuzuknöpfen. Hinter der grünenden Landschaft und den friedlichen, von Strohhütten gesäumten Kanälen erscheint filigranartig das häßliche Gesicht der Fabrik, so als wäre es der historischen und ökonomischen Entwicklung gelungen, ihre tragischsten Phasen auf Kosten dieser erbarmungswürdigen Opfer alle auf einmal durchzusetzen: mittelalterliche Mangelerscheinungen und Seuchen, wilde Ausbeutung wie zu Beginn des industriellen Zeitalters, Arbeitslosigkeit und Spekulation des modernen Kapitalismus. Das 14., das 18. und 20. Jahrhundert haben sich hier ein Stelldichein gegeben, um die Idylle zum Gespött zu machen, welche die Szenerie der tropischen Natur vorgaukelt.

In diesen Regionen, wo die Bevölkerungsdichte zuweilen mehr als tausend Personen pro Quadratkilometer beträgt, habe ich das historische Privileg erkannt, das dem tropischen Amerika (und in gewissem Maße ganz Amerika) heute noch beschieden ist, nämlich das Privileg, absolut oder relativ menschenleer geblieben zu sein. Freiheit ist weder eine juristische Erfindung noch ein philosophisches Kleinod, innig geliebtes Eigentum von Zivilisationen, die würdiger sind als andere, weil angeblich nur sie die Freiheit hervorbringen oder bewahren können. Sie ist vielmehr das Ergebnis einer objektiven Beziehung zwischen dem Individuum und dem Raum, den es einnimmt, zwischen dem Verbraucher und den Ressourcen, über die er verfügt. Dabei steht nicht einmal fest, ob das eine das andere ausgleicht und ob eine reiche, aber zu dicht bevölkerte Gesellschaft sich an dieser Dichte vergiftet wie jene Mehlwürmer, denen es gelingt, durch ihre Giftstoffe einander auszurotten, noch bevor es an Nahrung mangelt.

Man muß schon sehr naiv oder unredlich sein, um zu glauben, daß die Menschen ihre Überzeugungen unabhängig von ihren Verhältnissen wählen. Nicht die politischen Systeme bestimmen die Form des sozialen Lebens, es sind vielmehr die Lebensformen, welche den Ideologien, in denen sie zum Ausdruck kommen, einen Sinn geben: diese Zeichen bilden eine Sprache nur in Gegenwart von Objekten, auf die sie sich beziehen. Im Augenblick ist das Mißverständnis zwischen West und Ost in erster Linie ein semantisches: die Sätze, die wir darüber verbreiten, setzen fehlende oder andersgeartete Signifikate voraus. Falls es möglich sein sollte, daß die Dinge sich verändern, wäre es den Opfern herzlich gleichgültig, ob dies in Formen geschähe, die wir für erträglich halten. Sie würden nicht das Gefühl haben, Sklaven zu werden, sondern vielmehr befreit zu sein, wenn ihnen Zwangsarbeit, rationierte Lebensmittel und dirigistisches Denken beschert würden, da dies für sie das historische Mittel wäre, zu Brot und Arbeit zu kommen und sich eines geistigen Lebens zu erfreuen. Modalitäten, die uns privatistisch erscheinen, würden sich auflösen angesichts der Offenkundigkeit einer endlich gewährten Realität, die wir selbst bisher, unter Berufung auf ihre Erscheinung, abgelehnt haben.

Unabhängig von den angemessenen politischen und ökonomischen Heilmitteln bleibt das Problem, das der Vergleich zwischen Asien und dem tropischen Amerika stellt, weiterhin das der Vermehrung der Menschen auf begrenztem Raum. Kann man vergessen, daß Europa in dieser Hinsicht eine Zwischenstellung zwischen den beiden Welten einnimmt? Diesem Problem der großen Zahl ist Indien vor etwa dreitausend Jahren zu Leibe gerückt, als es mit Hilfe des Kastensystems ein Mittel suchte, die Quantität in Qualität umzuwandeln, das heißt die Gruppen zu differenzieren, damit sie nebeneinander leben könnten. Es hatte das Problem sogar noch weiter gefaßt und es über den Menschen hinaus auf alle Formen des Lebens ausgedehnt. Der vegetarischen Regel liegt dieselbe Sorge zugrunde wie dem Kastensystem, nämlich zu verhindern, daß die sozialen Gruppen und die Tierarten aufeinander *übergreifen*, und jedem einzelnen eine Freiheit zu sichern, die ihm eigentümlich ist, dank dem Verzicht, den die anderen auf die Ausübung einer antagonistischen Freiheit leisten. Es ist traurig für den Menschen, daß dieses große Experiment gescheitert ist, ich meine, daß es den Kasten im Verlauf der Geschichte nicht gelungen ist, einen Zustand zu erreichen, in dem sie gleich geblieben wären, da verschieden voneinander – gleich in dem Sinn, daß sie nicht mit dem gleichen Maß hätten gemessen werden können –, und daß sich jene perfide Dosis an Homogenität bei ihnen eingeschlichen hat, die den Vergleich und damit die Schaffung einer Hierarchie ermöglichte. Denn wenn es den Menschen möglich sein kann, miteinander zu leben unter der Voraussetzung, daß sie sich alle *als Menschen, aber als anders* erkennen, können sie dies auch tun, indem sie einander einen vergleichbaren Grad an Menschlichkeit absprechen, also sich unterordnen.

Dieser große Mißerfolg Indiens ist uns eine Lehre: leben in einer Gesellschaft zu viele Menschen, so kann sie, trotz des Genies ihrer Denker, nur weiterbestehen, wenn sie Knechtschaft ausschwitzt. Sobald sich die Menschen in ihrem geographischen, geistigen und sozialen Raum beengt zu fühlen beginnen, droht die Gefahr, daß eine einfache Lösung sie besticht: nämlich diejenige, einem Teil der Gattung die Eigenschaft des Menschseins zu verweigern. Einige Jahrzehnte lang werden die anderen sich wieder frei bewegen können; doch dann muß eine neuerliche Vertreibung vorgenommen werden. In diesem Licht gesehen, kann ich die Ereignisse, die seit zwanzig Jahren auf der Bühne Europas stattfinden und ein Jahrhundert resümieren, in dessen Verlauf seine Bevölkerung sich verdoppelt hat, nicht mehr als Folge der Verirrung eines Volks, einer Doktrin oder einer Gruppe von Menschen sehen. Ich sehe in ihnen vielmehr das Anzeichen einer Entwicklung hin zur geschlossenen Welt, deren Erfahrung Südasien ein oder zwei Jahrtausende vor uns gemacht hat und der wir uns, falls nicht große Entscheidungen getroffen werden, vielleicht nicht werden entziehen können. Denn jene systematische Abwertung des Menschen durch den Menschen breitet sich immer weiter aus, und es wäre heuchlerisch und gewissenlos, das Problem dadurch wegzuwischen, daß man es mit einer vorübergehenden ansteckenden Krankheit entschuldigt.

Was mich in Asien erschreckt, ist das Bild unserer eigenen, von ihm vorweggenommenen Zukunft. Im indianischen Amerika liebe ich den selbst dort flüchtigen Widerschein eines Zeitalters, in dem sich der Mensch auf der Höhe seines Universums befand und in dem ein adäquates Verhältnis zwischen der Ausübung der Freiheit und ihren Zeichen bestand.

FÜNFTER TEIL

Caduveo

XVII Paraná

Zeltfreunde, schlagt eure Zelte am Paraná auf. Oder besser nicht: haltet euch zurück. Hebt euer fettiges Papier, eure Plastikflaschen und eure aufgeschlitzten Konservenbüchsen für die letzten Landschaften Europas auf. Prahlt dort mit dem Rost eurer Zelte. Aber verschont die Gegenden hinter der Pionierzone wenigstens noch für die kurze Zeit, bis auch sie endgültig verwüstet sein werden, respektiert die schäumenden Wildbäche, die über die steilen Stufen der violetten Basaltwände ins Tal springen. Zertrampelt nicht die herbe Frische der vulkanischen Moose; möge euer Fuß an der Schwelle der unbewohnten Prärien und des großen feuchten Koniferenwaldes innehalten, der das Gewirr der Lianen und Farnkräuter durchstößt, um Formen in den Himmel zu recken, die keine Ähnlichkeit mit denen unserer Tannen haben: sie bilden keine Kegel, die nach oben spitz zulaufen, sondern breiten im Gegenteil – regelmäßiges Gewächs, an dem Baudelaire seine Freude hätte – rings um ihren Stamm in vielen Etagen die hexagonalen Flächen ihrer Zweige aus, deren letzte sich zu einer Riesendolde entfaltet. Eine unberührte, feierliche Landschaft, die während Millionen von Jahrhunderten das Gesicht des Karbons bewahrt zu haben scheint und der die Höhenlage sowie die Entfernung von den Tropen die amazonische Verwirrung ersparen, um ihr eine Majestät und Ordnung zu verleihen, die unerklärlich bliebe, sofern man darin nicht das fast schon vergessene Wirken einer Rasse erblickt, die weiser und mächtiger war als die unsrige und deren Verschwinden wir es verdanken, in diesen sublimen Park eindringen zu können, der heute stumm und verlassen ist.

In diesen Gebieten, die sich zu beiden Seiten des Rio Tibagy etwa tausend Meter über dem Meeresspiegel erstrekken, bin ich zum ersten Mal mit den Wilden in Berührung gekommen, als ich einen Beamten des Büros zum Schutz der Eingeborenen auf seiner Dienstreise begleitete.

Zur Zeit der Entdeckung Brasiliens war der gesamte Süden

von Gruppen bewohnt, die in Sprache und Kultur verwandt waren und die man früher unter dem Namen Gé zusammenfaßte. Wahrscheinlich waren sie von anderen Indianern zurückgedrängt worden, die zur Tupí-Sprachgruppe gehörten und an der Küste lebten und mit denen sie in Streit lagen. Da sich die Gé in unzugängliche Gegenden geflüchtet hatten, haben sie im Süden Brasiliens die Tupí, die von den Kolonisatoren schnell ausgerottet wurden, um mehrere Jahrhunderte überlebt. In den Wäldern der südlichen Staaten, Paraná und Santa Catarina, haben sich kleine Horden von Eingeborenen bis ins 20. Jahrhundert retten können; vielleicht gab es auch im Jahre 1935 noch ein paar von ihnen, aber da sie während der letzten hundert Jahre so wütend verfolgt worden waren, hatten sie sich unsichtbar gemacht; die meisten von ihnen aber waren ungefähr um das Jahr 1914 von der brasilianischen Regierung erfaßt und auf verschiedene Zentren verteilt worden. Anfangs versuchte man, sie in das moderne Leben zu integrieren. In dem Dorf São Jeronymo, in dem ich mein Standquartier hatte, gab es eine Schlosserei, eine Sägerei, eine Schule und eine Apotheke. Der Posten erhielt regelmäßig Werkzeuge: Hacken, Messer, Nägel; es wurden auch Kleider und Decken verteilt. Zwanzig Jahre später hat man diese Versuche aufgegeben. Indem das Büro zum Schutz der Eingeborenen die Indiander sich selbst überließ, spiegelte es die Gleichgültigkeit wider, die es selbst von seiten der Behörden erfuhr (seither hat es erneut ein gewisses Ansehen erlangt); und so sah es sich unbeabsichtigt gezwungen, eine andere Methode anzuwenden, welche die Eingeborenen veranlaßte, wieder einige Initiativen zu ergreifen und ihre Angelegenheiten selbst in die Hand zu nehmen.

Von ihrer flüchtigen Begegnung mit der Zivilisation haben die Eingeborenen nichts anderes bewahrt als die brasilianischen Kleider, die Hacke, das Messer und die Nähnadel. Alle anderen Versuche waren fehlgeschlagen. Man hatte ihnen Häuser gebaut, aber sie lebten im Freien. Man hatte sich bemüht, sie in Dörfern zusammenzuschließen, aber sie blieben Nomaden. Die Betten hatten sie zerhackt, um damit Feuer zu machen, und sie schliefen auf der nackten Erde. Die von der Regierung geschickten Kühe liefen frei in der Gegend herum, denn die Eingeborenen empfanden

Ekel vor ihrem Fleisch und ihrer Milch. Die hölzernen Stößer, die durch abwechselndes Füllen und Leeren eines an einem Hebelarm befestigten Behälters mechanisch bewegt werden können (eine in Brasilien häufig anzutreffende Vorrichtung, die hier *monjolo* heißt und vielleicht von den Portugiesen aus dem Orient eingeführt worden war), verfaulten ungenutzt, weil das Zerstoßen weiterhin mit der Hand vorgenommen wurde.

Zu meiner großen Enttäuschung waren die Indianer am Tibagy also keine „wirklichen Indianer" und noch viel weniger „Wilde". Indem sie jedoch das naive Bild, das sich der junge Ethnograph von seinen zukünftigen Erfahrungen macht, seine Poesie entkleideten, lehrten sie mich Vorsicht und Objektivität. Wiewohl ich sie weniger unberührt fand, als ich erhofft hatte, enthüllten sie mir Geheimnisse, die ihre äußere Erscheinung keineswegs vermuten ließ. Sie veranschaulichten deutlich jene soziologische Situation, die für den Beobachter aus der zweiten Hälfte des 20. Jahrhunderts bald die einzige sein wird, nämlich die Situation von „Primitiven", denen die Zivilisation brutal aufgezwungen worden war und von denen das Interesse sich abwandte, als man die Gefahr, die sie angeblich darstellten, überwunden hatte. Ihre Kultur, eine Verbindung alter Traditionen, die dem Einfluß der Weißen widerstanden hatten (wie zum Beispiel die Technik des Feilens und Einlegens von Zähnen, die heute noch häufig anzutreffen ist), mit Entlehnungen bei der modernen Zivilisation, bildete ein originelles Ganzes, dessen Studium, so wenig pittoresk es sein mochte, für mich nicht weniger lehrreich war als das der reinen Indianer, mit denen ich später in Berührung kam.

Nachdem also diese Indianer sich selbst überlassen blieben, war vor allem eine merkwürdige Umkehrung des oberflächlichen Gleichgewichts zwischen moderner Kultur und primitiver Kultur zu beobachten. Alte Lebensweisen, traditionelle Techniken tauchten wieder auf, aus einer Vergangenheit, deren lebendige Nähe man nicht unterschätzen sollte. Woher stammen jene wunderbar polierten Stößer aus Stein, die ich in den Häusern der Indianer neben den emaillierten Blechtellern, den billigen Löffeln und zuweilen sogar den klapprigen Überresten einer Nähmaschine gefunden habe? Waren sie in der Stille des Waldes mit jenen Populationen ausgetauscht worden, die zwar derselben Rasse angehörten, aber wild geblieben waren und deren Kriegstätigkeit den Siedlern noch immer das Vordringen in gewisse Gegenden des Paraná verwehrte? Um diese Fragen zu beantworten, müßte man die Odyssee jenes alten *Indio bravo* kennen, der sich damals in die Kolonie der Regierung zurückzog.

Diese Gegenstände, die den Betrachter nachdenklich stimmen, überleben in den Stämmen als Zeugen einer Zeit, da die Indianer weder Häuser noch Kleider, noch Metallwerkzeuge kannten. Und halb bewußt leben in der Erinnerung der Menschen auch die alten Techniken weiter. Den Streichhölzern, die zwar bekannt, aber teuer und schwer zu beschaffen sind, zieht der Indianer noch heute das Aneinanderreiben von zwei weichen Stäben aus Palmitoholz vor. Und die veralteten Gewehre und Pistolen, welche die Regierung einst verteilen ließ, hängen meist unbenutzt in dem verlassenen Haus, während der Mann mit Bogen und Pfeilen im Wald jagt – eine Technik, die er so sicher beherrscht wie Völker, die noch nie eine Feuerwaffe gesehen haben. So bahnen sich die alten Lebensweisen, die von den offiziellen Bemühungen notdürftig verdeckt waren, erneut ihren Weg, so langsam und sicher wie jene Kolonnen von Indianern, denen ich begegnet bin, wenn sie auf winzigen Pfaden durch den Wald streifen, während in den verlassenen Dörfern die Dächer einstürzen.

Etwa zwei Wochen lang sind wir auf kaum wahrnehmbaren Pisten durch den Wald geritten, manchmal gezwungen, so weite Strecken zurückzulegen, daß wir erst spät in der Nacht die Hütte erreichten, in der wir rasten konnten. Wie es den Pferden gelang, ihre Hufe in der Dunkelheit zu setzen, die ein dreißig Meter über unseren Köpfen hängendes Pflanzendach undurchdringlich machte, weiß ich noch heute nicht. Ich erinnere mich lediglich jener Stunden, während derer wir unablässig vom Paßgang unserer Pferde durchgerüttelt wurden. Ging es eine steile Böschung hinauf, dann stürzten wir nach vorn, und um nicht zu fallen, mußten wir uns an den hohen Bogen des bäuerlichen Sattels klammern; an der vom Boden aufsteigenden kühlen Luft und dem hellen Plätschern errieten wir, daß wir einen seichten Wasserlauf überquerten. Dann kippt das Gleichgewicht um, denn das Pferd klettert stolpernd den gegenüber-

liegenden Hang hinauf und scheint sich durch seine willkürlichen und in der Dunkelheit kaum begreiflichen Bewegungen des Sattels und seines Reiters entledigen zu wollen. Ist das Gleichgewicht wiederhergestellt, müssen wir nur noch wachbleiben, um jenes seltsame Vorgefühl nicht zu verlieren, das uns in fünfzig Prozent der Fälle erlaubt, den Kopf rechtzeitig einzuziehen, um nicht von einem tief hängenden Ast gepeitscht zu werden.
Bald hört man in der Ferne ein Geräusch, das immer deutlicher wird, nicht mehr das Röhren des Jaguars, das wir kurz vor Einbruch der Dunkelheit einen Augenblick vernommen hatten, sondern das Bellen eines Hundes: der Rastort ist nicht mehr fern. Einige Minuten später ändert unser Führer die Richtung; wir folgen ihm in eine kleine Lichtung, wo Gitter aus gespaltenen Baumstämmen einen Viehpark einzäunen; vor einer Hütte aus locker aneinandergefügten Palmstämmen, die von einem Strohdach bedeckt waren, bewegen sich zwei in dünnen weißen Baumwollstoff gekleidete Gestalten: unsere Gastgeber – der Mann oft portugiesischer Abstammung, die Frau meist Indianerin. Im Schein eines mit Petroleum getränkten Dochts mustere ich rasch das Inventar: Fußboden aus gestampfter Erde, ein Tisch, ein Bettgestell aus Brettern, ein paar Kisten zum Sitzen und über dem Herd aus gebranntem Ton Küchengerät, das aus aufgesammelten Blechkannen und Konservendosen besteht. Eilig spannen wir die Hängematten zwischen den Wänden der Hütte auf; oder wir schlafen draußen unter dem *païol*, einem Vordach, unter dem die Maisernte gestapelt ist, um sie vor dem Regen zu schützen. So erstaunlich es klingen mag, aber ein Haufen getrockneter, noch von ihren Blättern umhüllter Maiskolben ist ein sehr bequemes Lager; all diese länglichen Ähren gleiten nebeneinander, und das Ganze paßt sich der Form des Körpers an. Der zarte Geruch des getrockneten Maises, würzig und süß, ist wunderbar einschläfernd. Freilich wecken uns am frühen Morgen Kälte und Feuchtigkeit; ein milchiger Nebel steigt aus der Lichtung; eilig gehen wir in die Hütte, wo das Herdfeuer in dem ewigen Dämmerlicht dieser fensterlosen Wohnung glüht, deren Wände durchlöcherten Bretterzäunen ähneln. Die Gastgeberin kocht Kaffee, der in Zucker glänzend schwarz geröstet wird, sowie eine *pipoca*, flockig aufge-

platzte Maiskörner mit Speck; wir holen die Pferde, satteln sie und machen uns wieder auf den Weg. In wenigen Augenblicken hat sich der triefende Wald um die vergessene Hütte geschlossen.

Das Reservat von São Jeronymo ist etwa hunderttausend Hektar groß und wird von ungefähr vierhundertfünfzig Eingeborenen bewohnt, die sich auf fünf oder sechs Weiler verteilen. Vor meiner Abreise hatte ich einigen Statistiken des Büros entnehmen können, welche Verheerungen die Malaria, die Tuberkulose und der Alkoholismus angerichtet hatten. Seit zehn Jahren hatte die Zahl der Geburten nicht mehr als einhundertsiebzig betragen, während allein die Kindersterblichkeit die Zahl von einhundertvierzig erreichte.

Wir haben die Holzhäuser besichtigt, welche die Regierung hatte errichten lassen und die zu Dörfern von fünf bis zehn Herdstellen an den Wasserläufen zusammengefaßt waren; wir haben die etwas abseits gelegenen Häuser aufgesucht, welche die Indianer zuweilen selbst bauen: ein viereckiger Palisadenzaun aus mit Lianen verflochtenen Palmitostämmen, bedeckt von einem Blätterdach, das lediglich an den vier Ecken der Wände befestigt ist. Schließlich haben wir uns unter jene Schutzdächer aus Zweigen begeben, unter denen manchmal eine ganze Familie lebt, unmittelbar neben dem unbewohnten Haus.

Die Bewohner sind um ein Feuer versammelt, das Tag und Nacht brennt. Die Männer tragen im allgemeinen ein zerlumptes Hemd und alte Hosen, die Frauen einen Baumwollrock oder manchmal auch eine einfache Decke, die sie unter den Achseln einrollen; die Kinder laufen völlig nackt herum. Alle tragen sie, wie auch wir während der Reise, große Strohhüte – ihr einziges Gewerbe und ihre einzige Einnahmequelle. Bei beiden Geschlechtern fällt in jedem Alter der mongolische Typus auf: kleiner Wuchs, breites flaches Gesicht, hervorstehende Backenknochen, Schlitzaugen, gelbe Haut, glattes schwarzes Haar – das die Frauen lang oder kurz tragen –, wenige, oft gar keine Körperhaare. Nur ein einziges Zimmer wird bewohnt. Hier ißt man zu jeder beliebigen Tageszeit die süßen Kartoffeln, die in der Asche schmoren und die man mit langen Bambuszangen herausholt; hier schlafen sie auf einer dünnen Schicht aus

Farnkräutern oder auf einer Matte aus Maisstroh mit den Füßen zum Feuer. In der Nacht freilich bieten die schwache Glut und die lose zusammengefügten Stämme der Wände kaum Schutz vor der eisigen Kälte, die hier in tausend Meter Höhe herrscht.
Die von den Eingeborenen gebauten Häuser haben nur diesen einen Raum, aber auch in denen, welche die Regierung hat errichten lassen, wird nur ein einziges Zimmer benutzt. Hier breitet sich auf dem Fußboden der ganze Reichtum des Indianers aus, in einer Unordnung, die unsere Führer immer wieder schockierte – *caboclos* aus dem benachbarten *sertão* – und in der man tatsächlich nur mit Mühe die Gegenstände brasilianischer Herkunft von den einheimischen unterscheiden kann. Zu den ersteren gehören im allgemeinen Hacken, Messer, Emailleteller und Metallgefäße, Lappen, Nähnadeln und Garn, manchmal ein paar Flaschen oder sogar Regenschirme. Auch das Mobiliar ist dürftig: ein paar niedrige Holzhocker, die von den Guaraní übernommen wurden und die auch die *caboclos* benutzen; Körbe in allen Größen und für jeden Zweck, Mehlsiebe, Holzmörser, Stößel aus Holz oder Stein, Töpferwaren; schließlich eine unendliche Zahl von Behältern der verschiedensten Formen, die aus *abobra*, getrockneten und ausgehöhlten Kürbissen, hergestellt werden. Doch wie schwierig ist es, diese armseligen Dinge zu erwerben! Nicht immer genügt es, unsere Ringe, Ketten und Broschen aus Glas unter die Mitglieder der Familie zu verteilen, um den unerläßlichen freundschaftlichen Kontakt herzustellen. Sogar das Angebot einer Summe Geldes, die in keinem Verhältnis zur Dürftigkeit der Utensilien steht, läßt den Besitzer kalt. „Er kann nicht." – „Wenn er den Gegenstand selbst hergestellt hätte, würde er ihn gerne hergeben, aber er hat ihn vor langer Zeit von einer alten Frau erworben, die als einzige diese Dinge anfertigen kann. Wenn er sie uns überläßt, wie soll er sie dann ersetzen?" Die alte Frau ist natürlich nie anzutreffen. Wo ist sie? „Er weiß nicht" – eine unbestimmte Geste –, „irgendwo im Wald ..." Und was nützen im übrigen all unsere Milreis jenem alten Indianer, den das Fieber schüttelt und der hundert Kilometer vom nächsten Kaufladen der Weißen entfernt wohnt? Man schämt sich geradezu, diesen armen Menschen ein kleines Gerät zu entreißen, dessen Ent-

äußerung einen nicht wiedergutzumachenden Verlust bedeutet …

Aber oft erfinden sie eine ganz andere Geschichte. Will mir die Indianerin diesen Topf verkaufen? „Gewiß, gern. Leider gehört er ihr nicht." – „Wem gehört er denn?" Schweigen. – „Ihrem Mann?" Nein. – „Ihrem Bruder?" Auch nicht. – „Ihrem Sohn?" Ebensowenig. – Er gehört der Enkelin. Die Enkelin besitzt unweigerlich alle Gegenstände, die wir erwerben wollen. Wir sehen sie – drei oder vier Jahre ist sie alt – am Feuer kauern, vertieft in die Betrachtung des Rings, den ich ihr soeben über den Finger gestreift habe. Dann beginnen mit dem Fräulein lange Verhandlungen, an denen die Eltern nicht den geringsten Anteil nehmen. Ein Ring und fünfhundert Milreis lassen es kalt. Eine Brosche und vierhundert Milreis überzeugen es endlich.

Zwar treiben die Kaingang etwas Ackerbau, aber der Fischfang, die Jagd und das Sammeln bilden ihre Hauptbeschäftigung. Ihre Techniken des Fischfangs sind allerdings den Weißen in so kläglicher Weise nachgeahmt, daß der Erfolg sehr gering sein dürfte: eine biegsame Rute, ein brasilianischer Angelhaken, der mit etwas Harz am Ende einer Schnur befestigt ist, manchmal ein einfacher Lappen als Netz. Jagd und Sammeln bestimmen dieses Nomadenleben im Wald, in dem die Familien oft wochenlang verschwinden und in den ihnen noch niemand auf ihren komplizierten Pfaden in ihre geheimen Schlupfwinkel gefolgt ist. Manchmal sind wir an einer Biegung des Wegs auf eine kleine Schar getroffen, die aus dem Wald trat, um sofort wieder darin zu verschwinden: die Männer an der Spitze, bewaffnet mit der *bodoque*, einem Bogen, mit dem kleine Kugeln auf Vögel abgeschossen werden, über der Schulter den Köcher aus Korbgeflecht, der die Geschosse aus gebranntem Ton enthält; dann die Frauen, die in einer Kiepe, die an einem an der Stirn befestigten Stofftuch oder breiten Band aus Baumrinde hängt, den ganzen Reichtum der Familie transportieren. Auf diese Weise reisen Kinder und Haushaltgeräte. Wir wechseln ein paar Worte, während wir die Pferde anhalten und sie ihren Schritt kaum verlangsamen, und der Wald versinkt wieder in Schweigen. Wir wissen nur, daß das nächste Haus – wie so viele andere – leer sein wird. Für wie lange?

Dieses Nomadenleben kann Tage oder Wochen dauern. Die Zeit der Jagd und der Ernte der Früchte – *jaboticaba* (Orangen) und *lima* (Zitronen) – veranlaßt die ganze Bevölkerung zu ausgedehnten Wanderungen. In welchen Unterschlüpfen werden sie tief in den Wäldern leben? In welchen Verstecken finden sie ihre Bogen und Pfeile wieder, von denen man nur durch Zufall einige vergessene Exemplare in einem Winkel des Hauses zu sehen bekommt? An welche Traditionen, Riten, Überzeugungen knüpfen sie an?

In dieser primitiven Ökonomie nimmt der Gartenbau den letzten Platz ein. Mitten im Wald kommt man zuweilen durch Lichtungen, welche die Eingeborenen geschlagen haben. Zwischen den hohen Mauern der Bäume wachsen auf wenigen Quadratmetern einige kümmerliche Pflanzen: Bananen, süße Kartoffeln, Maniok, Mais. Die Körner werden zuerst auf dem Feuer getrocknet und dann von den Frauen mit dem Mörser zerkleinert, eine Arbeit, die sie allein oder zu zweit verrichten. Das Mehl wird entweder als solches gegessen oder mit Fett vermischt und zu einem festen Kuchen geformt; diese Nahrung ergänzen schwarze Bohnen, Wild und halbwilde Schweine. Das Fleisch wird stets, auf einen Ast gespießt, über dem Feuer gebraten.

Zu erwähnen sind noch die *koro*, weiße Maden, von denen es in bestimmten faulenden Baumstämmen wimmelt. Verletzt von den Spötteleien der Weißen, bestreiten die Indianer ihre Vorliebe für dieses Gewürm und beteuern energisch, es niemals zu essen. Aber man braucht nur durch den Wald zu streifen und auf der Erde die zwanzig bis dreißig Meter lange Spur eines großen *pinheiro* zu betrachten, den der Sturm gefällt und so zerfetzt hat, daß er nur noch der Schatten eines Baums ist. Hier sind *koro*-Sucher vorbeigezogen. Und wenn man unangemeldet ein indianisches Haus betritt, kann man, bevor eine flinke Hand sie versteckt, eine Schale voll dieses krabbelnden Leckerbissens sehen.

Es ist also nicht einfach, das Sammeln von *koro* zu beobachten. Wie Verschwörer hecken wir einen Plan aus. Ein fiebriger Indianer, der allein in einem verlassenen Dorf zurückgeblieben ist, scheint uns eine leichte Beute zu sein. Wir drücken ihm die Hacke in die Hand, schütteln und bedrängen ihn. Vergebliche Mühe, er scheint nicht zu verstehen, was wir von ihm wollen. Werden wir einen neuen Fehlschlag erleiden? Also sei's drum! Wir spielen unseren letzten Trumpf aus: wir wollen selber *koro* essen. So gelingt es uns, das Opfer zu einem Baumstamm zu schleppen. Ein einziger Schlag mit der Hacke legt Tausende von Kanälen tief im Holz frei. In jedem sitzt ein dickes gelblichweißes Tier, einem Seidenwurm ziemlich ähnlich. Jetzt müssen wir in den sauren Apfel beißen! Unter dem gleichmütigen Blick des Indianers beiße ich meiner Beute den Kopf ab; aus dem Körper quillt ein weißliches Fett, das ich nicht ohne Zögern koste: es hat die Konsistenz und Feinheit von Butter und den Geschmack von Kokosmilch.

XVIII Pantanal

Nach dieser Taufe war ich zu wirklichen Abenteuern bereit. Die Gelegenheit dazu bot sich mir in den Semesterferien, die in Brasilien von November bis März dauern, das heißt während der Regenzeit. Trotz dieses Nachteils plante ich, mit zwei Eingeborenengruppen Kontakt aufzunehmen, von denen die eine bisher noch kaum untersucht war und heute vielleicht schon zu drei Vierteln ausgestorben ist: die Caduveo an der Grenze mit Paraguay; die andere Gruppe war zwar besser bekannt, aber immer noch vielversprechend: die Bororo im mittleren Mato Grosso. Außerdem legte mir das Nationalmuseum von Rio de Janeiro nahe, einen archäologischen Fundort zu besichtigen, der auf meinem Weg lag und der überall in den Archiven erwähnt wurde, ohne daß irgend jemand Gelegenheit gehabt hätte, sich mit ihm zu beschäftigen.
Seitdem bin ich oft zwischen São Paulo und dem Mato Grosso hin und her gereist, bald im Flugzeug, bald im Lastwagen, bald mit der Eisenbahn oder mit dem Schiff. Diese letzten beiden Transportmittel habe ich 1935/36 benutzt; denn der erwähnte archäologische Fundort lag unweit der Eisenbahnlinie, in der Nähe der Endstation von Porto Esperança, am linken Ufer des Rio Paraguay.
Über diese ermüdende Reise ist nicht viel zu berichten; die Eisenbahngesellschaft des Nordwestens brachte den Reisenden zunächst nach Bauru, mitten in die Pionierzone; dort stieg man in den „Nachtzug“ von Mato Grosso, der

den Süden des Staates durchquerte. Insgesamt dauerte die Reise drei Tage, in einem Zug, der mit Holz geheizt wurde, sehr langsam fuhr und oft und lange anhielt, um sich mit Brennstoff zu versorgen. Die Waggons bestanden ebenfalls aus Holz und waren ziemlich aus den Fugen: morgens beim Aufwachen war mein Gesicht von einer dünnen Schicht hart gewordener Tonerde bedeckt, die der feine rote Staub des *sertão*, in jede Falte und jede Pore eindringend, gebildet hatte. Der Speisewagen hatte sich bereits den Eßgewohnheiten des Landesinnern angepaßt: je nachdem gab es frisches oder getrocknetes Fleisch, Reis und schwarze Bohnen und, um die Sauce aufzutunken, die *farinha*: Mark von Mais oder frischem Maniok, das in der Hitze entwässert und zu grobem Pulver zermahlen wird; schließlich die unvermeidliche brasilianische Nachspeise: ein Stück Quitten- oder Guavekuchen mit Käse. An jeder Station verkauften Kinder den Reisenden für ein paar Pfennige saftige Ananas, die für Erfrischung sorgten – ein Geschenk des Himmels.

Die Grenze des Staates Mato Grosso liegt kurz vor der Station von Três Lagoas, wo der Zug den Rio Paraná überquert, der hier so breit ist, daß trotz des Beginns der Regenzeit der Grund noch an vielen Stellen zum Vorschein kommt. Dann beginnt die Landschaft, die mir im Laufe meiner jahrelangen Reisen durch das Innere des Landes sowohl vertraut wie unerträglich und unausweichlich werden sollte, denn sie kennzeichnet ganz Zentralbrasilien, vom Paraná bis zum Amazonasbecken: ein flaches oder nur schwach gewelltes Plateau, weite Horizonte, eine buschige Vegetation und von Zeit zu Zeit Zebuherden, die beim Nahen des Zugs auseinanderstieben. Viele Reisende übersetzen Mato Grosso sinnwidrig mit „großer Wald"; das Wort Wald wird aber durch die weibliche Form *mata* wiedergegeben, während die männliche Form den komplementären Aspekt der südamerikanischen Landschaft zum Ausdruck bringt. Mato Grosso bedeutet demnach „großer Busch", und kein Terminus könnte besser auf diese wilde und traurige Gegend passen, deren Monotonie dennoch etwas Grandioses und Erregendes hat.

Es ist richtig, daß ich auch *sertão* mit Busch übersetze. Dieser Terminus besitzt eine etwas andere Konnotation. *Mato* bezieht sich auf ein objektives Merkmal der Landschaft, auf den Busch im Gegensatz zum Wald; während sich *sertão* auf einen subjektiven Aspekt bezieht, auf die Landschaft in bezug auf den Menschen. Der *sertão* bezeichnet also den Busch im Gegensatz zur bewohnten und bebauten Erde: jene Regionen, in denen der Mensch sich nicht dauerhaft niedergelassen hat.

Manchmal wird das Plateau unterbrochen und von einem bewaldeten, unter dem hellen Himmel fast lächelnden grünen Tal durchzogen. Zwischen Campo Grande und Aquidauana läßt ein tieferer Einschnitt die flammenden Felswände der Serra de Mbaracajú sichtbar werden, in deren Schluchten – in der Nähe von Corrientes – sich bereits ein *garimpo*, das heißt ein Zentrum von Diamantsuchern befindet. Und auf einmal verändert sich alles. Gleich hinter Aquidauana liegt der Pantanal, der größte Sumpf der Welt, der sich über das gesamte mittlere Becken des Rio Paraguay erstreckt.

Vom Flugzeug aus zeigt diese Gegend voller Flüsse, die sich durch die flache Erde schlängeln, ein Labyrinth von Bögen und Windungen, in denen das Wasser stagniert. Sogar das Flußbett scheint von blassen Kurven umrandet, so als hätte die Natur gezögert, bevor sie ihm seinen jetzigen, vorübergehenden Verlauf gab. Doch nach der Landung, vom Boden aus gesehen, wird der Pantanal zu einer Traumlandschaft, in der sich die Zebuherden auf die Kuppen der Anhöhen wie auf schimmernde Archen flüchten; während im sumpfigen Wasser Schwärme von großen Vögeln – Flamingos, Silberreiher, Fischreiher – kompakte weiße und rosafarbene Inseln bilden, ebenso flaumig wie das fächerartige Laub der *carandá*-Palmen, deren Blätter ein kostbares Wachs ausscheiden; nur diese spärlichen Palmenhaine unterbrechen die trügerisch lächelnde Perspektive dieser Wasserwüste.

Das düstere Porto Esperança, das seinem Namen so wenig Ehre macht, lebt in meiner Erinnerung als der wunderlichste Ort, der auf dem Erdball zu finden ist, mit Ausnahme vielleicht von Fire Island im Staat New York, mit dem ich ihn jetzt vergleiche, weil hier wie dort die widersprüchlichsten Dinge zusammentreffen, doch jeweils in anderer Form. An beiden Orten drückt sich dieselbe menschliche und geographische Absurdität aus, hier auf komische, dort auf unheimliche Weise.

Hätte Swift Fire Island erfinden können? Diese Insel ist ein sandiger Pfeil ohne jede Vegetation, die vor Long Island liegt. Sie ist achtzig Kilometer lang, aber nur dreihundert Meter breit. Auf der Seite des Ozeans ist die See so wild, daß man nicht darin zu baden wagt; zum Festland hin dagegen ist sie immer ruhig, aber so seicht, daß man kaum naß wird. So verbringt man seine Zeit damit, nicht eßbare Fische zu fangen; und um zu verhindern, daß diese verfaulen, sind am Strand entlang in regelmäßigen Abständen Schrifttafeln aufgestellt, welche die Fischer anhalten, sie im Sand zu vergraben, sobald sie sie aus dem Wasser gezogen haben. Die Dünen auf Fire Island sind so schwankend, und ihr Widerstand gegen das Wasser ist so gering, daß weitere Schrifttafeln verbieten, auf ihnen zu laufen, weil sie in die Fluten stürzen könnten. Anders als in Venedig fließt hier die Erde, während die Kanäle fest sind: um sich bewegen zu können, müssen die Bewohner von Cherry Grove, einem Weiler auf dem mittleren Teil der Insel, hölzerne Stege benutzen, die auf Pfählen befestigt sind.

Um das Bild zu vervollständigen, müssen wir hinzufügen, daß Cherry Grove hauptsächlich von männlichen Liebespaaren bewohnt wird, die sich zweifellos von der allgemeinen Umkehrung aller Begriffe angezogen fühlen. Da im Sand nichts anderes wächst als giftiger Efeu, versorgen sie sich einmal am Tag in dem einzigen Laden neben dem Landungssteg. In den höher gelegenen Gassen, die fester sind als die Dünen, sieht man unfruchtbare Paare in ihre Hütte zurückkehren und Kinderwagen vor sich herschieben (die einzigen Fahrzeuge, für die in den engen Gassen Platz ist), in denen nur die Milchflaschen fürs Wochenende liegen, aus denen freilich kein Säugling trinken wird.

Fire Island vermittelt den Eindruck einer fröhlichen Farce, deren Gegenstück Porto Esperança für eine Bevölkerung von noch ärger Verdammten bildet. Nichts rechtfertigt die Existenz dieses Orts, es sei denn der am Fluß entlangführende Damm einer Eisenbahnlinie von eintausendfünfhundert Kilometern Länge durch ein zu drei Vierteln unbewohntes Land. Hier übernimmt das Schiff die Verbindung mit dem Innern; die Schienen enden an einem schlammigen Ufer, notdürftig von ein paar Planken abgestützt, die den kleinen Flußdampfern als Landungsbrücke dienen.

Es gibt keine anderen Einwohner als die Angestellten der Eisenbahn, keine anderen Häuser als die ihren: Holzbaracken, die mitten im Sumpf stehen. Man erreicht sie auf schwankenden Brettern, welche die bewohnte Gegend durchziehen. Wir haben uns in einer Hütte eingerichtet, die uns die Gesellschaft zur Verfügung gestellt hat – einem kubischen, aus einem einzigen Zimmer bestehenden Kasten, der auf hohen Pfeilern ruht und nur mit Hilfe einer Leiter zu erreichen ist. Die Tür öffnet sich ins Nichts, hoch über einem Abstellgleis; morgens weckt uns das Pfeifen der Verschiebelokomotive, die uns als Privatwagen dienen soll. Die Nächte sind unerquicklich: die feuchte Hitze, die dikken Mücken der Sümpfe, die unseren Unterschlupf bestürmen, und sogar die Moskitonetze, die sich als untauglich erweisen, obwohl wir sie vor unserer Abreise sorgfältig geprüft hatten – all dies trägt dazu bei, uns den Schlaf zu rauben. Um fünf Uhr morgens, wenn die Lokomotive uns ihren Dampf durch den dünnen Fußboden bläst, ist die Hitze des vorigen Tages noch immer nicht verflogen. Trotz der Feuchtigkeit steigt kein Dunst auf, dafür hängt ein bleierner Himmel über uns, und die Luft ist so schwer, als enthalte sie irgendeinen Zusatz, der das Atmen erschwert. Glücklicherweise fährt die Lokomotive ziemlich schnell, und wenn wir mit baumelnden Beinen auf dem Gleisräumer hocken, hilft uns der Luftzug, die nächtliche Müdigkeit abzuschütteln.

Die eingleisige Linie (sie wird nur von zwei Zügen pro Woche befahren) ist notdürftig über den Sumpf gelegt, eine hinfällige Brücke, auf der die Lokomotive in jedem Augenblick zu entgleisen scheint. Zu beiden Seiten der Schiene strömt modriges, widerliches Wasser einen faden Gestank aus. Und doch sollten wir von diesem Wasser wochenlang trinken.

Rechts und links erheben sich Sträucher in regelmäßigen Abständen wie in einem Obstgarten; in der Ferne ballen sie sich zu dunklen Massen zusammen, während sich unter ihren Zweigen der Himmel fleckig schimmernd im Wasser spiegelt. Alles scheint in einer feuchten Wärme zu schmoren, wie sie einem langsamen Wachstum förderlich ist. Wäre es möglich, Tausende von Jahren in dieser prähistorischen Landschaft zu verbringen und ihren Ablauf zu beobachten, dann würde man zweifellos sehen können, wie sich organische Materie in Torf, Steinkohle oder Öl verwandelt. Ich meinte sogar zu bemerken, wie dieses Öl an die Oberfläche quoll und das Wasser mit zarten, blaßfarbenen Schlieren überzog. Unsere Eisenbahner wollten nicht glauben, daß wir uns und damit auch sie nur um einiger Scherben willen so vielen Strapazen unterzogen! Ermutigt durch den symbolischen Wert, den sie unseren Korkhelmen beimaßen, dem Emblem der „Ingenieure“, kamen sie zu dem Schluß, daß die Archäologie nur als Vorwand für einträglichere Schürfarbeiten diente.

Zuweilen wird die Stille durch Tiere unterbrochen, die wenig Scheu vor dem Menschen zeigen: von einem *veado*, einem erstaunten Reh mit weißem Schwanz; Herden von *ema*, kleinen Straußenvögeln; von weißen Reihern, die dicht über die Oberfläche des Wassers fliegen.

Unterwegs nimmt die Lokomotive Arbeiter mit, die sich neben uns schwingen. Beim Kilometer 12 wird angehalten: die Linie ist unterbrochen, und wir müssen zu Fuß zu unserem Arbeitsplatz gehen. Man erkennt ihn schon von ferne an den typischen Merkmalen des *capão*.

Anders als es zunächst scheint, hat das Wasser des Pantanal eine leichte Strömung; es schwemmt Muschelschalen und Schlick mit, die sich an manchen Stellen ansammeln, so daß Pflanzen Wurzeln fassen können. So ist der Pantanal von struppigen grünen Inseln übersät, den sogenannten *capões*, auf denen die Indianer einst ihre Lager aufschlugen und noch heute Spuren von ihnen zu entdecken sind.

Wir begaben uns also täglich zu unserem *capão* auf einem Holzsteg, den wir uns aus Bahnschwellen gebastelt hatten, die stapelweise in der Nähe des Gleiskörpers lagen; hier verbrachten wir viele Tage mit aufreibender Arbeit, Tage, an denen wir kaum atmen konnten und das von der Sonne erwärmte Sumpfwasser tranken. Bei Einbruch der Dunkelheit holte uns die Lokomotive oder auch eines jener Vehikel ab, die hier „Teufel“ heißen und die die Arbeiter mit Hilfe von Staken durch den Schotter vorwärtsstießen wie Gondolieri. Müde und durstig kehrten wir zurück, um in der Wüste von Porto Esperança eine weitere schlaflose Nacht zu verbringen.

Etwa hundert Kilometer weiter befand sich ein landwirtschaftlicher Betrieb, den wir als Ausgangsbasis wählten, um zu den Caduveo vorzudringen. Die *Fazenda francesa,* wie sie auf der Bahnlinie hieß, umfaßte einen Streifen von ungefähr fünfzigtausend Hektar, den der Zug auf einer Länge von einhundertzwanzig Kilometern durchquerte. Auf dieser mit Gestrüpp und hartem Gras bewachsenen Ebene irrte eine Viehherde von siebentausend Tieren (in den Tropen muß man pro Tier mindestens fünf bis zehn Hektar rechnen), die regelmäßig nach São Paulo transportiert wurden – dank der Eisenbahn, die zwei- oder dreimal an den Grenzen der *Fazenda* hielt. Die Haltestelle, die in der Nähe der Wohnhäuser lag, hieß Guaycurus, ein Name, der an die großen kriegerischen Stämme erinnert, die einst über diese Gegend herrschten und deren letzte Nachfahren auf brasilianischem Gebiet die Caduveo sind.

Zwei Franzosen führten den Betrieb zusammen mit einigen Viehtreibern und deren Familien. An den Namen des jüngeren kann ich mich nicht mehr erinnern; der andere, der etwa vierzig Jahre alt war, hieß Felix R. – im allgemeinen Don Felix genannt. Vor ein paar Jahren wurde er von einem Indianer ermordet.

Unsere Gastgeber waren während des ersten Weltkriegs groß geworden oder an der Front gewesen; ihrem Temperament und ihren Fähigkeiten nach hätten sie eher Siedler in Marokko werden sollen. Ich weiß nicht, welche provinziellen Spekulationen sie in ein weit ungewisseres Abenteuer, eine so benachteiligte Gegend Brasiliens getrieben hatten. Wie dem auch sei, zehn Jahre nach ihrer Gründung verkümmerte die *Fazenda francesa,* da das viel zu geringe Anfangskapital durch den Ankauf der Ländereien fast aufgezehrt war und für die Vermehrung des Viehbestands und der Werkzeuge kaum etwas übrigblieb. In einem geräumigen Bungalow im englischen Stil führten unsere Gastgeber, halb Viehzüchter, halb Kolonialwarenhändler, ein karges Leben. Tatsächlich war der Kaufladen der *Fazenda* das einzige Versorgungszentrum im Umkreis von etwa hundert Kilometern. Die *embregados,* das heißt die Angestellten – Landarbeiter oder Viehtreiber –, gaben hier mit der einen Hand aus, was sie mit der anderen verdient hatten; ein paar Federstriche verwandelten ihre Guthaben in Schulden, und in dieser Hinsicht kam das Unternehmen fast ohne

Geld aus. Da der Preis der Waren, wie es allgemein Sitte war, das Doppelte oder Dreifache des normalen Kurses betrug, hätte sich das Unternehmen eigentlich lohnen müssen, wäre dieser kommerzielle Aspekt nicht sekundär geblieben. Es war ein Jammer, mitanzusehen, wie samstags die Arbeiter ihre magere Ernte an Zuckerrohr einbrachten, diese sogleich zum *engenho* der *Fazenda* trugen – einer aus grob behauenen Vierkantstämmen bestehenden Maschine, in der das Zuckerrohr mittels Rotation dreier Holzzylinder ausgepreßt wird –, um dann den Saft in großen Blechwannen verdampfen zu lassen, bevor er in die Mulden geleitet und dort zu erdfarbenen körnigen Blöcken erhärtet wird: den *rapadura*; dann deponierten sie das Produkt im danebenliegenden Laden, wo sie es, diesmal als Käufer, noch am selben Abend für teures Geld erwarben, um diesen einzigen Leckerbissen des *sertão* ihren Kindern mitzubringen.
Unsere Gastgeber nahmen diesen Beruf des Ausbeuters mit philosophischem Gleichmut hin; ohne Kontakt zu ihren Angestellten außerhalb der Arbeitszeit und ohne Nachbarn aus ihrer Klasse (denn zwischen ihnen und den nächstgelegenen Pflanzungen an der paraguayischen Grenze erstreckte sich das Indianerreservat), führten sie ein sehr strenges Leben, das sicherlich den besten Schutz gegen Entmutigung bot. Ihre einzige Konzession an den Kontinent bestand in ihren Kleidern und den Getränken: in diesem Grenzgebiet, wo sich brasilianische, paraguayische, bolivianische und argentinische Traditionen vermischen, hatten sie sich für die Kleidung der Pampa entschieden: für den bolivianischen Hut aus fein geflochtenem Stroh mit breiter, nach oben gebogener Krempe und hochgewölbter Kappe, und den *chiripá*, eine Art Windel für Erwachsene aus zart lila, rosa oder hellblau gestreifter Baumwolle, welche die Schenkel und Beine freiläßt bis zu den weißen wadenhohen Stiefeln aus grobem Leinen. An kühlen Tagen ersetzten sie den *chiripá* durch die *bombacha*: Pluderhosen, wie sie die Zuaven tragen, mit reich bestickten Seiten. Sie verbrachten fast den ganzen Tag im Korral, um die Tiere zu „bearbeiten", das heißt sie zu inspizieren und für den Verkauf auszusortieren. In einer riesigen Staubwolke zogen die Tiere, von den kehligen Schreien des *capataz* angefeuert, an den Herren vorbei und wurden dann auf verschiedene Ställe

verteilt. Zebus mit langen Hörnern, fette Kühe und erschreckte Kälber drängten sich durch die engen Brettergänge, die zu passieren ein Stier sich manchmal weigerte. Dann wirbelte ein vierzig Meter langer, fein geflochtener Riemen über den Kopf des *laçoeiro*, während scheinbar im gleichen Augenblick das Tier zu Boden stürzte und das triumphierende Pferd sich aufbäumte.

Aber zweimal täglich – um halb zwölf Uhr mittags und um sieben Uhr abends – versammelten sich alle unter der Pergola, die rings um die Wohnräume lief, zum Ritual des *chimarrão*, das heißt um den Mate zu nehmen, der hier aus Saugröhrchen getrunken wird. Der Mate ist bekanntlich eine Staude aus der Familie unserer Steineichen, deren Zweige über dem Rauch eines Erdfeuers leicht geräuchert und dann zu einem groben, resedafarbenen Pulver zermahlen werden, das man in kleinen Fässern aufbewahrt. Dies gilt für den richtigen Mate, denn was man in Europa unter diesem Namen verkauft, ist im allgemeinen so unseligen Veränderungen unterzogen worden, daß es jede Ähnlichkeit mit dem Original verloren hat.

Es gibt mehrere Arten, den Mate zu trinken. Wenn wir uns unterwegs, erschöpft und ungeduldig, nach seiner sofort eintretenden wohltuenden Wirkung sehnten, begnügten wir uns damit, eine Handvoll Pulver in kaltes Wasser zu schütten, das schnell zum Sieden gebracht, aber dann sofort – und dies ist entscheidend – vom Feuer genommen werden muß, da der Mate sonst jeden Geschmack verliert. Auf diese Weise erhält man den *cha de mate,* ein dunkelgrünes, fast öliges Gebräu, das aussieht wie starker Kaffee. Wenn man gar keine Zeit hat, begnügt man sich mit dem *terere,* der darin besteht, mit einer Pipette das kalte Wasser aufzusaugen, mit dem man eine Handvoll Pulver besprengt hat. Wer den bitteren Geschmack nicht mag, nimmt wie die schönen Paraguayerinnen den *mate doce;* in diesem Fall wird das Pulver mit Zucker vermischt und über großem Feuer geröstet, dann mit kochendem Wasser übergossen und gesiebt. Aber ich kenne keinen Mate-Liebhaber, der allen diesen Rezepten nicht den *chimarrão* vorzieht, der sowohl ein gesellschaftliches Ritual als auch ein individuelles Laster ist – wie in unserer *Fazenda.*

Man setzt sich im Kreis rings um ein kleines Mädchen, die

china, das einen Wasserkessel, eine Wärmpfanne und die *cuia* bringt, die manchmal aus einem Kürbis besteht, dessen Öffnung mit Silber verziert ist, manchmal – wie in Guaycurus – aus einem Zebuhorn, das von einem Landarbeiter geschnitzt wurde. Dieser Behälter wird zu zwei Dritteln mit Pulver gefüllt, über welches das kleine Mädchen langsam heißes Wasser gießt; sobald die Mischung teigig wird, gräbt es mit dem silbernen Röhrchen, das unten in einer kleinen, mit Löchern versehenen Kugel endet, einen Hohlraum, der so groß sein muß, daß die Pipette möglichst weit unten in einer kleinen Mulde liegt, in der sich die Flüssigkeit sammeln kann, während das Röhrchen gerade soviel Spielraum haben muß, daß das Gleichgewicht der teigigen Masse nicht gefährdet wird, aber auch nicht zuviel, da sich das Wasser sonst nicht mit dem Pulver vermischt. Nun gilt es nur noch zu warten, bis der *chimarrão* genügend Flüssigkeit aufgenommen hat, bevor man ihn dem Hausherrn anbietet; hat dieser zwei- oder dreimal daran gesogen und das Gefäß zurückgegeben, sind die übrigen Teilnehmer an der Reihe, zuerst die Männer, dann die Frauen, falls solche anwesend sind. Die Zeremonie dauert so lange, bis der Wasserkessel leer ist.

Die ersten Züge bereiten einen köstlichen Genuß – zumindest demjenigen, der daran gewöhnt ist, denn der Neuling verbrennt sich im allgemeinen –, hervorgerufen durch die etwas fettige Berührung mit dem glühendheißen Silber und das siedende Wasser voll kräftigen Schaums: bitter und würzig zugleich, so als hätte sich der Duft eines ganzen Waldes in wenigen Tropfen konzentriert. Wie Kaffee, Tee und Schokolade enthält der Mate ein Alkaloid, dessen Dosierung vielleicht seine sowohl beruhigende wie stärkende Wirkung erklärt. Nach einigen Runden wird der Mate fade, doch ein sorgfältiges Suchen mit der Pipette erlaubt es, noch unberührte Vertiefungen zu finden, die das Vergnügen durch kleine bittere Explosionen verlängern.

Gewiß gebührt dem Mate mehr Ehre als der amazonischen *guaraná*, von der ich an anderer Stelle sprechen werde, oder gar der traurigen Coca des bolivianischen Hochlands: ein ödes Wiederkäuen getrockneter Blätter, die schnell zu einer fasrigen Kugel mit dem Geschmack von abgestandenem Tee zusammenkleben, die Schleimhäute unempfindlich machen und die Zunge des Kauenden in einen Fremdkörper verwandeln. Vergleichen läßt sich mit ihm höchstens der üppige, mit Gewürzen gefüllte Betelpfriem, obwohl er den ahnungslosen Gaumen mit einer wahren Sturmflut von Gewürzen und Düften erschreckt.

Die Caduveo-Indianer leben in den Niederungen am linken Ufer des Rio Paraguay, von der *Fazenda francesa* durch die Hügel der Serra Bodoquena getrennt. Unsere Gastgeber hielten sie für faul und degeneriert, für Diebe und Trunkenbolde und pflegten sie barsch von den Weiden zu verjagen, wenn sie dort einzudringen versuchten. Unsere Expedition erschien ihnen von vornherein zum Scheitern verurteilt, und trotz der großzügigen Hilfe, die sie uns angedeihen ließen und ohne die wir unser Ziel wohl nie hätten erreichen können, mißbilligten sie unser Vorhaben. Wie groß war nicht ihre Verblüffung, als sie uns einige Wochen später mit Ochsen zurückkommen sahen, die ebenso schwer beladen waren wie die einer Karawane: sie trugen große bemalte Keramikkrüge, mit Arabesken verzierte Hirschhäute, Holzskulpturen, die ein verschwundenes Pantheon darstellten … Es war eine Offenbarung, die bei ihnen zu einer merkwürdigen Veränderung führte: als mich Don Felix zwei oder drei Jahre später in São Paulo besuchte, schienen er und sein Gefährte, die früher die einheimische Bevölkerung so herablassend behandelt hatten, völlig *gone native* zu sein, wie die Engländer sagen; der kleine bürgerliche Salon der *Fazenda* war nun mit bemalten Häuten bespannt, und überall standen Töpferwaren der Eingeborenen herum; unsere Freunde verhielten sich wie sudanesische oder marokkanische Basarbesitzer, wie gute koloniale Verwaltungsbeamte, was sie ohnehin besser geworden wären. Und die Indianer, die zu ihren Stammlieferanten aufgestiegen waren, wurden in der *Fazenda* samt ihren Familien zum Dank für die mitgebrachten Gegenstände herzlich empfangen und bewirtet. Wie weit ist diese Vertraulichkeit gediehen? Es ließ sich nur schwer vorstellen, daß Junggesellen den Reizen der indianischen Mädchen widerstehen konnten, wenn diese an Festtagen halb nackt herumliefen und mit größter Geduld ihre Körper mit blauen oder schwarzen Spiralen bemalten, so daß ihre Haut wie mit einem engen Gewand aus kostbarer Spitze überzogen schien. Wie dem auch sei, im Jahre 1944 oder 1945 wurde Don Felix von einem seiner neuen Freunde erschlagen, ein Opfer vielleicht weniger der Indianer als der Verwirrung, in die ihn zehn Jahre zuvor der Besuch unerfahrener Ethnographen gestürzt hatte.

Der Kaufladen der *Fazenda* versorgte uns mit Lebensmitteln: getrocknetem Fleisch, Reis, schwarzen Bohnen, Maniokmehl, Mate, Kaffee und *rapadura*. Man lieh uns auch Reitpferde und Lastochsen, denn wir führten Waren mit, die wir gegen andere Dinge für unsere Sammlungen einzutauschen hofften: Kinderspielzeug, Glasketten, Spiegel, Armbänder, Ringe und Parfüm; schließlich Stoffe, Decken, Kleider und Werkzeuge. Arbeiter aus der *Fazenda* sollten uns als Führer dienen, wozu sie sich nur widerwillig bereit fanden, da wir sie über Weihnachten von ihren Familien trennten.

In den Dörfern wurden wir bereits erwartet; gleich nach unserer Ankunft in der *Fazenda* hatten indianische *vaqueiros* die Nachricht verbreitet, daß Fremde eingetroffen seien, reich beladen mit Geschenken. Diese Nachricht flößte den Eingeborenen die verschiedensten Ängste ein, vor allem diejenige, daß wir gekommen seien, uns ihres Landes zu bemächtigen: *tomar conta.*

XIX Nalike

Nalike, die Hauptstadt des Caduveo-Landes, liegt etwa einhundertfünfzig Kilometer von Guaycurus entfernt, das heißt drei Tagereisen zu Pferd. Die Lastochsen schicken wir voraus, da sie eine langsamere Gangart haben. Für die erste Etappe nehmen wir uns vor, die Hänge der Serra Bodoquena zu erklimmen und die Nacht auf der Hochebene im letzten Außenposten der *Fazenda* zu verbringen. Schnell gelangen wir in enge, mit hohem Gras bewachsene Täler, in denen die Pferde nur mühsam vorwärtskommen. Der Schlamm des Sumpfs macht den Marsch noch beschwerlicher. Das Pferd rutscht aus, kämpft, versucht, wieder festen Boden unter die Hufe zu bekommen, und abermals sind wir von der Vegetation umzingelt. Nun muß man aufpassen, daß man nicht eines der so unschuldig aussehenden Blätter berührt, an deren Unterseite ein wimmelnder Schwarm kleiner Tiere klebt; dann schlüpfen nämlich Tausende dieser orangefarbenen Biester unter die Kleider, bedecken den Körper wie mit einem fließenden Tuch und beißen sich fest: das Opfer kann sich nur dadurch retten, daß es sie so rasch wie möglich erwischt, das heißt vom Pferd springt, sich alle Kleider vom Leibe reißt und sie kräftig ausschüttelt, während ein Gefährte seine Haut untersucht. Nicht ganz so schlimm sind die großen grauen Parasiten, die sich, ohne Schmerzen zu bereiten, unter der Haut festsetzen; man entdeckt sie erst Stunden oder Tage später, wenn sie im Körper zu Schwellungen geworden sind, die man mit dem Messer herausschneiden muß.

Endlich lichtet sich das Gestrüpp und gibt einen steinigen Weg frei, der leicht ansteigt und zu einem trockenen Wald führt, in dem sich Bäume und Kakteen mischen. Das Gewitter, das sich seit dem Morgen zusammengebraut hat, bricht los, als wir um mit Kaktuskerzen gespickte Bergspitzen herumgehen. Wir steigen von den Pferden und verkriechen uns in einer Spalte, die sich als eine nasse, aber dennoch schützende Grotte erweist. Kaum sind wir eingedrungen, füllt sie sich mit dem Surren der *morcegos*, der Fledermäuse, die in Scharen an den Wänden hängen und deren Schlaf wir gestört haben.

Sobald der Regen aufgehört hat, machen wir uns wieder auf den Weg in diesem buschigen dunklen Wald voll frischer Düfte und wilder Früchte: *genipapo* mit seinem schweren säuerlichen Fleisch; *guavira* der Lichtungen, dessen stets kalter Saft den Reisenden erfrischt, oder *caju*, der auf ehemalige Pflanzungen der Eingeborenen schließen läßt.

Das Plateau zeigt das typische Gesicht des Mato Grosso: hohes, mit einzelnen Bäumen bestandenes Gras. Wir nähern uns dem Etappenziel durch ein Sumpfgebiet, waten durch Schlamm, den der Wind aufgerissen hat und in dem einige Stelzvögel herumlaufen. Ein Viehgehege, eine Hütte: dies ist der Posten von Largon, wo wir eine Familie mit dem Schlachten eines *bezerro*, eines jungen Stiers, beschäftigt finden, der gerade ausgenommen wird; in dem blutigen Gerippe, das sie als Kahn benutzen, tummeln und schaukeln sich zwei oder drei nackte Kinder, die vor Vergnügen kreischen. Über dem Feuer, das unter freiem Him-

mel durch die Abenddämmerung leuchtet, brät der *churrasco,* von dem das Fett tropft, während die Urubus – die Aasgeier – zum Ort des Gemetzels niederstürzen und den Hunden das Blut und die Eingeweide streitig machen.
Von Largon aus folgen wir der „Indianerstraße“; die Serra fällt hier so steil ab, daß wir zu Fuß gehen und die durch den schwierigen Weg nervös gewordenen Pferde am Halfter führen müssen. Die Piste läuft hoch an einem Wildbach entlang, dessen Wasser man über die Felsen springen und in Kaskaden in die Tiefe rauschen hört; wir rutschen auf nassen Steinen oder in den schlammigen Lachen aus, die der letzte Regenguß hinterlassen hat. Schließlich gelangen wir am Fuß der Serra zu einem freien Bergkessel, dem *campo dos Indios,* wo wir uns und unseren Pferden einen Augenblick Ruhe gönnen, bevor wir uns wieder in den Sumpf begeben.
Ab vier Uhr nachmittags müssen wir Vorkehrungen für das Nachtquartier treffen. Wir halten nach ein paar Bäumen Ausschau, zwischen denen wir Hängematten und Moskitonetze aufspannen können; die Führer zünden das Feuer an und bereiten das Essen: Reis und getrocknetes Fleisch. Wir sind so durstig, daß wir jene Mischung aus Erde, Wasser und Permanganat, die uns als Getränk dient, ohne Widerstreben literweise in uns hineinschütten. Es wird dunkel. Hinter dem schmutzigen Schleier der Moskitonetze betrachten wir einen Augenblick den in Flammen stehenden Himmel. Kaum sind wir eingeschlafen, müssen wir schon wieder weiterziehen: um Mitternacht wecken uns die Führer, die bereits die Pferde gesattelt haben. In dieser heißen Jahreszeit gilt es, die Tiere zu schonen und die nächtliche Kühle zu nutzen. Im Mondschein machen wir uns von neuem auf den Weg, schlaftrunken, steif und fröstelnd; die Stunden vergehen in sehnsüchtiger Erwartung des Morgengrauens, während die Pferde vorwärtsstolpern. Gegen vier Uhr morgens erreichen wir Pitoko, wo sich früher ein wichtiger Posten des Büros zum Schutze der Eingeborenen befunden hat. Übriggeblieben sind drei verfallene Häuser, zwischen denen man gerade noch die Hängematten aufspannen kann. Ruhig fließt der Rio Pitoko dahin; dem Pantanal entsprungen, verliert er sich einige Kilometer weiter wieder in ihm. Dieser Wadi der Sümpfe, der weder Quelle

noch Mündung hat, beherbergt ein Volk von *piranhas*, die dem Unvorsichtigen gefährlich werden können, den aufmerksamen Indianer aber nicht daran hindern, in diesem Wasser zu baden und es zu trinken. Denn in den Sümpfen leben noch einige versprengte Indianerfamilien.
Von nun an sind wir mitten im Pantanal: bald überschwemmte Becken zwischen bewaldeten Kämmen, bald weite schlammige Flächen ohne Bäume. Der Lastochse ist hier dem Pferd vorzuziehen, auch wenn er langsamer vorankommt, denn das schwere Tier, das an einer durch einen Nasenring gezogenen Schnur geführt wird, kann die erschöpfenden Märsche im Morast, bei denen es oft bis zur Brust im Wasser versinkt, besser überstehen.
Wir befanden uns gerade auf einer Ebene, die sich vielleicht bis zum Rio Paraguay erstreckt und so flach ist, daß das Wasser nirgends abfließen kann, als das heftigste Gewitter losbrach, das ich je erlebt habe. Kein Unterschlupf, kein Baum, soweit das Auge reichte; uns blieb nichts anderes übrig, als weiterzureiten, naß bis auf die Haut, während rechts und links von uns Blitze einschlugen wie die Geschosse eines Sperrfeuers. Nach zwei Stunden hörte der Regen endlich auf, und wir konnten die Böen sehen, die langsam über den Horizont zogen, wie auf hoher See. Aber schon begann sich am anderen Ende der Ebene eine lehmige, nur wenige Meter hohe Terrasse abzuzeichnen, auf der sich die Umrisse einiger Häuser gegen den Himmel abhoben. Wir waren in Engenho angekommen, das in der Nähe von Nalike liegt; wir hatten beschlossen, hier zu bleiben, statt in die ehemalige Hauptstadt zu reiten, die im Jahre 1935 nur noch aus fünf Hütten bestand.
Für das ungeübte Auge unterschieden sich diese Weiler kaum von denen der benachbarten brasilianischen Bauern, denen die Eingeborenen aufgrund ihrer Kleidung und häufig auch im körperlichen Typus ähnelten, denn es gab sehr viele Mestizen. Aber die Sprache war vollkommen anders: die Laute des Guaicuru klingen angenehm in den Ohren – schnell gesprochene lange Wörter, viele helle Vokale, die mit Dental- und Gutturallauten sowie mit weichen Phonemen abwechseln, erinnern an einen Bach, der über Kiesel hüpft. Der heutige Terminus Caduveo (ausgesprochen: cadiüö) ist eine Entartung des Namens, den die Indianer sich

selbst gaben: Cadiguegodi. Es war ausgeschlossen, während unseres kurzen Aufenthalts die Sprache zu erlernen, obwohl das Portugiesisch unserer neuen Gastgeber ziemlich dürftig war.
Das Gerüst der Wohnstätten bestand aus entrindeten, in den Boden gerammten Baumstämmen, die in der ersten Gabelung, welche der Holzfäller daran gelassen hatte, die Dachbalken trugen. Eine Schicht vergilbter Palmblätter bildete das Dach, das auf beiden Seiten tief herunterhing; doch im Unterschied zu den brasilianischen Häusern gab es keine Mauern. Die Bauten stellten somit eine Art Kompromiß zwischen den Wohnungen der Weißen (von denen sie die Form des Dachs kopiert hatten) und den ehemaligen Schutzhütten der Eingeborenen dar, deren Dächer flach und mit Matten bedeckt waren.
Die Ausmaße dieser dürftigen Wohnstätten hingegen waren beachtlich: nur wenige beherbergten eine einzige Familie; in manchen, die wie langgestreckte Schuppen aussahen, lebten bis zu sechs Familien, von denen jede über einen bestimmten, durch die Pfähle des Gebälks abgegrenzten und mit einem Bretterzaun versehenen Sektor verfügte, in dem die Bewohner ihre Zeit verbrachten – sitzend, liegend oder kauernd zwischen den Hirschfellen, Baumwollstoffen, Kürbisflaschen, Netzen und Behältern aus Stroh, die überall

Wasserkrug, hellrot verziert, mit schwarzem Harz lackiert

herumlagen oder von der Decke herunterhingen. In den Ekken standen die großen verzierten Wasserbehälter auf einem Gestell in Form einer Gabel mit drei Armen, deren unteres Ende im Boden steckte.
Früher waren diese Wohnstätten „Langhäuser" gewesen wie bei den Irokesen; durch ihr Aussehen verdienten einige von ihnen diesen Namen noch immer, aber die Gründe für den Zusammenschluß der Familien zu einer Arbeitsgemeinschaft waren willkürlich geworden; es handelte sich nicht mehr wie einst um einen matrilokalen Wohnsitz, in dem die Schwiegersöhne mit ihren Frauen im Haus der Schwiegereltern lebten.
Im übrigen fühlte man sich weit weg von der Vergangenheit in diesem armseligen Weiler, in dem sogar die Erinnerung an den Wohlstand verschwunden zu sein schien, den vierzig Jahre zuvor der Maler und Forscher Guido Boggiani angetroffen hatte, der sich hier zweimal, 1892 und 1897, aufgehalten und von diesen Reisen wichtige ethnographische Dokumente – eine Sammlung, die sich heute in Rom befindet – sowie ein anmutiges Reisetagebuch hinterlassen hat. Die Bevölkerung der drei Zentren betrug kaum mehr als zweihundert Personen, die von der Jagd, vom Sammeln wilder Früchte und von der Aufzucht einiger Ochsen und etwas Geflügel lebten und daneben ein paar kleine Maniokfelder bestellten, die in der Nähe der einzigen Quelle am Fuß der Terrasse lagen. Dorthin gingen wir, um uns inmitten der Fliegenschwärme zu waschen oder das opaleszierende, etwas süßliche Wasser zu schöpfen.
Neben dem Flechten von Stroh, dem Weben von baumwollenen Gürteln für die Männer, dem Hämmern von Münzen – die öfter aus Nickel als aus Silber bestanden –, aus denen Scheiben und Röhrchen für Halsketten hergestellt wurden, bildete die Keramik die Hauptbeschäftigung der Eingeborenen. Die Frauen vermischten die Tonerde des Rio Pitoko mit zerstampften Scherben, rollten die Masse zu spiralförmigen Schnüren und klopften sie so lange, bis sie zusammenhielten und das Gefäß geformt war; in dieses noch feuchte Stück wurden mit Hilfe von dünnen Schnüren Verzierungen gedrückt und mit einem in der Serra vorhandenen Eisenoxid bemalt. Dann wurde es im Freien gebrannt und, noch warm, mit zwei Arten von Lacken aus geschmol-

zenem Harz weiter verziert: dem schwarzen Harz des *pau santo* und dem durchsichtig gelben des *angico*; war die Form erkaltet, so wurde sie mit einem weißen Pulver – Kreide oder Asche – überzogen, damit die Ornamente stärker hervortraten.

Für die Kinder stellten die Frauen kleine Figuren – Personen oder Tiere – aus allem möglichen Material her, das ihnen in die Hände fiel: Ton, Wachs oder getrocknete Schoten, deren Form sie lediglich durch eine darauf geklebte Knetmasse korrigierten.

In den Händen der Kinder sah man auch kleine geschnitzte Holzstatuetten, die im allgemeinen mit irgendwelchem Tand bekleidet waren und als Puppen dienten, während andere, obwohl sie den ersteren ähnelten, von einigen alten Frauen sorgfältig in ihren Körben aufbewahrt wurden. Handelte es sich um Spielzeug? Um Götterbilder? Um Ahnenfiguren? Dies festzustellen, war angesichts dieses widersprüchlichen Gebrauchs um so schwieriger, als ein und dieselbe Statuette zuweilen auf beide Arten benutzt wurde. Bei manchen, die sich heute im *Musée de l'Homme* in Paris befinden, besteht an ihrer religiösen Bedeutung kein Zweifel, denn in einer von ihnen läßt sich die *Mutter der Zwillinge* erkennen, in der anderen der *Kleine Greis,* ein Gott, der auf die Erde herabgestiegen war und von den Menschen mißhandelt wurde, diese dann alle bestrafte mit Ausnahme einer einzigen Familie, bei der er Schutz gefunden hatte. Andererseits wäre es zu einfach, die Tatsache, daß man diese *santos* den Kindern überläßt, als Symptom für den Zusammenbruch eines Kultus zu werten; denn genau dieselbe, in unseren Augen so labile Situation ist bereits vor vierzig Jahren von Boggiani und zehn Jahre später von Fritsch beschrieben worden; und Beobachter, die zehn Jahre nach mir hier waren, erwähnen sie ebenfalls. Eine Situation aber, die sich fünfzig Jahre hindurch unverändert erhält, muß in gewissem Sinn als normal gelten; die Erklärung dafür ist weniger in einem – zweifellos vorhandenen – Verfall der religiösen Werte als vielmehr in den Beziehungen zwischen dem Heiligen und dem Profanen zu suchen, die weit unbefangener sind, als wir glauben. Der Gegensatz zwischen diesen Termini ist weder so absolut noch so kontinuierlich, wie man es so oft und so gern versichert hat.

In der Hütte neben der meinen lebte ein Zauberer und Medizinmann, dessen Ausrüstung aus einem runden Hocker, einer Strohkrone, einer mit einem Perlennetz überzogenen Kürbisklapper und einer Straußenfeder bestand, die er dazu benutzte, die *bichos*-„Tiere" – das heißt die bösen Geister – zu fangen, welche die Krankheiten verursachen und die während der Kur ausgetrieben werden – dank der antagonistischen Macht des *bicho* des Zauberers, seinem schützenden und überdies bewahrenden Geist, denn er war es, der seinem Schützling untersagte, mir diese kostbaren Utensilien abzutreten, an die er, wie er mir antworten ließ, „gewöhnt" sei.

Während unseres Aufenthalts fand ein Fest statt, um die Pubertät eines jungen Mädchens zu feiern, das in einer anderen Hütte wohnte; es wurde nach alter Sitte angezogen: ihr Baumwollkleid wurde durch ein Stück karierten Stoff ersetzt, der den Körper bis zu den Achselhöhlen umhüllte. Dann bemalte man ihre Schultern, Arme und ihr Gesicht mit vielen Zeichnungen und hängte ihr sämtliche verfügbaren Ketten um den Hals. Vielleicht geschah dies alles weniger, um dem Brauch Genüge zu tun, als um uns zu imponieren. Man erzählt den jungen Ethnographen nämlich, daß sich die Eingeborenen ungern fotografieren lassen und daß es ratsam sei, ihnen ihre Furcht zu nehmen und sie für das, was sie als Gefahr betrachten, mit einem Geschenk in Form eines Gegenstands oder in Form von Geld zu entschädigen. Die Caduveo hatten dieses System perfektioniert: sie verlangten nicht nur eine Bezahlung, wenn sie sich fotografieren ließen, sondern zwangen mich auch, sie zu fotografieren, damit ich sie bezahle; es verging kaum ein Tag, an dem mich nicht irgendeine phantastisch herausgeputzte Dame aufsuchte und mich so lange bedrängte, bis ich sie, ob ich wollte oder nicht, mit einer Aufnahme sowie mit einigen Milreis beehrte. Da ich mit meinen Filmen sparsam umgehen mußte, beschränkte ich mich häufig darauf, eine Aufnahme zu fingieren, und zahlte.

Doch wären wir sehr schlechte Ethnographen gewesen, wenn wir uns diesem Treiben widersetzt oder darin gar den Beweis für Dekadenz oder Krämergeist gesehen hätten. Denn in veränderter Form tauchten hier die spezifischen Merkmale der Eingeborenengesellschaft wieder auf: Unabhängigkeit und Autorität der Frauen von hoher Geburt; Prahlerei vor Fremden und Anspruch auf die Ehrerbietung des gemeinen Mannes. Die Kleidung mochte noch so phantastisch und improvisiert sein – das zugrunde liegende Verhalten bewahrte seine volle Bedeutung; an mir lag es, es wieder in den Kontext der traditionellen Institutionen zu stellen.

Dasselbe galt für die Ereignisse, die folgten, nachdem man dem Fräulein einen Schurz angelegt hatte: schon am Nachmittag begann man die *pinga* zu trinken, das heißt Zuckerrohrschnaps, wobei die im Kreis sitzenden Männer unter großem Geschrei mit Titeln prahlten, die sie der unteren Militärhierarchie entlehnt hatten (der einzigen, die sie kannten), wie: Korporal, Adjutant, Leutnant, Hauptmann. Es war eines jener „feierlichen Trinkgelage", die schon Autoren des 18. Jahrhunderts beschrieben hatten und bei denen früher die Häuptlinge den ihrem Rang entsprechenden Platz einnahmen, von Knappen bedient, während die Herolde die Titel des Trinkers aufzählten und seine Heldentaten priesen. Die Caduveo reagieren eigenartig auf dieses Getränk: nach einer Periode der Erregung versinken sie in düsteres Schweigen und beginnen dann zu schluchzen. Daraufhin nehmen zwei weniger betrunkene Männer den Verzweifelten an den Armen, führen ihn auf und ab, wobei sie ihm tröstende und liebevolle Worte zuflüstern, bis er sich entschließt, zu erbrechen. Dann kehren alle drei zu ihren Plätzen zurück, und das Gelage geht weiter.

Unterdessen sangen die Frauen ein kurzes Rezitativ aus

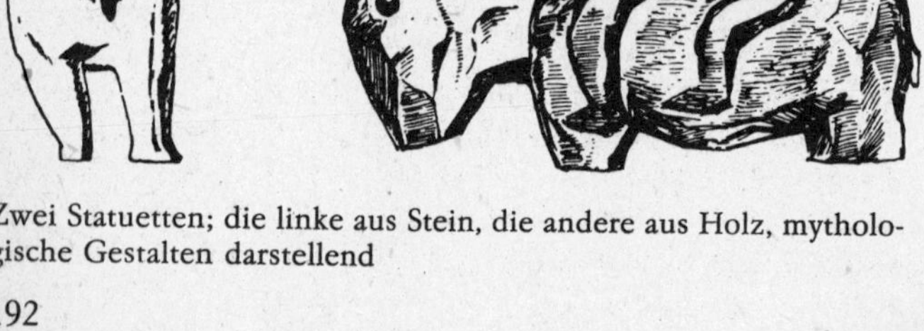

Zwei Statuetten; die linke aus Stein, die andere aus Holz, mythologische Gestalten darstellend

drei Tönen, das sie ständig wiederholten, und einige alte Frauen, die tranken, sprangen von Zeit zu Zeit wild gestikulierend vom Boden auf und schwatzten scheinbar zusammenhanglos drauflos, unter dem Lachen und den Scherzen der anderen. Auch hier wäre es falsch, dieses Verhalten als bloßes Sichgehenlassen betrunkener Weiber abzutun; denn die alten Autoren weisen darauf hin, daß die Feste, insbesondere diejenigen, bei denen die wichtigsten Augenblicke im Leben eines adligen Kindes gefeiert wurden, dadurch gekennzeichnet waren, daß sich die Frauen in Männerrollen zur Schau stellten: bei kriegerischen Umzügen, Tänzen und Turnieren. Diese zerlumpten, tief in ihrem Sumpf verlorenen Bauern boten zwar ein recht armseliges Schauspiel, aber gerade ihr Verfall ließ die Hartnäckigkeit um so eindrucksvoller hervortreten, mit der sie bestimmte Züge der Vergangenheit erhalten hatten.

XX Eine Eingeborenengesellschaft und ihr Stil

Die Gesamtheit der Bräuche eines Volks ist stets durch einen Stil gekennzeichnet; sie bilden Systeme. Ich bin davon überzeugt, daß die Anzahl dieser Systeme begrenzt ist und daß die menschlichen Gesellschaften genau wie die Individuen – in ihren Spielen, ihren Träumen, ihrem Wahn – niemals absolut Neues schaffen, sondern sich darauf beschränken, bestimmte Kombinationen aus einem idealen Repertoire auszuwählen, das sich rekonstruieren ließe. Würde man das Inventar aller Bräuche, die je beobachtet, in Mythen ersonnen, in den Spielen von Gesunden und Kranken sowie in den Verhaltensweisen von Psychopathen beschworen wurden, aufstellen, dann erhielte man schließlich eine Art periodischer Tafel ähnlich derjenigen der chemischen Elemente, in der sich alle realen oder auch nur möglichen Bräuche zu Familien gruppieren würden, so daß man nur noch herauszufinden brauchte, welche von ihnen die einzelnen Gesellschaften tatsächlich angenommen haben.
Diese Überlegungen passen besonders gut auf die Mbaya-Guaicuru, deren letzte Vertreter, neben den Toba und den Pilaga aus Paraguay, die Caduveo in Brasilien sind. Ihre Kultur erinnert unweigerlich an jene, die sich unsere Ge-

sellschaft in einem ihrer traditionellen Spiele erträumte und deren Modell die Phantasie von Lewis Carroll so gut herausgestellt hat: jene indianischen Ritter ähnelten den *Figuren auf unseren Spielkarten.* Dieses Merkmal zeigte sich schon in ihrer Kleidung: Tuniken und lederne Mäntel, welche die Schultern breiter erscheinen ließen und in steifen Falten niederfielen, verziert mit schwarzen und roten Zeichnungen, welche die alten Autoren mit türkischen Teppichen verglichen und in denen immer wieder dieselben Motive wiederkehrten: Pik, Herz, Karo und Kreuz.

Es gab Könige und Königinnen, und diese letzteren – wie die aus *Alice im Wunderland* – taten nichts lieber, als mit den abgeschlagenen Köpfen zu spielen, welche die Krieger ihnen mitbrachten. Adlige Männer und adlige Damen vergnügten sich bei Turnieren; sie sahen sich von allen untergeordneten Arbeiten befreit, dank einer alteingesessenen Bevölkerung, die sich in Sprache und Kultur von ihnen unterschied, den Guana. Die Tereno, ihre letzten Vertreter, leben heute in einem Reservat unweit der kleinen Stadt Miranda, wo ich sie aufgesucht habe. Diese Guana waren Akkerbauern und zahlten ihren Mbaya-Herren einen Tribut an landwirtschaftlichen Produkten als Gegenleistung für deren Schutz, das heißt um sich vor den Raubüberfällen der bewaffneten Ritterbanden zu schützen. Ein Deutscher, der sich im 16. Jahrhundert in diese Gegend vorgewagt hatte, verglich diese Verhältnisse mit denen, die zu seiner Zeit in Mitteleuropa zwischen Feudalherren und Leibeigenen bestanden.

Die Mbaya waren in Kasten organisiert: an der Spitze der sozialen Stufenleiter standen die Adligen, die sich in zwei Gruppen spalteten, in den erblichen Hochadel und Individuen, die in den Adelsstand erhoben wurden, wenn sie zufällig am selben Tag zur Welt kamen wie ein Kind adligen Standes. Der Hochadel teilte sich außerdem in ältere und jüngere Zweige. Dann kamen die Krieger, von denen die besten nach der Initiation in eine Bruderschaft aufgenommen wurden, die ihnen das Recht verlieh, einen besonderen Namen zu tragen und eine künstliche Sprache zu sprechen, die darin bestand, jedem Wort ein Suffix anzuhängen, wie es bei uns zum Beispiel Kinder tun. Die Sklaven, die den Chamacoco oder anderen Völkern angehörten, so-

wie die leibeigenen Guana bildeten die Plebs, obwohl sich auch diese, den eigenen Bedürfnissen entsprechend und ihren Herren nacheifernd, in drei Kasten spalteten.
Die Adligen bekundeten ihren Rang dadurch, daß sie ihren Körper mit Hilfe von Schablonen bemalten oder tätowierten, was einer Art Wappen gleichkam. Sie pflegten sich alle Gesichtshaare auszureißen, einschließlich der Augenbrauen und Wimpern, und nannten die Europäer mit ihren buschigen Augen verächtlich „Straußenbrüder". Männer wie Frauen zeigten sich in der Öffentlichkeit stets in Begleitung einer großen Gefolgschaft von Sklaven und Klienten, die sich um sie bemühten und ihnen jede Anstrengung ersparten. Noch im Jahre 1935 entschuldigten die geschminkten und mit Schmuck überladenen alten Monstren – übrigens die besten Zeichnerinnen – die Tatsache, daß sie die geselligen Künste hatten aufgeben müssen, damit, daß ihnen keine *cativas* – Sklavinnen – mehr zu Diensten stünden. In Nalike lebten noch ein paar ehemalige Chamacoco-Sklaven, die zwar in die Gruppe integriert waren, jedoch mit Herablassung behandelt wurden.
Der Hochmut dieser Herren hatte sogar die spanischen und portugiesischen Eroberer so eingeschüchtert, daß sie ihnen erlaubten, die Titel *Don* und *Doña* zu tragen. Man erzählte sich damals, daß eine weiße Frau nichts zu befürchten habe, wenn sie in die Hände der Mbaya fiele, da es keinem Krieger einfallen würde, sein Blut durch eine solche Vereinigung zu beschmutzen. Einige Mbaya-Damen weigerten sich, die Gattin des Vizekönigs zu empfangen, weil einzig die Königin von Portugal würdig genug gewesen wäre, mit ihnen zu verkehren; eine andere dieser Damen, fast noch ein Kind und unter dem Namen Doña Catarina bekannt, lehnte eine Einladung des Gouverneurs von Mato Grosso nach Cuiabá ab; da sie schon im heiratsfähigen Alter war, hätte dieser Herr, so glaubte sie, um ihre Hand anhalten können, und sie wollte weder eine Mesalliance eingehen, noch ihn durch ihre Weigerung beleidigen.
Diese Indianer waren monogam; aber die jungen Mädchen zogen es zuweilen vor, den Kriegern bei ihren Abenteuern zu folgen; sie dienten ihnen als Mundschenke, Pagen und Mätressen. Die adligen Damen hielten sich Hausfreunde, die meist auch ihre Geliebten waren, ohne daß die Gatten

Caduveo-Dekorationen

sich herabließen, Eifersucht zu zeigen und damit das Gesicht zu verlieren. Diese Gesellschaft zeigte sich allen Gefühlen abhold, die wir für natürlich halten; so empfanden sie einen tiefen Abscheu vor dem Zeugen von Kindern. Abtreibung und Kindsmord waren an der Tagesordnung, so daß das Überleben der Gruppe weit mehr durch Adoption als durch Fortpflanzung gesichert wurde, denn eines der Hauptziele der Kriegsexpeditionen bestand in der Beschaffung von Kindern. Anfang des 19. Jahrhunderts hatte man ausgerechnet, daß kaum zehn Prozent der Mitglieder einer Guaicuru-Gruppe ihr durch Blutsbande angehörten.
Wenn dennoch Kinder zur Welt kamen, wurden sie nicht von ihren Eltern erzogen, sondern einer anderen Familie anvertraut, bei der diese sie nur selten besuchten. So hütete man sie – von Kopf bis Fuß rituell mit schwarzer Farbe angestrichen und mit einem Namen bezeichnet, den die Eingeborenen den Negern gaben, als sie sie kennenlernten – bis zu ihrem vierzehnten Lebensjahr, in dem sie initiiert, gewaschen und von einer der beiden konzentrischen Haarkronen befreit wurden, die sie bisher hatten tragen müssen.
Dennoch war die Geburt eines Kindes von hohem Rang ein Anlaß zu Festlichkeiten, die sich bei jedem erreichten Entwicklungsstadium wiederholten: Entwöhnung, erste Schritte, Teilnahme an den Spielen usw. Die Herolde verkündeten die Ruhmestitel der Familien und prophezeiten dem Neugeborenen eine glorreiche Zukunft; man erklärte einen anderen Säugling, der im selben Augenblick zur Welt gekommen war, zu seinem Waffenbruder; es folgte ein Trinkgelage, bei dem der Met in Gefäßen in Form von Hörnern oder Schädeln serviert wurde; die Frauen liehen sich die Ausrüstung der Krieger aus und lieferten sich Scheingefechte. Die Adligen, die ihrem Rang entsprechend Platz genommen hatten, wurden von Sklaven bedient, die nichts trinken durften, damit sie ihren Herren notfalls beim Erbrechen beistehen und sich um sie kümmern konnten, bis diese in Erwartung der wunderbaren Visionen, die ihnen die Trunkenheit bescherte, endlich einschliefen.
Alle diese David, Alexander, Cäsar, Karl der Große, diese Rachel, Judith, Pallas, Argine; diese Hektor, Ogier, Lancelot und Lahire gründeten ihren Dünkel auf der Überzeugung,

Motive von Körperbemalungen

Motive von Körperbemalungen

daß sie allein bestimmt seien, die Menschheit zu beherrschen. Diese Gewißheit schöpften sie aus einem Mythos, von dem wir zwar nur noch Fragmente kennen, der aber, durch die Jahrhunderte gereinigt, in bewundernswerter Einfachheit erstrahlt: der bündigsten Form jener Selbstverständlichkeit, von der mich später meine Reise in den Orient überzeugen sollte, nämlich daß der Grad der Knechtschaft von der Geschlossenheit einer Gesellschaft abhängt. Dieser Mythos lautet wie folgt: Als das Höchste Wesen, Gonoenhodi, beschloß, die Menschen zu erschaffen, zog es zunächst die Guana, dann die anderen Stämme aus der Erde hervor; den ersteren gab es die Landwirtschaft, den anderen die Jagd. Der Betrüger, die andere Gottheit im Pantheon der Eingeborenen, bemerkte nun, daß die Mbaya in der Tiefe des Lochs vergessen worden waren, und holte sie heraus; da aber nichts mehr für sie übriggeblieben war, erhielten sie die einzig noch verfügbare Aufgabe, nämlich die anderen zu unterdrücken und auszubeuten. Hat es jemals einen tieferen Gesellschaftsvertrag gegeben als diesen?

Diese Menschen, die Ritterromanen entsprungen scheinen, vertieft in ihr grausames Spiel von Prestige und Herrschaft, haben eine graphische Kunst geschaffen, deren Stil sich mit nichts vergleichen läßt, was uns das präkolumbische Amerika hinterlassen hat, und der vielleicht noch am ehesten dem Dekor unserer Spielkarten ähnelt. Ich habe es schon oben erwähnt, möchte aber nun dieses außerordentliche Merkmal der Caduveo-Kultur näher beschreiben.

In unserem Stamm sind die Männer Bildhauer und die Frauen Malerinnen. Die Männer schnitzen aus dem harten bläulichen Holz des Gaiac die *santos*, von denen ich oben sprach; in die Zebuhörner, die ihnen als Tassen dienen, ritzen sie menschliche Figuren, Straußvögel und Pferde; manchmal zeichnen sie auch, aber immer nur Blätter, Menschen oder Tiere. Den Frauen ist die Verzierung der Töpferwaren und der Tierhäute sowie die Körperbemalung vorbehalten, in der viele wahre Virtuosinnen sind.

Ihr Gesicht, zuweilen auch ihr ganzer Körper, ist mit einem Netz asymmetrischer Arabesken bedeckt, die mit subtilen geometrischen Motiven abwechseln. Der erste, der sie beschrieb, war der Jesuitenmissionar Sanchez Labrador, der

Zeichnungen eines Caduveo-Knaben

von 1760 bis 1770 bei ihnen lebte; aber erst Boggiani fertigte ein Jahrhundert später genaue Reproduktionen an. Im Jahre 1935 habe ich selbst mehrere hundert Motive gesammelt, und zwar auf folgende Weise: zunächst hatte ich mir vorgenommen, die Gesichter zu fotografieren, doch die finanziellen Ansprüche der Stammesschönen hätten meine Mittel bald erschöpft. Daher versuchte ich, Gesichter auf Papier zu zeichnen und die Frauen zu bitten, diese so zu bemalen, als wären es ihre eigenen Gesichter; der Erfolg war so groß, daß ich auf meine ungeschickten Skizzen verzichtete. Die Zeichnerinnen ließen sich in keiner Weise durch die leeren weißen Blätter verwirren, was beweist, daß ihre Kunst nicht von der natürlichen Form des menschlichen Gesichts abhängig ist.

Nur einige sehr alte Frauen schienen die einstige Virtuosität bewahrt zu haben, und lange Zeit war ich davon überzeugt, daß meine Sammlung in letzter Stunde zustande gekommen sei. Wie groß war daher meine Überraschung, als mir vor zwei Jahren ein brasilianischer Kollege ein paar Zeichnungen schickte, die er fünfzehn Jahre später gesammelt hatte. Seine Dokumente schienen nicht nur mit ebenso sicherer Hand ausgeführt worden zu sein wie die meinen, sondern auch die Motive waren zum größten Teil dieselben. Während dieser ganzen Zeit hatten sich also so-

wohl Stil und Technik als auch die Inspiration unverändert erhalten, wie schon während der vierzig Jahre, die zwischen dem Besuch von Boggiani und meinem eigenen verflossen waren. Diese konservative Gesinnung ist um so bemerkenswerter, als sie sich nicht auf die Töpferei erstreckt, die, nach den letzten Veröffentlichungen zu schließen, gänzlich zu verfallen scheint. Man darf darin einen Beweis für die außerordentliche Bedeutung sehen, welche die Körper- und vor allem die Gesichtsbemalungen in der Kultur der Eingeborenen besitzen.
Einst wurden die Motive tätowiert oder gemalt; nur die letztere Methode ist erhalten geblieben. Die Malerin arbeitet auf dem Gesicht oder dem Körper einer Gefährtin, manchmal auch eines Knaben; bei den Männern geht dieser Brauch schneller verloren. Mit einem feinen Bambusspatel, der in den Saft des *genipapo* – einer anfangs farblosen Flüssigkeit, die jedoch durch Oxydierung eine blauschwarze Tönung annimmt – getaucht wird, improvisiert die Künstlerin am lebenden Modell: ohne Vorlage, ohne Skizze, ohne Anhaltspunkte. Sie schmückt die Oberlippe mit einem bogenförmigen Motiv, das an den beiden Enden in Spiralen

Zeichnung desselben Knaben

ausläuft; dann teilt sie das Gesicht mit Hilfe einer vertikalen, zuweilen auch horizontalen Linie. Die geviertelte, gespaltene – oder auch schräg geteilte – Fläche wird nun großzügig mit Arabesken verziert, die keine Rücksicht auf die Lage der Augen, der Nase, der Wangen, der Stirn oder des Kinns nehmen, sondern sich ausbreiten wie auf einem flachen Feld. Diese geschickten, asymmetrischen und dennoch das Gleichgewicht wahrenden Kompositionen beginnen an einem beliebigen Punkt und werden in einem Zug, ohne Zögern und ohne Unterbrechung zu Ende geführt. Sie zeigen relativ einfache Motive wie Spiralen, S-Formen, Kreuze, durchbrochene Rauten, Mäander und Schnecken, die jedoch so miteinander kombiniert werden, daß jedes einzelne Werk einen besonderen Charakter besitzt. Von den vierhundert Zeichnungen, die ich 1935 gesammelt habe, gibt es nicht zwei, die einander ähneln, doch da ich beim Vergleich meiner Kollektion mit der später entstandenen das Umgekehrte feststellte, kam ich zu dem Schluß, daß das außerordentlich große Repertoire der Künstlerinnen trotz allem von der Tradition bestimmt ist. Leider ist es weder mir noch meinen Nachfolgern gelungen, die dieser Eingeborenen-Stilistik zugrunde liegende Theorie zu erfassen: die Informanten geben zwar einige Anhaltspunkte in bezug auf die einfachsten Motive, schützen jedoch Unwissenheit oder Vergessen vor, sobald es sich um kompliziertere Verzierungen handelt. Mag sein, daß sie tatsächlich nur auf der Grundlage eines empirischen Wissens zu Werke gehen, das von Generation zu Generation überliefert wird; mag sein, daß sie Wert darauf legen, das Geheimnis ihrer Kunst zu wahren.

Heute bemalen sich die Caduveo nur noch zum Vergnügen; aber früher hatte dieser Brauch eine tiefere Bedeutung. Nach dem Zeugnis von Sanchez Labrador bemalten sich die adligen Kasten nur die Stirn, einzig der gemeine Mann verzierte sich das ganze Gesicht; außerdem gingen zu jener Zeit nur die jungen Frauen mit der Mode: „Es kommt selten vor", schreibt er, „daß die alten Frauen ihre Zeit mit derlei Zeichnungen vergeuden; sie begnügen sich mit denjenigen, welche die Jahre auf ihr Gesicht gegraben haben." Der Missionar ist entsetzt über diese Geringschätzung für das Werk des Schöpfers; warum verändern die Eingebore-

Zwei Gesichtsbemalungen; man beachte das aus zwei gegenüberliegenden Spiralen bestehende Motiv, das die Oberlippe darstellt und auf diese gemalt wird

nen das menschliche Gesicht? Er sucht nach Erklärungen: wollen sie den Hunger vergessen, wenn sie stundenlang ihre Arabesken zeichnen? Oder wollen sie sich den Feinden unkenntlich machen? Was immer er sich vorstellt, alles dreht sich um Betrug! Warum? Wie sehr der Missionar diese Malereien auch verabscheut, sogar er ist sich bewußt, daß sie für die Eingeborenen eine ungeheure Bedeutung besitzen und in gewissem Sinn ein Ziel an sich darstellen. So tadelt er diese Menschen, die viele Tage mit Malen verlieren und darüber Jagd, Fischfang und Familie vergessen. „Warum seid ihr so dumm?" fragten die Eingeborenen die Missionare. „Warum sollen wir dumm sein?" fragten diese zurück. „Weil ihr euch nicht bemalt wie die Eyiguayeguis." Man mußte bemalt sein, um ein Mensch zu sein: derjenige, der im Naturzustand verharrte, unterschied sich in nichts vom Tier.

Es besteht kaum ein Zweifel, daß sich das Fortleben dieses Brauchs bei den Frauen durch erotische Überlegungen erklärt. Der Ruf der Caduveo-Frauen ist auf beiden Ufern des Rio Paraguay fest verankert. Viele Mestizen und Indianer anderer Stämme kamen früher nach Nalike, um sich hier niederzulassen und zu heiraten. Die Gesichts- und Körperbemalungen erklären vielleicht diese Anziehungskraft, jedenfalls verstärken und symbolisieren sie sie. Diese zarten subtilen Striche, ebenso beweglich wie die Linien des Gesichts, welche sie manchmal betonen, manchmal verraten, verleihen der Frau etwas herrlich Herausforderndes. Diese pikturale Chirurgie verpflanzt die Kunst auf den menschlichen Körper. Und wenn Sanchez Labrador ängstlich beteuert, daß damit „der Anmut der Natur eine künstliche Häßlichkeit aufgepfropft" werde, widerspricht er sich selbst, denn ein paar Zeilen weiter bemerkt er, daß selbst die schönsten Wandteppiche Europas sich nicht mit diesen Malereien messen könnten. Wohl niemals ist die erotische Wirkung des Schminkens so systematisch und bewußt ausgenutzt worden.

In den Gesichtsmalereien wie in der Abtreibung und im Kindsmord brachten die Mbaya ihren Abscheu vor der Natur zum Ausdruck. Die Kunst der Eingeborenen kündet von einer grenzenlosen Verachtung für die lehmige Erde, aus der wir geschaffen wurden; in diesem Sinn grenzt sie an

Sünde. Aus seiner Sicht als Jesuit und Missionar beweist also Sanchez Labrador außerordentlichen Scharfsinn, wenn er in ihr den Dämon sieht. Er hebt den promethischen Aspekt dieser wilden Kunst hervor, wenn er die Technik beschreibt, mit der die Eingeborenen ihren Körper mit sternförmigen Motiven bedecken: „So betrachtet sich jeder Eyiguayegui als einen neuen Atlas, der nicht nur mit Schultern und Händen, sondern mit seinem ganzen Körper ein ungeschickt geformtes Universum stützt." Wäre dies vielleicht die Erklärung für den außergewöhnlichen Charakter der Caduveo-Kunst, nämlich daß sich der Mensch mit ihrer Hilfe weigert, ein Ebenbild Gottes zu sein?

Verzierung auf Leder

Wenn man die Motive in Form von Balken, Spiralen und Ranken betrachtet, für welche diese Kunst eine Vorliebe zu haben scheint, denkt man unweigerlich an das spanische Barock, an seine Schmiedeeisen und seinen Stuck. Haben wir es vielleicht mit einem den Eroberern entlehnten naiven Stil zu tun? Fest steht, daß sich die Eingeborenen einige Themen angeeignet haben, und wir kennen auch Beispiele für diesen Vorgang. Als die Indianer zum ersten Mal ein westliches Kriegsschiff besichtigten, das 1857 auf dem Paraguay fuhr, sahen die Matrosen der *Maracanha* am folgenden Tag, daß auf den Körpern der Eingeborenen ankerförmige Motive prangten; ein Indianer hatte seinen Oberkörper sogar mit einer vollständigen Offiziersuniform bemalen lassen, samt Knöpfen, Tressen, Koppel und Rockschößen. Doch beweist dies lediglich, daß die Mbaya ans Zeichnen gewöhnt und in dieser Kunst äußerst geschickt waren. Und so selten ihr kurvenreicher Stil im präkolumbischen Amerika auch sein mag, besitzt er doch gewisse Ähnlichkeiten mit archäologischen Funden an verschiedenen Punkten des Kontinents, die zum Teil mehrere Jahrhunderte vor ihrer Entdekkung entstanden sind: mit denen von Hopewell im Ohio-Tal und der neueren Caddo-Töpferei im Mississippi-Tal; mit den Funden von Santarem und Marajo an der Mündung des Amazonas und von Chavin in Peru. Gerade die große Streuung dieser Funde deutet auf ein hohes Alter hin.
Das wahre Problem liegt anderswo. Wenn man die Caduveo-Zeichnungen untersucht, drängt sich eine Feststellung auf: ihre Originalität rührt nicht von den elementaren Motiven her, die so einfach sind, daß sie unabhängig von fremden Einflüssen entstehen konnten und wohl selten entlehnt wurden (wahrscheinlich aber haben beide Vorgänge nebeneinander stattgefunden): sie ergibt sich vielmehr aus der Art und Weise, wie diese Motive miteinander kombiniert sind; das heißt, sie ist auf der Ebene des Resultats, des vollendeten Werks zu suchen. Die Kompositionstechniken sind nun aber so raffiniert und systematisch, daß sie die Anregungen bei weitem übertreffen, welche die europäische Kunst der Renaissance den Indianern hätte bieten können. Wie immer der Ursprung gewesen sein mag, diese außergewöhnliche Entwicklung läßt sich nur mit Gründen erklären, die in ihr selbst liegen.

Ich habe schon früher einmal versucht, einige dieser Gründe aufzuhellen, als ich die Kunst der Caduveo mit anderen verglich, die gewisse Analogien zu ihr aufweisen: mit der Kunst des alten China, der Nordwestküste Kanadas, Alaskas sowie Neuseelands.* Die Hypothese, die ich hier vorlege, ist von der früheren zwar verschieden, widerspricht ihr jedoch nicht, sondern ergänzt sie.

Wie ich damals sagte, ist die Kunst der Caduveo von einem Dualismus gekennzeichnet: dem zwischen Männern und Frauen, wobei die einen Bildhauer, die anderen Malerinnen sind; die ersten pflegen einen trotz allen Stilisierungen darstellenden und naturalistischen Stil, während sich die zweiten einer abstrakten Kunst widmen. Wenn ich mich nun auf die Betrachtung dieser weiblichen Kunst beschränke, möchte ich unterstreichen, daß sich der Dualismus hier auf mehreren Ebenen fortsetzt.

Die Frauen praktizierten zwei Stilarten, die beide vom Sinn für das Dekorative und von der Abstraktion durchdrungen sind. Der eine ist eckig und geometrisch, der andere kurvenreich und frei. Meist beruhen die Kompositionen auf einer gleichmäßigen Verbindung beider Stile. Der eine wird zum Beispiel für den Rand oder die Einrahmung verwendet, der andere für das Hauptornament; noch auffälliger ist, daß sich bei den Töpferwaren im allgemeinen auf dem Hals des Kruges eine geometrische und auf dem Bauch eine kurvenreiche Verzierung befindet, oder umgekehrt. Der kurvenreiche Stil wird mit Vorliebe für die Gesichtsbemalungen, der geometrische für die Körperbemalungen verwendet, falls nicht, durch eine zusätzliche Teilung, jede Körperregion eine Verbindung beider Stile zeigt.

In allen Fällen verrät das fertige Werk ein Bemühen um Gleichgewicht zwischen anderen, ebenfalls paarweise geordneten Prinzipien: eine ursprünglich lineare Verzierung wird wiederaufgenommen und teilweise in Flächen verwandelt (indem einige Sektoren schraffiert werden, wie wir es tun, wenn wir gedankenlos vor uns hinmalen); in den meisten Werken wechseln beide Themen miteinander ab, und fast immer nehmen die Figur und der Hintergrund unge-

* *Le dédoublement de la représentation dans les arts de l'Asie et de l'Amérique,* enthalten in: *Strukturale Anthropologie,* Frankfurt/Main, 1967.

fähr einen gleich großen Raum ein, so daß es möglich ist, die Komposition auf zweierlei Weise zu sehen, indem man die Gruppen, welche die eine oder die andere Rolle spielen sollen, umkehrt: jedes Motiv kann als Positiv oder als Negativ wahrgenommen werden. Schließlich wahrt die Verzierung häufig das doppelte Prinzip der Symmetrie und der Asymmetrie, das in Form von einander entgegengesetzten Feldern zum Ausdruck kommt, die selten gespalten oder geteilt, öfter schrägrechts gestellt oder schräglinks gestellt oder auch geviertelt oder geständert sind. Absichtlich verwende ich Begriffe aus der Heraldik, denn alle diese Regeln erinnern unweigerlich an die Prinzipien des Wappens.

Setzen wir die Analyse am Beispiel einer Körperbemalung fort, die sehr einfach erscheint (Abb. 17–18). Sie besteht aus gewellten und auf beiden Seiten umschlossenen Pfählen, die gleich große spindelförmige Felder begrenzen, deren Hintergrund ein Netz von kleinen Figuren oder Wappenstücken überzieht, wobei auf jedes Feld jeweils eine Figur entfällt. Diese Beschreibung ist trügerisch: sehen wir näher zu. Zwar mag sie dem allgemeinen Eindruck der fertigen Zeichnung entsprechen, aber die Zeichnerin hat nicht damit begonnen, die gewellten Bänder zu ziehen, um dann die Zwischenräume jeweils mit einer Figur auszuschmükken. Ihre Methode war anders und komplizierter. Sie arbeitete gleichsam wie ein Steinsetzer, indem sie mit Hilfe identischer Elemente eine Reihe nach der anderen fertigstellte. Jedes Element setzt sich wie folgt zusammen: ein Sektor Band, der selbst wieder aus dem konkaven Teil des einen und dem konvexen Teil des angrenzenden Bandes besteht; ein spindelförmiges Feld; eine Figur in der Mitte dieses Feldes. Diese Elemente verzahnen sich ineinander, und erst am Ende gewinnt die gesamte Figur eine Stabilität, die den dynamischen Prozeß ihrer Entstehung sowohl bestätigt wie verleugnet.

Der Caduveo-Stil konfrontiert uns also mit einer ganzen Reihe komplexer Probleme. Zunächst gibt es einen Dualismus, der wie in einem Spiegelsaal auf die verschiedenen Ebenen projiziert wird: Männer und Frauen, Malerei und Bildhauerei, Darstellung und Abstraktion, Winkel und Kurve, Geometrie und Arabeske, Hals und Bauch, Symmetrie und Asymmetrie, Linie und Fläche, Randverzierung

und Hauptmotiv, Wappenstück und Feld, Figur und Hintergrund. Aber diese Gegensätze fallen erst nachträglich auf; sie haben statischen Charakter. Die Dynamik der Kunst, das heißt die Art und Weise, wie die Motive erfunden und ausgeführt werden, überschneidet diese grundlegende Dualität auf allen Ebenen: denn die primären Themen werden zuerst auseinandergebrochen, dann zu sekundären Themen wieder zusammengesetzt, die in vorläufiger Einheit Fragmente der ersteren ins Spiel bringen, und diese werden dann so nebeneinandergestellt, daß die ursprüngliche Einheit wie durch ein Gaukelspiel erneut auftaucht. Schließlich werden die so entstandenen komplexen Verzierungen abermals durchschnitten und einander in einer Weise gegenübergestellt, die an die Gliederung von Wappen erinnert, wo zwei Verzierungen auf vier Felder verteilt sind, von denen sich je zwei gleiche, nur anders gefärbte Felder schräg gegenüberstehen.
Nun läßt sich erklären, warum dieser Stil an unsere Spielkarten erinnert, auch wenn er weit subtiler ist. Jede Kartenfigur muß zwei Bedingungen erfüllen. Zunächst muß sie eine doppelte Funktion ausüben, nämlich einerseits ein Objekt sein und andererseits dem Dialog – oder dem Duell – zwischen zwei Partnern dienen, die einander gegenüberstehen; sodann muß sie eine bestimmte Rolle als Karte spielen, das heißt als Bestandteil einer Sammlung: des Spiels. Aus dieser komplexen Bestimmung ergeben sich mehrere Forderungen: die Forderung nach Symmetrie in bezug auf die Funktion und die nach Asymmetrie in bezug auf die Rolle. Das Problem wird gelöst durch eine symmetrische Komposition, die aber mittels einer Schrägachse unterbrochen ist, wodurch sowohl die totale Asymmetrie, die der Rolle entsprechen, der Funktion jedoch widersprechen würde, wie auch die totale Symmetrie vermieden wird, die den gegenteiligen Effekt haben würde. Auch hier handelt es sich um eine komplexe Situation, die zwei widersprüchlichen Formen von Dualität entspricht und die zu einem Kompromiß führt, der durch einen sekundären Gegensatz zwischen der idealen Achse des Objekts und derjenigen der Figur, die auf ihm dargestellt ist, realisiert wird. Doch um zu diesem Schluß zu kommen, waren wir gezwungen, die Ebene einer Stilanalyse zu überschreiten. Um den Stil der

Körperbemalung: links von Boggiani gefunden (1895), rechts vom Verfasser (1935)

Spielkarten zu verstehen, reicht es nicht aus, ihre Zeichnungen zu betrachten; man muß sich auch fragen, wozu sie dienen. Wozu also dient die Kunst der Caduveo?
Zum Teil haben wir diese Frage bereits beantwortet, oder vielmehr die Eingeborenen haben es für uns getan. Die Gesichtsmalereien verleihen zunächst dem Individuum seine Menschenwürde; sie vollziehen den Übergang von der Natur zur Kultur, vom „stumpfsinnigen" Tier zum zivilisierten Menschen. Außerdem drücken sie, in Stil und Komposition je nach den Kasten verschieden, in einer komplexen Gesellschaft die Hierarchie der Rangstufen aus. Damit besitzen sie eine soziologische Funktion.
So wichtig diese Feststellung sein mag, sie genügt noch nicht, den originellen Merkmalen der Eingeborenenkunst Rechnung zu tragen; bestenfalls erklärt sie ihre Existenz. Fahren wir also mit der Analyse der sozialen Struktur fort. Die Mbaya teilten sich in drei Kasten; jede von ihnen war von Fragen der Etikette beherrscht. Für die Adligen und bis zu einem gewissen Grad auch für die Krieger bestand das wesentliche Problem im Prestige. In den frühen Berichten sehen wir sie von der Angst gelähmt, das Gesicht zu verlieren, standeswidrig zu handeln und vor allem eine Mesalliance einzugehen. Eine solche Gesellschaft war folglich von der Segregation bedroht. Freiwillig oder gezwungen zeigte jede Kaste die Neigung, sich auf Kosten des gesamtgesellschaftlichen Zusammenhalts auf sich selbst zurückzuziehen. Insbesondere die Endogamie der Kasten und die vielfachen hierarchischen Abstufungen mußten die Möglichkeit von Heiraten, die den konkreten Notwendigkeiten des kollektiven Lebens entsprochen hätten, stark einschränken. Nur so erklärt sich das Paradoxon einer Gesellschaft, die sich gegen die Fortpflanzung sperrte und, um sich vor den Risiken der inneren Mesalliance zu schützen, zu jener Art von umgekehrtem Rassismus gelangte, der in der systematischen Adoption von Feinden oder Fremden bestand.
Unter diesen Umständen ist es bezeichnend, daß man an den äußersten Grenzen des ausgedehnten Territoriums, das die Mbaya beherrschten, sowohl im Nordosten wie im Südwesten Formen gesellschaftlicher Organisation antrifft, die trotz der geographischen Entfernung fast identisch sind. Die Guana in Paraguay und die Bororo im mittleren Mato

Zwei Motive von Körper- und Gesichtsbemalung

Grosso besaßen (und besitzen im letzteren Fall noch heute) eine hierarchisierte Struktur, die derjenigen der Mbaya sehr ähnlich war: sie gliederten oder gliedern sich in drei Klassen, die zumindest in der Vergangenheit jeweils einen anderen Status besaßen. Diese Klassen waren erblich und endogam. Allerdings wurde die oben erwähnte Gefahr, die den Mbaya drohte, dadurch gemildert, daß sowohl bei den Guana wie bei den Bororo eine Teilung in zwei Hälften bestand, die zumindest bei den letzteren die Klassen überschnitt. Wenn es den Mitgliedern verschiedener Klassen verboten war, einander zu heiraten, so galt für die Hälften das umgekehrte Gebot: ein Mann, der der einen Hälfte an-

Gesichtsbemalung

gehörte, mußte eine Frau der anderen heiraten und umgekehrt. Man darf also sagen, daß die Asymmetrie der Klassen in gewissem Sinn durch die Symmetrie der Hälften ausgeglichen wurde.

Muß man diese komplexe, aus drei hierarchischen Klassen und zwei ausgeglichenen Hälften bestehende Struktur als ein einheitliches System betrachten? Vielleicht. Ebenso verlockend ist es, die beiden Aspekte zu unterscheiden und den einen so zu behandeln, als sei er älter als der andere. Es fehlt nicht an Argumenten, die sowohl für die Priorität der Klassen wie für die der Hälften sprechen.

Die Frage, die uns hier interessiert, ist eine andere. So kurz meine Beschreibung des Systems der Guana und der Bororo ausgefallen ist (ich werde später darauf zurückkommen), so ist doch sicherlich klar geworden, daß es auf soziologischer Ebene eine Struktur aufweist, die derjenigen analog ist, die ich auf stilistischer Ebene anläßlich der Caduveo-Kunst herausgearbeitet habe. Stets haben wir es mit einem doppelten Gegensatz zu tun. Im ersten Fall besteht er einerseits in der Gegenüberstellung einer ternären asymmetrischen und einer binären symmetrischen Organisation, andererseits in der Gegenüberstellung sozialer Mechanismen, von denen die einen auf der Gegenseitigkeit, die anderen auf der Hierarchie gründen. Das Bemühen, diesen widersprüchlichen Prinzipien treu zu bleiben, führt zu Teilungen und Unterteilungen der sozialen Gruppe in verbündete und entgegengesetzte Untergruppen. Wie ein Wappen, das auf seinem Feld die Vorrechte mehrerer Linien vereint, so ist auch die Gesellschaft schräglinks gestellt, geteilt, gespalten oder schrägrechts gestellt. Man braucht nur den Plan eines Bororo-Dorfs zu untersuchen (was ich weiter unten tun werde), um festzustellen, daß er in der Art einer Caduveo-Zeichnung organisiert ist.

Alles sieht also so aus, als sei es den Guana und den Bororo gelungen, den Widerspruch in ihrer sozialen Struktur durch wahrhaft soziologische Methoden zu lösen (oder zu verschleiern). Vielleicht besaßen sie die Hälften schon, bevor sie in den Einflußbereich der Mbaya gerieten, so daß sie über das Mittel zu dieser Lösung bereits verfügten; vielleicht aber haben sie die Hälften erst nachträglich erfunden – oder anderen Stämmen entlehnt –, weil der aristokratische Dünkel bei diesen Provinzlern nicht so stark ausgeprägt war; noch andere Hypothesen sind denkbar. Jedenfalls fehlte diese Lösung den Mbaya, wohl nicht, weil sie sie nicht kannten, sondern weil sie sich nicht mit ihrem Fanatismus vereinbaren ließ. Sie besaßen also keine Möglichkeit, ihre Widersprüche zu lösen oder sie wenigstens mit Hilfe listenreicher Institutionen zu vertuschen. Doch konnte ihnen dieses Heilmittel, das sie sich auf sozialer Ebene versagten, nicht vollständig entgehen. Es hat sich in ihre Gedanken eingeschlichen und sie verwirrt. Und da sie sich seiner nicht bewußt werden und es nicht leben konnten, haben sie begonnen, davon zu träumen. Nicht in direkter Form, denn diese wäre an ihren Vorurteilen gescheitert, sondern in verwandelter und scheinbar harmloser Form: in ihrer Kunst. Denn wenn unsere Analyse richtig ist, dann muß man die graphische Kunst der Caduveo-Frauen, ihre geheimnisvolle Verführungskraft und ihre auf den ersten Blick grundlose Kompliziertheit als die Phantasie einer Gesellschaft deuten und erklären, die mit ungestillter Leidenschaft nach Mitteln sucht, die Institutionen symbolisch darzustellen, die sie hätte haben können, wenn ihre Interessen und ihr Aberglaube sie nicht daran gehindert hätten. Bewundernswerte Kultur, deren Traum die Königinnen mit ihrer Schminke einfangen: Hieroglyphen, die ein unerreichbares goldenes Zeitalter beschreiben, das sie, in Ermangelung eines Codes, in ihrem Schmuck preisen und dessen Geheimnisse sie zur gleichen Zeit enthüllen wie ihre Nacktheit.

SECHSTER TEIL
Bororo

XXI Gold und Diamanten

Gegenüber von Porto Esperança, am rechten Ufer des Rio Paraguay, liegt Corumbá, das Tor nach Bolivien, eine Stadt, die wie für die Welt von Jules Verne geschaffen scheint – hoch auf einem Kalkfelsen, der den Fluß überragt. Umgeben von Einbäumen ankern ein oder zwei kleine Dampfer mit Schaufelrädern, zwei Etagen mit Kabinen und einem dünnen Kamin am Kai, von dem aus ein steiler Weg nach oben führt. Am Anfang dieses Wegs liegen einige Gebäude, deren Größe in keinem Verhältnis zu den übrigen Häusern steht, das Zollgebäude und das Zeughaus, die an die Zeit erinnern, da der Rio Paraguay eine prekäre Grenze zwischen Staaten bildete, die erst vor kurzem ihre Unabhängigkeit erlangt hatten und vor neuen Hoffnungen überschäumten, während der Wasserweg zwischen dem Río de la Plata und dem Innern einem regen Verkehr diente.
Oben auf dem Felsen bildet der Weg eine etwa zweihundert Meter lange Uferpromenade und biegt dann im rechten Winkel in die Stadt ein: eine lange Straße, gesäumt von niedrigen, weiß oder ockerfarben getünchten Häusern mit flachen Dächern. Die Straße mündet auf einen viereckigen Platz, auf dem zwischen den Flamboyant-Bäumen mit ihren grellen Farben, grün und orange, das Gras wuchert; dahinter erstreckt sich das steinige Land bis zu den Hügeln, die den Horizont versperren.
Ein einziges Hotel, das immer belegt ist; ein paar Mietzimmer im Erdgeschoß alter Häuser, wo sich die Feuchtigkeit der Sümpfe staut und wo Alpträume, die der Wirklichkeit nur allzusehr entsprechen, den Schläfer in einen christlichen Märtyrer neuer Art verwandeln: in einer stickigen Grube ist er den Wanzen zum Fraß vorgeworfen. Das Essen ist abscheulich, denn das arme oder unbebaute Land vermag den Bedürfnissen von zwei- bis dreitausend seßhaften oder nomadisierenden Bewohnern nicht gerecht zu werden, welche die Bevölkerung von Corumbá bilden. Alles ist unerschwinglich, und die Unruhe der Stadt, der Gegen-

satz zwischen ihr und der flachen Wüstenlandschaft – ein brauner Schwamm, der sich auf der anderen Seite des Flusses ausbreitet – erwecken den Eindruck von Leben und Fröhlichkeit, wie sie vor hundert Jahren in den Pionierstädten Kaliforniens und des *Far West* geherrscht haben mochten. Abends versammelt sich die Bevölkerung auf der Uferpromenade. Die Jünglinge hocken mit baumelnden Beinen stumm auf dem Geländer; an ihnen vorbei flanieren die Mädchen in tuschelnden Gruppen, zu dritt oder zu viert; man meint, einer Zeremonie beizuwohnen; nichts ist seltsamer als diese ernsthafte Parade der heiratsfähigen jungen Leute im Schein einer flackernden Elektrizität, am Rande eines fünfhundert Kilometer langen Sumpfs, aus dem sich die Straußenvögel und Boa-Schlangen bis zu den Toren der Stadt vorwagen.

Corumbá ist in Vogelfluglinie kaum vierhundert Kilometer von Cuiabá entfernt; ich habe die Entwicklung des Luftverkehrs zwischen den beiden Städten miterlebt, angefangen von den kleinen Maschinen mit vier Plätzen, welche die Strecke, heftig durchgerüttelt, in zwei oder drei Stunden zurücklegten, bis hin zu den Junkers mit zwölf Plätzen der Jahre 1938/39. Im Jahre 1935 freilich konnte man nur auf dem Wasserweg nach Cuiabá gelangen, und die vierhundert Kilometer verdoppelten sich durch die Windungen des Flusses. Während der Regenzeit brauchte man acht Tage, um die Hauptstadt des Staates zu erreichen, in der Trockenzeit zuweilen drei Wochen, wenn nämlich das Schiff, trotz seines geringen Tiefgangs, auf irgendeiner Sandbank steckenblieb; es konnten Tage vergehen, bis man es mit Hilfe eines an einem starken Baum am Flußufer befestigten Kabels, an dem wütend der Motor zerrte, wieder flott bekam. Im Büro der Schiffahrtsgesellschaft hing ein verführerisches Plakat, das ich wörtlich übersetze unter Beibehaltung des Stils und der typographischen Aufmachung.

MÖCHTE EURE EXZELLENZ EINE REISE UNTERNEHMEN?

Dann nur in dem prächtigen Schiff

N/M CIDADE DE CORUMBA

der Flußschiffahrtsgesellschaft M. & Co. Dieser Dampfer verfügt über modernsten Komfort, ausgezeichnete Badezimmer, elektrisches Licht, fließendes Wasser in allen Kabinen und einen perfekten *Service de Garconière**.
Das schnellste und bequemste Schiff der Linie Cuiabá-Corumba-Porto Esperança.
Wenn Eure Exzellenz in Corumba oder Porto Esperança die N/M CIDADE DE CORUMBA nimmt, wird sie drei oder mehr Tage früher an ihr Reiseziel gelangen als mit irgendeinem anderen Schiff. Und da die Zeit bei jeder Tätigkeit einen wichtigen Faktor darstellt, muß jeder dem schnellsten und komfortabelsten Schiff den Vorzug geben.

DER DAMPFER GUAPORE

Um den Herren Passagieren besser zu dienen, hat das Unternehmen den prächtigen Dampfer GUAPORE renovieren lassen und den Speisesaal nach oben verlegt, ein Gedanke, der dem Dampfer einen herrlichen Speisesaal und den verehrten Passagieren mehr Bewegungsfreiheit gibt.

Wählen Sie daher die schnellen Dampfer N/M CIDADE DE CORUMBA und GUAPORE.

Ich brauche wohl nicht hinzuzufügen, daß die Wirklichkeit der Beschreibung wenig entsprach. Und trotzdem, welch herrliche Reise! Wir waren nur wenige Passagiere: Familien von Viehzüchtern, die zu ihren Herden zurückkehrten; libanesische Händler; Garnisonssoldaten oder Funktionäre aus der Provinz. Kaum waren sie an Bord, warfen sie sich alle in eine Art Strandkostüm, das heißt einen gestreiften

* Im Original Französisch und mit der angegebenen Orthographie.

Pyjama, der bei den eleganten Leuten aus Seide war und die behaarten Körper nur schlecht verhüllte, und Pantoffeln; zweimal am Tag setzte man sich zu Tisch, um eine ewig gleiche Mahlzeit zu sich zu nehmen, die aus einer Schüssel Reis, einer Schüssel schwarze Bohnen, einer Schüssel Maniokmehl bestand, von frischem oder Büchsenrindfleisch begleitet. Dieses Gericht heißt *feijoada*, von *feijão*, Bohne. Der Heißhunger meiner Reisegefährten wurde nur noch von dem Unterscheidungsvermögen übertroffen, mit dem sie diese alltägliche Kost beurteilten. Je nach den Mahlzeiten war die *feijoada* entweder *muito boa* oder *muito ruim*, „vortrefflich" oder „abscheulich"; ebenso besaßen sie nur einen einzigen Terminus, um die Qualität der Nachspeise zu bezeichnen, die aus fettem Käse und Obstkuchen bestand, die man beide zusammen mit dem Messer ißt: sie war *bem doce* oder nicht – süß oder nicht süß genug.

Ungefähr alle dreißig Kilometer hielt das Schiff an, um Holz zu laden; und wenn es nötig war, wartete man zwei bis drei Stunden, bis ein Vorsteher in der Prärie mit dem Lasso eine Kuh gefangen hatte, und zwar unter Mitwirkung der Mannschaft, die das Gerippe dann an Bord hievte, so daß wir einige Tage lang mit frischem Fleisch versorgt waren.

Während der übrigen Zeit glitt der Dampfer sachte durch die engen Flußarme; man nennt dies die *estirões* „verhandeln", das heißt nach und nach jene Strecken hinter sich bringen, welche zwischen zwei Kurven liegen, die so scharf sind, daß man sie nicht überblicken kann. Diese *estirões* schließen sich manchmal zu einem Mäander, so daß man am Abend nur wenige Meter von der Stelle entfernt ist, an der man sich am Morgen befunden hatte. Oft streift das Schiff die Äste des überschwemmten Waldes, der das Ufer beherrscht: der Lärm des Motors schreckt eine Welt unzähliger Vögel auf: Aras mit leuchtend blauen, roten und goldenen Federn; Seeraben, deren gewundener Hals an eine geflügelte Schlange erinnert; Papageien, welche die Luft mit Schreien erfüllen, die der menschlichen Stimme so täuschend ähnlich sind, daß man sie als unmenschlich bezeichnen kann. Durch seine Nähe und Eintönigkeit fesselt das Schauspiel die Aufmerksamkeit, bis man schließlich wie betäubt ist. Von Zeit zu Zeit wird man aufgeschreckt: ein paar Hirschtiere oder Tapire schwimmen über den Fluß; eine *cascavel* (Klapperschlange) oder eine *giboya* (Pythonschlange) windet sich leicht wie ein Fötus auf der Oberfläche des Wassers; oder man sieht eine wimmelnde Schar von *jacarés*, harmlosen Krokodilen, auf die zu schießen – eine Kugel mitten ins Auge – man bald müde wird. Aufregender ist die Jagd auf die *piranhas*. Irgendwo am Fluß befindet sich ein großer *saladeiro*, eine Stelle zum Trocknen von Fleisch: zwischen den Knochen, die den Boden übersäen, hängen an parallelen Balken bläulich-violette Fleischlappen, über denen schwarze Aasgeier kreisen. Über Hunderte von Metern ist der Fluß rot vom Blut der Schlachtstätte. Man braucht nur die Angel auszuwerfen, und noch bevor der nackte Angelhaken eingetaucht ist, stürzen schon mehrere *piranhas*, trunken vom Blut, darauf zu und hängen ihre goldene Raute daran. Aber der Fischer muß aufpassen, wenn er seine Beute losmacht: ein einziger Biß kann ihn den Finger kosten.

Nachdem wir die Mündung des São Lourenço hinter uns gelassen haben – dessen oberem Lauf wir auf dem Landweg folgen werden, um zu den Bororo zu gelangen – verschwindet der Pantanal; zu beiden Seiten des Flusses erstreckt sich die Landschaft des *campo*, Grassteppen, auf denen nun häufiger Wohnstätten und weidende Viehherden zu sehen sind.

Nur wenige Dinge künden dem Reisenden an, daß er sich Cuiabá nähert: eine gepflasterte, vom Fluß überspülte Rampe, an deren oberem Ende man die Umrisse des alten Zeughauses errät. Von hier aus führt eine zwei Kilometer lange, von ländlichen Häusern gesäumte Straße zum Platz der Kathedrale, die sich weiß und rosa zwischen zwei Reihen von Königspalmen erhebt. Links der Bischofssitz, rechts der Palast des Gouverneurs und an der Ecke der Hauptstraße die Herberge – damals die einzige –, die von einem dicken Libanesen geführt wurde.

Ich habe bereits Goiás beschrieben und würde mich wiederholen, wollte ich mich über Cuiabá auslassen. Die Landschaft ist zwar weniger schön, aber die Stadt ebenso reizvoll mit ihren strengen Häusern, die halb Paläste, halb Hütten sind. Da das Terrain hügelig ist, kann man vom obersten Stockwerk der Häuser immer einen Teil der Stadt sehen: weiße Häuser mit gelbroten, erdfarbenen Ziegeldächern, dahinter grüne Gärten, die *quintaes*. Ein Netz von Gäßchen rings um den L-förmigen Platz erinnert an die Kolonialsiedlung des 18. Jahrhunderts; sie führen zu unbebautem Gelände, das als Karawanserei dient, und münden in verschwommene Alleen, an denen unter Mango- und Bananenbäumen ein paar Lehmhütten stehen; dahinter beginnt gleich das freie Feld, auf dem Rinderherden weiden.

Die Gründung von Cuiabá erfolgte in der Mitte des 18. Jahrhunderts. Um 1720 stießen die ersten Abenteurer, die *bandeirantes*, von São Paulo in diese Gegend vor und errichteten wenige Kilometer von der heutigen Stadt entfernt einen kleinen Vorposten für die Siedler. Das Land war damals von den Cuxipo-Indianern bewohnt, die zum Teil mithalfen, es urbar zu machen. Eines Tages schickte einer der Siedler – namens Miguel Sutil – einige Eingeborene auf die Suche nach wildem Honig. Noch am selben Abend kehrten sie zurück, die Hände voller Goldklumpen, die sie unterwegs gefunden hatten. Unverzüglich folgten Sutil und sein Gefährte Barbudo – der Bärtige – den Indianern zu der Fundstelle: überall lag Gold herum. Innerhalb eines Monats sammelten sie fünf Tonnen.

Es ist also nicht verwunderlich, daß die Landschaft rund um Cuiabá stellenweise einem Schlachtfeld gleicht; mit Gras und Gestrüpp bewachsene Erdhügel zeugen von dem damaligen Rausch. Noch heute kommt es vor, daß ein Einwohner von Cuiabá einen Klumpen Gold in seinem Gemüsegarten findet. Und in Form von Blättchen ist das Gold allenthalben vorhanden. In Cuiabá sind die Bettler Goldsucher: man sieht sie bei der Arbeit im Bett des Baches, der durch den unteren Teil der Stadt fließt. Ein Tagewerk genügt, um essen zu können, und viele Händler benutzen noch heute die kleine Waage, die es erlaubt, eine Messerspitze Goldstaub gegen Fleisch oder Reis einzutauschen. Nach einem großen Regen, wenn das Wasser durch die Schluchten fließt, stürzen die Kinder sofort los, werfen Wachskugeln in die Fluten und warten, daß sich winzige glänzende Teilchen daran heften. Die Leute von Cuiabá behaupten im übrigen, daß in mehreren Metern Tiefe unter ihrer Stadt eine Goldader verlaufe; sie liege, so heißt es, unter dem bescheidenen Büro der Bank von Brasilien und berge mehr von diesem Schatz als deren altmodischer Tresor.

Aus seiner ehemaligen Glanzzeit hat Cuiabá einen langsamen, feierlichen Lebensstil bewahrt. Der Fremde bringt seinen ersten Tag damit zu, daß er auf dem Platz mehrere Male zwischen der Herberge und dem Palast des Gouverneurs hin und her geht. Bei seiner Ankunft hinterlegt er dort eine Visitenkarte; eine Stunde später wird diese Höflichkeit von einem Adjutanten, einem bärtigen Gendarmen, erwidert; nach der Siesta, welche die ganze Stadt täglich von zwölf bis vier Uhr in eine Art Tiefschlaf versetzt, macht er dem Gouverneur seine Aufwartung, der den Ethnographen dann höflich und gelangweilt empfängt: ihm wäre es gewiß lieber, wenn es keine Indianer gäbe; erinnern sie ihn nicht so peinlich daran, daß er politisch in Ungnade gefallen und in einen zurückgebliebenen Regierungsbezirk versetzt worden ist? Beim Bischof ist es nicht anders: die Indianer, so versucht er mir zu erklären, sind nicht so wild und dumm, wie man annehmen könnte; ist nicht eine Bororo-Indianerin kürzlich zur Religion übergetreten? Und ist es den Brüdern aus Diamantino nicht gelungen – freilich mit welcher Mühe –, aus drei Paressi-Indianern annehmbare Zimmerleute zu machen? Und was die Wissenschaft betreffe, so hätten die Missionare wirklich alles gesammelt, was wert sei, bewahrt zu werden. Ob ich überhaupt wisse, daß das ungebildete Büro zum Schutz der Eingeborenen den Namen Bororo noch immer mit dem Akzent auf der letzten Silbe schriebe, wo doch Pater X schon vor zwanzig Jahren festgestellt habe, daß die Betonung auf der mittleren Silbe liegt? Und was die Legenden betreffe, so sei ihnen wenigstens die von der Sintflut bekannt, was beweise, daß Gott sie nicht für immer habe verdammen wollen. Wenn ich sie aufsuchen wolle, nun gut, aber vor allem solle ich mich hüten, das Werk der Patres zu gefährden: keine eitlen Geschenke wie Spiegel oder Ketten mitbringen. Nur Hakken, denn diese Faulpelze müßten immer wieder an die Heiligkeit der Arbeit erinnert werden.

Hat man diese Formalitäten einmal hinter sich gebracht, dann kann man sich ernsteren Dingen zuwenden. Die nächsten Tage verbringe ich in den Läden der libanesischen Händler, der *turcos*: halb Grossisten, halb Wucherer, die mit

Eisenwaren, Stoffen und Medikamenten einige Dutzend Verwandte, Kunden oder Schützlinge versorgen, von denen ein jeder, ausgerüstet mit einer auf Kredit gekauften Warenladung, sich mit ein paar Ochsen oder einem Boot auf den Weg macht, um die letzten im Busch oder am Fluß verstreuten Milreis herauszupressen (nach zwanzig oder dreißig Jahren eines Lebens, das für ihn ebenso grausam ist wie für diejenigen, die er ausbeutet, wird er sich dank seiner Millionen irgendwo niederlassen). Beim Bäcker besorge ich mir die Säcke mit *bolachas*, runden Broten aus Mehl ohne Sauerteig und mit Fett angereichert; sie sind hart wie Stein, werden aber am Feuer wieder weich, bis sie sich, auf der Reise durchgerüttelt und mit dem Schweiß der Ochsen durchtränkt, in ein undefinierbares Nahrungsmittel verwandeln, das ebenso ranzig ist wie das beim Metzger bestellte getrocknete Fleisch. Der Metzger von Cuiabá war ein melancholischer Mensch; er hatte nur einen einzigen Wunsch, und es bestand wenig Aussicht, daß er jemals in Erfüllung ginge: würde wohl eines Tages ein Zirkus nach Cuiabá kommen? Wie gern hätte er einen Elefanten gesehen – „das viele Fleisch!“

Schließlich gab es noch die Brüder B., aus Korsika gebürtige Franzosen, die schon seit langem in Cuiabá lebten; warum, haben sie mir nicht verraten. Sie sprachen ihre Muttersprache mit ferner, singender, zögernder Stimme. Bevor sie Autoschlosser wurden, hatten sie Silberreiher gejagt; ihre Technik bestand darin, daß sie weiße Papiersäcke auf dem Boden ausbreiteten, woraufhin die Vögel, fasziniert von dieser strahlenden Farbe, die auch die ihre ist, herbeigeflogen kamen und ihre Köpfe in die Säcke steckten, so daß man sie mühelos fangen konnte. Die schönsten Federn erhielt man zur Zeit der Paarung: sie wurden dem lebenden Tier ausgerissen. Es gab in Cuiabá ganze Schränke voll dieser Federn, die sich nicht mehr verkaufen ließen, seit die Mode sie verschmähte. Dann waren die Brüder B. Diamantenjäger geworden. Nun spezialisierten sie sich auf die Ausrüstung von Lastwagen, die – wie einst die Schiffe durch unbekannte Meere – über Pisten fuhren, auf denen sie jeden Augenblick Gefahr liefen, samt ihrer Ladung in einen Abgrund oder einen Fluß zu stürzen. Kamen sie jedoch ans Ziel, so machte ein Gewinn von vierhundert Prozent die früheren Verluste wett.

Oft bin ich im Lastwagen durch die Gegend von Cuiabá gefahren. Am Abend vor der Abreise wurden die Benzinbehälter gefüllt, von denen man um so mehr benötigte, als man den Benzinverbrauch für den Hin- und Rückweg vorsehen und bedenken mußte, daß man die ganze Strecke nur im ersten oder zweiten Gang würde fahren können; die Vorräte und das Zeltzubehör wurden so verteilt, daß den Mitreisenden gerade noch Platz blieb, sich hinzusetzen und sich vor eventuellen Regengüssen zu schützen. Außerdem mußten wir an den Seitenwänden Wagenheber und Werkzeuge befestigen sowie einen Vorrat an Seilen und Brettern, die dazu dienen sollten, zerstörte Brücken zu ersetzen. Bei Tagesanbruch kletterten wir auf die Ladung wie auf ein Kamel, und der Wagen setzte sich schwankend in Bewegung; schon nach einer halben Tagereise begannen die Schwierigkeiten: überschwemmte Wege oder Sümpfe, über die wir Holzwege schlagen mußten. So brachten wir einmal drei Tage damit zu, einen Teppich aus Holzstangen, der dreimal so lang war wie der Laster, immer wieder von hinten nach vorn zu verlegen, bis wir die mühselige Strecke hinter uns hatten. Oder wir blieben im Sand stecken und mußten unter den Rädern Mulden graben und diese mit Zweigen füllen. Auch wenn die Brücken heil waren, mußten wir den Wagen gänzlich entladen, um ihn leichter zu machen, und ihn wieder beladen, wenn wir die schwankenden Planken glücklich überwunden hatten; waren sie dagegen von einem Buschfeuer verbrannt, kampierten wir so lange, bis wir eine neue gebaut und sie dann wieder abgerissen hatten, da wir die Bretter für das nächste Mal brauchten; die größeren Flüsse schließlich konnte man nur auf Fähren überqueren, die aus drei mit Querbalken zusammengefügten Einbäumen bestanden und unter dem Lastwagen, selbst wenn dieser entladen war, bis an den Rand einsanken; oft brachten sie den Wagen an ein Ufer, das zu steil oder zu schlammig war, als daß wir es hätten erklimmen können – dann mußten wir Pisten von mehreren hundert Metern improvisieren, bis wir einen besseren Anlegeplatz oder eine Furt gefunden hatten.

Die Männer, deren Beruf es war, diese Lastwagen zu fahren, waren daran gewöhnt, wochen- oder gar monatelang auf Reisen zu sein. Zu zweit bildeten sie eine Mannschaft:

der Fahrer und sein „Adjutant“; der eine saß am Steuer, der andere hing auf dem Trittbrett, hielt nach Hindernissen Ausschau und überwachte den Fortgang der Reise, so wie sich der Matrose an den Bug stellt, um dem Steuermann durch eine Fahrrinne zu helfen. Ihr Karabiner lag immer in Reichweite, denn nicht selten kam es vor, daß ein Reh vor den Wagen lief oder ein Tapir stehenblieb, eher neugierig als erschrocken. Wir schossen auf gut Glück, und der Erfolg entschied über die Etappe: wir mußten das Tier enthäuten und ausnehmen, schichtweise das Fleisch abtragen, so wie wenn man eine Kartoffel in Spiralen bis zur Mitte abschälen würde. Diese Fleischlappen wurden sofort mit einer immer bereitstehenden Mischung aus Salz, Pfeffer und zerstoßenem Knoblauch eingerieben. Dann legten wir sie einige Stunden in die Sonne, eine Operation, die am nächsten Tag sowie an den folgenden Tagen wiederholt werden mußte. Auf diese Weise erhielt man die *carne de sol*, Sonnenfleisch, das zwar weniger gut schmeckt als die *carne de vento*, die hoch auf einer Stange im Wind getrocknet wird, dafür aber länger hält.

Diese virtuosen Fahrer führen ein eigenartiges Dasein; stets sind sie darauf vorbereitet, die schwierigsten Reparaturen auszuführen, Straßen und Brücken zu improvisieren und wieder abzureißen, mehrere Wochen mitten im Busch stekkenzubleiben und an der Stelle zu warten, wo der Wagen zusammengebrochen ist, bis ein anderer vorbeikommt und den Unfall in Cuiabá meldet, wo man das erforderliche Ersatzteil aus São Paulo oder Rio anfordert. Während dieser Zeit leben die Fahrer im Zelt, gehen auf die Jagd, waschen ihre Wäsche, schlafen und üben sich in Geduld. Mein bester Chauffeur hatte sich der Justiz entzogen, nachdem er ein Verbrechen begangen hatte, von dem er niemals sprach. In Cuiabá wußte man davon, aber niemand sagte etwas: es gab keinen anderen, der wie er unbefahrbare Strecken bewältigen konnte. Alle waren der Ansicht, daß er dadurch, daß er jeden Tag von neuem sein Leben aufs Spiel setzte, vollauf für das andere Leben büßte, das er ausgelöscht hatte.

Als wir Cuiabá gegen vier Uhr morgens verlassen, ist es noch dunkel. Das Auge errät einige von oben bis unten mit Stuck verzierte Kirchen; der Lastwagen holpert über die letzten, von kugelig gestutzten Mangobäumen gesäumten und mit Flußsteinen gepflasterten Straßen. Die Savanne, die dank des natürlichen Abstands zwischen den Bäumen wie ein Obstgarten wirkt, erweckt noch die Illusion einer bewirtschafteten Landschaft, obgleich man sich schon mitten im Busch befindet. Davon überzeugt uns bald die Piste, die immer schwieriger wird: in steinigen, von Schluchten und schlammigen Furchen unterbrochenen und von der *capoeira* überwucherten Kurven windet sie sich über dem Fluß empor. Sobald wir etwas an Höhe gewonnen haben, bemerken wir eine dünne, rosafarbene Linie, die zu fest bleibt, als daß man sie mit der beginnenden Morgenröte verwechseln könnte. Lange zweifelt man an ihrer Natur und ihrer Realität. Aber nach drei oder vier Stunden Fahrt, von der Höhe eines felsigen Hangs herab, bietet sich dem Auge ein größerer Ausblick, der die Gewißheit bringt: von Norden nach Süden verläuft eine rote Wand zwei- oder dreihundert Meter über den grünen Hügeln. Gegen Norden senkt sie sich langsam, bis sie mit dem Plateau verschmilzt. Aber im Süden, wo wir uns ihr nähern, beginnen sich Einzelheiten abzuzeichnen. Diese Mauer, die vorhin völlig glatt zu sein schien, birgt enge Kamine, vorgelagerte Spitzen, Balkone und Terrassen. In diesem steinernen Monument gibt es Schanzen und Engpässe. Der Lastwagen wird mehrere Stunden brauchen, umd die kaum von Menschenhand korrigierte Rampe zu erklimmen, die uns an den oberen Rand der *chapada* des Mato Grosso führen soll, von wo aus wir die tausend Kilometer lange Hochebene überblicken, die sich langsam gegen Norden bis zum Becken des Amazonas hinabsenkt: den *chapadão.*

Hier öffnet sich uns eine andere Welt. Das harte, milchiggrüne Gras verdeckt den weißen, rosa- oder ockerfarbenen Sand nur schlecht, der durch den Zerfall des Sandsteinsokkels entstanden ist. Die Vegetation beschränkt sich auf weit auseinanderstehende Bäume mit verschlungenen knotigen Formen, die sich durch eine dicke Rinde, glasierte Blätter und Dornen vor der Trockenheit schützen, die hier sieben Monate im Jahr herrscht. Doch sobald es einige Tage lang regnet, verwandelt sich diese Wüste in einen Garten: das Gras wird grün, die Bäume überziehen sich mit weißen und lila Blüten. Aber immer herrscht der Eindruck von Unend-

lichkeit vor. Der Boden ist so eben, die Neigung so schwach, daß man ungehindert Dutzende von Kilometern überblicken kann: einen halben Tag lang fahren wir durch eine Landschaft, die wir seit dem frühen Morgen gesehen haben und die genau diejenige wiederholt, durch die wir tags zuvor gekommen waren, so daß sich Wahrnehmung und Erinnerung in einem zwanghaften Gefühl der Bewegungslosigkeit vermischen. Die Erde ist so weit, so gleichförmig, ohne jede Erhebung, daß man den fernen Horizont, sehr hoch am Himmel, für Wolken hält. Aber die Landschaft ist zu phantastisch, um monoton zu wirken. Von Zeit zu Zeit durchquert der Lastwagen die seichte Stelle eines Wasserlaufs ohne Böschung, der die Ebene eher überschwemmt als durchzieht, so als wäre dieser Boden – einer der ältesten der Welt, noch intaktes Fragment jenes Kontinents von Gondwana, der im Mesozoikum Brasilien mit Afrika verband – noch zu jung, als daß die Flüsse Zeit gefunden hätten, sich darin ein Bett zu graben.
Europa zeigt präzise Formen in einem diffusen Licht. Hier aber vertauschen sich die traditionellen Rollen von Himmel und Erde. Über dem riesigen, milchigen Streifen des *campo* türmen die Wolken extravaganteste Gebäude. Der Himmel ist das Reich der Formen und Volumen; die Erde dagegen bewahrt die Weichheit der Urzeit.
Eines Abends hielten wir in der Nähe eines *garimpo,* einer Kolonie von Diamantensuchern. Alsbald tauchten Schatten an unserem Feuer auf: ein paar *garimpeiros,* die aus ihrem Ranzen oder aus den Taschen ihrer zerlumpten Kleider kleine Bambusröhrchen hervorholten, deren Inhalt sie in unsere Hände schütteten – rohe Diamanten, die sie uns verkaufen wollten. Aber von den Brüdern B. war ich hinreichend über die Bräuche im *garimpo* informiert, um zu wissen, daß keiner dieser Steine wirkliches Interesse verdiente. Denn der *garimpo* hat seine ungeschriebenen, aber nichtsdestoweniger streng befolgten Gesetze.
Diese Männer teilen sich in zwei Kategorien: Abenteurer und Flüchtige; die letztere Gruppe ist die zahlreichere, was erklärt, daß keiner den *garimpo* so leicht wieder verläßt, den es einmal dorthin verschlagen hat. Die kleinen Flüsse, in deren Sand man Diamanten findet, werden von denen kontrolliert, die als erste darin arbeiten. Da ihre bescheidenen

Mittel es ihnen nicht erlauben, auf die große Gelegenheit zu warten, die sich ohnehin nicht oft bietet, schließen sie sich zu Banden zusammen, die jeweils von einem Anführer, der sich mit dem Titel „Hauptmann" oder „Ingenieur" schmückt, befehligt werden. Dieser muß über genügend Kapital verfügen, um seine Leute zu bewaffnen, mit den notwendigen Werkzeugen auszustatten – mit Zinneimern, um den Kies aus dem Wasser zu schöpfen; mit einem Sieb und einer Schwenkpfanne; zuweilen mit einem Taucherhelm und einer Luftpumpe –, und vor allem regelmäßig zu verpflegen. Dafür verpflichten sich die Männer, ihre Funde ausschließlich den akkreditierten Käufern zu überlassen (die wiederum mit den großen holländischen oder englischen Schleifereien in Verbindung stehen) und den Gewinn mit dem Anführer zu teilen.

Die Bewaffnung erklärt sich nicht allein durch die häufigen Rivalitäten zwischen den einzelnen Banden. Bis vor kurzem, und zum Teil noch heute, diente sie dazu, der Polizei den Zugang zum *garimpo* zu verwehren. So bildete die Diamantzone einen Staat im Staat, wobei der erstere nicht selten in offenem Krieg mit dem letzteren lag. Im Jahre 1935 erzählte man gern von dem kleinen Krieg, den der *engenheiro* Morbeck und seine *valentões*, seine tapferen Leute, gegen die Polizei des Staates Mato Grosso geführt und der schließlich mit einem Kompromiß geendet hatte. Zur Entlastung der Aufständischen muß gesagt werden, daß der Unglückliche, der sich von der Polzei in der Nähe eines *garimpo* erwischen ließ, selten bis nach Cuiabá gelangte. Ein berühmter Bandenführer zum Beispiel, der *capitão* Arnaldo, wurde mit seinem Leutnant gefangen. Man band sie am Hals zusammen und stellte sie auf ein dünnes Brett, bis sie aus Müdigkeit das Gleichgewicht verloren und sich an einem Ast des Baums, auf dem man sie vergessen hatte, selbst aufhängten.

Die Gesetze der Banden werden so streng eingehalten, daß man in Lageado oder in Poxoreu, den *garimpo*-Zentren, nicht selten den Tisch einer Herberge voller Diamanten sieht, die ihre Besitzer vorübergehend aus den Augen gelassen haben. Sobald jemand einen Stein findet, wird er nach Form, Größe und Farbe klassifiziert. Diese Einzelheiten bleiben so deutlich im Gedächtnis haften und haben einen

so starken emotionalen Wert, daß der Finder sich noch nach Jahren an jeden einzelnen Stein erinnert: „Wenn ich ihn betrachte", erzählte mir einer unserer Besucher, „dann war es, als hätte die Heilige Jungfrau eine Träne in meine Hand fallen lassen ..." Aber die Steine sind nicht immer so rein: oft sind sie von gewöhnlichem Gestein umschlossen, so daß es unmöglich ist, sofort ihren Wert zu erkennen. Der akkreditierte Käufer gibt seinen Preis bekannt (das nennt man: den Diamanten „wägen"), und so wie man verpflichtet ist, ihm den Stein zu verkaufen, ist man auch angehalten, sein Angebot anzunehmen. Dem Gehilfen steht es zu, den Stein anzuschleifen, was allen Spekulationen ein Ende macht.
Ich habe mich erkundigt, ob es nicht vorkommt, daß man zu betrügen versucht; gewiß, aber vergebens. Ein Diamant, den sein Finder einem anderen Käufer, oder ohne Wissen des Bandenführers anbietet, wird augenblicklich „verbrannt", *queimado*, das heißt, der Käufer bietet einen lächerlich niedrigen Preis dafür, der bei jedem weiteren Verkaufsversuch systematisch herabgesetzt wird. Daher gab es unehrliche *garimpeiros*, die Hungers starben, obwohl sie die Hände voller Diamanten hatten.
Sind die Diamanten verkauft, so liegen die Dinge anders. Der Syrer Fozzi soll sich dadurch bereichert haben, daß er unreine Diamanten zu niedrigem Preis erwarb, sie über einem Primus-Kocher erwärmte und dann in einen Farbstoff tauchte; dieses Verfahren verleiht dem gelben Diamant eine angenehmere Farbe, was ihm den Namen *pintado*, bemalt, einträgt.
Ein anderer Betrug findet auf höherer Ebene statt: beim Export, um die brasilianischen Steuern zu umgehen; in Cuiabá sowie in Campo Grande habe ich Berufsschmuggler kennengelernt, die *capangueiros*, „Handlanger". Auch sie konnten viele Geschichten erzählen: von falschen Zigarettenschachteln, in denen Diamanten versteckt waren und die sie, wenn die Polizei sie festnahm, nachlässig ins Gebüsch warfen, als ob sie leer seien, um sie nach ihrer Freilassung wieder aufzulesen – mit welch banger Erwartung, läßt sich denken.
Doch an diesem Abend unterhielten wir uns am Lagerfeuer über die kleinen alltäglichen Zwischenfälle, die unseren Be-

suchern widerfuhren. Auf diese Weise lernte ich die pittoreske Sprache des *sertão* kennen, die zum Beispiel für unser Pronomen *man* über eine ganze Sammlung von Ausdrücken verfügt: *o homen*, Mensch oder Mann, *o camarada*, Kamerad, *o collega*, Kollege, *o negro*, Neger, *o tal*, Dingsbums, *fulano*, Typ, und so weiter. So hatte einer das Pech gehabt, in seiner Schwenkpfanne Gold zu finden: ein schlechtes Omen für einen Diamantensucher; ihm bleibt nichts anderes übrig, als es schnell wieder ins Wasser zu werfen, denn wer das Gold behält, wird sich viele erfolglose Wochen einhandeln. Ein anderer, der den Kies mit bloßen Händen schöpfte, hatte einen Schlag mit dem stachligen Schwanz eines giftigen Rochen erhalten. Solche Verletzungen sind schwer zu heilen. Man muß eine Frau finden, die einwilligt, sich zu entkleiden und in die Wunde zu urinieren. Da es im *garimpo* fast nur bäuerische Prostituierte gibt, führt diese naive Behandlung meist zu einer besonders bösartigen Syphilis.
Diese Frauen werden von den Erzählungen über legendäre Glücksfälle angelockt. Der Diamantenjäger, der von heute auf morgen reich wird, aber Gefangener seines Strafregisters bleibt, muß alles an Ort und Stelle ausgeben. So erklärt sich der Verkehr der mit überflüssigen Dingen beladenen Lastwagen. Sobald sie mit ihrer Ladung im *garimpo* ankommen, wird die Ware zu jedwedem Preis verkauft, weniger, weil man sie braucht, als um damit zu protzen. Bevor wir weiterfuhren, habe ich im Morgengrauen noch die Hütte eines *camarada* besucht, die am Rande des von Mücken und anderen Insekten heimgesuchten Flusses lag. Seinen altmodischen Taucherhelm auf dem Kopf, stand er bereits im Begriff, auf dem Grund des Wassers zu schürfen. Die Einrichtung der Hütte war genauso jämmerlich und deprimierend wie ihre Umgebung; doch zeigte mir seine Gefährtin voll Stolz die zwölf Anzüge ihres Freundes sowie ihre eigenen seidenen Kleider, an denen die Termiten fraßen.
Die Nacht hatten wir mit Singen und Plaudern verbracht. Jeder Anwesende wurde aufgefordert, eine „Nummer" zum Besten zu geben, die er irgendwann einmal in einem Tingeltangel gesehen hatte, eine Erinnerung an vergangene Zeiten. Dieselbe Zeitverschiebung habe ich in den Grenzbezirken Indiens auf den Banketten unter kleinen Provinzbeamten erlebt. Hier wie dort gab man Monologe oder auch

„Karikaturen“ zum Besten, wie man in Indien sagt, das heißt Nachahmungen: das Klappern einer Schreibmaschine, das Knattern eines in Schwierigkeit geratenen Motorrads, gefolgt vom (welch außerordentlicher Gegensatz) vielsagenden Geräusch eines „Feentanzes“ und der Lautmalerei eines galoppierenden Pferdes. Und alles endete mit Grimassenschneiden.

Von diesem Abend mit den *garimpeiros* habe ich in meinen Notizbüchern das Fragment eines Klagelieds nach traditionellem Muster aufbewahrt. Es handelt sich um einen Soldaten, der mit dem Essen unzufrieden ist und seinem Korporal eine Beschwerde schreibt; dieser gibt sie dem Sergeanten weiter, und die Operation wiederholt sich von Stufe zu Stufe: vom Leutnant zum Hauptmann, von diesem zum Major, zum General, zum Kaiser. Dieser letztere kann sich nur noch an Jesus Christus wenden, der, statt den Ewigen Vater anzurufen, „zur Feder greift und alle Welt zur Hölle schickt“. Hier diese kleine Kostprobe der Poesie des *sertão*:

O Soldado …

O Oferece …

O Sargento que era um homem pertinente
Pegô na penna, escreveu pro seu Tenente

O Tenente que era homem muito bão
Pegô na penna, escreveu pro Capitão

O Capitão que era homem como é
Pegô na penna, escreveu pro Coroné

O Coroné que era homem sem igual
Pegô na penna, escreveu pro General

O General que era homem superior
Pegô na penna, escreveu pro Imperador

O Imperador …
Pegô na penna, escreveu pro Jesú' Cristo

Jesú' Cristo que é filho do Padre Eterno
Pegô na penna e mandô tudos pelo inferno.

Trotz allem herrschte keine wirkliche Fröhlichkeit. Schon seit langem erschöpfte sich der diamanthaltige Sand; die Gegend war von Malaria, Leishmaniase und Ankylostomiase verpestet. Vor einigen Jahren war zum ersten Mal das Gelbfieber ausgebrochen. Heute kamen nur noch zwei bis drei Lastwagen pro Monat, während es früher vier pro Woche gewesen waren.

Die Piste, die wir nun benutzen wollten, war völlig verlassen. seitdem ein Buschfeuer die Brücken zerstört hatte. Seit drei Jahren hatte sie kein Laster mehr befahren. Niemand konnte uns etwas über ihren Zustand sagen; aber wenn wir bis zum São Lourenço kämen, hätten wir das Schlimmste hinter uns. Am Ufer des Flusses liege ein großer *garimpo*: dort würden wir alles finden, was wir brauchten – Lebensmittel, Leute und Einbäume –, um zu den Bororo-Dörfern am Rio Vermelho, einem Nebenfluß des São Lourenço, zu gelangen.

Wie wir es geschafft haben, weiß ich selbst nicht mehr; die Reise ist mir nur als wüster Alptraum in Erinnerung: um ein paar Meter zurückzulegen, mußten wir tagelang kampieren, den Wagen ent- und wieder beladen, und nach manchen Etappen waren wir vom Tragen der Holzstangen, die wir vor die Räder des Lastwagens legen mußten, sobald er um eine Länge weitergekommen war, so erschöpft, daß wir auf der nackten Erde einschliefen, um mitten in der Nacht von einem Grollen geweckt zu werden, das aus der Tiefe der Erde zu kommen schien: es waren die Termiten, die sich auf unsere Kleider stürzten und bereits mit einem wimmelnden Schleier die Gummitücher überzogen hatten, die uns als Regenmäntel und Fußteppiche dienten. Endlich rollte unser Lastwagen eines schönen Morgens hinunter zum São Lourenço, der sich durch einen dicken Nebel im Tal anzeigte. Mit dem Gefühl, eine Heldentat vollbracht zu haben, kündigten wir unsere Ankunft durch lautes Hupen an. Aber nicht einmal Kinder kamen uns entgegen. Wir erreichten das Ufer und fanden vier oder fünf Hütten vor. Niemand war zu sehen; alles schien unbewohnt, und wir mußten uns schnell davon überzeugen, daß der Weiler verlassen war.

Nach den Anstrengungen der letzten Tage am Ende unserer Kräfte, fühlten wir uns der Verzweiflung nahe. Sollten

wir aufgeben? Bevor wir den Rückweg antraten, wollten wir noch einen letzten Versuch unternehmen. Jeder sollte in eine andere Richtung gehen und die Gegend erkunden. Gegen Abend kehrten wir alle unverrichteter Dinge zurück; nur der Fahrer hatte eine Fischerfamilie entdeckt und den Mann mitgebracht. Dieser, ein bärtiger Mensch, dessen Haut von ungesunder Blässe war, als hätte er zu lange im Fluß gelegen, erklärte uns, daß hier vor sechs Monaten das Gelbfieber ausgebrochen sei und die Überlebenden sich zerstreut hätten. Aber flußaufwärts könnten wir noch ein paar Leute und einen weiteren Einbaum finden. Würde er mitkommen? Gewiß, denn schon seit Monaten lebten er und seine Familie einzig von den Fischen des Flusses. Bei den Indianern könne er sich mit Maniok und Tabakpflanzen versorgen, wenn wir ihn mit etwas Geld entlohnten. Unter diesen Bedingungen garantierte er uns das Einverständnis des anderen Bootsbesitzers, den wir unterwegs mitnehmen würden.
Ich werde noch Gelegenheit haben, andere Reisen im Einbaum zu beschreiben, die mir besser im Gedächtnis geblieben sind als diese. Jedenfalls kämpften wir acht Tage lang gegen eine Strömung, die durch die täglichen Regenfälle immer stärker wurde. Als wir einmal an einem kleinen Strand zu Mittag aßen, hörten wir ein Rascheln: es kam von einer sieben Meter langen Boa-Schlange, die wir mit unserem Gespräch aufgeweckt hatten. Mehrere Kugeln waren nötig, um sie zu erledigen, denn diesen Tieren machen Wunden am Körper nichts aus: man muß den Kopf treffen. Als wir sie ausnahmen – was einen halben Tag in Anspruch nahm –, fanden wir in ihrem Leib ein Dutzend Junge, die schon lebendig waren, aber an der Sonne eingingen. Und eines Tages, als wir gerade mit Erfolg eine *irara*, eine Art Dachs, erlegt hatten, erblickten wir zwei nackte Gestalten am Ufer; unsere ersten Bororo. Wir nähern uns ihnen und versuchen, mit ihnen zu sprechen: sie kennen nur ein einziges portugiesisches Wort: *fumo*, Tabak, das sie *sumo* aussprechen (behaupteten nicht die alten Missionare, die Indianer seien *sans foi, sans loi, sans roi* – ohne Glauben, ohne Gesetz, ohne König –, weil in ihrer Phonetik weder *f* noch *l* noch *r* vorkamen?). Obgleich sie selbst Tabak anpflanzen, besitzt ihr Produkt nicht die Konzentration der fermentierten und

zu Kordeln gerollten Blätter, mit denen wir sie nun großzügig versorgen. Mit Hilfe von Gesten erklären wir ihnen, daß wir ihr Dorf besuchen wollen. Sie geben uns zu verstehen, daß wir noch am selben Abend dort ankommen würden; sie würden uns vorausgehen und unsere Ankunft ankündigen – und schon sind sie im Wald verschwunden.
Einige Stunden später legen wir an einem steilen, lehmigen Ufer an, von dem aus wir die Hütten sehen. Ein halbes Dutzend nackter Männer, von Kopf bis Fuß mit Urucu rot angemalt, begrüßen uns unter schallendem Gelächter, helfen uns, das Boot zu entladen, und tragen unser Gepäck. Und schon befinden wir uns in einer großen Hütte, in der mehrere Familien wohnen; der Häuptling des Dorfs hat uns eine Ecke freigemacht: er selbst will während unseres Aufenthalts auf der anderen Seite des Flusses wohnen.

XXII Gute Wilde

In welcher Reihenfolge soll ich die wirren und tiefen Eindrücke beschreiben, die den Neuankömmling in einem Eingeborenendorf überfallen, dessen Kultur relativ intakt geblieben ist? Bei den Kaingang wie bei den Caduveo, deren Weiler Ähnlichkeit mit denen der benachbarten brasilianischen Bauern besitzen, fällt vor allem ein übergroßes Elend auf; die erste Reaktion ist Überdruß und Entmutigung. Angesichts einer Gesellschaft, deren Traditionen noch lebendig sind, ist der Schock so stark, daß er den Forscher aus der Fassung bringt: welchem Faden soll er zuerst folgen in diesem tausendfarbigen Knäuel und ihn zu entwirren suchen? Wenn ich an die Bororo zurückdenke, bei denen ich meine ersten Erfahrungen dieser Art sammelte, fallen mir die Gefühle wieder ein, die mich bei meinem letzten derartigen Erlebnis überkamen, als ich hoch auf einem Berg in ein Kuki-Dorf an der burmesischen Grenze gelangte, nachdem ich Stunden damit verbracht hatte, auf allen Vieren den steilen Hang hinaufzuklettern, den die Regenfälle des Monsuns in glitschigen Schlamm verwandelt hatten: physische Erschöpfung, Hunger, Durst und geistige Verwirrung. Aber dieses organisch bedingte Schwindelgefühl verging beim Anblick der Formen und Farben: Wohnstätten, die durch ihre Größe und trotz ihrer Hinfälligkeit majestätisch wirken und für deren Bau Materialien und Techniken verwendet wurden, die wir bei sehr viel kleineren Dingen benutzen; diese Wohnungen sind weniger gebaut als geknüpft, geflochten, gewoben, gestickt und von der Zeit mit Patina überzogen; statt den Bewohner in einer Masse gleichgültiger Steine zu erdrücken, passen sie sich seiner Anwesenheit und seinen Bewegungen an; anders als bei uns bleiben sie dem Menschen stets untertan. Wie eine leichte und elastische Rüstung umgibt das Dorf seine Bewohner, eher den Hüten unserer Frauen vergleichbar als unseren Städten: ein monumentaler Schmuck, der etwas vom Leben der Zweige und Blätter bewahrt, deren natürliche Ungezwungenheit das Geschick der Erbauer mit ihren anspruchsvollsten Plänen zu versöhnen verstand.

Die Nacktheit der Bewohner scheint durch das samtene Gras der Wände und die Fasern der Palmblätter geschützt: sie schlüpfen aus ihren Wohnungen, als ob sie riesige Hausmäntel aus Straußenfedern ablegten. Wie Juwelen in flaumigen Schmuckkästchen zeigen die Körper feine Modellierungen und Farbtöne, welche die Pracht der Schminke und Bemalungen noch stärker hervortreten lassen, Träger gleichsam, die dazu bestimmt scheinen, noch herrlicheren Schmuck zur Geltung zu bringen: fette und glänzende Zähne wilder Tiere in Verbindung mit Federn und Blumen. So als hätte sich eine ganze Kultur in leidenschaftlicher Zärtlichkeit den Formen, Substanzen und Farben des Lebens hingegeben und ihre reichsten Schöpfungen dem menschlichen Körper vorbehalten, nämlich diejenigen, die entweder in höchstem Maße dauerhaft oder aber sehr vergänglich sind, die jedoch, durch ein merkwürdiges Zusammentreffen, die auserwählten Verwahrer dieses Reichtums sind.

Als wir uns in unserer Ecke der großen Hütte einrichteten, ließ ich diese Bilder eher auf mich einwirken, als daß ich sie richtig erfaßte. Einige Einzelheiten fielen mir auf. Auch wenn die Wohnstätten noch immer ihre Anlage und die traditionellen Ausmaße bewahrten, so verriet ihre Architektur bereits den neobrasilianischen Einfluß: der Grundriß war rechteckig und nicht mehr oval wie früher, und obwohl das Dach und die Wände aus demselben Material bestanden –

aus Ästen und Zweigen, die eine Decke aus Palmblättern trugen –, waren beide Teile doch deutlich voneinander unterschieden; das Dach selbst war spitz und nicht rund wie einst und reichte auf beiden Seiten fast bis auf den Boden. Dennoch war dieses Dorf, Kejara, in dem wir soeben angekommen waren und das zusammen mit den beiden anderen, Pobori und Jarudori, die Gruppe des Rio Vermelho bildete, eines der letzten geblieben, wo sich der Einfluß der Salesianer nicht allzu stark bemerkbar gemacht hatte. Denn diese Missionare, denen es in Zusammenarbeit mit dem Büro zum Schutz der Eingeborenen gelungen ist, den Streitigkeiten zwischen Indianern und Siedlern ein Ende zu bereiten, haben zwar einerseits hervorragende ethnographische Forschungen betrieben (neben den älteren Studien von Karl von den Steinen sind ihre Arbeiten unsere besten Quellen über die Bororo), andererseits aber haben sie versucht, die Eingeborenenkultur systematisch auszurotten. Zwei Umstände zeigen deutlich, daß Kejara eine der letzten Bastionen der Unabhängigkeit darstellte: zunächst war es der Wohnsitz des Häuptlings aller Dörfer am Rio Vermelho: ein hochmütiger und rätselhafter Mensch, der kein Wort portugiesisch sprach oder jedenfalls so tat, als verstünde er nichts; zwar verhielt er sich uns gegenüber sehr zuvorkommend, da er sich von unserer Anwesenheit etwas versprach, aber sowohl aus sprachlichen wie aus Gründen des Prestiges vermied er es, direkt mit uns zu kommunizieren, sondern bestimmte als Vermittler Mitglieder seines Rats, in deren Gegenwart er alle Entscheidungen traf.

Ferner wohnte in Kejara ein Eingeborener, der mein Dolmetscher und mein wichtigster Informant werden sollte. Dieser etwa fünfunddreißig Jahre alte Mann sprach recht gut portugiesisch. Wenn man ihm Glauben schenken durfte, hatte er einmal lesen und schreiben können (es inzwischen aber wieder verlernt), Ergebnis einer Erziehung in der Mission. Stolz auf ihren Erfolg hatten die Patres ihn nach Rom geschickt, wo er vom Papst empfangen worden war. Nach seiner Rückkehr wollte man ihn anscheinend in christlicher Weise und ohne Rücksicht auf die traditionellen Regeln verheiraten. Dieser Versuch stürzte ihn in eine geistige Krise, aus der er zum alten Bororo-Ideal geläutert hervorkam: er ließ sich in Kejara nieder, wo er seit zehn oder fünfzehn Jahren das vorbildliche Leben eines Wilden führte. Nackt, rot bemalt, Nase und Unterlippe von Stab und Lippenpflock durchbohrt, mit Federn geschmückt, erwies sich der Indianer des Papstes als ein hervorragender Professor für Bororo-Soziologie.

Im Augenblick waren wir von einigen Dutzend Eingeborenen umringt, die sich lachend und knuffend unterhielten. Die Bororo sind die größten und am besten gebauten Indianer Brasiliens. Der runde Kopf, das längliche Gesicht mit den scharfen, regelmäßigen Zügen und der athletische Körperbau erinnern an gewisse Typen Patagoniens, mit denen die Bororo vielleicht auch der Rasse nach verwandt sind. Dieser harmonische Typus findet sich selten bei den Frauen, die im allgemeinen kleiner sind, schwächlich wirken und unregelmäßige Gesichtszüge haben. Von Anfang an stand die Fröhlichkeit der Männer in merkwürdigem Gegensatz zu der schroffen Haltung des anderen Geschlechts. Trotz der Epidemien, welche die Gegend heimsuchten, machte die Bevölkerung einen gesunden Eindruck. Allerdings gab es im Dorf einen Leprakranken.

Die Männer waren völlig nackt mit Ausnahme des kleinen Strohbeutels, der das äußere Ende des Penis bedeckte und mittels der Vorhaut festgehalten wurde: diese war durch die Öffnung des Beutels gezogen und bildete außen einen Wulst. Die meisten hatten sich mit Hilfe von in Fett zerriebenen Urucu-Körnern von Kopf bis Fuß rot angemalt. Sogar die Haare, die entweder bis auf die Schultern hingen oder in Höhe der Ohren rund geschnitten waren, wurden mit diesem Teig beschmiert, so daß sie wie Helme wirkten. Auf diesem roten Make-up prangten weitere Malereien: Hufeisen aus glänzend schwarzem Harz, die Stirn und Wangen bis zur Höhe des Mundes schmückten; kleine Streifen aus weißem Flaum, der auf Schultern und Armen klebte; oder ein glimmriger Puder aus zerstoßenem Perlmutt auf Schultern und Brust. Die Frauen trugen einen mit Urucu rotgefärbten baumwollenen Lendenschurz um einen steifen Rindengürtel, von dem aus ein weißes Band aus geklopfter, geschmeidigerer Rinde zwischen den Schenkeln hindurchging. Über die Brust lief ein doppelter Strang fein geflochtener Baumwollriemen. Dieser Aufzug wurde ver-

vollständigt durch enge Baumwollbänder um Knöchel, Oberarme und Handgelenke.
Nach und nach verliefen sich die Leute. Wir teilten die Hütte, die ungefähr zwölf auf fünf Meter maß, mit dem stummen und feindseligen Haushalt eines Zauberers sowie mit einer alten Witwe, die von der Mildtätigkeit irgendwelcher Verwandter aus den benachbarten Hütten lebte und, da sie oft vernachlässigt wurde, stundenlang ihren fünf verschiedenen Ehemännern und den glücklichen Zeiten nachtrauerte, als es ihr weder an Maniok und Mais noch an Wild und Fisch gemangelt hatte.
Schon wurden draußen Lieder angestimmt, in einer tiefen, gutturalen, scharf artikulierten Sprache. Nur die Männer singen, und der Gleichklang ihrer Stimmen, die einfachen und hundertmal wiederholten Melodien, der Gegensatz zwischen Soli und Chor sowie der männliche und tragische Stil erinnern an die Kriegsgesänge irgendeines germanischen Männerbunds. Weshalb diese Gesänge? Wegen des *irara*, erklärte man mir. Wir hatten unser Wild mitgebracht, und nun mußte, bevor es gegessen werden konnte, mit Hilfe eines komplizierten Rituals der Geist des Tieres besänftigt und die Jagd geweiht werden. Zu erschöpft, um noch ein guter Ethnograph zu sein, schlief ich bei Einbruch der Dunkelheit ein, immer wieder aufgeschreckt durch die Übermüdung und die Gesänge, die bis zum Morgengrauen dauerten. Bis zum Ende unseres Besuchs sollten sie sich im übrigen Nacht für Nacht wiederholen: die Nächte sind dem religiösen Leben gewidmet, und die Indianer schlafen von Sonnenaufgang bis Mittag.
Mit Ausnahme einiger Blasinstrumente, die an vorgeschriebenen Stellen des Rituals einsetzten, wurden die Stimmen einzig von Kürbisrasseln begleitet, die mit Kieseln gefüllt sind und von den Chorführern geschwenkt werden. Sie zu hören, war staunendes Entzücken: bald entfesselten oder unterbrachen sie die Stimmen mit einem trockenen Geräusch; bald füllten sie die Stille mit ihrem Gerassel, das lange an- und wieder abschwoll; bald lenkten sie die Tänzer durch den Wechsel von Pausen und Geräuschen, deren Dauer, Intensität und Qualität so verschieden waren, daß keiner unserer großen Konzertdirigenten seinen Willen besser hätte kundtun können. Kein Wunder, daß die Einge-

borenen anderer Stämme und selbst die Missionare einst glaubten, aus diesen Rasseln den Teufel sprechen zu hören! Auch wenn alte Vorstellungen über diese angeblichen „getrommelten Sprachen“ widerlegt worden sind, so scheint es doch, daß sie zumindest bei einigen Völkern auf einer wirklichen Kodierung der Sprache beruhen, die sich auf einige signifikante, symbolisch ausgedrückte Konturen beschränkt.

Bei Tagesanbruch stehe ich auf, um mir das Dorf anzusehen; an der Tür stolpere ich über jammervolles Geflügel: es sind zahme Aras, von den Indianern ermuntert, im Dorf zu leben; diese rupfen sie lebendig und besorgen sich auf diese Weise die Federn für ihren Kopfschmuck. Völlig nackt und unfähig zu fliegen, ähneln diese Vögel bratfertigen Hühnern, ausgestattet mit einem Schnabel, der um so riesiger wirkt, als sich der Umfang des Körpers um die Hälfte verringert hat. Auf den Dächern hocken gravitätisch andere Aras, deren Federschmuck wieder nachgewachsen ist – heraldische Embleme, rot und blau durchwirkt.

Ich befinde mich inmitten einer Lichtung, die auf der einen Seite vom Fluß, auf den drei anderen von Waldstücken begrenzt ist, in denen sich die Gärten verbergen und zwischen deren Baumstämmen im Hintergrund steile Anhöhen aus rotem Sandstein zu erkennen sind. Ringsherum stehen Hütten – genau sechsundzwanzig –, die der meinen aufs Haar gleichen und in einem Kreis angeordnet sind. In der Mitte erhebt sich eine etwa zwanzig Meter lange und acht Meter breite Hütte, die also sehr viel größer ist als die anderen. Es ist der *baitemannageo*, das Männerhaus, in dem die Junggesellen schlafen und die männliche Bevölkerung den Tag verbringt, wenn sie nicht mit Fischen, Jagen oder öffentlichen Zeremonien auf der Tanzfläche beschäftigt ist. Diese Tanzfläche ist ein ovaler, von Pfählen eingegrenzter Platz auf der westlichen Seite des Männerhauses.

Den Frauen ist es strengstens untersagt, das Männerhaus zu betreten; ihnen gehören die Häuser an der Peripherie, und ihre Ehemänner gehen mehrmals am Tag zwischen ihrem Klub und dem ehelichen Domizil hin und her, wobei sie den Pfad benutzen, der quer durch das Gestrüpp der Lichtung führt und sie miteinander verbindet. Von einem Baum oder einem Dach aus gesehen, ähnelt das Bororo-Dorf ei-

Caduveo Urwald am Paraná

Nalike, Hauptstadt des Caduveo-Landes

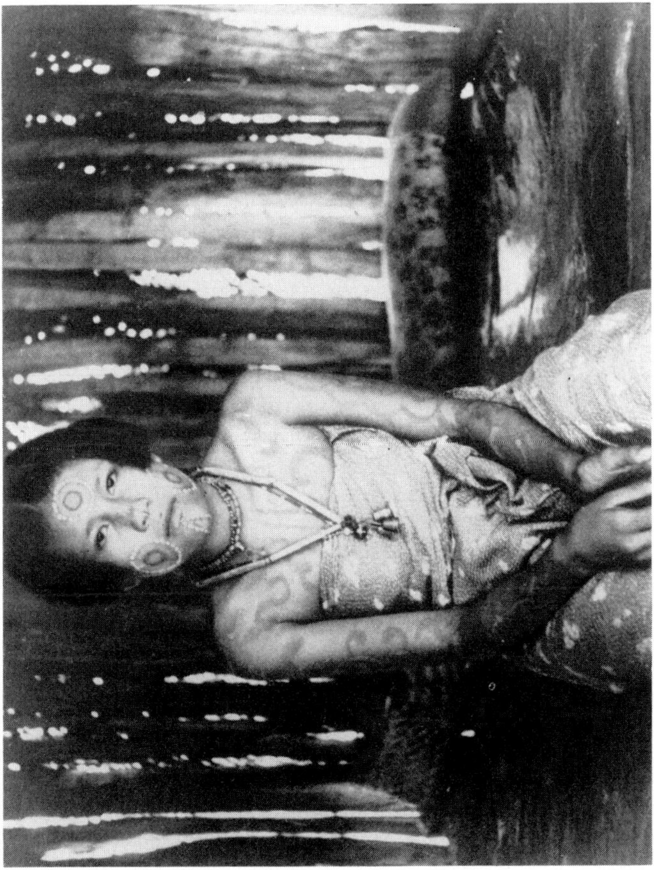

Caduveo-Mädchen, für das Pubertätsfest geschmückt

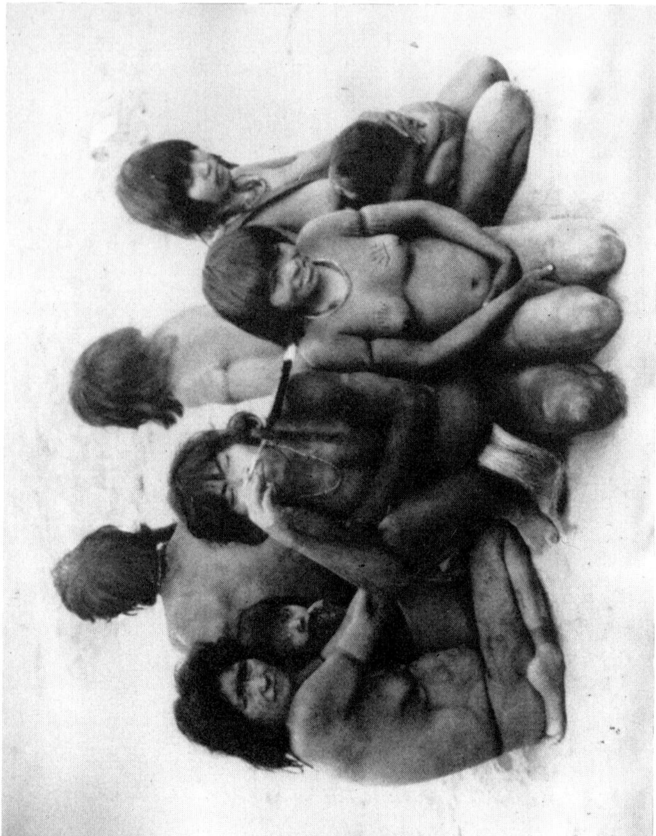

Nambikwara Eine polygame Familie

Nambikwara Frau beim Stillen

Taperahi, der Tupí-Kawahib-Häuptling

Kunhantsin, die Frau des Tupí-Kawahib-Häuptlings

Tupi-Kawahib Eine Mundé-Frau mit ihrem Kind. (Seine Brauen sind mit Harz bestrichen zum Zweck der Epilation.)

nem Wagenrad, bei dem die Familienhütten den Kreisbogen, die Pfade die Speichen und das Männerhaus die Nabe bilden.
Nach diesem eigentümlichen Plan wurden einst alle Dörfer gebaut, nur mit dem Unterschied, daß ihre Bevölkerung sehr viel zahlreicher war als heute (es leben noch ungefähr einhundertfünfzig Personen in Kejara), so daß man die Familienhütten in mehreren konzentrischen Kreisen statt nur in einem errichtete. Die Bororo sind im übrigen nicht die einzigen, die kreisförmige Dörfer haben; von Einzelheiten abgesehen, scheinen sie für alle Stämme der Gé-Sprachgruppe typisch zu sein, die das brasilianische Zentralplateau zwischen den Flüssen Araguaia und São Francisco bewohnen und deren südlichste Vertreter wahrscheinlich die Bororo sind. Wir wissen jedoch mit Sicherheit, daß ihre nächsten Nachbarn im Norden, die Kayapo, die am rechten Ufer des Rio das Mortes leben und zu denen man erst vor etwa zehn Jahren zum ersten Mal vorgedrungen ist, ihre Dörfer in ähnlicher Weise bauen – wie auch die Apinayé, die Sherenté und die Canella.
Die kreisförmige Anordnung der Hütten rings um das Männerhaus ist für das soziale Leben und den Kultus von so großer Bedeutung, daß die Salesianer-Missionare in der Gegend des Rio das Garças sehr schnell begriffen haben, daß das sicherste Mittel, die Bororo zu bekehren, darin besteht, sie dazu zu bringen, ihr Dorf gegen ein anderes einzutauschen, in dem die Häuser in parallelen Reihen angeordnet sind. Da die Eingeborenen nun in bezug auf die Himmelsrichtung desorientiert und des Plans beraubt sind, der Grundlage ihres Wissens ist, verlieren sie schnell den Sinn für die Traditionen, so als wäre ihr soziales und religiöses System (wir werden noch sehen, daß sie untrennbar miteinander verbunden sind) zu kompliziert, um des Schemas entraten zu können, das durch den Plan des Dorfs offenbar wird und dessen Umrisse ihre alltäglichen Gesten immer aufs neue auffrischen.
Zur Entlastung der Salesianer sei gesagt, daß sie sich große Mühe gegeben haben, diese schwierige Struktur zu begreifen und die Erinnerung daran zu bewahren. Wenn man sich zu den Bororo begibt, muß man als erstes die Arbeiten dieser Missionare studiert haben. Andererseits ist es unbedingt

erforderlich, ihre Ergebnisse mit denen aus anderen Gegenden zu vergleichen, in die sie nicht vorgedrungen waren und wo das System seine Lebenskraft bewahrte. Gestützt auf die bereits veröffentlichten Dokumente, versuchte ich also, von meinen Informanten eine Analyse der Struktur ihres Dorfs zu erhalten. Wir brachten unsere Tage damit zu, von Haus zu Haus zu gehen, die Bewohner zu zählen, ihren Zivilstand festzustellen und auf den Boden der Lichtung mit Hilfe kleiner Stäbe die idealen Linien zu ziehen, welche jene Sektoren voneinander abgrenzen, mit denen sich komplizierte Netze von Vorrechten, Traditionen, hierarchischen Graden, Rechten und Pflichten verbanden. Um meine Darstellung zu vereinfachen, werde ich die Orientierungen berichtigen – wenn ich so sagen darf –, denn die Himmelsrichtungen, so wie die Eingeborenen sie sich vorstellen, entsprechen niemals genau den Angaben des Kompasses.

Das Kreisdorf von Kejara berührt tangential das linke Ufer des Rio Vermelho. Dieser fließt ungefähr von Osten nach Westen. Der Durchmesser des Dorfs, der theoretisch parallel zum Fluß verläuft, teilt die Bevölkerung in zwei Gruppen: im Norden leben die Cera (sprich: *tschera*; alle Bezeichnungen sind im Singular), im Süden die Tugaré. Es scheint – doch war dies nicht mit Sicherheit festzustellen –, daß der erste Terminus „schwach", der zweite „stark" bedeutet. Wie dem auch sei, diese Teilung ist aus zwei Gründen wesentlich: zum einen gehört ein Individuum stets derselben Hälfte an wie seine Mutter, und zum anderen darf es nur ein Mitglied der anderen Hälfte heiraten. Wenn meine Mutter Cera ist, bin ich es ebenfalls, und meine Frau wird Tugaré sein.

Die Frauen bewohnen und erben die Hütten, in denen sie geboren sind. Wenn ein männlicher Eingeborener heiratet, durchquert er also die Lichtung und überschreitet damit den ideellen Durchmesser, der die Hälften trennt, um auf der anderen Seite zu wohnen. Das Männerhaus mildert diese Entwurzelung, da es dank seiner zentralen Lage auf das Territorium beider Hälften übergreift. Aber die Wohnsitzregeln erklären, warum die Tür zum Cera-Territorium Tugaré heißt und die zum Tugaré-Territorium Cera. Denn ihre Benutzung ist den Männern vorbehalten, und alle die-

jenigen, die im einen Sektor wohnen, stammen aus dem anderen und umgekehrt.
Ein verheirateter Mann fühlt sich also in den Familienhütten nie zu Hause: das Haus, in dem er geboren wurde und mit dem sich seine Kindheitseindrücke verbinden, liegt auf der anderen Seite: es ist das Haus seiner Mutter und seiner Schwestern, das nun von deren Gatten bewohnt wird. Dennoch kann er dorthin zurückkehren, wann immer er will: er wird stets willkommen sein. Und wenn ihm die Atmosphäre des ehelichen Domizils zu drückend erscheint (wenn zum Beispiel seine Schwäger zu Besuch kommen), kann er zum Schlafen ins Männerhaus gehen, wo er seine Jugenderinnerungen, die männliche Kameradschaft und eine religiöse Welt wiederfindet, die Liebeshändel mit unverheirateten Mädchen keineswegs ausschließt.
Die Hälften regeln nicht nur die Heiraten, sondern auch andere Aspekte des sozialen Lebens. Jedesmal, wenn einem Mitglied der einen Hälfte ein Recht oder eine Pflicht zufällt, verwirklichen sich diese immer zugunsten oder mit Hilfe der anderen Hälfte. So wird die Bestattung eines Cera von den Tugaré getragen und umgekehrt. Die beiden Hälften des Dorfs sind folglich Partner, und jede gesellschaftliche oder religiöse Handlung setzt die Mitwirkung des Gegenübers voraus, das die Rolle des anderen ergänzt. Diese Zusammenarbeit schließt freilich Rivalitäten nicht aus: jede Hälfte ist stolz auf sich selbst, und es fehlt nicht an gegenseitigen Eifersüchteleien. Stellen wir uns also ein soziales Leben nach dem Muster zweier Fußballmannschaften vor, die, statt ihre jeweiligen Strategien durchkreuzen zu wollen, versuchen würden, sich gegenseitig zu helfen und den Vorteil am Grad der Vollkommenheit und Großzügigkeit messen würden, den jede von ihnen zu erreichen vermag.
Betrachten wir nun einen anderen Aspekt: ein zweiter Durchmesser, der senkrecht zum ersten verläuft, teilt die Hälften ein weiteres Mal gemäß einer Nord-Süd-Achse. Die gesamte Bevölkerung, die östlich dieser Achse geboren wird, heißt „flußaufwärts", die andere, die westlich dieser Achse geboren wird, „flußabwärts". Statt zwei Hälften haben wir somit vier Sektionen, so daß die Cera und die Tugaré zu gleichen Teilen zur einen und zur anderen Seite ge-

hören. Leider ist es bisher noch keinem Beobachter gelungen, die genaue Bedeutung dieser zweiten Spaltung zu erfassen, und man streitet sogar darüber, ob es sie wirklich gibt.

Außerdem ist die Bevölkerung in Clans aufgeteilt. Diese sind Familiengruppen, die sich über die Frauen, ausgehend von einem gemeinsamen Vorfahren, als verwandt betrachten. Dieser Vorfahre ist mythologischer Natur, zuweilen sogar in Vergessenheit geraten. Sagen wir also, daß die Mitglieder des Clans sich daran erkennen, daß sie denselben Namen tragen. Wahrscheinlich hat es in der Vergangenheit acht Clans gegeben: vier Cera- und vier Tugaré-Clans. Im Lauf der Zeit sind einige ausgestorben, andere haben sich unterteilt. Die empirische Situation ist heute also ziemlich verworren. Wie dem auch sei, fest steht, daß die Mitglieder eines Clans – mit Ausnahme der verheirateten Männer – alle in derselben oder in nebeneinanderliegenden Hütten wohnen. Jeder Clan nimmt also eine ganz bestimmte Stellung auf der Kreislinie der Häuser ein: er ist Cera oder Tugaré, flußaufwärts oder flußabwärts, oder zudem noch in zwei Untergruppen gegliedert, da die zuletzt erwähnte Trennungslinie auf der einen wie auf der anderen Seite mitten durch die Wohnungen eines bestimmten Clans verläuft.

Und als wären die Dinge nicht schon kompliziert genug, umfaßt jeder Clan zudem noch erbliche Untergruppen, ebenfalls in weiblicher Linie. So gibt es in jedem Clan „rote“ und „schwarze“ Familien. Überdies sieht es so aus, als sei jeder Clan einst in drei Ränge geteilt gewesen: die Oberen, die Mittleren und die Unteren. Vielleicht handelt es sich hier um einen Widerschein oder eine Transposition der hierarchisierten Kasten der Mbaya-Caduveo; ich werde noch darauf zurückkommen. Diese Hypothese besitzt eine gewisse Wahrscheinlichkeit, da diese Ränge endogam gewesen zu sein scheinen: ein Oberer konnte nur einen Oberen (der anderen Hälfte) heiraten, ein Mittlerer nur einen Mittleren, und ein Unterer nur einen Unteren. Aufgrund des demographischen Niedergangs der Bororo-Dörfer sind wir auf Vermutungen angewiesen. Heute, da sie nur noch hundert bis zweihundert Einwohner zählen statt tausend oder mehr, sind nicht mehr genug Familien übrig, um alle Kategorien auszufüllen. Einzig die Regel der Hälften wird streng eingehalten (obwohl einige herrschaftliche Clans davon ausgenommen zu sein scheinen); im übrigen improvisieren die Eingeborenen im Rahmen der Möglichkeiten halbwegs annehmbare Lösungen.

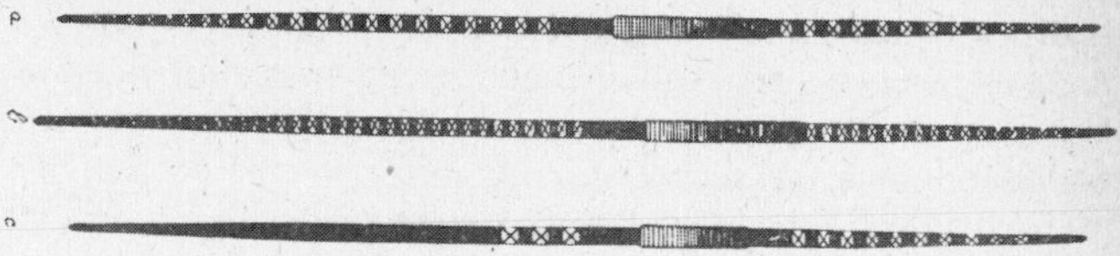

Bogen, verziert mit Ringen aus Baumrinde in der für den Clan des Besitzers typischen Anordnung

Die Aufteilung der Bevölkerung in Clans bildet zweifellos die wichtigste jener „Gegebenheiten", an denen die Bororo-Gesellschaft Gefallen zu finden scheint. Im Rahmen des allgemeinen Heiratssystems zwischen Hälften waren die Clans früher durch spezielle Affinitäten miteinander verbunden. Ein Cera-Clan verband sich mit Vorliebe mit einem, zwei oder drei bestimmten Tugaré-Clans und umgekehrt. Außerdem besitzen nicht alle Clans denselben Status. Der Häuptling des Dorfs muß einem bestimmten Clan der Cera-Hälfte angehören, wobei sein Titel in weiblicher Linie erblich ist, das heißt, er geht vom mütterlichen Onkel zum Sohn seiner Schwester. Es gibt „reiche" Clans und „arme" Clans. Worin bestehen diese Unterschiede des Reichtums? Verweilen wir einen Augenblick bei diesem Punkt.

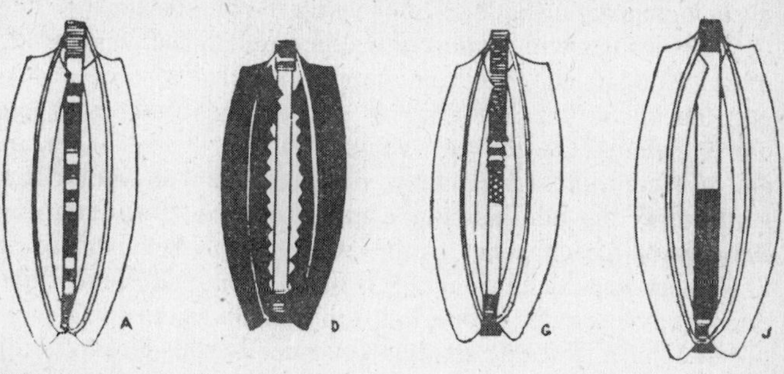

Pfeil-Enden mit Wappen

Unsere Auffassung von Reichtum ist hauptsächlich ökonomisch bestimmt; so bescheiden der Lebensstandard der Bororo auch sein mag, so ist er auch bei ihnen nicht für alle gleich. Manche sind bessere Jäger oder Fischer, einige haben mehr Glück oder sind fleißiger als die anderen. Man kann in Kejara sogar Anzeichen für eine berufliche Spezialisierung beobachten. Ein Eingeborener war zum Beispiel Experte in der Herstellung von Poliersteinen; er tauschte sie gegen Nahrungsmittel und konnte, wie es schien, bequem davon leben. Doch bleiben diese Unterschiede individuell und sind folglich nicht dauerhaft. Die einzige Ausnahme bildet der Häuptling, der von allen Clans Leistungen in Form von Nahrungsmitteln und hergestellten Gegenständen erhält. Aber da ihm durch den Empfang dieser Waren Verpflichtungen erwachsen, befindet er sich ständig in der Situation eines Bankiers: viele Reichtümer gehen durch seine Hände, aber er besitzt sie nie. Meine Sammlungen von Kultgegenständen sind dadurch zustande gekommen, daß ich die Dinge im Austausch für Geschenke an den Häuptling erhielt, die dieser sogleich unter die Clans verteilte, um seine Geschäftsbilanz zu sanieren.

Der statutarische Reichtum der Clans ist anderer Art. Jeder besitzt ein Kapital an Mythen, Traditionen, Tänzen, sozialen und religiösen Funktionen. Die Mythen wiederum begründen technische Privilegien, die einen der merkwürdigsten Züge der Bororo-Kultur darstellen. Fast alle Gegenstände sind mit einer Art Wappen versehen, so daß sich sogleich der Clan und der Unter-Clan ihres Eigentümers feststellen läßt. Diese Privilegien bestehen in der Verwendung bestimmter Federn oder Farben von Federn, in der Art und Weise, wie sie geschnitten oder ausgeschweift sind, in der Anordnung verschiedenartiger und verschiedenfarbiger Federn, in der Ausführung gewisser dekorativer Arbeiten wie dem Flechten von Fasern oder Federmosaiken, in der Verwendung spezifischer Themen, und so weiter. So sind die zeremoniellen Bogen mit Federn oder Ringen aus Baumrinde geschmückt, und zwar gemäß den für jeden Clan vorgeschriebenen Regeln; der Schaft der Pfeile trägt unten zwischen der Fiederung eine besondere Verzierung; die aus Perlmutt bestehenden Teile der Lippenpflöcke sind in verschiedene Figuren unterteilt: ovale, fischförmige,

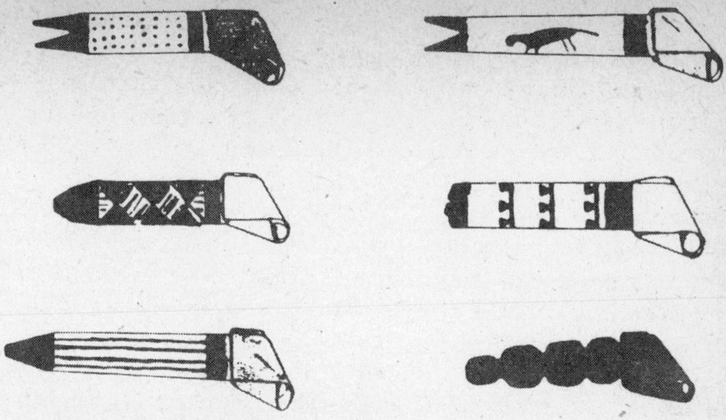

Penisbeutel mit Wappen

rechteckige; die Farbe der Fransen wechselt; die Federdiademe, die bei den Tänzen getragen werden, sind mit einem bestimmten Abzeichen versehen (meist einem Holztäfelchen, das mit einem Mosaik aus aneinandergeklebten Federstücken bedeckt ist), das sich auf den Clan des Besitzers bezieht. An Festtagen werden sogar die Penisbeutel mit einem festen Band aus Stroh versehen, das mit den Farben und Formen des Clans bemalt und in dessen Formen ziseliert ist – eine bizarr getragene Standarte!
Alle diese Privilegien (die im übrigen verkäuflich sind) werden eifersüchtig gehütet und geben oft Anlaß zu Streitigkeiten. Es ist undenkbar, so heißt es, daß ein Clan sich der Privilegien eines anderen bemächtigt: daraus würde sofort ein Bruderkrieg entstehen. In dieser Hinsicht sind die Unterschiede zwischen den Clans riesengroß: manche sind luxuriös, andere armselig; man braucht nur die Einrichtung der Hütten zu betrachten, um sich davon zu überzeugen. Wir möchten sie jedoch weniger in arme und reiche als in biedere und raffinierte Clans unterteilen.
Die materielle Ausrüstung der Bororo ist gekennzeichnet durch ihre Einfachheit in Verbindung mit einer seltenen Vollendung der Ausführung. Die Werkzeuge sind archaisch geblieben, trotz der Hacken und Messer, die einst das Büro zum Schutz der Eingeborenen verteilte. Auch wenn die Eingeborenen für grobe Arbeiten Metallwerkzeuge verwen-

den, verfertigen sie die Keulen, mit denen der Fisch erschlagen wird, sowie die Pfeile und Bogen aus hartem, fein gezacktem Holz noch immer mit Hilfe eines Werkzeugs, das ein Mittelding zwischen Dechsel und Meißel ist und das sie bei jeder Gelegenheit benutzen wie wir ein Taschenmesser. Es besteht aus einem gebogenen Schneidezahn des *capivara*, eines Nagetiers an den Flußufern, der seitlich mit Schnüren am Ende eines Griffs befestigt ist. Außer den geflochtenen Matten und Körben, den Waffen und Werkzeugen – aus Knochen oder Holz – der Männer und den Grabstöcken der Frauen, welche die Feldarbeiten verrichten, befinden sich in der Hütte nur wenige Dinge: Behälter aus Kürbissen oder schwarzem Ton – halbkugelförmige Schalen und Näpfe, die sich seitlich zu einer Art Griff verlängern gleich Schöpflöffeln. Diese Gegenstände haben sehr reine Formen, welche die Einfachheit des Materials noch unterstreicht. Seltsamerweise sieht es so aus, als seien die Töpferwaren der Bororo einst verziert gewesen und als habe eine relativ spät aufgekommene religiöse Vorschrift diese Technik unterbunden. Vielleicht erklärt dies auch, warum die Eingeborenen keine Felsmalereien mehr ausführen, wie man sie noch in den Steinhöhlen der *chapada* findet: man erkennt auf ihnen viele Themen ihrer Kultur. Um sicherzugehen, bat ich einmal einen Indianer, ein großes Blatt Papier für mich zu dekorieren. Mit Hilfe einer Paste aus Urucu und Harz machte er sich ans Werk; und obgleich die Bororo die Erinnerung an jene Zeit, da sie die Felswände zu bemalen pflegten, verloren haben und die Steilhänge, an denen sie sich befinden, kaum noch aufsuchen, schien doch das Bild, das mir übergeben wurde, eine verkleinerte Felszeichnung zu sein.

Im Gegensatz zur Schmucklosigkeit der Gebrauchsgegenstände legen die Bororo all ihren Luxus und ihre Einbildungskraft in das Kostüm oder vielmehr – da dieses kaum vorhanden ist – in dessen Beiwerk. Die Frauen besitzen wahre Juwelenschreine, welche die Mütter ihren Töchtern vererben: Schmuckstücke aus Affen- oder Jaguarzähnen, die in Holz gefaßt und mit feinen Schnüren befestigt sind. Wenn sie somit die Überreste der Jagdbeute fordern, so lassen sie sich dafür die Schläfenhaare von ihren Männern ausreißen, die daraus lange Schnüre flechten und sich diese wie einen Turban um den Kopf wickeln. An Festtagen tragen die Männer auch sichelförmige Anhänger, die aus zwei Krallen des großen Tatu bestehen – eines Wühltiers, das über einen Meter lang ist und sich seit dem Tertiär kaum verändert hat – und die mit Elfenbein eingelegt und mit Fransen aus Federn oder Baumwolle verziert sind. Die Tukan-Schnäbel, die auf federgeschmückten Stäben befestigt werden, die Büschel aus Reiherfedern, die langen Schwanzfedern der Aras, die aus durchbrochenen und mit aufgeklebtem weißem Flaum bedeckten Bambusspindeln quellen, spicken ihren natürlichen oder künstlichen Haarknoten wie riesige Haarnadeln und sorgen hinten für das Gleichgewicht der Federkrone, die auf der Stirn sitzt. Manchmal verbinden sich diese Schmuckstücke zu einem einzigen Kopfschmuck, und es dauert Stunden, bis er auf dem Haupt des Tänzers befestigt ist. Es ist mir gelungen, einen solchen Kopfschmuck für das *Musée de l'Homme* zu erwerben, im Tausch gegen ein Gewehr und nach Verhandlungen, die sich acht Tage lang hinzogen. Er ist ein unerläßlicher Bestandteil des Rituals, und die Eingeborenen konnten ihn erst hergeben, nachdem sie bei der Jagd die vorgeschriebene Sammlung an Federn ersetzt hatten, um einen neuen herzustellen. Dieser Kopfschmuck besteht aus einem fächerförmigen Diadem, einem Visier aus Federn, das den oberen Teil des Gesichts bedeckt, einer hohen zylinderförmigen Krone aus mit Harpyienfedern geschmückten Stäben, die den Kopf umschließt, sowie einer geflochtenen Scheibe, in die büschelweise mit Federn und Flaum beklebte Stiele gesteckt werden. Das Ganze ist fast zwei Meter hoch.

Auch außerhalb der Zeremonien ist ihre Vorliebe für Schmuck so ausgeprägt, daß die Männer immer neue Zierden erfinden. Viele tragen Kronen: mit Federn geschmückte Bänder aus Fell, ebenfalls mit Federn verzierte geflochtene Ringe, auf einen Holzreif gezogene Schnüre aus Jaguarkrallen. Aber es genügt auch sehr viel weniger, um sie zu entzücken: ein Band aus trockenem Stroh, das vom Boden aufgelesen, schnell rund gebogen und bemalt wird, gibt einen vergänglichen Kopfschmuck ab, mit dem der Träger so lange herumspaziert, bis ein neuer Fund ihn zu einer anderen Phantasie anregt; für denselben Zweck

wird zuweilen ein Baum seiner Blüten beraubt. Ein Stück Rinde, ein paar Federn liefern den unermüdlichen Modisten Material für eine atemberaubende Kreation von Ohrringen. Man braucht nur das Männerhaus zu betreten, um zu ermessen, wieviel Eifer diese robusten Burschen darauf verwenden, sich schön zu machen: in allen Ecken wird geschnippelt, ziseliert, modelliert, geklebt, werden die Muscheln aus dem Fluß zerlegt und kräftig mit Schleifsteinen poliert, um Ketten und Lippenpflöcke herzustellen; phantastische Konstruktionen aus Bambus und Federn stehen herum. Geschickt wie Garderobieren verwandeln sich diese baumstarken Männer gegenseitig in Küken, indem sie sich Flaum auf die Haut kleben.
Aber das Männerhaus ist nicht nur ein Modeatelier. Hier schlafen die heranwachsenden Knaben, hier machen die verheirateten Männer in ihren Mußestunden Siesta, plaudern und rauchen ihre in trockene Maisblätter gehüllten dicken Zigaretten. Hier nehmen sie auch bestimmte Mahlzeiten ein, denn ein minutiöses System von Verpflichtungen zwingt die Clans abwechselnd, im *baitemannageo* Dienst zu tun. Etwa alle zwei Stunden holt ein Mann aus seiner Familienhütte eine Schüssel Maisbrei, *mingáo* genannt, den die Frauen zubereitet haben. Seine Rückkehr wird mit Freudengeheul begrüßt – *au, au* –, das die Stille des Tages unterbricht. Gemäß einem festgelegten Zeremoniell lädt der Betreffende sechs oder acht Männer ein und geleitet sie zu der Nahrung, die sie mit einem Tonnapf oder einer Muschelschale schöpfen. Ich habe bereits gesagt, daß den Frauen der Eintritt in dieses Haus verboten ist. Dies gilt jedoch nur für die verheirateten Frauen, denn die jungen Mädchen vermeiden spontan, sich ihm zu nähern, da sie wissen, was ihnen dann blühen würde. Wenn sie ihm aus Versehen oder aus Provokation zu nahe kommen, kann es passieren, daß man sie einfängt und mißbraucht. Einmal im Leben müssen sie es freiwillig betreten, um sich ihren künftigen Gatten auszusuchen.

Neben Atelier, Klub, Schlafstelle und Aufenthaltsraum ist der *baitemannageo* auch ein Tempel. Hier bereiten sich die religiösen Tänzer vor, hier spielen sich bestimmte Zeremonien in Abwesenheit der Frauen ab, so die Herstellung und das Drehen der Schwirrhölzer. Dies sind hölzerne, reich bemalte Klanginstrumente, deren Form an einen plattgedrückten Fisch erinnert und die zwischen dreißig Zentimeter und anderthalb Meter lang sind. Wenn man sie am Ende einer Schnur in Drehung versetzt, erzeugt man ein dumpfes Geräusch, das den Geistern zugeschrieben wird, die das Dorf besuchen und vor denen die Frauen angeblich Angst haben. Wehe derjenigen, die ein Schwirrholz zu Gesicht bekäme: noch heute läuft sie Gefahr, erschlagen zu werden. Als ich zum ersten Mal der Herstellung dieser Instrumente beiwohnte, versuchte man mich davon zu überzeugen, daß es sich um Eßwerkzeuge handele. Der Widerstand, auf den ich stieß, als ich einige erwerben wollte, erklärte sich weniger durch die damit verbundene zusätzliche Arbeit als durch die Furcht, ich könnte das Geheimnis verraten. Mitten in der Nacht mußte ich mich mit einem Koffer in das Männerhaus begeben. Die eingepackten Schwirrhölzer wurden in den Koffer gelegt, dieser verriegelt, und man nahm mir das Versprechen ab, ihn erst in Cuiabá zu öffnen.

Ein Schwirrholz

Für den europäischen Beobachter harmonieren die in unseren Augen schwer miteinander zu vereinbarenden Arbeiten des Männerhauses auf fast skandalöse Weise. Nur wenige Völker sind so tief religiös wie die Bororo, nur wenige haben ein so ausgeklügeltes metaphysisches System. Doch die geistigen Überzeugungen und die täglichen Gewohnheiten sind eng miteinander verwoben, und es sieht nicht so aus, als ob die Eingeborenen das Gefühl hätten, von einem System ins andere überzuwechseln. Ich habe diese kindliche Religiosität auch in den buddhistischen Tempeln an der burmesischen Grenze gefunden, wo die Bonzen in dem Raum, der dem Kultus geweiht ist, essen und schlafen, ihre Pomadentöpfe und ihre persönliche Apotheke am Fuß des Altars aufbauen und sich nicht scheuen, zwischen zwei Lesestunden ihre Schülerinnen zu streicheln.

Diese Unbefangenheit angesichts des Übernatürlichen erstaunte mich um so mehr, als mein einziger Kontakt mit der Religion in eine Zeit fiel, da ich, noch ein Kind, aber schon ungläubig, während des ersten Weltkriegs bei meinem Großvater wohnte, der Rabbiner in Versailles war. Das neben der Synagoge gelegene Haus war mit dieser durch einen langen Gang verbunden, den ich nicht ohne Furcht zu betreten wagte und der allein schon eine unüberwindliche Grenze zwischen der profanen Welt und jener anderen errichtete, der es an der menschlichen Wärme gebrach, die allein es erlaubt hätte, diese Welt als heilig zu empfinden. Mit Ausnahme der dem Kult geweihten Stunden blieb die Synagoge leer, und die Zeit, in der sie sich füllte, war weder lange noch andächtig genug, um den Zustand der Trostlosigkeit zu vertreiben, der dazuzugehören schien und den die Kulthandlungen nur unangenehm störten. Der Familienkult litt an derselben Kälte. Außer dem stummen Gebet meines Großvaters zu Beginn der Mahlzeiten gab es nichts, das die Kinder darauf hingewiesen hätte, daß sie ihr Leben einer höheren Ordnung verdankten, abgesehen von einem Spruchband an der Wand des Eßzimmers, auf dem es hieß: „Kaut eure Nahrung gut, denn die Verdauung hängt davon ab."

Das soll nicht heißen, daß die Religion bei den Bororo ein höheres Prestige besaß. Ganz im Gegenteil, sie war eine Selbstverständlichkeit. Im Männerhaus vollzogen sich die Kulthandlungen mit derselben Unbefangenheit wie alle anderen Verrichtungen, als handle es sich um nützliche Tätigkeiten, die um ihres Ergebnisses willen ausgeführt wurden, ohne jene ehrfurchtsvolle Haltung zu erfordern, die sich selbst dem Ungläubigen aufdrängt, wenn er eine heilige Stätte betritt. An diesem heutigen Nachmittag wird im

Männerhaus gesungen, um das öffentliche Ritual des Abends vorzubereiten. In einer Ecke schnarchen oder schwatzen einige Knaben, zwei oder drei Männer summen vor sich hin und bewegen dabei ihre Klappern; hat aber einer von ihnen Lust, sich eine Zigarette anzuzünden oder ist die Reihe an ihm, aus der Maissuppe zu schöpfen, dann reicht er das Instrument seinem Nachbarn, der weiterspielt, oder er fährt mit der einen Hand fort und kratzt sich mit der anderen. Wenn einer der Tänzer umherstolziert, um seine neueste Kreation bewundern zu lassen, hält jedermann inne und kommentiert sie; die heilige Handlung scheint vergessen, bis in einer anderen Ecke der Gesang an genau der Stelle wieder einsetzt, an der er unterbrochen worden war.

Dennoch geht die Bedeutung des Männerhauses noch weit über diejenige hinaus, die es als Mittelpunkt des sozialen und religiösen Lebens besitzt, das ich zu beschreiben versuchte. Die Struktur des Dorfs ermöglicht nicht nur das raffinierte Spiel der Institutionen, sie umfaßt und sichert auch die Beziehungen zwischen den Menschen und dem Universum, zwischen der Gesellschaft und der übernatürlichen Welt, zwischen den Lebenden und den Toten.

Bevor wir uns diesem neuen Aspekt der Bororo-Kultur zuwenden, muß ich etwas über die Beziehungen zwischen Lebenden und Toten sagen. Andernfalls wäre es schwierig, die besondere Lösung zu verstehen, die das Bororo-Denken für ein universelles Problem gefunden hat, eine Lösung, die auffallende Ähnlichkeit mit derjenigen aufweist, die am anderen Ende der westlichen Hemisphäre zu finden ist, nämlich bei den Völkern der Wälder und Prärien im Nordosten Nordamerikas, zum Beispiel bei den Ojibwa, den Menomini und den Winnebago.

Wahrscheinlich gibt es keine Gesellschaft, die ihre Toten nicht mit Ehrfurcht behandelt. Selbst der Neandertaler beerdigte seine Toten, wenn auch notdürftig. Natürlich sind die Bestattungsarten je nach den Gruppen sehr verschieden. Soll das heißen, daß diese Vielfalt angesichts des einheitlichen Gefühls, das ihr zugrunde liegt, belanglos ist? Selbst wenn man sich bemüht, die in den menschlichen Gesellschaften beobachteten Haltungen gegenüber den Toten so weit wie möglich zu vereinfachen, ist man doch gezwun-

gen, zwei Extreme zu berücksichtigen, zwischen denen es eine ganze Reihe von Übergängen gibt.
Manche Gesellschaften lassen ihre Toten ruhen; unter der Bedingung, daß man ihnen periodisch bestimmte Ehrenbezeugungen darbringt, enthalten sie sich, die Lebenden zu stören; kehren sie zurück, um diese zu besuchen, so geschieht dies nur von Zeit zu Zeit und bei ganz bestimmten Gelegenheiten. Und ihr Besuch ist eine Wohltat, denn die Toten sichern durch ihren Schutz die regelmäßige Wiederkehr der Jahreszeiten, die Fruchtbarkeit der Gärten und der Frauen. Alles geht so vor sich, als bestünde ein Vertrag zwischen den Lebenden und den Toten: als Gegenleistung für den gebührenden Kultus, der ihnen geweiht ist, bleiben die Toten unter sich, und die zeitweiligen Begegnungen der beiden Gruppen sind stets vom Interesse der Lebenden beherrscht. Ein universelles Thema der Folklore bringt dies deutlich zum Ausdruck: das des *dankbaren Toten.* Ein reicher Held kauft Gläubigern, die sich dem Begräbnis widersetzen, einen Leichnam ab. Er gibt dem Toten eine Grabstätte. Dieser erscheint seinem Wohltäter im Traum und verspricht ihm Erfolg, unter der Bedingung, die erlangten Vorteile gerecht mit ihm zu teilen. In der Tat gewinnt der Held rasch die Liebe einer Prinzessin, die er mit Hilfe seines übernatürlichen Beschützers aus vielen Gefahren errettet. Soll er sie mit dem Toten teilen? Aber die Prinzessin ist verzaubert: halb Frau, halb Drache oder Schlange. Der Tote fordert sein Recht, der Held gibt nach, und der Tote, zufrieden mit dieser Loyalität, begnügt sich mit der bösen Hälfte, die er zu sich nimmt, und überläßt somit dem Helden eine humanisierte Gattin.
Dieser Vorstellung steht eine andere entgegen, ebenfalls durch ein Motiv der Folklore veranschaulicht, die ich *Der unternehmungslustige Ritter* nennen möchte. Der Held ist arm statt reich. Als einziges Gut besitzt er ein Weizenkorn, das er mit Hilfe einer List gegen einen Hahn, diesen gegen ein Schwein, dieses gegen einen Ochsen, diesen gegen einen Leichnam und diesen endlich gegen eine lebendige Prinzessin eintauscht. Man sieht, daß der Tote hier Objekt und nicht mehr Subjekt ist. Statt Partner, mit dem man verhandelt, ist er ein Werkzeug, mit dem man spielt im Hinblick auf eine Spekulation, zu der auch Lüge und Betrug gehö-

ren. Manche Gesellschaften nehmen gegenüber ihren Toten eine Haltung dieses Typus ein. Sie verweigern ihnen die Ruhe und mobilisieren sie: zuweilen im wörtlichen Sinn, wie es beim Kannibalismus und der Nekrophagie der Fall ist, wenn die Lebenden das Ziel verfolgen, sich die Tugenden und Kräfte des Verstorbenen einzuverleiben; manchmal im symbolischen Sinn wie in jenen Gesellschaften, die von Prestigerivalitäten beherrscht sind und deren Mitglieder die Toten ständig um Beistand bitten müssen, wenn ich so sagen darf, um durch Beschwörung der Ahnen und genealogische Betrügereien ihre Privilegien zu rechtfertigen. Mehr als andere fühlen sich solche Gesellschaften beunruhigt durch die Toten, die sie mißbrauchen. Sie stellen sich vor, daß diese ihnen die Verfolgung heimzahlen werden und daß sie desto anspruchsvoller und streitsüchtiger gegenüber den Lebenden sind, je mehr diese von ihnen zu profitieren suchen. Doch ob es sich nun um eine gerechte Teilung handelt wie im ersten Fall oder um eine entfesselte Spekulation wie im zweiten, so herrscht doch in beiden Fällen die Idee vor, daß es sich bei den Beziehungen zwischen Toten und Lebenden nicht vermeiden läßt, zu *teilen*.
Zwischen diesen extremen Positionen gibt es eine Reihe von Übergängen: die Indianer der Westküste Kanadas und die Melanesier lassen bei den Zeremonien alle ihre Vorfahren in Erscheinung treten und zwingen sie, zugunsten ihrer Nachkommen Zeugnis abzulegen. In einigen Ahnenkulten, in China oder in Afrika, bewahren die Toten ihre persönliche Identität, jedoch nur für die Dauer einiger Generationen; bei den Pueblo im Südwesten der Vereinigten Staaten werden die Verstorbenen sofort entpersönlicht, üben jedoch weiterhin gewisse Funktionen aus. Selbst in Europa, wo die Toten apathisch und anonym geworden sind, hat die Folklore Überreste der anderen Möglichkeit bewahrt, nämlich in der Überzeugung, daß es zwei Arten von Toten gibt: diejenigen, die eines natürlichen Todes gestorben sind und eine Schar beschützender Vorfahren bilden, während sich die anderen – die Selbstmörder, Mörder oder Verhexten – in böse und neidische Geister verwandeln.
Wenn wir uns die Entwicklung der westlichen Zivilisation ansehen, so besteht kein Zweifel, daß die spekulative Haltung allmählich in den Hintergrund getreten ist, und zwar

zugunsten der Vorstellung, daß zwischen Toten und Lebenden vertragliche Beziehungen bestehen; diese wiederum hat einer gewissen Gleichgültigkeit Platz gemacht, die vielleicht schon durch den Satz des Evangeliums angekündigt wurde: „Laß die Toten ihre Toten begraben." Aber es gibt nicht den geringsten Grund für die Annahme, daß diese Entwicklung einem universellen Modell entspricht. Es scheint vielmehr, daß allen Kulturen beide Formeln dunkel bewußt waren, daß sie auf eine von ihnen den Akzent legten und sich gleichzeitig durch abergläubische Verhaltensweisen gegen die andere zu schützen versuchten (wie wir selbst es übrigens noch immer tun, trotz lauthals verkündetem Glauben oder Unglauben). Die Originalität der Bororo und anderer Völker, die ich als Beispiel nannte, liegt darin, daß sie beide Möglichkeiten klar formuliert, für jede ein entsprechendes System von Überzeugungen und Riten geschaffen und schließlich Mechanismen ersonnen haben, die den Übergang von der einen zur anderen Möglichkeit erlauben, in der Hoffnung, beide zu versöhnen.

Es wäre ungenau, zu sagen, daß es für die Bororo keinen natürlichen Tod gibt; der Mensch ist für sie kein Individuum, sondern eine Person. Er ist Teil eines soziologischen Universums – des Dorfs, das seit Ewigkeit besteht – sowie des physischen Universums, dem noch andere beseelte Wesen angehören: Himmelskörper und meteorologische Erscheinungen. Und dies trotz des vergänglichen Charakters der konkreten Dörfer, die (aufgrund der Erschöpfung des Ackerbodens) selten länger als dreißig Jahre am selben Ort bleiben. Was das Dorf ausmacht, ist also weder seine Erde noch seine Hütten, sondern eine bestimmte Struktur, die ich oben beschrieben habe und die jedes Dorf reproduziert. Nun versteht man, warum die Missionare, wenn sie die traditionelle Anordnung der Dörfer verhindern, alles zerstören.

Was die Tiere betrifft, so gehören sie zum Teil der Welt der Menschen an, besonders die Fische und die Vögel, während bestimmte Landtiere Teil des physischen Universums sind. So glauben die Bororo, daß ihre menschliche Gestalt eine Übergangsform zwischen einem Fisch (mit dessen Namen sie sich bezeichnen) und dem Ara darstellt (in dessen Gestalt sie den Zyklus ihrer Wanderungen beschließen werden).

Wenn somit das Denken der Bororo (hierin dem der Ethnographen vergleichbar) von einem fundamentalen Gegensatz zwischen Natur und Kultur beherrscht wird, so folgt daraus, daß das menschliche Leben in ihren Augen – und dies macht sie zu besseren Soziologen als Comte und Durkheim – der Ordnung der Kultur angehört. Die Frage, ob der Tod natürlich oder widernatürlich ist, verliert damit ihren Sinn. *De facto* wie *de jure* ist der Tod sowohl *natürlich* als auch *antikulturell.* Das heißt, daß der Tod eines Eingeborenen jedesmal nicht nur seine Angehörigen, sondern die gesamte Gesellschaft betrifft. Der Schaden, den die Natur der Gesellschaft zugefügt hat, zieht eine *Schuld* der ersten nach sich, ein Terminus, der einen wesentlichen Begriff der Bororo recht genau wiedergibt: den des *mori.* Wenn ein Eingeborener stirbt, organisiert das Dorf eine kollektive Jagd, mit der diejenige Hälfte betraut wird, welcher der Verstorbene nicht angehörte: eine Expedition gegen die Natur, die das Ziel hat, ein großes Wild zu erlegen, wenn möglich einen Jaguar, dessen Fell, Krallen und Zähne den *mori* des Verstorbenen bilden werden.

Als ich in Kejara ankam, war gerade ein Eingeborener gestorben, leider jedoch in einem anderen Dorf. So konnte ich nicht der doppelten Bestattung beiwohnen, die darin besteht, den Leichnam zuerst in der Mitte des Dorfs in eine mit Zweigen bedeckte Grube zu legen, bis das Fleisch verwest ist, dann die Knochen im Fluß zu waschen, zu bemalen und mit Federmosaiken zu bekleben, bevor man sie in einen Korb sammelt und in einem See oder einem Wasserlauf versenkt. Alle anderen Zeremonien, denen ich beigewohnt habe, verliefen gemäß der Tradition, einschließlich der rituellen Schröpfungen der Verwandten an der Stelle, an der das provisorische Grab hätte gegraben werden müssen. Leider hatte auch die kollektive Jagd am Abend oder am Nachmittag vor meiner Ankunft stattgefunden, ich weiß es nicht genau; fest steht jedenfalls, daß kein Wild erlegt worden war. Für die Totentänze wurde ein altes Jaguarfell verwendet. Ich vermute sogar, daß sie sich geschwind unsere *irara* angeeignet hatten, um das fehlende Wild zu ersetzen. Leider haben sie es mir nie eingestehen wollen: denn wäre dies wirklich der Fall gewesen, dann hätte ich für mich die Eigenschaft eines *uiaddo,* eines Jagdanführers, beanspruchen können, der die Seele des Verstorbenen vertritt. Von seiner Familie hätte ich die Armbinde aus Menschenhaar sowie den *poari* erhalten, die mystische Klarinette, bestehend aus einem kleinen, mit Federn verzierten Kürbis, der einer Bambuszunge als Klangkörper dient, um sie über der Jagdbeute zum Tönen zu bringen, bevor man sie an deren Überresten befestigt. Wie vorgeschrieben, hätte ich das Fleisch, die Haut, die Zähne und die Krallen unter den Verwandten des Verschiedenen verteilt, die mir dafür einen zeremoniellen Bogen, Pfeile sowie eine andere Klarinette zur Erinnerung an meine Funktionen und eine Kette aus Muschelschalen geschenkt hätten. Natürlich hätte ich mich auch schwarz anmalen müssen, um zu verhindern, daß mich der bösartige und für diesen Tod verantwortliche Geist erkennt, der durch die Regel des *mori* gezwungen ist, sich in dem Wild zu verkörpern, womit er zwar den angerichteten Schaden wiedergutmacht, jedoch voller Haß und Rachsucht gegenüber dem Jäger. Denn in gewissem Sinn ist diese mörderische Natur menschlich. Sie wirkt durch die Vermittlung einer besonderen Kategorie von Seelen, die unmittelbar ihr und nicht der Gesellschaft unterstehen.

Ich habe oben erwähnt, daß ich meine Hütte mit einem Zauberer teilte. Diese *bari* bilden eine besondere Kategorie von menschlichen Wesen, die weder dem physischen Universum noch der sozialen Welt eindeutig zugehören und deren Rolle darin besteht, zwischen beiden Reichen eine Vermittlung herzustellen. Es ist möglich, aber nicht sicher, daß alle *bari* aus der Tugaré-Hälfte stammen; dies traf zumindest für den meinen zu, da unsere Hütte Cera war und er, wie es sich gehört, bei seiner Frau wohnte. *Bari* wird man aus Berufung und häufig nach einer Offenbarung, deren Hauptthema ein Pakt ist, den der *bari* mit bestimmten Mitgliedern einer äußerst komplizierten Gemeinschaft bösartiger oder nur gefürchteter Geister geschlossen hat, Geister, die zum Teil himmlischer Natur sind (und dann die astronomischen und meteorologischen Erscheinungen kontrollieren), zum Teil der tierischen oder unterirdischen Welt angehören. Diese Wesen, deren Zahl regelmäßig mit den Seelen der verstorbenen Zauberer anwächst, sind verantwortlich für den Lauf der Gestirne, für Wind, Regen, Krankheit und Tod. Man beschreibt sie in ganz verschiede-

ner, aber stets furchterregender Gestalt: über und über behaart und mit durchlöchertem Schädel, dem Tabakqualm entweicht, wenn sie rauchen; fliegende Ungeheuer, aus deren Augen oder unmäßig langen Haaren und Fingernägeln der Regen tropft; einbeinige Wesen mit einem dicken Bauch und dem pelzigen Körper von Fledermäusen.
Der *bari* ist asozial. Die persönliche Beziehung, die ihn mit einem oder mehreren Geistern verbindet, verleiht ihm Privilegien: übernatürliche Hilfe, wenn er allein auf die Jagd geht; die Fähigkeit, sich in ein Tier zu verwandeln, sowie die Kenntnis der Krankheiten und prophetische Gaben. Das auf der Jagd getötete Wild sowie die ersten Gartenfrüchte sind ungenießbar, so lange er seinen Anteil nicht erhalten hat. Dieser Anteil stellt den *mori* dar, den die Lebenden den Geistern der Toten schulden; in diesem System spielt er also die umgekehrt symmetrische Rolle wie die oben erwähnte Totenjagd.
Aber der *bari* wird auch von seinem oder seinen Schutzgeistern beherrscht. Diese benutzen ihn, um sich in ihm zu verkörpern; dann verfällt der *bari*, ein Gefäß des Geistes, in Trance und Zuckungen. Als Gegenleistung für seinen Schutz übt der Geist über den *bari* eine ständige Kontrolle aus; er ist der wahre Eigentümer nicht nur der Güter, sondern auch des Körpers des Zauberers. Dieser ist dem Geist gegenüber verantwortlich für seine zerbrochenen Pfeile, sein in Scherben gegangenes Geschirr, für seine abgenagten Fingernägel und seine abgeschnittenen Haare. Nichts davon darf zerstört oder weggeworfen werden, und so schleppt der *bari* den Abfall seines vergangenen Lebens mit sich herum. Der alte juristische Spruch, daß das Tote nach dem Lebendigen greift, erhält hier einen schrecklichen und unvorhergesehenen Sinn. Zwischen dem Zauberer und dem Geist herrscht ein so eifersüchtiges Verhältnis, daß man nie weiß, wer von den beiden Vertragspartnern letztlich der Herr und wer der Diener ist.
Man sieht also, daß für die Bororo das physische Universum in einer komplizierten Hierarchie individualisierter Mächte besteht. Während deren persönliche Natur klar zutage tritt, gilt dies nicht für ihre übrigen Attribute, denn diese Mächte sind sowohl Dinge wie Wesen, Lebende wie Tote. In der Gesellschaft bilden die Zauberer das Zwischenglied, das die Men-

schen mit diesem zweideutigen Universum bösartiger Geister verbindet, die sowohl Personen wie Gegenstände sind. Neben diesem physischen Universum besitzt das soziologische Universum völlig verschiedene Merkmale. Die Seelen der gewöhnlichen Menschen (jener, die keine Zauberer sind) identifizieren sich nicht mit den natürlichen Kräften, sondern bleiben als Gesellschaft bestehen; doch verlieren sie umgekehrt ihre persönliche Identität, um in jenem kollektiven Wesen, dem *aroe*, aufzugehen, ein Terminus, der, wie das *anaon* der alten Bretonen, wohl am besten mit dem Wort „Seelengemeinschaft" übersetzt wird. Diese ist in Wahrheit eine doppelte, da sich die Seelen nach dem Begräbnis auf zwei Dörfer verteilen, von denen sich das eine im Osten, das andere im Westen befindet und über die jeweils die beiden großen vergöttlichten Helden des Bororo-Pantheons wachen: im Westen der ältere namens Bakororo, im Osten der jüngere namens Ituboré. Man beachte, daß die Ost-West-Achse dem Lauf des Rio Vermelho entspricht. Es ist also wahrscheinlich, daß noch irgendeine dunkle Beziehung zwischen der Dualität der Dörfer der Toten und der sekundären Teilung des Dorfs in flußaufwärts und flußabwärts besteht.
So wie der *bari* zwischen der menschlichen Gesellschaft und den bösartigen Seelen, den individuellen und den kosmologischen, vermittelt (wir sahen bereits, daß die Seelen der verstorbenen *bari* beides zugleich sind), gibt es noch einen weiteren Vermittler, der die Beziehungen zwischen der Gesellschaft der Lebenden und der Gemeinschaft der Toten regelt, wobei die letztere wohlwollend, kollektiv und anthropomorph ist. Es ist der „Herr des Seelenwegs" oder *aroettowaraare*. Vom *bari* unterscheiden ihn antithetische Merkmale. Im übrigen fürchten und hassen sie einander. Der Herr des Seelenwegs hat kein Recht auf Opfergaben, muß aber gewisse Regeln streng befolgen: bestimmte Nahrungsmittel sind ihm verboten, und er muß sich sehr einfach kleiden. Schmuck und lebhafte Farben sind ihm untersagt. Andererseits besteht kein Pakt zwischen ihm und den Seelen: diese sind ihm immer gegenwärtig und gleichsam immanent. Statt sich seiner in Trancezuständen zu bemächtigen, erscheinen sie ihm im Traum; und wenn er sie zuweilen anruft, so lediglich zugunsten anderer.

Bororo-Malerei, die Kultgegenstände darstellt

Während der *bari* Krankheit und Tod voraussieht, pflegt und heilt der Herr des Seelenwegs. Übrigens sagt man, daß der *bari* – Ausdruck der physischen Notwendigkeit – selber dafür sorge, daß seine Voraussagen sich bestätigen, indem er jenen Kranken den letzten Stoß gebe, die zu lange zögern, seine finsteren Prophezeiungen zu erfüllen. Aber ich muß darauf hinweisen, daß die Bororo nicht dieselbe Vorstellung von den Beziehungen zwischen Tod und Leben haben wie wir. Von einer Frau, die mit hohem Fieber in einer Ecke ihrer Hütte lag, sagte man mir eines Tages, sie sei tot, was zweifellos heißen sollte, daß man sie für verloren hielt. Letztlich erinnert diese Art, die Dinge zu betrachten, an die unserer Militärs, die unter dem Wort „Verluste" sowohl die Toten wie die Verwundeten verstehen. Im Hinblick auf die unmittelbare Leistungsfähigkeit der Truppe läuft dies freilich auf dasselbe hinaus, obwohl es vom Standpunkt des Verwundeten aus gewiß ein Glück ist, nicht zu den Verstorbenen zu zählen.

Wenn sich schließlich der Herr des Seelenwegs genauso wie der *bari* in ein Tier verwandeln kann, so wählt er doch niemals die Gestalt des menschenfressenden Jaguars, der – bevor man ihn tötet – den *mori* der Toten von den Lebenden eintreiben kann. Er wählt nährende Tiere: den Ara, der Früchte sammelt, den Seeadler, der Fische fängt, oder den Tapir, dessen Fleisch der Stamm sich schmecken läßt. Der *bari* ist von den Geistern besessen, der *aroettowaraare* opfert

Bororo-Malerei, die einen Offizianten, Trompeten, eine Klapper und verschiedene Ornamente darstellt

sich zum Wohl der Menschen. Selbst die Offenbarung, die ihn zu seiner Berufung führt, ist peinsam: der Erwählte erkennt sich zunächst an dem Gestank, der ihn verfolgt und der zweifellos denjenigen evoziert, der das Dorf während der Wochen verpestet, da der Leichnam zu ebener Erde mitten auf der Tanzfläche provisorisch begraben liegt, in diesem Fall allerdings mit einem mythischen Wesen, dem *aije*, in Verbindung gebracht wird.

Dieses Wesen ist ein abstoßendes, übelriechendes und zugleich zutrauliches Meeresungeheuer, dessen Liebkosungen der Initiierte über sich ergehen lassen muß. Die Szene wird während der Bestattung von jungen Leuten gemimt, die sich mit Schlamm beschmiert haben und die verkleidete Gestalt umarmen, welche die neue Seele verkörpert. Die Eingeborenen stellen sich den *aije* in so konkreter Form vor, daß sie ihn in Malereien darstellen können; und mit demselben Namen bezeichnen sie auch die Schwirrhölzer, deren Surren das Auftauchen des Tieres ankündigt und seinen Schrei nachahmt.

So ist es nicht verwunderlich, daß die Bestattungszeremonien mehrere Wochen lang dauern, denn sie erfüllen ganz verschiedene Funktionen. Zunächst liegen sie auf den beiden Ebenen, die wir oben erwähnten. Individuell gesehen, bietet sich bei jedem Todesfall die Gelegenheit für einen Schiedsspruch zwischen dem physischen Universum und der Gesellschaft. Die feindlichen Kräfte des ersteren haben der zweiten einen Schaden zugefügt, und dieser Schaden muß wiedergutgemacht werden: dies ist die Rolle der To-

tenjagd. Nachdem der Tote von der Gemeinschaft der Jäger gerächt und freigekauft worden ist, muß er der Gemeinschaft der Seelen einverleibt werden. Dies ist die Funktion des *roiakuriluo*, des großen Totengesangs, dem ich glücklicherweise beiwohnen konnte.
Im Bororo-Dorf gibt es einen Augenblick des Tages, der eine besondere Bedeutung hat: der Appell am Abend. Sobald es dunkel wird, zündet man ein großes Feuer auf der Tanzfläche an, auf der sich die Clanhäuptlinge versammeln. Mit lauter Stimme ruft ein Herold die einzelnen Gruppen auf: *Badedjeba*, „die Häuptlinge"; *O Cera*, „die des Ibis"; *Ki*, „die des Tapirs"; *Bokodori*, „die des großen Tatu"; *Bakoro* (abgeleitet vom Namen des Helden Bakororo); *Boro*, „die des Lippenpflocks"; *Ewaguddu*, „die der Buriti-Palme"; *Arore*, „die der Raupe"; *Paiwe*, „die des Stachelschweins"; *Apibore* (zweifelhafte Bedeutung)* ... In der Reihenfolge, in der die Betreffenden erscheinen, werden ihnen die Befehle für den folgenden Tag mitgeteilt, und zwar immer in demselben lauten Ton, der die Losungen bis in die entferntesten Hütten trägt, die zu dieser Stunde im übrigen fast leer sind. Mit Einbruch der Dunkelheit, welche die Mücken vertreibt, haben alle Männer ihre Familienhütten verlassen, in die sie gegen sechs Uhr zurückgekehrt waren. Jeder trägt die Matte unter dem Arm, die er auf der gestampften Erde des großen runden Platzes westlich des Männerhauses ausbreiten wird. Sie legen sich nieder, eingehüllt in Baumwolldecken, die durch den ständigen Kontakt mit den mit Urucu bemalten Körpern eine orangene Färbung angenommen haben und in denen das Büro zum Schutz der Eingeborenen schwerlich eine seiner einstigen Spenden wiedererkennen würde. Auf den größeren Matten lassen sich fünf bis sechs Männer nieder; es wird wenig gesprochen. Einige sind allein; man geht zwischen all diesen ausgestreckten Körpern hindurch. Wenn der entsprechende Aufruf erfolgt, erheben sich die genannten Familienhäupter einer nach dem anderen, empfangen ihre Weisung und legen sich wieder hin, das Gesicht den Sternen zugewandt. Auch die

* Die Spezialisten der Bororo-Sprache können sicher einige dieser Übersetzungen bestätigen oder präzisieren; ich habe mich an die Informationen der Eingeborenen gehalten.

Frauen haben die Hütten verlassen. In Gruppen sitzen sie auf der Schwelle der Tür. Die Gespräche werden immer seltener, und allmählich hört man – zunächst von zwei oder drei Offizianten angeführt, dann mit den Stimmen der Neuankömmlinge anschwellend – aus dem Männerhaus und dann auf dem Platz die Gesänge, Rezitative und Chöre, welche die ganze Nacht dauern werden.
Der Tote gehörte der Cera-Hälfte an; es waren also die Tugaré, die die Kulthandlungen vollzogen. Ein Blätterhaufen in der Mitte des Platzes stellte das fehlende Grab dar, rechts und links gesäumt von Pfeilbündeln, vor die man Töpfe mit Nahrung gestellt hatte. Etwa ein Dutzend Priester und Sänger waren anwesend, von denen die meisten das farbenprächtige große Federdiadem auf dem Kopf trugen, während dieser Schmuck anderen Männern über das Hinterteil baumelte, an dem rechteckigen, geflochtenen Fächer befestigt, der die Schultern bedeckte und an einer Schnur um den Hals hing. Die einen waren völlig nackt und hatten sich entweder gleichmäßig rot oder schwarz oder mit roten und schwarzen Ringen bemalt oder Bänder aus weißem Flaum auf ihre Haut geklebt; andere trugen lange Strohröcke. Die wichtigste Persönlichkeit, welche die junge Seele verkörperte, erschien je nachdem in zwei verschiedenen Aufzügen: bald in grüne Blätter gehüllt und mit dem riesigen Kopfschmuck, den ich bereits beschrieben habe, sowie mit einer Art Schleppe aus Jaguarfell, die ein Page hinter ihm trug; bald nackt oder schwarz bemalt, wobei der einzige Schmuck aus einem Band aus Stroh bestand, das um die Augen geschlungen war und einer großen Brille ohne Gläser ähnelte. Dieses Detail ist deshalb besonders interessant, weil es auch das Merkmal ist, an dem man Tlaloc erkennt, den Regengott des alten Mexiko. Die Pueblo von Arizona und Neumexiko besitzen vielleicht den Schlüssel zu diesem Rätsel: bei ihnen verwandeln sich die Seelen der Toten in Regengötter; überdies haben sie verschiedene Überzeugungen, die sich auf magische Gegenstände beziehen, welche die Augen schützen und es ihrem Besitzer ermöglichen, sich unsichtbar zu machen. Ich habe oft beobachtet, daß Brillen eine besondere Anziehungskraft auf die südamerikanischen Indianer ausüben; so nahm ich bei meiner letzten Expedition einen großen Vorrat an Brillengestellen

mit, die bei den Nambikwara einen riesigen Erfolg hatten, so als ob traditionelle Vorstellungen die Eingeborenen für ein so ungewohntes Zubehör empfänglich machten. Die Strohbrillen waren bei den Bororo bislang noch niemals beobachtet worden, aber da auch die schwarze Farbe dazu dient, denjenigen unsichtbar zu machen, der sich mit ihr bemalt, darf man vermuten, daß die Brillen dieselbe Funktion erfüllen wie in den Pueblo-Mythen.* Schließlich haben die *butarico*, Geister, die bei den Bororo für den Regen verantwortlich sind, dasselbe furchterregende Aussehen – verkrümmte Zähne und Hände –, das die Wassergöttin der Maya charakterisiert.

Während der ersten Nächte wohnten wir den Tänzen der verschiedenen Tugaré-Clans bei: *ewoddo*, dem Tanz derer des Palmbaums; *paiwe*, dem Tanz derer des Stachelschweins. In beiden Fällen waren die Tänzer von Kopf bis Fuß mit Blättern bedeckt, und da man ihr Gesicht nicht sehen konnte, schien es, als befände es sich in der Höhe des Federdiadems, welches das Kostüm so sehr beherrschte, daß man die Tänzer unfreiwillig für weit größer hielt, als sie waren. In den Händen hielten sie Palmstiele oder mit Blättern geschmückte Stöcke. Es gab zwei Arten von Tänzen. Zuerst traten die Tänzer allein auf und verteilten sich auf zwei Quadrillen, die sich an beiden Enden des Platzes gegenüberstanden und mit dem Schrei „ho! ho!" aufeinander zurannten, wobei sie sich rasend schnell um sich selbst drehten, bis sie ihre Ausgangspositionen vertauscht hatten. Später schoben sich die Frauen zwischen die männlichen Tänzer, und es begann ein nicht enden wollender Rundtanz – ein Knäuel, das bald vorrückte, bald auf der Stelle trat, angeführt von nackten Vortänzern, die rückwärts gingen und ihre Rasseln schwenkten, während andere Männer auf dem Boden kauerten und sangen.

Drei Tage später wurden die Zeremonien unterbrochen, um die Vorbereitungen für den zweiten Akt zu treffen: für den Tanz des *mariddo*. Die Männer gingen in Gruppen in den Wald und kehrten mit Armen voll grüner Palmzweige

* Nach Erscheinen dieses Buchs haben die Salesianer dieser Interpretation widersprochen. Ihren Informanten zufolge sollen die Strohringe die Augen eines nächtlichen Raubtiers evozieren.

zurück, die zunächst entblättert und dann in Stücke von etwa dreißig Zentimeter Länge zerschnitten wurden. Mit Hilfe grober Schnüre aus welken Blättern banden die Eingeborenen jeweils zwei oder drei dieser Stücke zusammen – gleich Sprossen einer elastischen und mehrere Meter langen Leiter. Auf diese Weise entstanden zwei ungleich lange Leitern, die, zusammengerollt und hochkant gestellt, etwa 1,50 bzw. 1,30 Meter hoch waren. An den Seiten wurden sie mit Blättern geschmückt, die von einem Netz aus geflochtenen Haarschnüren gehalten waren. Diese beiden Gegenstände wurden dann feierlich auf die Mitte des Platzes getragen und nebeneinandergestellt. Es sind die *mariddo*, Mann und Frau, deren Herstellung dem *ewaguddu*-Clan obliegt.
Gegen Abend machten sich zwei Gruppen von fünf oder sechs Männern auf den Weg, die eine nach Westen, die andere nach Osten. Ich folgte der ersten Gruppe und beobachtete, etwa fünfzig Meter vom Dorf entfernt, ihre Vorbereitungen, die sich hinter einem Vorhang von Bäumen den Blicken der Öffentlichkeit entzogen. Sie bedeckten sich wie die Tänzer mit Blättern und befestigten ihre Diademe. Doch diesmal erklärte sich die geheime Vorbereitung aus ihrer Rolle: beide Gruppen stellten die Seelen der Toten dar, die aus ihren Dörfern im Osten und im Westen kommen, um den jüngst Verstorbenen zu empfangen. Als alles fertig war, gingen sie pfeifend zu dem Platz zurück, wo die Gruppe aus dem Osten bereits angekommen war (denn die einen fahren symbolisch den Fluß hinauf, während ihn die anderen hinunterfahren und somit schneller sind).
Durch eine ängstliche und zögernde Gangart drücken sie in bewundernswürdiger Weise ihre Schattenrolle aus; ich mußte an Homer denken, an Oysseus, der mit Mühe die durch das Blut beschworenen Geister zurückhält. Doch alsbald belebte sich die Zeremonie: einige Männer packten den einen oder den anderen *mariddo* (die um so schwerer waren, als sie aus frischen Zweigen und Blättern bestanden), hoben ihn mit beiden Armen hoch und tanzten mit ihm, bis sie sich erschöpft die Bürde von einem Konkurrenten entreißen ließen. Die Szene besaß nicht mehr den mystischen Charakter wie zu Beginn. Es war eine Art Jahrmarkt, auf dem die Jugend ihre Muskeln zur Geltung

brachte, in einer Atmosphäre aus Schweiß, Rempeleien und Witzen. Trotzdem besitzt dieses Spiel, von dem wir bei verwandten Völkern profane Varianten kennen – zum Beispiel das Klotzrennen der Gé im brasilianischen Bergland –, hier seinen vollsten religiösen Sinn: in einem fröhlichen Durcheinander haben die Eingeborenen das Gefühl, mit den Toten zu spielen und ihnen das Recht abzugewinnen, am Leben zu bleiben.

Dieser große Gegensatz zwischen den Toten und den Lebenden drückt sich während der Zeremonien zunächst durch die Aufteilung der Dorfbewohner in Schauspieler und Zuschauer aus. Aber die wichtigsten Schauspieler sind die Männer, die durch das Geheimnis des gemeinsamen Hauses geschützt sind. Der Plan des Dorfs hat somit eine noch tiefere Bedeutung, als wir ihm auf sozialer Ebene zugeschrieben haben. Bei den Totenfesten spielt zwar jede Hälfte abwechselnd die Rolle der Lebenden und der Toten, aber dieses Hin und Her spiegelt einen anderen Wechsel wider, bei dem die Rollen ein für allemal festgelegt sind: denn die Männer, die zur Bruderschaft des *baitemannageo* zusammengeschlossen sind, stellen das Symbol der Gemeinschaft der Seelen dar, während die Hütten an der Peripherie – Eigentum der Frauen, die von den heiligsten Riten ausgeschlossen und, wenn man so sagen darf, ihrer Bestimmung nach Zuschauerinnen sind –, das Publikum der Lebenden verkörpern sowie den Aufenthalt, der diesen auf der Erde vergönnt ist.

Wir haben gesehen, daß auch die übernatürliche Welt doppelt ist, da sie sowohl den Bereich des Priesters wie den des Zauberers umfaßt. Dieser letztere ist der Herr der himmlischen und tellurischen Kräfte, vom zehnten Himmel (die Bororo glauben an eine Vielfalt übereinandergelagerter Himmel) bis in die Tiefen der Erde; die Kräfte, über die er gebietet – und von denen er abhängt –, ordnen sich also gemäß einer vertikalen Achse, während der Priester, der Herr des Seelenwegs, die horizontale Achse beherrscht, welche den Osten mit dem Westen verbindet, wo die beiden Totendörfer liegen. Nun deuten aber zahlreiche Hinweise, die für den unwandelbaren Tugaré-Ursprung des *bari* und den Cera-Ursprung des *aroettowaraare* sprechen, darauf hin, daß die Teilung in Hälften auch diese Dualität zum

Ausdruck bringt. Es ist auffallend, daß alle Bororo-Mythen die Tugaré-Helden als Schöpfer und Demiurgen, die Cera-Helden als Befrieder und Ordner darstellen. Die ersteren sind für die Existenz der Dinge verantwortlich: Wasser, Flüsse, Fische, Vegetation und hergestellte Gegenstände; die zweiten haben die Schöpfung geordnet, sie haben die Menschheit von den Ungeheuern befreit und jedem Tier seine spezifische Nahrung zugewiesen. Es gibt sogar einen Mythos, der erzählt, daß die höchste Macht früher von den Tugaré ausging, die sie dann den Cera abgetreten haben, so als versuchte das Denken der Eingeborenen mit Hilfe des Gegensatzes der Hälften, auch den Übergang von der entfesselten Natur zur gesitteten Gesellschaft zum Ausdruck zu bringen.

Nun verstehen wir auch das scheinbare Paradoxon, das es erlaubt, die Cera, welche die politische und religiöse Macht innehaben, „schwach“, und die Tugaré „stark“ zu nennen. Die letzteren stehen dem physischen Universum nahe, die ersteren dem menschlichen Universum, das ja nicht das mächtigste von beiden ist. Die soziale Ordnung kann die kosmische Hierarchie nicht völlig überlisten. Selbst bei den Bororo läßt sich die Natur nur besiegen, indem man ihre Herrschaft anerkennt und ihren Fügungen den ihnen zukommenden Platz einräumt. In einem soziologischen System wie dem ihren bleibt im übrigen keine andere Wahl: ein Mann kann nicht derselben Hälfte angehören wie sein Vater oder sein Sohn (da er immer der Hälfte seiner Mutter angehört), er ist nur mit seinem Großvater und seinem Enkel hälftenverwandt. Wenn also die Cera ihre Macht durch die ausschließliche Verwandtschaft mit dem Gründerhelden rechtfertigen wollen, müssen sie gleichzeitig hinnehmen, daß sie von diesen stets durch den zusätzlichen Abstand einer Generation getrennt sind. In bezug auf die großen Vorfahren werden sie zu „Enkeln“, während die Tugaré „Söhne“ sind.

Werden die Eingeborenen durch die Logik ihres Systems nicht auch in anderer Beziehung zum Narren gehalten? Ich kann mich des Gefühls nicht erwehren, daß dieser glänzende metaphysische Reigen, dem ich soeben beigewohnt habe, auf eine ziemlich schauerliche Farce hinausläuft. Die Bruderschaft der Männer gibt vor, die Toten darzustellen, um den Lebenden die Illusion zu geben, daß sie von Seelen besucht werden; die Frauen sind von den Riten ausgeschlossen und werden über deren wahre Natur getäuscht, wahrscheinlich um das Vorrecht auszugleichen, das sie im Hinblick auf den Zivilstand und den Wohnsitz genießen, und so den Männern die Geheimnisse der Religion vorzubehalten. Aber die wirkliche oder vermutliche Leichtgläubigkeit der Frauen hat auch eine psychologische Funktion: nämlich, zum Nutzen beider Geschlechter, den Puppen einen affektiven und intellektuellen Inhalt zu geben, jenen Puppen, an deren Fäden die Männer sonst vielleicht weniger geschickt ziehen würden. Wenn wir bei unseren Kindern den Glauben an den Weihnachtsmann pflegen, so nicht nur, um sie hinters Licht zu führen: ihre Begeisterung wärmt uns und hilft uns, uns selbst zu täuschen und zu glauben – weil jene daran glauben –, daß eine Welt voller Großzügigkeit und ohne Gegenforderung nicht gänzlich unvereinbar sei mit der Realität. Und doch sterben die Menschen und kehren niemals zurück; und jede soziale Ordnung nähert sich dem Tod, insofern sie etwas wegnimmt, für das sie kein Äquivalent bietet.

Dem Moralisten erteilt die Bororo-Gesellschaft eine Lektion, nämlich die, daß er seinen Eingeborenen-Informanten zuhören soll. Sie werden ihm, wie sie es für mich getan haben, das Ballett beschreiben, in dem zwei Dorfhälften sich bemühen, füreinander und durch einander zu leben und zu atmen; indem sie Frauen, Güter und Dienstleistungen in einem eifrigen Bemühen um Gegenseitigkeit austauschen, ihre Kinder miteinander verheiraten, gegenseitig ihre Toten begraben und sich wechselseitig versichern, daß das Leben ewig, die Welt hilfreich und die Gesellschaft gerecht ist. Um diese Wahrheiten zu beweisen und lebendig zu halten, haben ihre Weisen eine grandiose Kosmologie erarbeitet; sie haben sie im Plan ihrer Dörfer und in der Verteilung der Wohnstätten niedergelegt. Die Widersprüche, an denen sie sich stießen, haben sie immer wieder aufgenommen und einen Gegensatz nur akzeptiert, um ihn zugunsten eines anderen aufzuheben; sie haben die Gruppen längs und quer gespalten, sie miteinander verbunden und einander entgegengestellt und ihr gesamtes gesellschaftliches und geistiges Leben in eine Art Wappen verwandelt, bei dem sich Symmetrie und Asymmetrie die Waage halten, wie in den gelehrten Zeichnungen, mit denen sich eine schöne Caduveo-Indianerin, vom selben Gedanken gequält, ihr Gesicht verschrammt. Doch was bleibt von alledem, von den Hälften und Gegenhälften, von den Clans und Unterclans übrig angesichts jener Feststellung, zu der uns die jüngsten Beobachtungen zu zwingen scheinen? In einer Gesellschaft, die scheinbar aus bloßer Spielerei das Komplizierte gesucht hat, ist jeder Clan in drei Gruppen unterteilt – die Oberen, die Mittleren und die Unteren –, und über allen Reglementierungen schwebt diejenige, die bestimmt, daß ein Oberer der einen Hälfte einen Oberen der anderen Hälfte, ein Mittlerer einen Mittleren und ein Unterer einen Unteren heiraten muß; was bedeutet, daß sich das Bororo-Dorf hinter dem Deckmantel brüderlicher Institutionen letztlich auf drei Gruppen reduzieren läßt, die ausschließlich untereinander heiraten. Drei Gesellschaften, die, ohne es zu wissen, für immer voneinander verschieden und getrennt bleiben, jede die Gefangene eines Dünkels, der sich durch irreführende Institutionen den eigenen Blicken entzieht, so daß

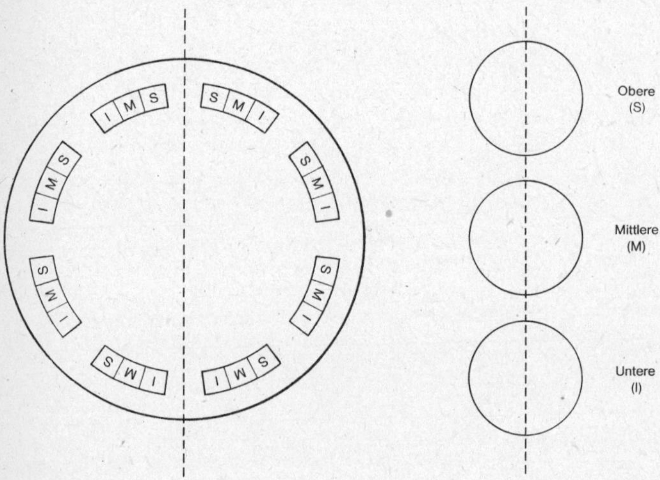

Schema der scheinbaren und der realen Struktur des Bororo-Dorfes

eine jede das unbewußte Opfer von Ränken ist, deren Zweck sie nicht mehr durchschauen kann. Die Bororo mochten ihr System noch so sehr in einer trügerischen Vorführung Verstorbener entfalten – es ist ihnen ebensowenig wie anderen gelungen, jene Wahrheit zu widerlegen, daß nämlich die Vorstellung, die sich eine Gesellschaft von den Beziehungen zwischen den Lebenden und den Toten macht, sich auf das Bemühen reduziert, die realen Beziehungen, die zwischen den Lebenden bestehen, auf der Ebene des religiösen Denkens zu verbergen, zu beschönigen oder zu rechtfertigen.

SIEBTER TEIL

Nambikwara

XXIV Die verlorene Welt

Eine ethnographische Expedition ins Innere Brasiliens pflegt man auf dem Boulevard Réaumur-Sébastopol vorzubereiten. Hier findet man die Großhändler für Modeartikel beisammen, hier darf man hoffen, die Dinge zu finden, die geeignet sind, den schwierigen Geschmack der Indianer zu befriedigen.

Ein Jahr nach meinem Besuch bei den Bororo waren alle Bedingungen erfüllt, die aus mir einen Ethnographen machen sollten: Lévi-Bruhl, Mauss und Rivet hatten mir nachträglich ihren Segen erteilt; ich hatte meine Sammlungen in einer Galerie des Faubourg Saint-Honoré ausgestellt, hatte Vorträge gehalten und Artikel geschrieben. Dank Henri Laugier, der damals den neugegründeten *Service de la Recherche scientifique* leitete, erhielt ich die nötigen Mittel für ein größeres Unternehmen. Zunächst mußte ich mich ausrüsten; die drei Monate, die ich mit den Eingeborenen verbracht hatte, hatten mich über ihre Wünsche belehrt, die sich auf dem ganzen südamerikanischen Kontinent erstaunlich ähneln.

In einem Pariser Viertel, das mir bisher ebenso unbekannt geblieben war wie der Amazonas, widmete ich mich also unter dem Blick tschechischer Importeure eigenartigen Geschäften. Da ich absolut nichts von ihrem Gewerbe verstand, fehlte es mir an technischen Termini, meine Wünsche auszudrücken. Ich konnte lediglich die Kriterien der Eingeborenen anwenden. Ich wählte die kleinsten jener Stickperlen aus, die in schweren Strängen die Kisten füllten. Ich versuchte, sie zu zerbeißen, um ihre Härte zu prüfen; ich lutschte an ihnen, um festzustellen, ob sie durchgefärbt waren und nicht beim ersten Bad im Fluß Gefahr liefen, die Farbe zu verlieren; ich variierte die Größe der Mengen, indem ich die Farben nach dem indianischen Kanon dosierte: zuerst weiße und schwarze zu gleichen Teilen, dann rote, zum Schluß gelbe; und, um mein Gewissen zu beruhigen, ein paar blaue und grüne, die man wahrscheinlich verschmähen würde.

Die Gründe dieser Vorlieben sind leicht durchschaubar. Da die Indianer ihre eigenen Perlen von Hand herstellen, ist ihr Wert um so höher, je kleiner sie sind, das heißt je mehr Arbeit und Geschick sie erfordern; als Rohmaterial verwenden sie die schwarze Schale der Palmnüsse, das milchige Perlmutt der Flußmuscheln, wobei die Wirkung auf dem Wechsel beider Farben beruht. Wie alle Menschen fesselt sie vor allem, was sie kennen, und so würde ich mit weißen und schwarzen Perlen den größten Erfolg haben. Gelb und rot fallen bei ihnen häufig in ein und dieselbe Sprachkategorie aufgrund der verschiedenen Töne der Urucu-Farbe, die je nach der Qualität der Körner und ihrem Reifezustand zwischen zinnoberrot und orange-gelb schwankt; dennoch behält das Rot die Oberhand durch seine intensive Farbe, die ihnen dank einiger Körner und Federn vertraut ist. Blau und grün dagegen sind kalte Farben und werden in der Natur vor allem durch verderbliche Pflanzen veranschaulicht, was die Gleichgültigkeit der Eingeborenen und die Ungenauigkeit ihres Vokabulars in bezug auf diese Farbtöne erklärt: je nach den Sprachen wird blau mit schwarz oder grün verglichen.

Die Nadeln mußten groß genug sein, damit sie einen starken Faden aufnehmen konnten, aber auch nicht zu groß, damit sie durch die kleinen Perlen paßten. Der Faden sollte eine grelle Farbe haben, möglichst rot (da die Indianer den ihren mit Urucu färben) und grob gezwirnt sein, so daß er ein handwerkliches Aussehen bewahrte. Ganz allgemein hatte ich gelernt, der Ausschußware zu mißtrauen: das Beispiel der Bororo hatte mich mit tiefer Hochachtung vor den Techniken der Eingeborenen erfüllt. Das wilde Leben stellt den Gegenstand auf harte Proben; und um mich bei den Primitiven nicht zu blamieren (so paradox dies klingen mag), brauchte ich den härtesten Stahl, durchgefärbte Glaswaren und einen Faden, den auch der Sattler am Hof von England nicht verschmäht haben würde.

Manchmal geriet ich an Händler, die sich für diese ihrem Wissen angepaßte Exotik begeisterten. Am Kanal Saint-Martin überließ mir ein Fabrikant von Angelhaken alle seine auslaufenden Serien zu einem Spottpreis. Ein Jahr lang habe ich mehrere Kilo Angelhaken durch den Busch geschleppt, die keiner haben wollte, denn sie waren zu klein für jene Fische, die der amazonische Fischer für würdig hält, geangelt zu werden. Schließlich bin ich sie an der bolivianischen Grenze losgeworden. Alle diese Waren mußten einen doppelten Zweck erfüllen: als Geschenke und Tauschobjekte für die Indianer sowie als Mittel, mir Nahrung und Dienstleistungen in abgelegenen Gegenden zu verschaffen, bis zu denen die Händler selten vordringen. Als am Ende der Expedition meine Mittel erschöpft waren, konnte ich ein paar Wochen lang meinen Lebensunterhalt damit verdienen, daß ich in einem Lager von Kautschuksuchern einen Laden eröffnete. Die Prostituierten des Orts kauften mir eine Halskette gegen zwei Eier ab, nicht ohne zu feilschen.

Ich hatte mir vorgenommen, ein ganzes Jahr im Busch zu verbringen, und lange über den Zweck dieses Projekts nachgedacht. Ohne vorhersehen zu können, daß das Ergebnis meiner Absicht zuwiderlaufen würde, da ich mehr daran interessiert war, Amerika zu verstehen, als anhand eines Sonderfalls die Kenntnisse über die menschliche Natur zu vertiefen, hatte ich mich schließlich dazu entschlossen, eine Art Schnitt durch die brasilianische Ethnographie – und Geographie – zu machen und den westlichen Teil des Hochplateaus von Cuiabá bis zum Rio Madeira zu durchqueren. Bis vor kurzem war diese Gegend noch die unbekannteste von ganz Brasilien. Die Abenteurer des 18. Jahrhunderts aus São Paulo waren kaum über Cuiabá hinausgelangt, abgestoßen von der trostlosen Landschaft und der Wildheit der Indianer. Noch zu Beginn des 20. Jahrhunderts waren die eintausendfünfhundert Kilometer zwischen Cuiabá und dem Amazonas verbotenes Land, so daß es, wollte man von Cuiabá nach Manaus oder Belém am Amazonas gelangen, das einfachste war, über Rio de Janeiro zu fahren, die Reise über das Meer nach Norden fortzusetzen und dann den Amazonas hinaufzufahren. Erst im Jahre 1917 begann der General (damals noch Oberst) Candido Mariano da Silva Rondon, ins Innere vorzustoßen; diese Expedition sollte acht Jahre in Anspruch nehmen, die damit vergingen, das Land zu erforschen und ein strategisches Telegrafenkabel zu legen, das zum ersten Mal die Hauptstadt Brasiliens über Cuiabá mit den Grenzposten des Nordwestens verband.

Die Berichte der Rondon-Kommission (die noch immer nicht vollständig veröffentlicht sind), einige Vorträge des Generals, die Reiseerinnerungen von Theodore Roosevelt, der ihn auf einer seiner Expeditionen begleitete, schließlich ein charmantes Buch des verstorbenen Roquette Pinto (damals Direktor des Nationalmuseums) mit dem Titel *Rondonia* (1912) gaben einige notdürftige Hinweise über die primitiven Populationen, die man in dieser Gegend entdeckt hatte. Doch seitdem scheint der alte Fluch von neuem über das Plateau hereingebrochen zu sein. Kein Berufsethnograph hatte sich je dorthin verirrt. Es war sehr verlockend, der Telegrafenlinie oder dem, was von ihr übriggeblieben war, zu folgen und herauszufinden, wer denn genau die Nambikwara und, weiter im Norden, jene rätselhaften Völker sein mochten, die seit Rondon niemand mehr zu Gesicht bekommen hatte.

Im Jahre 1939 begann sich das Interesse, das bisher nur den Stämmen der Küste und der großen Flußstädte, den traditionellen Ausgangspunkten, um ins Innere Brasiliens vorzustoßen, gegolten hatte, den Indianern der Hochebene zuzuwenden. Bei den Bororo hatte ich mich von dem außergewöhnlichen Raffinement überzeugen können, das in soziologischer und religiöser Hinsicht jene Stämme aufwiesen, deren Kultur man bisher für sehr ungehobelt gehalten hatte. Es wurden auch die ersten Forschungsergebnisse eines heute verschollenen Deutschen bekannt: die von Kurt Unkel, der den Eingeborenennamen Nimuendajú angenommen hatte und, nachdem er viele Jahre in den Dörfern Zentralbrasiliens verbracht hatte, bestätigte, daß die Bororo keine Einzelerscheinung darstellen, sondern eher als Variation eines grundlegenden Themas anzusehen sind, das sie mit anderen Völkern teilen. Die Savannen Zentralbrasiliens wurden demnach auf einem Gebiet von fast zweitausend Kilometern landeinwärts von den Überlebenden einer erstaunlich homogenen Kultur bewohnt, die gekennzeichnet war durch eine in verschiedene verwandte Dialekte zersplitterte Sprache und einen relativ niedrigen materiellen Lebensstandard, im Gegensatz zu einer hoch entwickelten sozialen und religiösen Organisation. Mußte man in ihnen nicht die ersten Bewohner Brasiliens sehen, die entweder tief im Busch vergessen oder, kurz vor der Entdeckung des

Kontinents, von kriegerischen Völkern, die sich von irgendwo aufgemacht hatten, die Küste und die Flußtäler zu erobern, in diese ärmsten Gegenden zurückgedrängt worden waren?
An der Küste hatten die Reisenden des 16. Jahrhunderts fast überall Angehörige der großen Tupí-Guaraní-Kultur angetroffen, die auch ganz Paraguay sowie das Tal des Amazonas bewohnten und sich somit über einen Kreis von dreitausend Kilometer Durchmesser erstreckten, der nur an der Grenze zwischen Paraguay und Bolivien unterbrochen war. Diese Tupí, die dunkle Ähnlichkeiten mit den Azteken aufweisen, also mit Völkern, die sich relativ spät im Tal von Mexiko niedergelassen hatten, waren selbst Neuankömmlinge; ihre Wanderungen durch die Täler im Innern Brasiliens dauerten bis ins 19. Jahrhundert hinein. Vielleicht hatten sie sich schon einige hundert Jahre vor der Entdeckung des Landes in Bewegung gesetzt, von dem Glauben getrieben, daß es irgendwo ein Land ohne Tod und ohne Leid geben müsse. Diese Überzeugung hegten sie noch am Ende ihrer Wanderungen, als gegen Ende des 19. Jahrhunderts kleine Gruppen an der Küste des Staates São Paulo auftauchten; von ihren Zauberern angeführt, tanzten sie und lobpriesen jenes Land, in dem man nicht stirbt, und fasteten lange Perioden, um seiner würdig zu werden. Im 16. Jahrhundert jedenfalls kämpften sie erbittert um die Küste mit deren Bewohnern, über die wir wenig wissen, aber bei denen es sich um unsere Gé handeln könnte.
Im Nordwesten Brasiliens lebten die Tupí friedlich neben anderen Völkern: den Kariben oder Carib, deren Kultur der ihren stark ähnelte, die jedoch eine andere Sprache hatten und versuchten, die Antillen zu erobern. Ferner den Arawak, einer ziemlich rätselhaften Gruppe: älter und höher entwickelt als die beiden anderen, bildete sie den Großteil der Bevölkerung der Antillen und war bis nach Florida vorgestoßen; von den Gé unterschieden sie sich durch eine sehr hohe materielle Kultur, vor allem durch die Töpferwaren und Holzschnitzereien, näherten sich ihnen jedoch durch die soziale Organisation, die vom selben Typus gewesen zu sein scheint wie die ihre. Carib und Arawak scheinen vor den Tupí ins Innere des Kontinents eingedrungen zu sein: im 16. Jahrhundert befanden sie sich in großen

Gruppen in Guayana, an der Mündung des Amazonas und auf den Antillen. Heute noch leben kleine Kolonien an einigen rechten Nebenflüssen des Amazonas: am Xingú und am Guaporé. Von den Arawak gibt es sogar noch Nachkömmlinge in Bolivien. Wahrscheinlich waren sie es, welche die Kunst der Töpferei zu den Mbaya-Caduveo gebracht haben, denn die Guana, die – wie wir uns erinnern – von diesen letzteren versklavt worden sind, sprechen einen Arawak-Dialekt.

Ich hoffte nun, wenn ich den am wenigsten bekannten Teil des Plateaus durchquerte, in der Savanne die westlichsten Vertreter der Gé-Gruppe zu finden und danach, im Becken des Rio Madeira, die unbekannten Spuren der drei anderen Sprachfamilien am Rand ihrer großen Route untersuchen zu können, die sie ins Innere führte: in Amazonien.

Meine Hoffnung hat sich nur zum Teil erfüllt; schuld daran war jene übertriebene Vereinfachung, mit der wir die präkolumbische Geschichte Amerikas betrachteten. Heute, nach den jüngsten Entdeckungen und dank meinen eigenen jahrelangen Studien der nordamerikanischen Ethnographie verstehe ich besser, daß die westliche Hemisphäre als ein Ganzes betrachtet werden muß. Die soziale Organisation, die religiösen Glaubensvorstellungen der Gé spiegeln diejenigen der Indios der Wälder und der Prärien Nordamerikas wider; im übrigen hat man schon seit langem die Analogien bemerkt – ohne allerdings Konsequenzen daraus zu ziehen –, die zwischen den Stämmen des Chaco (wie z. B. den Guaicuru) und denen der Ebenen der Vereinigten Staaten und Kanadas bestehen. Durch die Küstenschiffahrt im Pazifik haben die Zivilisationen von Mexiko und Peru sicherlich zu verschiedenen Zeitpunkten ihrer Geschichte miteinander in Verbindung gestanden. All dies ist vernachlässigt worden, weil die Amerika-Forschung lange Zeit von einer einzigen Überzeugung beherrscht war: daß nämlich die Durchdringung des Kontinents sehr spät, das heißt erst fünf- bis sechstausend Jahre vor unserer Zeitrechnung erfolgt und ausschließlich asiatischen Völkern zu verdanken sei, die durch die Beringstraße kamen.

So verfügten wir also nur über einige tausend Jahre, um zu erklären, wie diese Nomaden sich über die gesamte westliche Hemisphäre verteilt und sich den verschiedenen Klimata angepaßt haben; wie sie in diesem riesigen Gebiet jene wilden Pflanzen entdeckt, kultiviert und verbreitet haben, die in ihren Händen zum Tabak, zur Bohne, zum Maniok, zur süßen Patate, zur Kartoffel, zur Erdnuß, zur Baumwolle und vor allem zum Mais geworden sind; wie schließlich in Mexiko, Mittelamerika und in den Anden die verschiedenen aufeinanderfolgenden Kulturen entstanden sind und sich entwickelt haben, deren ferne Erben die Azteken, die Maya und die Inka waren. Um diese Fragen zu beantworten, mußte jede Entwicklung sozusagen verkleinert werden, damit sie in den Zeitraum von nur wenigen hundert Jahren paßte: die präkolumbische Geschichte Amerikas wurde zu einer Folge kaleidoskopischer Bilder, bei denen die Laune des Theoretikers jeden Augenblick ein neues Schauspiel hervorzauberte. Alles ging so vor sich, als ob die Amerika-Spezialisten versuchten, dem Amerika der Eingeborenen jene Seichtigkeit aufzudrängen, welche die zeitgenössische Geschichte der Neuen Welt charakterisiert.

Diese Perspektiven sind durch Entdeckungen erschüttert worden, die den Zeitpunkt, da der Mensch in den Kontinent eingedrungen ist, weit zurückverlegen. Wir wissen, daß er dort eine Fauna gekannt und Tiere gejagt hat, die heute ausgestorben sind: Faultier, Mammut, Kamel, Pferd, archaische Büffel, Antilopen, neben deren Knochen man auch Waffen und Werkzeuge aus Stein gefunden hat. Das Vorhandensein einiger dieser Tiere in Gegenden wie im Tal von Mexiko läßt auf klimatische Verhältnisse schließen, die sich stark von den heutigen unterscheiden und zu deren Veränderung mehrere Jahrtausende nötig waren. Die Verwendung der Radioaktivität zur Bestimmung des Alters archäologischer Funde hat zu ähnlichen Ergebnissen geführt. Wir müssen also annehmen, daß der Mensch schon vor zwanzigtausend Jahren in Amerika gelebt und an bestimmten Stellen bereits vor dreitausend Jahren Mais angepflanzt hat. Fast in ganz Nordamerika findet man Spuren, die zehntausend bis zwölftausend Jahre alt sind. Gleichzeitig hat man mit Hilfe von Messungen der Radioaktivität des Kohlenstoffs festgestellt, daß die wichtigsten archäologischen Vorkommen fünfhundert bis eintausendfünfhundert Jahre älter sind, als man bisher annahm. Wie jene japanischen Blumen aus gepreßtem Papier, die sich öffnen, wenn

man sie ins Wasser legt, erwirbt die präkolumbische Geschichte Amerikas mit einem Mal den Umfang, der ihr fehlte.
Nur stehen wir damit vor der umgekehrten Frage: wie sollen wir diese ungeheuren Zeiträume füllen? Wir wissen, daß die Bevölkerungsbewegungen, die ich soeben nachzuzeichnen versuchte, jüngeren Datums sind und daß den großen Kulturen in Mexiko oder in den Anden etwas vorausgegangen ist. Schon in Peru sowie in verschiedenen Gegenden Nordamerikas hat man Überreste der ersten Bewohner zutage gefördert: Spuren von Stämmen, die keine Landwirtschaft trieben, gefolgt von Dorf- und Gartenbaugesellschaften, die aber weder den Mais noch das Töpferhandwerk kannten; dann tauchten Gruppen auf, die Steinskulpturen herstellten und Edelmetalle bearbeiteten, und zwar in einem Stil, der freier und reicher war als alles, was nach ihnen gekommen ist. Die Inka in Peru und die Azteken in Mexiko, von denen wir glaubten, daß die gesamte amerikanische Geschichte sich in ihnen entfaltete und zusammendrängte, sind von diesen lebendigen Quellen ebensoweit entfernt wie unser Empirestil von Ägypten und Rom, denen er doch soviel entlehnt hat: in allen drei Fällen handelt es sich um totalitäre Künste, versessen auf eine Riesenhaftigkeit, die auf Roheit und Armut gründete, Ausdruck eines Staats, der darauf bedacht war, seine Macht zu demonstrieren und der seine Mittel auf andere Dinge konzentrierte (Krieg oder Verwaltung) als auf seine eigene Verfeinerung. Selbst die Denkmäler der Maya zeugen vom flammenden Niedergang einer Kunst, die ihren Höhepunkt tausend Jahre vor ihnen erreicht hatte.
Woher kamen die Gründer? Im Gegensatz zu unserer früheren Sicherheit müssen wir eingestehen, daß wir es nicht wissen. Die Völkerwanderungen der Gegend der Beringstraße sind sehr komplex gewesen: die Eskimo haben noch vor kurzem daran teilgenommen; etwa tausend Jahre früher sind ihnen die Paläo-Eskimo vorausgegangen, deren Kultur an das archaische China und die Skythen erinnert; und im Verlauf einer sehr langen Periode, vielleicht vom achten Jahrtausend bis zum Beginn der christlichen Ära, hat es dort die verschiedensten Völker gegeben. Aufgrund von Skulpturen, die aus dem ersten Jahrtausend vor unserer

Zeitrechnung stammen, wissen wir, daß die ehemaligen Bewohner von Mexiko einem ganz anderen physischen Typus angehörten als die heutigen Indianer: es waren fette, bartlose Orientalen mit schwach ausgeprägten Gesichtszügen, aber auch bärtige Männer mit Adlernasen, deren Profile an die unserer Renaissance erinnern. Und die Genetiker, die mit anderem Material arbeiten, behaupten, daß mindestens vierzig Pflanzenarten, die im präkolumbischen Amerika wild wuchsen oder kultiviert wurden, dieselbe oder eine von ihr abgeleitete Chromosomenverteilung aufweisen wie die entsprechenden Arten Asiens. Muß man daraus schließen, daß der Mais, der in dieser Liste enthalten ist, aus Südostasien kam? Wie aber sollte das möglich sein, wenn die Amerikaner bereits vor viertausend Jahren Mais anpflanzten, also zu einer Zeit, da die Seefahrt sicher noch wenig entwickelt war?

Alte Mexikaner. Links: Südostmexiko (American Museum of Natural History); rechts: Golfküste (mexikanische Ausstellung, Paris 1952)

Ohne der kühnen Hypothese von Heyerdahl zu folgen, nach der Polynesien durch amerikanische Eingeborene besiedelt wurde, muß man nach der Reise der *Kon-Tiki* doch einräumen, daß transpazifische Kontakte zustande gekommen sein können, und zwar ziemlich häufige. Doch zu der Zeit, da in Amerika bereits hoch entwickelte Kulturen blühten, das heißt zu Beginn des ersten Jahrtausends vor unserer Zeitrechnung, waren die pazifischen Inseln unbewohnt; jedenfalls hat man nichts gefunden, das aus so früher Zeit stammt. Über Polynesien hinaus müßte man daher nach Melanesien, das vielleicht schon besiedelt war, und zur gesamten asiatischen Küste blicken. Wir wissen heute mit Sicherheit, daß die Verbindungen zwischen Alaska und den Aleuten einerseits und Sibirien andererseits niemals unterbrochen worden sind. Ohne die Metallurgie zu kennen, verwandte man in Alaska zu Beginn der christlichen Ära Eisenwerkzeuge; die gleiche Keramik findet sich von der Gegend der Großen Seen in Nordamerika bis nach Zentralsibirien, ebenso dieselben Legenden, dieselben Riten und Mythen. Während der Westen völlig abgekapselt lebte, scheint es, als ob alle nördlichen Völker, von Skandinavien bis Labrador und von Sibirien bis Kanada enge Beziehungen unterhalten hätten. Sollten die Kelten dieser subarktischen Kultur wirklich einige ihrer Mythen entlehnt haben, eine Kultur, von der wir so gut wie nichts wissen, dann ließe sich verstehen, warum der Gralszyklus eine größere Verwandtschaft mit den Mythen der Indianer der Wälder Nordamerikas aufweist als mit irgendeinem anderen mythologischen System. Und sicher ist es auch kein Zufall, daß die Lappländer noch heute die gleichen konischen Zelte benutzen wie diese letzteren.

Im Süden des asiatischen Kontinents finden wir weitere Anklänge an die amerikanischen Kulturen. Die Völker an den südlichen Grenzen Chinas, die von den Chinesen als Barbaren bezeichnet wurden, und mehr noch die primitiven Stämme Indonesiens haben erstaunliche Ähnlichkeiten mit den Amerikanern. Im Innern Borneos hat man Mythen gesammelt, die sich kaum von einigen in Nordamerika weit verbreiteten Mythen unterscheiden. Außerdem haben die Spezialisten schon seit langem auf die Ähnlichkeiten zwischen den archäologischen Dokumenten aus Südostasien und denen aufmerksam gemacht, die aus der Vorgeschichte Skandinaviens stammen. Somit haben wir drei Regionen – Indonesien, Nordostamerika und Skandinavien –, die sozusagen die trigonometrischen Punkte der präkolumbischen Geschichte der Neuen Welt bilden.

Wäre es nun nicht denkbar, daß jenes wichtigste Ereignis im Leben der Menschheit, ich meine das Erscheinen der neolithischen Kultur, die – mit der Entwicklung der Töpferei und der Weberei, den Anfängen der Landwirtschaft und der Viehzucht, den ersten Versuchen auf dem Gebiet der Metallurgie – in der Alten Welt zwischen Donau und Indus entstand, bei den weniger entwickelten Völkern Asiens und Afrikas eine Art Erregung ausgelöst hat? Es ist schwierig, den Ursprung der amerikanischen Kulturen zu verstehen, ohne anzunehmen, daß an allen Küsten des Pazifiks – den asiatischen wie den amerikanischen – eine große Aktivität herrschte, die sich dank der Küstenschifffahrt immer weiter ausdehnte; und dies während Tausenden von Jahren. Früher haben wir dem präkolumbischen Amerika jede historische Dimension abgesprochen, weil

Links: Chavin, Nordperu (nach Tello); rechts: Monte Alban, Südmexiko (Basrelief „Die Tänzer“)

das postkolumbische Amerika keine besaß. Heute müssen wir vielleicht noch einen zweiten Irrtum korrigieren, nämlich zu meinen, daß Amerika zwanzigtausend Jahre lang von der gesamten Welt – da von Westeuropa – abgeschnitten war. Alles deutet vielmehr darauf hin, daß der

großen Stille über dem Atlantik ein emsiges Treiben auf dem Pazifik entsprach.
Wie dem auch sei, im Laufe des ersten Jahrtausends vor unserer Zeitrechnung scheint eine amerikanische Hybride bereits drei Reiser erzeugt zu haben, die sich fest auf die problematischen Varietäten einer älteren Entwicklung aufgepfropft hatten: die derbe Hopewell-Kultur, die den gesamten Teil der Vereinigten Staaten im Osten der großen Ebenen eingenommen oder geprägt hat, ist die Replik der Chavin-Kultur im Norden von Peru (auf die im Süden Paracas ein Echo bildet); während die Chavin-Kultur gewisse Ähnlichkeiten mit den ersten Erscheinungsformen der sogenannten Olmeken-Kultur aufweist und auf die Entwicklung der Maya hindeutet. In allen drei Fällen haben wir es mit einer flexiblen Kunst zu tun, deren Geschmeidigkeit, Ungebundenheit und Freude am Doppelsinn (in Hopewell wie in Chavin lassen sich einige Motive auf verschiedene Weise lesen, je nachdem, von welcher Seite man sie betrachtet) noch kaum etwas von der eckigen Steifheit und dem Immobilismus ahnen lassen, die wir der präkolumbischen Kunst zuzuschreiben pflegen. Zuweilen versuche ich, mich davon zu überzeugen, daß die Caduveo-Zeichnungen auf ihre Art jene ferne Tradition fortsetzen. Hatten die amerikanischen Zivilisationen zu jener Zeit begonnen, sich in verschiedene Richtungen zu entwickeln, wobei Mexiko und Peru die Initiative ergriffen und mit Riesenschritten vorauseilten, während die übrigen in einer Zwischenstellung verharrten oder gar zurückblieben, um in einen Zustand der Halbwildheit zurückzufallen? Was damals im tropischen Amerika wirklich vor sich gegangen ist, werden wir wohl niemals genau wissen, da die klimatischen Verhältnisse der Bewahrung archäologischer Spuren denkbar abträglich sind; aber es ist verwirrend, daß die soziale Organisation der Gé und sogar der Plan der Bororo-Dörfer jenen Überresten dieser verschwundenen Zivilisationen ähneln, welche die Erforschung bestimmter prä-inkaischer Ablagerungen, wie der von Tiahuanaco im Hochland von Bolivien, zu rekonstruieren erlaubt.
Das Vorstehende hat mich von der Beschreibung der Vorbereitungen für eine Expedition in den westlichen Mato Grosso weit abgebracht; doch war es nötig, um dem Leser

Chavin, Nordperu (nach Tello)

die leidenschaftliche Atmosphäre zu vermitteln, die jede Amerika-Forschung umgibt, sei es nun auf archäologischer oder auf ethnographischer Ebene. Die Probleme sind so überwältigend, die Fährten, über die wir verfügen, so fragwürdig und schmal, die Vergangenheit – in riesigen Teilen – so unwiederbringlich dahin, die Grundlagen unserer Spekulationen so unsicher, daß schon die flüchtigste Betrachtung

Hopewell, Osten der Vereinigten Staaten (nach Ch. C. Willoughby, *The Turner Group of Earthworks*, Papers of the Peabody Museum, Harvard University, Bd. VIII, Nr. 3, 1922)

an Ort und Stelle den Forscher in jenen Zustand des Schwankens versetzt, in dem sich die demütigste Entsagung und der verrückteste Ehrgeiz in ihm streiten: er weiß, daß das Wesentliche für immer verloren ist und daß sich alle seine Anstrengungen nur darauf beschränken können, an der Oberfläche zu schürfen. Aber könnte er nicht doch auf einen Hinweis stoßen, der, wie durch ein Wunder bewahrt, Licht in das Dunkel wirft? Nichts ist sicher und daher alles möglich. Die Nacht, in der wir uns vorwärtstasten, ist zu finster, als daß wir es wagen könnten, irgend etwas über sie auszusagen: nicht einmal, daß sie ewig dauern wird.

In jenem Cuiabá, wo ich nun nach zwei Jahren wieder angelangt bin, versuche ich herauszufinden, wo genau sich die Telegrafenlinie befindet, ob fünfhundert oder sechshundert Kilometer weiter im Norden.
In Cuiabá haßt man diese Linie; dafür gibt es mehrere Ursachen. Seit der Gründung der Stadt im 18. Jahrhundert stellten sich die seltenen Verbindungen mit dem Norden in Richtung des mittleren Laufs des Amazonas, also auf dem Wasserweg, her. Um sich ihr beliebtestes Stimulans zu besorgen, die *guaraná,* organisierten die Einwohner von Cuiabá Bootsexpeditionen auf dem Tapajós, die über sechs Monate dauern konnten. Die *guaraná* ist eine harte, kastanienbraune Paste, die fast ausschließlich von den Maué-Indianern aus den zermahlenen Früchten einer Liane hergestellt wird, der *Paullinia sorbilis.* Eine dicke Wurst dieses Teigs wird auf der knochigen Zunge des *pirarucu*-Fischs zerrieben, die mit Hilfe eines Werkzeugs aus Hirschleder herausgerissen wurde. Diese Einzelheiten sind wichtig, denn die Verwendung einer metallenen Reibe oder eines anderen Leders würde die kostbare Substanz ihrer Eigenschaften berauben. In derselben Geisteshaltung erklären die Bewohner von Cuiabá, daß die Tabakschnüre mit der Hand zerrissen und zerbröckelt werden müssen und nicht mit dem Messer zerschnitten werden dürfen, da der Tabak sonst sein Aroma verliere. Das *guaraná*-Pulver wird in Zukkerwasser geschüttet, in dem es sich nicht auflöst: diese Mischung schmeckt entfernt nach Schokolade. Ich persönlich habe nie die geringste Wirkung verspürt, aber bei den Leuten aus dem mittleren und nördlichen Mato Grosso spielt die *guaraná* eine ähnliche Rolle wie der Mate im Süden.
Dennoch rechtfertigten die Kräfte der *guaraná* viel Mühe und Anstrengungen. Bevor man sich den Stromschnellen näherte, ließ man einige Männer am Ufer zurück, die ein kleines Stück Wald rodeten, um dort Mais und Maniok anzupflanzen. Auf diese Weise fand die Expedition frische Nahrungsmittel auf dem Rückweg. Doch seit der Entwicklung der Dampfschiffahrt gelangte die *guaraná* schneller und in größeren Mengen nach Cuiabá, denn die Küstenschiffer brachten es aus Manaus und Belém auf dem Seeweg

Hopewell, Osten der Vereinigten Staaten (nach W. K. Moorehead, *The Hopewell mound* ... Field Museum, Chicago, Anthropol. Series, Bd. VI, Nr. 5, 1922)

nach Rio de Janeiro. So gehörten die Expeditionen auf dem Tapajós einer heroischen und halbvergessenen Vergangenheit an.

Als aber Rondon seine Absicht verkündete, den Nordwesten des Landes der Zivilisation zu erschließen, belebten sich diese Erinnerungen von neuem. Man kannte ein wenig die Ränder des Plateaus, wo zwei alte Städtchen, Rosario und Diamantino, die etwa hundert bzw. hundertfünfzig Kilometer nördlich von Cuiabá liegen, heute ein schläfriges Dasein führen, seit ihre Erzlager und Kiesgruben erschöpft sind. Hinter ihnen hätte man auf dem Landweg weiter vordringen und die Wasserläufe, welche die Zuflüsse des Amazonas speisen, überqueren müssen, statt sie im Einbaum hinunterzufahren: ein gefährliches Unterfangen für eine so lange Strecke. Um 1900 war das nördliche Plateau noch eine mythische Gegend, und es wurde sogar behauptet, daß sich dort eine Bergkette befinde, die Serra do Norte, die noch heute auf den meisten Landkarten eingezeichnet ist.

Diese Unkenntnis, zusammen mit den Berichten über das Vordringen in den amerikanischen *Far West* und über den Goldrausch, erfüllte die Bevölkerung des Mato Grosso und selbst der Küste mit den wildesten Hoffnungen. Im Gefolge der Männer von Rondon, die ihre Telegrafenlinie legten, begann eine Flut von Emigranten diese Gegenden mit ihren ungeahnten Reichtümern zu überschwemmen, um dort ein brasilianisches Chicago zu erbauen. Aber man mußte klein beigeben: wie der Nordosten, wo die von Euclides da Cunha in seinem Buch *Os Sertões* beschriebenen verhexten Gegenden Brasiliens liegen, erwies sich auch die Serra do Norte als eine Wüstensavanne und eine der trostlosesten Zonen des Kontinents. Außerdem raubte die Erfindung der Radiotelegrafie, die um 1922 mit der Fertigstellung der Telegrafenlinie erfolgte, dieser letzteren jedes Interesse, die zum archäologischen Kuriosum eines vergangenen wissenschaftlichen Zeitalters genau in dem Augenblick herabsank, da sie beendet wurde. Sie erlebte eine einzige ruhmreiche Stunde, nämlich im Jahre 1924, als der Aufstand von São Paulo gegen die Bundesregierung diese vom Innern abschnitt. Dank dem Telegrafen konnte Rio die Verbindung mit Cuiabá *via* Belém und Manaus aufrechterhalten. Dann aber kam der Niedergang: die wenigen Enthusiasten, die sich um eine Anstellung beworben hatten, strömten zurück oder gerieten in Vergessenheit. Als ich dort ankam, hatten sie seit mehreren Jahren keine Versorgung mehr erhalten. Man wagte zwar nicht, die Linie zu schließen, aber niemand interessierte sich mehr für sie. Mochten doch die Masten jeden Augenblick einstürzen, die Drähte verrosten! Und die letzten Überlebenden der Posten, die weder den Mut noch die Mittel zur Rückreise aufbrachten, siechten langsam dahin, von Krankheit, Hunger und Einsamkeit zerfressen.

Diese Situation lastete um so schwerer auf dem Gewissen der Einwohner von Cuiabá, als ihnen die enttäuschten Hoffnungen immerhin ein zwar bescheidenes, aber konkretes Resultat gebracht hatten, nämlich das Personal der Linie auszubeuten. Denn bevor sich die Angestellten in die Einöde begaben, mußten sie sich in Cuiabá einen *procurador* besorgen, das heißt einen Vertreter, der ihre Gehälter bezog, um sie nach den Anweisungen der Empfänger zu verwenden. Diese Anweisungen beschränkten sich im allgemeinen auf die Bestellung von Gewehrkugeln, Petroleum, Salz, Nähnadeln und Stoff. Alle diese Waren wurden zu hohen Preisen geliefert, dank der Zusammenarbeit der *procuradores* mit den libanesischen Händlern und den Organisatoren der Karawanen. So daß die Unglücklichen im Busch um so weniger an ihre Rückkehr denken konnten, als sie nach einigen Jahren tief in Schulden steckten. Entschieden war es besser, die Linie zu vergessen, und mein Plan, sie als Ausgangsbasis zu benutzen, stieß auf wenig Verständnis. Ich bemühte mich, ein paar pensionierte Unteroffiziere aufzutreiben, die einst Rondon begleitet hatten, konnte ihnen jedoch immer nur dieselbe Litanei entlocken: *um pais ruim, muito ruim, mais ruim que qualquer outro* ..., „ein scheußliches Land, absolut scheußlich, scheußlicher als irgendein anderes“. Ich sollte um Himmels willen nicht dorthingehen.

Außerdem gab es das Problem der Indianer. Im Jahre 1931 war der Telegrafenposten von Parecis, der in einer relativ frequentierten Gegend dreihundert Kilometer nördlich von Cuiabá und nur achtzig Kilometer von Diamantino entfernt liegt, von unbekannten Indianern überfallen und zerstört worden, die aus dem vermeintlich unbewohnten Tal des Rio do Sangue gekommen waren. Diese Wilden hatte man *beiços de pau* genannt, Holzmäuler, weil sie in der Unterlippe und in den Ohrläppchen Holzscheiben trugen. Seither hatten sich ihre Überfälle in regelmäßigen Abständen wiederholt, so daß die Piste etwa achtzig Kilometer weiter nach Süden hatte verlegt werden müssen. Was die Nambikwara betraf, Nomaden, die seit 1909 immer wieder in den Posten aufgetaucht waren, so unterhielten sie mit den Weißen sehr wechselhafte Beziehungen. Zu Beginn waren sie recht gut gewesen, hatten sich dann immer mehr verschlechtert, bis im Jahre 1925 sieben Arbeiter von den Eingeborenen eingeladen wurden, ihre Dörfer zu besuchen, in denen sie verschwanden. Von diesem Zeitpunkt an gingen sich die Nabikwara und die Leute der Linie aus dem Weg. Im Jahre 1933 ließ sich eine protestantische Mission in der Nähe des Postens von Juruena nieder; anscheinend verschlechterten sich die Beziehungen sehr schnell, da die Eingeborenen mit den – wie es heißt unzulänglichen – Geschenken unzufrieden waren, mit denen sich die Missionare für ihre Hilfe beim Bau der Missionsgebäude und beim Anlegen der Gärten erkenntlich zeigen wollten. Einige Monate später stellte sich ein fiebriger Indianer bei der Mission ein und erhielt in aller Öffentlichkeit zwei Aspirin-Tabletten, die er schluckte; woraufhin er ein Bad im Fluß nahm, einen Schlaganfall erlitt und starb. Da die Nambikwara erfahrene Giftmischer sind, zogen sie den Schluß, daß man ihren Gefährten umgebracht hatte: sie griffen die Station an und erschlugen die sechs Mitglieder der Mission, darunter ein zweijähriges Kind. Eine Hilfsexpedition aus Cuiabá fand als einzige Überlebende eine Frau. Ihr Bericht über dieses Ereignis, wie man ihn mir erzählt hat, stimmt genau mit demjenigen überein, den ich später von den Angreifern erhielt, die mehrere Wochen lang meine Gefährten und Informanten waren.

Seit jenem Zwischenfall, dem noch einige andere folgten, herrschte entlang der Linie eine gespannte Atmosphäre. Sobald es mir möglich war, bei der Postbehörde von Cuiabá in Verbindung mit den wichtigsten Stationen zu treten (was jedesmal mehrere Tage in Anspruch nahm), erhielten wir höchst entmutigende Nachrichten: hier hatten die Indianer einen bedrohlichen Ausfall unternommen; dort hatte man sie seit drei Monaten nicht mehr zu Gesicht bekommen, was ebenfalls ein böses Omen war; in jenem anderen Posten, in dem sie früher gearbeitet hatten, waren sie wieder *bravos*, wild, geworden, usw. Der einzig tröstliche Hinweis, den man mir gab: seit einigen Wochen versuchten drei Jesuitenpatres, sich in Juruena niederzulassen, also am Rand des Nambikwara-Landes, sechshundert Kilometer nördlich von Cuiabá. Die könne ich ja aufsuchen und Erkundigungen bei ihnen einziehen, um meine Pläne danach zu richten.

So verbrachte ich einen Monat in Cuiabá, um die Expedition vorzubereiten; da man mich ziehen ließ, wollte ich auch bis ans Ende gehen: eine Reise von sechs Monaten während der Trockenzeit quer durch ein Plateau, das man mir als Wüste ohne Weiden und ohne Wild beschrieb; man mußte also sämtliche Nahrungsmittel mitnehmen, nicht nur für die Leute, sondern auch für die Maulesel, die uns bis zum Becken des Madeira als Reittiere dienen sollten, von wo aus wir unsere Reise im Einbaum fortsetzen könnten: denn ein Maultier, das keinen Mais zu fressen hat, ist für eine Reise nicht kräftig genug. Um die Vorräte zu transportieren, waren Ochsen nötig, die widerstandsfähiger sind und sich mit dem begnügen, was sie finden: mit hartem Gras und Blättern. Trotzdem mußte ich damit rechnen, daß einige meiner Ochsen an Hunger oder Übermüdung starben, und mir also eine ausreichende Zahl beschaffen. Und da es Viehtreiber braucht, um sie zu führen und bei jeder Etappe zu beladen und zu entladen, würde ich mit mehr Leuten rechnen müssen und damit wieder mit mehr Maultieren und Lebensmitteln, was wiederum zusätzliche Ochsen erheischte … Es war ein *circulus vitiosus.* Endlich, nach langen Unterredungen mit den Experten, das heißt den ehemaligen Angestellten der Linie und den Karawanenführern, entschied ich mich für fünfzehn Männer, ebenso viele Maultiere und dreißig Ochsen. Was die Zahl der Maultiere betraf, so blieb mir ohnehin keine andere Wahl: im Umkreis von fünfzig Kilometern um Cuiabá waren nicht mehr als fünfzehn aufzutreiben, und ich kaufte sie alle zu Preisen, die zwischen einhundertfünfzig und tausend Francs pro Tier zum Kurs von 1938 schwankten, je nach seinem Zustand. Als Leiter der Expedition behielt ich mir das schönste Tier vor: einen großen weißen Maulesel, den ich

von dem erwähnten nostalgischen Metzger erstanden hatte, der Elefanten so liebte.
Das eigentliche Problem begann bei der Auswahl der Männer: die Expedition bestand zu Beginn aus vier Personen, dem wissenschaftlichen Personal, und wir wußten genau, daß unser Erfolg, unsere Sicherheit und sogar unser Leben von der Ergebenheit und Tüchtigkeit der Mannschaft abhingen, die ich anheuern sollte. Tagelang mußte ich den Abschaum von Cuiabá ausscheiden: Taugenichtse und Abenteurer. Schließlich wies mich ein alter „Oberst" aus der Umgebung auf einen seiner ehemaligen Viehtreiber hin, der zurückgezogen in einem verlassenen Weiher lebte und den er mir als arm, besonnen und anständig beschrieb. Ich suchte ihn auf, und er bestach mich durch einen natürlichen Adel, wie er bei den Bauern des Innern noch häufig anzutreffen ist. Statt mich wie die anderen anzuflehen, ihm das unerhörte Privileg eines Jahreslohnes zu gewähren, stellte er mir folgende Bedingungen: er wollte seine Männer und die Ochsen selber auswählen und einige Pferde mitnehmen dürfen, die er im Norden zu einem guten Preis zu verkaufen hoffte. Ich hatte bereits von einem Karawanenführer aus Cuiabá zehn Ochsen gekauft, da ich von ihrer Größe und mehr noch von ihren altmodischen Packsätteln aus Tapirleder beeindruckt war. Außerdem hatte mir der Bischof von Cuiabá einen seiner Schützlinge als Koch aufgedrängt: nach einigen Etappen stellte sich heraus, daß es sich um einen *veado branco,* einen weißen Hirsch, handelte, das heißt um einen Homosexuellen, der so stark unter Hämorrhoiden litt, daß er sich kaum auf dem Pferd halten konnte. Er war nur allzu glücklich, uns verlassen zu dürfen. Aber die prächtigen Ochsen (die, ohne daß ich davon gewußt hätte, bereits fünfhundert Kilometer hinter sich hatten) besaßen kein Gramm Fett mehr auf den Knochen. Einer nach dem anderen zeigte unter dem Packsattel durchgescheuerte Stellen. Trotz des Geschicks der *arrieiros* verloren sie am Rückgrat das Fell: große blutige Flecken, die von Würmern wimmelten und die Wirbelsäule bloßlegten. Diese eitrigen Skelette waren unsere ersten Verluste.
Zum Glück verstand es unser Mannschaftsführer Fulgencio – man sprach diesen Namen Frugencio aus –, die Herde durch unscheinbare Tiere zu ergänzen, von denen jedoch

die meisten die Reise überstanden. Was die Männer betraf, so wählte er aus seinem Dorf oder aus der Umgebung junge Leute, die er hatte heranwachsen sehen und die sein Wissen achteten. Die meisten stammten aus alten portugiesischen Familien, die sich vor hundert oder zweihundert Jahren im Mato Grosso niedergelassen hatten und gemäß ihren strengen Traditionen lebten.

So arm sie auch waren, so besaß doch jeder von ihnen ein gesticktes und mit Spitzen verziertes Handtuch – das Geschenk der Mutter, einer Schwester oder der Verlobten –, und bis zum Ende der Reise ließen sie sich niemals herab, sich das Gesicht mit etwas anderem abzutrocknen. Doch als ich ihnen zum ersten Mal eine Ration Zucker für ihren Kaffee anbot, antworteten sie stolz, daß sie keine *viciados*, keine Pervertierten, seien. Ich hatte einige Schwierigkeiten mit ihnen, weil sie von allen Problemen ebenso feste Vorstellungen hatten wie ich selbst. So vermied ich mit knapper Not einen Aufstand, der anläßlich der Zusammenstellung der Nahrungsmittel auszubrechen drohte, denn die Männer glaubten, daß sie Hungers sterben würden, wenn nicht die gesamte Nutzlast aus Reis und Bohnen bestünde. Allenfalls konnten sie sich mit getrocknetem Fleisch abfinden, obwohl sie fest davon überzeugt waren, daß es uns an Wild nie fehlen würde. Aber Zucker, getrocknete Früchte und Konserven waren ihnen ein Ärgernis. Sie hätten zwar ihr Leben für uns geopfert, duzten uns jedoch grob und hätten nicht einmal ein Taschentuch gewaschen, das ihnen nicht gehörte, weil das Frauenarbeit sei. Die Grundlagen unseres Vertrags waren die folgenden: während der Dauer der Expedition sollte jeder ein Reittier und ein Gewehr als Leihgabe erhalten; außer der Nahrung sollte er noch das Äquivalent von fünf Francs pro Tag zum Kurs von 1938 erhalten. Für jeden von ihnen stellten die eintausendfünfhundert oder zweitausend Francs, die er am Ende der Expedition gespart haben würde (denn während der Reise wollten sie nichts ausbezahlt bekommen), ein Kapital dar, das es dem einen ermöglichte, sich zu verheiraten, dem anderen, eine Viehzucht zu beginnen ... Es war abgemacht, daß Fulgencio auch ein paar halbzivilisierte junge Paressi-Indianer anwerben sollte, sobald wir das ehemalige Territorium dieses Stammes durchqueren würden, der heute den größten Teil des Telegrafenpersonals an der Grenze des Nambikwara-Landes stellt.

Auf diese Weise organisierten wir langsam die Expedition, in Gruppen von zwei oder drei Männern und einigen Tieren, die in den Weilern rings um Cuiabá verstreut waren. Wir wollten uns an einem Juni-Tag des Jahres 1938 vor den Toren der Stadt versammeln, von wo aus sich Ochsen und Reiter unter der Führung von Fulgencio mit einem Teil des Gepäcks auf den Weg machen sollten. Ein Lastochse kann je nach seiner Stärke zwischen sechzig und hundertzwanzig Kilo Gepäck tragen, das rechts und links mit Hilfe eines hölzernen, mit Stroh ausgelegten Packsattels gleichmäßig verstaut und mit einer trockenen Lederhaut bedeckt wird. Täglich können ungefähr fünfundzwanzig Kilometer zurückgelegt werden, aber nach jeder Woche brauchen die Tiere einige Tage Ruhe. Wir hatten daher beschlossen, die Ochsen mit so wenig Gepäck wie möglich vorauszuschikken; ich selbst wollte den Weg mit einem Lastwagen zurücklegen, solange die Piste es erlaubte, das heißt bis Utiarity, fünfhundert Kilometer nördlich von Cuiabá, einem Posten der Telegrafenlinie, der bereits auf Nambikwara-Territorium am Ufer des Rio Papagaio liegt; dort hinderte eine allzu zerbrechliche Fähre den Wagen an der Weiterfahrt. Dann würde das Abenteuer beginnen.

Acht Tage nach dem Abmarsch des Trupps – eine Ochsenkarawane heißt hier *tropa* – setzte sich unser Lastwagen mit seiner Ladung in Bewegung. Wir hatten noch keine fünfzig Kilometer zurückgelegt, als wir bereits auf unsere Leute und unsere Tiere stießen, die friedlich in der Savanne kampierten, während ich sie bereits in Utiarity wähnte. Hier bekam ich meinen ersten Wutanfall, der nicht der einzige bleiben sollte. Denn ich mußte noch manche Enttäuschung erleben, bis ich verstand, daß in jener Welt, in die ich nun eindrang, der Zeitbegriff keinen Platz mehr hatte. Nicht ich war es, der die Expedition leitete, auch nicht Fulgencio: es waren die Ochsen. Diese schwerfälligen Tiere verwandelten sich in Herzoginnen, deren Unwohlsein, Launen und Anwandlungen von Mattigkeit es zu überwachen galt. Ein Ochse kann ja nicht sagen, wann er müde ist oder wann ihm die Last zu schwer wird: er trottet einfach weiter, bis er plötzlich zusammenbricht, tot oder so erschöpft, daß er sechs Monate Ruhe braucht, um sich zu erholen; in welchem Fall nichts anderes übrigbleibt, als ihn zurückzulassen. Die Viehtreiber stehen also im Dienst ihrer Tiere. Jedes von ihnen hat einen Namen, der seiner Farbe, seiner Haltung oder seinem Temperament entspricht. So hießen meine Tiere *Piano* (Klavier), *Massa-Barro* (Schlammtreter), *Salino* (Salzfresser), *Chicolate* (meine Männer, die noch nie Schokolade gegessen hatten, bezeichneten mit diesem Wort eine Mischung aus warmer gezuckerter Milch und Eigelb), *Taruma* (eine Palme), *Galão* (großer Hahn), *Lavrado* (roter Ocker), *Ramalhete* (Blumenstrauß), *Rochedo* (Rötling), *Lambari* (ein Fisch), *Açanhaço* (ein blauer Vogel), *Carbonate* (unreiner Diamant), *Galalá* (?), *Mourinho* (Mestize), *Mansinho* (kleiner Zahmer), *Correto* (korrekt), *Duque* (Herzog), *Motor* (weil er, wie sein Treiber erklärt, „sehr gut läuft"), *Paulista, Navegante* (Seefahrer), *Moreno* (Brauner), *Figurino* (Modell), *Brioso* (lebhaft), *Barroso* (erdig), *Pai de Mel* (Biene), *Araça* (eine wilde Frucht), *Bonito* (hübsch), *Brinquedo* (Spielzeug), *Pretinho* (Schwarzer).

Sobald es die Viehtreiber für nötig erachten, hält der ganze Trupp an. Die Tiere werden entladen, das Lager aufgeschlagen. Ist der Ort sicher, so läßt man die Ochsen frei herumlaufen; andernfalls muß man sie *pastorear*, das heißt beim Weiden überwachen. Jeden Morgen durchstreifen ein paar Männer die Gegend in einem Umkreis von mehreren Kilometern, bis man die Tiere gefunden hat; das nennt man *campear*. Die *vaqueiros* unterstellen ihren Tieren perverse Absichten: daß sie sich oft aus schierer Bosheit aus dem Staub machen, sich verstecken, tagelang unauffindbar bleiben. Wurden wir nicht einmal eine ganze Woche lang festgehalten, weil eines unserer Maultiere im *campo* verschwunden war, und zwar, wie man mir versicherte, indem es zuerst auf zwei Beinen, dann rückwärts gelaufen sei, damit die Verfolger seine *rastos*, seine Spuren, nicht entziffern könnten?

Wenn die Tiere endlich beisammen sind, müssen ihre Wunden untersucht, mit Salben bestrichen und die Packsättel verrückt werden, damit die Last nicht auf die Verletzungen drückt. Schließlich muß man die Tiere anschirren und beladen. Und nun beginnt ein neues Drama: vier oder fünf Tage der Ruhe genügen nämlich, um die Ochsen ihrer

Pflichten zu entwöhnen; kaum spüren sie den Sattel, schlagen sie aus und bäumen sich auf, bis sie die so mühsam ins Gleichgewicht gebrachte Last abgeworfen haben, und alles geht von vorn los. Und man darf sich glücklich schätzen, wenn ein Ochse, der sich auf diese Weise befreit hat, nicht noch querfeldein davontrottet. Denn dann müßte man erneut das Lager aufschlagen, entladen, *pastorear, campear* usw., bis die Herde wieder vollständig ist und vielleicht nach fünf- oder sechsmaligem Beladen eine einhellige Fügsamkeit erzielt werden könnte.
Noch weniger geduldig als die Ochsen, habe ich Wochen gebraucht, mich mit diesem launenhaften Marsch abzufinden. Wir ließen die Herde hinter uns und gelangten nach Rosario Oeste, einer kleinen Ortschaft von etwa tausend Einwohnern, zum größten Teil Schwarzen, von zwerghaftem Wuchs und von Kröpfen verunstaltet, die in *casebres* wohnten, das heißt in elenden, mit hellen Palmzweigen bedeckten grellroten Lehmhütten, die von Unkraut überwucherte gerade Straßen säumten.
Ich erinnere mich noch an den kleinen Garten meines Gastgebers: man hätte ihn für einen Wohnraum halten können, so sorgfältig war er hergerichtet. Die Erde war gestampft und ausgekehrt und die Pflanzen so sorgfältig verteilt wie die Möbel in einem Salon: zwei Orangenbäume, ein Zitronenbaum, ein Pfefferstrauch, zehn Fuß Maniok, zwei oder drei *chiabos* (ein eßbarer Hibiskus), ebensoviel Fuß Pflanzenseide, zwei Rosensträucher, ein Bananen- und ein Zukkerrohrhain. Schließlich gab es noch einen Papagei in einem Käfig und drei Hühner, die mit einem Bein an einen Baum gebunden waren. In Rosario Oeste ist die vornehme Küche „zweigeteilt"; man servierte uns die Hälfte eines Huhnes gebraten, die andere kalt in einer pikanten Soße; die Hälfte eines Fischs gebraten, die andere gekocht. Zum Abschluß gab es die *cachaça*, Zuckerrohrschnaps, der mit folgender ritueller Formel entgegengenommen wird: *cemitério, cadeia, cachaça, não é feito para uma só pessoa,* „Friedhof, Gefängnis und Schnaps [die drei C] sind nicht für ein und dieselbe Person gemacht". Rosario liegt schon mitten im Busch; die Bevölkerung setzt sich aus ehemaligen Kautschuk-, Gold- und Diamantensuchern zusammen, die mir nützliche Hinweise für meine Reiseroute geben konnten.

In der Hoffnung, hier und dort ein paar Informationen aufzuschnappen, hörte ich meinen Besuchern aufmerksam zu, wenn sie von ihren Abenteuern erzählten, in denen sich Legende und Erfahrung unentwirrbar vermischten.
Daß es im Norden *gatos valentes,* tapfere Katzen, geben sollte, die aus einer Kreuzung von Hauskatzen mit Jaguaren hervorgegangen sind, konnte mich nicht so recht überzeugen. Aber vielleicht ist jene andere Geschichte, die man mir erzählte, lehrreich, wenn auch nur insofern, als sie etwas vom Stil, vom Geist des *sertão*, vermittelt:
In Barra dos Burges, einer Ortschaft im westlichen Mato Grosso am oberen Paraguay, lebte ein *curandeiro*, ein Wunderdoktor, der Schlangenbisse heilte. Zuerst ritzte er den Unterarm des Kranken mit Zähnen der *sucuri*, der Boa-Schlange; dann zeichnete er mit Gewehrpulver ein Kreuz auf den Boden, zündete es an, und der Kranke mußte seinen Arm über den Rauch halten. Schließlich nahm er die ausgeglühte Baumwolle eines *artificio* (eines Holzfeuerzeugs, dessen Zunder aus in einen hornförmigen Behälter gestopfter Zupfleinwand besteht), tränkte sie mit *cachaça*, und der Kranke saugte daran. Schluß der Behandlung.
Eines Tages bittet der Anführer einer *turma de poaieros* (Leute, die *ipecacuanha* sammeln, eine Heilpflanze), der einer solchen Kur beiwohnt, den Wunderdoktor, bis zum folgenden Sonntag auf die Ankunft seiner Leute zu warten, die sich bestimmt alle impfen lassen wollten (jeder für fünf Milreis, etwa fünf Francs zum Kurs von 1938). Der *curandeiro* ist einverstanden. Am Samstagmorgen hört man außerhalb des *barração* (der kollektiven Hütte) einen Hund heulen. Der Anführer der *turma* schickt einen *camarada* als Kundschafter aus: es ist eine *cascavel*, eine wütende Klapperschlange. Er befiehlt dem Medizinmann, das Reptil zu fangen; dieser weigert sich. Der Anführer wird zornig und erklärt, wenn sie nicht gefangen werde, würde er seine Leute nicht impfen lassen. Der *curandeiro* gibt nach, streckt die Hand nach der Schlange aus, wird gebissen und stirbt.
Der Erzähler dieser Geschichte erklärt mir, daß auch er von dem *curandeiro* geimpft worden sei und sich dann von einer Schlange habe beißen lassen, um die Wirksamkeit der Behandlung auszuprobieren – mit großem Erfolg. Allerdings, so fügt er hinzu, sei die Schlange nicht giftig gewesen.

Ich führe diese Geschichte an, weil sie sehr gut jene Mischung aus Schalkhaftigkeit und Naivität veranschaulicht, die das Denken des Volks im Innern Brasiliens kennzeichnet, wo tragische Ereignisse als kleine Zufälle des täglichen Lebens behandelt werden. Man darf den Schluß der Erzählung nicht falsch verstehen, der nur scheinbar absurd ist. Der Erzähler argumentiert wie jener Führer der neomohammedanischen Sekte der Ahmadi, den ich drei Jahre später bei einem Essen kennenlernte, zu dem er mich in Lahore eingeladen hatte. Die Ahmadi weichen insbesondere dadurch von der orthodoxen Lehre ab, daß sie behaupten, alle diejenigen, die sich im Laufe der Geschichte zum Messias hätten ausrufen lassen (zu diesen zählen sie auch Sokrates und Buddha), seien dies auch wirklich gewesen: andernfalls hätte Gott sie für ihre Anmaßung bestraft. So dachte wohl auch mein Gesprächspartner aus Rosario: die übernatürlichen Kräfte, die der *curandeiro* beschwor, hätten ihn, wären seine magischen Fähigkeiten nicht real gewesen, Lügen gestraft, indem sie eine sonst harmlose Schlange in eine Giftschlange verwandelt hätten. Da die Behandlung als magisch galt, hatte er sie auf magischer Ebene immerhin experimentell überprüft.

Man hatte mir versichert, daß uns die Piste nach Utiarity keine Überraschung ersparen würde, trotzdem war sie nicht mit den Abenteuern vergleichbar, die wir zwei Jahre zuvor auf der Piste des São Lourenço erlebt hatten. Als wir freilich auf dem Gipfel der Serra do Tombador an einem Ort namens Caixa Furada (durchlöcherter Wagenkasten) ankamen, brach ein Zahnrad der Kardanwelle. Wir waren etwa dreißig Kilometer von Diamantino entfernt; unsere Fahrer gingen zu Fuß dorthin, um nach Cuiabá zu telegrafieren, wo man sich das Ersatzteil per Flugzeug aus Rio schicken lassen konnte; ein Lastwagen sollte es uns dann bringen. Wenn alles gut ginge, würde die Operation acht Tage dauern, und die Ochsen hätten Zeit, uns einzuholen.

Und so kampierten wir auf der Serra do Tombador; mit diesem Felsvorsprung endet die *chapada* dreihundert Meter über dem Becken des Paraguay; auf der anderen Seite speisen die Bäche bereits die Zuflüsse des Amazonas. Was sollten wir in dieser stacheligen Savanne, nachdem wir ein paar Bäume gefunden hatten, zwischen denen wir unsere Hängematten und Moskitonetze aufhängen konnten, anderes tun als schlafen, träumen und jagen? Vor einem Monat hatte die Trockenzeit begonnen; es war Juni, und abgesehen von einigen geringen Niederschlägen im August (die in diesem Jahr ausblieben), würde vor September kein Tropfen Wasser fallen. Die Savanne hatte bereits ihr winterliches Gesicht: verwelkte und verdorrte, zuweilen vom Buschfeuer verbrannte Pflanzen ließen unter den verkohlten Reisern den Sand hervorscheinen. Es war die Zeit, da das seltene Wild, das durch das Plateau streift, sich im undurchdringlichen Dickicht der *capões* sammelt, deren Laubgewölbe auf Quellen hindeutet und in denen es noch etwas grünes Gras findet.

Während der Regenzeit von Oktober bis März, in der es fast täglich regnet, steigt die Temperatur bis zu 42 oder 44 Grad am Tag; die Nächte sind etwas kühler, mit einem plötzlichen und kurzen Temperatursturz gegen Morgengrauen. Während der Trockenzeit dagegen sind die Temperaturschwankungen sehr groß. Nicht selten kommt es vor, daß die Tagestemperatur von 40 Grad nachts auf 8 bis 10 Grad absinkt.

Wenn wir am Feuer den Mate trinken, lauschen wir den beiden in unserem Dienst stehenden Brüdern und den Fahrern, die von ihren Abenteuern im *sertão* berichten. Sie erklären uns, warum der große Ameisenbär, *tamandua*, im *campo* ungefährlich ist, weil er hier, wenn er sich aufrichtet, sein Gleichgewicht nicht halten kann. Im Wald stützt er sich nämlich mit dem Schwanz an einem Baum ab und zerquetscht mit seinen vorderen Pranken alles, was sich ihm nähert. Der Ameisenbär fürchtet auch nächtliche Angriffe nicht, „denn beim Schlafen zieht er den Kopf so eng an seinen Körper, daß nicht einmal der Jaguar erkennen kann, wo dieser sich befindet". Zur Regenzeit muß man stets vor den Wildschweinen auf der Hut sein, die in Herden von fünfzig und mehr Tieren umherziehen und deren Zähneknirschen kilometerweit zu hören ist (daher nennt man diese Tiere auch *queixada*, von *queixo*, „Kinn"). Bei diesem Geräusch tut der Jäger gut daran, die Flucht zu ergreifen, denn falls ein Tier getötet oder verletzt wird, greifen alle anderen an. Er muß auf einen Baum oder auf einen *cumpim*, einen Termitenhügel, klettern.

Einer der Männer erzählt, daß er eines Nachts, als er mit seinem Bruder unterwegs war, Rufe hörte. Aus Angst vor den Indianern zögerten sie, zu Hilfe zu eilen. Sie warteten den Tag ab, während die Schreie andauerten. Bei Morgengrauen fanden sie einen Jäger, der seit dem Vortag auf einem Baum saß; sein Gewehr lag am Boden, und er war von Wildschweinen umringt.

Diese Geschichte ist weniger tragisch als die eines anderen Jägers, der in der Ferne die Wildschweine hörte und sich auf einen Termitenhügel rettete. Die Wildschweine belagerten ihn. Er schoß, bis er keine Munition mehr hatte, und verteidigte sich dann mit dem Buschmesser, dem *facão*. Am nächsten Morgen machte man sich auf die Suche nach ihm und fand ihn schnell mit Hilfe der Urubus (Aasgeier), die über ihm kreisten. Auf dem Boden lagen nur noch sein Schädel und die ausgeweideten Schweine.

Dann geht man zu lustigen Geschichten über. Zum Beispiel erzählt man die Geschichte des *seringueiro*, des Kautschuksuchers, der auf einen halbverhungerten Jaguar trifft; sie laufen hintereinander her, bis sie sich, aufgrund einer falschen Bewegung des Mannes, plötzlich gegenüberstehen. Keiner von beiden wagt sich zu rühren, der Mann traut sich nicht einmal zu schreien: „Und erst nach einer halben Stunde macht er, weil er einen Krampf bekommt, eine unwillkürliche Bewegung, stößt an den Kolben seines Gewehrs und merkt erst jetzt, daß er bewaffnet ist."

Leider war der Ort von den üblichen Insekten heimgesucht: von *maribondo*-Wespen, Mücken, *piums* und *borrachudos*, kleinen blutsaugenden Schnaken, die in Schwärmen fliegen; es gab auch die *pais-de-mel*, Väter des Honigs, das heißt Bienen. Die südamerkanischen Arten sind zwar nicht giftig, aber sie peinigen den Menschen auf andere Weise. Gierig nach Schweiß, streiten sie sich um die besten Plätze: um Mundwinkel, Augen- und Nasenlöcher, wo sie sich, wie berauscht von den Sekretionen ihres Opfers, lieber zerquetschen lassen, als daß sie davonfliegen, während ihre auf der Haut zerdrückten Körper immer neue Konsumenten anlokken. Daher ihr Spitzname *lambe-ôlhos*, Augenlecker. Sie sind die schlimmste Plage des tropischen Buschs, schlimmer noch als die Mücken und Schnaken, an die sich der Organismus nach einigen Wochen gewöhnt.

Aber wer Bienen sagt, sagt auch Honig, den man ohne Gefahren ernten kann, wenn man die Verstecke nicht-fliegender Arten ausfindig macht oder in einem hohlen Baum Waben mit kugelförmigen Zellen entdeckt, die so groß sind wie Eier. Jede Art produziert einen anders schmeckenden Honig – ich selbst habe dreizehn Sorten festgestellt –, der aber immer so stark ist, daß wir – dem Beispiel der Nambikwara folgend – schnell lernten, ihn mit Wasser zu verdünnen. Diese Honigsorten verändern – wie Burgunderweine – im Laufe der Zeit ihren Geschmack, der im übrigen sehr verwirrend ist. Einen ähnlichen habe ich nur noch einmal in einem Gewürz Südostasiens wiedergefunden, einem Extrakt aus den Drüsen der Schabe, der nicht mit Gold aufzuwiegen ist. Eine winzige Spur davon genügt, ein ganzes Gericht zu parfümieren. Ähnlich ist auch der Geruch, den ein dunkelfarbiger Käfer in Frankreich ausströmt, der „bekümmerter Prokrustes" heißt.
Endlich kommt der Rettungswagen mit dem Ersatzteil und einem Mechaniker an. Wir ziehen weiter, durchqueren das halb zerfallene Diamantino in seinem offenen Tal in Richtung des Rio Paraguay, erklimmen abermals die Hochebene – diesmal ohne Unfall –, fahren den Rio Ariños entlang, dessen Wasser in den Tapajós, dann in den Amazonas fließen, drehen nach Westen ab zu den hügeligen Tälern des Rio Sacre und des Rio Papagaio, die ebenfalls den Tapajós speisen, in den sie aus sechzig Meter Höhe ihre Fluten stürzen. In Paressi machen wir Halt, um die von den *Beiços de Pau* zurückgelassenen Waffen zu untersuchen; die Indianer sind von neuem in dieser Gegend gesichtet worden. Etwas weiter von dieser Stelle entfernt verbringen wir eine schlaflose Nacht in einem sumpfigen Gelände, beunruhigt von den Lagerfeuern der Indianer, deren Rauch wir kerzengerade am durchsichtigen Himmel der Trockenzeit aufsteigen sehen. Einen weiteren Tag bringen wir damit zu, die Wasserfälle zu besichtigen und in einem Dorf von Paressi-Indianern ein paar Informationen zu sammeln. Und endlich erblicken wir den Rio Papagaio, der etwa hundert Meter breit und dessen Wasser so klar ist, daß man trotz der Tiefe den felsigen Grund sehen kann. Auf der anderen Seite stehen ein paar Hütten aus Stroh oder Lehm: es ist die Telegrafenstation von Utiarity. Wir entladen den Lastwagen, schlep-

pen die Vorräte und das Gepäck auf die Fähre. Wir verabschieden uns von den Fahrern. Und am anderen Flußufer erblicken wir zwei nackte Gestalten: die Nambikwara.

XXVI An der Telegrafenlinie

Wer an der Rondon-Linie lebt, könnte meinen, er lebe auf dem Mond. Man stelle sich ein Gebiet vor so groß wie Frankreich und zu drei Vierteln unbewohnt, durch das einzig kleine Horden nomadisierender Indianer streifen, die zu den primitivsten Völkern der Welt gehören; und das von einem Ende zum anderen von einer Telegrafenlinie durchzogen wird. Die notdürftig gerodete Piste, die neben dem Kabel entlangläuft – die *picada* –, ist siebenhundert Kilometer lang die einzige Orientierungsmöglichkeit, denn abgesehen von ein paar Erkundungszügen, welche die Rondon-Kommission im Norden und Süden unternommen hatte, beginnt das Unbekannte zu beiden Seiten der *picada*, sofern deren Verlauf im Busch überhaupt zu erkennen ist. Zwar gibt es das Kabel, aber da es, kaum gelegt, bereits überflüssig war, hängt es schlaff von faulenden Masten herab, die nicht ersetzt werden, Opfer der Termiten oder der Indianer, die das charakteristische Summen der Telegrafendrähte für das Geräusch eines Stocks wilder Bienen halten. Stellenweise schleift der Draht am Boden oder ist nachlässig an einen nahen Strauch gehängt worden. So seltsam es klingen mag, die Telegrafenlinie erhöht noch die herrschende Trostlosigkeit, statt sie zu mildern.
Die völlig unberührte Landschaft ist so eintönig, daß ihre Wildheit jeden signifikanten Wert verloren hat. Sie verschließt sich dem Menschen, vergeht unter seinem Blick, statt ihn herauszufordern. Während in diesem sich endlos hinziehenden Busch die Schneise der *picada*, die krummen Silhouetten der Masten und die durchhängenden Bögen der Drähte, die sie miteinander verbinden, an unpassende, in der Einsamkeit schwebende Gegenstände erinnern, wie man sie auf den Bildern von Ives Tanguy sieht. Als Zeugen vom Aufenthalt des Menschen und von der Vergeblichkeit seines Bemühens zeigen sie deutlicher, als wenn sie nicht vorhanden wären, die äußerste Grenze, die zu überschrei-

ten er versucht hat. Der launenhafte Charakter des Unternehmens, der Mißerfolg, der ihm beschieden war, verleihen der Wüste ringsumher noch größere Beweiskraft.
Die Bevölkerung an der Linie umfaßt etwa hundert Personen: einerseits Paressi-Indianer, die einst von der Telegrafenkommission an Ort und Stelle angeheuert und von der Armee für die Arbeit an den Drähten und Apparaten angelernt worden waren (ohne daß sie deshalb aufgehört hätten, mit Pfeil und Bogen zu jagen); andererseits Brasilianer, die einst die Hoffnung in diese neuen Gegenden gelockt hatte, hier ein Eldorado oder einen neuen *Far West* zu entdecken. Eine enttäuschte Hoffnung: je weiter man ins Innere des Plateaus vordringt, desto seltener werden die „Formen" des Diamanten.
„Formen" nennt man die kleinen, besonders gefärbten oder strukturierten Steine, welche wie die Spuren eines Tiers auf das Vorhandensein von Diamanten hinweisen: „Wenn man sie findet, so heißt das, daß der Diamant hier vorbeigezogen ist." Es sind die *emburradas*, „rauhe Kiesel", *pretinhas*, „kleine Negerinnen", *amarelinhas*, „Goldfüchse", *figados-de-gallinha*, „Hühnerleber", *sangues-de-boi*, „Ochsenblut", *feijões-reluzentes*, „glänzende Bohnen", *dentes-de-cão*, „Hundezähne", *ferragens*, „Werkzeuge", und die *carbonates, lacres, fricas de ouro, faceiras, chiconas* usw.
Auf diesem steinigen Boden, der die eine Hälfte des Jahres vom Regen zerschunden wird und die andere Hälfte jeglichen Niederschlags entbehrt, wächst nichts außer dornigen, verkrümmten Sträuchern, und es gibt kein Wild. Als gestrandete Überreste einer jener Bevölkerungswellen, die in der Geschichte Zentralbrasiliens so häufig sind und die in einer großen Woge der Begeisterung eine Handvoll Abenteurer, Friedloser und Elender ins Innere des Landes spülen, um sie alsbald dort zu vergessen, von jedem Kontakt mit der zivilisierten Außenwelt abgeschnitten, passen sich diese Unglücklichen mit Hilfe persönlicher Schrullen an das einsame Leben in ihren kleinen Posten an, die jeweils aus ein paar Strohhütten bestehen und achtzig bis fünfhundert Kilometer voneinander entfernt liegen, eine Strecke, die sie nicht zu Fuß bewältigen können.
Jeden Morgen erwacht der Telegraf zu einem ephemeren Leben: man tauscht Nachrichten aus; der eine Posten hat

die Lagerfeuer feindlicher Indianer gesichtet, die sich anschicken, ihn zu zerstören; in einem anderen sind seit mehreren Tagen zwei Paressi verschwunden, auch sie Opfer der Nambikwara, deren Ruf auf der ganzen Linie bekannt ist und die sie ohne allen Zweifel „in die himmlischen Wintergefilde", *na invernada do ceu,* befördert haben. Mit makabrem Humor erzählt man sich von den im Jahre 1933 ermordeten Missionaren oder von jenem Telegrafisten, den man halb in der Erde vergraben gefunden hat, die Brust von Pfeilen durchbohrt und seinen Morsesender auf dem Kopf. Denn die Indianer üben auf die Angestellten der Linie eine morbide Faszination aus: sie sind eine tägliche Gefahr, welche die lokale Einbildungskraft ins Unermeßliche steigert, während gleichzeitig das Auftauchen der kleinen Nomadenhorden die einzige Abwechslung sowie die einzige Gelegenheit zu menschlichen Kontakten darstellt. Wenn sie sich ein- oder zweimal im Jahr bietet, fliegen die Scherze zwischen den potentiellen Mördern und den möglichen Opfern hin und her, in dem unwahrscheinlichen Jargon der Linie, der aus vierzig Wörtern halb portugiesischen, halb Nambikwara-Ursprungs besteht.

Abgesehen von diesen Zerstreuungen, die jedem der Beteiligten einen kleinen Schauer des Entsetzens den Rücken hinunterjagen, hat jeder Postenchef seinen eigenen Stil. Da gibt es den Schwärmer, dessen Frau und Kinder verhungern, weil er, wenn er sich entkleidet, um im Fluß zu baden, sich nicht enthalten kann, fünf Schüsse aus seiner Winchester abzugeben, um die Eingeborenen einzuschüchtern, die er auf beiden Ufern im Hinterhalt vermutet, jederzeit bereit, ihm die Kehle durchzuschneiden, und der auf diese Weise seine unersetzbare Munition erschöpft: dies nennt man *quebrar bala,* „die Kugel zerschlagen". Dann gibt es den Boulevardier, einen Pharmakologiestudenten, der Rio verlassen hat und nun in Gedanken fortfährt, den Largo do Ouvidor zu persiflieren; aber da er nichts mehr zu sagen hat, beschränkt sich seine Konversation auf Grimassen, Zungen- und Fingerschnalzen sowie verständnisinnige Blicke: im Stummfilm könnte man ihn noch für einen Carioca* halten. Hinzu kommt der Weise, derjenige, dem es

* Einwohner von Rio (Anm. d. Übers.).

gelungen ist, seine Familie im biologischen Gleichgewicht zu halten mit Hilfe eines Rudels von Hirschtieren, die eine nahe Quelle aufsuchen: jede Woche schießt er ein einziges Tier; der Wildbestand bleibt erhalten, der Posten ebenfalls, doch seit acht Jahren (seitdem die jährliche Versorgung der Linie durch Ochsenkarawanen allmählich zum Erliegen gekommen war) haben sie nur noch Hirsch gegessen.

Die Jesuiten, die einige Wochen vor uns angekommen waren und sich in der Nähe des Postens von Juruena, ungefähr fünfzig Kilometer von Utiarity entfernt, einrichteten, fügten dem Bild einen weiteren pittoresken Zug hinzu. Es waren drei Patres: ein Holländer, der zu Gott betete; ein Brasilianer, der sich anschickte, die Indianer zu zivilisieren; und ein Ungar, ein ehemaliger Landjunker und großer Jäger, dessen Rolle darin bestand, die Mission mit Wild zu versorgen. Kurz nach ihrer Ankunft erhielten sie den Besuch des Provinzialen, eines alten Franzosen, der mit südlichem Akzent sprach, das *r* rollte und dem Reich Ludwigs XIV. entsprungen zu sein schien; nach der Ernsthaftigkeit zu schließen, mit der er von den „Wilden" sprach – nie nannte er die Indianer anders –, hätte man meinen können, er sei zusammen mit Cartier oder Champlain irgendwo in Kanada gelandet. Kaum war er angekommen, wurde der Ungar – scheinbar aus Reue über die Verirrungen einer stürmischen Jugend in den Orden eingetreten – von einer jener Krisen gepackt, die unsere Kolonialisten „Bambuskoller" nennen. Durch die Wände der Mission hörte man ihn seinen Superior beschimpfen, der, getreu seiner Aufgabe, den Teufel austrieb, indem er viele Male das Zeichen des Kreuzes schlug und *Vade retro Satanas!* rief. Der endlich vom Dämon befreite Ungar wurde zu zwei Wochen Wasser und Brot verurteilt, zumindest symbolisch, denn in Juruena gab es kein Brot.

Die Caduveo und die Bororo sind in verschiedener Hinsicht Gesellschaften, die ich gelehrt nennen möchte; die Nambikwara dagegen stellen sich dem Beobachter als etwas dar, das er gern – jedoch zu Unrecht – als das Kindesalter der Menschheit zu bezeichnen pflegt. Wir hatten uns am Rande des Weilers niedergelassen, unter einem halb abgerissenen Hangar aus Stroh, in dem einst das Material für den Bau der Telegrafenlinie gelagert worden war. Wir befanden uns also nur wenige Meter vom Lager der Eingeborenen entfernt, das ungefähr zwanzig, auf sechs Familien verteilte Personen umfaßte. Die kleine Horde war einige Tage vor uns auf einer ihrer Wanderungen dort eingetroffen.

Das Nambikwara-Jahr teilt sich in zwei verschiedene Perioden. Während der Regenzeit, von Oktober bis März, hält sich jede Gruppe auf einer kleinen Anhöhe am Ufer eines Bachs auf; dort bauen die Eingeborenen mit Zweigen und Palmen grobe Hütten. Sie brennen ein Stück des Waldes ab, der im feuchten Grund der Täler wächst, und legen Gärten an, in denen vor allem der (süße und bittere) Maniok wächst sowie verschiedene Arten von Mais, Tabak, manchmal auch Baumwolle, Erdnüsse und Kürbisse. Die Frauen zerreiben den Maniok auf Brettern, die mit den Stacheln bestimmter Palmenarten gespickt sind, und, wenn es sich um giftige Sorten handelt, pressen den Saft auf einem Stück Baumrinde aus. Der Gartenbau liefert genügend Nahrungsmittel während eines Teils des seßhaften Lebens. Die Nambikwara bewahren sogar die Maniokrückstände auf, indem sie sie im Boden vergraben, um sie dann halb verfault nach einigen Wochen oder Monaten wieder herauszuholen.

Zu Beginn der Trockenzeit verlassen sie das Dorf, und jede Gruppe spaltet sich in mehrere Nomadenhorden auf. Sieben Monate lang streifen diese Banden durch die Savanne auf der Suche nach Wild, vor allem nach kleinen Tieren wie Larven, Spinnen, Heuschrecken, Nagetieren, Schlangen, Eidechsen, sowie nach Früchten, Körnern, Wurzeln oder wildem Honig – kurz, nach allem, was geeignet ist, sie vor dem Hungertod zu bewahren. Ihre Lager, die für einen oder mehrere Tage, zuweilen für einige Wochen aufgeschlagen werden, bestehen aus ebensovielen notdürftigen Windschirmen, wie es Familien gibt; sie werden aus Palmzweigen oder sonstigen Ästen gebaut, die im Halbkreis in den Sand gesteckt und oben miteinander verbunden sind. Im Laufe des Tages versetzt man die Zweige von der einen auf die andere Seite, so daß sich der Schutzschirm immer auf der Seite der Sonne oder, gegebenenfalls, auf der Seite des Winds oder des Regens befindet. Es ist die Zeit, da alle Mühe auf die Nahrungssuche verwendet wird. Die Frauen bewaffnen sich mit ihrem Grabstock, mit dem sie Wurzeln ausgraben und kleine Tiere erschlagen; die Männer jagen

mit großen Bogen aus Palmholz und Pfeilen, von denen es mehrere Arten gibt: die einen, die für die Vogeljagd bestimmt sind, haben eine stumpfe Spitze, damit sie nicht in den Ästen steckenbleiben; die Pfeile für den Fischfang sind länger, haben keine Fiederung und enden in drei bis fünf auseinanderstrebenden Spitzen; die vergifteten Pfeile schließlich, deren in Curare getauchte Spitze durch einen Bambusbehälter geschützt wird, sind dem mittleren Wild vorbehalten, während diejenigen für das Großwild – Jaguar oder Tapir – eine lanzenförmige Spitze haben, die aus einem großen Bambussplitter besteht und eine Blutung erzeugt, denn die Giftdosis eines einzigen Pfeils würde nicht ausreichen, das Tier zu töten.
Nach dem Glanz der Bororo-Paläste wirkt diese schmucklose Armut, in der die Nambikwara leben, geradezu erschreckend. Weder Männer noch Frauen tragen das geringste Kleidungsstück, und sowohl ihr physischer Typus als auch die Armseligkeit ihrer Kultur unterscheidet sie von den benachbarten Stämmen. Die Nambikwara sind klein: die Männer etwa einen Meter sechzig, die Frauen einen Meter fünfzig groß, und obgleich die letzteren wie viele andere südamerikanische Indianerinnen keine ausgeprägte Taille haben, sind ihre Gliedmaßen zierlicher, ihre Extremitäten kleiner und ihre Gelenke schmaler, als es allgemein der Fall ist; auch ist ihre Haut dunkler. Zwar leiden viele Eingeborene an einer Hautkrankheit, die den Körper mit violetten Flecken überzieht, aber bei den gesunden Leuten bedeckt der Sand, in dem sie sich so gerne wälzen, die Haut wie mit einem Puder und tönt sie mit einem samtenen Beige, das vor allem bei den jungen Frauen äußerst anziehend wirkt. Der Kopf ist länglich, die Gesichtszüge oft fein und scharf gezeichnet, der Blick lebhaft, die Körperhaare dichter als bei den meisten Populationen mongolischer Abstammung, die Kopfhaare selten tiefschwarz und leicht gewellt. Dieser physische Typus hatte die ersten Besucher so verwundert, daß sie zu der Annahme kamen, es handle sich um eine Vermischung mit Schwarzen, die aus den Pflanzungen zu entweichen pflegten, um in *quilombos*, Kolonien aufständischer Sklaven, Zuflucht zu suchen. Wenn aber die Nambikwara vor kürzerer Zeit schwarzes Blut erhalten hätten, dann wäre es unverständlich, daß sie alle, wie wir fest-

stellen konnten, die Blutgruppe 0 besaßen, was, wenn nicht auf einen rein indianischen Ursprung, so zumindest auf eine jahrhundertelange demographische Isolierung hindeutet. Heute erscheint uns der physische Typus der Nambikwara weniger problematisch; er erinnert an den einer sehr alten Rasse, von der in den Grotten von Lagôa Santa im Staat Minas Gerais Knochen gefunden worden sind.

Mit großem Erstaunen fand ich bei ihnen jene fast kaukasischen Gesichter wieder, die auf einigen Statuen und Reliefs der Gegend von Veracruz zu sehen sind, Kunstwerken, die man heute den ältesten Zivilisationen Mexikos zuschreibt.

Diese Ähnlichkeit wirkte um so verwirrender, als die Dürftigkeit der materiellen Kultur kaum Veranlassung gab, die Nambikwara mit den Hochkulturen Mittel- oder Nordamerikas in Verbindung zu bringen; vielmehr war man versucht, sie als Überlebende aus der Steinzeit anzusehen. Die Kleidung der Frauen beschränkte sich auf eine dünne Schnur aus Muschelperlen, die um die Taille oder um den Hals geschlungen wurde, auf Ohrringe aus Perlmutt oder Federn, Armbänder aus dem Panzer des großen Tatu und zuweilen schmale Bänder aus (von den Männern gewebter) Baumwolle oder aus Stroh, welche Oberarme und Knöchel einschnürten. Die Kleidung der Männer war noch spärlicher und bestand meist nur aus einer am Gürtel befestigten Strohquaste über den Geschlechtsteilen.

Außer Pfeilen und Bogen bestand die Bewaffnung noch aus einer Art flachem Speer, der sowohl magischen wie kriegerischen Zwecken zu dienen schien: ich selbst habe nur gesehen, daß er bei den Manipulationen verwendet wurde, die den Sturm vertreiben oder die *atasu*, die bösen Geister des Buschs, töten sollen, in welchem Fall man den Speer in die entsprechende Richtung wirft. Den Namen *atasu* geben die Eingeborenen auch den Sternen und den Ochsen, vor denen sie große Angst haben (während sie ohne weiteres die Maultiere töten und essen, obwohl sie beide Tiere zur gleichen Zeit kennengelernt haben). Auch meine Armbanduhr war ein *atasu*.

Das gesamte Hab und Gut der Nambikwara findet bequem in der Kiepe Platz, welche die Frauen während der Zeit des Nomadenlebens auf dem Rücken tragen. Diese Kiepen bestehen aus gespaltenem Bambus, der gitterartig mit sechs Halmen zusammengeflochten wird, wobei zwei Paare senkrecht und eines schräg verlaufen, so daß ein weitmaschiges Netz entsteht; nach oben zu leicht ausgeweitet, enden sie unten wie der Finger eines Handschuhs. Manchmal sind sie bis zu ein Meter fünfzig hoch, das heißt ebenso groß wie die Trägerin. Auf den Boden der Kiepe legt man einige mit Blättern bedeckte Maniokkuchen, darüber die Haushaltgeräte und Werkzeuge: Kürbisbehälter, Messer aus scharfen Bambussplittern, grob gehauene – durch Tausch erworbene – Steine oder Eisenstücke, die mit Hilfe von Wachs und Schnüren zwischen zwei einen Griff bildenden Holzleisten befestigt werden; Bohrer aus Stein oder Eisen, die an einem Stab festgemacht sind, den man zwischen den Handflächen dreht. Die Eingeborenen besitzen metallene Hacken und Äxte, die sie einst von der Rondon-Kommission erhalten haben, und ihre Steinhacken dienen fast nur noch als Ambosse, auf denen die Gegenstände aus Muscheln oder Knochen hergestellt werden; ihre Mahl- und Polierwerkzeuge sind noch immer aus Stein. Den westlichen Gruppen (bei denen ich mit meiner Untersuchung begann) ist die Töpferei unbekannt, bei den übrigen nur schwach entwickelt. Die Nambikwara haben keine Einbäume und durchschwimmen die Flüsse, wobei sie zuweilen ein Holzbündel als Boje zu Hilfe nehmen.

Diese groben Utensilien verdienen kaum den Namen von verarbeiteten Gegenständen. Die Nambikwara-Kiepe enthält vor allem das Rohmaterial, mit dem man die Gegenstände herstellt, sobald man sie benötigt: verschiedene Hölzer, insbesondere diejenigen, mit denen das Feuer durch Quirlen erzeugt wird, Wachs- oder Harzklumpen, Knäuel von Pflanzenfasern, Knochen, Tierzähne und -krallen, Fetzen von Fellen, Federn, Stachelschweinborsten, Nußschalen und Flußmuscheln, Steine, Baumwolle und Körner. All dies wirkt so formlos, daß sich der Sammler entmutigt fühlt angesichts dieser Kollektion, die weniger das Resultat menschlicher Tätigkeit als vielmehr das Werk von Riesenameisen zu sein scheint. In der Tat erinnern die Nambikwara an eine Kolonne von Ameisen, wenn sie im Gänsemarsch durch das hohe Gras wandern, die Frauen unter der Last ihrer Kiepen gebeugt wie die Ameisen zuweilen unter der ihrer Eier.

Bei den Indianern des tropischen Amerika, denen wir die Erfindung der Hängematte verdanken, ist das Fehlen dieses Gegenstandes sowie jeglicher anderen Schlaf- oder Ruhestätte ein Zeichen großer Armut. Die Nambikwara schlafen nackt auf dem Boden. Da die Nächte während der Trockenzeit kalt sind, wärmen sie sich, indem sie sich aneinanderdrängen oder immer näher ans Lagerfeuer rücken, so daß sie bei Tagesanbruch in der noch warmen Asche erwachen. Aus diesem Grunde geben ihnen die Paressi den Spitznamen *uaikaokoré*, „die auf der Erde schlafen".

Wie ich schon sagte, bestand die Horde, die wir in Utiarity und dann in Juruena trafen, aus sechs Familien: der des Häuptlings mit seinen drei Frauen und seiner halbwüchsigen Tochter sowie fünf anderen, die sich jeweils aus einem verheirateten Paar und ein oder zwei Kindern zusammensetzten. Alle waren miteinander verwandt, da die Nambikwara vorzugsweise eine Nichte, das heißt die Tochter der Schwester, oder eine von den Ethnologen so genannte „Kreuzkusine" heiraten, eine Tochter der Schwester des Vaters oder des Bruders der Mutter. Die Kusinen oder Vettern, die dieser Definition entsprechen, erhalten schon bei der Geburt einen Namen, der Gatte oder Gattin bedeutet, während die übrigen Kusinen und Vettern, das heißt die Kinder des Vaterbruders oder der Mutterschwester, welche die Ethnologen deshalb „Parallelkusinen bzw. -vettern" nennen, sich als Geschwister betrachten und einander nicht heiraten dürfen. Die Eingeborenen schienen ein sehr herzliches Verhältnis zueinander zu haben; und doch gab es auch in dieser kleinen Gruppe – dreiundzwanzig Personen einschließlich der Kinder – Schwierigkeiten: ein junger Witwer hatte sich mit einem ziemlich eitlen Mädchen wiederverheiratet, das sich weigerte, für die Kinder aus der ersten Ehe ihres Mannes zu sorgen – zwei kleine Mädchen im Alter von etwa sechs und zwei Jahren. Obwohl sich die Ältere wie eine Mutter um die kleine Schwester kümmerte, machte dieses Kind einen sehr verwahrlosten Eindruck. Es wurde von Familie zu Familie weitergereicht, und nicht gerade mit Begeisterung. Die Erwachsenen hätten es gerne gesehen, wenn ich es adoptiert hätte; aber die Kinder vertraten eine andere Lösung, die sie für sehr komisch hielten: sie brachten mir das Mädchen, das kaum laufen konnte, und

forderten mich durch unzweideutige Gesten auf, es zur Frau zu nehmen.
Eine andere Familie bestand aus den schon betagten Eltern und ihrer schwangeren Tochter, die zu ihnen zurückgekehrt war, nachdem ihr Gatte (der in diesem Augenblick abwesend war) sie verlassen hatte. Schließlich war ein junges Paar, da die Frau noch ihr Kind stillte, von den unter solchen Umständen üblichen Verboten betroffen. Beide waren nicht nur entsetzlich schmutzig, weil sie nicht im Fluß baden durften, sondern auch abgemagert, da ihnen die meisten Nahrungsmittel untersagt waren, und zur Untätigkeit verurteilt, weil die Eltern eines noch nicht entwöhnten Kindes nicht am kollektiven Leben teilnehmen dürfen. Der Mann ging manchmal auf die Jagd oder sammelte allein wilde Früchte; die Frau erhielt ihre Nahrung von ihm oder von ihren Eltern.
So einfach es die Nambikwara dem Ethnographen auch machten – sowohl seine Anwesenheit wie sein Notizbuch und sein Fotoapparat ließen sie gleichgültig –, gestaltete sich die Arbeit aus sprachlichen Gründen recht schwierig. Zunächst ist bei ihnen die Verwendung der Eigennamen verboten; um die Personen zu identifizieren, mußte man sich also den Gepflogenheiten der Leute von der Telegrafenlinie anpassen, das heißt mit den Eingeborenen über entlehnte Namen verhandeln, mit denen wir sie bezeichnen sollten: entweder mit portugiesischen Namen wie Julio, José-Maria, Luiza, oder mit Spitznamen: *Lebre* (Hase), *Açúcar* (Zucker). Ich habe sogar einen Eingeborenen kennengelernt, dem Rondon oder einer seiner Gefährten den Namen Cavaignac gegeben hatte, da er einen kleinen Kinnbart trug, was bei den Indianern äußerst selten ist.
Als ich eines Tages mit einer Gruppe von Kindern spielte, wurde eines der kleinen Mädchen von einer Gefährtin geschlagen; es flüchtete sich zu mir und flüsterte mir geheimnisvoll etwas ins Ohr, das ich nicht verstand und mir mehrmals wiederholen ließ, so daß die Gegnerin das Treiben entdeckte und, offensichtlich wütend, herbeilief, um mir ihrerseits etwas zu verraten, das allem Anschein nach ein feierliches Geheimnis war. Nach einigen Bedenken und Fragen konnte es an der Bedeutung des Zwischenfalls keinen Zweifel mehr geben: das erste Mädchen hatte mir, um sich

zu rächen, den Namen seiner Feindin verraten, und als diese es bemerkte, verriet sie mir nun ihrerseits den Namen des anderen Mädchens. Von nun an war es mir ein leichtes, die Kinder gegeneinander aufzubringen – ich gebe zu, auf etwas skrupellose Weise – und alle ihre Namen zu erfahren. Und nachdem zwischen uns eine Art Komplizenschaft entstanden war, erfuhr ich ohne große Mühe auch die Namen der Erwachsenen. Doch als diese die Bedeutung unserer heimlichen Zusammenkünfte begriffen, wurden die Kinder gerügt, und meine Informationsquelle versiegte.
Außerdem umfaßt die Nambikwara-Sprache mehrere Dialekte, die alle unbekannt sind. Sie unterscheiden sich durch die Endung der Substantive und durch bestimmte Verbformen. An der Telegrafenlinie bedient man sich einer Art *pidgin*, das mir nur an Anfang nützlich war. Unterstützt vom guten Willen und der geistigen Beweglichkeit der Eingeborenen lernte ich also notdürftig ein bißchen Nambikwara. Zum Glück besitzt die Sprache magische Wörter – *kititu* im östlichen Dialekt, *dige, dage* oder *tchore* anderswo –, die nur an die Substantive angehängt zu werden brauchen, um sie in Verben zu verwandeln, die, wenn nötig, mit einem Verneinungspartikel ergänzt werden. Mit dieser Methode kann man alles ausdrücken, auch wenn dieses „Basic"-Nambikwara natürlich für subtilere Gedanken nicht ausreicht. Die Eingeborenen wissen dies sehr genau, denn sie bedienen sich desselben Verfahrens, wenn sie versuchen, portugiesisch zu sprechen; so bedeuten „Ohr" und „Auge" hören – oder verstehen – bzw. sehen, und die gegenteiligen Begriffe übersetzen sie mit *orelha acabô* oder *olho acabô*, „Ohr, ich höre auf", oder „Auge, ich höre auf".
Der Klang der Nambikwara-Sprache ist etwas dumpf, so als würde sie aspiriert oder geflüstert. Die Frauen betonen dies gern noch, indem sie bestimmte Wörter deformieren (so wird *kititu* in ihrem Mund zu *kediutsu*); und dadurch, daß sie mit den Lippen artikulieren, entsteht eine Art Stammeln, das an die Aussprache von Kindern erinnert. Dieser manierierten und preziösen Sprache sind sie sich durchaus bewußt: wenn ich sie nicht verstehe und sie bitte, das Gesagte zu wiederholen, übertreiben sie schalkhaft diesen Stil. Entmutigt gebe ich auf; sie brechen in schallendes Gelächter aus und machen sich über mich lustig: sie haben gewonnen.

Ich bemerkte bald, daß die Nambikwara außer dem Verbsuffix noch etwa zehn andere gebrauchen, welche die Wesen und Dinge in ebenso viele Kategorien einteilen: Kopfhaare, Körperhaare und Federn; spitze Gegenstände und Öffnungen; längliche Körper: entweder feste oder elastische; Früchte, Körner, runde Gegenstände; Dinge, die hängen oder zittern; aufgeblähte oder mit Flüssigkeit gefüllte Körper; Baumrinden, Leder und andere Verkleidungen, usw. Diese Beobachtung veranlaßte mich, den Vergleich mit einer Sprachfamilie aus Mittelamerika und dem Nordwesten von Südamerika zu ziehen: mit dem Chibcha, der Sprache einer großen Kultur des heutigen Kolumbien, die eine Mittelstellung zwischen denen von Mexiko und Peru einnahm und von der das Nambikwara vielleicht ein südlicher Zweig ist.* Ein weiterer Grund, dem Schein zu mißtrauen. Trotz ihrer Armseligkeit ist es fraglich, ob Eingeborene, deren physischer Typus an die ältesten Bewohner Mexikos und deren sprachliche Struktur an das Königreich Chibcha erinnert, tatsächlich echte Primitive sind. Eine Vergangenheit, von der wir bislang noch nichts wissen, und die Kargheit ihrer heutigen geographischen Umwelt werden vielleicht eines Tages das Schicksal dieser verlorenen Söhne erklären, denen die Geschichte das gemästete Kalb versagt hat.

XXVII Familienleben

Die Nambikwara stehen bei Tagesanbruch auf, schüren das Feuer, wärmen sich, so gut es geht, von der Kälte der Nacht und essen dann ein wenig von den Resten der Abendmahlzeit. Etwas später gehen die Männer in Gruppen oder einzeln auf die Jagd. Die Frauen bleiben im Lager und kümmern sich um die Küche. Bei Sonnenaufgang wird das erste Bad genommen. Frauen und Kinder baden aus Spielerei oft zusammen, und manchmal wird ein Feuer gemacht, um das sie sich kauern, um sich zu wärmen, wenn sie aus dem Was-

* Aber diese Aufteilung in Wesen und Dinge gibt es noch in so vielen anderen amerikanischen Sprachen, daß mich der Vergleich mit dem Chibcha heute nicht mehr so stark überzeugt wie in der Vergangenheit.

ser kommen, wobei sie das natürliche Zittern scherzhaft übertreiben. Im Verlauf des Tages wird noch oft gebadet. Die täglichen Verrichtungen wechseln kaum. Die Zubereitung der Mahlzeiten nimmt die meiste Zeit und Mühe in Anspruch: man muß den Maniok reiben und pressen, das Mark trocknen und kochen, oder die *cumara*-Nüsse, die nach bitteren Mandeln schmecken und mit denen fast alle Speisen gewürzt werden, schälen und kochen. Wenn ein Bedürfnis danach besteht, brechen die Frauen und Kinder auf, um Früchte und Wurzeln zu sammeln. Reichen die Vorräte jedoch aus, dann spinnen die Frauen, auf dem Boden kauernd oder kniend: das Hinterteil auf den Fersen. Oder sie schneiden und polieren Perlen aus Muscheln oder Nußschalen und fädeln sie zu Ohrringen, Ketten oder anderem Schmuck auf. Wird ihnen die Arbeit langweilig, dann zupfen sie sich gegenseitig die Körperhaare aus, schlendern umher oder schlafen.

Während der heißesten Stunden ist es still im Lager; die Bewohner, schweigsam oder schlafend, genießen den kargen Schatten der Windschirme. In der übrigen Zeit sind die Tätigkeiten stets von Gesprächen begleitet. Fast immer vergnügt und zum Lachen bereit, rufen die Eingeborenen sich Späße zu, manchmal auch obszöne oder schmutzige Bemerkungen, die von Lachsalven begrüßt werden. Oft wird die Arbeit von Besuchen oder Fragen unterbrochen; wenn zwei Hunde oder zwei vertraute Vögel kopulieren, hält jedermann inne und folgt dem Ereignis mit gespannter Aufmerksamkeit; und nachdem einige Bemerkungen über diesen Vorfall ausgetauscht sind, macht man sich wieder an die Arbeit.

Die Kinder faulenzen den größten Teil des Tages; manchmal gehen die Mädchen denselben Arbeiten nach wie die älteren Frauen, und die Knaben fischen in den Bächen. Die im Lager gebliebenen Männer verrichten Flechtarbeiten, stellen Pfeile und Musikinstrumente her und erledigen zuweilen auch kleine Hausarbeiten. In den Haushalten herrscht im allgemeinen Eintracht. Gegen drei oder vier Uhr kommen die anderen Männer von der Jagd zurück, im Lager wird es lebendig, die Gespräche werden lebhafter, und es bilden sich Gruppen, die sich nicht mit den Familiengruppen decken. Man ißt kleine Kuchen aus Maniok oder was man sonst während des Tages gefunden hat. Bei Einbruch der Dunkelheit gehen ein paar Frauen, die täglich dazu bestimmt werden, in den Busch, um das für die Nacht nötige Holz zu sammeln oder abzuschlagen. In der Dämmerung kann man ihre Rückkehr nur ahnen, schwankend unter der Bürde, die das Trageband spannt. Um ihre Last abzustellen, kauern sie sich nieder und beugen sich ein wenig nach hinten, bis ihre Bambuskiepe auf der Erde steht, um dann das Trageband von der Stirn zu streifen.

In einer Ecke des Lagers werden die Zweige gestapelt, und jeder holt sich davon, so viel er braucht. Die Familiengruppen finden sich wieder, um ihr jeweiliges Feuer versammelt, das langsam zu brennen beginnt. Der Abend vergeht mit Gesprächen oder mit Gesängen und Tänzen. Zuweilen dauern diese Vergnügungen bis spät in die Nacht, aber im allgemeinen, nach einigen Zärtlichkeiten und freundschaftlichen Kämpfen, drängen sich die Paare enger zusammen, die Mütter drücken ihr eingeschlafenes Kind an sich, alles wird still, und in der kalten Nacht ist nichts mehr zu hören als das Knacken eines Holzscheits, der leise Schritt eines Kupplers, das Bellen der Hunde oder das Weinen eines Kindes.

Die Nambikwara haben wenig Kinder: wie ich später feststellte, gibt es viele kinderlose Ehepaare, ein oder zwei Kinder scheinen die Regel zu sein, und nur ausnahmsweise findet man mehr als drei Kinder in einem Haushalt. Die sexuellen Beziehungen zwischen den Eltern sind so lange verboten, bis das letztgeborene Kind entwöhnt ist, das heißt oft bis zu dessen drittem Lebensjahr. Die Mutter trägt ihr Kind rittlings auf dem Schenkel in einem Tuch aus Rinde oder Baumwolle; neben ihrer Kiepe kann sie unmöglich noch ein zweites Kind schleppen. Die Anforderungen des Nomadenlebens und die Armut ihrer Umwelt zwingen die Eingeborenen zu großer Vorsicht; wenn nötig, zögern die Frauen nicht, mechanische Mittel oder medizinische Pflanzen zu Hilfe zu nehmen, um das Kind abzutreiben.

Trotzdem zeigen die Eingeborenen eine lebhafte Zuneigung zu ihren Kindern, die diese erwidern. Doch sind die Gefühle manchmal von Gereiztheit und Fahrigkeit verdeckt. Ein kleiner Junge leidet an Verdauungsstörungen; er hat Kopfschmerzen, erbricht sich und stöhnt, sofern er nicht schläft. Niemand schenkt ihm die geringste Aufmerksamkeit, man läßt ihn einen ganzen Tag lang allein. Am Abend kommt dann die Mutter zu ihm, entlaust ihn sorgfältig, während er schläft, bedeutet den anderen, nicht näher zu kommen, und bereitet ihm in ihren Armen eine Wiege.

Oder eine junge Mutter spielt mit ihrem Säugling, indem sie ihn sanft auf den Rücken schlägt; das Kind lacht, und sie ereifert sich so sehr bei dem Spiel, daß sie immer fester zuschlägt, bis es zu schreien anfängt. Dann hört sie auf und tröstet es.

Ich habe gesehen, wie das kleine Waisenmädchen, von dem ich schon gesprochen habe, während eines Tanzes buchstäblich mit Füßen getreten wurde; in der allgemeinen Erregung war es hingefallen, ohne daß irgend jemand darauf geachtet hätte.

Wenn den Kindern etwas nicht paßt, schlagen sie ihre Mutter, ohne daß diese sich zur Wehr setzt. Die Kinder werden nicht bestraft, und ich habe niemals gesehen, daß eines geschlagen wurde oder daß sich die Hand erhoben hätte, es sei denn zum Scherz. Manchmal weint ein Kind, weil es sich wehgetan, sich gezankt oder weil es Hunger hat oder weil es sich nicht entlausen lassen will. Doch das letztere kommt selten vor: die Entlausung scheint sowohl dem kleinen Patienten wie der Mutter Spaß zu machen; außerdem gilt sie als ein Zeichen von Interesse und Zuneigung. Will sich das Kind – oder der Gatte – entlausen lassen, legen sie den Kopf auf die Knie der Frau und zeigen ihr nacheinander beide Schläfen. Die Frau teilt die Haare in Scheitel oder hebt einzelne Strähnen hoch, um hindurchzuschauen. Die gefangene Laus wird sofort zerquetscht. Ein weinendes Kind wird von einem Mitglied der Familie oder von einem älteren Kind getröstet.

So vermittelt der Anblick einer Mutter mit ihrem Kind den Eindruck von Frische und Fröhlichkeit. Durch die Strohwand der Hütte hält die Mutter dem Kind irgendeinen Gegenstand hin und zieht ihn in dem Augenblick wieder zurück, da es glaubt, ihn zu packen: „Nimm ihn vorn! Nimm ihn hinten!“ Oder sie packt das Kind und tut so, als wolle sie es auf die Erde werfen, unter schallendem Gelächter: *amdam nom tebu,* „ich werde dich fallen lassen!“; *nibui,* antwortet das Kind mit schriller Stimme, „ich will nicht!“

Umgekehrt umsorgen die Kinder ihre Mutter mit unruhiger und anspruchsvoller Zärtlichkeit; sie wachen darüber, daß sie ihren Anteil an der Jagdbeute erhält. Das Kind lebt zunächst in der Nähe seiner Mutter. Auf den Wanderungen trägt sie es so lange, bis es laufen kann; später geht es neben ihr her. Es bleibt mit ihr im Lager oder im Dorf, während der Vater auf die Jagd geht. Doch nach einigen Jahren wird zwischen den Geschlechtern unterschieden. Ein Vater zeigt mehr Interesse für seinen Sohn, dem er die männlichen Techniken beibringen muß; dasselbe gilt für die Beziehungen zwischen Mutter und Tochter. Aber die Beziehungen des Vaters zu seinen Kindern sind von Zärtlichkeit und Fürsorge geprägt. Der Vater trägt sein Kind auf den Schultern spazieren; er fertigt Waffen an, die der kleine Arm handhaben kann.

Es ist auch der Vater, der den Kindern die traditionellen Mythen erzählt, in einem Stil, den die Kleinen verstehen können: „Alle waren tot! Es gab niemand mehr auf der Welt! Keinen Menschen! Nichts mehr!“ So beginnt die für Kinder bestimmte Version der südamerikanischen Legende von der Sintflut, welche die erste Menschheit vernichtete.

Bei polygamen Ehen bestehen besondere Beziehungen zwischen den Kindern aus erster Ehe und ihren jungen Stiefmüttern. Diese, wie auch alle anderen Mädchen der Gruppe, leben mit ihnen in größter Kameradschaftlichkeit. So klein die Gruppe auch ist, so läßt sich doch deutlich eine Gesellschaft von jungen Mädchen und Frauen erkennen, die gemeinsam im Fluß baden, zusammen in den Busch gehen, um ihre natürlichen Bedürfnisse zu verrichten, gemeinsam rauchen, scherzen und etwas zweifelhafte Spiele treiben, wie zum Beispiel sich gegenseitig ins Gesicht zu spucken. Diese Beziehungen sind eng und sehr geschätzt, entbehren aber jener Artigkeit, wie sie Knaben in unserer Gesellschaft zuweilen an den Tag legen. Selten sind sie mit Dienstleistungen oder Aufmerksamkeiten verbunden, haben jedoch eine merkwürdige Folge: die Mädchen werden schneller unabhängig als die Knaben. Sie folgen den jungen Frauen und nehmen an deren Tätigkeiten teil, während die sich selbst überlassenen Knaben schüchtern versuchen, ähnliche Gruppen zu bilden, jedoch ohne großen Erfolg,

und es daher vorziehen, zumindest in den ersten Jahren der Kindheit, in der Nähe der Mutter zu bleiben.
Die kleinen Nambikwara kennen keine Spiele. Manchmal stellen sie Gegenstände aus zusammengerolltem oder geflochtenem Stroh her, doch ihre einzige Zerstreuung sind die Kämpfe oder die Streiche, die sie sich gegenseitig spielen, und ihr Leben entspricht genau dem der Erwachsenen. Die kleinen Mädchen lernen spinnen, schlendern umher, lachen und schlafen; die Knaben beginnen später (mit acht oder zehn Jahren), mit kleinen Bogen oder Pfeilen zu schießen und sich in den männlichen Tätigkeiten zu üben. Doch die einen wie die anderen sind sich schon früh des grundlegenden und zuweilen tragischen Problems des Nambikwara-Lebens bewußt, nämlich des Problems der Nahrung und der aktiven Rolle, die man von ihnen erwartet. Mit großer Begeisterung nehmen sie an den Sammelexpeditionen teil. In Zeiten der Not sieht man sie oft in der Nähe des Lagers nach Nahrung suchen, Wurzeln ausgraben oder auf Zehenspitzen durch das Gras laufen, einen großen entblätterten Zweig in der Hand, um Heuschrecken zu erschlagen. Die Mädchen wissen, welcher Teil den Frauen im ökonomischen Leben des Stammes zukommt, und sind begierig, sich seiner würdig zu erweisen.
So treffe ich einmal ein kleines Mädchen, das in dem Tragetuch, das seine Mutter gewöhnlich für seine kleine Schwester benutzt, zärtlich einen jungen Hund herumträgt, und ich frage: „Hast du deinen kleinen Hund lieb?", und es antwortet mir ernsthaft: „Wenn ich groß bin, werde ich die Wildschweine und die Affen erschlagen; ich werde sie erschlagen, wenn er bellt."
Im übrigen hat die Kleine einen grammatischen Fehler gemacht, auf den ihr Vater lachend hinweist: sie hätte *tilondage* sagen müssen statt dem männlichen *ihondage*, das sie verwendet hat („wenn ich groß bin"). Der Irrtum ist interessant, weil er den weiblichen Wunsch verrät, die besonderen ökonomischen Tätigkeiten ihres Geschlechts auf die Ebene derjenigen zu erheben, die das Privileg der Männer sind. Da der von dem kleinen Mädchen verwendete Ausdruck wörtlich bedeutet: „töten mit einer Keule oder mit einem Stock" (hier dem Grabstock), scheint es, als ob das Mädchen unbewußt versucht, die weibliche Arbeit des Sammelns (die

sich auf kleine Tiere beschränkt) mit der männlichen, Pfeil und Bogen erfordernden Jagd gleichzusetzen.

Besondere Beziehungen bestehen zwischen jenen Kindern, die in dem oben beschriebenen Vetternverhältnis stehen und sich gegenseitig „Gatte" und „Gattin" nennen. Manchmal benehmen sie sich wie wirkliche Ehegatten, verlassen am Abend den Familienherd und tragen Zweige in eine Ecke des Lagers, um dort ihr eigenes Feuer anzuzünden. Dann legen sie sich nieder und geben sich, im Rahmen ihrer Möglichkeiten, denselben Zärtlichkeiten hin wie ihre Eltern; die Erwachsenen betrachten die Szene mit amüsierten Blicken.

Ich kann mich von den Kindern nicht trennen, ohne ein Wort über die Haustiere zu sagen, mit denen die Eingeborenen in engstem Kontakt leben und die auch wie Kinder behandelt werden: sie nehmen an den Mahlzeiten teil, erhalten dieselben Beweise von Zärtlichkeit und Interesse – Entlausung, Spiele, Gespräche, Liebkosungen – wie die Menschen. Die Nambikwara haben viele Haustiere: in erster Linie Hunde, dann Hähne und Hühner, Nachkommen jener Tiere, welche die Rondon-Kommission in der Gegend eingeführt hat; Affen, Papageien, die verschiedenartigsten Vögel und gelegentlich Wildschweine und Wildkatzen oder Coatis. Einzig der Hund scheint bei den Frauen eine nützliche Rolle zu spielen, nämlich bei der Jagd mit dem Grabstock; die Männer dagegen verwenden ihn niemals bei der Jagd mit Pfeil und Bogen. Die anderen Tiere werden nur zum Vergnügen aufgezogen. Man ißt sie nicht und verzehrt auch nicht die Eier, welche die Hühner mit Vorliebe im Busch legen. Dagegen zögert man nicht, einen jungen Vogel zu verspeisen, der nach einem Akklimatisierungsversuch stirbt.

Auf den Wanderungen wird die gesamte Menagerie, mit Ausnahme der Tiere, die laufen können, zusammen mit dem anderen Gepäck mitgeschleppt. Die Affen klammern sich an den Haaren der Frauen fest und schmücken sie mit einer anmutigen, lebenden Mütze, verlängert durch den Schwanz, der sich um den Hals der Trägerin ringelt. Die Papageien und Hühner hocken auf dem oberen Rand der Kiepen, andere Tiere werden auf den Armen getragen. Kein Tier erhält reichliche Nahrung, aber selbst in Zeiten der

Not bekommt es seinen Anteil. Dafür sorgen sie in der Gruppe für Zerstreuung und Erheiterung.
Wenden wir uns nun den Erwachsenen zu. Die Einstellung der Nambikwara zu den Dingen der Liebe läßt sich auf ihre Formel *tamindige mondage* bringen, die wörtlich übersetzt bedeutet: „Liebe machen ist gut." Ich habe bereits auf die erotische Atmosphäre hingewiesen, die das tägliche Leben durchdringt. Alle Liebesangelegenheiten erregen das Interesse und die Neugier der Eingeborenen in höchstem Maße; begierig lauscht man Gesprächen über diese Dinge, und die im Lager ausgetauschten Bemerkungen sind voller Anspielungen und Zweideutigkeiten. Die sexuellen Beziehungen finden meist in der Nacht statt, zuweilen in der Nähe des Lagerfeuers; meist aber entfernen sich die Partner in den angrenzenden Busch. Dieses Verschwinden wird sofort bemerkt und gibt den Umstehenden Anlaß zu lärmender Freude; Kommentare und Scherze werden laut, und sogar die kleinen Kinder teilen die allgemeine Erregung, deren Ursache sie sehr gut kennen. Zuweilen verfolgt eine kleine Schar von Männern, jungen Frauen und Kindern das Paar: sie versuchen, durch die Zweige hindurch Einzelheiten zu erspähen und flüstern miteinander, das Lachen unterdrükkend. Die Protagonisten schätzen dieses Treiben keineswegs, tun jedoch besser daran, es hinzunehmen, ebenso wie die Neckereien und Späße, die sie bei ihrer Rückkehr ins Lager empfangen. Es kommt auch vor, daß ein zweites Paar ihrem Beispiel folgt und die Einsamkeit des Busches sucht. Dennoch sind diese Gelegenheiten selten, und die Verbote, die sie einschränken, erklären diesen Sachverhalt nur zum Teil. Die wirkliche Ursache scheint eher im Temperament der Indianer zu liegen. Im Verlauf der Liebesspiele, denen sich die verschiedenen Paare so gern und öffentlich hingeben und die oft sehr weit gehen, habe ich niemals die geringste Erektion beobachtet. Das gesuchte Vergnügen scheint weniger physischer als vielmehr spielerischer und sentimentaler Art zu sein. Vielleicht tragen die Nambikwara aus diesem Grund keinen Penisbeutel, wie es fast alle anderen Völker Zentralbrasiliens tun. Es ist nämlich wahrscheinlich, daß dieser Beutel die Funktion hat, wo nicht die Erektion zu verhindern, so doch die friedlichen Absichten des Trägers hervorzuheben. Auch Völker, die völlig nackt

leben, kennen das, was wir Schamgefühl nennen; sie verschieben nur dessen Grenze. Bei den Indianern Brasiliens wie in bestimmten Gegenden von Melanesien scheint diese nicht zwischen zwei Graden der Körperentblößung, sondern eher zwischen Ruhe und Bewegung zu verlaufen.
Freilich konnten diese Unterschiede zu Mißverständnissen zwischen uns und den Indianern führen, für die keiner der beiden Teile verantwortlich war. So fiel es schwer, beim Anblick von ein oder zwei hübschen Mädchen gleichgültig zu bleiben, die sich splitternackt und kichernd zu unseren Füßen im Sand wälzten. Wenn ich zum Fluß ging, um zu baden, verwirrte mich oft der Überfall von einem halben Dutzend junger oder alter Personen, die jedoch nichts anderes im Sinn hatten, als mir meine Seife zu entreißen, in die sie vernarrt waren. Diese Ungezwungenheit erstreckte sich auf alle Dinge des täglichen Lebens; nicht selten mußte ich mit einer rot verschmierten Hängematte vorliebnehmen, in der eine mit Urucu bemalte Eingeborene ihren Mittagsschlaf gehalten hatte; und wenn ich inmitten eines Kreises von Informanten auf dem Boden sitzend arbeitete, spürte ich zuweilen eine Hand, die an einem Zipfel meines Hemds zerrte: es war eine Frau, die es bequemer fand, damit ihre Nase zu putzen, als den kleinen, wie eine Pinzette gebogenen Zweig aufzulesen, der normalerweise diesem Zweck dient.
Um die Haltung beider Geschlechter zueinander richtig zu verstehen, ist es unabdingbar, sich den grundlegenden Charakter zu vergegenwärtigen, der dem *Paar* bei den Nambikwara zukommt. Dieses ist die ökonomische und soziologische Einheit schlechthin. In diesen Nomadenhorden, die sich unablässig neu bilden und wieder auflösen, erscheint das Paar als die einzige stabile Wirklichkeit (zumindest theoretisch); nur das Paar ermöglicht es, für das Überleben der Gruppenmitglieder zu sorgen. Die Nambikwara haben eine doppelte Wirtschaft: sie sind Jäger und Gärtner einerseits, Sammler andererseits. Die erste Aufgabe fällt den Männern, die zweite den Frauen zu. Während die Gruppe der Männer mit Pfeil und Bogen einen ganzen Tag lang auf der Jagd verbringt oder während der Regenzeit in den Gärten arbeitet, durchstreifen die Frauen, mit dem Grabstock bewaffnet, in Begleitung der Kinder die Savanne und sam-

meln, fangen oder töten alles, was ihnen über den Weg läuft und der Nahrung dienen kann: Körner, Früchte, Beeren, Wurzeln, Knollen, kleine Tiere aller Art. Am Ende des Tages findet sich das Paar wieder am Feuer zusammen. Wenn der Maniok reif ist, bringt der Mann, so lange der Vorrat reicht, ein Bündel Wurzeln heim, welche die Frau reibt und auspreßt, um daraus kleine Kuchen zu backen, und wenn die Jagd erfolgreich gewesen ist, wird das Wild schnell in der heißen Asche des Familienfeuers gebraten. Doch während der sieben trockenen Monate des Jahres gibt es nur wenig Maniok; und was die Jagd betrifft, so ist sie reine Glückssache in diesen unfruchtbaren Gegenden, in denen das magere Wild kaum die schattigen Weideplätze der Quellen verläßt, die weit auseinanderliegen und durch lange Strecken von halbwüstem Buschland getrennt sind. Deshalb ist die Familie auf die weibliche Arbeit des Sammelns angewiesen.

Oft habe ich an diesen diabolischen Puppenmahlzeiten teilgenommen, die für die Nambikwara während der einen Hälfte des Jahres die einzige Hoffnung bilden, nicht Hungers zu sterben. Wenn der Mann schweigsam und müde ins Lager zurückkehrt und seinen unbenutzten Bogen und seine Pfeile auf die Erde wirft, zieht die Frau aus ihrer Kiepe rührende Schätze hervor: ein paar orangefarbene Früchte der *buruti*-Palme, zwei fette giftige Krebsspinnen, winzige Eidechseneier sowie ein paar Exemplare dieses Tiers; eine Fledermaus, kleine Nüsse der *bacaiuva*- oder *uaguassu*-Palme, eine Handvoll Heuschrecken. Die Früchte, die Mark haben, werden mit der Hand in einem mit Wasser gefüllten Kürbisbehälter gepreßt, die Nüsse mit Steinen aufgebrochen, die Tiere und Larven bunt durcheinander in die Asche gelegt, und vergnügt verschlingen sie dieses Mahl, das nicht einmal ausreichen würde, den Hunger eines einzigen Weißen zu stillen, hier jedoch eine ganze Familie ernährt.

Die Nambikwara haben nur ein Wort für *hübsch* und *jung*, ein anderes für *alt* und *häßlich*. Ihr ästhetisches Urteil beruht also im wesentlichen auf menschlichen, vor allem auf sexuellen Werten. Aber das Interesse, das die Geschlechter aneinander haben, ist sehr komplexer Natur. Die Männer beurteilen die Frauen global, etwas anders als sich selbst; je nachdem behandeln sie sie mit Begierde, Bewunderung oder Zärtlichkeit; die oben erwähnte Vermischung der Begriffe ist schon an sich eine Art Ehrenbezeugung. Trotzdem und obwohl die sexuelle Arbeitsteilung den Frauen eine entscheidende Rolle zuweist (da das Überleben der Familie weitgehend von der weiblichen Arbeit des Sammelns abhängt), gilt ihre Tätigkeit doch als minderwertig; das ideale Leben wird nach dem Muster der landwirtschaftlichen Produktion oder der Jagd begriffen: viel Maniok und große Stücke Wild zu haben, ist ein ständig gehegter, obwohl selten verwirklichter Traum. Während die auf abenteuerliche Weise gesammelte Nahrung als das tägliche Elend betrachtet wird – was sie ja tatsächlich ist. In der Nambikwara-Folklore entspricht der Ausdruck „Heuschrecken essen", womit man die kindliche und weibliche Ernte bezeichnet, dem französischen Ausdruck *manger de la vache enragée,* „viel durchmachen". Gleichzeitig wird die Frau als ein sehr kostbares, wenn auch zweitrangiges Gut betrachtet. Unter Männern ist es üblich, von den Frauen mit einem mitleidigen Wohlwollen zu sprechen und sie mit spöttischer Herablassung und Nachsicht zu behandeln. Einige Redewendungen tauchen immer wieder im Mund der Männer auf: „Die Kinder wissen es nicht, ich weiß es, die Frauen wissen es nicht", und von der Gruppe der *doçu*, der Frauen, ihren Späßen und ihren Gesprächen spricht man mit einer Mischung aus Zärtlichkeit und Spott. Doch ist dies nur eine soziale Attitüde. Wenn der Mann am Lagerfeuer mit seiner Frau allein ist, hört er sich ihre Klagen an, merkt sich ihre Bitten und verlangt ihre Mithilfe bei vielen Arbeiten; die männliche Prahlerei verschwindet angesichts der Zusammenarbeit zweier Partner, die sich gegenseitig ihres Werts bewußt sind.

Diese Zwiespältigkeit der männlichen Haltung gegenüber den Frauen hat ihre genaue Entsprechung im ebenfalls ambivalenten Verhalten der Gruppe der Frauen. Die Frauen verstehen sich als Kollektivität und bringen dies in verschiedener Weise zum Ausdruck; wir sahen bereits, daß sie anders sprechen als die Männer. Dies gilt vor allem für die jungen Frauen, die noch keine Kinder haben, sowie für die Konkubinen. Die Mütter und die älteren Frauen betonen diesen Unterschied weit weniger, obwohl er gelegentlich auch bei ihnen anzutreffen ist. Außerdem halten sich die jungen Frauen gern in Gesellschaft der Kinder und Heranwachsenden auf, spielen und scherzen mit ihnen; und es sind auch die Frauen, die sich in jener menschlichen Art und Weise um die Tiere kümmern, die bei vielen südamerikanischen Indianern zu beobachten ist. All dies trägt dazu bei, innerhalb der Gruppe eine besondere Atmosphäre der Frauen zu schaffen, eine sowohl kindliche wie vergnügte, manierierte wie provozierende Atmosphäre, der sich die Männer anschließen, wenn sie von der Jagd oder aus dem Garten heimkehren.

Doch zeigt sich eine völlig andere Haltung bei den Frauen, wenn sie eine der besonderen Tätigkeiten zu verrichten haben, die ihnen vorbehalten sind. Mit Geschick und Geduld widmen sie sich ihren handwerklichen Arbeiten, schweigsam sitzen sie im Kreis und kehren einander den Rücken zu; auf den Wanderungen tragen sie behutsam die schwere Kiepe, welche die Vorräte und Reichtümer der ganzen Familie sowie ein Bündel Pfeile enthält, während der Gatte mit einem Bogen und einem oder zwei Pfeilen, dem Holzspeer oder dem Grabstock an der Spitze des Zuges marschiert und nach einem fliehenden Tier oder nach einem Früchte tragenden Baum Ausschau hält. Und so sieht man diese Frauen, das Tragband um die Stirn, den Rücken gebeugt, unter der schmalen Kiepe in Form einer umgestürzten Glocke, kilometerlange Märsche zurücklegen, immer im gleichen typischen Schritt: mit zusammengepreßten Schenkeln und Knien, nach außen gedrehten Knöcheln und nach innen gekehrten Füßen stützen sie sich auf die äußere Kante des Fußes und schaukeln mit den Hüften – mutig, energisch und fröhlich.

Dieser Gegensatz zwischen den psychologischen Haltungen und den ökonomischen Funktionen spiegelt sich auf philosophischer und religiöser Ebene wider. Für die Nambikwara verweisen die Beziehungen zwischen Mann und Frau auf die zwei Pole, um die ihr Leben kreist: einerseits das seßhafte, landwirtschaftliche Leben, das auf der doppelten Tätigkeit des Mannes beruht, dem Bau der Hütten und dem Gartenbau; andererseits die Periode des Nomadenlebens, in der das Überleben hauptsächlich von der Sammeltätigkeit der Frau abhängt; wobei das eine Sicherheit und alimentäre Euphorie, das andere Abenteuer und Hungersnot bedeutet. Auf diese beiden Existenzformen, der des Winters und der des Sommers, reagieren die Nambikwara auf sehr unterschiedliche Weise. Von der ersten sprechen sie mit der Melancholie, die einer bewußten und zugleich resignierten Ergebenheit in das menschliche Schicksal, der eintönigen Wiederholung immer derselben Tätigkeiten anhaftet, von der anderen dagegen mit Erregung und der Begeisterung einer Entdeckung.

In ihren metaphysischen Vorstellungen aber kehrt sich dieses Verhältnis um. Nach dem Tod verkörpern sich die Seelen der Männer in den Jaguaren, die der Frauen und Kinder hingegen werden in die Atmosphäre getragen, wo sie sich für immer auflösen. Dieser Unterschied erklärt, warum die Frauen von den geheiligtsten Zeremonien ausgeschlossen sind, die zu Beginn der landwirtschaflichen Periode stattfinden und bei denen man kleine Blasinstrumente aus Bambus anfertigt, die dann mit Gaben „genährt" und von den Männern geblasen werden, weit genug von den Hütten entfernt, damit die Frauen sie weder sehen noch hören können.

Obwohl die Jahreszeit ungünstig war, wollte ich sehr gern die Flöten hören und einige Exemplare von ihnen erwerben. Auf mein Drängen hin machte sich eine Gruppe von Männern auf den Weg: denn der große Bambus wächst nur in dem entfernten Wald. Drei oder vier Tage später wurde ich mitten in der Nacht geweckt; die Männer hatten gewartet, bis die Frauen eingeschlafen waren. Sie schleppten mich zu einem etwa hundert Meter entfernten Platz, wo sie sich im Schutz des Gebüschs ans Werk machten, um die Flöten herzustellen und dann auf ihnen zu spielen. Vier Männer bliesen im Unisono; aber da die Instrumente nicht alle gleich klingen, entstand der Eindruck einer etwas fragwürdigen Harmonie. Die Melodie unterschied sich von den Nambikwara-Gesängen, an die ich gewöhnt war und die durch ihre Behäbigkeit und Pausen an unsere bäuerlichen Rundtänze erinnerten; sie unterschied sich auch von den grellen Tönen der Okarina mit drei Löchern, die aus zwei mit Wachs verklebten Kürbisstücken besteht. Während die Melodien, die auf den Flöten gespielt wurden und sich auf wenige Töne beschränkten, durch einen Chromatismus und rhythmische Schwankungen auffielen, die eine überraschende Verwandtschaft mit einigen Stellen des *Sacre* aufweisen, vor allem mit der Modulation der Holzbläser in jenem Teil, der den Titel *Action rituelle des ancêtres* trägt. Keine Frau hätte sich nähern dürfen. Die Neugierige oder Unvorsichtige wäre erschlagen worden. Wie bei den Bororo liegt ein wahrer metaphysischer Fluch auf dem weiblichen Element; doch anders als die Bororo genießen die Nambikwara-Frauen keine rechtlichen Privilegien (obwohl es so aussieht, als gebe es auch bei den Nambikwara die Filiation in weiblicher Linie). In einer so wenig organisierten Gesellschaft treten die Tendenzen nicht an die Oberfläche, und die Synthese vollzieht sich eher anhand diffuser und wenig differenzierter Verhaltensweisen.

Mit derselben Zärtlichkeit, mit der sie ihre Gattinnen liebkosen, sprechen die Männer von jenem Leben, das durch den provisorischen Windschirm und den dauerhaften Korb gekennzeichnet ist, von jenem Leben, das sie zwingt, Tag für Tag die ungeeignetsten Nahrungsmittel gierig auszureißen, aufzulesen und zu fangen, Wind, Kälte und Regen zu trotzen, jenem Leben, das ebensowenig Spuren hinterläßt wie die vom Wind und vom Unwetter verstreuten Seelen der Frauen, auf deren Tätigkeit es doch im wesentlichen beruht. Unter einem ganz anderen Aspekt dagegen betrachten sie das seßhafte Leben (von dessen spezifischem und altem Charakter indes die Pflanzenarten zeugen, die sie anbauen), dem die unwandelbare Aufeinanderfolge der landwirtschaftlichen Tätigkeiten dieselbe Dauer verleiht wie den wiederverkörperten Seelen der Männer, dem festen Winterhaus und dem Acker, der erneut zu leben und zu produzieren beginnt, „wenn der Tod seines früheren Herrn schon vergessen sein wird ..."

Soll man auch die außergewöhnliche Unbeständigkeit der Nambikwara, die unvermittelt von Herzlichkeit zu Feindseligkeit übergehen, damit erklären? Die wenigen Beobachter, die sich ihnen genähert haben, waren von diesem Stimmungswechsel verwirrt. Es war übrigens die Horde von Utiarity gewesen, die fünf Jahre zuvor die Missionare ermordet hatte. Meine männlichen Informanten beschrieben mir diesen Angriff mit Wohlgefallen und machten sich den Ruhm streitig, die härtesten Schläge ausgeteilt zu haben. Um die Wahrheit zu sagen – ich konnte ihnen deswegen nicht böse sein. Ich habe viele Missionare kennengelernt und die Menschlichkeit und den wissenschaftlichen Eifer vieler von ihnen bewundert. Aber die protestantischen amerikanischen Missionen, die im Jahre 1930 in den Mato Grosso vorzudringen versuchten, gehörten einer besonderen Gattung an: ihre Mitglieder entstammten Bauernfamilien aus Nebraska oder Dakota, wo man die Heranwachsenden im wörtlichen Glauben an die Hölle und die Kessel mit siedendem Öl erzog. Viele von ihnen wurden etwa so Missionare, wie man eine Versicherung abschließt. Da ihr Seelenheil somit gesichert war, glaubten sie, nichts mehr tun zu müssen, um es zu verdienen, und legten in der Ausübung ihres Berufs eine empörende Härte und Unmenschlichkeit an den Tag.

Wie konnte es zu dem Zwischenfall, der das Gemetzel hervorrief, kommen? Darüber sollte mich bald eine Ungeschicklichkeit belehren, die mich beinahe teuer zu stehen gekommen wäre. Die Nambikwara sind ausgezeichnete Giftkenner. Für ihre Pfeile bereiten sie Curare, indem sie aus der roten Haut bestimmter *strychnos*-Wurzeln ein Gebräu herstellen, das sie so lange über dem Feuer verdampfen lassen, bis die Mischung eine teigige Konsistenz erlangt hat; daneben verwenden sie noch andere Pflanzengifte, die jedermann in Form von Pulver in einem mit Baumwoll- oder Rindenfasern verschnürten Röhrchen aus Federn oder Bambus mit sich führt. Diese Gifte dienen der Rache in kommerziellen oder Liebesangelegenheiten; ich werde darauf zurückkommen.

Neben diesen Giften wissenschaftlicher Art, welche die Eingeborenen ganz offen zubereiten, ohne jene komplizierten magischen Vorsichtsmaßnahmen zu beachten, die weiter im Norden die Herstellung des Curare begleiten, besitzen die Nambikwara noch andere, geheimnisvollere Gifte. In denselben Röhrchen, in denen sie das echte Gift aufbewahren, sammeln sie Harzteilchen, die ein Baum der Gattung *bombax* absondert, dessen Stamm in der Mitte eine Schwellung aufweist; sie glauben, daß der Gegner, der von einem solchen Teilchen getroffen wird, in der gleichen Weise anschwillt wie der Baum und stirbt. Aber ob es sich nun um wirkliche Gifte oder um magische Substanzen handelt, die Nambikwara bezeichnen sie alle mit demselben

Terminus *nandé*. Dieses Wort sprengt also die enge Bedeutung, die bei uns das Wort Gift hat. Es konnotiert jede Art von bedrohlichen Handlungen sowie alle Produkte und Gegenstände, die zur Ausführung solcher Handlungen dienen können.

Diese Erklärungen waren nötig, um das Folgende zu verstehen. Ich hatte in meinem Gepäck ein paar von jenen großen Ballons aus buntem Seidenpapier mitgeführt, die man in Brasilien anläßlich des Fests des Heiligen Johannes mit heißer Luft füllt, indem man am unteren Teil eine kleine Fakkel befestigt, und aufsteigen läßt. Eines Abends kam mir die unselige Idee, den Eingeborenen dieses Schauspiel vorzuführen. Der erste Ballon, der noch am Boden Feuer fing, verursachte lebhaftes Vergnügen, als ob das Publikum genau gewußt hätte, was in Wirklichkeit hätte geschehen müssen. Der zweite dagegen funktionierte nur allzu gut: schnell erhob er sich in die Luft und stieg so hoch, daß seine Flamme mit den Sternen verschmolz, lange über unseren Köpfen schwirrte und schließlich verschwand. Doch die anfängliche Heiterkeit hatte anderen Gefühlen Platz gemacht; die Männer starrten mich aufmerksam und feindselig an, und die Frauen verbargen voller Entsetzen ihr Gesicht in den Armen und drängten sich aneinander. Immer wieder hörte man das Wort *nandé*. Am anderen Morgen suchte mich eine Abordnung von Männern auf, die meinen Vorrat an Ballons untersuchen wollten, um festzustellen, ob „sie nicht *nandé* enthalten". Die Untersuchung wurde mit peinlicher Genauigkeit durchgeführt; im übrigen ließen sich die Nambikwara dank einer (trotz allem) bemerkenswert positiven Einstellung anhand eines Experiments – wenn sie es auch nicht verstanden – davon überzeugen, daß die Papierschnitzel, die ich über das Feuer hielt, von der heißen Luft in die Höhe getrieben wurden. Wie gewöhnlich, wenn es galt, irgendeinen Vorfall zu entschuldigen, schoben sie alles den Frauen zu, die „nichts verstehen", „Angst haben" und tausend Katastrophen fürchten.

Ich machte mir keine Illusionen: die Dinge hätten ein böses Ende nehmen können. Trotzdem haben weder dieser noch andere Zwischenfälle, von denen ich später erzählen werde, die Freundschaft getrübt, die nur mein langes Zusammenleben mit den Nambikwara zwischen uns zu schaffen ver-

mochte. Und so war ich tief erschüttert, als ich kürzlich in einer von einem ausländischen Ethnologen veröffentlichten Schrift den Bericht seiner Begegnung mit denselben Eingeborenen las, deren Leben ich zehn Jahre zuvor in Utiarity geteilt hatte. Als er sich im Jahre 1949 dorthin begab, fand er zwei Missionen vor: die bereits erwähnten Jesuiten sowie protestantische Missionare aus Amerika. Die Gruppe der Eingeborenen bestand nur noch aus achtzehn Mitgliedern, über die der Autor folgendes berichtet:
„Von allen Indianern, die ich im Mato Grosso gesehen habe, war diese Horde die allerarmseligste. Von den acht Männern war einer ein Syphilitiker, ein anderer hatte eine Entzündung an der Hüfte, ein dritter eine Verwundung am Fuß, ein vierter war von oben bis unten von einer Hautkrankheit befallen, und ein fünfter war taubstumm. Die Frauen und Kinder dagegen schienen gesund zu sein. Da sie keine Hängematte benutzen, sondern auf dem Boden schlafen, sind sie immer mit Erde beschmutzt. In kalten Nächten zerstreuen sie das Feuer und legen sich in die warme Asche ... Kleider tragen sie nur, wenn die Missionare sie ihnen geben und ausdrücklich verlangen, sie anzuziehen. Da sie eine Abneigung gegen das Baden empfinden, bildet sich nicht nur ein Schorf aus Staub und Asche auf ihrer Haut und ihren Haaren, sie sind auch mit verfaulten Fleisch- oder Fischresten verklebt, deren Geruch sich mit dem von saurem Schweiß vermischt, so daß ihre Nähe unerträglich wird. Sie scheinen unter Darmparasiten zu leiden, denn ihr Bauch ist aufgedunsen, und sie geben dauernd Winde von sich. Mehrmals mußte ich, wenn ich mit den Eingeborenen in einem engen Raum arbeitete, meine Arbeit unterbrechen, um zu lüften ...
Die Nambikwara ... sind mürrisch und unhöflich bis zur Grobheit. Wenn ich Julio in seinem Lager besuchte, fand ich ihn häufig am Feuer ausgestreckt; aber wenn er mich kommen sah, kehrte er mir den Rücken zu und erklärte, daß er nicht mit mir sprechen wolle. Die Missionare haben mir erzählt, daß ein Nambikwara zwar mehrere Male um einen Gegenstand bitten, aber wenn man ihn nicht freiwillig hergibt, versuchen wird, ihn zu stehlen. Um die Indianer am Eintreten in die Mission zu hindern, ließen sie zuweilen die Blätterwand herunter, die als Tür diente; aber wenn ein

Nambikwara eindringen wollte, riß er diesen Zaun einfach nieder, um sich einen Weg zu bahnen …
Man braucht sich nicht lange bei den Nambikwara aufzuhalten, um ihren tiefen Haß, ihr Mißtrauen und ihre Verzweiflung zu erkennen, die den Beobachter in einen Zustand der Niedergeschlagenheit stürzen, in dem freilich Sympathie nicht ganz fehlt."*
Was mich betrifft, der ich die Nambikwara zu einer Zeit gekannt habe, als die von den Weißen eingeschleppten Krankheiten sie zwar schon dezimiert hatten, aber – abgesehen von den immerhin menschlichen Versuchen Rondons – noch keiner versucht hatte, sie zu unterwerfen, so möchte ich diese jammervolle Beschreibung am liebsten vergessen und nichts in Erinnerung bewahren als jenes Bild, das ich eines Nachts beim Schein meiner Taschenlampe in mein Notizbuch kritzelte:
„In der dunklen Savanne leuchten die Lagerfeuer. Um den Herd herum, hinter dem zerbrechlichen Schutzschirm aus Palmen und Zweigen, die hastig in den Boden gerammt wurden nach der Seite hin, wo Wind oder Regen drohen, suchen die Eingeborenen Schutz vor der einbrechenden Kälte; ringsumher stehen die Kiepen, gefüllt mit den armseligen Dingen, die ihren irdischen Reichtum bilden; auf der nackten Erde liegend, von anderen, ebenso feindseligen wie furchtsamen Gruppen verfolgt, halten sich die Gatten eng umschlungen: sie sind sich gegenseitig Stütze, Trost und die einzige Hilfe im Kampf gegen die täglichen Schwierigkeiten und die grüblerische Melancholie, die von Zeit zu Zeit die Nambikwara-Seele ergreift. Der Besucher, der zum ersten Mal sein Lager im Busch neben den Indianern aufschlägt, empfindet Angst und Mitleid beim Anblick dieser so gänzlich entblößten und, wie es scheint, von einer unerbittlichen Katastrophe zu Boden gedrückten Menschen, die sich nackt und zitternd um flackernde Feuer drängen. Tastend geht er durch das Gestrüpp und vermeidet behutsam, hier auf eine Hand, dort auf einen Arm, einen Körper zu treten, dessen warmen Widerschein er im Licht des Feuers errät. Doch dieses Elend ist von Flüstern

* K. Oberg, *Indian Tribes of Northern Mato Grosso, Brazil,* Smithsonian Institution, Washington, D. C., 1953.

und Lachen erfüllt. Die Paare umarmen sich, als überfiele sie Sehnsucht nach einer verlorenen Einheit; sie unterbrechen ihre Liebkosungen nicht, wenn der Fremde vorübergeht. Von ihnen allen geht eine große Freundlichkeit aus, eine tiefe Sorglosigkeit, eine naive und bezaubernde animalische Zufriedenheit und, alle diese Gefühle zusammenfassend, so etwas wie der rührendste und wahrhaftigste Ausdruck menschlicher Zärtlichkeit."

XXVIII Schreibstunden

Ich wollte nun, zumindest indirekt, in Erfahrung bringen, wie groß die Nambikwara-Bevölkerung ungefähr war. Im Jahre 1915 hatte sie Rondon auf zwanzigtausend geschätzt, was wahrscheinlich übertrieben war; immerhin umfaßten die einzelnen Horden damals mehrere hundert Mitglieder, und alle Hinweise, die ich entlang der Telegrafenlinie sammeln konnte, deuteten auf eine rapide Bevölkerungsabnahme hin: vor dreißig Jahren zählte der bekannte Teil der Sabané-Gruppe etwa tausend Individuen; als dieselbe Gruppe im Jahre 1928 die Telegrafenstation von Campos Novos besuchte, zählte man neben den Frauen und Kindern nur noch einhundertsiebenundzwanzig Männer. Im Jahre 1929 brach eine Grippeepidemie aus, als die Gruppe an einem Ort namens *Espirro* lagerte. Die Krankheit artete zu einer Art Lungenödem aus, und innerhalb von achtundvierzig Stunden starben dreihundert Indianer. Die Gruppe ergriff die Flucht und ließ die Kranken und Sterbenden zurück. Von den ehemals bekannten tausend Sabané waren im Jahre 1938 noch neunzehn Männer mit ihren Frauen und Kindern am Leben. Vielleicht muß man zur Erklärung dieser Zahlen hinzufügen, daß die Sabané vor ein paar Jahren einigen westlichen Nachbarn den Krieg erklärten. Doch eine weitere große Gruppe, die in der Nähe von Três Buritis lebte, fiel im Jahre 1927 ebenfalls einer Grippeepidemie zum Opfer; nur sechs oder sieben Personen entrannen dem Tod, von denen im Jahre 1938 noch drei am Leben waren. Die Gruppe der Tarundé, die früher eine der bedeutendsten war, zählte im Jahre 1936 noch zwölf Männer (mit Frauen und Kindern); von diesen zwölf Männern lebten im Jahre 1939 nur noch vier.

Wie sah es nun heute aus? Wahrscheinlich gab es kaum mehr als zweitausend Eingeborene, die über das ganze Gebiet verstreut lebten. An eine systematische Zählung war wegen der dauernden Feindseligkeiten zwischen den einzelnen Gruppen und der Mobilität aller Horden während der Nomadenzeit nicht zu denken. Aber ich versuchte, meine Freunde von Utiarity zu überreden, mich in ihr Dorf mitzunehmen und dort eine Art Treffen mit anderen, verwandten oder verbündeten Gruppen zu organisieren; auf diese Weise hoffte ich, den heutigen Umfang einer Versammlung schätzen und sie mit früher beobachteten vergleichen zu können. Der Häuptling zögerte: er traute den eingeladenen Gruppen nicht, und wenn ich mit meinen Gefährten in dieser Gegend verschwinden würde, in die seit der Ermordung jener sieben Arbeiter der Telegrafenlinie im Jahre 1925 kein Weißer mehr eingedrungen war, so würde dies den prekären Frieden, der im Augenblick hier herrschte, von neuem für lange Zeit gefährden.
Schließlich erklärte er sich einverstanden unter der Bedingung, daß wir unser Gepäck verringerten: wir sollten nur vier Ochsen mitnehmen, um die Geschenke zu tragen. Und selbst dann noch müßten wir darauf verzichten, die üblichen Pisten in den Tälern zu benutzen, da sie so dicht bewachsen seien, daß die Tiere nicht hindurchkämen. Wir beschlossen also, über die Hochebene zu gehen und eine den Umständen angepaßte Route zu improvisieren.
Diese ziemlich riskante Reise erscheint mir heute als eine groteske Episode. Kaum hatten wir Juruena verlassen, als mein brasilianischer Kollege auf die Abwesenheit von Frauen und Kindern hinwies: nur Männer begleiteten uns, mit Pfeil und Bogen bewaffnet. In der Reiseliteratur lassen solche Umstände auf einen unmittelbar bevorstehenden Angriff schließen. Wir setzten unseren Weg also mit gemischten Gefühlen fort und überprüften von Zeit zu Zeit die Position unserer Smith und Wesson (unsere Leute sagten *Cemite Vechetone*) und unserer Karabiner. Unsere Befürchtungen waren grundlos: gegen Mittag stießen wir auf den Rest der Gruppe, die der vorausschauende Häuptling bereits am Vorabend auf den Weg geschickt hatte, da er wußte, daß unsere Maultiere schneller sein würden als die mit ihrer Kiepe und ihrer Kinderschar beladenen Frauen.

Doch kurz darauf verirrten sich die Indianer: der neue Weg war weniger einfach, als sie sich vorgestellt hatten. Gegen Abend mußten wir im Busch haltmachen; man hatte uns Wild versprochen, die Eingeborenen rechneten mit unseren Karabinern, weshalb sie nichts mitgenommen hatten, und wir selbst verfügten nur über unsere Notrationen, die natürlich nicht für alle ausreichten. Ein Rudel Hirsche, das an einer Quelle weidete, ergriff die Flucht, als wir uns näherten. Am nächsten Morgen herrschte allgemeine Unzufriedenheit, die sich offensichtlich gegen den Häuptling richtete, da man ihn für eine Angelegenheit verantwortlich machte, die er zusammen mit mir ausgeheckt hatte. Statt auf die Jagd zu gehen oder Früchte zu sammeln, beschloß ein jeder, sich im Schatten seines Windschirms schlafen zu legen und dem Häuptling allein die Lösung des Problems zu überlassen. Dieser verschwand in Begleitung einer seiner Frauen; am Abend kehrten sie zurück, ihre schweren Kiepen gefüllt mit Heuschrecken, die sie den ganzen Tag über gesammelt hatten. Obwohl Heuschreckenpastete kein sehr begehrtes Gericht ist, aß doch jeder mit Appetit und fand seine gute Laune wieder. Am nächsten Morgen machten wir uns von neuem auf den Weg.

Schließlich gelangten wir zu der vereinbarten Stelle. Es war eine sandige Terrasse, hoch über einem mit Bäumen bestandenen Wasserlauf, zwischen denen die Gärten der Eingeborenen versteckt lagen. In Abständen kamen andere Gruppen an. Gegen Abend hatten sich fünfundsiebzig Personen versammelt, die siebzehn Familien bildeten und sich auf dreizehn Windschirme verteilten, die kaum stabiler waren als die der Lager. Man erklärte mir, daß alle diese Leute zu Beginn der Regenzeit in fünf runden Hütten lebten, die einige Monate überdauern konnten. Mehrere Eingeborene schienen noch nie einen Weißen gesehen zu haben, und ihr frostiger Empfang sowie die offenkundige Nervosität des Häuptlings ließen darauf schließen, daß er ihre Einwilligung wohl erzwungen hatte. Wir fühlten uns nicht sehr wohl in unserer Haut, die Indianer ebensowenig; die Nacht drohte kalt zu werden, und da es keine Bäume gab, an denen wir die Hängematten aufhängen konnten, mußten wir uns wie die Nambikwara auf dem Boden zur Ruhe legen.

Niemand schlief: wir verbrachten die Nacht damit, uns höflich gegenseitig zu bewachen.
Es wäre unklug gewesen, das Abenteuer fortzusetzen. Ich drängte den Häuptling, sofort mit dem Austausch der Geschenke zu beginnen. Und nun ereignete sich ein außergewöhnlicher Zwischenfall, der mich zwingt, etwas auszuholen. Es läßt sich denken, daß die Nambikwara nicht schreiben können; aber sie zeichnen auch nicht, mit Ausnahme einiger punktierter oder Zickzacklinien auf ihren Kürbisbehältern. Wie bei den Caduveo verteilte ich trotzdem Papier und Bleistifte, mit denen zuerst niemand etwas anzufangen wußte; doch eines Tages sah ich sie alle damit beschäftigt, horizontale Wellenlinien auf das Papier zu zeichnen. Was hatten sie vor? Schließlich mußte ich mich von den Tatsachen überzeugen lassen: sie schrieben, oder genauer, sie versuchten, ihren Bleistift in derselben Weise zu benutzen wie ich, also der einzigen, die sie sich vorstellen konnten, denn ich hatte noch nicht versucht, sie mit meinen Zeichnungen zu unterhalten. Die meisten ließen es bei diesem Bemühen bewenden; aber der Häuptling sah weiter. Wahrscheinlich hatte er als einziger die Funktion der Schrift begriffen. So hat er mich um einen Notizblock gebeten, und wenn wir nun zusammen arbeiten, sind wir gleichartig ausgerüstet. Er gibt mir die Informationen, um die ich ihn bitte, nicht mündlich, sondern zeichnet Wellenlinien auf sein Papier, die er mir dann vorzeigt, so als fordere er mich auf, seine Antwort zu lesen. Halb fällt er selbst auf seine Komödie herein; jedesmal, wenn seine Hand eine Linie zu Ende zieht, prüft er sie ängstlich, als müsse ihre Bedeutung sofort daraus hervorspringen, und auf seinem Gesicht malt sich immer wieder die gleiche Enttäuschung. Aber das will er nicht wahrhaben, und zwischen uns besteht die stille Übereinkunft, daß seine Kritzeleien einen Sinn haben, den zu entziffern ich vortäusche; der mündliche Kommentar folgt immer so prompt, daß ich nicht um nähere Erläuterungen zu bitten brauche.
Kaum hatte er nun seine Leute versammelt, als er aus einer Kiepe ein Papier mit verschnörkelten Linien hervorholte, das er zu lesen vorgab und auf dem er, mit gespieltem Zögern, nach der Liste der Gegenstände suchte, die ich im Austausch gegen die angebotenen Geschenke geben sollte:

dem einen, gegen Pfeil und Bogen, ein Buschmesser! Dem anderen Perlen für seine Halsketten! ... Diese Komödie zog sich zwei Stunden hin. Was versprach er sich davon? Vielleicht wollte er sich selbst täuschen; wahrscheinlicher aber seinen Gefährten imponieren, sie davon überzeugen, daß er den Austausch der Waren vermittelte, daß er bei dem Weißen gut angeschrieben und in seine Geheimnisse eingeweiht war. Wir hatten es eilig, fortzukommen, denn der gefährlichste Augenblick war natürlich jener, da sich alle mitgebrachten Wunderdinge in anderen Händen befinden würden. Deshalb versuchte ich nicht, diesem Zwischenfall auf den Grund zu gehen, und wir machten uns, noch immer unter Führung der Indianer, auf den Heimweg.

Die abgebrochene Zusammenkunft sowie die Mystifizierung, zu deren Werkzeug ich unwissentlich geworden war, hatten ein gereiztes Klima geschaffen; zu allem Überfluß litt mein Maultier an Mundfäule. Ungeduldig sprang es vorwärts oder blieb plötzlich stehen; wir zankten uns ständig. Ohne daß ich es merkte, befand ich mich plötzlich allein im Busch und hatte jede Orientierung verloren.

Was tun? In den Büchern steht, daß man die anderen durch einen Gewehrschuß alarmieren soll. Also steige ich von meinem Tier herunter und schieße. Nichts. Beim zweiten Schuß glaube ich, eine Antwort zu hören. Ich gebe einen dritten Schuß ab, der nur die Folge hat, daß mein Maultier erschrickt; es trabt davon und bleibt in einiger Entfernung stehen.

Methodisch entledige ich mich meiner Waffen und meines Fotomaterials, lege alles zu Füßen eines Baums nieder, dessen Position ich mir merke. Dann laufe ich dem Maultier nach, das ich in friedlicher Verfassung sehe. Es läßt mich an sich herankommen und flüchtet genau in dem Augenblick, da ich die Zügel zu packen glaube, wiederholt dieses Manöver etliche Male und lockt mich immer weiter fort. Verzweifelt mache ich einen Satz und klammere mich mit beiden Händen an seinen Schwanz. Von diesem ungewöhnlichen Verfahren überrascht, verzichtet es darauf, mir zu entrinnen. Ich steige in den Sattel und will mein Material holen. Aber wir hatten uns so sehr im Kreis gedreht, daß ich es nicht mehr finden konnte.

Durch diesen Verlust vollends entmutigt, versuchte ich

nun, die anderen wiederzufinden. Weder das Maultier noch ich wußten, welchen Weg sie genommen hatten. Bald entschied ich mich für irgendeine Richtung, der das Tier widerstrebend folgte; bald ließ ich die Zügel locker, und es lief im Kreis herum. Die Sonne näherte sich bereits dem Horizont, ich hatte keine Waffe mehr und erwartete jeden Augenblick einen Hagel von Pfeilen. Vielleicht war ich nicht der erste, der sich in dieser feindseligen Gegend herumtrieb; jedenfalls waren meine Vorgänger nie wieder zurückgekehrt. Und ganz abgesehen von meiner Person war mein Maultier eine höchst begehrenswerte Beute für Leute, die kaum etwas zu beißen hatten. Und während ich diesen düsteren Gedanken nachhing, lauerte ich auf den Augenblick, da die Sonne untergehen würde, denn ich hatte den Plan gefaßt, den Busch in Brand zu stecken, da ich immerhin noch Streichhölzer besaß. Kurz bevor ich mich dazu entschloß, hörte ich Stimmen: zwei Nambikwara waren umgekehrt, sobald man meine Abwesenheit bemerkt hatte, und seit Mittag meinen Spuren gefolgt; mein Material und meine Waffen wiederzufinden, war für sie ein Kinderspiel. In der Nacht geleiteten sie mich zum Lager, wo die anderen warteten.

Noch verwirrt von diesem lächerlichen Zwischenfall, konnte ich nicht schlafen und vertrieb die Zeit damit, mir die Szene des Geschenkaustauschs nochmals vor Augen zu führen. Die Schrift hatte also bei den Nambikwara ihren Einzug gehalten; aber nicht, wie man hätte annehmen können, am Ende eines mühsamen Lehrgangs. Sie hatten ihr Symbol entlehnt, während ihre Realität ihnen fremd blieb. Und zwar eher im Hinblick auf ein soziologisches als auf ein intellektuelles Ziel. Es ging nicht darum, etwas zu wissen, zu behalten oder zu verstehen, sondern darum, Prestige und Autorität eines Individuums – oder einer Funktion – auf Kosten der anderen zu vermehren. Ein Eingeborener, der noch dem Steinzeitalter anzugehören schien, hatte erraten, daß das große Verständigungsmittel, auch wenn er es nicht verstand, anderen Zwecken dienen konnte. Schließlich gibt es die Schrift als Institution seit Jahrtausenden und selbst heute noch in einem großen Teil der Welt in Gesellschaften, in denen sich die wenigsten Menschen ihrer bedienen können. In den Dörfern, die ich in den Bergen von Chittagong in Ostpakistan besucht habe, leben fast nur Analphabeten; aber jedes Dorf hat seinen Schreiber, der seine Aufgabe im Dienst des einzelnen wie der Gemeinschaft erfüllt. Jedermann kennt die Schrift und verwendet sie, falls es nötig ist, aber gleichsam von außen, in Gestalt eines fremden Vermittlers, mit dem er mündlich kommuniziert. Der Schreiber ist selten ein Beamter oder ein Angestellter der Gruppe: seine Wissenschaft verleiht ihm Macht, so daß er häufig nicht nur die Funktion des Schreibers, sondern auch die des Wucherers ausübt, nicht nur weil er, um seinem Gewerbe nachzugehen, lesen und schreiben können muß, sondern weil er damit in doppelter Hinsicht jemand ist, der Macht über die anderen hat.

Es ist ein seltsam Ding um die Schrift. Man sollte meinen, daß ihr Auftauchen unfehlbar tiefgreifende Veränderungen in den Lebensverhältnissen der Menschen nach sich gezogen hat und daß diese Veränderungen vor allem intellektueller Natur gewesen sind. Die Kenntnis der Schrift vervielfältigt in hohem Maße die Möglichkeit des Menschen, sein Wissen zu bewahren. Gern würden wir sie uns als ein künstliches Gedächtnis vorstellen, dessen Entwicklung eine bessere Kenntnis der Vergangenheit und damit eine größere Fähigkeit, Gegenwart und Zukunft zu organisieren, erlauben müßte. Und auch wenn man alle Kriterien ausschaltet, die je vorgeschlagen wurden, um die Barbarei von der Kultur zu unterscheiden, möchte man wenigstens dieses eine behalten: daß es Völker gibt, welche die Schrift kennen und somit in der Lage sind, alte Erwerbungen zu kumulieren und schneller zu dem Ziel gelangen, das sie sich gesteckt haben, während die schriftlosen Völker, welche die Vergangenheit nur so weit bewahren können, wie das individuelle Gedächtnis sie festzuhalten vermag, Gefangene einer schwankenden Geschichte bleiben, der stets der Ursprung und das dauerhafte Bewußtsein der Planung fehlt.

Doch nichts von alledem, was wir über die Schrift und ihre Rolle in der Entwicklung der Menschheit wissen, rechtfertigt eine solche Vorstellung. Eine der schöpferischsten Phasen in der Geschichte der Menschheit ist zum Beispiel das Neolithikum: damals entdeckte der Mensch die Landwirtschaft, die Zähmung der Tiere und andere Künste. Um so weit zu gelangen, bedurfte es vieler Jahrtausende, in deren

Verlauf kleine Gruppen von Menschen beobachtet, experimentiert und das Ergebnis ihrer Überlegungen weitervermittelt haben. Dieses ungeheuere Unternehmen hat sich mit einer Kraft und einer Kontinuität entfaltet, von denen der Erfolg Zeugnis gibt, während die Schrift damals noch unbekannt war. Sollte diese zwischen dem 4. und 3. Jahrtausend vor unserer Zeitrechnung entstanden sein, so darf man in ihr zwar ein bereits fernes (und zweifellos indirektes) Ergebnis der neolithischen Revolution sehen, jedoch keinesfalls ihre Voraussetzung. Mit welcher großen Erneuerung stand sie in Zusammenhang? Auf technischer Ebene wäre nur die Architektur zu nennen. Aber die der Ägypter und Sumerer war den Leistungen bestimmter schriftloser Kulturen in Amerika kaum überlegen. Umgekehrt sind seit der Entdeckung der Schrift bis zur Entstehung der modernen Wissenschaft etwa fünftausend Jahre vergangen, während derer die Kenntnisse mehr fluktuierten als anwuchsen. Es wurde oft behauptet, zwischen dem Lebensstil eines griechischen oder römischen und dem eines europäischen Bürgers des 18. Jahrhunderts habe kein großer Unterschied bestanden. Im Neolithikum hat die Menschheit ohne die Hilfe der Schrift ungeheuere Fortschritte gemacht; und mit ihrer Hilfe haben die historischen Kulturen des Westens lange Zeit stagniert. Gewiß könnte man sich die wissenschaftliche Blüte des 19. und 20. Jahrhunderts schwerlich ohne die Schrift vorstellen. Aber diese notwendige Voraussetzung reicht sicherlich nicht aus, sie zu erklären.

Wenn man das Auftauchen der Schrift mit gewissen Merkmalen der Kultur in Beziehung bringen will, muß man in einer anderen Richtung suchen. Das einzige Phänomen, das sie immer begleitet hat, ist die Gründung von Städten und Reichen, das heißt die Integration einer großen Zahl von Individuen in ein politisches System sowie ihre Hierarchisierung in Kasten und Klassen. Dies ist jedenfalls die typische Entwicklung, die man von Ägypten bis China in dem Augenblick beobachten kann, da die Schrift ihren Einzug hält: sie scheint die Ausbeutung der Menschen zu begünstigen, lange bevor sie ihren Geist erleuchtet. Diese Ausbeutung, die es erlaubte, Tausende von Arbeitern zusammenzutreiben, um sie zu zwingen, die anstrengendsten Arbeiten zu verrichten, trägt der Geburt der Architektur eher Rechnung als die oben erwähnte unmittelbare Beziehung. Wenn meine Hypothese stimmt, müssen wir annehmen, daß die primäre Funktion der schriftlichen Kommunikation darin besteht, die Versklavung zu erleichtern. Die Verwendung der Schrift zu uneigennützigen Zwecken, das heißt im Dienst intellektueller und ästhetischer Befriedigung, ist ein sekundäres Ergebnis, wenn nicht gar nur ein Mittel, um das andere zu verstärken, zu rechtfertigen oder zu verschleiern.

Freilich gibt es Ausnahmen von der Regel. In Schwarzafrika haben Reiche bestanden, die mehrere hunderttausend Einwohner zusammenfaßten; im präkolumbischen Amerika lebten im Reich der Inka mehrere Millionen. Doch auf beiden Kontinenten haben sich diese Versuche als fragwürdig erwiesen. Man weiß, daß das Reich der Inka ungefähr im 12. Jahrhundert entstanden ist; die Soldaten von Pizarro hätten gewiß kein so leichtes Spiel gehabt, wäre dieses Reich nicht dreihundert Jahre später im Zerfall begriffen gewesen. So wenig wir von der alten Geschichte Afrikas wissen, dürfen wir doch annehmen, daß dort eine ähnliche Situation herrschte: große politische Gebilde entstanden und vergingen innerhalb weniger Jahrzehnte. Es könnte also sein, daß diese Beispiele meine Hypothese bestätigen, statt sie zu widerlegen. Wenn auch die Schrift allein nicht ausreichte, das Wissen zu festigen, so war sie vielleicht unentbehrlich, um die Herrschaft zu konsolidieren. Schauen wir uns in unserer Nähe um: die systematischen Bemühungen der europäischen Staaten um die Einführung der Schulpflicht, die sich im Lauf des 19. Jahrhunderts durchgesetzt hat, gehen mit der Erweiterung des Militärdienstes und der Proletarisierung einher. Der Kampf gegen das Analphabetentum brachte eine verstärkte Kontrolle der Bürger durch die Staatsgewalt mit sich. Alle müssen lesen können, damit die Staatsgewalt sagen kann: Unkenntnis des Gesetzes schützt nicht vor Strafe.

Dasselbe geschah auf internationaler Ebene, dank jener Komplizität zwischen jungen Staaten – die mit den gleichen Problemen konfrontiert waren wie wir ein oder zwei Jahrhunderte zuvor – und einer internationalen Gesellschaft von Reichen, die sich in ihrer Stabilität durch die Reaktionen von Völkern bedroht fühlten, die das geschrie-

bene Wort noch nicht darin trainiert hatte, in willkürlich veränderbaren Formeln zu denken und erbaulichen Bemühungen Vorschub zu leisten. Indem diese Völker Zugang zu dem in Bibliotheken angehäuften Wissen erhalten, werden sie empfindlich für die Lüge, welche die gedruckten Dokumente in noch weit größerem Ausmaß verbreiten als das gesprochene Wort. Zweifellos sind die Würfel gefallen. In meinem Nambikwara-Dorf aber waren die trotzigsten Köpfe immerhin auch die klügsten. Diejenigen, die sich von ihrem Häuptling lossagten, nachdem er versucht hatte, die Karte der Zivilisation auszuspielen (nach meinem Besuch wurde er von den meisten der Seinen verlassen), begriffen dunkel, daß Schrift und Betrug vereint bei ihnen eindrangen. Sie haben sich noch tiefer in den Busch zurückgezogen und sich eine Frist verschafft. Das Genie ihres Häuptlings, der sofort verstanden hatte, wie hilfreich ihm die Schrift für den Ausbau seiner Macht sein konnte, und damit die Grundlage dieser Institution begriff, ohne ihre Verwendung zu beherrschen, flößte mir trotz allem Bewunderung ein. Gleichzeitig lenkte die Episode meine Aufmerksamkeit auf einen neuen Aspekt des Nambikwara-Lebens, nämlich auf die politischen Beziehungen zwischen den Personen und den Gruppen. Bald sollte ich Gelegenheit haben, sie direkter zu beobachten.
Als wir uns noch in Utiarity befanden, brach unter den Eingeborenen eine epidemische Augenentzündung aus. Alle wurden von dieser Krankheit befallen, die von Gonokokken hervorgerufen wird und entsetzliche Schmerzen sowie eine Blindheit verursacht, die endgültig zu bleiben droht. Mehrere Tage lang war die Horde völlig gelähmt. Die Eingeborenen behandelten sich mit Wasser, in dem eine bestimmte Baumrinde gekocht und das mittels eines hornförmig zusammengerollten Blattes in die Augen geträufelt wurde. Die Krankheit griff auch auf unsere Gruppe über: zuerst befiel sie meine Frau, die an allen Expeditionen teilgenommen und sich mit dem Studium der materiellen Kultur befaßt hatte; sie war so krank, daß wir sie endgültig fortbringen mußten. Dann erkrankten die meisten Viehtreiber sowie mein brasilianischer Kollege. Bald war es uns unmöglich, weiterzuziehen; so überließ ich die Kranken der Pflege unseres Arztes und begab mich in Begleitung zweier Män-

ner und einiger Tiere zu dem Posten von Campos Novos, in dessen Nähe mehrere Horden von Eingeborenen beobachtet worden waren. Hier verbrachte ich zwei müßige Wochen, damit beschäftigt, die kaum gereiften Früchte eines verwilderten Obstgartens zu ernten: Guaven, deren bitterer Geschmack und hartes Fleisch ihren Duft Lügen strafen, und *cajus*, die ebenso bunt sind wie Papageien und deren rauhes Mark in seinen schwammigen Zellen einen sauren und scharfen Saft birgt; um mir Nahrung zu beschaffen, brauchte ich nur bei Morgengrauen in den kleinen, etwa hundert Meter vom Lager entfernten Wald zu gehen, wo sich die Ringeltauben trafen und sich mühelos fangen ließen. Es war in Campos Novos, wo ich zwei Indianergruppen aus dem Norden begegnete, die die Hoffnung auf meine Geschenke angelockt hatte.

Diese beiden Gruppen waren nicht nur schlecht aufeinander zu sprechen, sondern auch mir gegenüber nicht gerade freundschaftlich gesonnen. Von Anfang an baten sie weniger um meine Geschenke, als daß sie sie forderten. Während der ersten Tage war nur eine einzige Gruppe anwesend sowie ein Eingeborener aus Utiarity, der vor mir angekommen war. Zeigte er allzu großes Interesse für eine junge Frau, die der Gruppe seiner Gastgeber angehörte? Ich glaube schon. Jedenfalls verschlechterten sich die Beziehungen zwischen den Fremden und ihrem Besucher sehr schnell, und dieser kam nun regelmäßig in mein Lager, um eine freundschaftlichere Atmosphäre zu finden; er teilte auch meine Mahlzeiten mit mir. Das wurde natürlich sofort bekannt, und als er sich eines Tages auf der Jagd befand, erhielt ich den Besuch von vier Eingeborenen, die eine Art Delegation darstellten. In drohendem Ton forderten sie mich auf, der Nahrung meines Gefährten Gift beizumischen, was sie auch gleich mitbrachten: vier mit Baumwollfäden zusammengebundene, mit grauem Pulver gefüllte Bambusröhrchen. Ich befand mich in einer höchst unangenehmen Lage: wenn ich mich rundheraus weigerte, setzte ich mich der Feindschaft der Horde aus, deren schlimme Absichten mich zur Vorsicht mahnten. Ich zog es also vor, meine Unkenntnis der Sprache zu übertreiben und totales Unverständnis zu heucheln. Nach mehreren Versuchen, in deren Verlauf sie mir unablässig wiederholten, daß mein

Schützling *kakoré*, sehr böse, sei und man sich seiner so schnell wie möglich entledigen müsse, zog sich die Delegation unter Zeichen offenkundigen Mißmutes zurück. Ich warnte den Mann, der augenblicklich verschwand; erst viele Monate später sollte ich ihn wiedersehen, als ich erneut in diese Gegend zurückkehrte.
Glücklicherweise traf am nächsten Tag die zweite Gruppe ein, und die Eingeborenen fanden in ihr ein neues Objekt, an dem sie ihre Feindseligkeit auslassen konnten. Die Begegnung fand in meinem Lager statt, das sowohl neutrales Territorium als auch das Ziel all dieser Wanderungen darstellte. Ich hatte also den besten Platz, die Dinge zu beobachten. Die Männer waren allein gekommen; und alsbald entwickelte sich ein langes Gespräch zwischen den jeweiligen Häuptlingen, das eher in einer Aufeinanderfolge von Monologen bestand, vorgetragen in einem klagenden, näselnden Tonfall, den ich zuvor noch nie gehört hatte. „Wir sind sehr zornig! Ihr seid unsere Feinde!" stöhnten die einen, worauf die anderen ungefähr antworteten: „Wir sind nicht zornig! Wir sind eure Brüder! Wir sind Freunde! Wir können uns verstehen!" usw. Nachdem dieser Austausch von Herausforderungen und Beteuerungen ein Ende gefunden hatte, wurde ein gemeinsames Lager neben dem meinen aufgeschlagen. Nach einigen Gesängen und Tänzen, in deren Verlauf jede Gruppe ihre eigene Darbietung unter den Scheffel stellte und die des Gegners herausstrich – „Die Tamaindé singen gut! Wir singen schlecht!" –, fing der Streit von neuem an, und bald wurden die Stimmen lauter. Die Nacht war noch nicht weit fortgeschritten, als die mit den Gesängen vermischten Diskussionen sich zu einem Höllenlärm steigerten, dessen Bedeutung mir entging. Es kam zu drohenden Gebärden, zuweilen auch zu Handgreiflichkeiten, während andere Eingeborene zu vermitteln suchten. Alle Drohungen beschränken sich auf Gesten, welche die Geschlechtsteile betreffen. Ein Nambikwara bringt seine Antipathie dadurch zum Ausdruck, daß er sein Glied in beide Hände nimmt und es auf den Gegner richtet. Diese Geste ist das Vorspiel für einen Angriff auf die so bezeichnete Person, als wolle man ihm den *buruti*, das Strohbüschel, entreißen, das vorn am Gürtel befestigt ist und über seinen Geschlechtsteilen hängt. Diese „werden vom Stroh

verdeckt", und „man kämpft, um das Stroh fortzureißen". Diese Handlung ist rein symbolischer Natur, da das männliche Kleidungsstück so schwach und klein ist, daß es die Organe weder schützt noch verbirgt. Man versucht auch, der Pfeile und Bogen des Gegners habhaft zu werden und sie beiseite zu schaffen. Bei alledem ist die Haltung der Eingeborenen äußerst angespannt, so als befänden sie sich in einem Zustand heftigen und anhaltenden Zorns. Diese Raufereien können in einen allgemeinen Konflikt ausarten; aber diesmal beruhigten sich die Gemüter bei Tagesanbruch. Immer noch im selben Zustand offenkundiger Erregung und mit nicht gerade sanftmütigen Gesten begannen nun die Gegner, sich gegenseitig zu untersuchen: sie befühlten die Ohrringe, die Armbänder aus Baumwolle, den kleinen Federschmuck und murmelten schnelle Worte: „Gib ..., gib ..., schau ..., das hier ... das ist hübsch!", während der Besitzer protestierte: „Es ist häßlich ..., alt ..., kaputt!"
Diese *Versöhnungsinspektion* bedeutet das Ende des Konflikts und den Beginn einer anderen Art von Beziehungen zwischen den Gruppen: den Austausch von Waren. So karg die materielle Kultur der Nambikwara ist, so werden doch die besonderen Erzeugnisse jeder Gruppe hoch geschätzt. Die Bewohner des Ostens benötigen Töpferwaren und Saatgut; die im Norden sind der Ansicht, daß ihre südlichen Nachbarn besonders kostbare Halsketten herstellen. So hat die Begegnung zweier Gruppen, wenn sie sich in friedlicher Weise abspielen kann, den Austausch von Geschenken zur Folge; an die Stelle des Konflikts tritt der Handel.
Aber im Grunde ist es sehr schwierig festzustellen, ob überhaupt ein Austausch im Gange ist. An dem Morgen, der dem Streit folgte, ging jeder seinen gewohnten Beschäftigungen nach, und die Gegenstände oder Produkte wanderten von einem zum anderen, ohne daß der Geber die Geste herausstrich, mit der er seine Gabe niederlegte, und ohne daß der Empfänger seiner Neuerwerbung besondere Aufmerksamkeit schenkte. So tauschte man geschälte Baumwolle und Fadenknäuel aus, Wachs- oder Harzklumpen, Urucu-Paste, Muscheln, Ohrringe, Armbänder und Halsketten, Tabak und Samenkörner, Federn und Bambuslatten, aus denen die Pfeilspitzen hergestellt werden, Knäuel von

Palmenfasern, Wildschweinstacheln, Töpfe oder Keramikscherben, Kürbisse. Diese geheimnisvolle Warenzirkulation dauerte einen halben Tag, worauf sich die Gruppen trennten und jede in ihre Richtung davonzog.

So verlassen sich die Nambikwara auf die Großzügigkeit des Partners. Die Vorstellung, daß man abwägen, diskutieren oder handeln, fordern oder eintreiben kann, ist ihnen völlig fremd. Ich hatte einmal einem Eingeborenen ein Buschmesser als Gegenleistung für die Übermittlung einer Botschaft an eine benachbarte Gruppe angeboten. Als er zurückkehrte, versäumte ich, ihm die versprochene Entschädigung sofort zu geben in der Annahme, er würde sie sich holen kommen. Aber nichts geschah; am nächsten Morgen konnte ich ihn nicht finden, denn er war fortgegangen, sehr verärgert, wie mir seine Gefährten berichteten, und ich habe ihn nie wiedergesehen. Ich mußte das Geschenk einem anderen Eingeborenen anvertrauen. Unter diesen Umständen überrascht es wohl nicht, daß sich eine der Gruppen nach einem solchen Austausch unzufrieden über ihren Anteil zurückzieht und wochen- oder monatelang (beim Vergleich der Neuerwerbungen mit den eigenen Gaben) eine Bitterkeit empfindet, die immer aggressiver wird. Oft haben Kriege keine andere Ursache. Natürlich gibt es auch andere Gründe, wie zum Beispiel einen Mord oder einen Frauenraub, der unternommen oder gerächt werden muß; aber es sieht nicht so aus, als ob sich eine Horde kollektiv zu Repressalien verpflichtet fühlt, wenn einem ihrer Mitglieder ein Schaden zugefügt wurde. Doch aufgrund der Feindseligkeit, die ohnehin zwischen den einzelnen Gruppen herrscht, werden solche Vorwände gern aufgegriffen, besonders wenn man sich stark fühlt. Das Projekt wird von einem Krieger verkündet, der seine Beschwerden in demselben näselnden Tonfall und in demselben Stil vorbringt, in dem die Begegnungsgespräche stattfinden: „He! Kommt her! Gehen wir! Ich bin zornig! Sehr zornig! Pfeile! Große Pfeile!“ Mit besonderem Schmuck angetan – rotbemalten Strohquasten und Helmen aus Jaguarfell –, versammeln sich die Männer unter Führung des Häuptlings und tanzen. Ein die Zukunft voraussagendes Ritual muß vollzogen werden; der Häuptling oder der Zauberer (wo es ihn gibt) versteckt einen Pfeil irgendwo im Busch. Am nächsten Tag wird er wieder zurückgeholt. Ist er mit Blut befleckt, dann entscheidet man sich für den Krieg, wenn nicht, verzichtet man darauf. Viele der so begonnenen Expeditionen enden nach wenigen Kilometern Fußmarsch. Aufregung und Begeisterung verrauchen, und der Trupp kehrt zu seinem Lager zurück. Manche jedoch werden bis zum Ende geführt und können blutig sein. Die Nambikwara brechen bei Morgengrauen auf und legen sich im Busch verteilt auf die Lauer. Das Zeichen zum Angriff wird von einem zum anderen weitergegeben, mittels der Pfeife, die jeder Eingeborene um den Hals trägt. Dieses Instrument, das aus zwei mit Baumwollfäden zusammengebundenen Bambusröhrchen besteht, ahmt das Zirpen der Grillen nach und trägt wahrscheinlich aus diesem Grund den Namen dieses Insekts. Die Kriegspfeile sind mit denen identisch, die man normalerweise für die Jagd auf große Tiere verwendet; nur werden in ihre lanzenförmige Spitze einige Zähne geschnitten. Die mit Curare vergifteten Pfeile, die bei der Jagd üblich sind, werden niemals im Krieg verwendet. Der Verwundete könnte ihn herausreißen, bevor das Gift Zeit gehabt hätte, sich im Körper zu verbreiten.

XXIX Männer, Frauen, Häuptlinge

Hinter Campos Novos, auf dem höchsten Punkt des Plateaus, lag der Posten Vilhena, der im Jahre 1938 aus ein paar Hütten inmitten einer langen und mehrere hundert Meter breiten Lichtung bestand, auf der sich (in der Vorstellung der Erbauer der Telegrafenlinie) eines Tages das Chicago des Mato Grosso hätte erheben sollen. Heute soll es dort einen Militärflugplatz geben; zu meiner Zeit beschränkte sich die Bevölkerung auf zwei Familien, die seit acht Jahren keine Verpflegung mehr erhalten hatten und denen es, wie ich schon erwähnte, gelungen war, ihr biologisches Gleichgewicht mit Hilfe eines Rudels von Hirschen aufrechtzuerhalten, von denen sie sich kärglich ernährten.
Hier traf ich zwei weitere Gruppen von Eingeborenen, von denen die eine aus achtzehn Personen bestand und einen Dialekt ähnlich demjenigen sprach, den ich allmählich zu verstehen begann, während die andere, die etwa vierund-

dreißig Mitglieder zählte, eine mir unbekannte Sprache sprach; auch in der Folge gelang es mir nicht, sie zu identifizieren. Jede von ihnen wurde von einem Häuptling angeführt, der bei der ersten Gruppe rein profane Funktionen auszuüben schien; während sich der Häuptling der größeren Gruppe bald als eine Art Zauberer erwies. Seine Gruppe nannte sich Sabané, die andere Tarundé.

Außer der Sprache unterschieden sie sich in nichts: sie besaßen dieselbe äußere Erscheinung und dieselbe Kultur. Dies war schon in Campos Novos der Fall gewesen, aber statt in gegenseitiger Feindschaft lebten diese beiden Gruppen in Vilhena in gutem Einvernehmen. Obwohl ihre Feuerstellen getrennt blieben, wanderten sie zusammen, schlugen ihre Lager nebeneinander auf und schienen gemeinsam über ihr Schicksal zu bestimmen. Eine erstaunliche Vereinigung, wenn man bedenkt, daß die Eingeborenen nicht dieselbe Sprache hatten und die Häuptlinge sich nur mit Hilfe von ein oder zwei Personen, welche die Rolle von Dolmetschern spielten, verständigen konnten.

Ihr Zusammenschluß mußte neueren Datums sein. Ich habe schon gesagt, daß zwischen 1907 und 1930 die durch die Ankunft der Weißen eingeschleppten Epidemien die Indianer dezimiert hatten. Infolgedessen mußten mehrere Gruppen so zusammengeschrumpft sein, daß es ihnen unmöglich war, ein unabhängiges Leben zu führen. In Campos Novos habe ich die inneren Antagonismen der Nambikwara-Gesellschaft beobachten und ihre desorganisierende Wirkung feststellen können. In Vilhena dagegen konnte ich einem Versuch der Rekonstruktion beiwohnen. Denn es bestand kein Zweifel daran, daß die Eingeborenen, mit denen ich zusammenlebte, einen Plan ausgearbeitet hatten. Alle erwachsenen Männer der einen Gruppe nannten die Frauen der anderen „Schwestern", und diese nannten die Männer, welche die symmetrische Position einnahmen, „Brüder". Die Männer beider Gruppen nannten sich gegenseitig mit dem Namen, der in ihrer jeweiligen Sprache „Kreuzvetter" bedeutet und dem Verwandtschaftsverhältnis entspricht, das wir mit „Schwager" wiedergeben würden. In Anbetracht der Heiratsregeln der Nambikwara führt diese Nomenklatur zu dem Ergebnis, daß sich alle Kinder der einen Gruppe in der Situation von „potentiellen Gatten" der

Kinder der anderen Gruppe befinden und umgekehrt; so daß durch das Spiel der Heiraten untereinander die beiden Gruppen in der nächsten Generation verschmolzen sein werden.
Freilich lagen noch einige Hindernisse auf dem Weg zu diesem großen Projekt. Es gab nämlich noch eine dritte, den Tarundé feindlich gesinnte Gruppe in der Gegend, deren Lagerfeuer an manchen Tagen zu sehen waren, so daß man mit allen Eventualitäten rechnen mußte. Da ich den Tarundé-Dialekt ein wenig, den Sabané-Dialekt aber überhaupt nicht verstand, stand ich der ersten Gruppe näher; die andere, mit der ich mich nicht verständigen konnte, brachte mir daher auch weniger Vertrauen entgegen. Deshalb kommt es mir nicht zu, hier ihren Standpunkt zu vertreten. Jedenfalls waren sich die Tarundé nicht ganz sicher, ob ihre Freunde ohne irgendwelche Hintergedanken den Plan der Vereinigung gefaßt hatten. Sie fürchteten die dritte Gruppe und entschlossen sich, plötzlicher als die Sabané, das Lager zu wechseln.
Wie sehr ihre Befürchtungen berechtigt waren, sollte schnell ein merkwürdiger Vorfall beweisen. Eines Tages, als die Männer auf der Jagd waren, kehrte der Sabané-Häuptling nicht zur gewohnten Stunde zurück. Niemand hatte ihn im Verlauf des Tages gesehen. Die Nacht brach herein, und gegen neun oder zehn Uhr abends herrschte im Lager große Bestürzung, besonders am Feuer des Verschollenen, dessen zwei Frauen das Kind umschlungen hielten und schon im voraus den Tod ihres Gatten und Vaters beweinten. In diesem Augenblick beschloß ich, in Begleitung einiger Eingeborener einen Rundgang durch die nähere Umgebung zu unternehmen. Wir brauchten keine zweihundert Meter zu gehen, um den Gesuchten zu finden, der am Boden kauerte und in der Dunkelheit vor Kälte zitterte; er war völlig nackt, das heißt seiner Ketten, Armbänder, Ohrringe und seines Gürtels beraubt. Im Schein meiner Taschenlampe konnten wir seinen tragischen Ausdruck und sein verstörtes Gesicht erkennen. Ohne Schwierigkeiten ließ er sich ins Lager zurückführen, wo er sich stumm und niedergeschlagen auf den Boden setzte, eine Haltung, die höchst eindrucksvoll war.
Eine ängstliche Zuhörerschaft entlockte ihm schließlich

seine Geschichte. Er erklärte, daß er vom Donner entführt worden sei, den die Nambikwara *amon* nennen (ein Gewitter – Vorbote der Regenzeit – war am selben Tag niedergegangen); der Donner habe ihn in die Lüfte gehoben und zu einem Ort getragen, den er bezeichnete und der etwa fünfundzwanzig Kilometer vom Lager entfernt am Rio Ananaz lag, ihn all seines Schmucks beraubt, ihn dann auf demselben Weg zurückgetragen und an der Stelle niedergesetzt, an der wir ihn gefunden hatten. Bei der Kommentierung dieses Ereignisses schliefen schließlich alle ein, und am nächsten Tag hatte der Sabané-Häuptling nicht nur seine gewohnte gute Laune, sondern auch allen seinen Schmuck wiedergefunden, worüber sich niemand wunderte und wozu er selbst keine Erklärung abgab. Am folgenden Tag aber setzten die Tarundé eine ganz andere Version des Vorfalls in Umlauf. Sie sagten, daß der Häuptling unter dem Schutz seiner Beziehungen zur übernatürlichen Welt mit jener Gruppe in Verhandlung getreten sei, die in der Nähe lagerte. Diese Anspielungen wurden im übrigen niemals präzisiert, und die offizielle Version der Affäre von allen anerkannt. Doch im vertraulichen Gespräch ließ der Tarundé-Häuptling seine Sorgen durchblicken. Da die beiden Gruppen uns kurz darauf verließen, konnte ich das Ende der Geschichte nicht in Erfahrung bringen.
Dieser Zwischenfall, zusammen mit den vorangegangenen Beobachtungen, veranlaßte mich, über die Natur der Nambikwara-Horden sowie über den politischen Einfluß nachzudenken, den ihre Häuptlinge auf die Gruppe ausüben mochten. Es gibt wohl keine soziale Struktur, die hinfälliger und ephemerer wäre als die der Nambikwara-Horde. Wenn der Häuptling als zu anspruchsvoll erscheint, wenn er zu viele Frauen verlangt oder unfähig ist, das Problem der Ernährung in Zeiten der Not auf befriedigende Weise zu lösen, entsteht allgemeine Unzufriedenheit. Einzelne Individuen oder ganze Familien trennen sich von der Gruppe und schließen sich einer anderen Horde an, die einen besseren Ruf genießt. Vielleicht verfügt diese neue Gruppe über reichlichere Nahrung, dank der Entdeckung neuer Jagdgründe und Sammelgebiete, oder dank dem Tauschhandel mit benachbarten Gruppen über schöneren Schmuck und bessere Werkzeuge, oder sie ist infolge einer siegrei-

chen Expedition mächtiger geworden. Es kann also der Tag kommen, da sich der Häuptling an der Spitze einer Gruppe sieht, die zu klein ist, um die täglichen Schwierigkeiten zu bewältigen und ihre Frauen vor der Begehrlichkeit der Fremden zu schützen. In diesem Fall bleibt ihm nichts anderes übrig, als seine Führungsstellung aufzugeben und sich mit seinen letzten Gefährten einer vom Glück begünstigteren Gruppe anzuschließen. Wir sehen also, daß sich die soziale Struktur der Nambikwara in einem fließenden Zustand befindet. Die Gruppe entsteht und löst sich auf, wächst und verschwindet. Im Verlauf weniger Monate verändern sich ihre Zusammensetzung, ihr Bestand und ihre Verteilung zuweilen bis zur Unkenntlichkeit. Politische Intrigen innerhalb ein und derselben Horde sowie Konflikte zwischen benachbarten Gruppen zwingen diesen Veränderungen ihren Rhythmus auf, und die Größe oder der Niedergang der Individuen und Gruppen folgen einander oft in überraschender Weise.

Auf welchen Grundlagen vollzieht sich nun die Verteilung in Horden? Ökonomisch gesehen machen die Armut an natürlichen Hilfsquellen und die große Bodenfläche, die nötig ist, um zur Zeit des Nomadenlebens ein einziges Individuum zu ernähren, die Aufteilung in kleine Gruppen fast zu einer Notwendigkeit. Die Frage besteht nicht darin, warum diese Zersplitterung stattfindet, sondern auf welche Weise sie vor sich geht. In der ursprünglichen Gruppe gibt es Männer, die als Häuptlinge anerkannt sind: sie bilden den Mittelpunkt, um den die Horden sich sammeln. Die Bedeutung der Horde, der mehr oder weniger dauerhafte Charakter, den sie während einer bestimmten Periode besitzt, hängen von dem Talent ihres jeweiligen Häuptlings ab, seinen Rang zu bewahren und seine Stellung zu verbessern. Die politische Macht erscheint nicht als Folge der kollektiven Bedürfnisse, sondern die Gruppe erhält von dem potentiellen Häutling, der vor ihr besteht, ihre Merkmale: Form, Umfang und Ursprung.

Zwei dieser Häuptlinge habe ich gut gekannt, den von Utiarity, dessen Horde sich Wakletoçu nannte, und den Tarundé-Häuptling. Der erste war bemerkenswert intelligent, sich seiner Verantwortung bewußt, aktiv und erfinderisch. Er sah die Folgen einer neuen Situation voraus; er stellte

eine meinen Bedürfnissen angemessene Reiseroute auf und beschrieb sie nötigenfalls, indem er eine Landkarte in den Sand zeichnete. Als wir in seinem Dorf ankamen, fanden wir Pfähle vor, an denen wir die Tiere anbinden konnten und die er, ohne daß wir ihn darum gebeten hätten, von einem vorgeschickten Kommando hatte einschlagen lassen.
Er ist ein ausgezeichneter Informant, der die Probleme versteht, die Schwierigkeiten sieht und sich für die Arbeit interessiert; aber seine Funktionen nehmen ihn so sehr in Anspruch, daß er tagelang verschwindet, um zu jagen, neue Gegenden zu erschließen oder festzustellen, ob die Körner oder Früchte reif sind. Andererseits rufen ihn seine Frauen oft zu Liebesspielen, zu denen er sich gern verführen läßt.
Im allgemeinen verrät seine Haltung Logik und Kontinuität bei den Unternehmungen, eine außergewöhnliche Eigenschaft bei den Nambikwara, die oft unstet und launisch sind. Trotz der prekären Lebensbedingungen und der kargen Mittel erweist er sich als wertvoller Organisator, als einziger verantwortlich für das Schicksal seiner Gruppe, die er mit Sachkenntnis, wenn auch etwas spekulativem Geist führt.
Der Tarundé-Häuptling, wie sein Kollege etwa dreißig Jahre alt, war ebenso intelligent wie dieser, aber auf ganz andere Weise. Der Wakletoçu-Häuptling erschien mir als ein besonnener, einfallsreicher Mann, der sich immer irgendwelche politischen Kombinationen ausdachte. Der Tarundé-Häuptling war kein Mann der Tat: eher kontemplativ, von gewinnendem Wesen, poetischem Geist und feiner Sensibilität. Er wußte um den Niedergang seines Volks, und dieses Wissen stimmte ihn melancholisch: „Früher tat ich dasselbe; jetzt ist es vorbei ...", sagte er und beschwor die glücklichen Tage, als seine Gruppe noch nicht auf eine Handvoll Individuen zusammengeschmolzen war, die sich nicht länger imstande sahen, die alten Bräuche aufrechtzuerhalten, sondern mehrere hundert Mitglieder zählte, die an den Traditionen der Nambikwara-Kultur festhielten. Seine Neugier für unsere Sitten sowie für diejenigen, die ich bei anderen Stämmen beobachtet habe, steht der meinen in nichts nach. Mit ihm zusammen ist die ethnographische Arbeit niemals einseitig: er begreift sie als einen Aus-

tausch von Informationen, und diejenigen, die ich ihm bringe, sind ihm stets willkommen. Oft bittet er mich sogar, ihm Zeichnungen anzufertigen – die er sorgfältig aufbewahrt –, um den Feder- und Kopfschmuck und die Waffen kennenzulernen, die ich bei benachbarten oder entfernten Völkern gesehen hatte. Gab er sich der Hoffnung hin, mit Hilfe dieser Informationen die materielle und geistige Ausrüstung seiner Gruppe zu vervollkommnen? Vielleicht; obwohl sein träumerisches Temperament ihn kaum zur Verwirklichung solcher Pläne trieb. Doch eines Tages, als ich ihn nach den Panflöten fragte, um das Verbreitungsgebiet dieses Instruments zu überprüfen, antwortete er, daß er noch nie welche gesehen habe, aber gern eine Zeichnung davon haben möchte. Mit Hilfe meines Entwurfs gelang es ihm, ein zwar plumpes, aber durchaus brauchbares Instrument herzustellen.

Die außergewöhnlichen Eigenschaften dieser beiden Häuptlinge hingen von den Bedingungen ihrer Ernennung ab.

Bei den Nambikwara ist die politische Macht nicht erblich. Wenn ein Häuptling alt oder krank wird oder wenn er sich außerstande fühlt, seinen schwierigen Aufgaben weiterhin nachzukommen, wählt er selbst einen Nachfolger: „Dieser wird Häuptling sein ...“ Nichtsdestoweniger ist diese autokratische Macht mehr eine scheinbare als eine wirkliche. Wir werden noch sehen, wie schwach die Autorität des Häuptlings ist, und in diesem wie in allen anderen Fällen scheint der endgültigen Entscheidung eine Erforschung der öffentlichen Meinung vorauszugehen: der designierte Erbe ist auch derjenige, der von der Mehrheit unterstützt wird. Doch nicht nur die Wünsche und Ansprüche der Gruppe begrenzen die Wahl des neuen Häuptlings – diese Wahl muß auch mit den Plänen des Betroffenen übereinstimmen. Nicht selten kommt es vor, daß das Angebot der Macht heftig zurückgewiesen wird: „Ich will nicht Häuptling sein.“ In diesem Fall muß eine neue Wahl getroffen werden. Tatsächlich scheint die Macht nicht sehr begehrt zu sein, und die Häuptlinge, die ich kennengelernt habe, klagten weit häufiger über ihre schweren Aufgaben und die große Verantwortung, als daß sie stolz darauf waren. Welches sind nun die Rechte und die Pflichten des Häuptlings?

Als Montaigne um das Jahr 1560 in Rouen drei brasilianische Indianer traf, die von einem Seefahrer nach Europa gebracht worden waren, fragte er einen von ihnen, welches die Privilegien des Häuptlings (er sagte des „Königs") seines Landes seien. Der Eingeborene, selbst ein Häuptling, antwortete, dieses Privileg bestehe darin, als erster in den Krieg zu ziehen. Montaigne erzählt die Geschichte in einem berühmten Kapitel seiner *Essais*, entzückt über diese stolze Definition. Und wie erstaunt und voller Bewunderung war ich selbst, als ich vier Jahrhunderte später genau dieselbe Antwort erhielt. Die zivilisierten Länder zeugen kaum von einer solchen Beständigkeit in ihrer philosophischen Politik! So bemerkenswert die Formel sein mag, so ist sie doch weniger bedeutsam als der Name, der in der Nambikwara-Sprache den Häuptling bezeichnet. *Uilikandé* heißt ungefähr „derjenige, der vereint" oder „derjenige, der zusammenfügt". Diese Etymologie läßt vermuten, daß der Geist der Eingeborenen sich des bereits erwähnten Phänomens bewußt ist, nämlich daß der Häuptling als die Ursache des Wunschs der Gruppe erscheint, sich als Gruppe zu konstituieren, und nicht als die Folge des Bedürfnisses nach einer zentralen Autorität, das eine bereits konstituierte Gruppe empfindet.

Das persönliche Prestige sowie die Fähigkeit, Vertrauen zu erwecken, sind in der Nambikwara-Gesellschaft die Grundlagen der Macht. Beide Eigenschaften sind unabdingbare Voraussetzung für denjenigen, der zum Führer jener abenteuerlichen Erfahrung, nämlich des Nomadenlebens während der Trockenzeit, gewählt wird. Sechs oder sieben Monate lang ist ausschließlich der Häuptling für die Richtung verantwortlich, die seine Horde nimmt. Er ist es, der den Aufbruch organisiert, die Routen auswählt, die Etappen und ihre jeweilige Dauer festlegt. Er beschließt die Expeditionen der Jagd, des Fischfangs und des Sammelns, er bestimmt die Politik der Horde gegenüber den benachbarten Gruppen. Ist der Anführer der Horde gleichzeitig Dorfhäuptling (unter Dorf verstehen wir hier die halbpermanenten Niederlassungen während der Regenzeit), dann sind seine Pflichten noch größer. Er ist es, der den Zeitpunkt und den Ort des seßhaften Lebens bestimmt; er überwacht den Gartenbau und setzt fest, welche Pflanzen angebaut

werden; kurzum, er regelt alle Tätigkeiten im Hinblick auf die Bedürfnisse und die Möglichkeiten der Jahreszeit.
Wir müssen sogleich hinzufügen, daß sich der Häuptling bei seinen vielfachen Funktionen weder auf eine präzise Macht noch auf eine öffentlich anerkannte Autorität stützen kann. Die Macht beruht einzig auf der Zustimmung, und aus dieser Zustimmung bezieht er auch seine Legitimation. Ein tadelnswertes Verhalten (selbstverständlich aus der Sicht der Eingeborenen) oder der böse Wille seitens eines oder mehrerer Unzufriedener können das gesamte Programm des Häuptlings sowie das Wohlergehen seiner kleinen Gemeinschaft in Frage stellen. In einem solchen Fall verfügt der Häuptling über keinerlei Zwangsmittel. Er kann sich der unerwünschten Elemente nur in dem Maße entledigen, als er in der Lage ist, seine Meinung zu der aller anderen zu machen. Er muß also eine Geschicklichkeit an den Tag legen, die mehr der eines Politikers ähnelt, der eine schwankende Mehrheit bei der Stange zu halten versucht, als der eines allmächtigen Herrschers. Es genügt nicht einmal, daß er den Zusammenhalt seiner Gruppe aufrechterhält. Obwohl die Horde während der Nomadenzeit praktisch in völliger Isolation lebt, vergißt sie doch niemals, daß in ihrer Nähe noch andere Gruppen bestehen. Der Häuptling muß daher nicht nur tüchtig sein, sondern er muß auch versuchen – und seine Gruppe rechnet damit –, tüchtiger zu sein als die anderen.
Wie erfüllt der Häuptling diese Pflichten? Das erste und wichtigste Instrument der Macht ist seine Großzügigkeit. Großzügigkeit ist bei den meisten primitiven Völkern und insbesondere in Amerika ein wesentliches Attribut der Macht; sie spielt selbst in diesen elementaren Kulturen eine Rolle, deren materielle Güter sich auf wenig entwickelte Gegenstände beschränken. Obwohl der Häuptling in materieller Hinsicht keine privilegierte Stellung einzunehmen scheint, muß er immer über einen Überschuß an Nahrung, Werkzeugen, Waffen und Schmuck verfügen, der, so gering er auch sein mag, angesichts der allgemeinen Armut dennoch einen beträchtlichen Wert erlangt. Wenn ein Individuum, eine Familie oder die ganze Gruppe einen Wunsch oder ein Bedürfnis empfindet, wenden sie sich an den Häuptling, der ihn befriedigen soll. So ist Großzügigkeit

die wesentliche Eigenschaft, die man von einem neuen Häuptling erwartet. Sie ist die ständig angeschlagene Saite, deren harmonischer oder disharmonischer Ton den Grad der Zustimmung anzeigt. Es läßt sich nicht daran zweifeln, daß die Fähigkeiten des Häuptlings in dieser Beziehung bis zum letzten ausgebeutet werden. Die Hordenhäuptlinge waren meine besten Informanten, und da ich mir ihrer schwierigen Lage bewußt war, entschädigte ich sie großzügig; aber selten habe ich erlebt, daß eines meiner Geschenke länger als ein paar Tage in ihren Händen blieb. Jedesmal, wenn ich mich nach einigen Wochen gemeinsamen Lebens von einer Horde verabschiedete, hatten sich die Eingeborenen mittlerweile in die glücklichen Besitzer von Hacken, Messern, Perlen usw. verwandelt. Nur der Häuptling war meist immer noch so arm wie vor meiner Ankunft. Alles, was er erhalten hatte (was beträchtlich über dem Durchschnitt des einzelnen lag), war ihm wieder entrissen worden. Diese kollektive Gier treibt den Häuptling oft an den Rand der Verzweiflung. Die Weigerung, etwas zu geben, nimmt in dieser primitiven Demokratie etwa denselben Platz ein wie die Vertrauensfrage in einem modernen Parlament. Wenn ein Häuptling sagt: „Schluß mit den Geschenken! Schluß mit der Großzügigkeit! Möge ein anderer an meiner Stelle großzügig sein!“, muß er sich seiner Macht sehr sicher sein, denn seine Herrschaft ist in einem solchen Augenblick ernsthaft bedroht.
Der Einfallsreichtum ist die intellektuelle Form der Großzügigkeit. Ein guter Häuptling beweist Initiative und Geschick. Er ist es, der das Gift für die Pfeile zubereitet. Er stellt auch die Gummibälle her, die bei bestimmten Spielen verwendet werden. Der Häuptling muß ein guter Sänger und ein guter Tänzer sein, ein lustiger Kumpan, stets bereit, die Horde zu zerstreuen und die Eintönigkeit des täglichen Lebens aufzulockern. Diese Funktionen können leicht zum Schamanismus führen, und manche Häuptlinge sind in der Tat auch Medizinmänner und Zauberer. Dennoch bleiben die mystischen Vorstellungen bei den Nambikwara stets im Hintergrund, und wenn sie sich einmal zeigen, so beschränken sich die magischen Fähigkeiten auf die Rolle sekundärer Attribute der Herrschaft. Weit häufiger verteilt sich die weltliche und die geistige Macht auf zwei Indivi-

duen. In dieser Hinsicht unterscheiden sich die Nambikwara von ihren nordwestlichen Nachbarn, den Tupí-Kawahib, bei denen der Häuptling auch gleichzeitig Schamane mit prophetischen Träumen, Visionen, Trancezuständen und Persönlichkeitsverdopplungen ist.

Auch wenn das Geschick und der Einfallsreichtum des Nambikwara-Häuptlings eher in eine positivere Richtung weisen, sind sie doch nicht weniger erstaunlich. Der Häuptling muß eine vollkommene Kenntnis der Territorien besitzen, die seine oder benachbarte Gruppen aufsuchen, er muß die Jagdgründe und die wilden Obstbäume kennen und wissen, wann jeder einzelne von ihnen die meisten Früchte trägt, er muß eine ungefähre Vorstellung von den Reiserouten der benachbarten, freundlich oder feindlich gesinnten Gruppen haben. Ständig ist er unterwegs, um neue Gegenden zu erkunden, er scheint eher um seine Horde herumzuschwirren, als sie zu führen.

Mit Ausnahme von ein oder zwei Männern, die zwar über keine wirkliche Autorität verfügen, aber gegen Belohnung zur Zusammenarbeit bereit sind, steht die Passivität der Gruppe in merkwürdigem Gegensatz zu der Dynamik ihres Führers. Es scheint, als ob die Horde, indem sie dem Häuptling gewisse Vorrechte zugesteht, von ihm erwarten darf, daß er allein über ihre Interessen und ihre Sicherheit wacht.

Diese Haltung wird sehr deutlich durch die bereits erwähnten Episoden der Reise veranschaulicht, auf der wir uns, mit unzureichenden Vorräten ausgestattet, verirrt hatten und die Eingeborenen sich schlafen legten, statt auf die Jagd zu gehen, und es dem Häuptling und seinen Frauen überließen, die Situation zu meistern.

Ich habe schon mehrmals von den Frauen des Häuptlings gesprochen. Die Polygamie, die praktisch sein Privileg ist, stellt den moralischen und gefühlsmäßigen Ausgleich für seine schweren Aufgaben dar und gibt ihm gleichzeitig das Mittel an die Hand, sie zu erfüllen. Von wenigen Ausnahmen abgesehen, dürfen nur der Häuptling und der Zauberer (und auch nur dann, wenn diese Funktionen auf zwei Individuen verteilt sind) mehrere Frauen haben. Doch handelt es sich um eine ganz besondere Art der Polygamie. Statt mit einer Vielehe im eigentlichen Sinn haben wir es hier mit einer monogamen Ehe zu tun, der sich andere Beziehungen hinzugesellen. Die erste Frau spielt die übliche Rolle der alleinigen Gattin, wie sie ihr in gewöhnlichen Ehen zukommt. Sie fügt sich in die Gepflogenheiten der Arbeitsteilung zwischen den Geschlechtern, kümmert sich um die Kinder, kocht und sammelt wilde Früchte. Die späteren Vereinigungen werden zwar als Ehen anerkannt, gehören jedoch einer anderen Ordnung an. Die zweiten Frauen entstammen einer jüngeren Generation. Die erste Frau nennt sie „Tochter“ oder „Nichte“. Außerdem unterliegen sie nicht den Regeln der sexuellen Arbeitsteilung, sondern nehmen sowohl an den männlichen wie an den weiblichen Beschäftigungen teil. Im Lager verachten sie die Hausarbeiten und pflegen der Muße, spielen mit den Kindern, die ihrer eigenen Generation angehören, oder liebkosen den Gatten, während die erste Frau sich mit dem Haushalt und der Küche zu schaffen macht. Aber wenn der Häuptling auf die Jagd oder auf Erkundungsreise geht oder irgendeiner anderen männlichen Beschäftigung nachgeht, begleiten ihn seine Nebenfrauen und stehen ihm physisch und moralisch zur Seite. Diese knabenhaft wirkenden Mädchen, die unter den hübschesten und gesündesten der Gruppe ausgewählt werden, sind eher die Mätressen als die Gattinnen des Häuptlings. Er lebt mit ihnen auf der Grundlage einer erotischen Kameradschaft, die in deutlichem Gegensatz zur ehelichen Atmosphäre der ersten Vereinigung steht.

Obgleich Männer und Frauen nicht zur gleichen Zeit baden, sieht man zuweilen den Häuptling und seine jungen Frauen gemeinsam ein Bad nehmen, Vorwand für große Wasserschlachten, Streiche und zahllose Scherze. Am Abend spielt er mit ihnen, entweder erotische Spiele – dann wälzen sie sich zu zweit, zu dritt oder zu viert eng umschlungen im Sand – oder in kindlicher Form: der Wakletoçu-Häuptling und seine beiden jüngsten Frauen legen sich zum Beispiel auf den Rücken, so daß sie auf dem Boden einen Stern mit drei Zacken bilden, strecken die Füße in die Luft und berühren einander mit den Fußsohlen in einem gleichmäßigen Rhythmus.

Die polygame Ehe erscheint somit als eine Art Überlagerung der monogamen Ehe durch eine pluralistische Form verliebter Kameradschaftlichkeit und gleichzeitig als ein Attribut der Herrschaft, das sowohl in psychologischer wie in ökonomischer Hinsicht einen fundamentalen Wert besitzt. Die Frauen leben meist in bestem Einvernehmen miteinander, und obwohl das Los der ersten Frau zuweilen recht undankbar zu sein scheint – während sie ihrer Arbeit nachgeht, hört sie neben sich das Lachen ihres Gatten und seiner kleinen Freundinnen und sieht sie sogar miteinander kosen –, zeigt sie keine Bitterkeit. Denn diese Rollenverteilung ist weder unwandelbar noch streng, und bei Gelegenheit, wenngleich seltener, wird der Gatte auch mit seiner ersten Frau spielen; sie ist in keiner Weise von der Fröhlichkeit ausgeschlossen. Außerdem wird ihre geringere Teilnahme an den Beziehungen der erotischen Kameradschaft dadurch wettgemacht, daß sie größeres Ansehen sowie eine gewisse Autorität bei ihren jungen Gefährtinnen genießt.

Dieses System hat schwerwiegende Folgen für das Leben der Gruppe. Indem der Häuptling dem regelmäßigen Heiratszyklus periodisch junge Frauen entzieht, stört er das Gleichgewicht zwischen der Anzahl der heiratsfähigen Knaben und Mädchen. Die Hauptleidtragenden dieser Situation sind die jungen Männer, die sich verurteilt sehen, entweder jahrelang Junggesellen zu bleiben oder aber Witwen oder alte Frauen zu heiraten, die von ihren Gatten verstoßen worden sind.

Die Nambikwara lösen das Problem noch auf eine andere Weise: durch homosexuelle Beziehungen, die sie poetisch *tamindige kihandige* nennen, das heißt „Liebeslügen". Diese Beziehungen sind unter jungen Leuten häufig und spielen sich in einer weitaus größeren Öffentlichkeit ab als die normalen Beziehungen. Die Partner ziehen sich nicht in den Busch zurück, wie die Erwachsenen entgegengesetzten Geschlechts, sondern lassen sich unter den amüsierten Blicken der Nachbarn an irgendeinem Lagerfeuer nieder. Das Ereignis ist Anlaß zu meist diskreten Scherzen, denn derartige Beziehungen werden als Kindereien angesehen, von denen man kaum Notiz nimmt. Es bleibt fraglich, ob sie bis zur völligen Befriedigung führen oder ob sie sich auf Gefühlsausbrüche in Verbindung mit erotischen Spielen beschränken, wie sie zum größten Teil die Beziehungen zwischen Eheleuten kennzeichnen.

Die homosexuellen Beziehungen sind nur zwischen Jünglingen erlaubt, die Kreuzvettern sind, das heißt von denen der eine normalerweise dazu bestimmt ist, die Schwester des anderen zu heiraten, für die folglich der Bruder zeitweilig als Ersatz dient. Fragt man einen Eingeborenen nach dieser Art von Beziehung, so erhält man stets dieselbe Antwort: „Es sind Vettern (oder Schwäger), die sich lieben." Auch noch als Erwachsene genießen die Schwäger große Freiheit. Nicht selten kann man zwei oder drei Familienväter beobachten, die am Abend zärtlich umschlungen umherspazieren.
Wie immer es sich mit diesen Ersatzlösungen verhalten mag, so steht doch fest, daß das Privileg der Polygamie, das diese Lösungen überhaupt erst nötig macht, ein wichtiges Zugeständnis der Gruppe an ihren Häuptling darstellt. Was bedeutet nun dieses Vorrecht für den letzteren? Der Zugang zu jungen und hübschen Mädchen verschafft ihm zunächst eine Befriedigung, die aus den erwähnten Gründen weniger körperlicher als gefühlsmäßiger Natur ist. Vor allem aber bilden die polygame Ehe und ihre spezifischen Merkmale das Mittel, das die Gruppe dem Häuptling zur Verfügung stellt, um ihm zu helfen, seinen Pflichten nachzukommen. Wäre er allein, dann könnte er schwerlich mehr leisten als die anderen. Seine Nebenfrauen, durch ihren Sonderstatus von der Knechtschaft ihres Geschlechts befreit, bringen ihm Hilfe und Trost. Gleichzeitig sind sie die Belohnung und das Werkzeug der Macht. Kann man nun sagen, daß sich, aus der Sicht der Eingeborenen, der gezahlte Preis lohnt? Um diese Frage zu beantworten, müssen wir das Problem unter einem allgemeineren Gesichtspunkt betrachten und uns fragen, was die elementare gesellschaftliche Struktur der Nambikwara-Horde über Ursprung und Funktion der Macht aussagen kann.
Eine erste Bemerkung erledigt sich rasch. Zusammen mit einer Reihe anderer Fakten widerlegen auch die Daten der Nambikwara die alte soziologische und zeitweilig von der Psychoanalyse wieder zum Leben erweckte Theorie, der zufolge der primitive Häuptling seinen Prototyp in einem symbolischen Vater besitze, wobei sich, gemäß dieser Hypothese, die elementaren Formen des Staats langsam aus der Familie entwickelt hätten. An der Basis selbst der primi-

tivsten Form der Macht haben wir nämlich einen entscheidenden Schritt festgestellt, der in bezug auf die biologischen Gegebenheiten ein neues Element einführt: dieser Schritt besteht in der *Zustimmung*, im Konsensus. Die Zustimmung ist sowohl der Ursprung wie die Grenze der Macht. Scheinbar unilaterale Beziehungen, wie sie zum Beispiel in der Gerontokratie, in der Autokratie oder in irgendeiner anderen Form der Herrschaft zum Ausdruck kommen, können erst in Gruppen auftreten, die bereits eine komplexe Struktur aufweisen. Undenkbar sind sie in einfachen Formen sozialer Organisation ähnlich derjenigen, die wir hier zu beschreiben versuchten. In unserem Fall beschränken sich die politischen Beziehungen auf eine Art Schiedsspruch zwischen den Fähigkeiten und der Autorität des Häuptlings einerseits und dem Umfang, dem Zusammenhalt und dem guten Willen der Gruppe andererseits; alle diese Faktoren beeinflussen sich wechselseitig.
Es wäre interessant aufzuzeigen, welch starken Rückhalt die zeitgenössische Ethnographie in dieser Hinsicht den philosophischen Thesen des 18. Jahrhunderts gibt. Gewiß unterscheidet sich das Schema Rousseaus von den quasi vertraglichen Beziehungen, die zwischen dem Häuptling und seinen Gefährten bestehen. Denn Rousseau hatte ein ganz anderes Phänomen im Auge, nämlich den Verzicht der Individuen auf ihre eigene Autonomie zugunsten des gemeinsamen Willens. Nichtsdestoweniger haben Rousseau und seine Zeitgenossen ein feines soziologisches Gespür bewiesen, als sie begriffen, daß kulturelle Haltungen und Elemente wie „Vertrag" und „Zustimmung" keine Sekundärbildungen sind, wie dies ihre Gegner, insbesondere Hume, behaupteten: sie sind das Rohmaterial des gesellschaftlichen Lebens, und es läßt sich keine Form politischer Organisation denken, in der sie nicht vorhanden wären.
Aus diesen Überlegungen ergibt sich eine weitere Bemerkung: die *Zustimmung*, der Konsensus ist zwar die psychologische Grundlage der Macht, drückt sich jedoch im täglichen Leben in einem Spiel von Leistungen und Gegenleistungen zwischen dem Häuptling und seinen Gefährten aus, einem Spiel, das den Begriff der *Gegenseitigkeit* zu einem weiteren grundlegenden Attribut der Macht erhebt. Der Häuptling hat die Macht, aber er muß großzügig sein. Er

hat Pflichten, aber er darf mehrere Frauen haben. Zwischen ihm und der Gruppe entsteht ein sich ständig erneuerndes Gleichgewicht zwischen Leistungen und Privilegien, Diensten und Pflichten.
Im Fall der Heirat jedoch spielt sich noch etwas anderes ab. Indem die Gruppe ihrem Häuptling das Privileg der Polygamie zugesteht, tauscht sie die *individuellen Elemente der Sicherheit,* die von der monogamen Regel garantiert sind, gegen eine *kollektive Sicherheit* ein, die sie von der Autorität erwartet. Jeder Mann erhält seine Frau von einem anderen Mann, der Häuptling dagegen erhält mehrere Frauen von der Gruppe. Dafür garantiert er Sicherheit in Zeiten der Not und der Gefahr; freilich verbürgt er sich nicht den Individuen, deren Schwestern oder Töchter er heiratet, nicht einmal denjenigen, die aufgrund seines Rechts auf Polygamie keine Frauen finden, sondern nur der Gruppe als Ganzem, denn es ist die Gruppe als Ganzes, die zu seinen Gunsten das gemeine Recht aufgehoben hat. Diese Überlegungen mögen für eine theoretische Untersuchung der Polygamie von Interesse sein; vor allem aber erinnern sie daran, daß die Auffassung vom Staat als einem System von Garantien – eine Auffassung, die dank der Diskussion über ein nationales Versicherungssystem (wie zum Beispiel der Beveridge-Plan und andere) wieder an Aktualität gewonnen hat – kein rein modernes Phänomen ist. Es handelt sich um eine Rückkehr zum grundlegenden Charakter der sozialen und politischen Organisation.
Dies ist der Standpunkt der Gruppe bezüglich der Macht. Wie aber sieht der Häuptling selbst seine Funktion? Welche Motive drängen ihn dazu, eine Aufgabe zu übernehmen, die nicht immer erfreulich ist? Der Häuptling der Nambikwara-Horde befindet sich in einer schwierigen Lage; um seinen Rang zu bewahren, muß er sich verausgaben. Mehr noch: wenn er seine Stellung nicht ständig verbessert, läuft er Gefahr, zu verlieren, was er während Monaten oder Jahren erobert hat. Dies erklärt, daß sich viele Männer der Macht entziehen. Warum aber gibt es andere, die sie akzeptieren oder gar nach ihr streben? Es ist immer schwierig, psychologische Motive zu beurteilen, und eine solche Aufgabe wird fast unmöglich angesichts einer Kultur, die sich von der unseren so stark unterscheidet. Immer-

hin kann man sagen, daß das Privileg der Polygamie, wie groß seine Anziehungskraft in sexueller, gefühlsmäßiger oder sozialer Hinsicht auch sein mag, nicht ausreicht, jemanden zu dem Entschluß zu bringen, Häuptling zu werden. Die polygame Ehe ist eine technische Voraussetzung der Macht; im Hinblick auf die physische Befriedigung kann sie nur zweitrangige Bedeutung haben. Es muß noch etwas anderes ins Spiel kommen; und wenn man versucht, sich die moralischen und psychologischen Merkmale der verschiedenen Nambikwara-Häuptlinge in Erinnerung zu rufen und auch jene flüchtigen Züge ihrer Persönlichkeit zu erfassen, die zwar der wissenschaftlichen Analyse nicht zugänglich sind, aber durch die menschliche Kommunikation und die Erfahrung der Freundschaft einen Wert erhalten, so kommen wir unweigerlich zu folgendem Schluß: es gibt Häuptlinge, weil es in jeder menschlichen Gruppe Männer gibt, die, im Gegensatz zu ihren Gefährten, das Prestige um seiner selbst willen schätzen, die sich von der Verantwortung angezogen fühlen und für welche die Ausübung öffentlicher Ämter an sich schon eine Befriedigung darstellt. Gewiß werden diese individuellen Unterschiede in den verschiedenen Kulturen in ganz verschiedener Weise entwikkelt und ins Werk gesetzt. Aber ihr Vorhandensein in einer Gesellschaft, die vom Geist des Wettbewerbs so wenig geprägt ist wie die Nambikwara-Gesellschaft, läßt vermuten, daß ihr Ursprung nicht nur sozial bedingt ist. Sie sind vielmehr Teil jenes psychologischen Rohmaterials, mit dem sich jede Gesellschaft aufbaut. Die Menschen sind nicht alle gleich, und sogar in primitiven Stämmen, von denen die Soziologen behauptet haben, sie seien von einer allmächtigen Tradition erdrückt, werden diese individuellen Unterschiede mit ebensoviel Feingefühl wahrgenommen und mit ebensolchem Eifer ausgebeutet wie in unserer sogenannten individualistischen Zivilisation.

In einer anderen Form war genau dies das „Wunder“, von dem Leibniz in bezug auf die amerikanischen Wilden spricht, deren Sitten, welche die alten Seefahrer beschrieben, ihn gelehrt hatten, die „Hypothesen der politischen Philosophie niemals als Beweise anzusehen“. Was mich betrifft, so war ich auf der Suche nach dem, was Rousseau „die kaum merklichen Fortschritte der Anfänge“ nennt, bis ans

Ende der Welt gegangen. Hinter dem Schleier der allzu weisen Gesetze der Caduveo und der Bororo hatte ich meine Suche nach einem Zustand fortgesetzt, der – wie Rousseau sagt – „nicht mehr existiert, vielleicht nie existiert hat und wahrscheinlich auch nie existieren wird und von dem wir dennoch richtige Vorstellungen haben müssen, um unseren gegenwärtigen Zustand beurteilen zu können". Glücklicher als er, glaubte ich, diesen Zustand bei einer im Sterben liegenden Gesellschaft entdeckt zu haben, bei der jedoch die Frage sinnlos war, ob sie ein Überbleibsel der Vergangenheit darstellt oder nicht: traditionell oder degeneriert, sie brachte mich in Berührung mit einer der armseligsten Formen sozialer und politischer Organisation, die sich überhaupt denken läßt. Ich brauchte mich nicht auf die besondere Geschichte zu berufen, welche sie in diesem elementaren Zustand verharren ließ oder, was wahrscheinlicher ist, in ihn zurückgeworfen hatte. Es genügte die soziologische Erfahrung, die ich vor Augen hatte.

Doch sie war es, die sich mir entzog. Ich hatte eine auf ihren einfachsten Ausdruck reduzierte Gesellschaft gesucht. Die der Nambikwara war so einfach, daß ich in ihr nur Menschen fand.

ACHTER TEIL
Tupí-Kawahib

XXX Im Einbaum

Ich hatte Cuiabá im Juni verlassen; jetzt ist es September. Seit drei Monaten schon irre ich durch das Plateau, kampiere mit den Indianern, während die Tiere sich ausruhen, und frage mich zwischen den Etappen nach dem Sinn meines Unternehmens, wenn der ruckweise Gang des Maultiers alte Wunden schmerzen läßt, die mir so vertraut geworden sind, als seien sie ein Teil meines Körpers, und die ich vermissen würde, wenn ich sie nicht jeden Morgen wiederfände. Das Abenteuer hat sich in Langeweile aufgelöst. Seit Wochen breitet sich immer dieselbe karge Savanne vor mir aus; sie ist so trocken, daß sich die noch lebenden Pflanzen kaum von den welken Blättern unterscheiden lassen, die hier und dort von einem verlassenen Lager übriggeblieben sind. Die schwarzen Spuren der Buschfeuer scheinen das natürliche Ende dieses einmütigen Gangs zur Verbrennung zu sein.

Wir sind von Utiarity nach Juruena, dann nach Juina, Campos Novos und Vilhena gezogen; nun befinden wir uns auf dem Weg zu den letzten Posten des Plateaus: Três Buritis und Barão de Melgaço, das bereits an seinem Fuß liegt. Fast bei jeder Etappe haben wir ein oder zwei Ochsen verloren: die einen sind verdurstet, die anderen an Erschöpfung oder *hervado*, an giftigem Gras, gestorben. Als wir einmal auf einem verfaulten Steg einen Fluß überquerten, sind einige Tiere mitsamt dem Gepäck ins Wasser gefallen, und nur mit großer Mühe konnten wir das kostbarste Gut der Expedition retten. Solche Zwischenfälle sind jedoch selten; jeden Tag wiederholen wir dieselben Gesten: wir schlagen das Lager auf, hängen die Hängematten und Moskitonetze auf, schützen das Gepäck und die Sättel vor den Termiten, überwachen die Tiere und treffen am nächsten Morgen dieselben Vorkehrungen in umgekehrter Reihenfolge. Und wenn eine Gruppe Indianer auftaucht, setzt eine andere Routine ein: wir zählen die Gruppe, fragen nach den Namen der Körperteile, stellen die Verwandtschaftstermini und Genea-

logien fest, nehmen das Inventar auf. Ich fühle mich bereits als Bürokrat der Evasion.
Seit fünf Monaten hat es nicht mehr geregnet, und das Wild ist geflüchtet. Wir sind schon glücklich, wenn es uns gelungen ist, einen ausgezehrten Papagei zu schießen oder eine dicke *tupinambis*-Eidechse zu fangen, die wir in unserem Reis kochen, oder wenn wir eine Landschildkröte in ihrem Panzer oder das schwarze, ölige Fleisch eines Tatu braten können. Meist müssen wir uns mit dem *xarque* begnügen, jenem Trockenfleisch, das uns vor Monaten der Metzger aus Cuiabá zubereitet hat und von dem wir jeden Morgen dicke, von Würmern wimmelnde Scheiben in die Sonne legen, um sie zu desinfizieren, auch wenn wir sie am nächsten Tag noch im selben Zustand finden. Einmal hat einer von uns ein Wildschwein erlegt, und das blutige Fleisch erschien uns berauschender als Wein; jeder verschlang ein gutes Pfund davon, und ich begriff plötzlich die angebliche Gefräßigkeit der Wilden, die von so vielen Reisenden als Beweis für ihre Roheit angeführt wird. Es genügt, ihre schmale Kost geteilt zu haben, um ebensolchen Heißhunger zu verspüren wie sie, den zu stillen mehr als Sättigung hervorruft: ein Gefühl des Glücks.
Nach und nach veränderte sich die Landschaft. Die alte kristallinische oder sedimentäre Erde, aus der das Zentralplateau besteht, machte lehmigem Boden Platz. Nach der Savanne begannen wir nun, trockene Wälder zu durchqueren, Wälder aus Kastanien (der brasilianischen Art *Bertholletia excelsa*) und großen Kopaira-Bäumen, die einen Balsam absondern. Die zuvor klaren Bäche werden schlammig und führen gelbes, fauliges Wasser. Allenthalben sieht man Einstürze: von der Erosion zerfressene Abhänge, zu deren Füßen sich Sümpfe mit *sapézals* (hohem Gras) und *buritizals* (Palmenhainen) bilden. An ihren Ufern trotten die Maultiere durch Felder mit wilden Ananas: kleine, orangegelbe Früchte, deren Fleisch voll dicker schwarzer Kerne steckt und deren Geschmack zwischen dem der kultivierten Ananas und dem der köstlichsten Himbeere liegt. Vom Boden steigt jener seit Monaten fast vergessene Geruch nach heißem Kräutertee und Schokolade auf, der Geruch der tropischen Vegetation und der organischen Zersetzung – ein Geruch, der mit einemmal begreiflich werden läßt, daß dies

der Boden ist, auf dem der Kakao wächst, so wie manchmal in der Haute Provence der Duft eines halb verwelkten Lavendelfeldes erklärt, daß in demselben Boden auch Trüffeln wachsen. Eine letzte Unebenheit führt an den Rand einer Prärie, die steil zur Telegrafenstation von Barão de Melgaço abfällt: und schon befinden wir uns, so weit das Auge reicht, im Tal des Machado, das sich durch den amazonischen Urwald zieht; und dieser findet erst eintausendfünfhundert Kilometer weiter an der Grenze von Venezuela ein Ende.

In Barão de Melgaço gab es grüne Wiesen, umgeben von feuchtem Wald, in dem die kräftigen Trompetenrufe des *jacu*, des Hundevogels, widerhallten. Zwei Stunden Jagd genügten, um mit Wild beladen ins Lager zurückzukehren. Wir wurden von einer Art Freßrausch gepackt; drei Tage lang beschäftigten wir uns ausschließlich mit Kochen und Essen. Von nun an sollte es uns an nichts mehr fehlen. Die sorgsam gesparten Vorräte an Zucker und Alkohol schrumpften zusammen, während wir gleichzeitig die Spezialitäten des Amazonas versuchten: vor allem die *tocari*, die brasilianischen Nüsse, deren geriebenes Mark die Saucen zu einer weißen und öligen Creme verdickt. Hier die einzelnen Posten jener gastronomischen Übungen, wie ich sie in meinen Aufzeichnungen wiederfinde:

– Kolibris (die auf portugiesisch *beija-flor* heißen, Blumenküsser), am Spieß gebraten und mit Whisky flambiert;
– gegrillter Krokodilschwanz;
– gebratener Papagei, mit Whisky flambiert;
– *jacu*-Teile in einem Kompott aus Früchten der *assaï*-Palme;
– Ragout aus *mutum* (eine Art wilder Truthahn) und Palmenknospen mit Pfeffer in Tocari-Sauce;
– gebratener *jacu*, karamelisiert.

Nach diesen Schlemmereien und den nicht weniger nötigen Bädern – denn wir waren oft tagelang nicht aus den Monteuranzügen herausgekommen, die zusammen mit Stiefeln und Helmen unsere Kleidung bildeten –, begann ich, die Pläne für den zweiten Teil der Reise auszuarbeiten. Von nun an waren die Flüsse den von der Vegetation überwucherten *picadas* des Waldes vorzuziehen. Überdies blie-

ben mir von den anfänglichen einunddreißig Ochsen nur noch sieben, die zu erschöpft waren, um selbst auf ebenem Gelände noch weiterzumarschieren. Wir wollten uns in drei Gruppen aufteilen. Mein Gruppenführer und einige Männer sollten auf dem Landweg zu den ersten Zentren der Kautschuksucher vorstoßen, wo wir die Pferde und einen Teil der Maulesel zu verkaufen hofften. Andere Männer sollten mit den Ochsen in Barão de Melgaço bleiben, damit sie sich auf den Weiden mit *capim-gordura*, fettem Gras, erholen konnten. Tiburcio, ihr alter Koch, sollte ihr Anführer sein, was um so freudiger begrüßt wurde, als alle ihn mochten; man sagte von ihm – denn er hatte einen stark afrikanischen Einschlag – *preto na feição, branco na accão*, „dem Gesicht nach schwarz, dem Handeln nach weiß", was, nebenbei gesagt, beweist, daß auch der brasilianische Bauer nicht frei von Rassenvorurteilen ist. Im Amazonasgebiet sagt ein weißes Mädchen, dem ein Schwarzer den Hof macht: „Bin ich denn ein so weißes Aas, daß sich ein Urubu auf meine Eingeweide hockt?" Damit beschwört sie das dort so vertraute Schauspiel eines auf dem Fluß treibenden toten Krokodils, auf dem sich ein Aasgeier mit schwarzen Federn niedergelassen hat.
Sobald sich die Ochsen erholt hätten, sollte der Trupp nach Utiarity zurückkehren, was, wie wir meinten, ohne Schwierigkeiten zu bewältigen wäre, da die Tiere keine Lasten mehr zu schleppen brauchten und die in Kürze niedergehenden Regenfälle die Wüste in eine Prärie verwandelt haben würden. Schließlich sollte das wissenschaftliche Personal der Expedition zusammen mit dem Rest der Leute das Gepäck im Einbaum bis zu den bewohnten Gegenden bringen, wo wir uns zu trennen gedachten. Ich persönlich plante, auf dem Madeira nach Bolivien zu fahren, mit dem Flugzeug über Corumbá nach Brasilien zurückzukehren und gegen Dezember wieder in Cuiabá und dann in Utiarity einzutreffen, wo ich meine *comitiva* – meine Leute und meine Tiere – vorzufinden hoffte, um die Expedition aufzulösen.
Der Postenchef von Melgaço leiht uns zwei *galiotes* – leichte Plankenboote – und Ruderer: Maultiere, lebt wohl! So brauchen wir uns nur noch den Rio Machado hinuntertreiben zu lassen. Durch die Monate der Trockenheit leichtsin-

nig geworden, versäumen wir es an diesem ersten Abend, unsere Hängematten zu schützen, und befestigen sie zwischen den Bäumen am Ufer. Mitten in der Nacht bricht mit dem Getöse eines galoppierenden Pferdes ein Gewitter los; noch bevor wir richtig aufgewacht sind, verwandeln sich die Hängematten in Badewannen; tastend entfalten wir eine Plane, um uns zu schützen, können sie aber in dieser Sintflut nicht spannen. An Schlaf ist nicht zu denken; im Wasser kauernd und die Plane mit unseren Köpfen stützend, müssen wir ständig unsere Taschen überwachen und das Wasser abgießen, bevor es eindringt. Um die Zeit totzuschlagen, erzählen die Männer Geschichten; eine davon, die Emydio erzählte, ist mir in Erinnerung geblieben.

Emydios Geschichte

Ein Witwer hatte einen einzigen, schon fast erwachsenen Sohn. Eines Tages ruft er ihn und erklärt ihm, daß es höchste Zeit sei, zu heiraten. „Was muß ich tun, um zu heiraten?" fragt der Sohn. „Das ist ganz einfach", sagt sein Vater, „du brauchst nur die Nachbarn zu besuchen und der Tochter zu gefallen." – „Aber ich weiß nicht, wie man einem Mädchen gefällt!" – „Spiel Gitarre, sei fröhlich, lache und singe!" Der Sohn tut, wie ihm geheißen, und trifft in genau dem Augenblick bei den Nachbarn ein, da der Vater des Mädchens im Sterben liegt; sein Benehmen wird als sehr unpassend empfunden, und man jagt ihn mit Steinen davon. Er kehrt zu seinem Vater zurück und beklagt sich; der Vater erklärt ihm, wie er sich in einem solchen Fall zu verhalten habe. Abermals begibt sich der Sohn zu den Nachbarn, die gerade ein Schwein schlachten. Doch seiner letzten Erfahrung eingedenk, schluchzt er: „Wie traurig! Es war so gut, wir liebten es so sehr! Nie wieder werden wir ein besseres finden!" Wütend jagen ihn die Nachbarn davon; er erzählt seinem Vater dieses neuerliche Mißgeschick und erhält weitere Ratschläge für das angemessene Verhalten. Bei seinem dritten Besuch sind die Nachbarn damit beschäftigt, den Garten von Raupen zu säubern. Und der junge Mann, der stets eine Lektion hinterherhinkt, ruft: „Welch herrlicher Überfluß! Ich wünsche euch, daß sich diese Tiere auf eurem Land vermehren! Möge es euch niemals an ihnen fehlen!" Man jagt ihn abermals davon.
Nach diesem dritten Mißerfolg befiehlt der Vater seinem Sohn, eine Hütte zu bauen. Dieser geht in den Wald, um das nötige Holz zu

schlagen. In der Nacht kommt der Werwolf vorbei, und da der Ort ihm gefällt, um sich hier eine Bleibe zu bauen, macht er sich an die Arbeit. Am nächsten Morgen geht der Knabe zur Baustelle zurück und findet das Werk schon weit fortgeschritten. „Gott hilft mir!", denkt er zufrieden. So bauen sie zusammen, der junge Mann am Tag, der Werwolf in der Nacht. Dann ist die Hütte fertig.
Um sie einzuweihen, will der Knabe einen Hirsch, der Werwolf einen Toten essen. Der eine bringt den Hirsch am Tag, der andere die Leiche in der Nacht. Und als der Vater am nächsten Tag kommt, um an dem Festmahl teilzunehmen, sieht er auf dem Tisch einen Toten als Braten. „Wirklich, mein Sohn, du wirst nie zu etwas taugen ..."

Am nächsten Tag regnete es noch immer, und wir gelangten, ständig die Boote ausschöpfend, zum Posten von Pimenta Bueno. Dieser Posten liegt an der Mündung des gleichnamigen Flusses in den Rio Machado. Hier lebten etwa zwanzig Personen, einige Weiße aus dem Innern und eine Reihe von Indianern verschiedener Herkunft, die an der Linie arbeiteten: Cabishiana aus dem Tal des Guaporé und Tupí-Kawahib vom Rio Machado. Sie sollten mir wichtige Informationen liefern. Die einen betrafen die noch wilden Tupí-Kawahib, von denen man, auf alte Berichte vertrauend, meinte, sie seien längst ausgestorben; ich werde darauf zurückkommen. Die anderen bezogen sich auf einen unbekannten Stamm, der angeblich einige Tagesreisen entfernt am Rio Pimenta Bueno lebte. Ich faßte sofort den Plan, sie aufzusuchen; aber wie? Ein glücklicher Zufall wollte es, daß sich in dem Posten gerade ein Schwarzer namens Bahia aufhielt, ein etwas abenteuerlicher ambulanter Händler, der jedes Jahr eine phantastische Reise unternahm: zuerst begab er sich zum Madeira hinunter, um sich in den Flußlagern mit Waren einzudecken, fuhr dann im Einbaum den Machado und zwei Tage lang den Pimenta Bueno hinauf. Dort kannte er eine Piste, die es ihm erlaubte, Waren und Einbäume drei Tage lang durch den Wald zu schleppen bis zu einem kleinen Nebenfluß des Guaporé, wo er seine Waren zu um so unverschämteren Preisen losschlagen konnte, als die Gegend, in die er vordrang, nicht versorgt war. Bahia erklärte sich bereit, von seinem üblichen Weg abzuweichen und mit mir den Pimenta

Bueno noch ein Stück weiter hinaufzufahren, unter der Bedingung, daß ich ihn mit Waren statt mit Geld bezahle. Das bedeutete für ihn ein gutes Geschäft, da die Preise im Amazonasgebiet höher sind als in São Paulo, wo ich meine Waren gekauft hatte. Ich überließ ihm also mehrere Ballen roten Flanell, der mir ohnehin verleidet war: in Vilhena nämlich hatte ich einen Teil davon den Nambikwara geschenkt, die am nächsten Morgen alle von Kopf bis Fuß in roten Flanell gehüllt erschienen, einschließlich der Hunde, Affen und gezähmten Wildschweine; eine Stunde später freilich, als der Spaß ein Ende hatte, lagen überall im Busch Fetzen roten Flanells herum, wo ihnen niemand mehr die geringste Aufmerksamkeit schenkte.

Zwei im Posten entliehene Einbäume, vier Ruderer und zwei unserer Leute bildeten die Mannschaft. Wir waren bereit, uns in dieses improvisierte Abenteuer zu stürzen.

Es gibt für den Ethnographen keine begeisterndere Aussicht, als der erste Weiße zu sein, der zu einer Gemeinschaft von Eingeborenen vordringt. Schon im Jahre 1938 konnte man die wenigen Gegenden der Welt, die diese höchste Belohnung versprachen, an den Fingern einer Hand abzählen. Seither sind diese Möglichkeiten noch geringer geworden. Mir aber sollte das Erlebnis der alten Entdecker noch einmal zuteil werden und mit ihm jener entscheidende Augenblick des modernen Denkens, da eine Menschheit, die sich für vollzählig und vollkommen hielt, dank den großen Entdeckungen plötzlich wie durch eine Offenbarung erfuhr, daß sie nicht allein war, daß sie nur Teil eines größeren Ganzen war und daß sie, um sich selbst zu erkennen, ihr unkenntliches Bild zuerst in jenem Spiegel betrachten mußte, in den ein von den Jahrhunderten vergessener Splitter mir nun gestatten sollte, ganz allein einen ersten und letzten Blick zu werfen.

Ziemt sich eine solche Begeisterung noch im 20. Jahrhundert? So wenig bekannt die Indianer am Pimenta Bueno auch waren, so durfte ich doch nicht erwarten, denselben Schock zu empfinden wie die großen Autoren – Léry, Staden, Thevet –, die vor vierhundert Jahren ihren Fuß auf brasilianischen Boden gesetzt hatten. Was sie damals erblickten, werden unsere Augen niemals mehr sehen. Die Zivilisationen, die sie als erste betrachteten, hatten sich zwar nach anderen Prinzipien entwickelt, als die unsrigen, aber nichtsdestoweniger die mit ihrer Natur in Einklang stehende Erfüllung und Vollkommenheit erreicht, während die Gesellschaften, die wir heute untersuchen können – unter Bedingungen, die sich mit denen von vor vierhundert Jahren nicht vergleichen lassen –, uns nur noch als kraftlose Körper und verstümmelte Formen erscheinen. Trotz riesiger Entfernungen und allen möglichen Zwischenstadien (die, wenn es gelingt, die Kette zu rekonstruieren, oft verwirrend bizarr sind) wurden sie von jener ungeheuerlichen und unbegreiflichen Katastrophe zu Boden geschmettert, jener Katastrophe, welche die Entwicklung der westlichen Zivilisation für einen ebenso großen wie unschuldigen Teil der Menschheit bedeutete; und diese Zivilisation täte unrecht, wollte sie vergessen, daß sie ihr ein zweites Gesicht gibt, das nicht weniger wahrhaftig und nicht weniger unauslöschlich ist als das erste.

Auch wenn man weit und breit keine Menschenseele sah, waren doch die Reiseverhältnisse dieselben geblieben. Nach dem trostlosen Ritt über das Plateau überließ ich mich dem Zauber dieser Fahrt auf einem lachenden Fluß, dessen Lauf auf keiner Karte eingezeichnet ist, aber dessen kleinste Krümmungen mir die Berichte in Erinnerung riefen, die mir so lieb geworden sind.

Zunächst mußten wir uns wieder an das Flußleben gewöhnen, so wie wir es drei Jahre zuvor auf dem São Lourenço gelernt hatten: es galt, die verschiedenen Typen von Einbäumen und ihre jeweiligen Vorteile zu kennen – Boote, die entweder aus einem einzigen Stamm oder aus zusammengefügten Brettern bestanden und je nach Form und Größe *montaria, canoa, ubá* oder *igarité* heißen; sich wieder daran gewöhnen, stundenlang im Wasser zu kauern, das durch die Ritzen des Holzes dringt und das man mit einem kleinen Kürbis ständig ausschöpfen muß; sich mit äußerster Langsamkeit und Vorsicht zu bewegen, wenn die Glieder vom Starrkrampf befallen sind, damit das Boot nicht kentert: *água não tem cabellos,* „das Wasser hat keine Haare“ – wenn man über Bord fällt, gibt es nichts, woran man sich festhalten kann; schließlich galt es, Geduld zu üben, denn bei jedem Hindernis des Flußbetts müssen die so mühsam festgezurrten Vorräte und Materialien ausgeladen und samt den Booten am steinigen Ufer entlang getragen werden, um die ganze Operation einige hundert Meter weiter zu wiederholen.

Diese Hindernisse sind verschiedener Art: es gibt *seccos*, trockene Stellen; *cachoeiras*, Stromschnellen; *saltos*, Wasserfälle. Jedes erhält von den Ruderern schnell einen anschaulichen Namen; dieser erinnert zum Beispiel an ein Detail der Landschaft wie *castanhal, palmas,* oder an ein Jagderlebnis: *veado, queixada, araras;* oder er bringt eine persönlichere Beziehung zum Reisenden zum Ausdruck: *criminosa*, „die Verbrecherin", *encrenca*, unübersetzbares Substantiv, das den Umstand veranschaulicht, daß jemand in „Bedrängnis" war; *apertada hora*, „beklemmende Stunde", *vamos ver*, „wir werden sehen" ...

Bei der Abreise ereignet sich nichts Außergewöhnliches. Wir lassen die Ruderer ihren vorgeschriebenen Rhythmus finden: zunächst besteht er aus einer Reihe kleiner Schläge – pluff, pluff, pluff –, dann werden, bei der Anfahrt, zwischen die Ruderschläge zwei kurze Schläge auf den Rand des Einbaums eingeschaltet – tra-pluff, tra; tra-pluff, tra –, schließlich kommt der Reiserhythmus, bei dem das Ruder nur jedes zweite Mal ins Wasser taucht, das andere Mal zurückgehalten und gedreht wird und nur leicht über die Oberfläche des Wassers streicht, jedoch stets von einem Schlag begleitet und von der nächsten Bewegung durch einen anderen getrennt – tra-pluff, tra, sh, tra; tra-pluff, tra, sh, tra ... So zeigen die Ruder abwechselnd die blaue und die orangefarbene Seite ihrer Schaufel, die ebenso leicht auf dem Wasser liegen wie der Widerschein der großen Aras, die über den Fluß fliegen: bei jeder Krümmung des Wasserlaufs glitzert ihr goldener Bauch oder ihr blauer Rücken. Die Luft hat die Durchsichtigkeit der Trockenzeit verloren. Bei Tagesanbruch verschwimmt alles in rosigem Dunst, dem Morgennebel, der langsam vom Fluß aufsteigt. Es ist schon heiß, aber nach und nach wird diese indirekte Wärme gleichsam präziser. Was zuerst nur eine diffuse Temperatur war, wird zu einem Sonnenbrand auf Gesicht oder Händen. Man beginnt zu wissen, warum man schwitzt. Das Rosa erhält Schattierungen. Blaue Inseln tauchen auf. Es scheint, als ob der Nebel noch dichter würde, während er sich doch auflöst.

Wir fahren angestrengt flußaufwärts, und die Ruderer müssen sich ausruhen. Wir verbringen den Vormittag damit, mit Hilfe einer mit wilden Beeren bestückten Angel die für die *peixada*, die amazonische Bouillabaisse, nötigen Fische zu fangen: fettig gelbe *pacus*, die man in Scheiben schneidet und den Gräten entlang ißt wie Koteletts; *piracanjubas* mit silbriger Haut und rötlichem Fleisch; Goldbrassen; *cascudos*, die einen Panzer haben wie ein Hummer, nur daß er schwarz ist; gefleckte *piaparas; mandi, piava, curimbata, jatuarama, matrinchão* ... Hüten aber muß man sich vor den giftigen Rochen und den elektrischen Fischen – *purake* –, die man zwar ohne Köder fängt, aber deren Ladung ausreicht, ein Maultier zu töten; und noch mehr, so sagen die Männer, vor jenen winzigen Fischen, die, dem Harnstrahl folgend, in die Blase des Unvorsichtigen eindringen, dem es einfiele, sein Wasser in den Fluß abzuschlagen ... Oder wir erspähen in dem riesigen grünen Schimmel, den der Wald am Ufer bildet, den plötzlichen Aufruhr einer Horde von Affen mit tausend Namen: *guariba*, Brüllaffen; *coatá* mit spinnenartigen Gliedern; Kapuziner- oder „Nagel"affen; *zogzog*, die eine Stunde vor Tagesanbruch durch ihr Geschrei den ganzen Wald wecken und die mit ihren großen mandelförmigen Augen, ihrer menschlichen Haltung, ihrem seidigen und bauschigen Mantel an mongolische Prinzen erinnern; und alle Stämme der kleinen Affen: *saguin*, unser Pinseläffchen; *macaco da noite*, „Nachtaffe", mit Augen wie aus dunkler Gelatine; *macaco de cheiro*, „Parfümaffe"; *gogó de sol*, „Sonnenkehle", usw. Eine einzige Kugel in die herumspringende Horde genügt, um mit Sicherheit ein Stück dieses Wilds zu treffen; gebraten ähnelt es einer Kindermumie mit verkrampften Händen und schmeckt als Ragout ähnlich wie Gans.

Gegen drei Uhr nachmittags grollt der Donner, der Himmel verdunkelt sich, und der Regen verdeckt mit einer breiten, senkrechten Wand die Hälfte des Himmels. Wird er kommen? Die Wand wird streifig und fasert aus, und dahinter erscheint ein zuerst goldener, dann blaßblauer Himmel. Nur noch die Mitte des Horizonts ist vom Regen verhangen. Aber die Wolken schmelzen, das Tuch schrumpft rechts und links zusammen und verflüchtigt sich schließlich. Man sieht nur noch einen aus blauschwarzen Massen zusammengesetzten Himmel, die sich gegen einen blauen und weißen Hintergrund abheben. Dies ist der Augenblick, eine Uferstelle anzusteuern, wo der Wald weniger dicht zu sein scheint, bevor das nächste Gewitter niedergeht. Mit dem Buschmesser – *facão* oder *terçado* – schlagen wir schnell eine kleine Lichtung; wir untersuchen die freigelegten Bäume, um zu sehen, ob sich ein *pau de novato,* ein „Neulingsbaum“, darunter befindet, der so heißt, weil nur ein Unerfahrener seine Hängematte an ihm festmacht, der noch nicht weiß, daß sofort ein Heer von roten Ameisen über ihn herfallen wird; oder ein *pau d'alho,* der nach Knoblauch stinkt; oder eine *cannela merda,* deren Name wohl alles sagt. Vielleicht aber findet man mit etwas Glück auch eine *soveira,* deren Stamm, kreisförmig eingeschnitten, in wenigen Minuten mehr Milch gibt als eine Kuh, eine sahnige und schaumige Milch, die jedoch, wenn man sie ungekocht trinkt, den Mund mit einer gummiartigen Schicht überzieht; einen *araçá* mit violetten, kirschgroßen Früchten, die nach Terpentin schmecken und eine leichte Säure haben, so daß im Wasser, in das man sie auspreßt, Blasen aufsteigen; einen *ingá,* dessen Schoten mit einem feinen süßen Flaum gefüllt sind; einen *bacuri,* dessen Früchte an den Gärten des Paradieses entwendete Birnen erinnern; oder schließlich einen *assaï,* die höchste Wonne des Urwalds: kocht man seine Früchte, so erhält man einen dicken Himbeersirup, der sich, läßt man ihn über Nacht stehen, in einen fruchtigen, säuerlichen Käse verwandelt.

Während sich die einen diesen kulinarischen Tätigkeiten hingeben, befestigen die anderen die Hängematten unter Schutzdächern aus Zweigen und Palmblättern. Es ist der Augenblick, da am Lagerfeuer Geschichten erzählt werden, Geschichten voll von Erscheinungen und Gespenstern: über den *lobis-homen,* den Werwolf; über das Pferd ohne Kopf oder die alte Frau mit dem Totenschädel. Fast immer gibt es unter den Leuten einen ehemaligen *garimpeiro,* der sehnsüchtig an jenes elende, täglich von der Hoffnung auf Reichtum erleuchtete Leben zurückdenkt: „Ich war gerade dabei zu ‚schreiben‘ – das heißt Kies zu sortieren –, als ich in der Schwenkpfanne ein kleines Reiskorn erblickte, das aussah wie ein wahrhaftiges Licht. *Que cousa bounita!** Ich

* Ländliche Aussprache von *coisa bonita.*

glaube nicht, daß es etwas Schöneres geben kann ... Wenn man es betrachtete, war es, als würde sich die Elektrizität im Körper der Leute entladen!" Oder es beginnt eine Diskussion: „Zwischen Rosario und Laranjal gibt es auf einem Hügel einen leuchtenden Stein. Man sieht ihn schon kilometerweit, vor allem in der Nacht." – „Vielleicht Kristall?" – „Nein. Kristall macht die Nacht nicht hell, nur der Diamant." – „Und niemand holt ihn?" – „Oh, Diamanten wie solche! Die Stunde ihrer Entdeckung und der Name desjenigen, der sie besitzen soll, sind seit langem vorbestimmt!"

Wer nicht schlafen will, begibt sich, manchmal bis zum Morgengrauen, ans Ufer des Flusses, wo er die Spuren des Wildschweins, des *capivara* oder des Tapirs entdeckt hat: vergeblich versuchen sich die Männer in der *batuqué*, Jagd, die darin besteht, mit einem dicken Stock in regelmäßigen Abständen auf den Boden zu schlagen: bumm ... bumm ... bumm ... Die Tiere meinen, es handle sich um herabfallende Früchte und kommen dann, wie es scheint, immer in derselben Reihenfolge angelaufen: zuerst das Wildschwein, dann der Jaguar.

Häufig begnügt man sich damit, das Feuer für die Nacht zu schüren. Nachdem die Ereignisse des Tages kommentiert worden sind und der Mate seine Runde gemacht hat, bleibt nichts anderes mehr zu tun, als sich in der Hängematte auszustrecken, über der sich das Moskitonetz spannt, ein kompliziertes Gewirr aus Stäben und Schnüren – halb Kokon, halb Drache –, und dafür zu sorgen, daß es nirgendwo am Boden schleift, indem man das Ende des Netzes zu einer Art Tasche zusammenrollt und es mit dem Revolver beschwert, der damit gleichzeitig in Reichweite liegt. Bald beginnt der Regen zu fallen.

XXXI Robinson

Vier Tage lang waren wir den Fluß hinaufgefahren; es hatte so viele Stromschnellen gegeben, daß wir die Boote bis zu fünfmal am Tag entladen, tragen und wieder beladen mußten. Das Wasser floß durch Felsformationen, die es in mehrere Arme teilten; in der Mitte hatten die Klippen abtreibende Bäume samt ihren Zweigen, Wurzeln und Vegetationsklumpen festgehalten. Auf diesen improvisierten Inseln begann diese Vegetation wieder so schnell zu wachsen, daß nichts mehr auf den chaotischen Zustand hindeutete, in dem das letzte Hochwasser sie zurückgelassen hatte. Die Bäume wuchsen in alle Richtungen, und über den Wasserfällen leuchteten Blumen; man wußte nicht mehr, ob der Fluß dazu diente, diesen Wundergarten zu bewässern, oder ob er bald von der Masse der Pflanzen und Lianen erstickt werden würde, denen alle Dimensionen des Raums, nicht nur die Vertikale, zugänglich zu sein schienen, so sehr hatten sich die üblichen Unterschiede zwischen Land und Wasser verwischt. Es gab keinen Fluß, auch kein Ufer mehr, sondern nur noch ein Labyrinth aus Büschen, welche die Strömung erfrischte, während unmittelbar unter der Gischt der Boden wuchs. Diese Freundschaft zwischen den Elementen erstreckte sich auch auf die Lebewesen. Die Eingeborenen benötigen riesige Bodenflächen, um überleben zu können; doch hier bezeugte der Überfluß animalischen Lebens, daß der Mensch seit Jahrhunderten die Ordnung der Natur nicht zu stören vermocht hatte. Die Bäume zitterten unter der Last der Affen, die zahlreicher waren als die Blätter und die man für lebende Früchte hätte halten können, die auf den Zweigen tanzten. In der Nähe der Felsen brauchte man nur die Hand auszustrecken, um das pechschwarze Federkleid der großen *mutum* mit ihren bernstein- oder korallenfarbenen Schnäbeln oder die wie der Labradordachs blaumoirierten *jacamin* zu streicheln. Diese Vögel flohen nicht vor uns; wie lebende Edelsteine schwammen sie zwischen den triefenden Lianen und den dicht belaubten Stromschnellen umher und trugen dazu bei, vor meinen erstaunten Augen jene Bilder aus der Werkstatt der Breughels erstehen zu lassen, auf denen das Paradies, veranschaulicht durch eine zärtliche Vertrautheit zwischen Pflanzen, Tieren und Menschen, ein Zeitalter beschwört, in dem die Welt der Lebewesen noch nicht gespalten war.

Am Nachmittag des fünften Tages verkündete ein am Ufer festgemachter schmaler Einbaum das Reiseziel. Eine kleine Lichtung bot sich uns als Lager an. Das Indianerdorf befand sich einen Kilometer weiter im Innern: ein Garten von etwa hundert Meter Länge; auf einer ovalen Lichtung erhoben sich drei kollektive Rundhütten, die von dem Mittelpfosten wie von einem Mast überragt wurden. Die beiden größeren Hütten standen einander an der Breitseite des Ovals gegenüber, am Rande eines Tanzplatzes aus gestampfter Erde. Die dritte lag an der Spitze und war mit der Tanzfläche durch einen Pfad quer durch den Garten verbunden.

Die Bevölkerung bestand aus fünfundzwanzig Personen und einem Knaben von etwa zwölf Jahren, der eine andere Sprache sprach und allem Anschein nach ein Kriegsgefangener war, jedoch wie die eigenen Kinder behandelt wurde. Die Kleidung der Männer und Frauen war ebenso spärlich wie die der Nambikwara, außer daß alle Männer den konischen Penisbeutel trugen wie die Bororo und daß die Strohquaste über den Geschlechtsteilen, die auch die Nambikwara kennen, bei ihnen weiter verbreitet war. Männer und Frauen trugen in den Lippen Pflöcke aus erhärtetem Harz, das wie Bernstein aussah, sowie Ketten aus glänzenden Perlmuttscheiben oder polierten Muscheln. Handgelenke, Oberarme, Waden und Knöchel waren mit Baumwollbändern eingeschnürt. Schließlich war bei den Frauen die Nasenscheidewand durchbohrt, und sie trugen darin ein Stäbchen aus abwechselnd schwarzen und weißen Scheiben, die auf eine starre Fiber dicht aufgefädelt waren.

Ihre äußere Erscheinung unterschied sich stark von der der Nambikwara: sie waren untersetzt, hatten kurze Beine und sehr helle Haut. Zusammen mit den leicht mongolischen Gesichtszügen verlieh sie einigen Eingeborenen ein kaukasisches Aussehen. Die Indianer zupften sich sehr sorgfältig die Körperhaare aus: die Wimpern mit der Hand, die Augenbrauen mit Wachs, das sie mehrere Tage eintrocknen ließen, bevor sie es abrissen. Die Stirnhaare waren rund geschnitten (oder genauer abgebrannt) und ließen die Stirn frei. Die Schläfenhaare wurden mit Hilfe eines Verfahrens entfernt, das ich nirgendwo anders beobachtet habe: die Haare werden durch die Schlinge einer um sich selbst gedrehten Schnur gezogen, deren eines Ende der Betreffende mit den Zähnen festhält, während er mit der einen Hand die Schlinge offenhält und mit der anderen am freien Ende zieht, so daß sich die Schnur immer enger zusammenrollt und die Haare ausreißt.

Diese Indianer, die sich selbst den Namen Mundé geben, waren in der ethnographischen Literatur noch nie erwähnt worden. Sie sprechen eine fröhliche Sprache, in der die Wörter mit betonten Silben enden – *zip, zep, pep, zet, tap, kat* –, die ihre Reden wie Zimbelschläge unterstreichen. Diese Sprache ähnelt den heute verschwundenen Dialekten am unteren Xingú und anderen, die vor kurzem an den rechten Nebenflüssen des Guaporé gesammelt wurden, von dessen Quellen die Mundé nicht weit entfernt sind. Meines Wissens hat niemand nach mir die Mundé aufgesucht, außer einer Missionarin, die um 1950 am oberen Guaporé auf drei Familien gestoßen war, die sich dorthin geflüchtet hatten. Ich habe bei ihnen eine sehr angenehme Woche verbracht, denn selten haben sich Gastgeber einfacher, geduldiger und liebenswürdiger gezeigt. Sie ließen mich ihre Gärten bewundern, in denen Mais, Maniok, süße Kartoffeln, Erdnüsse, Tabak, Kürbisse und verschiedene Arten von schwarzen und grünen Bohnen wuchsen. Wenn sie roden, lassen sie stets die Stümpfe der Palmen unberührt, in denen es von fetten weißen Larven wimmelt, die für sie ein Leckerbissen sind: eine seltsame Mischung von Ackerbau und Viehzucht.
Durch die Rundhütten drang ein diffuses Licht, gesprenkelt von der Sonne, die durch die Ritzen schien. Die Hütten waren sorgfältig gebaut und bestanden aus kreisförmig in den Boden gerammten Stangen, die sich in der Gabelung von schräggestellten Masten einander zuneigten, so daß im Innern Spitzbögen entstanden, zwischen denen etwa zehn aus Baumwolle geknüpfte Hängematten hingen. Alle Stangen vereinten sich in etwa vier Meter Höhe, an einem Mittelpfosten befestigt, der durch das Dach ragte. Horizontale Ringe aus Zweigen vervollständigten das Gerüst, das eine Kuppel aus Palmzweigen trug, deren Blätter alle auf derselben Seite nach unten umgebogen waren, so daß sie wie Ziegel übereinanderlagen. Der Durchmesser der größten Hütte betrug ungefähr zwölf Meter; vier Familien lebten darin, jede in einem Sektor zwischen zwei Spitzbögen. Zwar gab es sechs solcher Sektoren, doch hatte man die beiden vor den sich gegenüberliegenden Türen frei gelassen, damit man ungehindert ein- und ausgehen konnte. Hier verbrachte ich meine Tage auf einer jener kleinen Holzbänke,

die aus einem halben ausgehöhlten Palmscheit bestehen, mit der flachen Seite nach unten. Wir aßen Maiskörner, die auf einer Tonplatte geröstet wurden, und tranken Mais-*chicha* – ein Mittelding zwischen Bier und Suppe – aus Kürbisbehältern, die innen mit einer kohleartigen Masse geschwärzt und außen mit eingeritzten oder eingebrannten Zickzacklinien, Kreisen und Polygonen verziert waren.

Auch ohne die Sprache zu kennen und ohne Dolmetscher konnte ich versuchen, einige Aspekte des Denkens und der Gesellschaft der Eingeborenen zu erforschen: Zusammensetzung der Gruppe, Verwandtschaftsbeziehungen und -bezeichnungen, Namen der Körperteile, Vokabular der Farben gemäß einer Skala, von der ich mich niemals trennte. Die Termini für Verwandtschaftsbeziehungen, Körperteile, Farben und Formen (wie etwa für diejenigen, welche die Kürbisbehälter schmücken) weisen oft gemeinsame Merkmale auf, dank derer sie auf halbem Weg zwischen Vokabular und Grammatik stehen: jede Gruppe bildet ein System, und die Art und Weise, wie die verschiedenen Sprachen die in diesem System ausgedrückten Beziehungen trennen oder vermischen, berechtigt zu gewissen Hypothesen, und sei es nur, die Merkmale herauszuschälen, die eine Gesellschaft in dieser Hinsicht von der anderen unterscheidet.

Und doch ließ dieses Abenteuer, das mit soviel Begeisterung begonnen hatte, einen Eindruck der Leere in mir zurück.

Ich hatte bis zum äußersten Punkt der Wildheit gehen wollen; war mein Wunsch nicht in Erfüllung gegangen bei diesen anmutigen Eingeborenen, die vor mir noch niemand gesehen hatte und die vielleicht nie mehr jemand sehen würde? Am Ende einer aufregenden Reise hatte ich meine Wilden nun endlich gefunden. Leider waren sie allzu wild. Da ich von ihrer Existenz erst im letzten Augenblick erfahren hatte, verfügte ich nicht über die nötige Zeit, um sie kennenzulernen. Meine bescheidenen Mittel, die physische Erschöpfung, in der meine Gefährten und ich uns befanden – und die das Fieber, das auf die Regenfälle folgte, noch verschlimmerte –, erlaubten mir nur kurze Einblicke statt monatelanger Studien. Da waren nun die Wilden, bereit, mir ihre Bräuche und Vorstellungen zu erklären, aber ich kannte ihre Sprache nicht. Sie waren mir so nahe wie das

Bild in einem Spiegel; ich konnte sie berühren, aber nicht verstehen. So erhielt ich im selben Augenblick meinen Lohn und meine Strafe. Denn war es nicht meine Schuld und die meines Berufs zu glauben, daß Menschen nicht immer Menschen sind? Daß einige mehr Interesse und Aufmerksamkeit verdienen, weil ihre Hautfarbe und ihre Sitten uns in Erstaunen setzen? Wenn es mir nur gelingt, sie zu erahnen und damit ihrer Fremdheit zu entkleiden, hätte ich ebensogut zu Hause bleiben können. Oder wenn sie diese Fremdheit, wie hier, bewahren, kann ich nichts mit ihr anfangen, da ich nicht einmal in der Lage bin, zu erfassen, worin sie besteht. Zwischen diesen beiden Extremen gefangen, frage ich mich: welche zweideutigen Fälle liefern uns die Ausreden, von denen wir leben? Und wer ist letzten Endes der wahre Betrogene jener Verwirrung, die solche Bemerkungen bei unseren Lesern hervorrufen, Bemerkungen, die gerade so weit gehen, daß sie verständlich sind, aber doch auf halbem Wege steckenbleiben, weil sie Menschen in Erstaunen setzen, die denen ähneln, für welche diese Bräuche selbstverständlich sind? Ist der Betrogene der Leser, der an uns glaubt, oder wir selbst, die wir kein Recht haben, zufrieden zu sein, bevor es uns nicht gelungen ist, jenen Rest aufzulösen, der unserer Eitelkeit einen Vorwand liefert?

Möge also der Boden sprechen in Ermangelung der Menschen, die sich mir verweigern. Möge er mir, jenseits des Blendwerks, das mich auf diesem Fluß verführt hat, endlich antworten und mir das Geheimnis seiner Jungfräulichkeit verraten. Wo aber ruht diese hinter den verwirrenden Erscheinungen, die alles und nichts sind? Ich hebe Szenen hervor, schneide sie aus; ist es jener Baum, diese Blume? Sie könnten genausogut anderswo wachsen. Ist auch das eine Lüge, dieses Ganze, das mich entzückt und dessen einzelne Teile sich mir entziehen? Wenn ich es für wirklich halten soll, möchte ich es wenigstens vollständig, bis in seine letzten Elemente erfassen. Ich verwerfe die unendliche Landschaft, umzingele sie, dränge sie zusammen auf jenen lehmigen Strand und jenen Grashalm: nichts beweist, daß mein Auge, wenn es den Blick schweifen läßt, rings um dieses unbedeutende Stück Land, auf dem sich täglich die echtesten Wilden tummeln, auf dem jedoch die Spuren

Freitags fehlen, nicht den Wald von Meudon erkennen könnte.
Die Fahrt den Fluß hinunter ging erstaunlich schnell. Noch von dem Zauber unserer Gastgeber gefangen, verschmähten es die Ruderer, das Boot zu tragen. Bei jeder Stromschnelle lenkten sie es mitten in die brodelnden Wasser. Einige Sekunden lang glaubten wir, stillzustehen und heftig geschüttelt zu werden, während die Landschaft vorbeiflog. Plötzlich war alles wieder ruhig; wir befanden uns in den toten Gewässern hinter der Stromschnelle, und erst jetzt überfiel uns der Schwindel.
Zwei Tage später kamen wir in Pimenta Bueno an, wo ich einen neuen Plan schmiedete, den ich etwas näher erklären muß, damit man ihn versteht. Gegen Ende seiner Forschungsreise im Jahre 1915 entdeckte Rondon mehrere Eingeborenengruppen, die der Tupí-Sprachgruppe angehörten, und es gelang ihm, mit drei von ihnen Kontakt aufzunehmen, während die übrigen eine unerbittliche Feindseligkeit an den Tag legten. Die größte dieser Gruppen lebte am oberen Lauf des Rio Machado, zwei Tagesmärsche vom linken Ufer entfernt an einem kleinen Nebenfluß, dem Igarapé do Leitão („Bach des Milchschweins"). Es handelte sich um die Horde oder den Clan der Takwatip, den „Bambus"-Clan. Es ist freilich zweifelhaft, ob der Terminus Clan hier überhaupt zutrifft, denn die Tupí-Kawahib-Horden bildeten im allgemeinen ein einziges Dorf, besaßen Jagdgründe, deren Grenzen eifersüchtig bewacht wurden, und praktizierten die Exogamie, mehr aus Sorge, mit den benachbarten Horden Verbindungen einzugehen und Ehen zu schließen, als eine strenge Regel einzuhalten. Die Takwatip wurden von dem Häuptling Abaitara angeführt. Auf derselben Seite des Flusses befand sich im Norden eine Gruppe, von der nur der Name ihres Häuptlings bekannt war: Pitsara. Im Süden, am Rio Tamuripa, lebten die Ipotiwat (Name einer Liane), deren Häuptling Kamandjara hieß; außerdem, zwischen dem letztgenannten Fluß und dem Igarapé von Cacoal die Jabotifet („Leute der Schildkröte") mit ihrem Häuptling Maira. Am linken Ufer des Machado, im Tal des Rio Muqui, wohnten die Paranawat („Leute des Flusses"), die es zwar heute noch gibt, aber die sich mit Pfeil und Bogen gegen jeden Eindringling zur Wehr setzen, und etwas weiter im Sü-

den, am Igarapé von Itapici, eine weitere unbekannte Horde. So zumindest lauteten die Informationen, die ich im Jahre 1938 von Kautschuksuchern erhielt, die sich seit der Expedition von Rondon in dieser Gegend niedergelassen hatten; die Berichte von Rondon selbst über die Tupí-Kawahib sind äußerst dürftig.

Im Gespräch mit den zivilisierten Tupí-Kawahib des Postens von Pimenta Bueno gelingt es mir, eine Liste von etwa zwanzig Clans aufzustellen. Andererseits bringen die Untersuchungen von C. Nimuendajú, der ebensosehr Gelehrter wie Ethnograph war, etwas Licht in die Vergangenheit des Stammes. Der Terminus Kawahib erinnert an den Namen eines alten Tupí-Stammes, die Cabahiba, der in den Dokumenten des 18. und 19. Jahrhunderts häufig erwähnt wird und damals am oberen und mittleren Lauf des Rio Tapajóz lebte. Es scheint, daß er allmählich von einem anderen Tupí-Stamm, den Munducuru, vertrieben wurde und bei seiner Wanderung nach Westen in mehrere Gruppen zerfiel, von denen nur die Parintintin am unteren Machado und die Tupí-Kawahib weiter im Süden bekannt sind. Es ist also sehr wahrscheinlich, daß diese Indianer die letzten Nachkommen der großen Tupí-Populationen sind, die einst am mittleren und oberen Amazonas lebten und mit jenen Küstenvölkern verwandt waren, welche zur Zeit ihrer Hochblüte die Reisenden des 16. und 17. Jahrhunderts kennenlernten; ihre Berichte bilden im übrigen den Ursprung des modernen ethnographischen Bewußtseins: denn unter ihrem unfreiwilligen Einfluß schlug die politische und moralische Philosophie der Renaissance jenen Weg ein, der sie bis zur Französischen Revolution führen sollte. Vielleicht als erster in ein noch unberührtes Tupí-Dorf vorzudringen, hieß also vierhundert Jahre später in die Fußstapfen von Léry, Staden, Soares de Souza, Thevet und sogar Montaigne zu treten, der in seinen *Essais* im Kapitel über die Kannibalen von einem Gespräch berichtet, das er mit Tupí-Indianern in Rouen geführt hatte.* Welche Versuchung!

Als Rondon mit den Tupí-Kawahib Kontakt aufnahm, standen die Takwatib unter der Führung eines ehrgeizigen und energischen Häuptlings mit Namen Abaitara gerade im Be-

* Siehe oben, S. 352.

griff, ihre Hegemonie auf verschiedene andere Horden auszudehnen. Nachdem Rondon und seine Gefährten viele Monate in der wüstenähnlichen Einsamkeit des Plateaus verbracht hatten, waren sie wie geblendet beim Anblick der „kilometerlangen" (aber in der Sprache des *sertão* wird gern übertrieben) Pflanzungen, welche die Leute von Abaitara im feuchten Wald oder auf den *igapos*, den überschwemmten Uferböschungen, angelegt hatten und dank denen die letzteren die Forscher reichlich verpflegen konnten, die bisher immer vom Hunger bedroht gewesen waren.

Zwei Jahre nach dieser Begegnung brachte Rondon die Takwatip dazu, ihr Dorf auf die rechte Seite des Machado zu verlegen, an einen Ort, der noch heute *Aldeia dos Indios* heißt und der gegenüber der Mündung des Rio São Pedro liegt (11,5 Grad Süd und 62,3 Grad West auf der internationalen Weltkarte im Maßstab von 1:1000000). Dies war bequemer für die Überwachung und Versorgung sowie dafür, die Indianer als Schiffer zu verdingen. Denn auf diesen von Stromschnellen, Wasserfällen und Engpässen unterbrochenen Flüssen erwiesen sie sich in ihren leichten Rindenbooten als erfahrene Navigatoren.

Es gelang mir sogar, eine Beschreibung dieses neuen, heute verschwundenen Dorfs zu erhalten. Bei seiner Ankunft in dem Walddorf hatte Rondon festgestellt, daß die Hütten rechteckig waren, keine Wände hatten und aus einem doppelseitigen Dach aus Palmblättern bestanden, das von in die Erde gerammten Baumstämmen getragen wurde. Etwa zwanzig Hütten (die etwa vier Meter breit und sechs Meter lang waren) bildeten einen Kreis von zwanzig Metern Durchmesser, in dessen Mitte sich zwei geräumige Wohnstätten (achtzehn auf vierzehn Meter) befanden, von denen die eine von Abaitara, seinen Frauen und Kindern, die andere von seinem jüngsten verheirateten Sohn bewohnt war. Die beiden älteren unverheirateten Söhne lebten wie die übrige Bevölkerung in den Hütten an der Peripherie und erhielten ihre Mahlzeiten wie die anderen Junggesellen im Haus des Häuptlings. In dem freien Raum zwischen den Wohnhütten in der Mitte und denen am Rand des Kreises lagen mehrere Hühnerhöfe.

Wir sind weit entfernt von den geräumigen Tupí-Behausungen, welche die Autoren des 16. Jahrhunderts beschrieben haben, noch weiter aber von den fünf- oder sechshundert Bewohnern des Dorfs von Abaitara. Im Jahre 1925 wurde Abaitara ermordet. Mit dem Tod dieses Herrschers vom oberen Machado brach eine Periode der Gewalttätigkeit über das Dorf herein, dessen Bevölkerung durch die Grippeepidemie der Jahre 1918 bis 1920 ohnehin schon auf fünfundzwanzig Männer, zweiundzwanzig Frauen und zwölf Kinder zusammengeschrumpft war. Noch im Jahre 1925 fanden vier Personen (darunter Abaitaras Mörder) den Tod bei irgendwelchen Rachefeldzügen meist amourösen Ursprungs. Wenig später beschlossen die Überlebenden, das Dorf aufzugeben und sich nach dem zwei Tagereisen flußaufwärts liegenden Pimenta Bueno zu begeben; im Jahre 1938 zählte die Gruppe nur noch fünf Männer, eine Frau und ein kleines Mädchen, die ein grobes Portugiesisch sprachen und offensichtlich in der neobrasilianischen Bevölkerung des Ortes aufgegangen waren. Es sah so aus, als habe die Geschichte der Tupí-Kawahib damit ein Ende gefunden, zumindest was das rechte Ufer des Machado betrifft und mit Ausnahme jener feindseligen Gruppe der Paranawat am linken Ufer, im Tal des Rio Muqui.

Doch erfuhr ich, als ich im Oktober 1938 in Pimenta Bueno eintraf, daß vor drei Jahren eine unbekannte Tupí-Kawahib-Gruppe am Fluß aufgetaucht war; zwei Jahre später hatte man sie von neuem gesehen, und der letzte überlebende Sohn von Abaitara (der den Namen seines Vaters trug und den ich von jetzt an auch mit diesem Namen bezeichnen werde), der in Pimenta Bueno lebte, hatte sich in ihr Dorf begeben, das zwei Tagesmärsche vom rechten Ufer des Machado entfernt mitten im Wald lag und in das kein Pfad führte. Damals hatte ihm der Häuptling dieser kleinen Gruppe das Versprechen gegeben, ihn im nächsten Jahr, das heißt also etwa zu der Zeit, da wir selbst in Pimenta Bueno eintrafen, mit seinen Leuten zu besuchen. Dieses Versprechen besaß in den Augen der Eingeborenen des Postens eine große Bedeutung, denn da sie unter Frauenmangel litten (auf fünf Männer kam eine erwachsene Frau), hatten sie dem Bericht von Abaitara dem Jüngeren besonders aufmerksam gelauscht, der von einem Frauenüberschuß in dem unbekannten Dorf sprach. Er selbst war seit mehreren Jahren Witwer und hoffte, daß ihm das Anknüpfen freundschaftlicher Beziehungen mit diesen Wilden seiner eigenen Rasse zu einer neuen Gattin verhelfen würde. Unter diesen Umständen konnte ich ihn, wenn auch nicht ohne Mühe (denn er fürchtete die Folgen des Abenteuers), dazu überreden, dem vereinbarten Treffen zuvorzukommen und mir als Führer zu dienen.

Die Stelle, an der wir in den Wald eindringen müssen, um zu den Tupí-Kawahib zu gelangen, befindet sich drei Tagereisen im Einbaum flußabwärts von Pimenta Bueno an der Mündung des Igarapé do Porquinho, eines kleinen Bachs, der in den Machado fließt. Unweit des Zusammenflusses erblicken wir eine kleine natürliche Lichtung, die vor Überschwemmungen geschützt scheint, da die Uferböschung an dieser Stelle mehrere Meter hoch ist. Hier laden wir unser Material aus: ein paar Kisten mit Geschenken für die Eingeborenen sowie Vorräte an getrocknetem Fleisch, Bohnen und Reis. Wir errichten ein Lager, das etwas stabiler ist als gewöhnlich, da es bis zu unserer Rückkehr halten soll. Der Tag vergeht mit diesen Arbeiten und mit der Organisation der Reise. Die Situation ist ziemlich kompliziert. Wie ich bereits gesagt habe, hatte ich mich von einem Teil meiner Leute getrennt. Zu allem Unglück mußte uns auch Jehan Vellard, der Arzt der Expedition, der an Malaria erkrankt war, verlassen und begab sich deshalb, um sich auszuruhen, in ein kleines Zentrum von Kautschuksuchern, das von hier aus drei Tagereisen flußabwärts lag (für die entgegengesetzte Richtung muß man bei diesen schwierigen Flußläufen mit der doppelten oder dreifachen Zeit rechnen). Unsere Gruppe besteht also nur noch aus Luis de Castro Faria, meinem brasilianischen Kollegen, Abaitara, mir selbst sowie fünf Männern, von denen zwei das Lager überwachen und drei uns in den Wald folgen sollten. Da wir nun so eingeschränkt sind und jeder seine Hängematte, sein Moskitonetz und seine Decken sowie Waffen und Munition selbst tragen muß, können wir uns unmöglich mit anderen Lebensmitteln belasten als mit ein wenig Kaffee, getrocknetem Fleisch und *farinha d'agua*. Bei diesem letzteren handelt es sich um Maniokmehl, das im Fluß gewässert (daher sein Name), dann fermentiert und in Form von steinharten Stükken aufbewahrt wird, die aber, gut aufgeweicht, einen köstlichen Geschmack von Butter entfalten. Im übrigen verlassen wir uns auf die *tocari* – die brasilianischen Nüsse –, die es in dieser Gegend im Überfluß gibt; ein einziger *ouriço*, „Igel" (dieses kugelrunde harte Gehäuse kann leicht einen Menschen erschlagen, wenn es aus zwanzig oder dreißig Metern Höhe von einem Zweig herabfällt), der zwischen den Füßen gehalten und geschickt mit einem Hieb des *terçado* zertrümmert wird, liefert mehreren Personen eine Mahlzeit von dreißig bis vierzig großen dreieckigen Nüssen mit milchig bläulichem Mark.

Schon vor Tagesanbruch machen wir uns auf den Weg. Zuerst durchqueren wir *lageiros*, fast kahle Stellen, an denen noch der Fels des Plateaus, der sich allmählich unter der angeschwemmten Erde verliert, zum Vorschein kommt, dann Felder mit hohem, lanzenförmigem Gras, die *sapézals*; zwei Stunden später dringen wir in den Wald ein.

XXXII Im Wald

Seit meiner Kindheit flößt mir das Meer gemischte Gefühle ein. Die Küsten sowie jener schmale, von der Ebbe periodisch freigegebene Streifen, die dem Menschen sein Reich streitig machen, ziehen mich an durch ihre Herausforderung unserer Unternehmungen, durch das ungeahnte Universum, das sie bergen, durch das Versprechen neuer Beobachtungen und Entdeckungen, die der Einbildungskraft schmeicheln. Wie Benvenuto Cellini, dem ich mehr zuneige als den Meistern des Quattrocento, liebe auch ich es, über den von den Fluten verlassenen Strand zu schlendern und am Rand einer Steilküste dem Weg zu folgen, den sie bestimmt, um durchlöcherte Steine zu sammeln, Muscheln, deren Geometrie die Abnutzung verändert hat, oder Schilfwurzeln, die Traumgebilden ähneln, und mir aus all diesem Abfall ein Museum zusammenzustellen: für einen kurzen Augenblick steht es in nichts den Museen nach, in denen Meisterwerke aufbewahrt werden; diese letzteren sind im übrigen Resultat einer Arbeit, die sich – obwohl sie ihren Sitz im Geist und nicht außerhalb desselben hat – nicht so grundlegend von derjenigen unterscheidet, an der die Natur Gefallen findet.

Da ich aber weder Matrose noch Fischer bin, fühle ich mich

von diesem Wasser frustriert, das mich um die Hälfte meines Universums und um noch mehr beraubt, denn seine gewaltige Gegenwart setzt sich diesseits der Küste fort – in der Kargheit der Landschaft. Mir scheint, als ob allein das Meer die der Erde eigentümliche Vielfalt zerstört; zwar bietet es dem Auge große Räume und zusätzliche Farbspiele, jedoch zum Preis einer niederdrückenden Eintönigkeit und einer Plattheit, in der kein verborgenes Tal jene Überraschungen bereithält, von denen meine Einbildungskraft sich nährt.

Überdies sind uns die Reize des Meeres heute versagt. Wie ein alterndes Tier, dessen Panzer hart wird und seinen Körper mit einer undurchdringlichen Kruste überzieht, die der Haut das Atmen verwehrt und damit den Prozeß der Vergreisung beschleunigt, so lassen die meisten Länder Europas es zu, daß ihre Küsten mit Villen, Hotels und Kasinos zugebaut werden. Statt daß die Küsten wie einst das antizipierte Bild ozeanischer Einsamkeit malen, wandeln sie sich in eine Art Front, an der die Menschen in regelmäßigen Abständen alle ihre Kräfte aufbieten, um eine Freiheit zu erkämpfen, deren Anziehungskraft sie durch die Bedingungen Lügen strafen, unter denen sie bereit sind, sie sich rauben zu lassen. Die Strände, an denen uns das Meer die Früchte einer jahrtausendealten Bewegung spendete, jene bewundernswürdige Galerie, in der die Natur immer zur Avantgarde gehörte, dienen heute, unter den über sie hinwegtrampelnden Massen, nur noch zur Schaustellung von Schund.

Deshalb ziehe ich dem Meer die Berge vor, und viele Jahre lang hat diese Neigung die Form einer eifersüchtigen Liebe angenommen. Ich haßte alle, die meine Vorliebe teilten, denn sie bedrohten die Einsamkeit, die mir so teuer war; und ich verachtete die anderen, die mit den Bergen nur grenzenlose Strapazen und einen engen Horizont verbanden, also unfähig waren, jene Erregung zu empfinden, die sie in mir hervorriefen. Die ganze Gesellschaft hätte die Überlegenheit der Berge preisen, mir aber den ausschließlichen Besitz über sie zubilligen müssen. Ich möchte hinzufügen, daß diese Leidenschaft nicht dem Hochgebirge galt; dieses hatte mich enttäuscht durch den zwiespältigen Charakter der gewiß unbestreitbaren Freuden, die es bereitet:

das Vergnügen ist intensiv physisch, ja organisch, wenn man an die Anstrengung denkt, die es zu leisten gilt; aber trotzdem bleibt es formal, fast abstrakt, insofern die Aufmerksamkeit, von allzu wissenschaftlichen Aufgaben in Anspruch genommen, sich inmitten der Natur von Interessen absorbieren läßt, die dem Gebiet der Mechanik und der Geometrie angehören. Ich liebte die sogenannten Kuhberge und vor allem die Höhenzone zwischen eintausendvierhundert und zweitausendzweihundert Metern: sie liegt noch zu sehr in der Mitte, um die Landschaft zu verarmen, wie sie es in höheren Lagen tut; die Höhenluft scheint hier die Natur zu einem intensiveren und glühenderen Leben anzuregen, während sie gleichzeitig das Ackerland entmutigt. Auf ihren hohen Balkons bewahrt sie das Schauspiel einer Erde, die ungezähmter ist als in den Tälern und bei der man sich – gewiß zu Unrecht – in der Vorstellung gefällt, daß schon die ersten Menschen sie gekannt haben.

So wie das Meer meinem Blick eine aufgelöste, verdünnte Landschaft bietet, so erscheinen mir die Berge als konzentrierte Welt, und das ist sie auch im wörtlichen Sinn, da die Erde mit ihren Falten und Furchen auf gleichem Raum mehr Fläche zusammendrängt. Die Versprechungen dieses so viel dichteren Universums erschöpfen sich auch weniger schnell; das unsichere Klima, das hier herrscht, sowie die Unterschiede der Höhe, der Lage und der Beschaffenheit des Bodens begünstigen scharfe Gegensätze nicht nur zwischen Hängen und geraden Flächen, sondern auch zwischen den Jahreszeiten. Im Gegensatz zu vielen anderen Leuten fühlte ich mich nicht bedrückt in einem engen Tal, wo die Felswände, aufgrund ihrer Nähe, wie Mauern wirken und nur ein kleines Stück Himmel freigeben, das die Sonne in wenigen Stunden durchläuft. Ganz im Gegenteil, ich empfand diese aufrechtstehende Landschaft als lebendig. Statt sich passiv meiner Betrachtung zu unterwerfen wie ein Gemälde, bei dem es möglich ist, die Einzelheiten aus der Entfernung zu erfassen, ohne selbst etwas beizusteuern, forderte sie mich zu einer Art Dialog auf, bei dem wir beide, die Landschaft und ich, unser Bestes geben mußten. Die körperliche Anstrengung, die ich darauf verwandte, sie zu durchstreifen, war etwas, dessen ich mich entäußerte und das mir ihr Wesen vergegenwärtigte. Rebellisch und herausfordernd zugleich, verbarg sie mir immer ihre eine Hälfte, um mir beim Aufstieg oder beim Abstieg die andere vor Augen zu führen: die Gebirgslandschaft verband sich mir in einer Art Tanz, bei dem ich um so mehr die Führung zu haben meinte, je mehr es mir gelungen war, in die großen Wahrheiten einzudringen, die sie beseelten.

Und trotzdem muß ich es heute eingestehen: ohne daß ich mich verändert fühle, löst sich diese Liebe zu den Bergen von mir los wie eine zurückrollende Welle vom Sand. Meine Gedanken sind dieselben geblieben, es sind die Berge, die mich verlassen. Für ihre Freuden bin ich heute unempfindlicher, da ich sie zu lange und zu intensiv gesucht habe. Auf jenen so oft gegangenen Wegen ist mir sogar die Überraschung vertraut geworden; ich klettere nicht mehr über Farne und Felsen, sondern zwischen den Phantomen meiner Erinnerungen. Und diese verlieren ihre Anziehungskraft in doppeltem Sinn; zum einen, weil sie verschlissen sind und ihre Neuheit verloren haben, und vor allem weil ein Vergnügen, das sich jedesmal etwas mehr abstumpft, nur zum Preis einer Anstrengung erreicht werden kann, die mit jedem Jahr größer wird. Ich werde alt; nichts weist mich darauf hin – außer jene Abnutzung der einst scharfen Kanten meiner Pläne und Unternehmungen. Zwar bin ich noch imstande, sie zu wiederholen; aber es hängt nicht mehr von mir ab, ob mir ihre Durchführung dieselbe Befriedigung bringt wie früher.

Heute ist es der Wald, der mich anzieht. Er hat für mich denselben Reiz wie die Berge, nur in friedlicherer und freundlicherer Form. Da ich so lange in den Wüstensavannen Zentralbrasiliens umhergeirrt bin, hat diese ländliche Natur für mich wieder an Reiz gewonnen, eine Natur, die schon die Alten liebten: das junge Gras, die Blumen und die feuchte Frische des Gesträuchs. Seither konnte ich den steinigen Cevennen nicht mehr dieselbe Liebe entgegenbringen wie früher; ich verstand, daß die Begeisterung meiner Generation für die Provence eine List war, der wir zum Opfer gefallen sind, nachdem wir sie ersonnen hatten. Um etwas zu entdecken – das höchste Vergnügen, das unsere Zivilisation uns versagte –, opferten wir der Neuheit den Gegenstand, der sie doch rechtfertigen muß. Diese Natur war vernachlässigt worden, solange man sich an einer anderen ergötzen konnte. Einer anmutigeren beraubt, mußten wir unsere Wünsche an diejenige anpassen, die uns noch zur Verfügung stand, Trockenheit und Härte verherrlichen, denn nur diese Formen waren uns gegeben.

Doch bei diesem Gewaltmarsch hatten wir den Wald vergessen. Ebenso dicht, jedoch von anderen Wesen bevölkert wie unsere Städte, bildete er eine Gesellschaft, die uns energischer ferngehalten hatte als die Wüsten, in denen wir uns so närrisch tummelten: ob nun auf hohen Gipfeln oder in sonnigen Heidelandschaften. Eine Gemeinschaft von Bäumen und Pflanzen verschließt sich dem Menschen, beeilt sich, die Spuren seiner Anwesenheit zu tilgen. Der oft schwer zugängliche Wald verlangt von demjenigen, der in ihn eindringt, dieselben Zugeständnisse, wie sie die Berge, auf brutalere Weise, vom Wanderer erheischen. Ihr Horizont, weit enger als jener der großen Gebirgsketten, umschließt ein Universum im Kleinen, das den Menschen ebenso vollständig isoliert wie eine Wüste. Eine Welt aus Gräsern, Blumen, Pilzen und Insekten führt darin ein unabhängiges Leben, in das aufgenommen zu werden von unserer Geduld und unserer Bescheidenheit abhängt. Ein paar Meter Wald genügen, um die Außenwelt aufzuheben; ein Universum weicht dem anderen, in dem weniger das Auge als das Gehör und der Geruch, jene der Seele näherstehenden Sinnesorgane, auf ihre Kosten kommen. Dinge, die man für immer verschwunden glaubte, leben wieder auf: Stille, Frische und Frieden. Das vertraute Zusammenleben mit der Welt der Pflanzen vergönnt uns, was das Meer uns heute verweigert und für was uns die Berge zu teuer bezahlen lassen.

Um mich davon zu überzeugen, war es vielleicht nötig, daß mir der Wald zuerst in seiner virulentesten Form erschien, wodurch seine universellen Züge sich mir zu erkennen geben sollten. Denn zwischen dem Wald, in den ich nun auf der Suche nach den Tupí-Kawahib eindrang, und dem unserer Breiten besteht ein so großer Unterschied, daß ich kaum Worte finde, ihn zu beschreiben.

Von außen gesehen, gleicht der amazonische Urwald einer Anhäufung erstarrter Blasen, einem Turm grüner Schwellungen; es hat den Anschein, als litte die Flußlandschaft al-

lenthalben unter einer pathologischen Störung. Doch sobald man die Haut durchsticht und ins Innere dringt, verändert sich alles: von hier aus gesehen, erscheint diese wirre Masse als ein monumentales Universum. Der Wald ist keine irdische Unordnung mehr; eher könnte man ihn für die neue Welt irgendeines Planeten halten, ebenso reich wie die unsrige, die an ihre Stelle getreten wäre.
Sobald sich das Auge an die nahen Kulissen gewöhnt und der Geist das erste Gefühl des Erdrücktwerdens überwunden hat, beginnt sich ein kompliziertes System zu enthüllen. Langsam erkennt man übereinanderliegende Etagen, die trotz Unterbrechungen und wechselndem Ästegewirr ein und dieselbe Konstruktion aufweisen: zunächst sieht man die Spitzen der Pflanzen und Gräser, die sich in Augenhöhe befinden; darüber die fahlen Stämme der Bäume und die Lianen, die sich für kurze Zeit eines von jeder Vegetation befreiten Raums erfreuen; etwas höher verschwinden diese Stämme, verdeckt vom Laub der Stauden oder den scharlachroten Blüten der *pacova*, der wilden Bananen; aus diesem Schaum sieht man sie von neuem kurz herausschießen, bis sie sich abermals in den Blättern der Palmen verlieren; an einem noch höheren Punkt tauchen sie wieder auf, dort, wo sich ihre ersten Äste horizontal ausbreiten, Äste ohne Blätter, aber beladen mit Parasiten – Orchideen und Bromeliazeen – wie Schiffe mit ihrer Takelung; und dort, wo das Auge kaum noch hinreicht, schließt sich dieses Universum mit weiten Kuppeln aus grünen Blättern oder weißen, gelben, orange, purpurroten oder malvenfarbenen Blüten; der europäische Beobachter sieht darin mit Entzükken die Frische seines heimatlichen Frühlings, jedoch in so überproportionalem Maßstab, daß ihm als Vergleich nur die majestätische Farbenpracht des Herbstes einfällt.
Diesen luftigen Stockwerken entsprechen andere unmittelbar zu Füßen des Reisenden. Denn man darf nicht glauben, daß man hier direkt auf dem Boden geht; dieser ist vielmehr unter einem schwankenden Geflecht von Wurzeln, Ablegern, Büscheln und Moos versunken, und jedesmal, wenn der Fuß keinen festen Halt findet, läuft man Gefahr, in zuweilen unberechenbare Tiefen zu stürzen. Außerdem erschwert Lucinda unseren Marsch.
Lucinda ist ein weibliches Äffchen mit malvenfarbener

Haut und grauem Fell; es gehört zur Art der *Lagothrix*, die man hier ihres charakteristischen dicken Bauchs wegen *barrigudo* nennt. Ich habe Lucinda, als sie wenige Wochen alt war, von einer Nambikwara-Indianerin erhalten, die sie aufpäppelte und Tag und Nacht auf dem Rücken trug, um dem kleinen Tier die Mutter zu ersetzen (auch die Affenmütter tragen ihre Jungen auf dem Rücken). Ich fütterte Lucinda mit Kondensmilch aus der Flasche und flößte ihr am Abend Whisky ein, der das arme Tier in tiefen Schlaf sinken ließ und mich wenigstens für die Nacht von ihm befreite. Am Tag war Lucinda allerhöchstens zu folgendem Kompromiß bereit: sie ließ sich dazu herbei, meine Haare gegen meinen linken Stiefel einzutauschen, an den sie sich von morgens bis abends mit allen Vieren genau oberhalb des Fußes klammerte. Zu Pferd war diese Position durchaus annehmbar, und auch im Einbaum war nichts gegen sie einzuwenden. Schlimm wurde es nur, wenn wir zu Fuß gehen mußten, denn jeder Brombeerstrauch, jeder Zweig, jedes Schlammloch entriß Lucinda gellende Schreie. Alle meine Bemühungen, sie dazu zu bewegen, meinen Arm, meine Schulter, ja sogar meine Haare zu akzeptieren, blieben erfolglos. Sie brauchte den linken Stiefel – ihr einziger Schutz und einziger Ort der Sicherheit in diesem Wald, in dem sie zwar auf die Welt gekommen war, den ihr die wenigen in der Nähe des Menschen verbrachten Monate jedoch so entfremdet hatten, als sei sie in der raffiniertesten Zivilisation großgeworden. So versuchte ich nun, auf dem linken Bein hinkend und die Ohren schmerzhaft erfüllt von schrillen Vorwürfen bei jedem Fehltritt, den Rücken von Abaitara, unserem Führer, nicht aus den Augen zu verlieren, der uns mit schnellen, sicheren Schritten im grünen Dämmerlicht vorausging, zuweilen hinter dicken Stämmen zu verschwinden schien, nach rechts und nach links mit dem Buschmesser einen uns unverständlichen Weg bahnte, der uns immer tiefer in den Wald führte.

Um die Müdigkeit zu bekämpfen, ließ ich meine Gedanken ins Blaue schweifen. Im Rhythmus des Marsches formten sich kleine Gedichte in meinem Kopf, die ich stundenlang hin und her schob wie einen Bissen, der zwar vor lauter Kauen jeden Geschmack verloren hat, den man aber weder ausspeien noch hinunterschlucken will, weil er ein klein wenig Unterhaltung verspricht. Die Aquariumatmosphäre, die im Urwald herrscht, erzeugte folgenden Vierzeiler:

Dans la forêt céphalopode
gros coquillage chevelu
de vase, sur des rochers roses qu'érode
le ventre des possions-lune d'Honolulu.

Oder ich rief mir, sicher aus Freude am Gegensatz, die traurige Stimmung der Vorstädte in Erinnerung:

On a nettoyé l'herbe paillasson
les pavés luisent savonnés
sur l'avenue les arbres sont
de grands balais abandonnés.

Schließlich gab es noch jene Strophe, die ich immer für unfertig hielt, wiewohl sie den Umständen angemessen war; noch heute quält sie mich, wenn ich eine längere Wanderung unternehme:

Amazone, chère amazone
vous qui n'avez pas de sein droit
vous nous en racontez de bonnes
mais vos chemins sont trop étroits.

Gegen Mittag stießen wir plötzlich hinter einem Gebüsch auf zwei Eingeborene, die in die entgegengesetzte Richtung gingen. Der Ältere, der etwa vierzig Jahre alt war und einen zerschlissenen Pyjama trug, hatte schulterlange, der andere kurzgeschnittene Haare und war mit Ausnahme des kleinen Strohbeutels, der seinen Penis verhüllte, völlig nackt. Auf dem Rücken trug er in einer Kiepe aus grünen Palmblättern einen wie ein Huhn zusammengebundenen großen Harpyien-Adler, der trotz seines grauweiß gestreiften Federkleids, seines mächtigen gelben Schnabels und der prächtigen Federkrone auf seinem Kopf einen jämmerlichen Anblick bot. Beide Eingeborenen waren mit Pfeil und Bogen bewaffnet.
Aus dem Gespräch zwischen ihnen und Abaitara ging hervor, daß der eine der Häuptling des Dorfs war, das wir such-

ten, und der andere sein Gehilfe; sie waren den anderen Dorfbewohnern vorausgegangen, die irgendwo im Wald umherirrten. Sie alle befanden sich auf dem Weg zum Machado, um dem Posten von Pimenta Bueno den seit einem Jahr versprochenen Besuch abzustatten; der Adler schließlich war ein Geschenk für ihre Gastgeber. All dies paßte uns überhaupt nicht, denn wir wollten ja nicht nur die Eingeborenen, sondern auch ihr Dorf sehen. Wir mußten also durch das Versprechen zahlreicher Geschenke, die im Lager am Porquinho warteten, unsere beiden Gesprächspartner dazu überreden, umzukehren, uns zu begleiten und im Dorf zu empfangen (wogegen sie einen großen Widerwillen an den Tag legten); schließlich nahmen wir alle den Weg zum Fluß. Sobald das Einverständnis erzielt war, wurde der verschnürte Adler einfach ans Ufer eines Bachs geworfen, wo er zweifellos bald Hungers sterben oder den Ameisen zum Opfer fallen würde. Während der folgenden zwei Wochen sprach man nicht mehr von ihm, außer um rasch sein Ableben festzustellen: „Er ist tot, der Adler." Die beiden Kawahib verschwanden im Wald, um ihren Familien unsere Ankunft mitzuteilen, und der Marsch ging weiter.

Der Zwischenfall mit dem Adler gab mir zu denken. Verschiedene alte Autoren berichten, daß die Tupí Adler züchteten und sie mit Affen ernährten, um ihnen regelmäßig die Federn auszureißen; Rondon erzählt von diesem Brauch bei den Tupí-Kawahib, und andere Beobachter haben ihn bei gewissen Stämmen am Xingú und am Araguaya festgestellt. Es war also nicht überraschend, daß eine Tupí-Kawahib-Gruppe ihn bewahrt hatte und daß sie den Adler, ihr kostbarstes Gut, als Geschenk mitbrachte, falls die Eingeborenen wirklich beschlossen haben sollten (wie ich zu vermuten begann und was sich später bestätigen sollte), endgültig ihr Dorf zu verlassen, um sich der Zivilisation anzuschließen. Doch das machte die Entscheidung, den Adler einem so beklagenswerten Schicksal zu überantworten, nur um so unbegreiflicher. Andererseits berichtet die ganze Geschichte der Kolonisierung, sowohl in Südamerika wie anderswo, von solchen radikalen Verzichten auf traditionelle Werte, von der Auflösung einer Lebensweise in dem Augenblick, da der Verlust gewisser Elemente die sofortige Verachtung für alle anderen zur Folge hat, ein Phänomen, von dem ich vielleicht soeben ein charakteristisches Beispiel beobachtet hatte.

Eine kärgliche Mahlzeit aus einigen gegrillten und nicht entsalzten Stücken *xarque* wurde mit Produkten des Waldes angereichert: mit *tocari*-Nüssen, den Früchten mit weißem, säuerlichem und gleichsam moussierendem Fleisch des wilden Kakaos, den Beeren des *pama*-Baums, den Früchten und Körnern des *caju*. Die ganze Nacht tropfte der Regen auf die Palmdächer, die unsere Hängematten schützten. Bei Morgengrauen hallte der Wald, in dem es den ganzen Tag über still ist, einige Minuten lang von dem Geschrei der Affen und Papageien wider. Wir nahmen jenen Marsch wieder auf, bei dem jeder versucht, den Rücken des Vordermanns nicht aus den Augen zu verlieren, weil er weiß, daß es genügt, sich nur ein paar Meter zu entfernen, um jede Orientierung zu verlieren und keinen Ruf mehr zu vernehmen. Denn eines der auffallendsten Merkmale des Urwalds besteht darin, daß er in ein Medium eingebettet erscheint, das dichter ist als die Luft: das Licht dringt nur grün und schwach hindurch, und die Stimme trägt nicht. Die ungeheure Stille, die hier herrscht, vielleicht ein Resultat dieser Verhältnisse, würde sich auf den Reisenden übertragen, wenn ihn die intensive Aufmerksamkeit, die er der Route schenken muß, nicht ohnehin verstummen ließe. Seine moralische Stimmung verbindet sich mit dem physischen Zustand und ruft ein Gefühl der Beklemmung hervor, das kaum erträglich ist.

Von Zeit zu Zeit bückte sich unser Führer, um am Rand seiner unsichtbaren Piste mit behender Geste ein Blatt aufzuheben und uns darunter auf einen lanzenförmigen Bambussplitter hinzuweisen, der schräg in den Boden getrieben worden war, dazu bestimmt, in den Fuß eines Feindes zu dringen. Diese Vorrichtung wird von den Tupí-Kawahib *min* genannt und soll den Zugang zu ihrem Dorf schützen; die alten Tupí verwendeten sehr viel größere Splitter.

Im Verlauf des Nachmittags gelangten wir zu einem *castanhal*, einer Gruppe von Kastanienbäumen, um die herum die Eingeborenen (die den Wald methodisch ausbeuten) eine kleine Lichtung geschlagen hatten, um die zu Boden fallenden Früchte leichter sammeln zu können. Dort stießen wir auf das Lager der Dorfbewohner: nackte Männer, die wie

der Gefährte des Häuptlings den Penisbeutel trugen, und Frauen, die ebenfalls nackt waren bis auf ein Lendentuch aus Baumwolle, das einst wohl urucurot gewesen, durch den Gebrauch aber verblichen war.
Wir zählten sechs Frauen, sieben Männer, darunter einen Heranwachsenden, sowie drei kleine Mädchen im Alter von etwa ein, zwei bzw. drei Jahren; zweifellos eine der kleinsten Gruppen, der es je gelungen ist, mindestens dreizehn Jahre lang (das heißt seit dem Untergang des Dorfes von Abaitara) ohne den geringsten Kontakt mit der Außenwelt zu überleben. Überdies waren zwei Mitglieder der Gruppe an den unteren Gliedmaßen gelähmt: eine junge Frau, die sich mit Hilfe von zwei Stöcken aufrechthielt, und ein junger Mann, der sich mühsam am Boden dahinschleppte. Aus seinen abgemagerten Beinen traten spitze Knie hervor, die Kniekehlen waren geschwollen und wie mit Lymphe gefüllt, die Zehen des linken Fußes leblos, während die des rechten Fußes ihre Beweglichkeit bewahrt hatten. Trotzdem gelang es den beiden Krüppeln, sich im Wald zu bewegen, ja sogar mit sichtlicher Leichtigkeit lange Strecken zurückzulegen. War es Kinderlähmung oder ein anderer Virus? Traurig mußte ich angesichts dieser Unglücklichen, die in der feindlichsten Natur, welcher der Mensch überhaupt begegnen kann, sich selbst überlassen waren, an die Worte von Thevet denken, der die Küsten-Tupí im 17. Jahrhundert besucht und seiner Bewunderung für dieses Volk Ausdruck verliehen hatte: „Sie sind aus denselben Elementen gemacht wie wir … Niemals werden sie von der Lepra, von Lähmungen, von der Schlafkrankheit, von Geschwüren oder anderen Gebrechen befallen, die äußerlich zu sehen sind." Er konnte nicht ahnen, daß er selbst und seine Gefährten die Vorboten eben dieser Übel waren.

XXXIII Das Dorf der Grillen

Gegen Abend erreichten wir das Dorf. Es lag auf einer künstlichen Lichtung, oberhalb des engen Tals eines Wildbachs, den ich später als den Igarapé do Leitão identifizieren sollte, einen rechten Nebenfluß des Machado, mit dem

er sich einige Kilometer unterhalb der Muqui-Mündung vereinigt.
Das Dorf bestand aus vier mehr oder weniger quadratischen Hütten, die auf einer Linie parallel zum Bach lagen. Die beiden größten waren bewohnt, wie man an den Hängematten aus geknüpften Baumwollschnüren sehen konnte, die zwischen den Pfosten hingen; die beiden anderen (von denen die eine zwischen den beiden ersteren lag) waren seit langem nicht mehr benutzt worden und boten den Anblick von Schuppen oder Unterständen. Auf den ersten Blick glaubte man, Häuser des in der Gegend üblichen neobrasilianischen Typus vor sich zu haben. In Wirklichkeit aber waren sie ganz anders konzipiert, denn die Pfosten, die das hohe doppelseitige Palmdach trugen, nahmen eine kleinere Fläche ein als das Dach selbst, so daß das Gebäude die Form eines viereckigen Pilzes besaß. Diese Struktur war allerdings nicht sichtbar aufgrund der falschen Mauern, die senkrecht zum Dach standen, ohne es zu berühren. Diese Palisaden – denn um solche handelte es sich – bestanden aus gespaltenen, nebeneinander in den Boden gerammten und miteinander verbundenen Palmstämmen, wobei die konvexe Seite nach außen wies. Bei dem größten Haus – das zwischen den beiden Schuppen lag – waren die Stämme so ausgeschnitten worden, daß fünfeckige Schießscharten entstanden, und die äußere Wand bedeckten grobe Zeichnungen, die in rot und schwarz, das heißt mit Urucu und einem bestimmten Harz, ausgeführt worden waren. Diese Zeichnungen stellten nach Angabe der Eingeborenen folgende Dinge dar: eine Figur, einige Frauen, einen Harpyien-Adler, Kinder, einen Gegenstand in Form einer Schießscharte, eine Kröte, einen Hund, einen großen, nicht identifizierten Vierfüßler, zwei Reihen von Zickzacklinien, zwei Fische, zwei Vierfüßler, einen Jaguar und schließlich ein symmetrisches Motiv, das aus Vierecken, Viertelmonden und kleinen Bogen bestand.
Diese Häuser hatten nichts mit denen der benachbarten Stämme gemeinsam. Dennoch ist es wahrscheinlich, daß sie eine traditionelle Form reproduzieren. Als Rondon die Tupí-Kawahib entdeckte, waren ihre Häuser bereits quadratisch oder rechteckig und hatten ein doppelseitiges Dach. Außerdem entspricht die Pilzstruktur keiner der bekannten

Ausschnitt aus einer Hüttenmalerei

neobrasilianischen Techniken. Im übrigen sind diese Häuser mit ihren hohen Dächern durch mehrere archäologische Dokumente aus verschiedenen präkolumbischen Kulturen bezeugt.

Eine weitere Originalität der Tupí-Kawahib: wie ihre Vettern, die Parintintin, pflanzen sie keinen Tabak an und rauchen auch nicht. Als der Dorfhäuptling sah, daß wir unsere Vorräte an Tabakschnüren auspackten, rief er sarkastisch: *ianeapit*, „das sind Exkremente!" Die Berichte der Rondon-Kommission vermerken sogar, die Eingeborenen hätten sich damals durch die Raucher so irritiert gefühlt, daß sie ihnen Zigarren und Zigaretten entrissen. Doch im Unterschied zu den Parintintin haben die Tupí-Kawahib ein Wort für den Tabak: *tabak*, also dasselbe wie wir, das von den alten Eingeborenen-Dialekten der Antillen abgeleitet und wahrscheinlich karibischen Ursprungs ist. Eine mögliche Verbindung findet sich vielleicht in den Dialekten am Guaporé, die dasselbe Wort besitzen, was bedeuten kann, daß es möglicherweise dem Spanischen entlehnt wurde (im Portugiesischen heißt es *fumo*) oder daß die Völker am Guaporé die südwestlichsten Ausläufer einer alten Kultur auf den Antillen und in Guayana darstellen (worauf viele Hinweise deuten), die auch Spuren im unteren Tal des Xingú hinterlassen haben soll. Wir müssen hinzufügen, daß die Nambikwara eingefleischte Zigarettenraucher sind, während die übrigen Nachbarn der Tupí-Kawahib, die Kepkiriwat und die Mundé, den Tabak mit Hilfe von Röhrchen schnupfen. So stellt uns das Vorhandensein einer Gruppe von Stämmen mitten in Brasilien, die den Tabak verabscheuen, vor ein Rätsel, besonders wenn man bedenkt, daß die alten Tupí dieses Erzeugnis vielfach verwendeten.

Statt mit *pétun* bewirtete man uns im Dorf mit einem Getränk, das die alten Reisenden des 16. Jahrhunderts *cahouin* – die Tupí-Kawahib sagen *kahui* – nannten, das heißt einem Chicha-Gebräu aus Mais, von dem die Eingeborenen in den Lichtungen am Rande des Dorfs mehrere Arten anbauten. Die alten Autoren haben die mannshohen Töpfe

Ausschnitt aus einer Hüttenmalerei

beschrieben, in denen das Getränk zubereitet wird, und von den Jungfrauen des Stammes gesprochen, die ausgiebig in die Töpfe spuckten, um die Fermentierung zu beschleunigen. Waren die Töpfe der Tupí-Kawahib zu klein oder fehlte es dem Dorf an anderen Jungfrauen? Jedenfalls holte man die drei kleinen Mädchen und ließ sie in den Sud aus zerstampften Körnern spucken. Da das köstliche Getränk, das ebenso nahrhaft wie erfrischend ist, noch am selben Abend getrunken wurde, war die Fermentierung noch kaum fortgeschritten.
In den Gärten – die rund um den großen Holzkäfig lagen, in dem sich der Adler aufgehalten hatte und der noch mit Knochen übersät war – wuchsen Erdnüsse, Bohnen, verschiedene Arten von Pfefferschoten, kleine Jamswurzeln, süße Kartoffeln, Maniok und Mais. Die Eingeborenen vervollständigen diese Erzeugnisse durch das Sammeln wilder Früchte. So nutzen sie zum Beispiel eine Waldgrasart, indem sie mehrere Halme an der Spitze zusammenbinden, so daß die herausfallenden Körner kleine Haufen bilden. Diese Körner werden auf einer Tonplatte so lange erhitzt, bis sie aufplatzen wie *pop corn,* an dessen Geschmack sie erinnern.
Während der *cahouin* seinen komplizierten Zyklus durchlief – die Frauen kochten die Mischung auf und rührten sie mit Hilfe von Schöpflöffeln aus halben Kürbissen um –, nutzte ich die letzten Stunden des Tages, um die Indianer näher zu betrachten.
Außer dem Lendentuch trugen die Frauen eng geschnürte Bänder um Hand- und Fußgelenke, Halsketten aus Tapirzähnen oder Hirschknochen. Ihr Gesicht war mit dem blauschwarzen Saft des *genipa* tätowiert: vom Ohrläppchen bis zum Mundwinkel, der von vier kleinen vertikalen Strichen bezeichnet war, lief quer über die Wange eine dicke Linie, und das Kinn zeigte vier übereinanderliegende horizontale Striche, von denen jeder nach unten ausgefranst war. Die im allgemeinen kurzen Haare wurden meist mit einem groben Kamm oder einem feineren Gerät gekämmt, das aus kleinen mit Baumwollfäden zusammengebundenen Holzstäbchen bestand.
Das einzige Kleidungsstück der Männer war der konische Penisbeutel, den ich schon erwähnt habe. Gerade war ein

Eingeborener dabei, einen neuen herzustellen. Er riß die beiden Seiten eines frischen *pacova*-Blatts von der Mittelrippe ab, entfernte den harten äußeren Rand und faltete sie der Länge nach. Dann schob er die beiden Teile (die ungefähr sieben auf dreißig Zentimeter maßen) so ineinander, daß die Falze einen rechten Winkel bildeten; so entstand eine Art Winkelmaß, das auf den Seiten zwei Blätter und an der Spitze, wo sich die beiden Bänder kreuzten, vier Blätter dick war; diesen Teil faltete er nochmals in der Diagonale und schnitt die Enden ab, so daß er nun ein kleines gleichschenkliges Dreieck in Händen hielt, das acht Schichten dick war; dieses drehte er auf dem Daumen rund, von vorn nach hinten, schnitt die Spitzen der beiden unteren Winkel ab und nähte die Seiten mit einer Holznadel und Pflanzenfibern zusammen. Der Beutel ist fertig; man braucht ihn nur noch aufzusetzen, indem man die Vorhaut durch die untere Öffnung zieht, damit er nicht abfallen kann und das Glied durch die Spannung der Haut hochgehalten wird. Alle Männer tragen diesen Beutel, und wenn einer ihn verloren hat, beeilt er sich, das langgezogene Ende seiner Vorhaut unter der Schnur zu befestigen, die er um die Hüften trägt.

Die Wohnhäuser waren fast leer. Sie enthielten nur die Hängematten aus Baumwollschnüren, einige Töpfe aus gebrannter Erde und eine Wanne zum Trocknen von Mais oder Maniok; ein paar Kürbisbehälter; Mörser und Stößel aus Holz; hölzerne, mit Stacheln bestückte Maniokreiben; geflochtene Siebe; Meißel in Form eines Nagetierzahns; Spindeln sowie einige Bogen, die ungefähr 1,70 m maßen. Es gab mehrere Arten von Pfeilen: entweder trugen sie eine Bambusspitze – die für die Jagd lanzenförmig zugespitzt und für den Krieg sägeartig ausgezackt war –, oder sie hatten mehrere Spitzen und dienten dem Fischfang. Schließlich sah man noch einige Musikinstrumente: Panflöten mit dreizehn Pfeifen und kleinere Flöten mit vier Löchern.

Am Abend brachte uns der Häuptling in feierlicher Zeremonie den *cahouin* sowie ein Ragout aus Riesenbohnen und Pfefferschoten, das uns den Mund verbrannte: ein stärkendes Mahl nach den sechs Monaten bei den Nambikwara, die weder Salz noch Pfeffer kennen und deren zarter Gaumen sogar verlangt, daß die Speisen mit Wasser besprengt werden, um sie abzukühlen. Eine kleine Kalebasse enthielt das Salz der Eingeborenen, eine bräunliche Flüssigkeit, die so bitter schmeckte, daß der Häuptling, der uns beim Essen zusah, in unserer Gegenwart davon kostete, um zu beweisen, daß es sich nicht um Gift handelte. Dieses Gewürz gewinnen die Eingeborenen aus der Asche des *toari branco*-Holzes. Trotz der Bescheidenheit der Mahlzeit erinnerte mich die Würde, mit der sie dargeboten wurde, daran, daß die alten Tupí-Häuptlinge offene Tafel halten mußten, wie ein alter Reisender sich ausdrückte.

Und ein noch ergreifenderes Detail: nachdem ich die Nacht in einem der Schuppen verbracht hatte, stellte ich fest, daß mein Ledergürtel von den Grillen angefressen war. Bisher hatte ich die Missetaten dieser Insekten noch in keinem der Stämme, bei denen ich gelebt habe, beobachtet: Kaingang, Caduveo, Bororo, Paressi, Nambikwara, Mundé. Und so sollte mir nun bei den Tupí dasselbe Mißgeschick widerfahren wie schon Yves d'Evreux und Jean de Léry vierhundert Jahre vor mir: „Und so will ich hier gleich diese Tierchen beschreiben, die ... nicht viel größer sind als unsere Grillen. Nachts treten sie in der Nähe des Feuers in Scharen auf und pflegen alles anzunagen, was ihnen in den Weg kommt. Vor allem aber befallen sie Kragen und Schuhe aus Saffian, deren ganze Oberseite sie abfressen. Diejenigen, die solche Sachen besaßen, fanden sie beim Erwachen am folgenden Morgen ganz weiß und abgefressen vor ...“ Da sich die Grillen (im Unterschied zu den Termiten und anderen zerstörerischen Insekten) damit begnügen, die Oberfläche des Leders anzunagen, so fand ich in der Tat auch meinen Gürtel „ganz weiß und abgefressen“ vor, Zeuge einer seltsamen und exklusiven, jahrhundertealten Verbindung zwischen einer Insektenart und einer Gruppe von Menschen.

Sobald die Sonne aufgegangen war, ging einer unserer Männer in den Wald, um ein paar Ringeltauben zu schießen, die in der Lichtung umherflogen. Kurz darauf hörten wir einen Schuß, dem niemand Aufmerksamkeit schenkte, bis ein Eingeborener gelaufen kam, leichenblaß und in höchster Erregung: er versuchte, uns etwas zu erklären; Abaitara war nicht in der Nähe, um zu dolmetschen. Aus dem Wald aber hörte man laute Schreie, die näherkamen, und bald sahen wir unseren Mann durch die Gärten rennen und mit der linken Hand seinen rechten Unterarm stützen, dessen Extremität in Fetzen herabhing: er hatte sich auf sein Gewehr gestützt, und ein Schuß war losgegangen. Luis und ich überlegten, was zu tun sei. Drei Finger waren fast völlig abgetrennt, die Hand schien zertrümmert zu sein, so daß eine Amputation geboten schien. Aber wir hatten nicht den Mut, diese Operation auszuführen und unseren Gefährten zum Krüppel zu machen, den wir zusammen mit seinem Bruder in einem kleinen Dorf in der Nähe von Cuiabá angeheuert hatten und für den wir uns seiner Jugend wegen besonders verantwortlich fühlten; außerdem hatten wir ihn aufgrund seiner Loyalität und seiner Bauernschläue sehr liebgewonnen. Für ihn, dessen Beruf es war, sich mit Lasttieren zu beschäftigen, ein Beruf, der großes manuelles Geschick erforderte, um die Lasten auf dem Rücken von Maultieren und Ochsen zu befestigen, wäre die Amputation eine Katastrophe gewesen. Nicht ohne Zögern beschlossen wir, die Finger ungefähr an die richtige Stelle zu rücken, mit den uns verfügbaren Mitteln einen Verband anzulegen und den Rückweg anzutreten; sobald wir im Lager angekommen wären, sollte Luis den Verletzten nach Urupa bringen, wo sich unser Arzt befand, und wenn die Eingeborenen einverstanden wären, wollte ich gern mit ihnen ziehen und unser Lager am Fluß aufsuchen, bis mich die *galiote* etwa vierzehn Tage später abholen würde (man brauchte ungefähr drei Tage, den Fluß hinunter-, und etwa eine Woche, ihn hinaufzufahren). Entsetzt über diesen Unfall, von dem sie zu glauben schienen, er würde unser freundschaftliches Verhältnis trüben, erklärten sich die Indios mit allem einverstanden, was wir ihnen vorschlugen; während sie erneut mit ihren Vorbereitungen begannen, gingen wir ihnen voraus und machten uns auf den Weg in den Wald.

Die Reise glich einem Alptraum, an den ich nur noch wenige Erinnerungen habe. Der Verwundete delirierte und ging so schnell, daß wir ihm kaum folgen konnten; er hatte die Spitze übernommen und sogar den Führer überholt und folgte ohne Zögern einem Weg, der sich hinter uns verschlossen zu haben schien. In der Nacht gelang es uns, ihn mit Hilfe von Schlafmitteln zu beruhigen. Glücklicherweise war er an die Medikamente nicht gewöhnt, so daß sie ihre volle Wirkung taten. Als wir am Nachmittag des folgenden Tages das Lager erreichten, stellten wir fest, daß seine Hand voller Würmer war, was ihm unerträgliche Schmerzen bereitete. Doch als wir ihn drei Tage später dem Arzt anvertrauten, war er vor Wundbrand sicher, da die Würmer das verfaulte Fleisch sofort abgefressen hatten. Die Amputation erwies sich als unnötig, und eine Reihe von kleinen chirurgischen Eingriffen, die etwa einen Monat in Anspruch nahmen und bei denen Vellard sein Geschick als Vivisektor und Enthomologe unter Beweis stellte, gab Emydio eine passable Hand zurück. Als wir im Dezember an den Madeira gelangten, schickte ich den noch Rekonvaleszenten mit einem Flugzeug nach Cuiabá, um seine Kräfte zu schonen. Doch als ich im Januar wieder in diese Gegend kam, um auf meinen Trupp zu stoßen, machten mir seine Eltern, die ich aufsuchte, die heftigsten Vorwürfe; nicht wegen der Schmerzen ihres Sohns, die sie für einen banalen Zwischenfall des Buschlebens hielten, sondern weil ich so barbarisch gewesen war, ihn der Welt der Lüfte auszusetzen: es war ihnen unbegreiflich, wie man einen Christenmenschen überhaupt in eine so teuflische Lage bringen konnte.

XXXIV Die Farce des Japim

Meine neue Familie bestand aus Taperahi, dem Häuptling des Dorfs, und seinen vier Frauen: Maruabai, der ältesten, und Kunhatsin, ihrer Tochter aus einer früheren Ehe; Takwame und Ianopamoko, der gelähmten jungen Frau. Dieser polygame Haushalt hatte fünf Kinder: Kamini und Pwereza, Knaben im Alter von etwa siebzehn bzw. fünfzehn Jahren, und drei kleine Mädchen: Paerai, Topekea und Kupekahi.

Der Gehilfe des Häuptlings, Potien, war etwa zwanzig Jahre alt und der Sohn von Maruabai aus einer früheren Ehe. Dann gab es noch eine alte Frau, Wirakaru; ihre beiden erwachsenen Söhne Takwari und Karamua, der erste Junggeselle und der zweite mit seiner noch kaum heiratsfähigen Nichte Penhana verheiratet; schließlich deren Vetter, ein gelähmter junger Mann, Walera.

Anders als die Nambikwara machen die Tupí-Kawahib kein

Geheimnis aus ihren Namen, die im übrigen alle eine Bedeutung haben, wie schon die Forscher des 16. Jahrhunderts bei den Tupí festgestellt hatten: „Wie wir es bei Hunden und anderen Tieren tun“, schreibt Léry, „wählen sie Namen ihnen bekannter Dinge wie *Sarigoy*, ein vierbeiniges Tier, *Arignan*, ein Huhn, *Arabotan*, der Baum, der das Brasilholz liefert, *Pindo*, ein großes Kraut, oder auch ähnliche Bezeichnungen.“

Dies galt auch in allen Fällen, in denen mir die Eingeborenen eine Erklärung ihrer Namen gaben. Taperahi war zum Beispiel ein kleiner Vogel mit weißen und schwarzen Federn; Kunhatsin bedeutete: weiße oder hellhäutige Frau; Takame und Takwari leiteten sich von *tawara* ab, einer Bambusart; Potien hieß ein Süßwasserkrebs; Wirakaru ein kleiner Menschenparasit (auf portugiesisch: *bicho de pé*); Karamua eine Pflanze; Walera ebenfalls eine Bambusart.

Staden, ein anderer Reisender des 16. Jahrhunderts, berichtet, daß die Frauen „für gewöhnlich die Namen von Vögeln, Fischen und Früchten tragen“, und er fügt hinzu, daß jedesmal, wenn der Gatte einen Gefangenen tötet, er und seine Frau sich einen neuen Namen zulegen. Auch meine Gefährten übten diesen Brauch; so hieß Karamua außerdem Janaku, weil er, wie man mir erklärte, „schon einen Menschen getötet hat“.

Die Eingeborenen erhalten überdies einen weiteren Namen, wenn sie vom Kindes- ins Jugendlichen- und dann ins Erwachsenenalter eintreten. Jeder besitzt daher zwei, drei oder vier Namen, die er mir bereitwillig nennt. Diese Namen sind von beträchtlichem Interesse, weil jede Linie mit Vorliebe gewisse Zusammenstellungen benützt, die anhand ein und derselben Wurzeln gebildet werden und sich auf den Clan beziehen. Das Dorf, dessen Einwohner ich untersuchte, gehörte zum größten Teil dem *mialat*-Clan (dem „Wildschwein“-Clan) an; aber er hatte sich durch Heiraten mit anderen Clans gebildet: *Paranawat* (Clan des „Flusses“), *Takwatip* (Clan des „Bambus“) und einigen anderen. Und alle Mitglieder des letztgenannten Clans trugen Namen, die von dem Eponym abgeleitet waren: Takwame, Takwari, Walera (ein dicker Bambus), Topehi (eine Frucht derselben Familie) und Karamua (ebenfalls eine Pflanze, die ich aber nicht identifizieren konnte).

Das auffallendste Merkmal der sozialen Organisation dieser Indianer war das Quasimonopol, das der Häuptling über die Frauen der Gruppe ausübte. Von den sechs Frauen, welche die Pubertät erreicht hatten, waren vier seine Gattinnen. Wenn man bedenkt, daß von den beiden übrigen Frauen die eine – Penhana – eine Schwester, also tabu ist, und die andere – Wirakaru – eine alte Frau, für die sich niemand mehr interessiert, dann scheint es, daß Taperahi so viele Frauen hat, wie ihm materiell überhaupt möglich ist. In seinem Haushalt kommt die wichtigste Rolle Kunhatsin zu, die mit Ausnahme der gelähmten Ianopamoko die jüngste und – wobei sich das Urteil der Eingeborenen mit dem des Ethnographen trifft – von großer Schönheit ist. In hierarchischer Hinsicht ist Maruabai eine Nebenfrau und tritt vor ihrer Tochter in den Hintergrund.
Die Hauptfrau scheint ihrem Gatten unmittelbarer zur Hand zu gehen als die anderen. Diese kümmern sich um den Haushalt: Küche und Kinder, die gemeinsam erzogen und unterschiedslos von einer Brust zur anderen gereicht werden, ohne daß ich mit Sicherheit hätte feststellen können, wer ihre jeweilige Mutter war. Die Hauptfrau dagegen begleitet ihren Gatten auf seinen Wanderungen, hilft ihm, Fremde zu empfangen, bewahrt die erhaltenen Geschenke auf und wacht über das Haus. Die Situation ist genau umgekehrt wie bei den Nambikwara, bei denen die Hauptfrau die Rolle der Hüterin des Hauses spielt, während die jungen Konkubinen eng mit der männlichen Tätigkeit verbunden sind.
Das Privileg des Häuptlings auf die Frauen der Gruppe scheint zunächst auf der Vorstellung zu beruhen, daß der Häuptling anders geartet sei als die übrigen. Man sagt von ihm, er habe ein besonders heftiges Temperament; er verfalle in Trancezustände, in denen es zuweilen nötig sei, ihn mit Gewalt niederzuhalten, um ihn an mörderischen Handlungen zu hindern (wovon ich später ein Beispiel geben werde); er besitze prophetische Gaben und andere Talente; schließlich sei sein Sexualtrieb stärker als der anderer Männer und verlange zu seiner Befriedigung eine große Zahl von Frauen. Im Verlauf der zwei Wochen, die ich im Lager der Eingeborenen verbrachte, hat mich das – im Vergleich zu seinen Gefährten – anormale Verhalten des Häuptlings

Taperahi oft in Erstaunen versetzt. Er scheint von einer Umzugsmanie besessen zu sein; mindestens dreimal am Tag hängt er seine Hängematte und das Palmdach, das sie vor Regen schützt, an einem anderen Ort auf, jedesmal gefolgt von seinen Frauen, seinem Gehilfen Potien und seinen kleinen Kindern. Jeden Morgen verschwindet er mit seinen Frauen und Kindern im Wald, um, wie die Eingeborenen behaupten, zu kopulieren. Eine halbe oder eine ganze Stunde später sieht man sie zurückkommen und einen neuen Umzug vorbereiten.

Andererseits wird das polygame Vorrecht des Häuptlings in gewissem Maße dadurch kompensiert, daß er seinen Gefährten und den Fremden Frauen ausleiht. Potien ist nicht nur ein Gehilfe; er nimmt am Leben der Familie des Häuptlings teil, erhält von ihr seine Nahrung, dient den Säuglingen gelegentlich als Pflegemutter und erfreut sich noch anderer Vergünstigungen. Was die Fremden betrifft, so haben alle Autoren des 16. Jahrhunderts von der Großzügigkeit berichtet, welche die Tupinamba-Häuptlinge ihnen gegenüber bewiesen. Diese Pflicht zur Gastfreundschaft wirkte sich seit meiner Ankunft im Dorf zugunsten von Abaitara aus, dem Ianopamoko ausgeliehen wurde, die im übrigen schwanger war und bis zu unserer Abreise die Hängematte mit ihm teilte und von ihm ihr Essen erhielt.

Nach dem, was Abaitara mir anvertraute, war diese Großzügigkeit nicht ohne Berechnung. Taperahi machte Abaitara nämlich den Vorschlag, ihm Ianopamoko endgültig zu überlassen im Tausch gegen dessen damals etwa acht Jahre alte Tochter Topehi; *karijiraen taleko ehi nipoka,* „der Häuptling will meine Tocher heiraten“. Abaitara war davon nicht gerade begeistert, denn Ianopamoko war gelähmt und konnte ihm kaum eine gute Gefährtin sein: „Sie kann nicht einmal Wasser am Fluß holen“, sagte er. So erschien ihm der Tausch zwischen einer körperlich behinderten Erwachsenen und einem gesunden, vielversprechenden Mädchen allzu ungleich. Abaitara hatte anderes im Sinn: gegen Topehi wollte er die kleine zweijährige Kupekahi eintauschen, wobei er betonte, daß sie die Tochter von Takwame und wie er selbst Mitglied des Takwatip-Clans sei, so daß er als Onkel und Mutterbruder ein Vorrecht auf sie habe. Takwame selbst sollte seinen Plänen zufolge einem anderen

Eingeborenen des Postens von Pimenta Bueno zur Frau gegeben werden. Auf diese Weise wäre das matrimoniale Gleichgewicht teilweise wiederhergestellt, denn Takwari wiederum war mit der kleinen Kupekahi „verlobt", und der Häuptling Taperahi hätte nach all diesen Transaktionen zwar zwei seiner vier Frauen eingebüßt, mit Topehi jedoch eine dritte zurückgewonnen.

Wie diese Verhandlungen ausgegangen sind, weiß ich nicht; aber während der zwei Wochen unseres gemeinsamen Lebens riefen sie starke Spannungen zwischen den Protagonisten hervor, und die Situation war manchmal recht beunruhigend. Abaitara hielt schwärmerisch an seiner zweijährigen Verlobten fest, die ihm, obwohl er selbst bereits dreißig oder fünfunddreißig Jahre zählte, als eine Gattin nach seinem Herzen erschien. Er machte ihr kleine Geschenke, und wenn sie am Ufer herumsprang, wurde er nicht müde, ihre kleinen robusten Formen zu bewundern und mir anzupreisen: welch schönes Mädchen würde sie in zehn oder zwölf Jahren sein! Trotz der vielen Jahre seiner Witwerschaft erschreckte ihn die lange Wartezeit nicht; freilich rechnete er in der Zwischenzeit mit Ianopamoko. In den zärtlichen Gefühlen, die ihm das kleine Mädchen einflößte, vermischten sich in aller Unschuld erotische Träumereien über die Zukunft, ein sehr väterliches Gefühl seiner Verantwortung für das kleine Wesen und die liebevolle Kameradschaft eines großen Bruders, der spät noch eine kleine Schwester bekommen hat.

Ein weiteres Korrektiv für die Ungerechtigkeit in der Verteilung der Frauen ist das Levirat, eine Institution, die besagt, daß der Bruder die Frau seines Bruders erbt. Auf diese Weise war auch Abaitara mit der Frau seines verstorbenen älteren Bruders verheiratet worden, allerdings gegen seinen Willen, aber er hatte sich dem Befehl seines Vaters und dem Drängen der Frau beugen müssen, die „dauernd um ihn herumschlich". Neben dem Levirat kennen die Tupí-Kawahib noch die fraternale Polyandrie; ein Beispiel dafür war die sehr magere und noch kaum entwickelte kleine Penhana, in die sich ihr Mann Karamua und ihre beiden Schwäger Takwari und Walera teilten; dieser letztere war jedoch nur ein klassifikatorischer Bruder der beiden anderen: „Er leiht (seine Frau) seinem Bruder", denn „der Bruder ist nicht eifersüchtig auf seinen Bruder." Schwager und Schwägerinnen meiden einander zwar nicht, verhalten sich jedoch sehr reserviert. Wenn die Frau ausgeliehen worden ist, merkt man das daran, daß an diesem Tag eine gewisse Vertraulichkeit zwischen ihr und ihrem Schwager herrscht. Sie schwatzen und lachen zusammen, und der Schwager gibt ihr zu essen. Als Takwari eines Tages Penhana ausgeliehen hatte, aß er bei mir. Zu Beginn der Mahlzeit bat er seinen Bruder Karamua, „Penhana zu holen, damit sie esse"; Penhana aber hatte keinen Hunger, da sie bereits mit ihrem Mann gegessen hatte. Trotzdem kam sie, aß einen kleinen Bissen und verschwand wieder. Ebenso verließ Abaitara meinen Tisch und nahm sein Essen zu Ianopamoko mit, um es mit ihr zusammen einzunehmen.

Es handelt sich also um eine Kombination aus Polygynie und Polyandrie, die für die Tupí-Kawahib das von den Vorrechten des Häuptlings geschaffene Problem löst. Da ich erst vor wenigen Wochen die Nambikwara verlassen hatte, stellte ich mit Verblüffung fest, welch verschiedene Lösungen geographisch so nahe beisammen lebende Gruppen für die gleichen Probleme finden. Denn auch bei den Nambikwara hat der Häuptling, wie wir sahen, das Vorrecht der Polygamie, woraus dasselbe Mißverhältnis zwischen der Anzahl der jungen Männer und der verfügbaren Gattinnen resultiert. Doch statt sich wie die Tupí-Kawahib mit der Polyandrie zu behelfen, erlauben die Nambikwara den Heranwachsenden homosexuelle Beziehungen. Die Tupí-Kawahib dagegen sprechen von solchen Gepflogenheiten, wenn sie jemanden beleidigen wollen. Sie verurteilen sie also. Aber Léry erzählt von ihren Vorfahren: „Es sei erwähnt, daß sie sich häufig, haben sie sich übereinander geärgert, *Tyvire* nennen [die Tupí-Kawahib sagen heute ganz ähnlich: *teukuruwa*], das heißt Schuft. Man kann also daraus schließen (ich behaupte es nicht), daß diese verabscheuenswerte Sünde unter ihnen begangen wird."

Bei den Tupí-Kawahib war das Häuptlingstum einst Gegenstand einer komplexen Organisation, mit der das Dorf noch heute symbolisch verbunden blieb – ein wenig wie jene kleinen Königshöfe, an denen sich ein letzter Getreuer bemüht, die Rolle des Kammerherrn zu spielen, um das Prestige der königlichen Würde zu retten. In dieser Rolle erschien Potien neben dem Häuptling Taperahi; wenn man den Eifer sah, mit dem er seinem Herrn diente, den Respekt, den er ihm bewies, und die Achtung, die ihm dafür die anderen Mitglieder der Gruppe entgegenbrachten, hätte man zuweilen meinen können, daß Taperahi noch immer, wie einst Abaitara, über einige Tausend Untertanen regierte. In jenen Zeiten gab es am Hof mindestens vier Ränge: den Häuptling, die Leibwache, die niederen Offiziere und die Gefährten. Der Häuptling entschied über Leben und Tod. Im 16. Jahrhundert war das normale Hinrichtungsverfahren das Ertränken, das den niederen Offizieren oblag. Aber der Häuptling sorgt auch für seine Leute; er führt die Verhandlungen mit den Fremden, und zwar nicht ohne Geistesgegenwart, wie ich bald feststellen sollte.

Ich besaß einen großen Aluminiumtopf, in dem wir unseren Reis zu kochen pflegten. Eines Morgens kam Taperahi, begleitet von Abaitara als Dolmetscher, bat mich um den Topf und versprach mir als Gegenleistung, ihn während der Zeit unseres Aufenthalts stets mit Chicha gefüllt zu unserer Verfügung zu halten. Ich versuchte ihm zu erklären, daß uns dieses Küchengerät unentbehrlich sei, aber während Abaitara übersetzte, sah ich mit Erstaunen, daß auf Taperahis Gesicht das strahlende Lächeln nicht verschwand, so als ob meine Worte allen seinen Wünschen entsprächen. Und in der Tat, als Abaitara mit der Darstellung der Gründe meiner Weigerung fertig war, griff Taperahi fröhlich nach dem Topf und nahm ihn ungeniert zu seiner Habe. Ich mußte mich fügen. Seinem Versprechen getreu, versorgte er mich eine ganze Woche lang mit einem besonders köstlichen *cahouin*, der aus einer Mischung aus Mais und *tocari* bestand; ich verzehrte Unmengen davon, einzig eingeschränkt durch die Sorge, die Speicheldrüsen der drei kleinen Kinder zu schonen. Der Zwischenfall erinnerte mich an eine Stelle aus Yves d'Evreux: „Wenn jemand von ihnen den Wunsch hat, etwas zu besitzen, das einem anderen gehört, sagt er ihm offen, was er will: und das Ding muß seinem Besitzer sehr teuer sein, wenn er es nicht unverzüglich hergibt, freilich im Austausch gegen ein anderes Ding, das dem Gegner lieb ist."

Die Tupí-Kawahib fassen die Rolle ihres Häuptlings ganz anders auf als die Nambikwara. Wenn man sie eindringlich über diesen Punkt befragt, sagen sie: „Der Häuptling ist immer fröhlich." Die außergewöhnliche Dynamik, die Taperahi bei allen möglichen Gelegenheiten bewies, ist der beste Kommentar zu dieser Formel; freilich erklärt sie sich nicht allein durch individuelle Fähigkeiten, denn anders als bei den Nambikwara ist die Häuptlingswürde der Tupí-Kawahib in männlicher Linie erblich: Pwereza würde der Nachfolger seines Vaters sein. Zwar erschien Pwereza jünger als sein Bruder Kamini, aber ich habe noch andere Hinweise für ein mögliches Vorrecht des jüngeren Bruders gefunden. In der Vergangenheit bestand eine der Aufgaben des Häuptlings darin, Feste zu geben, als deren „Herr" oder „Besitzer" er galt. Männer und Frauen bemalten sich den ganzen Körper (insbesondere mit Hilfe des violetten Safts eines nicht identifizierten Blatts, der auch zum Bemalen der Töpfe diente), und es wurde getanzt, gesungen und musiziert; für die Begleitung sorgten vier oder fünf große Klarinetten, die aus 1,20 m langen Bambusstäben bestanden und an der Spitze eine kleine Bambuspfeife mit einem einfachen, seitlich offenen Mundstück trugen, das im Innern mit einem Pfropfen aus Fasern befestigt war. Der „Herr des Festes" befahl den Männern, sich darin zu üben, einen Flötenspieler auf den Schultern zu tragen, ein Spiel, das an den *mariddo*-Tanz der Bororo oder das Klotzrennen der Gé erinnert.

Die Einladungen wurden im voraus ausgesprochen, damit die Teilnehmer Zeit hatten, kleine Tiere wie Ratten, Eidechsen, Eichhörnchen zu fangen und zu räuchern, um sie sich dann um den Hals zu hängen. Das Radspiel teilte das Dorf in zwei Lager: die Jüngeren und die Älteren. Die Mannschaften versammelten sich, mit Pfeil und Bogen ausgerüstet, an der Westseite eines runden Platzes, während zwei Männer, die jeweils einer der beiden Mannschaften angehörten, im Norden bzw. im Süden Stellung bezogen. Sie rollten sich eine Art Faßreifen zu, der aus der Scheibe eines Baumstamms bestand. In dem Augenblick, da diese Zielscheibe vor den Schützen vorbeirollte, versuchte jeder, sie mit einem Pfeil zu treffen. Bei jedem Treffer durfte sich der Schütze einen Pfeil des Gegners nehmen. Dieses Spiel hat frappierende Gegenstücke in Nordamerika.

Schließlich zielte man auf eine Puppe, was nicht ganz ungefährlich war, denn diejenigen, dessen Pfeil in dem Pfosten steckenbliebe, welcher der Puppe als Stütze diente, würde ein ähnlich verhängnisvolles Schicksal magischen Ursprungs ereilen wie diejenigen, die es wagten, eine hölzerne Puppe in Form eines Menschen zu schnitzen, statt einer Strohpuppe die Gestalt eines Affen zu geben.

So vergingen die Tage mit dem Sammeln der Überreste einer Kultur, die einst Europa fasziniert hatte und die, zumindest am rechten Ufer des oberen Machado, vielleicht in dem Augenblick meiner Abreise verschwinden würde: denn im selben Moment, da ich meinen Fuß in das Boot setzte, das am 7. November 1938 aus Urupa zurückkehrte, begaben sich die Eingeborenen nach Pimenta Bueno, um sich dort mit den Gefährten und der Familie von Abaitara zu vereinigen.

Doch kurz vor dieser melancholischen Auflösung einer sterbenden Kultur harrte meiner noch eine Überraschung. Es geschah zu Beginn der Nacht, da jedermann den letzten Schein des Lagerfeuers nutzt, um sich auf den Schlaf vorzubereiten. Der Häuptling Taperahi lag bereits in seiner Hängematte, als er mit ferner und zögernder Stimme, die ihm kaum zu gehören schien, zu singen begann. Augenblicklich kamen zwei Männer herbei (Walera und Kamini) und kauerten sich zu seinen Füßen, während ein Schauer der Erregung die kleine Gruppe ergriff. Walera rief etwas, und der Gesang des Häuptlings wurde deutlicher, seine Stimme fester. Und mit einem Mal verstand ich, was vor sich ging: Taperahi war im Begriff, ein Theaterstück oder, genauer, eine Operette zu spielen, in der sich Gesang und gesprochenes Wort vermischten. Er allein verkörperte ein Dutzend Personen. Und jede von ihnen unterschied sich durch einen bestimmten Ton der Stimme – kreischend, im Falsett, guttural, dröhnend – sowie durch ein musikalisches Thema, das ein wirkliches Leitmotiv bildete. Die Melodien ähnelten in erstaunlicher Weise dem Gregorianischen Gesang. Nach dem *Sacre* der Nambikwara-Flöten glaubte ich nun eine exotische Version der *Noces* zu vernehmen.

Mit Hilfe von Abaitara, der von der Darbietung so gefesselt war, daß ich ihm nur mit Mühe einige Erklärungen abringen konnte, gelang es mir, eine ungefähre Vorstellung von ihrem Inhalt zu bekommen. Es handelte sich um eine Farce, deren Held der *japim*-Vogel war (ein Pirol mit gelben und schwarzen Federn, dessen modulierter Gesang der menschlichen Stimme täuschend ähnlich ist); seine Partner waren Tiere: Schildkröte, Jaguar, Falke, Ameisenbär, Tapir, Eidechse usw. sowie Gegenstände: Stock, Stößel, Bogen; schließlich Geister wie das Gespenst Maira. Jedes dieser Wesen drückte sich in einem Stil aus, der seiner Natur so genau entsprach, daß ich sie bald allein identifizieren konnte. Die Geschichte handelte von den Abenteuern des *japim*, der zunächst von den anderen Tieren bedroht wird, diese aber auf die verschiedenste Weise hinters Licht führt und schließlich ihrer Herr wird. Die Darbietung, die zwei Nächte lang wiederholt (oder fortgesetzt?) wurde, dauerte jedesmal etwa vier Stunden. Zuweilen schien Taperahi geradezu inspiriert zu sein, dann sprach und sang er in einem fort: von allen Seiten erklang schallendes Gelächter. Andere Male aber schien er erschöpft zu sein, seine Stimme wurde schwächer, er schlug verschiedene Themen an, ohne bei einem zu verweilen. Dann kam ihm einer der Rezitierenden oder beide zusammen zu Hilfe, indem sie entweder ihre Rufe wiederholten, was dem Hauptdarsteller eine Ruhepause verschaffte, oder ihm ein musikalisches Thema vorschlugen oder sogar zeitweilig eine der Rollen übernahmen, so daß für einige Augenblicke ein richtiger Dialog entstand. Und wenn Taperahi auf diese Weise wieder fest im Sattel saß, begann er mit einer neuen Episode.

In dem Maße, in dem die Nacht fortschritt, bemerkte man, daß diese poetische Schöpfung mit einem Bewußtseinsschwund einherging und der Schauspieler von seinen Personen überwältigt wurde. Ihre verschiedenen Stimmen wurden ihm fremd, jede von ihnen hatte eine so besondere Ausprägung, daß es schwerfiel zu glauben, sie gehörten ein und demselben Individuum an. Gegen Ende der zweiten Vorstellung erhob sich Taperahi, immer noch singend, aus seiner Hängematte und begann, ziellos herumzulaufen und nach *Cahouin* zu verlangen; er war „vom Geist ergriffen" worden; plötzlich packte er ein Messer und stürzte sich auf Kunhatsin, seine Hauptfrau, die ihm nur mit knapper Not entrinnen und sich in den Wald retten konnte, während die anderen Männer ihn überwältigten und ihn zwangen, sich wieder in seine Hängematte zu legen, wo er augenblicklich einschlief. Am anderen Morgen ging alles seinen gewohnten Gang.

XXXV Amazonien

Als ich in Urupa ankam, von wo aus die Reise mit Motorschiffen möglich ist, fand ich meine Gefährten wieder, die sich in einer geräumigen, auf Pfählen stehenden und durch Zwischenwände in mehrere Räume aufgeteilten Strohhütte eingerichtet hatten. Es blieb nichts anderes mehr zu tun, als den Rest unseres Materials an die Bevölkerung des Orts zu verkaufen oder gegen Hühner, Eier und Milch einzutauschen – denn es gab hier ein paar Kühe –, faul in den Tag zu leben, neue Kräfte zu sammeln und auf die Regenfälle zu warten, die den Fluß anschwellen lassen, so daß das erste Schiff der Saison bis hierher gelangen kann, was sicher noch drei Wochen dauern würde. Jeden Morgen, wenn wir beim Frühstück unsere restliche Schokolade in Milch verrührten, sahen wir Vellard zu, der aus Emydios Hand ein paar Knochensplitter entfernte und ihr langsam das alte Aussehen zurückgab. Dieser Anblick war ekelerregend und faszinierend zugleich; er verband sich in meinen Gedanken mit dem Bild des Urwalds, seinen Formen und Drohungen. Ich begann, meine linke Hand als Modell nehmend, Landschaften aus Händen zu zeichnen, die aus gewundenen, wie Lianen ineinander verschlungenen Körpern herausragten. Nach einem Dutzend Entwürfen, die fast alle während des Kriegs verlorengegangen sind – in welchem deutschen Keller mögen sie heute schimmeln? –, fühlte ich mich erleichtert und konnte mich wieder der Beobachtung von Dingen und Menschen zuwenden.
Von Urupa bis zum Rio Madeira liegen die Posten der Telegrafenlinie in den Lagern von Kautschuksuchern, die der sporadischen Besiedlung des Ufers einen Sinn verleihen. Sie wirken weniger absurd als die des Plateaus, und das Leben gleicht hier nicht mehr nur einem Alptraum. Zumindest hellt er sich dank den lokalen Hilfsmitteln etwas

auf. Man sieht Gärten mit Wassermelonen, dem lauen und rosigen Schnee der Tropen; Hinterhöfe mit gefangenen Schildkröten, die der Familie das Sonntagshuhn ersetzen. An Festtagen erscheint dieses sogar in Form eines *gallinha em molho pardo* (Huhn in brauner Sauce), vervollständigt durch einen *bolo podre* (wörtlich: verdorbener Kuchen), *cha de burro* (Eselsmilch, das heißt Mais mit Milch) und *baba de moça* (Mädchenspeichel: mit Honig getränkter säuerlicher weißer Käse). Der giftige Saft des Maniok, der einige Wochen lang mit Pfefferschoten fermentiert wurde, liefert eine kräftige, cremige Sauce. Man lebt im Überfluß: *Aqui só falta o que não tem,* „hier fehlt nichts als das, was man nicht hat".

Alle diese Speisen sind „kolossale" Genüsse, denn auch die Sprache im Amazonasland gefällt sich in Superlativen. Im allgemeinen ist ein Heilmittel oder eine Nachspeise gut oder schlecht „wie der Teufel"; ein kleiner Wasserfall „schwindelerregend"; ein Stück Wild ein „Ungeheuer" und eine Situation „abgründig". Die Gespräche liefern eine köstliche Mustersammlung an bäuerlichen Deformationen; so die Umkehrung der Phoneme: *percisa* statt *precisa, prefeitamente* statt *perfeitamente; Tribucio* statt *Tirbucio.* Sie werden auch von langen Pausen begleitet, unterbrochen einzig durch feierliche Ausrufe wie *„Sim Senhor!"* oder *„Disparate!"*, die sich auf alle möglichen wirren und dunklen Gedanken beziehen, wirr und dunkel wie der Wald.

Einige wenige fahrende Händler, *regatão* oder *mascate* – im allgemeinen Syrer oder Libanesen – bringen nach monatelangen Reisen im Einbaum Medikamente und alte Zeitungen, die beide gleichermaßen unter der Feuchtigkeit gelitten haben. Aus einer von ihnen, die in der Hütte eines Kautschuksuchers herumlag, erfuhr ich mit viermonatiger Verspätung vom Münchner Abkommen und der Mobilmachung. Auch die Einfälle der Waldbewohner sind phantasievoller als die der Leute in der Savanne. Es gibt Dichter, wie zum Beispiel jene Familie, in der Vater und Mutter Sandoval bzw. Maria heißen und die Namen ihrer Kinder aus diesen Silben zusammensetzen: so heißen die Mädchen Valma, Valmaria und Valmarisa, die Knaben Sandomar und Marival; und in der folgenden Generation Valdomar und Valkimar. Die Pedanten nennen ihre Söhne Newton und

Aristoteles und schwören auf die in Amazonien so beliebten Medikamente wie die *Kostbare Tinktur,* das *Orientalische Tonikum,* die *Gordona Spezifisch,* die *Bristolpillen,* das *Englische Wasser* und den *Himmlischen Balsam.* Sofern sie nicht, mit schlimmen Folgen, Chinin-Bichlorhydrat statt Natriumsulfat einnehmen, gewöhnen sie sich so sehr daran, daß sie ein ganzes Röhrchen Aspirin schlucken müssen, um ihre Zahnschmerzen zu lindern. Und aus einem kleinen Depot am unteren Machado schien man in der Tat, rein symbolisch, nur zwei Waren im Einbaum flußaufwärts zu exportieren: Grabgitter und Klistiere.

Neben dieser „wissenschaftlichen" Medizin gibt es noch eine andere, volkstümliche, die in *resguardos,* „Verboten", und *orações,* „Gebeten", besteht. Solange die Frau schwanger ist, unterliegt sie keinem Nahrungsverbot. Während der ersten acht Tage nach der Geburt darf sie nur Hühner und Rebhühner essen; bis zum vierzigsten Tag außerdem noch Hirsch und einige Fische *(pacu, piava, sardinha).* Vom einundvierzigsten Tag an ist es ihr erlaubt, wieder sexuelle Beziehungen aufzunehmen und ihre Diät mit Wildschwein und den sogenannten weißen Fischen zu ergänzen. Verboten sind ein Jahr lang: Tapir, Landschildkröten, Rotwild, *mutum,* „Leder"fische: *jatuarama* und *curimata.* Was die Informanten wie folgt kommentieren: *Isso é mandamento de lei de Deus, isso é do inicio do mundo, a mulher só é purificada depois de 40 dias. Si não faz, o fim é triste. – Depois do tempo da menstruação, a mulher fica imunda, a homem que anda com ela fica imundo também, é a lei de Deu para mulher.* Und als letzte Erklärung: *E uma cousa muita fina, a mulher.**

An der Grenze zur schwarzen Magie liegt die *Oração do sapo secco,* das Gebet der vertrockneten Kröte, das in einem Kolportagebuch, dem *Livro de São Cypriano,* zu finden ist. Man besorgt sich eine dicke Kröte (*curucu* oder *sapo leiteiro*), gräbt sie an einem Freitag bis zum Hals ein und gibt ihr heiße Kohlen, die sie alle verschluckt. Acht Tage später ist sie ver-

* Dies ist das Gebot des göttlichen Gesetzes, so war es seit Anfang der Welt; die Frau ist erst am vierzigsten Tag gereinigt. Wenn sie sich nicht daran hält, nimmt sie ein schlimmes Ende. – Während der Menstruation ist die Frau unrein, und der Mann, der sie aufsucht, wird ebenfalls unrein; dies ist das Gesetz, das Gott für die Frau geschaffen hat. – Die Frau ist ein sehr zartes Wesen.

schwunden, doch am selben Ort steht der „Fuß eines Baums mit drei Ästen", drei Farben. Der weiße Ast ist für die Liebe, der rote für die Verzweiflung und der schwarze für die Trauer. Das Gebet verdankt seinen Namen dem Umstand, daß die Kröte vertrocknet, denn selbst der Aasgeier frißt sie nicht. Man pflückt den Zweig, welcher der Absicht des Offizianten entspricht, und hält ihn vor aller Augen verborgen: *é cousa muita occulta.* Das Gebet wird bei der Beerdigung der Kröte gesprochen:

Eu te enterro com palma de chão lá dentro
Eu te prende baixo de meus pés até como fôr o possivel
Tens que me livrar de tudo quanto e perigo
Só soltarei você quando terminar minha missão
Abaixo de São Amaro será o meu protetor
As undas do mar serão meu livramento
Na polvora de solo será meu descanso
Anjos da minha guarda sempre me accompanham
E o Satanaz não terá fôrça de me prender
Na hora chegada na pinga de meio dia
Esta oração será ouvida
São Amaro você e supremes senhores dos animaes crueis
Será o meu protetor Mariterra (?)
*Amen.**

Es gibt auch die *Oração da fava,* das Gebet der Saubohne, und die *Oração do morcego,* das Gebet der Fledermaus.

* Ich begrabe dich einen Fuß tief unter der Erde
Ich lege dich so tief wie möglich unter meine Füße
Du mußt mich aus allen Gefahren erretten
Ich werde dich erst befreien, wenn ich meine Aufgabe erfüllt habe
Unter Anrufung von Sankt Amaro findet sich mein Beschützer
Die Wellen des Meeres sind meine Erlösung
Im Staub der Erde ist meine Ruhe
Engel, die ihr mich bewacht, begleitet mich immer
Und Satan, wird nicht die Kraft haben, mich zu ergreifen
Wenn es genau Mittag sein wird
Wird dieses Gebet erhört
Sankt Amaro, du und die höchsten Herren der grausamen Tiere
Mein Beschützer wird Mariterra (?) sein
Amen.

In der Nähe der Flüsse, die von kleinen Motorbooten befahren werden können, dort also, wo die durch die Stadt Manaus vertretene Zivilisation nicht mehr nur eine zu drei Vierteln ausgelöschte Erinnerung ist, sondern eine Realität, mit der man vielleicht zwei- oder dreimal im Lauf seines Lebens Kontakt aufnehmen kann, finden sich die Verrückten und die Erfinder. So zum Beispiel jener Postenchef, der für sich, seine Frau und seine beiden Kinder mitten im Wald ganz allein riesige Kulturen anlegt, Phonographen und Schnapsfässer herstellt und gegen den sich das Schicksal verschworen hat. Jede Nacht wird sein Pferd von sogenannten Vampir-Fledermäusen überfallen. Er schützt es mit Zeltplanen, aber das Tier zerreißt sie an den Ästen der Bäume; nun versucht er, es mit Pfeffer, dann mit Kupfersulfat einzureiben, aber die Vampire „wischen alles mit ihren Flügeln ab" und saugen weiter das Blut des armen Tieres aus. Das einzig wirksame Mittel ist, das Pferd mit Hilfe von vier zerschnittenen und zusammengenähten Häuten als Stachelschwein zu tarnen. Seine Phantasie, an der es ihm nie mangelt, hilft ihm auch, eine große Enttäuschung zu vergessen, nämlich seinen Besuch in Manaus, bei dem alle seine Ersparnisse in den Händen der Ärzte verschwanden, die ihn ausbeuteten, das Hotel ihn hungern ließ und seine Kinder im Einvernehmen mit den Händlern die Läden leerkauften.
Man möchte länger bei diesen bemitleidenswerten Gestalten des amazonischen Lebens verweilen, die zwischen Überspanntheit und Verzweiflung hin und her schwanken. Helden oder Heilige wie Rondon und seine Gefährten, welche die Landkarten unerforschter Territorien mit Namen aus dem positivistischen Kalender schmückten und von denen einige sich lieber umbringen ließen, als sich gegen die Angriffe der Indianer zur Wehr zu setzen. Hitzköpfe, die sich mitten in den Wald zu merkwürdigen Zusammenkünften mit Stämmen begeben, die nur sie allein kennen und deren magere Ernten sie plündern, bevor ein Pfeil sie durchbohrt. Träumer, die in irgendeinem verlassenen Tal ein ephemeres Reich aufbauen. Besessene, die in der Einsamkeit eine Aktivität entfalten, die anderen einst Vize-Königreiche eingebracht hätte. Opfer schließlich jenes Rauschs, der von Mächtigeren als ihnen genährt wurde. Op-

fer, deren bizarres Schicksal die Abenteurer am Rande jener von den Mundé und den Tupí-Kawahib bewohnten Wälder veranschaulichen.
Ich gebe im folgenden einen zwar ungeschickten, aber nicht der Größe entbehrenden Bericht wieder, den ich eines Tages aus einer amazonischen Gazette ausgeschnitten habe.

Auszug aus *A Pena Evangelica* (1938)
„Im Jahre 1920 fiel der Preis des Kautschuks, und der große Führer (Oberst Raymundo Pereira Brasil) verließ die *seringaes*, die hier am Ufer des Igarapé São Thomé fast unberührt blieben. Die Zeit verging. Seitdem ich die Ländereien des Oberst Brasil verlassen hatte, bewahrte meine Jünglingsseele die unauslöschliche Erinnerung an diese fruchtbaren Wälder. Ich erwachte aus der Apathie, in die uns der plötzliche Fall der Kautschukpreise gestürzt hatte, und obwohl ich mich bereits gut an die *Bertholletia excelsa* gewöhnt hatte, erinnerte ich mich plötzlich an die *castanhaes* von São Thomé.
Im *Grand Hôtel* von Belém do Para traf ich eines Tages meinen alten Vorgesetzten, den Oberst Brasil. Er zeigte noch die Spuren seines einstigen Reichtums. Ich bat ihn um die Erlaubnis, in ‚seinen' Kastanienwäldern arbeiten zu dürfen. Und er gab mir wohlwollend seine Zustimmung; er sagte: ‚All dies ist verlassen; es ist weit, und es sind nur noch die Leute dort, denen es nicht gelungen ist, sich aus dem Staub zu machen. Ich weiß nicht, wie sie leben, und es interessiert mich auch nicht. Du kannst hingehen.'
Ich raffte meine geringen Mittel zusammen und verlangte bei den Firmen J. Adonias, Adelino G. Bastos und Gonçalves Pereira & Co. einen *aviação* [so nennt man auf Kredit gekaufte Waren], besorgte mir eine Schiffskarte der *Amazon River* und machte mich auf den Weg zum Tapajós. In Itaituba traf ich mich mit Rufino Monte Palma, Melentino Telles de Mendonca. Jeder von uns brachte fünfzig Leute mit. Wir schlossen uns zusammen und hatten Erfolg. Bald kamen wir an die Mündung des Igarapé São Thomé. Dort fanden wir eine verlassene, trübsinnige Bevölkerung: verblödete Greise, fast nackte Frauen, kranke und ängstliche Kinder. Nachdem wir Hütten gebaut hatten und alles bereit war, versammelte ich alle Leute und sagte: ‚Hier ist die *boia*

für jeden – Munition, Salz und Mehl. In meiner Hütte gibt es weder Uhr noch Kalender; die Arbeit beginnt, wenn wir die Umrisse unserer schwieligen Hände erkennen können, und die Ruhezeit beginnt mit der Nacht, die Gott uns gegeben hat. Wer nicht einverstanden ist, wird nichts zu essen haben; er muß sich mit Suppe aus Palmnüssen und dem Salz der *anaja*-Knospen begnügen [wenn man die Knospe dieser Palme kocht, erhält man einen bitteren und salzigen Rückstand]. Wir haben Vorräte für sechzig Tage, und wir müssen sie nutzen; wir dürfen keine einzige Stunde dieser kostbaren Zeit vergeuden.' Meine Mitarbeiter folgten meinem Beispiel, und sechzig Tage später hatten wir 1420 *barriques* [ein barrique = etwa 130 Liter] Kastanien. Wir beluden die Einbäume und fuhren mit der erforderlichen Mannschaft nach Itaituba. Ich blieb mit Rufino Monte Palma und dem Rest der Leute zurück, um das Motorschiff *Santelmo* zu besteigen, das zwei volle Wochen auf sich warten ließ. Als wir im Hafen von Pimental ankamen, schifften wir uns mit den Kastanien und allem übrigen auf der *Sertanejo* ein, und in Belém verkauften wir den Hektoliter Kastanien für 47,5 Milreis (2,30 Dollar); leider starben auf der Reise vier Leute. Wir kehrten nie wieder zurück. Doch da heute – 1936/37 – für den Hektoliter bis zu 220 Milreis bezahlt werden, der höchste Preis, der meines Wissens je erzielt worden ist, würde die Arbeit in den Kastanienwäldern noch weit größeren Gewinn bringen; die Kastanie ist ein sicheres und positives Geschäft – anders als der in der Erde versteckte Diamant, die ewige Unbekannte. Nun, meine Freunde aus Cuiabá, nun wißt ihr, wie man im Staat Mato Grosso Para-Kastanien erntet."

Immerhin haben diese Leute, hundertfünfzig bis hundertsiebzig Personen, in sechzig Tagen dreitausendfünfhundert Dollar verdient. Wie aber steht es um die Kautschuksammler, deren Todeskampf ich in den letzten Wochen meines Aufenthalts miterlebt habe?

Die beiden Hauptarten des Gummibaums, *hevea* und *castilloa*, heißen im lokalen Dialekt *seringa* bzw. *caucha*; die erste ist auch die wichtigere; sie wächst nur in der Nähe der Flüsse, deren Böschungen ein Gebiet mit unsicheren Grenzen bilden und von der Regierung gemäß irgendeiner vagen Verfügung nicht Eigentümern, sondern den sogenannten *patrões de seringal* überlassen werden; diese verfügen über ein Depot von Nahrungsmitteln und diversen Vorräten, das sie entweder in eigener Regie oder meist für einen Unternehmer oder eine kleine Transportgesellschaft verwalten, die das Monopol der Schiffahrt auf einem bestimmten Fluß und seinen Nebenflüssen besitzt. Der Kautschuksammler ist zunächst in ganz bezeichnender Weise ein „Kunde" und heißt *freguêz*, Kunde des Depots, in dessen Zone er sich niederläßt und in dem er verpflichtet ist, alle seine Waren zu kaufen sowie seine gesamte Ernte abzuliefern, wofür man ihm seine Arbeitswerkzeuge sowie die für eine Saison nötigen Lebensmittel vorschießt – seine ersten Schulden – und ihm einen Arbeitsplatz zuweist, den *collocão*: eine Reihe von Wegen, die *estradas*, die in Form von Schlaufen zu der Hütte am Flußufer führen und an den wichtigsten Gummibäumen vorbeigehen, die schon vorher von anderen Angestellten des Patrons, vom *mateiro* und vom *adjudante*, ausfindig gemacht worden sind.
Früh am Morgen (denn es ist ratsam, so meint man, in der Dunkelheit zu arbeiten) begibt sich der *seringueiro* auf einen seiner Wege, bewaffnet mit der *faca*, einem krummen Messer, und der *coronga*, einer Lampe, die er wie ein Grubenarbeiter auf seinem Hut trägt. Er führt die Einschnitte in die *seringas* gemäß einer schwierigen Technik aus – der sogenannten „Fahnen"- oder „Fischgräten"-Technik –, denn ein schlecht eingeschnittener Baum läuft Gefahr, trocken zu bleiben oder sich zu erschöpfen.
Gegen zehn Uhr morgens hat der *seringueiro* einhundertfünfzig bis einhundertachtzig Bäume bearbeitet; nach dem Mittagessen kehrt er auf seine „Straße" zurück und sammelt den Saft, der seit dem Morgen in Zinkbecher geflossen ist, die am Stamm festgemacht werden und deren Inhalt er in einen selbstgefertigten, mit Kautschuk imprägnierten Sack

aus grober Baumwolle leert. Wenn er gegen fünf Uhr nachmittags zurückkehrt, beginnt die dritte Phase, das heißt das „Einfetten“ der Kautschukkugel, die im Begriff steht, sich zu bilden: die „Milch“ wird langsam der Masse beigegeben, die an einem Stock über dem Feuer aufgehängt ist. Der Rauch läßt die Milch in dünnen Schichten gerinnen, die man dadurch ausgleicht, daß man die Kugel langsam um ihre Achse dreht. Sie ist fertig, wenn sie ein bestimmtes Standardgewicht erreicht hat, das je nach der Gegend zwischen dreißig und siebzig Kilogramm schwankt. Die Herstellung einer Kugel kann, wenn die Bäume erschöpft sind, mehrere Wochen in Anspruch nehmen. Die Kugeln (die je nach der Qualität der Milch und dem Herstellungsverfahren sehr verschieden sind) werden am Ufer des Flusses abgelegt, wo der Patron sie einmal im Jahr abholt, um sie in seinem Depot zu *peles de borracha*, „Kautschukhäuten“, zusammenzupressen, zu Flößen zusammenzubinden, dazu bestimmt, beim Überqueren der Wasserfälle auseinanderzufallen, um dann geduldig wieder zusammengesetzt zu werden, bis sie in Manaus oder Belém ankommen.

Kurz, um eine oft komplexe Situation zu vereinfachen, kann man sagen, daß der *seringueiro* vom Patron abhängt und dieser von der Schiffahrtsgesellschaft, welche die wichtigsten Flußläufe kontrolliert. Dieses System ist eine Folge des Preissturzes von 1910, als der angebaute Kautschuk aus Asien mit dem brasilianischen in Konkurrenz zu treten begann. Während die eigentliche Kautschukgewinnung außer für die Notleidenden jedes Interesse verlor, blieb dagegen der Flußtransport um so lohnender, als die Waren im *seringal* ungefähr viermal über ihrem Marktpreis verkauft werden können. Die Mächtigsten gaben daher den Kautschuk auf, um sich die Frachten zu reservieren, was ihnen erlaubte, das ganze System ohne Risiko zu kontrollieren, da der Patron in doppelter Hinsicht dem Transporteur ausgeliefert ist, der entweder die Tarife erhöhen oder sich weigern kann, seinen Kunden zu beliefern. Ein Patron aber, dessen Depot leer ist, verliert seine Kunden: sie setzen sich ab, ohne ihre Schulden zu bezahlen, oder sie verhungern.

So befindet sich der Patron in den Händen des Transporteurs, so wie der Kunde in denen des Patrons. Im Jahre 1938 war der Kautschuk fünfzigmal weniger wert als am

Ende des großen *boom*; trotz einer vorübergehenden Erhöhung der Preise während des ersten Weltkriegs ist die Lage heute nicht viel glänzender. Je nach den Jahren schwanken die Erträge eines einzelnen Kautschuksuchers am Machado zwischen zweihundert und eintausendzweihundert Kilogramm. Im günstigsten Fall erlaubten ihm seine Einnahmen im Jahre 1938, ungefähr die Hälfte seiner Grundnahrungsmittel zu kaufen: Reis, schwarze Bohnen, Trockenfleisch, Salz, Gewehrkugeln, Petroleum und Baumwollstoffe, die zum Überleben notwendig sind. Die Differenz wird einerseits mit Hilfe der Jagd und andererseits durch Verschuldung ausgeglichen, die – begonnen, noch bevor er mit der Arbeit angefangen hat – bis zu seinem Tod meist immer größer wird.

Es ist vielleicht nützlich, das Monatsbudget einer vierköpfigen Familie im Jahre 1938 anzuführen. Wer will, kann es anhand der Schwankungen des Preises für ein Kilogramm Reis in Goldwährung umsetzen:

	Einheit in Milreis	Total in Milreis
4 kg Küchenfett	10,500	42
5 kg Zucker	4,500	22,500
3 kg Kaffee	5	15
1 Liter Petroleum	5	5
4 Stangen Seife	3	12
3 kg Salz (zum Einsalzen des Wilds)	3	9
20 Kugeln, Kaliber 44	1,200	24
4 Pfund Tabak	8,500	34
5 Päckchen Zigarettenpapier	1,200	6
10 Schachteln Streichhölzer	0,500	5
100 g Pfeffer (zum Einpökeln)	3	3
2 Knoblauchzehen	1,500	3
4 Dosen Kondensmilch (für Säuglinge)	5	20
5 kg Reis	3,500	17,500
30 Liter Maniok„mehl“	2,500	75
6 kg *xarque* (Trockenfleisch)	8	48
Total		341

Hinzu kommen die Baumwollstoffe, von denen im Jahre 1938 ein Ballen zwischen dreißig und einhundertzwanzig Milreis kostete; Schuhe zu vierzig bis sechzig Milreis pro Paar; der Hut zu fünfzig bis sechzig Milreis, schließlich Nadeln, Knöpfe, Faden und vor allem Medikamente, deren Konsum erschreckend hoch ist. Eine Chinin-Tablette zum Beispiel (jedes Mitglied der Familie benötigt mindestens eine am Tag) oder ein Aspirin kostet einen Milreis. Erinnern wir daran, daß in derselben Epoche eine sehr gute „Saison" (die Kautschukernte dauert von April bis September, da der Wald während der Regenzeit unzugänglich ist) am Machado nur vierhundert Milreis einbringt (die *fina* wurde in Manaus im Jahre 1936 für etwa vier Milreis pro Kilo verkauft, von denen der Produzent die Hälfte erhielt). Wenn der *seringueiro* keine kleinen Kinder hat und ausschließlich von der Jagd und vom Maniok lebt, den er neben seiner Saisonarbeit selbst anbaut, dann verschluckt allein schon sein Nahrungsbudget diese außergewöhnliche Einnahme.
Der Patron, ob er nun für sich allein arbeitet oder nicht, lebt ständig in der Angst vor dem Bankrott, der ihn bedroht, wenn seine Kunden verschwinden, ohne die Vorschüsse zurückgezahlt zu haben. Deshalb überwacht sein bewaffneter Vorarbeiter den Fluß. Wenige Tage, nachdem ich die Tupí-Kawahib verlassen hatte, trug sich auf dem Fluß eine seltsame Begegnung zu, die mir gleichsam als das Symbol des *seringal* in Erinnerung geblieben ist; ich lese in meinem Reisetagebuch unter dem Datum des 3. Dezember 1938: „Gegen zehn Uhr morgens bei grauem, feuchtwarmem Wetter. Unsere Einbäume begegnen einer kleinen *montaria*, in der sich ein magerer Mann, seine Frau – eine dicke Mulattin mit krausen Haaren – sowie ein etwa zehnjähriges Kind befinden. Sie sind erschöpft, und die Frau bricht am Ende ihrer Worte in Tränen aus. Sie kommen von einer sechstägigen Expedition auf dem Machadinho zurück, auf dem sie elf *cachoeiras* (Wasserfälle) passiert haben und das Boot auf einem von ihnen, Jaburu, hatten tragen müssen, auf der Suche nach einem ihrer *fregueses*, der mit seiner Gefährtin, einem Einbaum und all seiner Habe geflohen war, nachdem er sich einen *aviação* besorgt und einen Zettel hinterlassen hatte, auf dem stand: *a mercadoria é muito cara e*

não tem coragem pagar a conta (die Ware ist zu teuer, und ich bringe es nicht über mich, die Rechnung zu bezahlen). Die Leute, Angestellte des *compadre* Gaetano und wegen ihrer Verantwortung von Panik ergriffen, sind losgezogen, um den Flüchtigen zu suchen, ihn zu ergreifen und ihn dem Patron auszuhändigen. Sie haben ein Rifle."
Rifle heißt hier der Karabiner – meist eine Winchester vom Kaliber 44 –, der auf der Jagd und zuweilen auch zu anderen Zwecken verwendet wird.
Einige Wochen später las ich über der Tür des Depots *Calama Limitada* am Zusammenfluß des Machado und des Madeira folgenden Anschlag:

AUSSERGEWÖHNLICHE LUXUSARTIKEL
wie Fett, Butter und Milch
werden nur mit besonderer Erlaubnis des
Patrons auf Kredit verkauft.
Andernfalls werden sie nur gegen Bargeld abgegeben!
Gegen *Geld oder eine andere gleichwertige Ware.*

Unmittelbar darunter hing ein anderes Plakat:

GLATTE HAARE
Selbst für Farbige!
So kraus oder gewellt Ihr Haar auch sein mag,
so glatt wird es bei ständigem Gebrauch
des neuesten Mittels
Alisante
Zu kaufen in „Die Große Flasche",
Rua Uruguayana, Manaus.

In der Tat ist die Gewöhnung an Krankheit und Elend so groß, daß das Leben im *seringal* nicht immer düster ist. Zweifellos gehören die hohen Kautschukpreise der Vergangenheit an, die es einst ermöglichten, an den Flußmündungen Herbergen aus Brettern zu bauen, lärmende Spelunken, in denen die *seringueiros* in einer Nacht die Ersparnisse mehrerer Jahre verloren und am nächsten Morgen erneut den *aviação* eines mitleidigen *patrão* in Anspruch nehmen mußten. Ich habe noch eine dieser Bruchbuden gesehen, die den Namen „Vatikan" trug und an den Glanz vergangener Zeiten erinnerte. Sonntags pflegte man dorthin zu gehen, in einen gestreiften seidenen Pyjama gekleidet, mit weichem Hut und glänzenden Schuhen, um den Virtuosen zuzuhören, die in einem Solistenkonzert viele Melodien mit Revolverkugeln der verschiedensten Kaliber zum besten gaben. Heute kann niemand mehr im *seringal* einen Luxuspyjama kaufen. Doch ein zweifelhafter Reiz wird noch immer importiert mit jenen jungen Frauen, die ein ungewisses Leben als Konkubinen der *seringueiros* führen. Man nennt dies *casar na igreja verde,* „in der grünen Kirche heiraten". Diese *mulherada,* das heißt die Gruppe der Frauen, tut sich manchmal zusammen, um einen Ball zu organisieren, für den jede fünf Milreis oder den Kaffee oder den Zucker stiftet, ihre Hütte zur Verfügung stellt, die etwas größer ist als die anderen, oder ihre für die Nacht gespeiste Lampe ausleiht. Sie erscheinen in leichten Kleidern, geschminkt und frisiert, und küssen beim Eintreten die Hand der Herren des Hauses. Aber die Schminke ist weniger dazu da, Schönheit vorzuspiegeln, als den Anschein von Gesundheit zu erwecken. Unter Rouge und Puder verbergen sie ihre Pockennarben, ihre Schwindsucht und ihre Malaria. In Stöckelschuhen sind sie aus dem *barracão de seringueiro* gekommen, wo sie mit dem „Mann" leben und den Rest des Jahres ungekämmt und in Lumpen herumlaufen. In ihren Ballkleidern haben sie zwei oder drei Kilometer im Schlamm der Waldwege zurückgelegt. Und um sich schön zu machen, haben sie sich in den schmutzigen *igarapé* (Bächen) gewaschen und sich im strömenden Regen angezogen, der den ganzen Tag über gefallen ist. Der Gegensatz zwischen diesen schwachen Ansätzen von Zivilisation und der monströsen Wirklichkeit, die vor der Tür wartet, ist erschütternd.

Die schlecht geschnittenen Kleider lassen typisch indianische Formen erkennen: hohe Brüste, die fast an den Achselhöhlen sitzen und von dem engen Kleid zusammengepreßt werden, das einen hervortretenden Bauch eindämmen soll; kurze Arme und magere, hübsche Beine, sehr feine Gelenke. Der Mann, in weißer Leinenhose, groben Schuhen und Pyjamahemd, fordert seine Partnerin auf. (Wie wir schon sagten, sind diese Frauen nicht verheiratet. Es sind *companheiras*, Gefährtinnen; manchmal *amasiadas*, das heißt, sie leben mit jemandem zusammen, manchmal *desocupadas*, „unbeschäftigt, verfügbar".) Er führt sie an der Hand zur

Mitte des *palanque* aus *babassu*-Stroh, der vom *farol*, einer lärmenden Petroleumlampe, erleuchtet ist. Man zögert ein paar Sekunden, bis man den ausgeprägten Rhythmus der *caracachá* erfaßt hat, einer Büchse mit Nägeln, die ein untätiger Tänzer schüttelt. Dann geht es los, 1, 2–3; 1, 2–3, und so weiter. Die Füße schleifen über den Boden, der auf Pfählen steht und unter dieser Reibung erbebt.
Man tanzt die Tänze einer anderen Zeit. Vor allem die *desfeitera*, die aus Ritornellen besteht, zwischen denen die Musik des Akkordeons (zuweilen vom violão und vom *cavaquinho* begleitet) aufhört, um allen Kavalieren Gelegenheit zu geben, nacheinander ein Distichon voll spöttischer oder erotischer Anspielungen zu improvisieren, auf welches die Damen in derselben Form antworten müssen, was ihnen im übrigen nicht leicht fällt, denn sie sind geniert, *con vergogna*; die einen verstecken sich errötend, die anderen haspeln einen unverständlichen Vers herunter wie kleine Mädchen, die ihre Lektion aufsagen. Auf uns wurde eines Abends in Urupa folgender Vers gemacht:

Um é medico, outro professor, outro fiscal do Museu,
Escolhe entr'os três qual é o seu.

(Der eine ist Arzt, der andere Professor, der dritte Museumsdirektor; wähle unter den dreien, wer der Deine sein soll.)
Zum Glück wußte das arme Mädchen, für das der Vers bestimmt war, nicht, was es antworten sollte.
Wenn der Ball mehrere Tage lang dauert, ziehen die Frauen jeden Abend ein anderes Kleid an.
Nach den Nambikwara aus der Steinzeit war dies zwar nicht mehr das 16. Jahrhundert, in das mich die Tupí-Kawahib versetzt hatten, aber gewiß noch das 18. Jahrhundert, so wie es in den kleinen Häfen der Antillen oder an der Küste ausgesehen haben mochte. Ich hatte einen ganzen Kontinent durchquert. Doch das nahe Ende meiner Reise kam mir zum ersten Mal durch dieses Aufsteigen aus der Tiefe der Zeiten erst richtig zu Bewußtsein.

NEUNTER TEIL
Die Rückkehr

XXXVII Die Apotheose des Augustus

Eine Etappe der Reise war besonders entmutigend gewesen: der Aufenthalt in Campos Novos. Durch die Epidemie von meinen Gefährten getrennt, die achtzig Kilometer hinter mir zurückgeblieben waren, konnte ich nichts anderes tun, als am Rande des Postens zu warten, in dem ein Dutzend Menschen an Malaria, Leishmaniase, Ankylostomiase, vor allem aber an Hunger starben. Bevor sich die Paressi-Indianerin, die ich angestellt hatte, um meine Wäsche zu waschen, an die Arbeit machte, verlangte sie nicht nur ein Stück Seife, sondern auch eine Mahlzeit, ohne die sie, wie sie sagte, nicht kräftig genug sei, um zu arbeiten, was unbedingt zutraf: diese Menschen hatten die Fähigkeit zu leben verloren. Zu schwach und zu krank, um zu kämpfen, setzten sie alles daran, ihre Tätigkeiten und ihre Bedürfnisse einzuschränken, und verfielen in einen Zustand der Erstarrung, der ihnen ein Minimum an körperlicher Anstrengung abverlangte und gleichzeitig das Bewußtsein ihres Elends minderte.

Dieses trostlose Klima verschlimmerten die Indianer noch auf andere Weise. Die beiden feindlichen Horden, die in Campos Novos zusammengetroffen waren, stets im Begriff, handgreiflich zu werden, legten auch mir gegenüber keine freundlichen Gefühle an den Tag. Ich mußte auf der Hut sein, und die ethnographische Arbeit war praktisch unmöglich. Schon unter normalen Bedingungen ist die Feldarbeit anstrengend genug: der Forscher muß mit der Sonne aufstehen, so lange wach bleiben, bis auch der letzte Eingeborene eingeschlafen ist, und ihn manchmal sogar im Schlaf beobachten; er muß sich bemühen, unbemerkt zu bleiben und doch immer präsent zu sein; er muß alles sehen, alles behalten, alles notieren, eine demütigende Zudringlichkeit an den Tag legen, eine kleine Rotznase um Informationen anbetteln, sich stets bereithalten, um einen kurzen Augenblick der Gefälligkeit oder der Nachlässigkeit auszunutzen; oder tagelang die Neugier zügeln und Zurückhaltung üben, wenn eine Laune des Stammes dies erforderlich macht. Bei der Ausübung dieses Berufs verfällt der Forscher ins Grübeln. Hat er wirklich seiner Heimat, seinen Freunden, seinen Gewohnheiten entsagt, Unsummen an Geld ausgegeben, große Anstrengungen auf sich genommen und seine Gesundheit aufs Spiel gesetzt, nur um sich nun für seine schiere Anwesenheit bei ein paar Dutzend Unglücklichen zu entschuldigen, die dem nahen Untergang geweiht sind, hauptsächlich damit beschäftigt, einander zu entlausen und zu schlafen, und von deren Laune doch der Erfolg oder der Mißerfolg seines Unternehmens abhängt? Wenn die Stimmung der Eingeborenen so schlecht ist, wie es in Campos Novos der Fall war, wird die Lage noch schlimmer: die Indianer verweigern sogar ihren Anblick; ohne Vorankündigung verschwinden sie tagelang, um zu jagen oder irgendeine Sammelexpedition zu unternehmen. In der Hoffnung, sie wiederzusehen und ihre so teuer erkaufte Gegenwart zu nutzen, wartet man, tritt auf der Stelle, dreht sich im Kreis. Man liest alte Aufzeichnungen durch, schreibt sie ab, wertet sie aus; oder man stellt sich irgendeine umständliche und sinnlose Aufgabe – eine wahre Karikatur des Berufs –, wie etwa, die Entfernung zwischen den Hütten zu messen oder einen nach dem anderen die Äste zu zählen, die für den Bau der verlassenen Wohnstätten verwendet worden sind.

Vor allem aber stellt man sich Fragen: Wozu ist man hierher gekommen? Mit welcher Hoffnung? Zu welchem Zweck? Was genau bedeutet eine ethnographische Forschung? Gleicht sie der normalen Ausübung eines beliebigen Berufs, lediglich mit dem Unterschied, daß Büro oder Laboratorium einige Tausend Kilometer vom Wohnort entfernt liegen? Oder ist sie die Folge einer radikaleren Entscheidung, die eine Infragestellung des Systems voraussetzt, in dem man geboren wurde und aufgewachsen ist? Es war nun bald fünf Jahre her, daß ich Frankreich verlassen und dort meine Universitätslaufbahn abgebrochen hatte; während dieser Zeit standen meine klügeren Kollegen im Begriff, deren Stufenleitern zu erklimmen; diejenigen, die sich, wie einst auch ich, für Politik interessiert hatten, waren heute wohl Abgeordnete und bald Minister. Und ich trieb mich in der Wüste herum, um Überresten der Menschheit nachzujagen. Wer oder was hatte mich denn veranlaßt, die normale Bahn meines Lebens zu sprengen? War es eine List, ein geschickter Abstecher, die es mir erlauben sollten, meine Karriere mit zusätzlichen Vorteilen, die mir wohl gutgeschrieben würden, wieder aufzunehmen? Oder war meine Entscheidung Ausdruck einer tiefgehenden Unvereinbarkeit zwischen mir und meiner sozialen Gruppe, von der ich mich, was auch geschehen mochte, immer weiter entfernen sollte? Doch statt mir eine neue Welt zu eröffnen, gab mir mein abenteuerliches Leben – ein seltsames Paradoxon – eher die alte zurück, während mir jene andere, der ich nachgestrebt hatte, zwischen den Fingern zerrann. In dem Maße, in dem die Menschen und Landschaften, die zu erobern ich ausgezogen war, die erhoffte Bedeutung verloren, sobald ich sie vor mir sah, traten an die Stelle dieser enttäuschenden, wie auch immer präsenten Bilder andere, die meine Vergangenheit vorrätig hielt und denen ich keinerlei Wert beigemessen hatte, solange sie noch zu der Realität gehörten, die mich umgab. Während ich durch Gegenden streifte, die nur wenige Blicke je betrachtet haben, und die Existenz von Völkern teilte, deren Elend der Preis dafür war – ein Preis, den sie als erste zahlten –, daß ich die Jahrtausende zurückverfolgen konnte, nahm ich weder das Land noch die Leute mehr wahr, vielmehr tauchten flüchtige Bilder der französischen Landschaft vor mir auf, denen ich mich früher verweigert hatte, oder Bruchstücke von Musik und Poesie, konventionellster Ausdruck einer Zivilisation, gegen die mich entschieden zu haben ich keinen Zweifel hegen durfte, wollte ich nicht den Sinn in Abrede stellen, den ich meinem Leben gegeben hatte. Auf dieser Hochebene des westlichen Mato Grosso fesselte mich nicht so sehr das, was mich umgab und was ich wohl nie wiedersehen würde, vielmehr verfolgte mich wochenlang eine abgedroschene Melodie, die meine Erinnerung noch ärmer machte, nämlich die Etüde Nr. 3, op. 10 von Chopin, die – wie um mir Hohn zu sprechen, dessen Bitterkeit ich ebenfalls empfand – alles zu enthalten schien, was ich hinter mir gelassen hatte.

Weshalb Chopin, für den ich nie eine besondere Vorliebe gehegt hatte? Zur Zeit der Wagner-Verehrung groß geworden, hatte ich Debussy erst vor kurzem entdeckt, nachdem mir die *Noces* von Strawinsky, die ich in der zweiten oder dritten Aufführung hörte, eine Welt offenbarten, die mir realer und dauerhafter erschien als die Savannen Zentralbrasiliens und die mein vorheriges musikalisches Universum zusammenbrechen ließen. Doch in dem Augenblick, da ich Frankreich verließ, war es *Pelléas* gewesen, der mir die geistige Nahrung lieferte, derer ich bedurfte; warum also bedrängte mich in der Wüste Chopin und sein banalstes Werk? Mehr damit beschäftigt, dieses Problem zu lösen, als mich den Beobachtungen zu widmen, die meine Anwesenheit hier in diesem Land gerechtfertigt hätten, sagte ich mir, daß der Fortschritt, der darin besteht, von Chopin zu Debussy überzugehen, vielleicht noch größer ist, wenn er sich in umgekehrter Richtung vollzieht. Die Genüsse, um derentwillen ich Debussy den Vorzug gab, fand ich nun bei Chopin, jedoch gleichsam als Andeutungen, in noch unsicherer und so verhaltener Form, daß ich sie anfangs nicht bemerkt hatte und direkt zu ihrem sichtbarsten Ausdruck weitergegangen war. Nun vollzog ich einen doppelten Fortschritt: indem ich mich in das Werk des älteren Komponisten vertiefte, enthüllte es mir Schönheiten, die jenem verborgen bleiben müssen, der nicht zuerst Debussy gekannt hat. Ich liebte Chopin aus der Fülle heraus und nicht aus Mangel wie derjenige, für den die Entwicklung bei ihm stehengeblieben ist. Andererseits bedurfte ich, um bestimmte Empfindungen in mir zu wecken, nicht mehr der vollständigen Erregung: das Zeichen, die Anspielung, die Ahnung gewisser Formen genügten.

Meile um Meile erklang in meinem Kopf immer dieselbe Melodie, ohne daß ich mich von ihr lösen konnte. Ich gewann ihr immer neue Reize ab. Zunächst sehr locker, schien sich ihr Faden mehr und mehr zu verwickeln, wie um das Ende zu verbergen, mit dem sie aufhören würde. Dieser Knoten wurde so unentwirrbar, daß man sich fragte, auf welche Weise die Melodie überhaupt noch hindurchfinden könnte; und plötzlich löste eine einzige Note alles auf, und dieser Ausgang erschien noch kühner als die kompromittierenden Schritte, die ihm vorangegangen waren, ihn gefordert und ermöglicht hatten; wenn man sie hörte, erhielten die früheren Entwicklungen einen neuen Sinn: sie waren nicht Willkür gewesen, sondern Vorbereitung auf dieses unvermutete Ende. Bestand also darin die Reise? War sie eine Erforschung der Wüsten meiner Erinnerung anstelle der meiner Umgebung? Eines Nachmittags, als in der drückenden Hitze jedermann schlief und auch ich in meiner Hängematte lag, vor der „Pest" – wie man hier sagt – durch das feinmaschige Moskitonetz geschützt, das die Luft noch stickiger machte, schien es mir, daß die Probleme, die mich peinigten, den Stoff für ein Theaterstück abgaben. Ich sah es so deutlich vor mir, als hätte ich es bereits geschrieben. Die Indianer waren verschwunden, und so schrieb ich von morgens bis abends die Rückseite von Blättern voll, die vorn mit Vokabeln, Skizzen und Stammbäumen bedeckt waren. Danach hat mich die Inspiration mitten in der Arbeit verlassen und ist nie wiedergekehrt. Wenn ich heute mein Gekritzel noch einmal lese, glaube ich nicht, es bedauern zu müssen.

Mein Stück trug den Titel *L'Apothéose d'Auguste* und stellte eine neue Version des *Cinna* dar. Es treten darin zwei Männer auf, die seit ihrer Kindheit befreundet gewesen sind und nun in dem für beide entscheidenden Augenblick ihrer jeweiligen Laufbahn wieder zusammentreffen. Der eine, der glaubte, sich gegen seine Kultur entschieden zu haben, entdeckt, daß er sich lediglich eines komplizierten Wegs bedient hat, um zu ihr zurückzukehren, freilich mit Hilfe einer Methode, die Sinn und Wert der Alternative zerstörte, vor die er früher gestellt zu sein wähnte. Der andere, der von Geburt an für das gesellschaftliche Leben und dessen Ehren bestimmt war, begreift, daß alle seine Bemühungen auf ein Ziel gerichtet waren, das diese zunichte macht. Und so versuchen beide durch ihre gegenseitige Vernichtung, und sollte es das eigene Leben kosten, den Sinn ihrer Vergangenheit zu retten.

Das Stück beginnt in dem Augenblick, da sich der Senat, der Augustus mit noch höheren Ehren schmücken will als mit dem Imperium, für die Apotheose entschieden hat und sich anschickt, den noch Lebenden in den Rang der Götter zu erheben. In den Gärten des kaiserlichen Palasts diskutieren zwei Wärter über das Ereignis und versuchen, sich aus ihrer besonderen Sicht dessen Folgen vorzustellen. Würde der Beruf des Polizisten nicht unmöglich werden? Wie soll man einen Gott schützen, der das Privileg besitzt, sich in

ein Insekt zu verwandeln, ja sogar sich unsichtbar zu machen und jeden zu lähmen, wie es ihm beliebt? Sie überlegen, ob sie streiken sollen; jedenfalls haben sie eine Gehaltserhöhung verdient.
Der Polizeichef tritt auf und klärt sie über ihren Irrtum auf. Die Polizei unterscheidet sich durch ihre Aufgabe nicht von denjenigen, denen sie dient. Die Zwecke sind ihr gleichgültig, sie ist eins mit der Person und den Interessen ihrer Herren und erstrahlt in ihrem Ruhm. Die Polizei eines göttlichen Staatsoberhaupts wird selbst göttlich. Wie diesem wird auch ihr alles möglich sein. Und indem sie somit ihre wahre Natur verwirklicht, könnte man, im Stil der Detektivbüros, von ihr behaupten: *sie sieht alles, hört alles, und keiner merkt es.*
Die Bühne füllt sich mit Personen, die aus dem Senat kommen und die soeben zuende gegangene Sitzung kommentieren. In verschiedenen Szenen werden die widersprüchlichen Auffassungen des Übergangs von der menschlichen zur göttlichen Bestimmung dargelegt. Die Vertreter der großen Interessen rechnen mit neuen Möglichkeiten der Bereicherung. Nur Augustus, ganz Imperator, hat die Bestätigung seiner Macht im Auge, die in Zukunft vor Intrigen und Machenschaften sicher sein wird. Für seine Frau Livia ist die Apotheose die Krönung einer Karriere: „Er hat sie verdient!" – kurz, die *Académie française* ... Camilla, die in Cinna verliebte junge Schwester von Augustus, verkündet ihm Cinnas Rückkehr nach zehn Jahren eines abenteuerlichen Lebens. Sie möchte, daß Augustus ihn empfängt, da sie hofft, daß der kapriziöse und poetische junge Mann ihren Bruder zurückhält, der im Begriff steht, sich unwiderruflich auf die Seite der Ordnung zu schlagen. Livia widersetzt sich diesem Wunsch: Cinna war in Augustus' Karriere stets nur ein Element der Unordnung gewesen; er ist ein Hitzkopf, der sich nur bei den Wilden wohlfühlt. Augustus ist geneigt, dieser Meinung beizupflichten; doch verschiedene Delegationen von Priestern, Malern und Dichtern beginnen ihn zu verwirren. Alle stellen sich Augustus' Vergöttlichung als eine Vertreibung aus der Welt vor: die Priester rechnen damit, daß die Apotheose die zeitliche Macht wieder in ihre Hände legen wird, da sie die berufenen Vermittler zwischen Göttern und Menschen sind. Die

Künstler wollen Augustus zu einer Idee erheben; zum Ärger des kaiserlichen Paars, das sich als überlebensgroße Marmorstatuen mit verschönten Zügen sehen möchte, schlagen sie alle möglichen Darstellungen in Form von Wirbelwinden oder Polyedern vor. Die Verwirrung wächst mit den mißstimmigen Bekundungen einer Schar leichter Frauen – Leda, Europa, Alkmene, Danae –, die Augustus ihre Erfahrung in den Beziehungen mit dem Göttlichen zugute kommen lassen wollen.

Wieder allein, sieht sich Augustus dann einem Adler gegenüber: nicht dem konventionellen Tier, dem Attribut der Göttlichkeit, sondern dem ungezähmten Raubvogel, der sich heiß anfühlt und stinkt. Und doch ist es Jupiters Adler; eben jener, der Ganymed nach einem blutigen Kampf entführte, bei dem sich der Jüngling vergeblich zur Wehr gesetzt hatte. Dem ungläubigen Augustus erklärt der Adler, daß seine bevorstehende Göttlichkeit genau darin bestehen werde, nicht mehr den Widerwillen zu empfinden, der ihn im jetzigen Augenblick, da er noch ein Mensch sei, beherrsche. Nicht an irgendeiner strahlenden Empfindung oder an der Macht, Wunder zu tun, werde Augustus merken, daß er ein Gott geworden ist, sondern daran, daß er ohne Ekel das Nahen eines wilden Tiers, seinen Geruch und seine Exkremente, mit denen es ihn bedecke, werde ertragen können. Alles, was Aas, Fäulnis und Sekretion ist, werde ihm vertraut vorkommen: „Die Schmetterlinge werden sich auf deinem Nacken paaren, und jeder Boden wird dich gut genug dünken, um darauf zu schlafen; du wirst ihn nicht mehr wie jetzt voller Dornen sehen, wimmelnd von Insekten und Gefahren."

Im zweiten Akt hat Augustus, durch die Worte des Adlers für das Problem der Beziehungen zwischen Natur und Gesellschaft hellhörig geworden, den Entschluß gefaßt, Cinna wiederzusehen, der einst die Natur vorgezogen und sich von der Gesellschaft abgewandt hatte, im Gegensatz zu Augustus, der schließlich zu einem Imperium gekommen war. Cinna ist entmutigt. Während der zehn Jahre seines abenteuerlichen Lebens hat er immer nur an Camilla gedacht, die Schwester seines Jugendfreunds, die zu heiraten nur von ihm selbst abhing, denn Augustus hätte sie ihm mit Freuden gegeben. Aber es war ihm unmöglich, sie nach den

Regeln des gesellschaftlichen Lebens zu erringen; er wollte sie gegen die Ordnung, nicht durch sie. Daher jene verzweifelte Suche nach einem häretischen Prestige, das es ihm ermöglichen würde, die Einwilligung der Gesellschaft zu erzwingen, um letztlich etwas zu erhalten, was ihm zu gewähren sie ohnehin bereit war.

Jetzt ist er zurückgekehrt, beladen mit Wunderdingen: ein Weltumsegler, um den sich die feine Gesellschaft für ihre Empfänge reißt und der als einziger weiß, daß dieser teuer erkaufte Ruhm auf einer Lüge beruht. Nichts von alledem, was gekannt zu haben man ihm unterstellt, ist real; die Reise ist eine Täuschung: dies alles erscheint nur demjenigen wahr, der nichts als Schatten gesehen hat. Eifersüchtig auf das Schicksal, das Augustus beschieden ist, hat Cinna ein größeres Imperium als das seines Freundes besitzen wollen: „Ich sagte mir, daß kein menschlicher Geist, und sei es der von Platon, befähigt ist, die unendliche Vielfalt all der Blumen und Blätter zu erfassen, die es auf der Erde gibt, aber daß ich sie kennenlernen würde; daß ich alle Empfindungen verspüren würde, die Angst, Kälte, Hunger und Erschöpfung wecken und die ihr, lebend in wohlverschlossenen Häusern in der Nähe gefüllter Scheuern, euch nicht einmal im Traum vorzustellen vermögt. Ich habe Eidechsen, Schlangen und Heuschrecken gegessen; und dieser Nahrung, die dir schon in Gedanken Übelkeit bereitet, habe ich mich mit der Erregung des Neulings genähert, fest davon überzeugt, daß ich ein neues Band zwischen der Welt und mir knüpfen werde." Doch am Ende seiner Bemühungen hat Cinna nichts gefunden: „Ich habe alles verloren", sagt er, „sogar das Menschlichste ist mir unmenschlich geworden. Um die Leere der endlosen Tage zu füllen, habe ich mir Verse von Äschylos und Sophokles aufgesagt; und mit einigen habe ich mich so vollgesogen, daß ich jetzt, wenn ich ins Theater gehe, nicht einmal mehr ihre Schönheit wahrnehmen kann. Jede Replik erinnert mich an die staubigen Pfade, die verbrannten Gräser, die vom Sand geröteten Augen."

Die letzten Szenen des zweiten Akts zeigen die Widersprüche, in die Augustus, Cinna und Camilla verstrickt sind. Die letztere bewundert ihren Forscher, der sich vergeblich abmüht, ihr die Täuschung des Berichts begreiflich zu machen. „Ich mag meine Rede noch so sehr mit der Leere, der Bedeutungslosigkeit dieser Ereignisse füllen, es genügt, daß sie sich zu einem Bericht formt, um zu blenden und Träume zu wecken. Und doch war es nichts; die Erde glich dieser Erde, und die Grashalme dieser Wiese." Diese Haltung empört Camilla, denn sie spürt nur allzu gut, daß sie in den Augen ihres Liebhabers als Lebewesen Opfer jener allgemeinen Interesselosigkeit ist, an der er leidet: er ist ihr nicht zugetan wie einem Menschen, sondern wie einem Symbol des einzigen Bandes, das fortan zwischen ihm und der Gesellschaft möglich ist. Augustus indes erkennt mit Entsetzen in Cinna die Worte des Adlers; aber er kann sich nicht entschließen, umzukehren: zu viele politische Interessen sind mit seiner Apotheose verbunden, und vor allem lehnt er sich gegen die Vorstellung auf, daß es für einen Mann der Tat kein absolutes Ende geben soll, das ihm sowohl seinen Lohn wie seine Ruhe gewährt.

Der dritte Akt beginnt in einem Klima der Krise; am Vorabend der Zeremonie ist Rom von Göttlichkeit überflutet: der kaiserliche Palast bekommt Risse, Pflanzen und Tiere überwuchern ihn. So als wäre die Stadt von einer Katastrophe zerstört worden, kehrt sie zum Naturzustand zurück. Camilla hat mit Cinna gebrochen, und dieser Bruch liefert ihm den letzten Beweis für ein Scheitern, von dem er bereits überzeugt war. Sein Groll richtet sich gegen Augustus. So vergeblich ihm nun, verglichen mit den konkreteren Freuden der Gesellschaft der Menschen, die Ruhe der Natur erscheint – er will der einzige sein, der ihre Würze kennt. „Es ist nichts, ich weiß, aber noch dieses Nichts ist mir teuer, da ich mich dafür entschieden habe." Die Vorstellung, daß Augustus alles in sich vereinen kann – die Natur und die Gesellschaft –, daß er die erste als Beigabe zur zweiten und nicht zum Preis eines Verzichts erhalten soll, ist ihm unerträglich. Er wird Augustus ermorden, um die Unausweichlichkeit einer Entscheidung zu bezeugen.

Genau in diesem Augenblick ruft Augustus Cinna zu Hilfe. Wie den Gang von Ereignissen aufhalten, die nicht mehr von seinem Willen abhängen, und dennoch seiner Persönlichkeit treu bleiben? In einer Aufwallung von Begeisterung kommt ihm eine Lösung: ja, Cinna soll, wie er plant, den Kaiser ermorden. So würde jeder die Unsterblichkeit gewinnen, die er erträumt hat: Augustus die offizielle, die der Bücher, Statuen und Kulte; und Cinna die schwarze Unsterblichkeit des Königsmörders, wodurch er sich der Gesellschaft wieder annähern und ihr doch weiterhin widersprechen würde.

Ich weiß nicht mehr genau, wie das alles zu Ende ging, denn die letzten Szenen sind unvollendet geblieben. Ich glaube, daß Camilla unfreiwillig die Auflösung brachte; wieder zu ihren ersten Gefühlen zurückgekehrt, überzeugt sie ihren Bruder davon, daß er die Situation nicht richtig gedeutet habe und daß weniger der Adler als vielmehr Cinna der Bote der Götter sei. Nun faßt Augustus eine politische Lösung ins Auge. Wenn es ihm gelänge, Cinna zu täuschen, würde er damit die Götter täuschen. Während unter ihnen vereinbart war, daß der Ordnungsdienst abziehen und Augustus sich dem Dolch seines Freundes wehrlos aussetzen sollte, läßt er heimlich die Wachen verdoppeln. Cinna wird nicht einmal bis zu ihm vordringen. Und indem Augustus den Verlauf ihrer beider Karrieren bestätigt, wird ihm sein letztes Unternehmen gelingen: er wird Gott, aber bei den Menschen sein und Cinna verzeihen – für diesen ein Mißerfolg mehr.

XXXVIII Ein kleines Glas Rum

Für die vorstehende Geschichte gibt es nur eine Entschuldigung: sie veranschaulicht die Ausschweifung, in die der Geist des Reisenden verfällt, wenn er während langer Zeit unter anormalen Verhältnissen lebt. Aber das Problem bleibt bestehen: wie kann der Ethnograph den Widerspruch überwinden, der sich aus den Umständen seiner Wahl ergibt? Er hat eine Gesellschaft vor Augen, die ihm immer zur Verfügung steht: seine eigene; warum beschließt er, sie zu verachten und sich anderen, weit entfernten und völlig anders gearteten Gesellschaften mit einer Geduld und einem Eifer zu widmen, die er seinen Mitbürgern versagt? Es ist kein Zufall, wenn der Ethnograph seiner eigenen Gruppe gegenüber nur selten eine neutrale Haltung einnimmt. Ist er Missionar oder Verwaltungsbeamter, so darf man annehmen, daß er sich so stark mit einer bestimmten

Ordnung identifiziert, daß er bereit ist, für ihre Verbreitung zu sorgen; übt er seinen Beruf als Wissenschaftler und als Lehrer einer Universität aus, so lassen sich in seiner Vergangenheit mit großer Wahrscheinlichkeit objektive Faktoren finden, die beweisen, daß er an die Gesellschaft, in der er geboren wurde, gar nicht oder nur schlecht angepaßt ist. Indem er seine Rolle spielt, hat er entweder einen praktischen Modus gesucht, die Zugehörigkeit zu einer Gruppe mit dem Vorbehalt zu vereinbaren, den er ihr gegenüber empfindet, oder einfach nach Mitteln gesucht, seinen anfänglichen Zustand der Gleichgültigkeit zu seinen Gunsten zu wenden, einen Zustand, der ihm im übrigen bei der Erforschung fremder Gesellschaften, denen er sich bereits halb genähert hat, einen Vorteil verschafft.

Wenn er jedoch gewissenhaft ist, stellt sich ihm folgendes Problem: der Wert, den er exotischen Gesellschaften beimißt – und der desto höher zu sein scheint, je exotischer sie sind –, hat keine eigene Grundlage; er ist Funktion der Verachtung und zuweilen der Feindseligkeit, die ihm die in seiner eigenen Umwelt geltenden Sitten einflößen. Während er in seiner Heimat die traditionellen Bräuche gern untergraben möchte und sich gegen sie auflehnt, verhält er sich respektvoll, ja sogar konservativ, sobald er einer fremden Gesellschaft gegenübersteht. Und dies ist mehr und anderes als eine Verschrobenheit; ich kenne auch konformistische Ethnographen. Doch sind sie gleichsam in abgeleitetem Sinn konformistisch, aufgrund einer Art sekundärer Assimilierung ihrer eigenen Gesellschaft an diejenigen, die sie untersuchen. Sie fühlen sich stets diesen letzteren zugehörig, und wenn sie von ihrer anfänglichen Revolte gegenüber der eigenen Gesellschaft abgekommen sind, so nur deshalb, weil sie den fremden das zusätzliche Zugeständnis machen, ihre eigene Gesellschaft so zu behandeln, wie sie möchten, daß alle anderen behandelt würden. Es gibt keinen Ausweg aus dem Dilemma: entweder vertritt der Ethnograph die Normen seiner eigenen Gruppe, dann können ihm die anderen nur eine vorübergehende Neugier einflößen, bei der die Mißbilligung niemals fehlt; oder er ist imstande, sich ihnen völlig auszuliefern, dann ist seine Objektivität beeinträchtigt durch die Tatsache, daß er, um sich allen Gesellschaften widmen zu können, ob er es will oder nicht, zumindest eine von ihnen abgelehnt hat. Damit begeht er also dieselbe Sünde, die er denen vorwirft, welche den privilegierten Sinn seiner Berufung in Frage stellen. Dieser Zweifel kam mir zum ersten Mal während des erzwungenen Aufenthalts auf den Antillen, den ich zu Beginn dieses Buchs beschrieben habe. Auf der Insel Martinique hatte ich rustikale und vernachlässigte Rumkellereien besichtigt, in denen noch die Apparate und Methoden des 18. Jahrhunderts verwendet wurden. In Puerto Rico dagegen bot sich mir in den Fabriken der Gesellschaft, welche die gesamte Zuckerrohrproduktion monopolisiert hatte, das Schauspiel von Behältern aus weißem Email und chromblitzenden Hähnen. Und dennoch schmeckte der Rum auf Martinique, neben den alten hölzernen Bottichen, die von geronnenen Abfällen klebten, fruchtig und duftend, während der von Puerto Rico gewöhnlich und grob war. Ist also die Qualität des ersteren ein Ergebnis der Unsauberkeit, die eine archaische Herstellungsweise begünstigt? Dieser Gegensatz veranschaulicht meiner Meinung nach das Paradoxon der Zivilisation, deren Reize wesentlich in den Rückständen bestehen, die sie mit sich schwemmt, ohne daß wir uns deshalb versagen können, sie zu beseitigen. Indem wir also doppelt recht haben, gestehen wir unser Unrecht ein. Denn wir haben recht, wenn wir rationell sein, die Produktion erhöhen und die Herstellungskosten senken wollen. Aber wir haben auch recht, unser Herz an jene Unvollkommenheiten zu hängen, die auszumerzen wir uns bemühen. Das soziale Leben besteht darin, das zu zerstören, was ihm Würze verleiht. Der Widerspruch scheint sich aufzulösen, wenn wir anstelle unserer eigenen Gesellschaft fremde Gesellschaften betrachten. Da wir von der Bewegung der unseren mitgerissen werden, sind wir in gewisser Weise immer parteilich. Es hängt nicht von uns ab, Dinge zu wollen, die unsere Stellung uns zu verwirklichen zwingt; aber wenn es sich um anders geartete Gesellschaften handelt, ändert sich alles: die Objektivität, die im ersten Fall unmöglich ist, wird uns ohne weiteres zugestanden. Da wir an den Veränderungen, die sich vollziehen, nicht mehr als Handelnde, sondern nur als Zuschauer teilnehmen, fällt es uns um so leichter, ihre Zukunft und ihre Vergangenheit in die Waagschale zu werfen, als sie Gegenstand der ästhetischen oder intellektuellen Betrachtungen bleiben, statt sich uns in Form moralischer Unruhe darzubieten.

Mit diesen Überlegungen habe ich vielleicht den Widerspruch aufhellen können; ich habe auf seinen Ursprung hingewiesen und gezeigt, wie es uns gelingen konnte, uns mit ihm abzufinden. Ich habe ihn gewiß nicht gelöst. Ist er also endgültig? Man hat diese Frage zuweilen bejaht, um den Stab über uns zu brechen. Indem wir durch unseren Beruf unsere Vorliebe für soziale und kulturelle Formen zu erkennen geben, die sich von den unseren stark unterscheiden, und diese fremden Formen überdies noch überschätzen, würden wir eine radikale Inkonsequenz an den Tag legen; denn wie könnten wir behaupten, jene Gesellschaften seien respektabel, wenn wir uns nicht auf die Werte unserer Gesellschaft stützten, die uns überhaupt erst auf den Gedanken bringt, unsere Forschungen anzustellen? Da wir außerstande seien, uns je von den Normen zu lösen, die uns geprägt haben, seien unsere Bemühungen, die verschiedenen Gesellschaften, einschließlich der unseren, im richtigen Blickwinkel zu sehen, nur eine weitere beschämende Art, die eigene Überlegenheit zu verkünden.

Hinter der Argumentation dieser braven Apostel steckt nichts anderes als ein schlechter Kalauer: sie versuchen nämlich, die Mystifizierung (die sie sich zuschulden kommen lassen) als das Gegenteil des Mystizismus (den sie uns zu Unrecht vorwerfen) hinzustellen. Die archäologische oder ethnographische Forschung zeigt, daß manche Kulturen, seien es zeitgenössische oder untergegangene, bestimmte Probleme besser zu lösen verstanden oder noch verstehen als wir, auch wenn wir uns bemühen, dieselben Ergebnisse zu erzielen. Um nur ein einziges Beispiel zu nennen: erst vor wenigen Jahren haben wir die physischen und physiologischen Prinzipien entdeckt, auf denen Kleidung und Wohnung der Eskimo beruhen, und daß diese uns unbekannten Prinzipien es sind, die es ihnen ermöglichen, unter strengen klimatischen Verhältnissen zu leben, und nicht etwa die Gewöhnung oder eine außerordentliche Konstitution. Und gleichzeitig haben wir begriffen, warum die angeblichen Verbesserungen, welche die Forscher an der Kleidung der Eskimo vornahmen, sich nicht nur als unwirksam erwiesen haben, sondern den erhofften Ergebnis-

sen sogar zuwiderliefen. Die Lösung der Eingeborenen war vollkommen; und um uns davon zu überzeugen, hätten wir nur die Theorie verstehen müssen, auf der sie beruht.
Doch hier liegt nicht die Schwierigkeit. Wenn wir die Errungenschaften bestimmter sozialer Gruppen im Hinblick auf Ziele beurteilen, die sich mit den unsrigen vergleichen lassen, müssen wir uns zuweilen vor ihrer Überlegenheit verneigen; gleichzeitig aber nehmen wir uns das Recht heraus, sie zu bewerten und folglich alle Zwecke zu verurteilen, die nicht mit denen übereinstimmen, die wir für gut befinden. Stillschweigend unterstellen wir unserer eigenen Gesellschaft, ihren Sitten und Normen eine privilegierte Position, denn ein Beobachter, der einer anderen sozialen Gruppe angehört, wird über dieselben Erscheinungen ein ganz anderes Urteil fällen. Wie könnten unsere Forschungen unter solchen Umständen das Prädikat „wissenschaftlich" beanspruchen? Um die Objektivität zu wahren, müßten wir uns derartiger Urteile enthalten. Wir müßten einräumen, daß jede menschliche Gesellschaft unter den ihr offenstehenden Möglichkeiten eine bestimmte Wahl getroffen hat und daß diese Wahlen nicht miteinander vergleichbar sind: sie sind gleichwertig. Doch damit taucht ein neues Problem auf: denn wenn uns im ersten Fall der Obskurantismus in Form einer blinden Ablehnung alles Fremden bedrohte, laufen wir nun Gefahr, einem Eklektizismus zu verfallen, der uns verbietet, irgend etwas von einer anderen Kultur zu verwerfen, sei es die Grausamkeit, die Ungerechtigkeit oder das Elend – Übel, gegen die die betreffende Gesellschaft zuweilen selbst protestiert. Und da diese Mißstände auch bei uns vorkommen, welches Recht haben wir dann, sie zu Hause zu bekämpfen, wenn sie nur irgendwo anders zu herrschen brauchen, damit wir uns vor ihnen verneigen?
Der Gegensatz zwischen zwei Haltungen des Ethnographen – kritisch zu Hause und konformistisch draußen –, birgt also einen anderen, von dem sich zu befreien ihm noch schwerer fällt. Will er zu einer Verbesserung der sozialen Verhältnisse seiner eigenen Gesellschaft beitragen, dann muß er ähnliche Verhältnisse überall verurteilen, wo es sie gibt, womit er seine Objektivität und seine Unparteilichkeit einbüßt. Umgekehrt hindert ihn die Objektivität,

zu der ihn sein moralisches Gewissen und die wissenschaftliche Strenge zwingen, seine eigene Gesellschaft zu kritisieren, da er ja keine bewerten, sondern alle erkennen will. Entweder will er zu Hause handeln, dann muß er es sich versagen, alles übrige zu verstehen; oder aber er will alles verstehen, dann muß er darauf verzichten, irgend etwas zu verändern.

Wäre der Widerspruch unauflöslich, so dürfte der Ethnograph keinen Augenblick zögern, welchen Weg er zu gehen hat: er ist Ethnograph und hat sich für diesen Beruf entschieden; also muß er auch die Verstümmelungen akzeptieren, die er mit sich bringt. Er hat die anderen gewählt und muß nun die Folgen dieser Wahl tragen: seine Rolle besteht einzig darin, diese anderen zu verstehen, in deren Namen er niemals wird handeln können, da allein die Tatsache, daß sie anders sind, ihn daran hindert, an ihrer Stelle zu denken und zu planen, denn dies liefe darauf hinaus, sich mit ihnen zu identifizieren. Außerdem muß er auf alles Handeln in seiner eigenen Gesellschaft verzichten, aus Angst, gegenüber Werten Stellung zu beziehen, die auch in anderen Gesellschaften vorhanden sein könnten, und damit dem Vorurteil Einlaß in seine Gedanken zu veschaffen. So bleibt nichts als die ursprüngliche Wahl, die zu rechtfertigen er sich weigert: ein wertfreier, unbegründeter Akt, der sich allenfalls durch äußere Erwägungen begründen ließe, die dem Charakter oder der persönlichen Geschichte des Ethnographen entstammen.

Aber glücklicherweise sind wir noch nicht soweit. Nachdem wir den Abgrund betrachtet haben, an dem wir stehen, möge es uns gestattet sein, einen Ausweg zu suchen. Ein solcher kann unter bestimmten Bedingungen auch gefunden werden – daß wir uns nämlich größter Zurückhaltung in unseren Urteilen befleißigen und die Schwierigkeit in zwei Etappen gliedern.

Keine Gesellschaft ist vollkommen. Jede enthält ihrer Natur nach eine Unreinheit, die sich mit den Normen, die sie verkündet, nicht vereinbaren läßt und die sich konkret in einem bestimmten Maß an Ungerechtigkeit, Gefühllosigkeit oder Grausamkeit ausdrückt. Läßt sich dieses Maß beurteilen? Der ethnographischen Forschung kann es gelingen. Zwar trifft es zu, daß beim Vergleich einer kleinen Zahl von Gesellschaften die Unterschiede zwischen ihnen sehr groß erscheinen, doch verringern sich diese, sobald das Forschungsfeld erweitert wird. Man entdeckt dann, daß keine Gesellschaft grundlegend gut ist; aber auch, daß keine von ihnen absolut schlecht ist. Jede von ihnen bietet ihren Mitgliedern gewisse Vorteile, ungeachtet eines Rückstands an Ungerechtigkeit, deren Bedeutung ungefähr konstant erscheint und die vielleicht einer spezifischen Trägheit entspricht, die sich im gesellschaftlichen Leben allen organisatorischen Bemühungen widersetzt.

Diese Behauptung wird den Liebhaber von Reiseberichten überraschen, den die „barbarischen“ Sitten dieses oder jenes Volks erregen. Doch solche oberflächlichen Reaktionen halten einer korrekten Einschätzung der Fakten nicht stand, sobald man sie in einer erweiterten Perspektive betrachtet. Nehmen wir den Fall der Anthropophagie, die von allen wilden Praktiken zweifellos diejenige ist, die uns am meisten Entsetzen und Abscheu einflößt. Zunächst müssen wir dabei von den rein alimentären Formen absehen, das heißt solchen, wo sich der Genuß von Menschenfleisch durch das Fehlen anderer tierischer Nahrung erklärt, wie dies für gewisse polynesische Inseln zutraf. Vor dem Hunger ist keine Gesellschaft moralisch geschützt; die Not kann die Menschen dazu treiben, schlechthin alles zu essen: das jüngste Beispiel der Vernichtungslager beweist es.

Bleiben also jene Formen der Anthropophagie, die man als positiv bezeichnen kann, nämlich diejenigen, die einen mystischen, magischen oder religiösen Ursprung haben – etwa das Verschlingen des Körperteils eines Vorfahren oder eines feindlichen Kadavers zu dem Zweck, sich dessen Tugenden einzuverleiben oder seine Macht zu neutralisieren; abgesehen davon, daß sich solche Riten meist im Geheimen vollziehen und winzige Mengen pulverisierter oder anderen Nahrungsmitteln beigemischter organischer Materie betreffen, muß man erkennen, daß, selbst wenn sie offener zum Ausdruck kommen, die moralische Verurteilung solcher Bräuche entweder auf einem Glauben an die Auferstehung des Fleisches beruht, die durch die Verstümmelung der Leiche in Frage gestellt würde, oder auf der Vorstellung einer engen Beziehung zwischen Seele und Körper und dem entsprechenden Dualismus gründet, das heißt auf

Überzeugungen, die derselben Natur sind wie jene, in deren Namen der rituelle Verzehr praktiziert wird und die diesen letzteren vorzuziehen wir nicht den geringsten Grund haben. Um so weniger, als die Pietätlosigkeit gegenüber dem Angedenken des Toten, die wir dem Kannibalismus vorwerfen könnten, gewiß nicht größer ist – ganz im Gegenteil – als diejenige, die wir in den Hörsälen der Anatomie zu tolerieren gewillt sind.

Vor allem aber sollten wir einsehen, daß manche unserer eigenen Sitten dem Beobachter aus einer fremden Gesellschaft als ebenso unvereinbar mit dem Begriff der Kultur erscheinen wie uns die Anthropophagie. Ich denke dabei an unsere rechtlichen Praktiken und an unseren Strafvollzug. Betrachtet man diese von außen, so könnte man versucht sein, zwischen zwei Typen von Gesellschaften zu unterscheiden: denjenigen, welche die Anthropophagie praktizieren, also in der Einverleibung gewisser Individuen, die furchterregende Kräfte besitzen, das einzige Mittel sehen, diese zu neutralisieren oder gar zu nutzen; und denjenigen, die – wie die unsrige – eine Haltung einnehmen, welche man als *Anthropemie* (von griech. *emein*, erbrechen) bezeichnen könnte. Angesichts ein und desselben Problems haben diese letzteren Gesellschaften die umgekehrte Lösung gewählt, nämlich jene gefährlichen Individuen aus dem sozialen Körper auszustoßen und sie zeitweilig oder für immer in eigens für diesen Zweck bestimmten Einrichtungen zu isolieren und von der Berührung mit anderen Menschen auszuschließen. Den meisten Gesellschaften, die wir primitiv nennen, würde diese Sitte tiefen Abscheu einflößen; sie würde uns in ihren Augen mit derselben Barbarei behaften, die wir ihnen aufgrund ihrer symmetrischen Sitten anzulasten versucht sind.

Gesellschaften, die uns in gewisser Hinsicht als wild erscheinen, sind menschlich und wohlwollend, sobald man sie unter einem anderen Aspekt betrachtet. Nehmen wir zum Beispiel die Indianer der Ebenen in Nordamerika, die hier doppelt bedeutsam sind, weil sie einige gemäßigte Formen der Anthropophagie praktizierten und eines der wenigen Beispiele eines primitiven Volks sind, das über eine organisierte Polizei verfügte. Diese Polizei (die auch ein Richterstand war) wäre niemals auf die Idee verfallen, daß die Strafe des Schuldigen in einem Abbruch der sozialen Bindungen zum Ausdruck kommen müsse. Wenn ein Eingeborener gegen die Gesetze des Stammes verstoßen hatte, wurde er durch die Zerstörung all seiner Habe, das heißt seines Zelts und seiner Pferde, bestraft. Aber gleichzeitig begab sich damit die Polizei in seine Schuld; ihr oblag es, die kollektive Wiedergutmachung des Schadens zu organisieren, den der Schuldige durch seine Bestrafung erlitten hatte. Diese Wiedergutmachung verpflichtete wiederum diesen letzteren gegenüber der Gruppe, der er seine Dankbarkeit durch Geschenke beweisen mußte, die zu sammeln ihm die ganze Gemeinschaft half – einschließlich der Polizei –, was von neuem die Verhältnisse umkehrte; und so fort, bis am Ende einer langen Reihe von Gaben und Gegengaben die entstandene Unordnung allmählich beseitigt und die ursprüngliche Ordnung wiederhergestellt war. Solche Bräuche sind nicht nur menschlicher als die unseren, sondern auch kohärenter, selbst wenn man das Problem in den Begriffen unserer modernen Psychologie formuliert: logischerweise verlangt die „Infantilisierung" des Schuldigen, die der Begriff der Strafe impliziert, daß man ihm auch ein entsprechendes Recht auf Belohnung zugesteht, ohne die der erste Schritt seine Wirksamkeit verlieren würde, wenn er nicht sogar das genaue Gegenteil von dem zeitigt, was man sich erhoffte. Und der Gipfel der Absurdität ist erreicht, wenn man, wie wir es tun, den Schuldigen einerseits als Kind behandelt, um ihn bestrafen zu können, und andererseits als Erwachsenen, um ihm den Trost zu versagen, und zudem noch glaubt, einen großen Fortschritt des Geistes erzielt zu haben, weil man einige Mitmenschen, anstatt sie aufzufressen, lieber physisch und moralisch verstümmelt.

Werden solche Analysen methodisch und aufrichtig angestrengt, so führen sie zu zwei Resultaten: sie bringen ein Element des Maßes und der Gewissenhaftigkeit in die Einschätzung uns fremder Sitten und Lebensweisen, ohne ihnen deshalb absolute Tugenden zuzuerkennen, die keine Gesellschaft besitzt; und sie nehmen unseren eigenen Sitten jene Selbstverständlichkeit, die allein die Tatsache, daß wir keine anderen kennen – oder nur eine sehr unvollständige Kenntnis über sie haben –, ihnen verleiht. Es trifft also zu, daß die ethnologische Analyse die fremden Gesellschaften aufwertet und die des Beobachters herabsetzt; in diesem Sinne ist sie widersprüchlich. Doch wenn wir genau darüber nachdenken, werden wir sehen, daß dieser Widerspruch mehr scheinbar als wirklich ist.

Man hat oft gesagt, daß die westliche Gesellschaft die einzige sei, die Ethnographen hervorgebracht habe, und daß eben darin ihre Größe bestehe, vor der sich die Ethnographen, auch wenn sie ihr jede andere Überlegenheit absprechen, verneigen müßten, denn ohne diese westliche Gesellschaft würde es sie überhaupt nicht geben. Man könnte ebensogut das Gegenteil behaupten: wenn der Westen Ethnographen hervorgebracht hat, so deshalb, weil ihn wohl das schlechte Gewissen plagte und ihn zwang, sein Bild mit dem fremder Gesellschaften zu vergleichen in der Hoffnung, daß sie dieselben Mängel widerspiegeln oder ihm zumindest erklären helfen, wie diese Mängel in seinem Schoß gedeihen konnten. Selbst wenn es zutrifft, daß der Vergleich unserer Gesellschaft mit allen anderen noch lebenden oder bereits verschwundenen Gesellschaften die Grundlagen unserer Kultur erschüttert, so werden andere dasselbe Schicksal erleiden. Der erwähnte Vergleich bringt einige Menschenfresser an den Tag: es erweist sich, daß wir dazugehören; nicht durch Zufall, denn wäre dies nicht der Fall und hätten wir in diesem traurigen Wettbewerb nicht den ersten Platz verdient, dann wäre bei uns nicht die Ethnographie aufgekommen: wir hätten kein Bedürfnis nach ihr verspürt. Der Ethnograph kann um so weniger das Interesse an seiner Kultur verlieren und sich von ihren Fehlern lossagen, als seine Existenz selbst unverständlich bliebe, wenn sie nicht als Versuch der Wiedergutmachung verstanden wird: er ist das Symbol der Sühne. Aber auch andere Gesellschaften haben dieselbe Sünde begangen; freilich sind sie gering an der Zahl, und es werden ihrer immer weniger, je tiefer wir die Stufenleiter des Fortschritts hinabsteigen. Ich möchte hier nur die Azteken nennen, jene offene Wunde in der Geschichte des amerikanischen Kontinents, deren manischer Durst nach Blut und Folter (der zwar universell ist, bei ihnen jedoch in jener *exzessiven Form* zutage trat, die der Vergleich zu definieren erlaubt) – so erklärlich er durch das Bedürfnis, den Tod zu zähmen, auch

sein mag – sie uns zur Seite stellt, nicht weil sie die einzigen Ungerechten gewesen wären, sondern weil sie dies in unserer, das heißt in *maßloser* Art gewesen sind.
Dieses Urteil, das wir über uns selbst sprechen, bedeutet indes nicht, daß wir irgendeiner anderen Kultur, die an einem bestimmten Ort und zu einer bestimmten Zeit gelebt hat oder noch lebt, den Preis der Vollkommenheit zuerkennen. Das wäre die wahre Ungerechtigkeit; dabei würden wir nämlich übersehen, daß diese Gesellschaften, würden wir ihnen angehören, uns unerträglich erschienen: wir würden sie aus denselben Gründen verurteilen wie jene, deren Mitglieder wir sind. Werden wir also dahin gelangen, jedwedem gesellschaftlichen Zustand den Prozeß zu machen und einen Naturzustand zu verherrlichen, den erst die soziale Ordnung korrumpiert hat? „Mißtraut jedem, der Ordnung schaffen will", sagte Diderot, der diesen Standpunkt vertrat. Für ihn ließ sich die „abgekürzte Geschichte" der Menschheit auf folgende Formel bringen: „Es gab einmal einen natürlichen Menschen; in diesen Menschen hat man einen künstlichen Menschen eingepflanzt; und so brach in der Höhle ein ewiger Krieg aus, der das ganze Leben dauert." Diese Auffassung ist absurd. Wer Mensch sagt, sagt Sprache; und wer Sprache sagt, sagt Gesellschaft. Auch Bougainvilles Polynesier (im Nachtrag zu dessen *Reise* Diderot seine Theorie entwickelte) lebten nicht weniger in Gesellschaft als wir. Wer anderes behauptet, verfolgt die entgegengesetzte Richtung der ethnographischen Analyse, nicht aber diejenige, in der zu forschen sie uns ermuntert.
Beim Nachdenken über diese Fragen bin ich zu der Überzeugung gekommen, daß sie nur die Antwort zulassen, die Rousseau gegeben hat: Rousseau, der so verleumdet und so mißverstanden wird wie nie zuvor, der lächerlichen Anschuldigung ausgesetzt, er verherrliche den Naturzustand – was vielmehr Diderots Irrtum war, denn Rousseau hat genau das Gegenteil gesagt und uns als einziger den Weg gezeigt, der aus den Widersprüchen herausführen kann, in denen wir uns im Gefolge seiner Gegner verfangen; Rousseau, der ethnographischste von allen Philosophen: auch wenn er niemals ferne Länder bereist hat, so war seine Dokumentation doch so vollständig, wie es für einen Menschen seiner Zeit überhaupt möglich sein konnte, und – im

Unterschied zu Voltaire – verstand er es, ihr Leben einzuhauchen, dank einer von Sympathie durchdrungenen Neugier für ländliche Sitten und volkstümliches Denken; Rousseau, unser Lehrer, unser Bruder, dem wir nichts als Undankbarkeit bewiesen haben, dem jedoch jede Seite dieses Buchs gewidmet sein könnte, wenn diese Ehrung des großen Meisters nicht unwürdig wäre. Denn es wird uns niemals gelingen, jenen der Stellung des Ethnographen inhärenten Widerspruch zu überwinden, wenn wir nicht unsererseits die Schritte wiederholen, die er vollzog, als er aus den Trümmern, die der *Discours sur l'origine de l'inégalité* zurückließ, zur umfassenden Konstruktion des *Contrat social* fortschritt, dessen Geheimnis der *Emile* enthüllt. Ihm verdanken wir es, wenn wir heute wissen, wie man, nachdem man alle Ordnungen zerstört hat, dennoch die Prinzipien entdecken kann, die es ermöglichen, eine neue Ordnung aufzubauen.

Niemals ist Rousseau in den Irrtum Diderots verfallen, den natürlichen Menschen zu idealisieren. Er versucht nicht, den Naturzustand mit dem gesellschaftlichen Zustand zu vermengen; er weiß, daß dieser letztere dem Menschen innewohnt, aber gewisse Übel mit sich bringt: die einzige Frage ist, ob diese Übel dem gesellschaftlichen Zustand inhärent sind. Jenseits von Mißbrauch und Verbrechen müssen wir also nach den unerschütterlichen Grundlagen der menschlichen Gesellschaft forschen.

Zu dieser Aufgabe trägt der ethnographische Vergleich in zweierlei Weise bei. Er zeigt, daß diese Grundlagen nicht in unserer Kultur gefunden werden können: von allen bekannten Gesellschaften hat sie sich zweifellos am meisten von ihnen entfernt. Wenn er andererseits die Merkmale sichtbar macht, die der Mehrheit der menschlichen Gesellschaften gemeinsam sind, trägt er dazu bei, einen Typus herauszuarbeiten, dem zwar keine Gesellschaft genau entspricht, der jedoch die Richtung verdeutlicht, in welche die Forschung sich zu bewegen hat. Rousseau glaubte, daß die Lebensweise, die wir heute Neolithikum nennen, diesem experimentellen Bild am nächsten kommt. Man kann mit ihm übereinstimmen oder nicht. Ich persönlich neige zu der Ansicht, daß er recht hatte. Im Neolithikum hat der Mensch die meisten für seine Sicherheit unerläßlichen Er-

findungen gemacht. Wir sahen bereits, warum man die Schrift davon ausnehmen kann; zu behaupten, sie sei eine zweischneidige Waffe, ist kein Zeichen für Primitivität; die modernen Kybernetiker haben diese Wahrheit wiederentdeckt. Im Neolithikum hat der Mensch gelernt, sich vor Kälte und Hunger zu schützen; er hat sich die Muße erobert, um denken zu lernen; zweifellos konnte er die Krankheit nur schlecht bekämpfen, aber es ist nicht ausgemacht, daß die Fortschritte der Hygiene mehr erreicht haben, als andere Mechanismen auszulösen: große Hungersnöte und Vernichtungskriege, denen die Aufgabe zufällt, ein demographisches Gleichgewicht einzuhalten, für das früher die Epidemien in einer Weise sorgten, die gewiß nicht schrecklicher war als unsere heutigen Methoden.
Zu jenem mythischen Zeitpunkt war der Mensch nicht freier als heute; doch machte ihn allein seine menschliche Lage zum Sklaven. Da seine Herrschaft über die Natur sehr begrenzt war, fand er Schutz – und in gewissem Maße auch Freiheit – durch den Stoßdämpfer seiner Träume. In dem Maße, in dem diese sich in Wissen verwandelten, wuchs die Macht des Menschen; doch indem uns diese Macht, auf die wir so stolz sind, einen „direkten Einfluß" auf das Universum verschaffte – wenn man so sagen darf –, was ist sie in Wahrheit anderes als das subjektive Bewußtsein einer allmählichen Verschmelzung der Menschheit mit dem physischen Universum, dessen große Determinanten künftig nicht mehr als furchterregende Unbekannte, sondern durch die Vermittlung des Denkens selbst wirken und uns damit zum Nutzen einer stummen Welt kolonisieren, deren Werkzeuge wir geworden sind?
Rousseau hatte zweifellos recht, wenn er glaubte, daß es für das Glück der Menschheit besser gewesen wäre, „die rechte Mitte zwischen der Trägheit des primitiven Zustands und der ungestümen Aktivität unserer Eigenliebe" zu wahren, daß dieser Zustand „dem Menschen am besten entspricht" und daß es, um ihn diesem Zustand zu entreißen, „eines unheilvollen Zufalls" bedurfte, in dem man jenes in doppelter Hinsicht außergewöhnliche – da einmalige und spät eingetretene – Phänomen erkennen kann, nämlich das Entstehen der mechanischen Zivilisation. Es liegt jedoch auf der Hand, daß dieses Gleichgewicht keineswegs an einen primi-

tiven Zustand gebunden ist, daß es ein gewisses Maß an Fortschritt voraussetzt und ertragen kann und daß keine je beschriebene Gesellschaft es in privilegierter Form verkörpert, selbst wenn „das Beispiel der Wilden, die man fast alle in diesem Zustand angetroffen hat, zu bestätigen scheint, daß es der menschlichen Gattung bestimmt war, für immer darin zu verharren".

Die Erforschung dieser Wilden offenbart uns etwas anderes als einen utopischen Naturzustand oder die vollkommene Gesellschaft im Herzen des Urwalds; sie hilft uns, ein theoretisches Modell der menschlichen Gesellschaft aufzustellen, das zwar keiner der Beobachtung zugänglichen Realität entspricht, aber mit dessen Hilfe es gelingen kann, „das Ursprüngliche vom Künstlichen in der heutigen Natur des Menschen zu scheiden und einen Zustand zu erfassen, der nicht mehr existiert, vielleicht nie existiert hat und wahrscheinlich auch nie existieren wird und von dem wir dennoch richtige Vorstellungen haben müssen, um unseren gegenwärtigen Zustand beurteilen zu können". Ich habe diesen Satz schon einmal zitiert, um den Sinn meiner Untersuchung bei den Nambikwara zu verdeutlichen; denn das Denken Rousseaus, der seiner Zeit weit voraus war, trennt die soziologische Theorie nicht von den Experimenten im Laboratorium oder von der Feldforschung, deren Notwendigkeit er sehr gut begriffen hat. Der natürliche Mensch ist der Gesellschaft weder vorausgegangen, noch ist er ihr äußerlich. Uns obliegt es, seine Gestalt wiederzufinden, die dem gesellschaftlichen Zustand innewohnt, ohne den das Menschsein unvorstellbar wäre; folglich das Programm der Erfahrungen aufzustellen, die „nötig wären, um den natürlichen Menschen kennenzulernen", und „die Mittel zu finden, diese Erfahrungen innerhalb der Gesellschaft machen zu können".

Aber dieses Modell – Rousseaus Lösung – ist ewig und universell. Die anderen Gesellschaften sind vielleicht nicht besser als die unsere; selbst wenn wir geneigt sind, dem zuzustimmen, besitzen wir doch keine Methode, es zu beweisen. Wenn es uns aber gelingt, diese fremden Gesellschaften besser kennenzulernen, verschaffen wir uns eine Möglichkeit, uns von der unsrigen zu lösen, nicht weil sie absolut schlecht oder als einzige schlecht wäre, sondern weil sie die einzige ist, von der wir uns emanzipieren müssen. Damit versetzen wir uns in die Lage, die zweite Etappe in Angriff zu nehmen, nämlich alle Gesellschaften heranzuziehen, ohne das Geringste von ihnen zu übernehmen, um jene Prinzipien des sozialen Lebens herauszuschälen, die uns erlauben, unsere eigenen Sitten und nicht die fremder Gesellschaften zu reformieren: denn dank einem umgekehrten Privileg können wir einzig die Gesellschaft, der wir angehören, verändern, ohne Gefahr zu laufen, sie zu zerstören; denn die Veränderungen, die wir einführen, kommen auch aus ihr selbst.

Indem wir das Modell, von dem wir uns leiten lassen, außerhalb von Zeit und Raum situieren, laufen wir sicherlich Gefahr, die Realität des Fortschritts zu unterschätzen. Unsere Position läuft nämlich auf die Behauptung hinaus, die Menschen hätten immer und überall dieselbe Anstrengung im Hinblick auf dasselbe Ziel unternommen und sich im Laufe der Zeit lediglich verschiedener Mittel bedient. Ich gestehe, daß diese Haltung mich nicht beunruhigt; sie scheint den Tatsachen, wie sie uns die Geschichte und die Ethnographie enthüllen, am besten zu entsprechen; vor allem scheint sie mir fruchtbarer zu sein. Die Fortschrittsgläubigen setzen sich der Gefahr aus – gerade weil sie so wenig Aufhebens davon machen –, die ungeheuren Reichtümer zu übersehen, welche die Menschheit zu beiden Seiten jener schmalen Rille angehäuft hat, auf die allein sie ihre Blicke heften; indem sie die Bedeutung vergangener Bemühungen unterschätzen, entwerten sie all jene, die wir noch vor uns haben. Wenn die Menschen seit jeher nur eine einzige Aufgabe in Angriff genommen haben, nämlich eine Gesellschaft zu schaffen, in der es sich leben läßt, dann sind die Kräfte, die unsere fernen Vorfahren angespornt haben, auch in uns gegenwärtig. Nichts ist verspielt; wir können alles von vorn anfangen. Was getan wurde und gescheitert ist, kann noch einmal versucht werden: „Das Goldene Zeitalter, das ein blinder Aberglaube vor [oder nach] uns ansetzte, ist *in uns*." Die brüderliche Menschheit erhält einen konkreten Sinn, wenn sie uns noch im armseligsten Stamm unser eigenes Bild sowie eine Erfahrung zeigt, deren Lehren wir, zusammen mit vielen anderen, uns aneignen können. Wir werden in diesen Lehren sogar die alte

Frische wiederfinden. Denn da wir wissen, daß sich der Mensch seit Jahrtausenden immer nur wiederholt hat, werden wir jenen Adel des Denkens erwerben, der, jenseits aller Wiederholungen, darin besteht, die unbeschreibliche Größe der Anfänge zum Ausgangspunkt unserer Überlegungen zu machen. Denn Menschsein heißt für jeden von uns, einer Klasse, einer Gesellschaft, einem Land, einem Kontinent, einer Kultur anzugehören; und für uns Europäer und Landbewohner bedeutet das Abenteuer im Herzen der Neuen Welt zunächst, daß diese Welt nicht die unsrige war und daß wir die Verantwortung für das Verbrechen tragen, sie zu zerstören; und zuletzt, daß es keine andere mehr geben wird. Durch diese Gegenüberstellung auf uns selbst zurückgeworfen, sollten wir zumindest lernen, sie in ihren ursprünglichen Begriffen auszudrücken – in den Begriffen eines Orts und im Hinblick auf eine Zeit, in der unsere Welt die ihr gebotene Chance, zwischen ihren Aufgaben wählen zu können, verspielt hat.

XXXIX Taxila

Am Fuß der Berge von Kaschmir, zwischen Rawalpindi und Peshawar, liegt die Ruinenstätte von Taxila, wenige Kilometer von der Eisenbahnlinie entfernt. Diese hatte ich benutzt, um dorthin zu gelangen, und war unfreiwillig Urheber eines kleinen Dramas geworden. Das einzige Abteil erster Klasse, das ich bestieg, war von einem altertümlichen Typ – *sleep 4, seat 6* –, ein Mittelding zwischen Viehwaggon, Salon und – aufgrund der Schutzgitter vor den Fenstern – Gefängnis. Eine Moslemfamilie hatte sich darin niedergelassen: der Ehemann, seine Frau und ihre beiden Kinder. Die Dame war *purdah*. Trotz ihres Versuchs, sich abzukapseln – sie kauerte sich auf ihrem Platz zusammen, eingehüllt in den Burkha, und drehte mir ostentativ den Rücken zu –, erschien diese Promiskuität allzu skandalös, und die Familie mußte sich trennen; die Frau und die Kinder begaben sich in das den Frauen vorbehaltene Abteil, während der Ehemann weiterhin die reservierten Plätze okkupierte und mich mit den Augen erdolchte. Doch mit diesem Zwischenfall fand ich mich viel leichter ab als mit dem Anblick, den mir bei meiner Ankunft, als ich auf ein Transportmittel wartete, der Wartesaal des Bahnhofs bot: er führte in einen Salon mit holzgetäfelten Wänden, an denen entlang sich etwa zwanzig Nachtstühle aneinanderreihten, als seien sie für die Sitzungen eines erlauchten Kreises von Darmspezialisten bestimmt.

Ein kleines, *gharry* genanntes Pferdefuhrwerk, in dem man mit dem Rücken zum Kutscher sitzt und Gefahr läuft, bei jedem Ruck über Bord geworfen zu werden, brachte mich auf einer staubigen, mit niedrigen Häusern und Eukalyptusbäumen, Tamarisken, Maulbeerbäumen und Pfeffersträuchern gesäumten Straße zum Ort der Ausgrabungen. Zitronen- und Orangenhaine erstreckten sich am Fuß eines von wilden Olivenbäumen bestandenen Hügels aus bläulichem Stein. Ich fuhr an Bauern vorbei, die Kleider mit sanften Farben – weiß, rosa, blaßviolett, gelb – und fladenförmige Turbane trugen. Schließlich gelangte ich zu den Verwaltungsgebäuden, die das Museum umgaben. Es war vereinbart, daß ich mich kurz hier aufhalten würde, um die Ausgrabungen zu besichtigen; doch da das „offizielle" dringende Telegramm, mit dem ich tags zuvor von Lahore aus meine Ankunft angekündigt hatte, wegen der Überschwemmungen im Pandschab dem Direktor erst fünf Tage später zugestellt wurde, hätte ich ebensogut unangemeldet kommen können.

Taxila, das einst den Sanskrit-Namen Takshasilâ trug – die Stadt der Steinschneider –, liegt in einem zehn Kilometer langen doppelten Bergkessel, den die einander zustrebenden Täler der Flüsse Haro und Tamra Nala bilden: dem antiken Tiberio Potamos. Die beiden Täler sowie der Bergrükken, der sie voneinander trennt, waren zehn oder zwölf Jahrhunderte lang ununterbrochen besiedelt gewesen: seit der Gründung des ältesten ausgegrabenen Dorfs, das aus dem 4. Jahrhundert vor unserer Zeitrechnung stammt, bis zur Zerstörung der buddhistischen Klöster durch die weißen Hunnen, die zwischen 500 und 600 n. Chr. in die Königreiche Kuschan und Gupta einfielen. Je weiter man die Täler hinaufgeht, desto tiefer steigt man in die Geschichte hinab. Bhir Mound, am Fuß des mittleren Kamms, ist die älteste Siedlung; einige Kilometer flußaufwärts befindet sich die Stadt Sirkap, die ihre Blütezeit unter den Parthern er-

lebte, und, kurz hinter der Einzäunung, der Zarathustra-Tempel von Jandial, den einst Apollonius von Tyana aufsuchte; noch etwas weiter die Kuschan-Stadt Sirsuk und ringsherum auf den Höhen die buddhistischen Stupas und Klöster von Mohra Moradu, Jaulian, Dharmarâjikâ, voller Statuen aus einst ungebrannter Tonerde, die aber die von den Hunnen gelegten Brände gehärtet und so durch Zufall bewahrt haben.
Um das 5. Jahrhundert vor unserer Zeitrechnung lag hier ein Dorf, das dem Reich der Achämeniden einverleibt wurde und sich zu einem Universitätszentrum entwickelte. Auf seinem Marsch zum Jumna-Fluß hielt sich Alexander im Jahre 326 einige Wochen an der Stelle auf, wo heute die Ruinen von Bhir Mound zu sehen sind. Ein Jahrhundert später herrschen die Maurya-Kaiser über Taxila, wo Asoka – der den größten Stupa erbaute – die Ausbreitung des Buddhismus förderte. Das Maurya-Reich zerfällt mit seinem Tod im Jahre 231, und die griechischen Könige von Baktrien treten an seine Stelle. Gegen das Jahr 80 vor unserer Zeitrechnung siedeln sich hier die Skythen an, die das Terrain wiederum den Parthern überlassen, deren Imperium sich um 30 n. Chr. von Taxila bis Doura Europos erstreckt. Zu diesem Zeitpunkt soll der Besuch von Apollonius stattgefunden haben. Doch schon seit zwei Jahrhunderten sind die Kuschan-Völker auf der Wanderung – vom Nordwesten Chinas, den sie um 170 v. Chr. verlassen, nach Baktrien, Oxus, Kabul und schließlich Nordindien, das sie um 60 v. Chr. eine Zeitlang in der Nachbarschaft der Parther bewohnen. Seit dem 3. Jahrhundert im Niedergang begriffen, erliegen die Kuschan zweihundert Jahre später den Angriffen der Hunnen. Als der chinesische Pilger Hsüan Tsang im 7. Jahrhundert Taxila besucht, findet er nur noch die Überreste eines vergangenen Glanzes.
Im Zentrum von Sirkap, dessen viereckiger Plan und schnurgerade Straßen an den Ruinen zu ebener Erde zu erkennen sind, steht ein Monument, das Taxila seinen vollen Sinn verleiht: es ist der Altar des „Doppeladlers“, auf dessen Sockel drei mit Reliefs geschmückte Säulenhallen stehen: die eine mit Giebel im griechisch-römischen Stil, die andere in der bengalischen Glockenform, die dritte im archaisch-buddhistischen Stil der Portale von Bharhut. Aber

man würde Taxila unterschätzen, wollte man in dieser Stätte nur einen Ort sehen, an dem einige Jahrhunderte lang drei der größten geistigen Traditionen der Antike nebeneinander gelebt haben: Hellenismus, Hinduismus, Buddhismus; denn auch das Persien Zarathustras war gegenwärtig und, mit den Parthern und den Skythen, jene Kultur der Steppen, die sich hier mit dem griechischen Geist verband, um die schönsten Juwelen zu schaffen, die je aus der Hand eines Goldschmieds gekommen sind; und diese Erinnerungen waren noch nicht verblaßt, als der Islam das Land überfiel, um es nicht mehr zu verlassen. Mit Ausnahme des Christentums sind alle Einflüsse, welche die Kultur der Alten Welt geprägt haben, hier versammelt. Weit auseinanderliegende Quellen haben hier ihre Wasser vermischt. Ich selbst, ein europäischer Besucher, der sich in die Betrachtung dieser Ruinen versenkt, bin Zeuge der fehlenden Tradition. Wo könnte der Mensch der Alten Welt, der an seine Geschichte anknüpfen möchte, dies besser tun als an dieser Stätte, die ihm seinen Mikrokosmos vor Augen führt?

Eines Abends irrte ich im Gebiet von Bhir Mound umher, das ein Schutthaufen umgab. Dieses bescheidene Dorf, von dem allein die Grundmauern übriggeblieben sind, hat nichts anderes mehr aufzuweisen als die geometrischen Gassen, durch die ich wanderte. Mir schien, als betrachtete ich seinen Plan von hoch oben oder aus weiter Ferne, und diese Illusion, genährt durch das Fehlen von Pflanzen, fügte der Geschichte eine weitere Dimension hinzu. In diesen Häusern lebten einst vielleicht die griechischen Bildhauer, die Alexander gefolgt waren, Schöpfer der Gandhara-Kunst, die die alten Buddhisten zu der Kühnheit inspirierten, ihren Göttern Gestalt zu verleihen. Ein Glitzern zu meinen Füßen ließ mich innehalten: es war ein kleines Silberstück, von den jüngsten Regenfällen herausgeschwemmt, das die griechische Inschrift trug: MENANDR BASILEUS SÔTEROS. Was wäre der Westen heute, wenn der Versuch, die Welt des Mittelmeers mit Indien zu vereinen, dauerhaft geglückt wäre? Hätte es dann das Christentum oder den Islam gegeben? Vor allem die Anwesenheit des Islam machte mir zu schaffen; nicht weil ich die vergangenen Monate in mohammedanischem Milieu verbracht hatte – doch hier mit den großen Denkmälern der griechisch-buddhistischen Kunst konfrontiert, waren meine Augen und meine Gedanken noch voll der Erinnerung an die Mogulpaläste, denen ich die letzten Wochen in Delhi, Agra und Lahore gewidmet hatte. Da ich über die Geschichte und die Literatur des Orients kaum etwas wußte, drängten sich mir seine Werke auf (wie bei jenen primitiven Völkern, bei denen ich angelangt war, ohne ihre Sprache zu kennen) und waren für mich der einzig hervorstechende Zug, an dem meine Reflexion sich festmachen konnte.

Nach Kalkutta mit seinem wimmelnden Elend und seinen trostlosen Vorstädten, die das feuchte Wuchern der Tropen lediglich auf menschliche Ebene zu übertragen schienen, hoffte ich, in Delhi die Heiterkeit der Geschichte zu finden. In Gedanken sah ich mich bereits in einem altmodischen, in den Stadtmauern versteckten Hotel untergebracht, wie in Carcassonne oder Semûr, und dort im Mondschein vor mich hin träumen; als man mir sagte, ich müsse zwischen der neuen und der alten Stadt wählen, zögerte ich keinen Augenblick und nannte auf gut Glück ein Hotel in der letzteren. Aber groß war meine Überraschung, als mich ein Taxi in einer langen Fahrt von dreißig Kilometern durch eine formlose Landschaft fuhr, bei der ich mich fragte, ob es sich etwa um ein antikes Schlachtfeld handelte, dessen Ruinen die Vegetation nur in seltenen Momenten freigab, oder um eine verlassene Baustelle. Als wir endlich in der angeblichen Altstadt ankamen, wuchs meine Enttäuschung: wie überall war sie ein englisches Quartier. In den folgenden Tagen wurde mir klar, daß ich hier die Vergangenheit nicht wie in den europäischen Städten auf kleinem Raum konzentriert finden würde; Delhi erschien mir im Gegenteil als ein ungeschütztes Gestrüpp, in dem die historischen Denkmäler verstreut lagen wie Würfel auf dem Spieltisch. Jeder Herrscher hatte seine eigene Stadt gebaut, die vorherige aufgegeben und zerstört, um sich ihres Materials zu bedienen. Es gab nicht ein, sondern zwölf oder dreizehn Delhi, jedes mehrere Dutzend Kilometer vom anderen entfernt, in einer Ebene, in der man hier und dort Tumuli, Denkmäler und Gräber erraten konnte. Schon irritierte mich der Islam, weil er gegenüber der Geschichte eine Haltung einnahm, die nicht nur der unsrigen, sondern auch sich selber widersprach: das Bemühen, eine Tradition zu begründen, ging mit dem Drang einher, alle vorherigen Traditionen zu zerstören. Jeder Monarch hatte das Unvergängliche schaffen wollen, indem er die Dauer vernichtete.

Ich befleißigte mich also als braver Tourist, riesige Entfernungen zurückzulegen, um Monumente zu besichtigen, von denen ein jedes in der Wüste erbaut schien.

Das Rote Fort ist eher ein Palast, der Reste der Renaissance (wie zum Beispiel *pietra dura*-Mosaiken) mit Louis-quinze-Ansätzen kombiniert, einem Stil, der hier so wirkt, als sei er mongolischen Einflüssen entsprungen. Trotz der Üppigkeit des verwendeten Materials und der raffinierten Dekors war ich unbefriedigt. Nichts Architekturales in alledem, was den Eindruck eines Palasts Lügen straft: es war eher eine Ansammlung von „gebauten" Zelten in einem Garten, der selbst wie ein idealisiertes Feldlager wirkte. Alle Einfälle scheinen den textilen Künsten entlehnt: Marmorbaldachine, die an die Falten eines Vorhangs erinnern; *jali*, die wirklich (nicht nur metaphorisch) „Spitzen aus Stein" sind. Der kaiserliche Thronhimmel aus Marmor ist die Nachahmung eines auseinandernehmbaren Thronhimmels aus drapiertem Holz – ebenso wie sein Vorbild ein Fremdkörper im Thronsaal. Sogar das doch archaische Grabmal von Humajun ruft beim Besucher jenes Gefühl des Unbehagens hervor, das dem Fehlen eines wesentlichen Elements entspringt. Das Ganze bildet eine schöne Masse, jedes Detail ist überaus kostbar, aber es läßt sich unmöglich ein organisches Band zwischen den Teilen und dem Ganzen erkennen.

Die große Moschee – Dschama Masdschid – aus dem 17. Jahrhundert befriedigt den westlichen Besucher mehr, sowohl in bezug auf die Struktur wie auf die Farbe. Fast möchte man einräumen, daß sie als ein Ganzes geplant und gewollt war. Für vierhundert Francs zeigt man mir die ältesten Exemplare des Korans, ein Haar aus dem Bart des Propheten, mit einem Tropfen Wachs auf den Boden einer Vitrine geklebt, die mit Rosenblättern angefüllt ist, sowie seine Sandalen. Ein armer Gläubiger nähert sich, um die Gelegenheit dieses Anblicks zu nutzen, aber der Aufseher

drängt ihn voll Abscheu beiseite. Hat er keine vierhundert Francs bezahlt, oder entwickelt der Anblick dieser Reliquien zuviel magische Kraft für einen Gläubigen?
Um sich dieser Kultur hingeben zu können, muß man nach Agra gehen. Denn man mag über den Tadsch Mahal und seinen oberflächlichen Farbpostkartencharme sagen, was man will; man mag über die Prozession der britischen Brautleute spotten, denen das Privileg vergönnt ist, ihre Flitterwochen im Tempel des Rechts aus rosafarbenem Sandstein zu verbringen, und sich über die alten unverheirateten, aber nicht minder angelsächsischen alten Damen lustig machen, die bis an ihr Lebensende die Erinnerung an den Tadsch bewahren werden, der unter den Sternen schimmert und dessen weißer Schatten sich in der Dschamna spiegelt. Dies ist die eine Seite Indiens, die der Jahrhundertwende; aber wenn man darüber nachdenkt, erkennt man, daß sie eher auf tiefen Affinitäten beruht als auf dem historischen Zufall und der Eroberung. Gewiß ist Indien etwa um das Jahr 1900 europäisiert worden und in seinem Vokabular und seinen viktorianischen Sitten davon geprägt geblieben: *lozenge* für Bonbon, *commôde* für Nachtstuhl. Umgekehrt aber begreift man hier, daß die Jahre um 1900 die „Hindu-Periode" des Westens gewesen sind: Luxus der Reichen, Gleichgültigkeit gegenüber dem Elend, Hang zu schmachtenden und verschnörkelten Formen, Sinnlichkeit, Liebe zu Blumen und Parfüms, bis hin zu gezwirbelten Schnurrbärten, Locken und Flitter.
Als ich in Kalkutta den berühmten Dschain-Tempel besichtigte, den im 19. Jahrhundert ein Milliardär in einem Park errichten ließ, einem Park voller Statuen aus mit Silber bepinseltem Gußeisen oder von ungeschickten Italienern gemeißeltem Marmor, meinte ich, in diesem duftgeschwängerten Alabaster-Pavillon mit seinen Spiegel-Mosaiken das ehrgeizigste Bild zu erkennen, das sich unsere Großeltern in ihrer Jugend je von einem Luxusfreudenhaus hätten machen können. Das soll nicht heißen, daß ich Indien den Vorwurf machte, Tempel zu bauen, die Bordellen ähneln; ich tadelte vielmehr uns selbst, die wir in unserer Kultur keinen anderen Ort gefunden haben, wo wir uns unserer Freiheit versichern und die Grenzen unserer Sinnlichkeit erforschen können, was genau die Funktion eines Tempels

ist. In den Hindus betrachtete ich unser eigenes exotisches Bild, das mir jene indoeuropäischen Brüder zurückwarfen, die unter einem anderen Klima, in Berührung mit fremden Kulturen großgeworden sind, aber deren innere Bestrebungen den unsrigen so gleichgeblieben sind, daß sie zu gewissen Zeiten, wie um die Jahrhundertwende, auch bei uns an die Oberfläche steigen.
Nichts dergleichen in Agra, wo andere Schatten herrschen, die Schatten des mittelalterlichen Persiens und des gelehrten Arabiens, und zwar in einer Form, die viele für konventionell halten. Aber ich wette mit jedem Besucher, der sich noch etwas geistige Frische bewahrt hat, daß er aufgewühlt sein wird, wenn er in dem Augenblick, da er durch das Tor des Tadsch geht, Entfernungen und Zeitalter überwindend, mit einemmal die Welt von Tausendundeine Nacht betritt; sicher weniger subtil als in Itmadud Daulah – Perle, Juwel, Kleinod in Weiß, Beige und Gelb – oder im rosafarbenen Grabmal von Akbar, in dem nur Affen, Papageien und Antilopen hausen, am Ende einer sandigen Landschaft, in der das blasse Grün der Mimosen mit den Farben des Erdbodens verschwimmt, einer Landschaft, die sich des Abends mit grünen Papageien und türkisfarbenen Hähern, mit dem schwerfälligen Flug der Pfauen und dem Geschnatter der unter den Bäumen hockenden Affen belebt.
Aber wie der Palast des Roten Forts und das Grabmal von Dschehangir in Lahore ist auch der Tadsch ein drapiertes Gerüst, in Marmor imitiert. Man erkennt sogar die Pfosten, die dazu bestimmt sind, die Wandbehänge zu tragen. In Lahore sind diese in Mosaik nachgebildet. Die verschiedenen Etagen sind nicht gestaltet, sie wiederholen einander. Was ist der tiefere Grund für diese Dürftigkeit, in der man den Ursprung der heutigen Verachtung der Mohammedaner für die plastischen Künste vermutet? In der Universität von Lahore bin ich einer mit einem Moslem verheirateten englischen Dame begegnet, die die Abteilung der Schönen Künste leitete. Nur Mädchen dürfen ihre Vorlesung besuchen; die Bildhauerei ist verboten, die Musik nur im Geheimen gestattet, und die Malerei wird als gesellige Kunst gelehrt. Da sich die Trennung zwischen Indien und Pakistan gemäß der religiösen Spaltung vollzogen hat, geht es in höchstem Maße streng und puritanisch zu. Die Kunst, so sagt man

hier, „ist ins Maquis gegangen". Es handelt sich nicht allein darum, dem Islam treu zu bleiben, sondern mehr noch, Indien abzustoßen: die Zerstörung der Idole weckt Abraham wieder zum Leben, jedoch mit einer ganz neuen politischen und nationalen Bedeutung. Indem man die Kunst mit Füßen tritt, schwört man Indien ab.

Denn die Idolatrie – wenn wir diesem Wort seinen präzisen Sinn geben, der auf die persönliche Gegenwart des Gottes in seinem Abbild verweist – ist in Indien überall lebendig: sowohl in jenen Basiliken aus Eisenbeton, die sich in den fernen Vorstädten von Kalkutta erheben und jüngeren Kulten geweiht sind – deren kahlgeschorene, barfüßige und in einen gelben Umhang gehüllte Priester die Besucher hinter ihrer Schreibmaschine in den ultramodernen Büros zu empfangen pflegen, die rings um das Heiligtum liegen, damit beschäftigt, die Gewinne aus der letzten missionarischen Tournee in Kalifornien zu verwalten – als auch in den niederen Vierteln, zum Beispiel in Kali Ghat: „Tempel aus dem 17. Jahrhundert", sagen mir die geschäftstüchtigen Priester-Cicerone; allerdings mit Fayencen aus dem 19. Jahrhundert verkleistert. Um diese Zeit ist das Heiligtum geschlossen; wenn ich ein andermal frühmorgens wiederkäme, könnte ich von einem bestimmten Ort aus, den man mir zeigt, durch die halbgeöffnete Tür zwischen zwei Säulen die Göttin erspähen. Hier wie in dem großen Krischna-Tempel am Ufer des Ganges ist der Tempel das Hotel eines Gottes, der nur an Feiertagen empfängt; der gewöhnliche Kultus besteht darin, in den Fluren zu lagern und von den heiligen Dienstboten gerüchteweise zu erfahren, in welcher Stimmung sich der Meister befindet. Ich begnüge mich also damit, durch die Gegend zu schlendern, durch die schmalen Gäßchen voller Bettler, die auf die Stunde warten, da sie auf Kosten des Kultus zu essen bekommen, Alibi für einen gierigen Handel mit Farbdrucken und Gipsstatuetten der verschiedenen Gottheiten, von denen es hier und dort auch direktere Zeugnisse gibt: jener rote Dreizack und jene aufgerichteten Steine am verschlungenen Stamm eines Banjan-Baums ist Schiwa; jener rot angemalte Altar ist Laksmi; in jenem Baum, an dessen Zweigen zahllose Opfergaben hängen – Steine und Stofflappen – wohnt Mamakrischna, der unfruchtbare Frauen heilt; und unter jenem

blumenübersäten Altar wacht der Gott der Liebe, Krischna.
Dieser kitschigen, aber unglaublich lebendigen Kunst setzen die Mohammedaner ihren einzigen und offiziellen Maler entgegen: Tschagtai ist ein englischer Aquarellist, der sich von Radschput-Miniaturen inspirieren läßt. Warum versinkt die mohammedanische Kunst so vollständig, sobald sie ihren Höhepunkt überschritten hat? Ohne Übergang wechselt sie vom Palast zum Basar. Ist dies nicht eine Folge der Ablehnung von Bildern? Der Künstler, jedes Kontakts mit dem Realen beraubt, verewigt eine Konvention, die so blutleer ist, daß sie sich weder verjüngen noch befruchten läßt. Zwar wird sie vom Gold gestützt, doch bricht sie zusammen. In Lahore hat der Gelehrte, der mich begleitet, nur Verachtung übrig für die Sikh-Fresken, welche die Festung schmücken: *Too showy, no colour scheme, too crowded* – was auf die märchenhafte Spiegeldecke des Shish Mahal gewiß nicht im mindesten zutrifft, die glitzert wie ein gestirnter Himmel; aber wie so oft ist das zeitgenössische Indien gegenüber dem Islam vulgär und prahlerisch, volkstümlich und bezaubernd.
Außer Festungen haben die Mohammedaner in Indien nur Tempel und Mausoleen gebaut. Aber die Festungen waren bewohnte Paläste, während Mausoleen und Tempel unbewohnte Paläste sind. Auch hier spürt man, wie schwer es dem Islam fällt, sich die Einsamkeit vorzustellen. Für ihn bedeutet das Leben zunächst Gemeinschaft, und der Tod läßt sich stets im Schoß einer Gemeinschaft nieder, die keine Mitglieder mehr hat.
Auffällig ist der Gegensatz zwischen der Pracht der Mausoleen, ihren riesigen Ausmaßen, und der Dürftigkeit der Grabsteine, die sie beherbergen. Es sind winzige Gräber, in denen man sich beengt fühlen muß. Wozu also dienen all diese Säle und Galerien, die sie umgeben und an denen sich einzig die Passanten erfreuen? Das europäische Grabmal ist auf seinen Bewohner zugeschnitten: ein Mausoleum ist selten anzutreffen, Kunst und Einfallsreichtum entzünden sich am Grab selbst, um es dem Ruhenden schön und angenehm zu machen.
Im Islam teilt sich das Grabmal in ein prächtiges Gebäude, von dem der Tote keinen Nutzen hat, und in eine karge Be-

hausung (die im übrigen wiederum in ein sichtbares Zenotaph und eine verborgene Grabkammer zerfällt), in welcher der Tote ein Gefangener zu sein scheint. Das Problem der Ruhe im Jenseits wird auf zweifach widersprüchliche Weise gelöst: einerseits durch eine extravagante und unwirksame Bequemlichkeit, andererseits durch eine reale Unbequemlichkeit, wobei die erstere für die zweite entschädigt. Ist dies nicht das getreue Abbild der mohammedanischen Kultur, welche die außerordentlichsten Raffinessen vereint: Paläste aus Edelsteinen, Rosenwasser speiende Brunnen, mit Goldblättchen überzogene Gerichte, mit zerstoßenen Perlen vermischter Rauchtabak – als Deckmantel für die rohen Sitten und die Bigotterie, die das moralische und religiöse Denken durchdringt?

In ästhetischer Hinsicht hat sich der islamische Puritanismus, indem er darauf verzichtete, die Sinnlichkeit zu beseitigen, damit begnügt, sie auf ihre gemeinen Formen zu reduzieren: Wohlgerüche, Spitzen, Stickereien und Gärten. In moralischer Hinsicht begegnet man derselben Zweideutigkeit: einer zur Schau getragenen Toleranz neben einem Proselytismus, dessen Zwangscharakter offen zutage liegt. In der Tat macht ihnen die Berührung mit Nicht-Mohammedanern Angst. Ihre provinzielle Lebensweise verewigt sich angesichts der Drohung anderer Lebensweisen, die freier und flexibler sind als die ihre und sie durch Ansteckkung beeinflussen könnten.

Statt von Toleranz zu sprechen, sollte man eher sagen, daß diese Toleranz, insofern es sie gibt, ein ständiger Sieg über sie selbst ist. Als der Prophet sie empfahl, hat er die Menschen in den Zustand einer ständigen Krise versetzt, einen Zustand, der aus dem Widerspruch zwischen der universellen Gültigkeit der Offenbarung und der Zulassung einer Vielfalt religiöser Glaubenslehren resultiert. Es ist dies eine im Pawlowschen Sinn „paradoxe" Situation, die einerseits Angst und andererseits Selbstgefälligkeit erzeugt, da man sich dank dem Islam für befähigt hält, einen derartigen Konflikt zu überwinden. Im übrigen vergebens: wie es einmal ein indischer Philosoph mir gegenüber bemerkte, sind die Mohammedaner stolz darauf, daß sie den universellen Wert großer Prinzipien verkünden – Freiheit, Gleichheit, Duldsamkeit –, während sie den Kredit, den sie beanspru-

chen, wieder verspielen, indem sie im selben Atemzug behaupten, sie seien die einzigen, die sie praktizierten.
In Karatschi befand ich mich eines Tages in Gesellschaft einiger mohammedanischer Gelehrter. Als ich sie die Überlegenheit ihres Systems rühmen hörte, stellte ich mit Bestürzung fest, wie hartnäckig sie immer wieder auf demselben Argument herumritten: sie priesen seine *Einfachheit.* Die islamische Gesetzgebung in Erbschaftsangelegenheiten ist besser als die hinduistische, weil sie einfacher ist. Will man das traditionelle Verbot eines verzinslichen Darlehens umgehen, so genügt es, einen Teilhabervertrag zwischen dem Depositär und dem Bankier zu schließen, und der Zins löst sich in eine Beteiligung des ersteren an den Unternehmungen des zweiten auf. Was die Agrarreform betrifft, so ist das mohammedanische Gesetz bezüglich der Vererbung des Ackerbodens so lange anzuwenden, bis dieser oft genug geteilt worden ist, woraufhin man es nicht mehr anwendet – da es schließlich kein Glaubensartikel ist –, um eine zu große Zerstückelung zu vermeiden: *There are so many ways and means* ...
Der gesamte Islam scheint in der Tat eine Methode zu sein, im Kopf der Gläubigen unüberwindliche Konflikte zu schaffen, aus denen man sie dann dadurch rettet, daß man ihnen Lösungen von sehr großer (jedoch zu großer) Einfachheit anbietet. Mit der einen Hand stößt man sie an den Rand des Abgrunds, mit der anderen hält man sie zurück. Macht ihr euch Sorgen um die Tugend eurer Gattinnen oder Töchter, wenn ihr auf Reisen seid? Nichts einfacher als das: werft ihnen einen Schleier über und sperrt sie ein. Auf diese Weise gelangt man zum modernen *burkha*, der mit seinem komplizierten Schnitt, seinen posamentierten Augenschlitzen, seinen Druckknöpfen und Schnüren einem orthopädischen Korsett ähnelt und dessen schwerer Stoff sich den Umrissen des menschlichen Körpers genaustens anpaßt und ihn dennoch so vollständig wie nur möglich verhüllt. Aber damit hat sich die Grenze der Besorgnis lediglich verschoben, denn um euch zu entehren, reicht es nun schon aus, wenn einer eure Frau nur leicht berührt, und so quält ihr euch noch viel mehr. Ein freimütiges Gespräch mit jungen Mohammedanern machte zweierlei deutlich: zum einen, daß sie vom Problem der vorehelichen

Jungfräulichkeit und der ehelichen Treue gepeinigt sind; zum anderen, daß der *purdah*, das heißt die Segregation der Frauen, zwar in gewissem Sinn den Liebeshändeln hinderlich ist, sie auf einer anderen Ebene jedoch begünstigt: indem man nämlich die Frauen in eine eigene Welt verbannt, deren Geheimnisse und Schliche sie allein kennen. Da die Männer in ihrer Jugend Haremseinbrecher sind, haben sie gute Gründe dafür, sich zu Wächtern des Harems zu machen, sobald sie verheiratet sind.

Hindus und indische Moslems essen mit den Fingern. Die ersteren tun dies zierlich und leicht, indem sie die Nahrung mit einem Stück *chapati* fassen; so nennt man die breiten Pfannkuchen, die rasch gebacken sind: man drückt sie gegen die Innenwand eines im Boden vergrabenen und zu einem Drittel mit Glut gefüllten Krugs. Bei den Mohammedanern wird dieser Brauch zum System: keiner nimmt einen Knochen in die Hände, um das Fleisch abzunagen. Mit der einzigen Hand, die benutzt werden darf (die linke ist unrein, da den intimen Waschungen vorbehalten), knetet man die Fleischstücke und reißt sie ab; und wer Durst hat, greift mit der fettigen Hand nach dem Glas. Bei der Beobachtung dieser Tischsitten, die nicht schlechter sind als andere, aber aus westlicher Sicht mit der Ungeniertheit zu prahlen scheinen, stellt man sich die Frage, bis zu welchem Punkt dieser Brauch weniger einem archaischen Überbleibsel als vielmehr einer vom Propheten gewollten Reform entspringt: „Macht es nicht wie die anderen Völker, die mit dem Messer essen", veranlaßt durch das zweifellos unbewußte Bemühen um systematische Infantilisierung und den Zwang zur Homosexualisierung der Gemeinschaft durch die Promiskuität, die in den Sauberkeitsritualen nach der Mahlzeit zutage tritt, wenn alle sich die Hände waschen, gurgeln, rülpsen und in dieselbe Schüssel spucken, womit sie in einer erschreckend *autistischen* Gleichgültigkeit ihre gemeinsame Angst vor der Unreinheit, verbunden mit ihrem gemeinsamen Exhibitionismus in einen Topf werfen. Der Wille, sich zu vermischen, geht im übrigen mit dem Bedürfnis einher, sich als Gruppe auszuzeichnen: so die Institution des *purdah*: „Eure Frauen sollen den Schleier tragen, damit man sie von den anderen unterscheiden kann!"

Die islamische Brüderlichkeit beruht auf einer kulturellen

und religiösen Basis. In keinem Fall hat sie ökonomischen oder sozialen Charakter. Da wir alle denselben Gott haben, ist ein guter Mohammedaner also ein solcher, der seinen *hooka* mit dem Straßenkehrer teilt. Der Bettler ist in der Tat mein Bruder: in diesem Sinn vor allem teilen wir brüderlich dieselbe Zustimmung zur Ungleichheit, die uns trennt. Und so entstehen auch jene beiden soziologisch so bemerkenswerten Gattungen: der germanophile Mohammedaner und der islamisierte Deutsche; wenn eine Polizeiwache religiös sein könnte, würde sich ihr der Islam als die ideale Religion anbieten: strenge Einhaltung des Reglements (fünfmal täglich Gebete, wobei jedes einzelne fünfzig Kniebeugen erfordert); Musterung und Körperhygiene (rituelle Waschungen); männliche Promiskuität sowohl im geistigen Leben wie bei den organischen Verrichtungen; keine Frauen.
Diese ängstlichen Menschen sind auch Männer der Tat; zwischen unvereinbaren Gefühlen hin und her gerissen, kompensieren sie ihren Minderwertigkeitskomplex durch traditionelle Formen der Sublimierung, die wir seit jeher mit der arabischen Seele verbinden: Eifersucht, Stolz, Heroismus. Doch dieser Wunsch, unter sich zu sein, dieser Kirchturmsgeist im Verein mit einer chronischen Entwurzelung (das Urdu wird sehr treffend eine „Lagersprache" genannt), die der Gründung von Pakistan zugrunde liegen, lassen sich nur zum geringen Teil durch eine religiöse Glaubensgemeinschaft und eine historische Tradition erklären. Sie sind ein aktuelles gesellschaftliches Faktum, das als solches interpretiert werden muß: als ein kollektiver Gewissenskonflikt, der Millionen von Individuen zu einer unwiderruflichen Entscheidung gezwungen hat, zur Aufgabe ihrer Felder, oft ihres Vermögens, zuweilen ihrer Eltern, ihres Berufs, ihrer Zukunftspläne, der Erde ihrer Ahnen und ihrer Gräber, um unter Mohammedanern bleiben zu können, weil sie sich nur unter Mohammedanern wohlfühlen.
Eine große Religion, die sich weniger auf die Evidenz einer Offenbarung stützt als auf die Unfähigkeit, Bande nach außen zu knüpfen. Angesichts der allgemeinen Menschenfreundlichkeit des Buddhismus und des Wunschs der christlichen Religion nach dem Dialog nimmt die mohammedanische Unduldsamkeit eine Form an, die bei denen,

die sich ihrer schuldig machen, unbewußt ist; denn auch wenn sie nicht immer brutal versuchen, andere zu ihrer Wahrheit zu bekehren, so sind sie doch – und das ist weit schlimmer – außerstande, die Existenz des anderen als anderen zu ertragen. Das einzige Mittel, sich vor dem Zweifel und der Erniedrigung zu schützen, besteht für sie in einem „Zunichtemachen" des anderen, der von einem fremden Glauben und einem fremden Verhalten zeugt. Die islamische Brüderlichkeit ist die Umkehrung des ausschließenden Banns gegen die Ungläubigen, die nicht eingestanden werden kann, denn wollte man sie als solche erkennen, so liefe das darauf hinaus, die Ungläubigen selbst als Existierende zu erkennen.

XL Besuch im Kyong

Die Gründe für dieses Unbehagen, das ich in der Nähe des Islam verspüre, kenne ich nur allzu gut: in ihm finde ich die Welt wieder, aus der ich komme; der Islam ist der Westen des Orients. Genauer gesagt, ich mußte dem Islam begegnen, um die Gefahr zu ermessen, die heute dem französischen Denken droht. Ich verzeihe es dem Islam kaum, daß er mir unser eigenes Bild vor Augen führt und mich zu erkennen zwingt, wie sehr Frankreich im Begriff steht, mohammedanisch zu werden. Bei den Mohammedanern beobachte ich die gleiche buchgläubige Haltung wie bei uns, den gleichen utopischen Geist sowie jene hartnäckige Überzeugung, daß es genüge, die Probleme auf dem Papier zu entscheiden, um ihrer alsbald los und ledig zu sein. Im Schutz eines juristischen und formalistischen Rationalismus machen wir uns in gleicher Weise ein Bild von der Welt und der Gesellschaft, in der alle Schwierigkeiten einer hinterlistigen Logik unterworfen sind, und wir ahnen nicht, daß die Welt nicht mehr aus den Gegenständen besteht, von denen wir sprechen. So wie der Islam starr in die Betrachtung einer Gesellschaft versenkt bleibt, die vor sieben Jahrhunderten real gewesen war und für deren Probleme er damals wirksame Lösungen fand, gelingt es auch uns nicht mehr, außerhalb der Kategorien einer seit anderthalb Jahrhunderten versunkenen Zeit zu denken, jener Zeit, da wir uns mit der Geschichte in Einklang zu bringen wußten; nur war sie viel zu kurz, denn Napoleon, jener Mohammed des Westens, ist dort gescheitert, wo der andere Erfolg hatte. Ähnlich wie die islamische Welt erleidet das Frankreich der Revolution das Schicksal, das reumütigen Revolutionären beschieden ist, nämlich sich zu nostalgischen Bewahrern jenes Zustands zu entwickeln, in dem sie sich einst zur Veränderung bekannt haben. Gegenüber Völkern und Kulturen, die noch von uns abhängig sind, befinden wir uns in demselben Widerspruch, an dem der Islam angesichts seiner Schutzbefohlenen und der restlichen Welt krankt. Wir begreifen nicht, daß Prinzipien, die für unsere eigene Entfaltung fruchtbar gewesen sind, von anderen nicht so hoch verehrt werden, als daß sie veranlaßt würden, sie für den eigenen Gebrauch zu übernehmen; sie müßten uns, so glauben wir, sehr dankbar sein, sie als erste ersonnen zu haben. So kann es der Islam, der im Nahen Osten der Erfinder der Duldsamkeit gewesen ist, den Nicht-Mohammedanern kaum verzeihen, daß sie ihrem Glauben nicht zu seinen Gunsten abschwören, weil er allen anderen insofern himmelhoch überlegen sei, als er sie respektiert. Das Paradoxe unserer Situation ist, daß die Mehrheit unserer Gesprächspartner Mohammedaner sind und daß unser beider zermalmender Geist zu viele gemeinsame Züge aufweist, als daß wir aneinandergerieten. Auf internationaler Ebene, versteht sich; denn die genannten Differenzen sind Angelegenheiten zweier Bourgeoisien, die sich gegeneinander stellen. Die politische Unterdrückung und die ökonomische Ausbeutung haben kein Recht, bei ihren Opfern nach Entschuldigungen zu suchen. Wenn indes ein Frankreich, das fünfundvierzig Millionen Einwohner zählt, auf der Basis der Rechtsgleichheit seine Tore weit öffnen würde, um fünfundzwanzig Millionen Mohammedaner, auch wenn sie zum größten Teil noch Analphabeten sind*, aufzunehmen, so würde dieser Schritt nicht gewagter sein als derjenige, dem Amerika es einst verdankte, daß es keine kleine Provinz der angelsächsischen Welt geblieben ist. Als die Bürger Neuenglands vor einem Jahrhundert beschlossen, Einwanderer

* Wie viele andere eine anachronistische Bemerkung; aber man darf nicht vergessen, daß dieses Buch 1954/55 geschrieben wurde.

aus den rückständigen Gegenden Europas und den benachteiligtsten sozialen Schichten aufzunehmen und sich von dieser Woge überfluten zu lassen, schlossen sie eine Wette ab und gewannen sie auch, deren Einsatz ebenso hoch war wie derjenige, den zu wagen wir uns weigern.
Werden wir es je können? Wäre es möglich, daß sich die Richtung zweier regressiver Kräfte umkehrt, wenn sie sich zusammenschließen? Würden wir uns selbst retten, oder würden wir vielmehr unseren Untergang besiegeln, wenn wir unseren Irrtum noch durch den symmetrischen Irrtum verstärkten und uns damit abfänden, das Erbe der Alten Welt auf jene zehn oder fünfzehn Jahrhunderte geistiger Armut einzuengen, deren Schauplatz und Mittler ihre westliche Hälfte war? Hier in Taxila, in jenen buddhistischen Klöstern, denen der griechische Einfluß unzählige Statuen hat entsprießen lassen, bin ich mit der flüchtigen Chance konfrontiert, die unsere Alte Welt gehabt hat, eins zu bleiben. Die Spaltung ist noch nicht endgültig vollzogen; ein anderes Schicksal ist immer noch möglich, eben jenes, das der Islam nicht zuläßt, indem er seine Schranke zwischen einem Westen und einem Osten aufrichtet, die ohne ihn ihre Verbundenheit mit dem gemeinsamen Boden, in dem sie beide wurzeln, vielleicht nicht verloren hätten.
Ohne Zweifel haben sich der Islam und der Buddhismus diesem orientalischen Hintergrund jeweils auf ihre besondere Weise widersetzt, während sie gleichzeitig einander selbst entgegengetreten sind. Doch um ihre Beziehungen zu verstehen, darf man den Islam mit dem Buddhismus nicht in der historischen Form vergleichen, die sie in dem Augenblick angenommen hatten, da sie miteinander in Berührung traten; denn der eine hatte damals erst fünfhundert, der andere dagegen bereits zweitausend Jahre bestanden. Trotz dieses Altersunterschieds muß man sie beide in ihrer Blüte rekonstruieren, deren Duft, was den Buddhismus betrifft, seine ältesten Denkmäler noch genauso frisch verströmen wie ihre schlichtesten Erscheinungsformen von heute.
Meiner Erinnerung widerstrebt es, die bäuerlichen Tempel an der burmesischen Grenze von den Bharhut-Stelen zu trennen, die aus dem 2. Jahrhundert vor unserer Zeitrechnung stammen und deren verstreute Bruchstücke man in

Kalkutta und Delhi suchen muß. Die Stelen, in einer Zeit und einer Gegend geschaffen, wo sich der griechische Einfluß noch nicht geltend gemacht hatte, gaben mir einen ersten Anlaß zur Bestürzung: dem europäischen Betrachter scheinen sie außerhalb von Raum und Zeit zu liegen, so als hätten ihre Schöpfer, im Besitz einer Maschine, welche die Zeit außer Kraft setzt, in ihrem Werk dreitausend Jahre Kunstgeschichte zusammengedrängt und als wäre es ihnen – auf halbem Weg zwischen Ägypten und der Renaissance – gelungen, in einem einzigen Augenblick eine Entwicklung einzufangen, die in einer Epoche beginnt, die sie nicht gekannt haben können, und in einer anderen zu Ende geht, die noch nicht begonnen hat. Wenn es überhaupt eine ewige, zeitlose Kunst gibt, so diese: man weiß nicht, ob sie fünftausend Jahre alt ist oder erst von gestern stammt. Sie gehört der Zeit der Pyramiden an, aber auch der unserer Häuser; die menschlichen Formen, die in jenen rosafarbenen, feinkörnigen Stein gehauen sind, scheinen sich von ihm ablösen und unter uns wandeln zu können. Keine bildende Kunst vermittelt ein tieferes Gefühl des Friedens und der Vertrautheit als diese, mit ihren keusch-schamlosen Frauen und ihrer mütterlichen Sinnlichkeit, die sich im Gegensatz von mütterlichen Liebhaberinnen und klösterlichen jungen Mädchen gefällt und sie beide den klösterlichen Liebenden des nicht-buddhistischen Indiens gegenüberstellt: eine gelassene und vom Konflikt der Geschlechter gleichsam befreite Weiblichkeit, jenem Konflikt, den noch die Bonzen in den Tempeln beschwören, die durch ihre kahlgeschorenen Schädel mit den Nonnen zu einer Art drittem Geschlecht verschmelzen – halb Parasiten, halb Gefangene.
Wenn der Buddhismus, wie der Islam, versucht, der Maßlosigkeit der primitiven Kulte Herr zu werden, so dank der einigenden Befriedung, die dem Versprechen auf die Rückkehr in den mütterlichen Schoß innewohnt; auf diesem Umweg reintegriert er die Erotik, nachdem er sie von Raserei und Angst befreit hat. Der Islam dagegen entwickelt sich in eine männliche Richtung. Indem er die Frauen einschließt, versperrt er den Zugang zum mütterlichen Schoß: aus der Welt der Frauen hat der Mann eine verschlossene Welt gemacht. Gewiß hofft auch er, auf diese Weise zur

Ruhe zu kommen; aber er versichert sich ihrer durch Ausschlüsse: dem der Frauen aus dem gesellschaftlichen Leben und dem der Ungläubigen aus der geistigen Gemeinschaft; während der Buddhismus diese Ruhe eher als eine Verschmelzung begreift: mit der Frau, mit der Menschheit, in einer geschlechtslosen Darstellung der Göttlichkeit.

Es läßt sich kein ausgeprägterer Gegensatz denken als den zwischen dem Weisen und dem Propheten. Keiner von beiden ist ein Gott – dies ist ihr einziges gemeinsames Merkmal. In jeder anderen Hinsicht stehen sie einander entgegen: der eine ist keusch, der andere potent bei seinen vier Frauen; der eine androgyn, der andere bärtig; der eine pazifistisch, der andere kriegerisch; der eine ein Vorbild, der andere ein Messias. Aber es trennen sie auch zwölfhundert Jahre; und es ist ein weiteres Unglück des westlichen Bewußtseins, daß das später entstandene Christentum, das ihre Synthese hätte vollziehen können, „vor dem Buchstaben" – also zu früh – in Erscheinung getreten ist, nicht als nachträgliche Versöhnung zweier Extreme, sondern als Übergang vom einen zum anderen: als der mittlere Terminus einer Reihe, die aufgrund ihrer inneren Logik, ihrer Geographie und ihrer Geschichte dazu bestimmt war, sich künftig in die Richtung des Islam zu entwickeln; denn dieser letztere – in diesem Punkt tragen die Mohammedaner den Sieg davon – stellt die entwickeltste Form des religiösen Denkens dar, ohne deshalb die beste zu sein; und ich möchte sogar behaupten, daß sie aus diesem Grunde die beunruhigendste von allen dreien ist.

Die Menschen haben drei große religiöse Versuche unternommen, um sich von der Verfolgung der Toten, der Boshaftigkeit des Jenseits und den Ängsten der Magie zu befreien. In einem Abstand von etwa einem halben Jahrtausend haben sie nacheinander den Buddhismus, das Christentum und den Islam konzipiert; und es fällt auf, daß jede dieser Etappen in bezug auf die vorherige keinen Fortschritt, sondern vielmehr einen Rückschritt bedeutet. Für den Buddhismus gibt es kein Jenseits; alles beschränkt sich auf eine radikale Kritik, deren sich die Menschen nie wieder fähig erweisen sollten und an deren Ende der Weise zu einer Verweigerung des Sinns aller Dinge und Wesen gelangt: einer Disziplin, die das Universum und sich selbst als

Religion aufhebt. Das Christentum, von neuem der Angst nachgebend, stellt die andere Welt wieder her, ihre Hoffnungen, ihre Drohungen und ihr Jüngstes Gericht. Dem Islam bleibt nichts mehr zu tun übrig, als daran anzuknüpfen: die zeitliche Welt und die geistige Welt sind vereint. Die soziale Ordnung schmückt sich mit dem Prestige der übernatürlichen Ordnung, die Politik wird zur Theologie. Letztlich hat man Geister und Gespenster, denen der Aberglaube ja kein rechtes Leben einzuhauchen vermochte, durch Herren ersetzt, die bereits allzu real waren und denen man überdies noch gestattet, ein Jenseits zu monopolisieren, das sein Gewicht dem doch schon erdrückenden Gewicht des Diesseits hinzufügt.

Dieses Beispiel rechtfertigt den Ehrgeiz des Ethnographen, stets zu den Quellen zurückzugehen. Der Mensch schafft wahrhaft Großes nur zu Anfang; in welchem Bereich auch immer hat nur der erste Schritt uneingeschränkte Gültigkeit. Die folgenden Schritte zaudern, bereuen und versuchen, das veraltete Territorium Stück für Stück zurückzugewinnen. Florenz, das ich nach New York besuchte, hat mich zuerst nicht überrascht: in seiner Architektur und seinen Plastiken erkannte ich die Wallstreet des 15. Jahrhunderts wieder. Als ich die Primitiven mit den Meistern der Renaissance und die Maler von Siena mit denen von Florenz verglich, hatte ich den Eindruck eines Niedergangs: was haben die letzteren anderes getan als genau das, was nicht hätte getan werden dürfen? Und trotzdem bleiben sie bewundernswert. Die Größe der Anfänge ist so untrüglich, daß uns sogar die Irrtümer, sofern sie neu sind, durch ihre Schönheit überwältigen.

Heute betrachte ich Indien über den Islam hinweg; aber das Indien von Buddha, vor Mohammed, der sich für mich, der ich Europäer bin und weil ich Europäer bin, zwischen unsere Reflexion und die Lehren stellt, die dieser am nächsten stehen, wie der Spielverderber, der verhindert hat, daß sich der Orient und der Okzident, die prädestiniert waren, einander die Hände zu reichen, zum Reigen zusammenfinden. Welchen Irrtum sollte ich begehen in der Folge jener Mohammedaner, die sich für Christen und Abendländer ausgeben, aber ihren Osten zur Grenze zwischen zwei Welten machen! Die beiden Welten sind einander näher als jede von ihnen ihrem Anachronismus. Die Entwicklung der Vernunft nimmt den entgegengesetzten Verlauf wie die der Geschichte: der Islam hat eine zivilisiertere Welt in zwei Hälften geteilt. Was ihm aktuell erscheint, gehört einer vergangenen Epoche an, er lebt in einem Abstand von Jahrtausenden. Er hat ein revolutionäres Werk vollbracht, doch da dieses einen verspäteten Teil der Menschheit betraf, hat er, indem er das Reale befruchtete, das Virtuelle steril gemacht. Er hat einen Fortschritt bewirkt, der die Kehrseite eines Entwurfes ist.

Möge der Westen nach den Quellen seiner Zerrissenheit forschen: indem sich der Islam zwischen den Buddhismus und das Christentum schob, hat er uns islamisiert, nämlich als der Westen sich von den Kreuzzügen verleiten ließ, sich dem Islam entgegenzustellen und damit ihm ähnlich zu werden, statt sich, als hätte der Buddhismus nie existiert, zu jener langsamen Osmose mit ihm bereitzufinden, die uns noch mehr christianisiert hätte, und zwar in einem um so christlicheren Sinn, als wir zu den Wurzeln des Christentums selbst vorgedrungen wären. Damals hat der Westen die Chance verspielt, Frau zu bleiben.

In diesem Licht verstehe ich besser das Zweideutige der Mogulkunst. Die Erregung, die sie einflößt, rührt von nichts Architekturalem her: sie untersteht der Poesie und der Musik. Aber sollte die mohammedanische Kunst nicht gerade aus den erwähnten Gründen phantasmagorisch bleiben? „Ein Traum aus Marmor", heißt es über den Tadsch Mahal; diese Formulierung von Baedeker birgt eine tiefe Wahrheit. Die Moguln haben ihre Kunst geträumt, sie haben im wahrsten Sinn des Wortes Paläste aus Träumen geschaffen; sie haben nicht gebaut, sondern übersetzt. Daher können diese Denkmäler sowohl durch ihren Lyrismus wie durch eine gewisse Hohlheit verwirren, die Hohlheit von Kartenhäusern oder Muschelschalen. Weniger als fest auf der Erde stehende Paläste sind es Entwürfe, die vergeblich versuchen, durch die Kostbarkeit und Härte des Materials zur Existenz zu gelangen.

In den Tempeln Indiens *ist* das Idol die Gottheit; dort wohnt sie, ihre reale Gegenwart ist es, die den Tempel kostbar und furchterregend macht und die andächtigen Vorsichtsmaßnahmen rechtfertigt: so das Verschließen der Türen an allen Tagen, da der Gott nicht empfängt.

Auf diese Vorstellung reagieren der Islam und der Buddhismus in unterschiedlicher Weise. Der erste verbannt die Idole und zerstört sie; seine Moscheen sind nackt – einzig belebt von der Gemeinschaft der Gläubigen. Der zweite ersetzt die Idole durch Bilder und scheut sich nicht, sie zu vervielfältigen, da keines wirklich der Gott ist, sondern ihn nur beschwört, und gerade die Vielzahl die Einbildungskraft anregt. Neben dem Hinduheiligtum, das ein Idol beherbergt, ist die Moschee leer bis auf die Menschen, während der buddhistische Tempel eine Fülle von Bildern birgt. Die griechisch-buddhistischen Zentren, in denen man sich mühsam einen Weg durch ein Gewirr von Statuen, Kapellen und Pagoden bahnen muß, die wie Pilze aus der Erde schießen, kündigen den bescheidenen *kyong* an der burmesischen Grenze an, wo sich in Serien angefertigte Figurinen aneinanderreihen, die sich alle aufs Haar gleichen.

Ich befand mich im September 1950 in einem Mogh-Dorf im Gebiet von Chittagong; seit mehreren Tagen schon sah ich den Frauen zu, die jeden Morgen den Bonzen ihre Nahrung in den Tempel brachten; zur Zeit des Mittagsschlafs hörte ich die Gongschläge, welche die Gebete skandierten, und die Kinderstimmen, die das burmesische Alphabet aufsagten. Der *kyong* befand sich am Rand des Dorfs auf einer kleinen waldigen Anhöhe ähnlich denen, wie sie die tibetanischen Maler gern in die Landschaft setzen. Am Fuß des Hügels lag der *jedi*, die Pagode: in diesem armen Dorf beschränkte sie sich auf eine runde Konstruktion aus Erde mit sieben konzentrischen, stufenförmig angeordneten Absätzen, umgeben von einem viereckigen Bambusgitter. Wir hatten unsere Schuhe ausgezogen, um den Hügel hinaufzuklettern, dessen aufgeweichte lehmige Erde sich sanft um unsere nackten Füße schmiegte. Zu beiden Seiten des steilen Fußwegs sah man die Ananaspflanzen herumliegen, welche die Dorfbewohner am Vorabend aus Empörung darüber ausgerissen hatten, daß ihre Priester es sich erlaubten, Früchte anzupflanzen, da doch die Laien für ihre Bedürfnisse sorgten. Die Kuppe des Hügels bestand aus einem kleinen Platz, der auf drei Seiten von Strohschuppen gesäumt war, in denen große, wie Drachen mit buntem Papier bespannte Gegenstände aus Bambus standen, dazu bestimmt, die Prozession zu schmücken. Auf der vierten Seite erhob sich der Tempel, der wie die Dorfhütten auf Pfählen stand und sich von ihnen nur durch seine Größe und das viereckige Strohdach unterschied, welches das Hauptgebäude bedeckte. Nach dem Aufstieg durch den Schlamm erschienen uns die vorgeschriebenen Waschungen als ganz natürlich, bar jeder religiösen Bedeutung. Wir traten ein. Das einzige Licht kam von oben aus der Laterne, welche der Dachaufsatz bildete, direkt über dem Altar, wo Fahnen aus Stoffetzen oder Matten hingen, sowie aus den Ritzen der Strohwände. Auf dem Altar, neben dem ein Gong hing, häuften sich etwa fünfzig kleine Messingfiguren; an den Wänden sah man einige fromme Farblithographien und ein Bild, das ein Hirschgemetzel darstellte. Der aus dickem, gespaltenem und geflochtenem Bambus bestehende Fußboden fühlte sich weicher an als ein Teppich. Es herrschte eine ländliche, friedliche Atmosphäre, und die Luft roch nach Heu. Dieser einfache, geräumige Saal, der einem ausgehöhlten Heuhaufen glich, die Höflichkeit der beiden Bonzen, die neben ihren mit Strohsäcken bedeckten Pritschen standen, der rührende Eifer, mit dem die Gegenstände zusammengetragen oder angefertigt worden waren – all dies trug dazu bei, mich mehr als jemals der Vorstellung nahezubringen, die ich mir von einem Heiligtum machte. „Sie brauchen nicht das gleiche zu tun wie ich", sagte mein Begleiter, als er sich viermal vor dem Altar verneigte, und ich hielt mich an seinen Rat. Aber weniger aus Eigenliebe als aus Taktgefühl: er wußte, daß ich nicht seiner Religion angehörte, und so fürchtete ich, rituelle Gesten zu mißbrauchen und den Eindruck zu erwecken, daß ich sie für bloße Konventionen hielt; denn diesmal hätte ich kein Unbehagen empfunden, sie auszuführen. Zwischen diesem Kultus und mir gab es kein Mißverständnis. Hier ging es nicht darum, sich vor Idolen zu verneigen oder eine angeblich übernatürliche Ordnung anzubeten, sondern lediglich darum, dem Denkgebäude Ehre zu erweisen, an dem ein Mann – oder die Gesellschaft, welche seine Legende schuf – vor zweitausend Jahren arbeitete und zu dem meine Kultur nur dadurch beitragen konnte, daß sie es bejahte.

Denn was habe ich anderes gelernt von den Meistern, denen ich gelauscht, von den Philosophen, die ich gelesen,

von den Gesellschaften, die ich besucht habe, und auch von jener Wissenschaft, auf die der Westen so stolz ist – was habe ich anderes gelernt als Bruchstücke von Lektionen, die, zusammengesetzt, die Meditation des Weisen am Fuße des Baums ergeben? Jedes Bemühen um Verständnis zerstört den Gegenstand, mit dem wir uns befassen, zugunsten eines anderen Bemühens, das ihn wiederum vernichtet zugunsten eines dritten und so weiter, bis wir Zugang finden zu der einzigen dauerhaften Gegenwart, derjenigen, bei der sich der Unterschied zwischen dem Sinn und dem Fehlen von Sinn verflüchtigt, jener, von der wir ausgegangen waren. Zweitausendfünfhundert Jahre sind vergangen, seitdem die Menschen diese Wahrheiten entdeckt und formuliert haben. Seither haben wir – indem wir, wie schon andere, alle Auswege durchprobierten – nichts anderes gefunden als zusätzliche Bestätigungen jener Schlußfolgerung, der wir so gerne ausgewichen wären.
Gewiß sehe ich auch die Gefahren einer zu vorschnellen Resignation. Diese große Religion des Nichts-Wissens gründet nicht auf unserer Untauglichkeit, etwas zu begreifen. Sie bescheinigt uns vielmehr unsere Befähigung; sie führt uns bis zu dem Punkt, da wir die Wahrheit in Form eines gegenseitigen Ausschlusses von Sein und Wissen entdecken. Und sie hat eine zusätzliche Kühnheit bewiesen, indem sie – wie später nur noch der Marxismus – das Problem der Metaphysik auf das des menschlichen Verhaltens zurückführte. Ihr Schisma ist auf soziologischer Ebene zum Ausbruch gekommen, denn der grundlegende Unterschied zwischen dem Großen und dem Kleinen Fahrzeug ist die Frage, ob das Heil des einzelnen vom Heil der gesamten Menschheit abhängt oder nicht.
Freilich konfrontieren uns die historischen Lösungen der buddhistischen Moral mit einer eisigen Alternative: wer die vorstehende Frage bejaht, zieht sich in ein Kloster zurück; der andere befriedigt seine Wünsche auf billige Kosten mit der Praxis einer egoistischen Tugend.
Aber es gibt Ungerechtigkeit, Elend und Leid; sie liefern dieser Entscheidung einen vermittelnden Terminus. Wir sind nicht allein, und es steht nicht bei uns, taub und blind für die Menschen zu sein oder uns einzig zur Menschlichkeit in uns selbst zu bekennen. Der Buddhismus kann kohä-

rent bleiben und trotzdem den Rufen von draußen antworten. Vielleicht hat er sogar in einem großen Teil der Welt das fehlende Glied in der Kette gefunden. Denn wenn jenes letzte Moment der Dialektik, das zur Erleuchtung führt, legitim ist, dann sind auch alle die anderen legitim, die ihm vorausgegangen sind und ihm gleichen. Die absolute Verweigerung des Sinns ist das Ende einer Reihe von Etappen, von denen jede von einem geringeren zu einem größeren Sinn führt. Der letzte Schritt, der aller anderen bedarf, um vollzogen zu werden, verleiht ihnen allen Gültigkeit. Auf seine Weise und auf seiner Ebene entspricht jeder einer Wahrheit. Zwischen der marxistischen Kritik, die den Menschen von seinen ersten Ketten befreit – indem sie ihn lehrt, daß sich der scheinbare Sinn seiner Lage verflüchtigt, sobald er akzeptiert, den Gegenstand, den er betrachtet, weiterzufassen –, und der buddhistischen Kritik, welche die Befreiung vollendet, besteht weder ein Gegensatz noch ein Widerspruch. Beide tun sie dasselbe, wenn auch jeweils auf anderer Ebene. Der Übergang zwischen den beiden Extremen wird gesichert durch alle Fortschritte der Erkenntnis, die zu erzielen eine unauflösliche Denkbewegung der Menschheit innerhalb eines Zeitraums von zwei Jahrtausenden ermöglicht hat; eine Bewegung, die vom Orient zum Okzident führt und sich von einem zum anderen verlagert hat, – vielleicht nur, um ihren Ursprung zu bekräftigen. So wie die religiösen Vorstellungen und der Aberglaube schwinden, wenn man die realen Beziehungen zwischen den Menschen ins Auge faßt, so weicht die Moral vor der Geschichte, machen die fließenden Formen Strukturen Platz, und die Schöpfung dem Nichts. Es genügt, den ersten Schritt zurückzuverfolgen, um seine Symmetrie zu erkennen: seine Teile sind deckungsgleich; die überwundenen Etappen zerstören nicht den Wert derer, von denen sie vorbereitet wurden: sie bestätigen sie vielmehr.

Wenn sich der Mensch innerhalb seines Rahmens fortbewegt, trägt er alle Positionen mit sich, die er bereits eingenommen hat, und auch alle, die er noch einnehmen wird. Er ist überall gleichzeitig, er ist eine Menge, die gemeinsam voranschreitet und in jedem Augenblick auf eine Totalität von Etappen zurückblickt. Denn wir leben in mehreren Welten, von denen jede wahrer ist als diejenige, die sie in sich schließt, aber falsch in bezug auf diejenige, von der sie umschlossen ist. Der scheinbare Widerspruch, der sich durch ihre Koexistenz ergibt, wandelt sich in den Zwang, den uns am nächsten befindlichen Welten einen Sinn zuzugestehen und ihn den entferntesten zu verweigern; während die Wahrheit in einer allmählichen Ausdehnung des Sinns in umgekehrter Reihenfolge liegt, bis es zur Explosion kommt.

Als Ethnograph bin ich also nicht mehr der einzige, der an einem Widerspruch leidet, denn dieser Widerspruch betrifft die ganze Menschheit und hat seinen Grund in sich selbst. Er bleibt nur bestehen, solange ich die Extreme voneinander trenne: wozu handeln, wenn das Denken, welches das Handeln leitet, zu der Entdeckung führt, daß es keinen Sinn gibt? Aber diese Entdeckung ist nicht unmittelbar zugänglich: ich muß sie denken, aber ich kann sie nicht auf Anhieb denken. Mag es zwölf Etappen geben wie in der Bodhi; mögen es mehr oder weniger sein – sie alle existieren zur gleichen Zeit, und um bis ans Ende zu gelangen, bin ich unablässig aufgefordert, Situationen zu durchleben, von denen jede mir etwas abverlangt: ich schulde mich den Menschen, so wie ich mich der Erkenntnis schulde. Die Geschichte, die Politik, das ökonomische und soziale Universum, die physische Welt, ja sogar der Himmel umgeben mich wie konzentrische Kreise, denen ich mich durch das Denken nicht entziehen kann, ohne jedem von ihnen einen Teil meiner Person zu konzedieren. So wie der Stein, der auf der Oberfläche des Wassers, in das er fällt, Ringe erzeugt, bevor er den Grund erreicht, so muß auch ich mich zuerst ins Wasser stürzen.

Die Welt hat ohne den Menschen begonnen, und sie wird ohne ihn enden. Die Institutionen, die Sitten und Gebräuche, die ich mein Leben lang gesammelt und zu verstehen versucht habe, sind die vergänglichen Blüten einer Schöpfung, der gegenüber sie keinen Sinn besitzen, es sei denn vielleicht den, daß sie es der Menschheit erlauben, ihre Rolle in dieser Schöpfung zu spielen. Abgesehen davon, daß diese Rolle der Menschheit keinen unabhängigen Platz verschafft und daß das Bemühen des Menschen – auch wenn es zum Scheitern verurteilt ist – darin besteht, sich vergeblich gegen einen universellen Verfall zur Wehr zu setzen, erscheint der Mensch selbst als eine Maschine – vollkommener vielleicht als die übrigen –, die an der Auflösung einer ursprünglichen Ordnung arbeitet und eine in höchstem Maße organisierte Materie in einen Zustand der Trägheit jagt, die immer größer und eines Tages endgültig sein wird. Seitdem der Mensch begonnen hat, zu atmen und sich zu ernähren, seit der Entdeckung des Feuers bis hin zur Erfindung atomarer und thermonuklearer Vernichtungen, hat er – außer wenn er sich fortpflanzte – nichts anderes getan, als unbekümmert Milliarden von Strukturen zu zerstören, um sie in einen Zustand zu versetzen, in dem sie sich nicht mehr integrieren lassen. Ohne Zweifel hat er Städte gebaut und Felder bestellt; aber letztlich sind auch diese Dinge nur Maschinen, dazu bestimmt, Trägheit zu produzieren, und zwar in einem Rhythmus und in einem Verhältnis, die weit größer sind als die Menge an Organisation, die diese Städte und Felder voraussetzen. Was die Schöpfungen des menschlichen Geistes betrifft, so existiert ihr Sinn nur in bezug auf ihn selbst, und sie werden im Chaos versinken, sobald er erloschen sein wird. So daß sich die ganze Kultur als ein Mechanismus beschreiben läßt, in dem wir nur zu gern die Chance des Überlebens sehen möchten, die unser Universum besitzt, wenn seine Funktion nicht darin bestünde, das zu produzieren, was die Physiker Entropie und wir Trägheit nennen. Jedes ausgetauschte Wort, jede gedruckte Zeile stellt eine Verbindung zwischen zwei Partnern her und nivelliert die Beziehung, die vorher durch ein Informationsgefälle, also durch größere Organisation, gekennzeichnet war. Statt Anthropologie sollte es „Entropologie“ heißen, der Name einer Disziplin, die sich damit beschäftigt, den Prozeß der Desintegration in seinen ausgeprägtesten Erscheinungsformen zu untersuchen.

Dennoch existiere ich. Sicher nicht als Individuum; denn was bin ich in dieser Hinsicht anderes als der immer wieder in Frage gestellte Einsatz im Kampf zwischen einer Gesellschaft, welche aus Milliarden von Nerven unter dem Termitenhügel des Schädels besteht, und meinem Körper, der ihm als Roboter dient? Weder die Psychologie noch die Metaphysik, noch die Kunst können mir Zuflucht sein, Mythen, die von nun an, auch von innen her, einer Soziologie neuer Art unterworfen sein können, die eines Tages entstehen und sie nicht freundlicher behandeln wird als die alte. Das Ich ist nicht allein hassenswert; es hat auch keinen Platz zwischen einem *Wir* und einem *Nichts.* Und wenn ich mich letztlich für dieses – wie auch immer scheinhafte – *Wir* entscheide, so deshalb, weil mir, will ich mich nicht selbst zerstören – eine Tat, welche die Bedingung der Entscheidung aufheben würde –, zwischen diesem Schein und dem Nichts keine andere Wahl bleibt. Nun genügt aber allein die Tatsache, eine Wahl zu treffen, daß ich durch eben diese Wahl meine menschliche Lage ohne Vorbehalt auf mich nehme: indem ich mich von einem intellektuellen Hochmut befreie, dessen Eitelkeit ich an der seines Gegenstands ermessen kann, bin ich auch bereit, seine Ansprüche den objektiven Anforderungen unterzuordnen, welche die Befreiung einer großen Masse von Menschen stellt, denen die Möglichkeit einer solchen Wahl seit jeher verweigert wird.

Sowenig das Individuum in der Gruppe und eine Gesellschaft unter den anderen allein ist, sowenig auch ist der Mensch allein im Universum. Wenn der Regenbogen der menschlichen Kulturen endlich im Abgrund unserer Wut versunken sein wird, dann wird – solange wir bestehen und solange es eine Welt gibt – jener feine Bogen bleiben, der uns mit dem Unzugänglichen verbindet, und uns den Weg zeigen, der aus der Sklaverei herausführt und dessen Betrachtung dem Menschen, auch wenn er ihn nicht einschlägt, die einzige Gnade verschafft, der er würdig zu werden vermag: nämlich den Marsch zu unterbrechen, den Impuls zu zügeln, der ihn dazu drängt, die klaffenden Risse in der Mauer der Notwendigkeit einen nach dem anderen zuzustopfen und damit sein Werk in demselben Augenblick zu vollenden, da er sein Gefängnis zuschließt; jene Gnade, nach der jede Gesellschaft begehrt, wie immer ihre religiösen Vorstellungen, ihr politisches System und ihr kulturelles Niveau beschaffen sein mögen; jene Gnade, in die sie ihre Muße, ihr Vergnügen, ihre Ruhe und ihre Freiheit setzt; jene lebenswichtige Chance, sich zu *entspannen,* loszulösen, das heißt die Chance, die darin besteht – lebt wohl, Wilde! lebt wohl, Reisen! –, in den kurzen Augenblicken, in denen es die menschliche Gattung erträgt, ihr bienenfleißiges Treiben zu unterbrechen, das Wesen dessen zu erfassen, was sie war und noch immer ist, diesseits des Denkens und jenseits der Gesellschaft: zum Beispiel bei der Betrachtung eines Minerals, das schöner ist als alle unsere Werke; im Duft einer Lilie, der weiser ist als unsere Bücher; oder in dem Blick – schwer von Geduld, Heiterkeit und gegenseitigem Verzeihen –, den ein unwillkürliches Einverständnis zuweilen auszutauschen gestattet mit einer Katze.

Bibliographie

1. *Handbook of South American Indians*, hrsg. von J. Steward, Smithsonian Institution, Washington, D. C., 7 Bde., 1946–1959.
2. P. Gaffarel, *Histoire du Brésil français au XVIe siècle*, Paris 1878.
3. J. de Léry, *Histoire d'un voyage faict en la terre du Brésil*, neue Aufl. (hrsg. von P. Gaffarel) Paris 1880, 2 Bde. [*Brasilianisches Tagebuch* 1557, Tübingen-Basel 1967].
4. A. Thevet, „Le Brésil et les Brésiliens", in *Les classiques de la colonisation*, 2; Textauswahl und Anmerkungen von Suzanne Lussagnet, Paris 1953.
5. Y. d'Evreux, *Voyage dans le Nord du Brésil fait durant les années* 1613/14, Leipzig–Paris 1864.
6. L. A. de Bougainville, *Voyage autor du monde*, Paris 1771.
7. P. Monbeig, *Pionniers et planteurs de São Paulo*, Paris 1952.
8. J. Sanchez Labrador, *El Paraguay Católico*, 3 Bde., Buenos Aires 1910–1917.
9. G. Boggiani, *Viaggi d'un artista nell' America Meridionale*, Rom 1895.
10. D. Ribeiro, *A arte dos indios Kadiueu*, Rio de Janeiro, o. J., (1950).
11. K. von den Steinen, a) *Durch Zentral-Brasilien*, Leipzig 1886; b) *Unter den Naturvölkern Zentral-Brasiliens*, Berlin 1894.
12. A. Colbacchini, *I Bororos orientali*, Turin 1925.
13. C. Lévi-Strauss, „Contribution à l'étude de l'organisation sociale des Indiens Bororo", *Journal de la Société des Américanistes*, Neue Serie, Bd. 28, 1936.
14. C. Nimuendajú, a) *The Apinayé*, Anthropological Series, Catholic University of America, Nr. 8 1939; b) *The Sherenté*, Los Angelos 1942.
15. E. Roquette-Pinto, *Rondonia*, Rio de Janeiro 1912.
16. C. M. da Silva Rondon, *Lectures delivered by* ..., Publications of the Rondon Commission, Nr. 43, Rio de Janeiro 1916.
17. Th. Roosevelt, *Through the Brazilian Wilderness*, New York 1914.
18. C. Lévi-Strauss, *La Vie familiale et sociale des Indiens Nambikwara*, Société des Américanistes, Paris 1948.
19. K. Oberg, Indian Tribes of Northern Mato Grosso, Brazil, Smithsonian Institution, Institute of Social Anthropology, veröffentl. Nr. 15, Washington, D. C., 1953.
20. C. Lévi-Strauss, „Le syncrétisme religieux d'un village mogh du territoire de Chittagong (Ostpakistan)", *Revue de l'Histoire des religions*, 1952.
21. Julio C. Tello, *Wira Kocha, Inca*, Bd. 1, 1923. „Discovery of the Chavin culture in Peru", *American Antiquity*, Bd. 9, 1943.

Nachwort

Traurige Tropen nimmt im Gesamtwerk von Claude Lévi-Strauss einen besonderen Platz ein: es handelt sich um ein ethnographisches Zeugnis, das eindeutig literarischen Wert besitzt, um einen Reisebericht, der gleichzeitig das Tagebuch eines in der Tradition des französischen Essays stehenden Schriftstellers ist sowie um eine Autobiographie, die auch eine vorzügliche Einführung in die ethnographische Erfahrung und in das theoretische und methodologische Denken des 1908 in Brüssel geborenen Anthropologen darstellt. *Tristes Tropiques* ist ohne Zweifel das persönlichste und zugänglichste Buch von Lévi-Strauss, dessen Veröffentlichung in Paris im Jahre 1955 dem Autor die internationale Anerkennung auch außerhalb der Fachwelt einbrachte. Die theoretische Problematik dieses Werkes hatte sich bereits in zwei früheren Publikationen angekündigt: in dem langen Aufsatz *Contribution à l'étude de l'organisation sociale des Indiens Bororo* (Über die gesellschaftliche Organisation der Bororo-Indianer) aus dem Jahre 1936 und in der Arbeit *La vie familiale et sociale des Indiens Nambikwara* (Über das Leben in Familie und Gesellschaft der Nambikwara-Indianer) von 1948. Verglichen jedoch mit der 1949 erschienenen strengen Abhandlung *Les structures élémentaires de la parenté* (Die Grundstrukturen der Verwandtschaft) stellt *Traurige Tropen* in seiner Vielschichtigkeit etwas Neues dar: Bekenntnisse eines einsamen Ethnographen, Betrachtungen eines Kunstkenners, kulturkritische Reflexionen eines zeitgenössischen Moralisten, Meditation eines Religionshistorikers und Philosophen.

Gefragt nach den Motivationen zum Verfassen dieses Buches und nach seiner persönlichen Einschätzung des Werkes, meinte Lévi-Strauss, *Traurige Tropen* sei keine wissenschaftliche Abhandlung, zumindest habe er das Buch mit dem Gefühl geschrieben, sich damit von seiner eigentlichen wissenschaftlichen Arbeit abgewandt zu haben; *Tristes Tropiques* sei zum Teil auch als das Ergebnis einer tiefen, Anfang der fünfziger Jahre einsetzenden persönlichen Krise entstanden. Nicht ohne Interesse ist ein anderer Umstand aus der Vorgeschichte dieses Buches, das inzwischen in fünfzehn Sprachen übersetzt, ein klassisches Werk der Ethnologie des 20. Jahrhunderts geworden ist. Wie Lévi-Strauss in einem Interview mitteilte, hatte er ursprünglich die Absicht, einen Roman zu schreiben, dessen Held, ausgerüstet mit einem Grammophon, zu einer der Inseln Südamerikas reist. Dort angekommen, spielt er der versammelten Inselbevölkerung eine Schallplatte vor, auf der er sich in einer langen Rede in der Sprache der Eingeborenen als ein neuer Gott vorstellt, weshalb ihm jeder Bewohner der Insel einen Tribut von drei Kokosnüssen zu zahlen habe. Auf diese Weise häuft er ein Vermögen an. Lévi-Strauss schrieb seinen Roman nicht, aber seine treffende ironische Charakterisierung des Eroberers und Kolonialisten ist noch in *Traurige Tropen* spürbar. Das Buch wurde auf einen Zug innerhalb von vier Monaten niedergeschrieben, und es erschien in der von Jean Malaurie geleiteten Reihe „Terre Humaine" bei Librairie Plon.[1]

Wie zu erwarten, fand die Publikation von *Tristes Tropiques* in Frankreich große Beachtung unter der Fachwelt. Bekannte Ethnologen wie Georges Balandier, Roger Bastide und Michel Leiris nahmen bereits 1956 in kritischen und zugleich anerkennenden Arbeiten zu Lévi-Strauss und seinem Buch Stellung. In seinem Aufsatz „Grandeur et sevitudes de l'ethnologue"[2] weist Balandier als erster auf jenen Widerspruch hin, der zwischen dem historischen Werden der primitiven Gesellschaften und Kulturen und deren „mineralischer" Verfestigung in dem von Lévi-Strauss entworfenen Bild besteht. Er orientiert damit auf die Gegenüberstellung von Struktur und Geschichte, die später von den Kritikern des Strukturalismus Lévi-Strauss wiederholt zum Vorwurf gemacht wurde. Nach Balandier besteht das Problem Lévi-Strauss' und des Ethnologen überhaupt darin, daß er in seinem Bemühen, die Schätze der untersuchten Kulturtraditionen zu bewahren, dazu tendiert, vor allem das Einheitliche und Dauerhafte davon zu fixieren und dabei das Unterschiedliche und die geschichtlich bedingten Veränderungen als wesentliche Attribute der sozialen Wirklichkeit zu vernachlässigen. Auf diese Weise, so Balandier, entfernt sich Lévi-Strauss' ethnologische Untersuchung von den historischen Methoden der Sozialwissenschaften. Nach seinem Kritiker geht es Lévi-Strauss darum, die „allgemeinen Eigenschaften“ der von ihm in Brasilien untersuchten ethnischen Gruppen theoretisch festzuhalten, während die „Besonderheiten“, auf die es nach Balandier bei der Untersuchung sowohl von Gesellschaften als auch von Individuen eigentlich ankommt, methodisch nicht genügend berücksichtigt werden. Balandier und Roger Bastide verweisen ferner auf das Bestreben Lévi-Strauss', bei seiner Analyse Empirisches und Rationales zu vereinigen. Ihm gehe es darum, von den ersten Eindrücken des Erlebten abstrahierend und hinter die Erscheinungen blickend, jene Teilbereiche oder Ebenen der Wirklichkeit zu bestimmen und zu isolieren, die in der Form von *Modellen* dargestellt werden können. Diese strukturale Methode verdankt, wie Claude Lévi Strauss wiederholt betont hat, dem Werk von Marx bedeutende Anregungen: „Die Lektüre von Marx begeisterte mich um so mehr, als ich durch diesen großen Denker zum ersten Mal mit der philosophischen Strömung in Berührung kam, die von Kant bis Hegel reicht: eine ganze Welt wurde mir offenbart.“ („Traurige Tropen“) Eindeutig bezieht sich dieses Interesse für Marx auf Fragen der Dialektik, etwa der Beziehungen von Basis und Überbau, scheinbarer und realer Bewegung, Wesen und Erscheinung, von Sinnlichem und Rationalem, wie sie von Marx in seinen politökonomischen Schriften seit „Zur Kritik der politischen Ökonomie“ behandelt werden. Wie Lévi-Strauss in seinem Werk *Strukturale Anthropologie* erklärte, versuchte er in *Traurige Tropen* zum einen „eine marxistische Hypothese über den Ursprung der Schrift“ zu liefern, während die beiden Untersuchungen, welche „brasilianischen Stämmen – den Caduveo und Bororo – gewidmet sind, zwei Versuche zur Interpretation der Superstrukturen der Eingeborenen, die auf dem dialektischen Materialismus begründet sind ...“ darstellen.[3] Wie Lévi-Strauss Marx versteht, liefert dessen Theorie keine Abbildung der kapitalistischen Welt, sondern eine Rekonstruktion ihrer verborgenen Strukturen, Relationen und Mechanismen. Um ihr Wesen zu erkennen, dringt Marx' Analyse unter die Oberfläche der gegebenen Verhältnisse. Erst so wird die wahre Natur der untersuchten Gesellschaftsformation erkennbar. Methodisch wichtig für die Sozialwissenschaft ist nach Meinung der Vertreter des philosophischen Strukturalismus die Auffassung Marx' von der

Gesellschaft als einer komplexen, organisch gegliederten, historisch gegebenen Totalität, eine Kategorie, die im System der strukturalen Anthropologie eine zentrale Stelle einnimmt.
Eine weitere theoretische Anregung für die Ausarbeitung seiner Methode bildet für Lévi-Strauss die Psychoanalyse. Eben sein Bemühen, das Dauerhafte hinter der Erscheinung festzuhalten, erklärt nach Balandier sein Interesse für Freuds Theorie, welche jenseits des sich verändernden Bewußtseins die stabilen Formen und Materialien des Unbewußten entdeckt. Doch sind Balandier und Bastide darin einig, daß Lévi-Strauss' Bemühungen, die universalen und dauerhaften Merkmale von Gesellschaftsformationen und Kulturen sowie die Mechanismen ihrer geistigen Produktion zu fixieren, im Zeichen eines umfassenderen Programms stehen: Ihm geht es darum, ausgehend von einem allen menschlichen Kulturen gemeinen Fonds, wissenschaftlich einen Humanismus im Weltmaßstab („un humanisme à l'échelle du monde") zu begründen. Mit dem Titel seines Aufsatzes „Lévi-Strauss oder der Ethnograph ‚auf der Suche nach der verlorenen Zeit'"[4] betont Roger Bastide die verwandte Auffassung von Marcel Proust und Lévi-Strauss: der Romancier suchte hinter den vergänglichen und manchmal banalen Eindrücken des Bewußtseins jene ‚inneren Landschaften', deren Fixierung durch das Kunstwerk eine ganze Existenz rechtfertigen soll; der Anthropologe suchte hinter dem Geschichtlichen jene Schätze, die als Beleg für den unter verschiedenen geographischen und historischen Umständen gleich wirkenden menschlichen Geist dienen sollen.
In seinem bemerkenswerten Essay „A travers ‚Tristes Tropiques'" hebt Michel Leiris bei Lévi-Strauss (wie bei Proust) die melancholische Note hervor und bezeichnet ihn als *le voyageur-philosophe,* den reisenden Philosophen. Obwohl Leiris genau weiß, daß Claude Lévi-Strauss kein Apologet des Reisens ist („ich verabscheue Reisen und Forschungsreisende ... Heutzutage ist es ein Handwerk, Forschungsreisender zu sein"), hält er dessen Aufenthalt in den Tropen für eine grundlegende geistige Erfahrung, für einen Weg der Erkenntnis, zumal diese von Lévi-Strauss gemachte Erfahrung zur Beseitigung vieler Illusionen und utopischer

Vorstellungen beitragen kann. Mit der Publikation von *Tristes Tropiques* habe Lévi-Strauss ein für allemal mit dem alten Traum von den Tropen als dem Ort des Überflusses und des bequemen Lebens aufgeräumt. Damit sei Reisen nicht mehr Flucht vor sich selbst, sondern bilde für den Ethnologen, hierin Jean-Jacques Rousseau folgend, die große Möglichkeit, mit sich selbst und den anderen ins Gespräch zu kommen, zu Selbstkritik und Dialog zurückzufinden.
Auf die Bedeutung Rousseaus für die Ethnologie hat Lévi-Strauss mehrfach hingewiesen, besonders auf dessen Auffassung von der Rolle der Sprache in der Entwicklung der Menschheitsgeschichte („Wer Mensch sagt, sagt Sprache; und wer Sprache sagt, sagt Gesellschaft") sowie auf seinen Begriff der politischen Organisation, wie er ihn im „Gesellschaftsvertrag" formuliert hat. Verallgemeinert sei dieser auf eine große Zahl von Gesellschaften anwendbar. Auf der Suche nach den „unerschütterlichen Grundlagen der menschlichen Gesellschaft" findet Lévi-Strauss in Rousseau („der ethnographischste von allen Philosophen") den Vorläufer seiner Wissenschaft. In seinem Aufsatz *Jean-Jacques Rousseau, fondateur des sciences de l'homme* (Jean-Jacques Rousseau, Begründer der Wissenschaften vom Menschen) schreibt er: „Rousseau hat nicht nur die Ethnologie vorhergesehen; er hat sie begründet. Dies zunächst dadurch, daß er die ‚Abhandlung über den Ursprung der Ungleichheit' schrieb, die das Problem der Beziehungen zwischen der Natur und der Kultur stellt, und die man als den ersten Traktat der allgemeinen Ethnologie ansehen darf." Und weiter: „Um dahin zu gelangen, sich selbst in den anderen zu akzeptieren – ein Ziel, das die Ethnologie der Erkenntnis des Menschen setzt – muß man sich zuerst sich selbst verweigern. Rousseau verdanken wir die Entdeckung dieses Prinzips, ...". Rousseau ist der eigentliche Inspirator von *Tristes Tropiques*, hatte er doch in seinem „Essai sur l'origine des langues" (Essay über den Ursprung der Sprachen) geschrieben: „Wenn man *die* Menschen erforschen will, so muß man sich in seiner eigenen Umgebung umsehen; will man jedoch *den* Menschen erforschen, so muß man es lernen, seinen Blick in die Ferne zu richten; man muß zuerst die Unterschiede beobachten, um die allgemeinen Eigenschaften zu entdecken."[5]

In seinem humanen Reichtum ist *Tristes Tropiques* nur mit ethnologischen Werken wie „L'Afrique fantôme" (1934) von Michel Leiris und „Le Vaudou Haïtien" (1958) von Alfred Métraux zu vergleichen. Was diese drei großen Vertreter der französischen Ethnographie in erster Linie kennzeichnet, ist eine eindeutig antikolonialistische und antirassistische Position, die sich mit einer durch und durch modernen und im wahrsten Sinne des Wortes poetischen Sensibilität verbindet. Alle drei sind sich bewußt, daß die Ethnographie sich erst mit der Entstehung des Kolonialismus zu entwickeln begann und von diesem geprägt wurde. Oft unterschied sich ein Ethnograph auf seinen Reisen kaum von einem Kolonialbeamten („Warum hat mich die ethnographische Befragung oft an ein Polizeiverhör denken lassen?" fragt sich Leiris in seinem „L'Afrique fantôme".). Täglich sieht sich der Ethnologe in den von ihm bereisten und erforschten Regionen der Welt (Leiris in Afrika, Lévi-Strauss in Brasilien und Indien, Métraux auf den Antillen) mit den Folgen der alten und neuen kolonialistischen Politik konfrontiert; in dem Maße wie der bewußte Ethnologe die zu untersuchenden Gesellschaften und Kulturen näher kennenlernt, wird er seiner eigenen Zivilisation gegenüber distanzierter. Und so macht er die Erfahrung, daß die ethnographische Arbeit, wenn sie konsequent geleistet wird, die innere Welt des Wissenschaftlers sowie seine Einstellung zur eigenen Wissenschaft radikal verändert. Lévi-Strauss weiß, daß er dennoch versuchen muß, objektiv zu sein: „Die Ethnologie – oder in einem weiteren Sinn die Anthropologie – bemüht sich, im Bereich der Kultur das gleiche zu leisten wie der Zoologe oder der Botaniker im Bereich der Natur: zu beobachten, zu beschreiben, zu klassifizieren und zu deuten."[6] Aber Objektivität allein reicht nicht aus, um die Mission seiner Wissenschaft zu erfüllen, weil die Ethnographie eine Wissenschaft *sui generis,* also einzig in ihrer Art, darstellt: als Wissenschaft vom Menschen hat die Ethnographie mit Subjekten als Forschungsobjekten zu tun, wobei nach Lévi-Strauss das Subjekt der Beobachtung ebenfalls zum Objekt derselben werden muß.[7] Als profunder Kenner der untersuchten, meist kolonisierten bzw. ausgebeuteten Gesellschaften hat der Ethnograph die Pflicht, über die herrschenden Zustände wahrheitsgetreu

zu berichten und praktisch zum Verteidiger ihrer verletzten Rechte zu werden.[8] Lévi-Strauss dazu: „Ich habe einige Male Stellung genommen, beispielsweise sehr aktiv vor zwei oder drei Jahren, als die Berichte über Massaker und Ausbeutung der Indianer in Brasilien bekanntwurden. Damals konnte ich in Kenntnis der Ursachen und mit einer Autorität handeln, die auf meine Arbeiten zurückgeht."[9] Hieraus begreift sich Lévi-Strauss' Überzeugung, daß die Ethnologie eher eine Berufung als ein Beruf sei. Außerdem ist die Ethnologie als umfassende Untersuchung über das Wesen des Menschen dazu bestimmt, mehrere Wissensgebiete zu erfassen und somit zu der komplexen Wissenschaft *par excellence* zu werden. Wie Marcel Mauss seine Schüler gelehrt hatte, muß der Ethnologe über ein enzyklopädisches Wissen verfügen, da in dem von ihm theoretisch definierten *fait social total* moralische, rechtliche, religiöse, ökonomische und ästhetische *Institutionen* zum Ausdruck kommen.[10]
Wie Marcel Mauss, so besitzt auch Lévi-Strauss jene den Ethnologen charakterisierende Beobachtungsgabe, jenen Blick, der hinter den Erscheinungen einer Kultur Analogien aufspürt, um das Wirkliche besser entziffern zu können. Ihre Sensibilität war nicht zuletzt durch häufige Beschäftigung mit den verschiedenen Richtungen der modernen und primitiven Kunst geschärft. Im besonderen Fall von Lévi-Strauss ist wohl anzunehmen, daß seine Freundschaft mit André Breton und Max Ernst Anfang der vierziger Jahre in New York für die Orientierung seiner Arbeit ausschlaggebend gewesen sein muß. Bekanntlich teilte er mit ihnen die Begeisterung für die primitive Kunst und ihre Sammelleidenschaft auf diesem Gebiet.[11] Indianische Kunst und Mythologie bildeten ihr bevorzugtes Gesprächsthema. „Ich lese die Mythen mit dem größten Vergnügen. Wenn ich an die großen Vorgänger denke – wie Frazer oder Lévy-Bruhl –, die diesen intimen Kontakt mit dem Stoff des Mythos als den unfruchtbarsten Teil der Arbeit betrachteten, scheint mir, daß eine totale Transformation der Ethnologie stattgefunden hat. Ich glaube, daß sie zu einem großen Teil dem Surrealismus zugeschrieben werden kann", stellte Lévi-Strauss in einem Interview fest.[12] Für ihn ist die Kunst „ein Wegweiser, ein Lehrinstrument, eine Anleitung für die Wirklichkeit gewissermaßen".[13] Für den Verfasser der vier-

bändigen *Mythologica* (1964–1971) drücken die Mythen, allein aufgrund der Tatsache, daß sie existieren, einen „kohärenten Diskurs“ aus, einen Diskurs, in dem jedes Element eine signifikante Funktion hat. Wie die Kritik hervorhob, ist es die amerikanische Mythologie, bei deren Erforschung sich Lévi-Strauss' Theorie und Methode am fruchtbarsten erwiesen.[14] Er ist hierbei bemüht, eine Totalität zu konstituieren, innerhalb derer die einzelnen Kulturelemente (Kunstwerke, Riten und Mythen) organisch im Zusammenhang erklärt werden, denn isoliert, für sich genommen ist ein Mythos oder ein Kunstwerk nach Lévi-Strauss nicht vollständig zu begreifen. Diese Auffassung von Zusammengehörigkeit und Komplexität verschiedener Kulturelemente eines gegebenen Gebietes wird von unserem Anthropologen bei seiner Analyse nordamerikanischer Masken ausführlich demonstriert (*La Voie des Masques* I, II, 1975). Die charakteristischen Züge, Formen und Farben der Swaihwé-Masken sind beispielsweise nur in ihrer Beziehung zur Kunst der benachbarten Gruppe zu begreifen, die negiert werden muß, um die Originalität der eigenen Gruppe behaupten zu können. Die Originalität eines Stils schließt also nach dem Autor von *Der Weg der Masken* die, manchmal nur unbewußte, Beeinflussung durch fremde Kulturelemente keineswegs aus: „Ob man sich dessen bewußt ist oder nicht, man läuft niemals allein auf dem Pfad der Schöpfung.“[15]
Der letzte Satz läßt die philosophische Tragweite der Anthropologie von Lévi-Strauss deutlich erkennen. So wie das Individuum von der Gesellschaft nicht zu trennen ist, so sind Kultur und Natur in ihrem Zusammenhang zu begreifen. Wie die einzelnen Kapitel von *Tristes Tropiques* belegen, ist das Denken Lévi-Strauss' durch die Meister der französischen Soziologie (Comte, Durkheim und Mauss) entschieden geprägt worden. Als eine weitere Quelle seiner intellektuellen Entwicklung kann die französische Philosophie (Rationalismus und Aufklärung) angesehen werden. Lévi-Strauss setzt sich mit dieser Tradition auseinander und entwickelt sie gewissermaßen mit seinem Werk weiter. Von Descartes bis Sartre hatte in der französischen Philosophie eine eindeutige Überbetonung des Subjekts mit dem Akzent auf dem *cogito* stattgefunden. „Der Dialog der Philosophie mit der Welt wurde zum endlosen Monolog des Sub-

jekts … Lévi-Strauss bricht radikal mit dieser Situation."[16] Von hier aus ist Lévi-Strauss' Kritik an Sartres Existentialismus zu verstehen („Jene Neigung, persönliche Sorgen in den Rang philosophischer Probleme zu erheben, läuft allzu sehr Gefahr, in eine Metaphysik für junge Mädchen abzugleiten …"). Die Welt, verstanden als die Grundrelation von Natur und Kultur, rückt bei Lévi-Strauss in den Mittelpunkt der philosophischen Betrachtung.

Lévi-Strauss' Anthropologie setzt die aufklärerische und kritische Philosophietradition der neuen Zeit in dem Maße fort, als sie dazu beiträgt, das zeitgenössische Bewußtsein zu reinigen von immer noch vorhandenen Vorurteilen wie Rassismus, Eurozentrismus und Ethnozentrismus (jene Haltung, die darin besteht, „alle kulturellen Formen, moralische, religiöse, gesellschaftliche, ästhetische, die am meisten von denen entfernt sind, mit denen wir uns identifizieren, schlicht und einfach abzulehnen"[17]). Wie Spinoza und Kant vertritt auch der Anthropologe Lévi-Strauss eine ethische Position, aber er will den Satz „der Mensch ist ein moralisches Wesen", durch den Satz „der Mensch ist ein lebendes Wesen", wenn nicht ersetzt, so doch zumindest ergänzt wissen. Dadurch erhält der Mensch nach Lévi-Strauss unabhängig von religiösen oder politischen Kriterien einen noch stärkeren und allgemeingültigen moralischen Schutz.[18] Und wahrscheinlich nicht nur der Mensch. Von seinen Reisen durch die Tropen hat der Philosoph eine Grundüberzeugung mit nach Hause gebracht: „Auch die sogenannten *primitiven* Völker, mit denen die Ethnologen sich befassen, haben tiefe Achtung vor dem tierischen und pflanzlichen Leben. Diese Achtung drückt sich bei ihnen in Formen aus, die wir für Aberglauben halten; es sind aber in Wirklichkeit sehr wirksame Bremsen zur Erhaltung eines natürlichen Gleichgewichts zwischen dem Menschen und der von ihm ausgebeuteten Umwelt … Poussin, Rembrandt, Rousseau, Kant sind ebensoviel wert wie eine Tier- oder Pflanzenart, aber nicht mehr. Daher haben die Menschenrechte – die Rechte jedes Menschen – ihre Grenze dort, wo ihre Ausübung die Ausrottung einer Tier- oder Pflanzenart nach sich zieht oder nach sich zu ziehen droht."[19]

Leipzig, Februar 1987 *Carlos Marroquín*

Anmerkungen

1 C. Clément/D.-A. Grisoni, Autoportrait; in: Magazine Littéraire No. 223, Oct. 1985, Paris, S. 23, 24.

2 G. Balandier, Grandeur et servitudes de l'ethnologue; in: Cahiers du Sud No. 337, Marseille 1956, S. 450–456.

3 Lévi-Strauss, Strukturale Anthropologie, Frankfurt (Main) 1971, S. 358.

4 R. Bastide, Lévi-Strauss ou l'ethnographe 'à la recherche du temps perdu'; in: Présence Africaine No. 7, Paris 1956.

5 Zitiert nach: H. H. Ritter, Claude Lévi-Strauss als Leser Rousseaus; in: Orte des wilden Denkens, Hrsg. W. Lepenies u. H. H. Ritter, Frankfurt (Main) 1970, S. 115, 120, 121.

6 Lévi-Strauss, „Primitive" und „Zivilisierte". Nach Gesprächen aufgezeichnet von Georges Charbonnier, Zürich 1972, S. 148.

7 Lévi-Strauss, Introduction à l'œuvre de Marcel Mauss, Paris 1960, S. XXVII.

8 M. Leiris, L'Ethnographe devant le colonialisme; in: Cinq Etudes d'ethnologie, Paris 1969, S. 83–112. Vgl. dazu A Travers „Tristes Tropiques", ebenda S. 113–127.

9 Lévi-Strauss, Mythos und Bedeutung, Frankfurt (Main) 1980, S. 232.

10 A.-M. Boyer, Michel Leiris, Paris 1974, S. 31.

11 P. Waldberg, Au fil du souvenir; in: Echanges et Communications I, Paris 1970, S. 581–586.

12 Lévi-Strauss, Mythos und Bedeutung, a. a. O., S. 116.

13 Lévi-Strauss, „Primitive" und „Zivilisierte", a. a. O., S. 135.

14 Edmund Leach, Claude Lévi-Strauss, München 1971, S. 59–90.

15 Lévi-Strauss, La Voie des Masques II, Genève 1975, S. 124.

16 Octavio Paz, Der Anthropologe und Buddha; in: Zwiesprache. Essays zur Kunst und Literatur, Frankfurt (Main) 1984, S. 128.

17 Lévi-Strauss, Race et Histoire, Paris 1968, S. 19.

18 C. Clément, Les progrès de l'universel; in: Magazine Littéraire No. 223, Oct. 1985, Paris, S. 48.

19 Lévi-Strauss, Mythos und Bedeutung, a. a. O., S. 249, 250f.

Inhalt

Universal Bibliothek BELLETRISTIK

MEJA MWANGI

Wie ein Aas für Hunde

Aus dem Englischen übertragen und mit einer Nachbemerkung von G. Böhnke
Band 1114 (Sonderreihe) · Broschur 1,50 M

Meja Mwangi (geb. 1948) zählt zu den populärsten Autoren Kenias. Seine Romane zeigen Techniken in der Tradition der europäischen Realisten auf, aber atmosphärisch sind sie verwurzelt in den Bildern, Geräuschen und Gerüchen seiner Heimat. Hier gestaltet Mwangi im Rahmen einer spannungsgeladenen Konfrontation zwischen einer Gruppe Mau-Mau-Kämpfern auf verlorenem Posten im Urwald und einem britischen Captain mit seinen Leuten ein Stück militärischer und geistiger Auseinandersetzung mit dem Kolonialismus. Der Roman wurde 1974 mit dem Kenyatta Award ausgezeichnet.

Universal Bibliothek BELLETRISTIK

FERNANDO PESSOA

Ich legte die Maske ab

Dichtungen

Aus dem Portugiesischen von G. R. Lind
Herausgegeben und mit einem Nachwort von C. Rincón
Band 722 (Sonderreihe) · Broschur 1,50 M

Fernando Pessoa (1888–1935), die faszinierendste Erscheinung der modernen portugiesischen Literatur, wollte „so vielgestaltig wie das Weltall" sein. So sind seine Dichtungen von ganz unterschiedlichem Charakter: Neben klassizistischen Oden im Stil Klopstocks oder Hölderlins stehen provokante futuristische Dichtungen mit sich überstürzenden Metaphern und Bildern; neben schlichten Naturgedichten, die alles Naturgegebene als gut hinnehmen, stehen genauso beeindruckende, die moderne technisierte Welt bejahende Verse.